U1075642

鼓楼年鉴

GULOU ALMANAC

2011

南京市鼓楼区地方志编纂委员会办公室

方志出版社

图书在版编目（CIP）数据

鼓楼年鉴．2011/鼓楼区地方志编纂委员会办公室编．—北京：方志出版社，2011.9
ISBN 978－7－5144－0227－8

Ⅰ．①鼓… Ⅱ．①鼓… Ⅲ．①区（城市）—南京市—2011—年鉴 Ⅳ．①Z525.31

中国版本图书馆 CIP 数据核字（2011）第 191508 号

鼓楼年鉴（2011）

编　　者：鼓楼区地方志编纂委员会办公室
责任编辑：徐　宏

出 版 者：方 志 出 版 社
（北京市建国门内大街 5 号中国社会科学院科研大楼 12 层）
邮编　100732
网址　http://www.fzph.org
发　　行：方志出版社发行部
（010）85195814　85196281
经　　销：新华书店总店北京发行所
法律顾问：北京市大禹律师事务所
印　　刷：南京四彩印刷有限公司

开　　本：889×1194　1/16
印　　张：28.25
字　　数：1152千
版　　次：2011 年 9 月第 1 版　2011 年 9 月第 1 次印刷
印　　数：001～800 册

ISBN 978－7－5144－0227－8/K·186　定价：180.00 元

·版权所有　翻印必究·

《鼓楼年鉴》编纂委员会

顾　　问：陆平贵
名誉主任：杨学鹏
主　　任：王根宝　郭明雁
委　　员：纪增龙　吴勇强　费丽明　王　红　周越古　黄益峰
陈　卫　赵　耀　王　蔚　周国平　姜　涛　张晓燕
许小卫　刘传俊　张云霞

《鼓楼年鉴》编辑部

名誉主编：王根宝　郭明雁
主　　编：周国平　王　蔚
副 主 编：沈国晴
编　　辑：丁　枚　韩红华　王　刚
封面设计：岳　鸣

《鼓楼年鉴》主审

陆平贵　中共南京市鼓楼区委书记
杨学鹏　中共南京市鼓楼区委副书记、区长
王根宝　中共南京市鼓楼区委副书记、组织部长
纪增龙　中共南京市鼓楼区委常委、常务副区长
吴勇强　中共南京市鼓楼区委常委、副区长
费丽明　南京市鼓楼区人民政府副区长
郭明雁　南京市鼓楼区人民政府副区长
王　红　南京市鼓楼区人民政府副区长
周越古　南京市鼓楼区人民政府办公室主任

编辑说明

一、《鼓楼年鉴（2011）》以中国特色社会主义理论和科学发展观为指导，系统记述 2010 年鼓楼行政区域内自然、政治、经济、文化、社会等方面发展的主要情况，特别是记录鼓楼人民在区委、区政府的正确领导下，为率先科学发展、共建和谐城区，奋力走在新一轮科学发展前列的重要足迹及在发展中遇到的新情况、新问题。为各级党政机关、研究部门和社会各界人士及中外投资者了解、研究、建设鼓楼，提供参考依据和信息资料，也为地方志续修积累资料，是汇集区情资料的综合性地方年鉴。

二、为充分体现鼓楼特色，《鼓楼年鉴（2011）》的框架设计作了调整，全刊共设 20 个类目：特载、专记、鼓楼大事、区情概览、精致鼓楼建设、现代服务业、科技强区建设、工业·建筑业、对外经济及港澳台贸易、综合经济管理与监督、文化兴区建设、党政·群团、平安鼓楼建设、民生鼓楼建设、街道、和谐社区建设、鼓楼人物、统计资料、附录、索引。

三、《鼓楼年鉴》采用分类编辑法，设类目、分目、条目三个层次，部分分目下设副分目。2011 卷有类目 20 个、彩图 17 版、随文图片 294 幅、表格 143 张、图 6 幅。

四、本卷年鉴主题彩页共分为：领导视察、科技鼓楼、和谐鼓楼、平安鼓楼、人文鼓楼、纪念『三八』国际劳动妇女节 100 周年、六普留痕、绿色鼓楼八个部分。

五、《鼓楼年鉴（2011）》所刊载的文字内容和数据，由全区各部门、各街道、各单位提供，并经主管领导审定。统计资料数据使用法定计量单位，其中主要数据由鼓楼区统计局提供，其他数据由各部门提供，数据时间截至 2010 年 12 月 31 日。所用统计数据，由于统计的来源、口径、方式、方法和时间的不同而有一定差异，引用时以区统计局数据为准。全文中，凡直书月、日而未写年份的均为 2010 年。一些首次出现的内容，时间表述上作适当的上溯，个别材料时间作下延。

六、《鼓楼年鉴（2011）》的编纂工作得到全区各部门、各街道、各单位及驻区有关单位的大力支持，广大编纂人员为年鉴撰稿、编辑、校对付出了辛勤的劳动，在此深表谢意。同时欢迎社会各界提出改进意见，以便提高编纂质量。

◎ 12月31日，中共江苏省委书记罗志军视察鼓楼区南昌路农贸市场

6月3日，中共江苏省委常委、江苏省政法委书记林祥国到鼓楼区视察司法行政工作

1月26日，中共江苏省委常委、江苏省军区政委李笃信，司令员许援朝等到湖南路养老院看望并慰问老人

7 月 14 日，中共江苏省委常委、南京市委书记朱善璐到鼓楼区调研科技创新基地建设工作

10 月 1 日，南京市市长季建业视察挹江门街道十二巷文化街巷建设工作

3月19日，江苏省(联创)软件研究院暨联创软件大厦奠基典礼在南京国际服务外包产业园(江东软件城)隆重举行

5月5日，南京香格里拉大酒店奠基仪式在鼓楼区举行

5月18日，苏宁睿城之苏宁慧谷项目奠基典礼在江东软件城隆重举行

5月26日，江苏省科学技术厅、南京市人民政府共建南京模范路科技创新园区签约仪式在南京工业大学国家大学科技园举行

7月9日，南京物联网大会在南京邮电大学隆重召开，南京市委书记朱善璐与邬贺铨院士共同为南京物联网产业研究院揭牌

9月30日，鼓楼区新版《网上湖南路》暨《湖南路商城》正式上线

2月9日，中共鼓楼区委书记鲍永安慰问老将军向守志

2月9日，鼓楼区人大常委会主任王红云，中共鼓楼区委常委、宣传部长苏郑一行到凤凰托养中心慰问

1月17日，湖南路街道召开地区重点税源户座谈会

3月15日，南京大学政府管理学院行政管理系副主任、硕士生导师李永刚教授到南秀村社区，为社区党员解读“两会”民生新亮点

5月27日，鼓楼区举行民营经济关心下一代工作推进会暨“阳光学子世博行”项目启动仪式

6月8日，工商鼓楼分局执法人员在南京宁海中学附近对杂货店食品进行现场检测

重阳节前夕，鼓楼区各街道、社区开展形式多样的走访、慰问和庆祝老人节活动。图为凤凰街道蓝天园社区重阳节活动现场

4月29日，鼓楼区举行校园保安进驻校园启动仪式

5月1日，公安鼓楼分局干警带警犬在辖区执行巡逻任务

7月28日，公安鼓楼分局特警开展处置突发事件演练

12月4日，鼓楼区"法治文化广场"落成典礼在中央门街道金贸广场举行

12月13日，来自韩国全罗北道地方警察厅外事系的两名警官——金起弘和朴春参加挹江门派出所治安巡逻工作

12月14日，鼓楼区综合应急救援大队正式成立

3 月 16 日，以“学习身边好人，争当道德楷模”为主题的“感动鼓楼故事会”拉开了鼓楼区第九届公民道德建设宣传月序幕

4 月 29 日，鼓楼区举办“与青奥同行、第一才能赢”知识竞赛

5 月 17 日，电影《庐山恋 2010》开机新闻发布会在鼓楼区隆重举行

5 月 27 日，2010“书香鼓楼”第二届鼓楼区社区全民阅读节在区文化艺术中心举行

10月23日，2010年中国南京世界历史文化名城博览会的重要活动之一“秦淮河·塞纳河——中法双城摄影绘画艺术展开幕式”在鼓楼公园举行

11月13日，鼓楼区首届健身排舞大奖赛在山西路广场举行

11 月 15 日，“观《庐山恋 2010》，游人文绿都南京”系列文化活动启动仪式在鼓楼区举行

11 月 24 日，“鼓楼区旅游十大特色服务品牌”授牌仪式在中心大酒店隆重举行

百年巾帼吐芬芳　平等和谐谋发展

——纪念“三八”国际劳动妇女节100周年

■ 唱响“三八”节

2010年，是“三八”国际劳动妇女节100周年，鼓楼区以“平等·发展·和谐”为主题，组织开展一系列主题突出、内容丰富、形式多样、时代特色鲜明的宣传纪念活动，营造浓郁的节日氛围，展现广大妇女同胞自强不息的精神风貌和巾帼风采。

3月2日，由鼓楼区委、区政府主办，区委宣传部、区妇联、区文化局、区总工会、团区委承办的一场题为“芬芳的节日——鼓楼区庆祝‘三八’国际劳动妇女节100周年联欢会”在青春剧场拉开帷幕。700多位来自全区公安系统，驻地部队、学校、企业等各条战线的妇女代表、外国女留学生以及为妇女运动和妇女事业作出突出贡献的老前辈、老领导，区历届妇联主席、妇联执委出席联欢会。会上表彰鼓楼区“十大女杰”、第七届“巾帼创业明星”“十佳学习型家庭”“十佳平安家庭”“十佳环保家庭”“十佳廉洁家庭”“十佳好邻里”“十佳好婆婆”“十佳好媳妇”“十佳好妈妈”“十佳好女儿”等。

3月8日，时任江苏省委副书记王国生一行调研江东街道清河新寓社区妇女工作

3月6日，区妇联联合相关部门举办“三八”维权周活动。

■ 展巾帼风采

“三八”节期间，由区妇女联合会、区委党史工作办公室、区地方志编纂委员会办公室联合编撰的《风韵百年——鼓楼杰出女性撷英》一书出版发行。

区妇联联合各街道妇联、各系统妇委会举办“鼓楼半边天•巾帼展风采”图片巡回展。26 块展板，全面反映全区妇女工作成就和巾帼风采。同时编印有关国际妇运、中国妇运、未来五年中国共产党妇女发展的目标、各级妇联组织机构设置、妇女权益知识及鼓楼区区街社三级妇女维权热线等内容的宣传手册。

■ 庆典活动丰富多彩

3 月 4 日，鼓楼区妇联举办女干部庆“三八”十字绣、纸花技能培训班。

3 月 6 日，区妇联联合区人社局、区司法局、区卫生局、区总工会等部门共同举办“三八架金桥•春风送岗位•爱心大超市”——女性岗位专场招聘会，共有苏宁电器、苏果超市等 43 家用人单位的 2589 个女性岗位进场招聘。

3 月 8 日，时任省委副书记王国生深入鼓楼区江东街道清河新寓社区调研，与基层一线妇女代表座谈交流、共庆佳节，省委副秘书长李敏、省妇联主席张京霞、市委副书记陈绍泽、市妇联主席霍慧萍等省市领导陪同参加调研。

3 月 2 日，鼓楼区庆祝“三八”国际劳动妇女节 100 周年联欢会在青春剧场举行

第六次全国人口普查

2010年，鼓楼区全面启动第六次全国人口普查工作。作为南京市人口密度最高的城区，普查任务的艰巨可想而知。鼓楼区高度重视，对普查工作进行周密部署。先后出台《区政府办公室关于调整鼓楼区第六次人口普查领导小组成员的通知》《关于集中力量开展全国人口普查工作的通知》《关于对全区第六次人口普查工作进行监督检查的实施意见》《关于在人口普查工作中发挥党组织党员作用的通知》《关于驻区单位支持配合做好第六次全国人口普查工作的通知》等重要文件。成立第六次人口普查工作领导小组，下设人口普查办公室，具体负责全区人口普查工作的实施。办公室设综合、业务、数据三个组。全区7个街道、64个社区和1个村委会相继成立人口普查工作小组和办公室。全区各级“人普”办均落实办公场地，区“人普”办为各街道拨发人普启动经费，并统一购置电脑、一体机、照相机等设备。4月底，鼓楼区“人普”工作做到领导班子到位、机构设置到位、人员配备到位、“人普”经费到位、办公条件到位、责任制度到位。驻区大单位在区政府、区“人普”领导小组的统一要求下也相应成立“人普”领导机构，负责本单位“人普”工作。区政府与各街道签订《“人普”工作责任书》，做到一级对一级负责。

至年底，全区5000多名普查工作者攻坚克难，团结协作，保质保量完成了第六次全国人口普查工作，取得了详实的人口资料，为全区各项建设提供数据支持。

中共鼓楼区委常委、常务副区长、区人普领导小组组长纪增龙参加人普送温暖活动

鼓楼区副区长、区人普领导小组副组长冯雯兰在全区人口普查工作动员大会上讲话

8月2日，鼓楼区第六次全国人口普查动员大会

严肃认真的业务培训

普查员进店为流动人口进行普查登记

普查组在菜场核查流动人口登记情况

国家“人普”质量检查组在居民家中进行人口普查登记

普查员为渔民进行普查登记

普查员与外籍人员沟通填表

绿色掩映中的鼓楼

Main Contents

总目

Contents

目录

特　载
Special Reports

专　记
Major Events

鼓楼大事
Chronological Events

区情概览
Survey of the District

精致鼓楼建设
Construction of Exquisite GuLou

Contents

目录

现代服务业
Modern Service Industry

科技强区建设
Construction of Powerful Sci-Tech District

Contents

目录

Contents

目录

综合经济管理与监督
Integrative Economic Administration and Supervision

Contents

目录

文化兴区建设
Construction of Prosperous Cultural District

Contents

目录

Contents

目录

党政·群团
Party & Mass Organizations

Contents

目录

平安鼓楼建设
Construction of Safe GuLou

Contents

目录

民生鼓楼建设
Construction of Well-Being GuLou

Contents

目录

街 道
Communtiy Work

Contents

目录

和谐社区建设
Construction of Harmonious Communities

鼓楼人物
GuLou Figures

Contents

目录

统计资料
Statistics

附 录
Appendix

索 引
Index

Contents

目录

特载

Special Reports

率先科学发展 共建和谐社会 奋力走在南京“转型、创新、跨越”发展的前列

——在区委九届二十一次全体(扩大)会议上的报告

区委书记 鲍永安

(2010年12月19日)

同志们:

这次会议的主要任务是,认真贯彻落实中央决策部署和省、市委工作要求,在回顾总结2010年工作的基础上,全面审视和把握当前形势,科学谋划鼓楼“十二五”发展规划,部署“十二五”开局之年的工作任务,以深入学习贯彻党的十七届五中全会精神为动力,动员全区各级党组织和广大干部群众,进一步解放思想、锐意进取,以更加昂扬的斗志和更加饱满的精神,率先科学发展,共建和谐社会,奋力走在南京“转型、创新、跨越”发展的前列。

下面,我受区委常委会委托,并根据常委会讨论的精神,向全会报告工作,讲三点意见。

一、2010年主要工作回顾

2010年是“十一五”收官之年,也是谋划鼓楼“十二五”发展的关键之年,在鼓楼发展史上具有承前启后的重要意义。一年来,我们始终坚持以科学发展观为总揽,以“率先科学发展,共建和谐鼓楼”为主题,以加快转变经济发展方式为主线,有效应对后国际金融危机时期复杂多变的形势,团结带领全区干部群众,坚定信心、迎难而上,圆满完成了年初确定的各项任务,继续保持了经济平稳向好发展、社会和谐稳定的良好局面。

(一)经济继续保持平稳较快发展

今年以来,区委常委会紧扣加快转变经济发展方式主线,狠抓调结构促转型稳增长不放松,大力发展符合中心城区空间、资源要求的创新型、智慧型低碳产业、绿色产业,全区经济实力进一步增强。预计全年实现地区生产总值323亿元,同比增长13%;其中第三产业增加值293亿元,同比增长13%,占全区地区生产总值90.7%。完成财政收入75.5亿元,同比增长18%;其中一般预算收入38亿元,同比增长18%。完成社会消费品零售总额289亿元,同比增长17%。注册合同外资1.6亿美元,完成计划进度125%;实际使用外资1.12亿美元,完成计划进度102%。新增大项目44个,注册资本金20亿元。

高科技产业发展迅速。按照“学习中关村,打造模范路”的发展思路,大力推进模范路科技创新园区建设,园区被确定为全省十大科技创新园区之一,并被省科技厅和市政府确定为南京唯一的合作共建园区。组建南京物联网应用研究院,联合物联网领域122家研发企业成立南京物联网联盟。中国(南京)电力自动化产业园、国睿科技园、南京科技广场二期、南京邮电大学物联网科技园等重点载体项目进展顺利。江东软件城苏宁慧谷、联创科技大厦、河海大学国家水资源中心等项目全面开工,南大苏富特一期大楼竣工使用。我区率先创建成为“江苏省可持续发展实验区”。预计全年实现高新技术产业销售收入225亿元,其中软件销售收入210亿元、软件出口1.3亿美元。

总部经济和现代服务业成绩喜人。总部企业数量进一步壮大,“三个十”工程全面完成。花旗银行南京分行、紫金信托江苏公司、江苏再保融资租赁公司、博西电器投资公司等一批高端项目落户鼓楼。2010年全国民营企业500强,我区苏宁电器、宏图三胞、苏宁环球、江苏金浦榜上有名;其中苏宁电器位居第2名,纳税额位居第1名,成为中国商业零售第一品牌,即将进入世界500强。总部型载体建设有效推进,绿地紫峰大厦、南京国际广场正式投入使用,绿地洲际酒店正式开业,泰威逊、中金公司等120余家现代服务业总部型企业成功入驻;湖南路“二次提升”04、05片工程拆迁全面启动,金陵饭店二期工程等重点项目顺利推进。预计全年全区总部型企业共实现税收36.5亿元,占全区财政总收入的48%。

文化创意产业蓬勃发展。由我区投资拍摄的向2014年

南京青奥会献礼影片——《庐山恋 2010》在全国上映，进一步扩大了南京和我区的影响力。进一步做响石头城文化、郑和文化、民国文化品牌，石头城6号文化产业园、智慧谷动漫软件产业园、水木秦淮D区南艺后街、郑和宝船复建、郑和主题3D动漫电影等重点文化产业项目扎实推进。全年新增文化企业116个，全区文化产业增加值达23.8亿元，同比增长15%，占地区生产总值的7.3%。

(二)城市建设和管理水平不断提升

区委常委会坚持以人为本、集约集聚、彰显特色的理念，突出提升城市环境、功能品质、人居质量，全力深化城市建设和管理。

城市功能进一步完善。坚持规划引领，系统研究全区空间布局，初步制定出包括湖南路中央商务区规划、模范路科技创新园区交通组织规划在内的城区“十二五”发展空间规划。继续加大道路项目建设，稳步推进祁家桥二期道路建设、乐业村道路拓宽等工程，不断完善区域路网，解决群众出行难题。完成西康路3号等6个旧住宅小区出新，以及劝业村、妙峰庵等15个片区和康藏路等28条街巷的雨污分流改造工程。做美人居环境，加大绿色鼓楼建设力度，通过老城绿地建设、垂直绿化、楼顶绿化、小区增绿等方式，全区新增绿地8万平方米。

城市管理水平进一步提升。坚持建管并举、重在管理的方针，积极推进城市管理体制改革，完善城市管理工作体系，着力构建大城管体制，有力推动城市管理的精细化和长效化。高标准高质量推进道路、街巷环境整治工程，顺利完成违建普查、户外广告整治等各项任务。

(三)社会建设和民生工作稳步推进

区委常委会坚持一手抓发展，一手抓社会建设和民生改善，推动鼓楼实现包容性增长，不断提高群众的生活水平和幸福指数。

以“五有”为重点的社会建设持续深入。坚持教育优先发展，以公平、均衡为导向，积极改革教育发展模式，组建了琅琊路小学教育集团等五大教育集团，教育资源布局进一步优化。终身教育体系取得成效，我区被评为首批“全国数字化学习社区先行区”。就业再就业工作成效明显，1-11月新增就业岗位26500多个，全区城镇登记失业率有效控制在2%以内。卫生服务体系不断完善，积极构建覆盖全区的新型医疗卫生服务体系。卫生基础设施建设取得新的进展，虹桥卫生服务中心被评为“江苏省社区卫生服务中医示范中心”。老龄工作取得新进步，我区被评为“全国老龄工作先进单位”；养老服务体系进一步完善，实现60岁以上孤寡、独居老人免费服务全覆盖，是全市唯一一家被国家民政部命名的“社会化养老服务示范单位”。住房保障力度持续加大，全年共向2300多户居民发放800余万元房屋租赁补贴，顺利完成江东新村公寓600多户拆迁安置房的审核、上报工作。帮困扶贫力度不断加大，强化家庭困难学生教育救助，基本做到从学前教育到高等教育全覆盖。困难群体综合保障水平进一步提升，“3美元”计划基本实现，全区低保及低保边缘家庭的综合保障标准达到每人每月630元，继续在全国同类城区中保持领先。全区居民的生活水平进一步提高，预计全年人均可支配收入达30862元，同比增长10%。计划生育和人口普查工作扎实推进，我区被评为“全国计划生育优质服务先进单位”。人民武装工作和国防后备力量建设不断创新发展，双拥工作深入开展，实现“江苏省双拥模范区”七连冠。

平安稳定工作不断深化。大力推进社会矛盾化解、社会管理创新、公正廉洁执法三项重点工作，不断加大社会治安综合治理力度，强化大调解机制、大防控体系建设，平安鼓楼建设进一步深化。切实加强校园安全工作，为全区中小学和幼儿园统一配备专职保安和校园综合安防系统，受到省市领导和全区百姓充分肯定。积极开展信访热点难点问题、安全事故隐患、基层基础工作薄弱环节“三项排查”活动，着力解决突出矛盾和问题，主动消除各类不稳定、不安全因素。顺利完成世博维稳任务，我区被市评为“上海世博会信访稳定工作先进单位”，区医患纠纷调解委员会被评为全国模范人民调解委员会。

和谐社区建设取得新进展。充分利用信息化手段，不断提升星级文明和谐社区建设层次和水平。全面开通、运行鼓楼社区网和64个社区网站，为社区居民搭建了解社区建设、参与社区事务和快速获取社区服务的高效平台。社区硬件建设得到加强，全区95%的社区办公服务用房达到每百户30平方米标准。扎实推进社区志愿者服务站、社区民间组织等建设，社区居委会规范化水平进一步提高。成功举办“建设和谐社区，迎接青奥盛会”高层论坛，我区社区建设的经验得到了中央党校、国家民政部等部委领导、专家学者及与会代表的一致好评。

(四)政治和文化建设协调发展

区委常委会积极加强社会主义民主政治建设和文化建设，努力提高依法治区水平，统筹推进政治建设、文化建设和经济建设同步协调发展。

民主政治建设稳步推进。支持人大及其常委会依法履行职能。区人大常委会坚持“抓大事、议大事、决大事”，紧贴全区发展实际，主动融入经济社会发展大局，寓支持于监督之中，全力推动全区又好又快发展。支持和保障代表依法履行职责，完善代表活动载体，创新代表活动方式，着力提高代表活动质量，代表主体作用得到进一步发挥。全面加强政协工作，支持人民政协围绕团结和民主两大主题，认真履行政治协商、民主监督、参政议政职能，更好地发挥汇聚力量、建言献策、服务大局的作用。召开区委政协工作会议，出台了《中共鼓楼区委关于支持人民政协履行政治协商、民主监督、参政议政职能的实施意见》。在全区七个街道新设了政协街道工作委员会，有力夯实政协工作的基层基础。民族、宗教、侨务和对台工作有序推进，工会、共青团、妇联等人民团体的桥梁纽带作用得到充分发挥。我区非公团建经验被《中国青年报》刊发。

文化建设成效显著。深入开展社会主义核心价值体系学习教育活动，组织开展以党的十七届四中、五中全会精神为重点的理论宣讲，扎实推动马克思主义中国化最新成果进企业、进社区、进课堂。坚持正面宣传为主的方针，精心组织重大主题、重大成就、重大典型宣传，大力宣传我区科学发展的新成就、新经验，组织好上海世博会等重大活动的宣传报道工作。完善突发公共事件新闻报道管理和应急工作机制，做好突发事件的新闻报道和舆论引导工作。把文明城区创建与“办好青奥会，建设新南京”、“迎世博、讲文明、树新风”等主题活动相结合，不断完善文明创建长效机制。继续抓好市民素质提升工程，全区公共文明指数在全市继续保持前列，顺利通过全国公共文明指数测评。继续深入挖掘鼓楼历史文化资源，以南京举办“2010中国南京世界历史文化名城博览会”为契机，隆重举行郑和宝船复建工程庆典；积极对接上海世博，在上海隆重举行《南洋劝业会百年回望史料丛书》首发式，扩大鼓楼劝业文化的影响力。公共文化服务体系建设进一步深化，文化惠民工程扎实推进。

法治建设有效加强。依法行政工作不断深入，结合新一轮政府机构改革的实施，开展大规模行政权力和规范性文件清理工作，对全区行政执法主体进行了重新确认。行政权力监督全面强化，权力阳光运行机制进一步深化。配合协助市有关部门，完成模范路科技创新园区的立法调研和文本起草工作。法制宣传和普法工作扎实推进，建成芦席营法治文化广场，顺利通过全市“五五”普法验收。政法队伍建设进一步加强，区法院荣立集体二等功，并被评为“全省法院清理执行积案活动”先进集体，区检察院被评为全省检察机关先进集体。

（五）党的建设全面加强

区委常委会高度重视党的建设，坚持党要管党、从严治党，以提高党的执政能力为重点，全面加强和改进党的思想、组织、作风和廉政建设。

党的思想、组织建设进一步深化。不断加强党委中心组理论学习，深入开展学习型党组织建设，党的思想建设水平有了新提高。全面启动创建先进基层党组织、争当优秀共产党员活动，党员先锋模范作用得到进一步发挥。以推进机构改革为契机，进一步优化干部配置，推行全委会差额票决、建立健全第三方评价等机制，不断提升选人用人公信度。扎实做好干部培训和选派干部参加实践锻炼工作，有效提高干部理论和实践能力。有计划地选调干部参加省市委党校举办的各类培训班，组织开展了领导干部进高校菜单式自主选学培训，积极推进干部在线学习考试；选派200多名综合素质高、善做群众工作的干部到拆迁、信访一线，接受实践锻炼和检验。加大干部监督和管理力度，坚持领导干部离任审计制度，全年共对23名正处职干部进行了离任审计。高度重视人才工作，引才育才投入力度进一步加大。充分整合区域党建资源，积极探索创新手段，社区党建、两新党建、机关党建工作扎实推进。

党风廉政建设全面加强。深入贯彻落实《党员领导干部廉洁从政若干准则》和领导干部廉洁自律各项规定，全面落实党风廉政责任制。不断健全反腐倡廉的体制机制，积极完善惩防腐败制度体系。全面加强招投标、城市拆迁等重点领域的制度建设和权力监督，出台《鼓楼区征地和房屋拆迁监督管理暂行规定》等文件。深入推进廉政文化建设，“清风五坛”影响力进一步增强。着力抓好查处违纪违法案件、纠正损害群众利益的不正之风、重点工作督办督查等各项工作，全区反腐倡廉工作取得了新的进展和成效。

一年来，老干部、党史、党校、统计、审计、计生、人防、档案、旅游、体育等工作也取得了新的成绩。

奋斗伴随艰辛，成果来之不易。回顾过去一年，危机之中我们取得了新成绩，困难面前我们实现了新跨越。这些成绩的取得，是市委市政府正确领导的结果，是区四套班子领导和广大干部群众齐心协力、团结拼搏的结果，也与历届班子打下的良好基础和社会各界的关心支持密不可分。在此，我代表中共鼓楼区委，向全区党员干部和广大人民群众以及社会各界，表示衷心的感谢！

在看到成绩的同时，我们也清醒地认识到，发展中还存在许多亟需解决的问题，比较突出的是：经济发展的软环境还需进一步提升，城区精细化管理还存在一些问题，法治建设和平安稳定方面还有许多不足之处，党的思想建设、组织建设、党风廉政建设有待进一步加强，等等。对于这些问题，我们要高度重视，切实加以解决。

二、深入学习贯彻十七届五中全会和省市委全会精神，科学谋划鼓楼“十二五”发展

区委常委会认真学习、深刻领会十七届五中全会、省委全会精神和市委的部署要求，在做好前期调查研究的基础上，起草了《中共鼓楼区委关于制定鼓楼区国民经济和社会发展第十二个五年规划的建议》，提交本次会全讨论。《建议》全面回顾总结了鼓楼“十一五”以来取得的发展成就和基本经验，进一步明确了下一个五年的奋斗目标、战略举措和主要任务。全会讨论通过后，将成为我区科学制定和有效实施“十二五”发展规划的依据，是今后五年我区实现新一轮科学发展新跨越的纲领性文件。

区委常委会认为，当前及今后一个时期，全区各级党组织和广大党员干部最重要的任务，就是以学习贯彻十七届五中全会和省市委全会精神为强大动力，推动鼓楼经济和社会事业再上新台阶。“十二五”期间总的指导思想是：高举中国特色社会主义伟大旗帜，以邓小平理论和“三个代表”重要思想为指导，深入贯彻落实科学发展观，继续发扬“负重攀登、敢为人先”的鼓楼精神，不断深化“区域空间有限、科学发展无限”的先进理念，坚持以“率先科学发展、共建和谐社会”为主题，以加快转变经济发展方式为主线，以创新为动力，以城区品质提升和民生改善为目的，全力推进我区“转型、创新、跨越”发展，全面实施富民强区、人才强区、科教强区、文化兴区、依法治区、以德谐区、可持续发展七大战略，统筹推进经济建设、政治建设、文化建设、社会建设以及

生态文明建设和党的建设，奋力把鼓楼建设成为高端人才的集聚区、科教发达的创新区、总部云集的核心区、国际合作的开放区、环境优良的宜居区、古今文明交相辉映的和谐区，争创全省首善之区和中国特色现代化新城区。

做好"十二五"期间各项工作，要重点突出"三个全面"。

(一)全面回顾"十一五"时期发展的成就与经验，进一步增强率先科学发展的信心

"十一五"时期是鼓楼区发展历史上很不平凡的五年，是经历诸多重大挑战和考验、在科学发展道路上取得显著成绩的五年，是经济实力提升最快、区域面貌改善最大、全区百姓得益最多的时期之一。五年来，我们在市委、市政府的正确领导下，团结带领全区干部群众，认真贯彻落实科学发展观，牢固树立"区域空间有限、科学发展无限"的理念，解放思想、开拓创新，锐意进取、求真务实，统筹推进经济建设、政治建设、文化建设、社会建设以及生态文明建设和党的建设，有效应对国际金融危机和日益激烈的区域发展竞争带来的考验和挑战，胜利完成了"十一五"规划确定的目标任务，综合实力迈上了一个新的台阶，先后获得全国科技工作先进区、全国文化工作先进区、全国和谐社区建设示范城区等30余项国家级荣誉。经济保持平稳较快发展，财政收入在2008年提前两年完成"十一五"预定的50亿元目标，今年将突破75亿元大关。城市建设和管理成效显著，城区功能和品质不断提升，初步形成布局合理、功能完善、生态优化、管理高效的现代化城区形态。以"五有"为重点的社会事业进步明显，民生得到显著改善。人均可支配收入突破3万元，无就业能力的低收入家庭人均日综合保障标准达3美元，全区人均可支配收入、收入达到小康水平人口比例、最低生活保障水平位居全省区县前列；中央党校两次在我区举办高层论坛，将我区社会建设和社区建设的经验写成专刊发行。胡锦涛、温家宝等党和国家领导人先后视察我区，对我区"率先科学发展、共建和谐鼓楼"的做法和经验给予充分肯定。这些都为"十二五"时期的发展奠定了坚实基础。

过去的五年，我们不仅取得了丰硕的发展成果，创造了鼓楼发展的又一个黄金期，而且积累了在困难和挑战中推进又好又快发展的新经验。一是坚持以科学发展观统领经济社会发展全局。深入开展学习实践科学发展观活动，积极探索具有时代特征、鼓楼特色的率先科学发展的新路子，制定了率先科学发展的"一个决定"和"三个计划"，大力实施创新驱动战略，全面加快转变发展方式，及时将我区的资源优势转化为经济发展优势，实现了全区经济和社会事业持续又好又快发展。二是坚持以解放思想推进工作创新。坚持将深入解放思想作为推进科学发展的突破口，以思想的大解放推动发展思路的大突破，提出并不断深化"区域空间有限、科学发展无限"的先进理念，制定了符合中心城区实际的发展战略，用创新的思路解决发展出路，用创新的举措破解发展难题，用创新的成效开创发展新局面。三是坚持把保障和改善民生作为全区工作的出发点和落脚点。突出"以民为本、惠民为先"，不断加大对民生工作的投入，建立健全普惠性长效工作机制，加快推进以改善民生为重点的社会建设，努力让经济社会发展成果更多地普惠于民。四是坚持将凝心聚力、和衷共济作为推进工作的重要保障。以"负重攀登、敢为人先"的鼓楼精神鼓舞发展干劲，以"率先科学发展、共建和谐社会"的共同事业凝聚人心。区委总揽全局、协调各方，四套班子团结一心、精诚合作，全区上下齐心协力、众志成城，集中力量办大事、促发展，合力战胜经济、社会等方面遇到的各种困难和挑战，为我区持续又好又快发展提供强力保障。

(二)全面把握"十二五"时期发展的机遇和挑战，进一步明确率先科学发展的要求

"十二五"期间，鼓楼正处在可以大有作为的重要战略机遇期，将面临诸多新的发展机遇。国务院发布了长江三角洲地区区域规划，在长三角十几个发达城市中，正式将南京确定为唯一的科技创新中心和泛长三角的重要门户，国家科技部已将南京确定为国家科技体制综合改革试点城市和国家创新型城市试点，省政府近日出台《关于支持南京国家科技体制综合改革试点城市的若干政策意见》，对南京科技创新工作给予大力支持。我区科技资源丰富，是全市科技创新的重点区，模范路科技创新园区(广州路科技商务街、模范路科技创新街区、江东软件城)是全市唯一的省市共建科技园区，被市委市政府确定为全市科技创新的三个核心之一。近年来，我们立足区情实际，在推动科技创新方面进行了积极探索，走在了全市科技创新工作前列，形成了比较优势。国家和省市对科技创新的强力推动，将给我区进一步转变发展方式、推动科教人才资源优势转化为经济发展优势提供千载难逢的机遇。南京2013年亚青会和2014年青奥会的举办，将大大加快南京城市现代化和国际化的进程，为我区提升城区品质、对外交流及经济社会各项事业实现全方位跨越提供了难得的契机。鼓楼科学发展的春天已经到来！

与此同时，我们也必须清醒地看到鼓楼未来发展面临诸多压力和挑战：一是经济又好又快发展的压力进一步增大。我区空间狭小，区内大学、大企业正在外移，与此同时，全市区域竞争日趋激烈，江宁等郊区县正在迅速崛起，稍有松懈，鼓楼就会被边缘化。二是社会建设的压力进一步增大。主要是社会建设与经济发展在质量和速度方面都存在着较大的反差，特别是社区卫生服务、养老等工作方面历史遗留的"欠账"较多，如果不加以重视，将严重影响鼓楼的可持续发展。三是城市管理的压力进一步增大。与国内先进城区相比，我们不仅在道路交通设施等硬件上存在差距，还在市民素质、人性化服务等软环境、软实力上存在更大差距。四是社会稳定的压力进一步增大。现在是矛盾凸显期，各类矛盾层出不穷，处置工作稍有不慎就可能酿成事端，引发突发性、群体性事件。五是党风廉政建设工作的压力进一步增大。我们必须保持清醒头脑，切实增强忧患意识、机遇意识和责任意识，积极应对各种风险和挑战，着力解决各种突出矛盾和问题，实现鼓楼科学发展新跨越。

推动鼓楼"十二五"期间奋力走在新一轮科学发展前列，

重点要把握好以下基本要求：一是必须把推动率先科学发展、共建和谐社会作为“十二五”时期发展的主题。坚定不移地走科学发展之路，更加注重提高经济增长的质量和效益，更加注重改善民生、维护社会公平正义，更加注重生态环境保护，确保经济社会持续又好又快发展。二是必须把加快转变经济发展方式作为“十二五”时期发展的主线。转变经济发展方式是鼓楼实现率先科学发展新跨越的根本途径，也是“十二五”时期刻不容缓的战略任务，必须贯穿于经济社会发展的全过程和各领域。要着力通过优化经济发展的动力结构、要素结构和产业结构，进一步提高经济运行的质量和效益，加快建立以现代服务业为主导的现代产业体系，走一条具有鼓楼特色的创新、集约、高端、可持续发展的转型升级之路。三是必须把人才强区战略作为科学发展的核心战略。大力培育人才，建立健全有利于人才培养和引进的体制机制。培育一批企业行业领袖人才，一批杰出企业家人才，一批青年企业家人才，一批技术带头人、研发骨干，一批城区规划建设管理人才，一批社区工作人才，一批政法党务人才，构建我区科学发展的人才体系。四是必须把保障和改善民生作为“十二五”时期发展的根本目的。更加突出以改善民生为重点的社会建设，把富民作为改善民生的首要任务，千方百计促进就业和创业，不断提高广大居民的收入。进一步提高社会保障水平，加快发展各项社会事业，全力加强社会管理创新和社区建设，促进人的全面发展和社会的全面进步。五是必须把全面协调可持续发展作为“十二五”时期发展的基本内容。坚定不移地实施全面协调可持续发展战略，进一步优化城市的功能品质，全面改善广大百姓的居住条件和生活环境，加快建设资源节约型、环境友好型城区，走一条经济发展、生活富裕、生态良好的文明发展之路。

（三）全面推进“十二五”发展规划的制定和实施，进一步提升率先科学发展的标杆

“十二五”时期，是我区率先全面建成更高水平小康城区并向率先基本实现现代化迈进的关键时期，也是加快转变经济发展方式、推动经济转型升级、奋力走在新一轮科学发展前列的攻坚阶段。科学编制和有效实施“十二五”规划，意义十分重大。我们一定要贯彻好十七届五中全会精神，在全市发展的大框架下，立足区情实际，以更加宽广的眼界、更加开放的思路，精心谋划我区“十二五”的发展。要突出规划的战略性、指导性、前瞻性、约束性，做到与国家和省“十二五”发展规划以及长三角区域发展规划紧密衔接，与市“十二五”发展规划和“三个发展”总体部署紧密衔接，进一步提升率先科学发展的标杆。

区委常委会综合考虑未来发展趋势和条件，确定了今后五年我区经济社会发展的主要目标，主要体现在五个“显著提升”：一是综合经济实力显著提升。财政收入年均增长16%以上，力争到2015年，财政收入突破150亿元。二是创新能力得到显著提升。创新体系更趋完善，加快形成一批拥有自主知识产权和知名品牌、国际竞争力较强的创新型企业，率先建成国家自主创新示范城区。三是产业结构布局显著提升。更大力度更高层次更优质量转变经济发展方式，进一步调高调轻调优产业结构，加快形成以现代服务业为主导的现代产业体系。四是城区现代化水平显著提升。进一步加快推进“精致鼓楼”建设步伐，大力加强城市基础设施建设、生态文明建设、人文宜居环境建设，不断提升城市功能品质和承载能力，有效彰显古都文化特色、人文绿都特色，努力建成全省一流的宜居花园城区和全国最美丽的城区之一。五是社会建设管理水平显著提升。努力做到居民收入增长和经济发展同步、劳动报酬增长与劳动生产率提高同步，人民生活质量和幸福指数不断提高。到2015年，居民人均可支配收入达5.3万元，力争达到6万元；最低生活保障水平达834元以上；城镇登记失业率控制在1.8%以内。社会事业全面进步，基本实现劳有多得、学有优教、病有良医、老有颐养、住有宜居的“五有”目标。综合保障能力和社会管理能力进一步增强，构建和谐社会走在全国前列。到2015年左右，全区科教更加发达、经济更加繁荣、社会更加稳定、环境更加优良、民生更加和谐，率先基本实现现代化的基础更加牢固。

三、2011年主要工作部署

2011年是建党90周年，是实施“十二五”规划的开局之年，也是区委换届之年和鼓楼新一轮科学发展的关键之年。扎实做好2011年工作，为我区“十二五”起好步、开好局，具有十分重要的意义。2011年全区工作的总体思路是：以科学发展观为统领，继续深入贯彻落实党的十七届五中全会精神和中央经济工作会议精神，按照省市委的指示精神和工作部署，进一步解放思想、开拓创新，凝心聚力、克难奋进，围绕“六个区”的定位，高标准、高起点实施“十二五”规划，全面推进七大战略，加快转变经济发展方式，调高调优产业结构，着力优化城市功能，积极构建和谐社会，大力提升党建水平，推动鼓楼新一轮又好又快发展。

做好明年的工作，要重点抓好五个“更加突出”和五个“夯实基础”。

（一）更加突出创新驱动，努力在经济发展方式转变和经济质量提升上夯实基础

“学习中关村，打造模范路”。一是要建立以市场为导向，以企业为主体，以大学为依托，政产学研金五元联合的创新综合体，大力发展南大-鼓楼高校国家大学科技园、南京工业大学国家大学科技园和南邮、河海、南财大、中医药大学、药科大学五家大学科技园，把鼓楼的科教资源优势转化为经济发展优势。二是大力推进科技创新载体建设。江东软件城的苏宁慧谷、联创总部大楼、河海国家水资源中心、南大苏富特二期、艾志科技二期要在确保质量的前提下，加快推进。国电南自的自动化中心、国睿科技园、工大科技楼二期等要加大推进力度。三是与大学合作，引进“双创”人才，推动产学研合作，提高科研成果就地转化率。四是加大人才培养力度，加快建设软件测试等公共服务平台，为企业创新提供一个好的环境。五是聚焦通讯软件、电力自动化、物联网、生物技术和新医药、环保新能源等六大产业,培养一批自主创新能力强,具有核心能力的企业,同时引进一批世界500强企业落户园区。六是加速鼓楼国际化发展步伐。要树立全球发展眼光,在更大范围、更广阔空间加快"走出去"和"引进来"发展步伐,进一步提高鼓楼经济发展的国际关联度。大力建设我区境外网络,重点拓展与海外政府、商会的合作渠道,发挥驻区企业海外办事处、海外专家顾问的作用,促进企业的国际交流合作与发展。2011年要在已设立英国伦敦、美国纽约、芬兰等3个联络处的基础上,再设立2-5家境外联络处。

精心打造湖南路中央商务区(包括鼓楼新街口商圈、河西新城市广场商圈)。一是湖南路"二次提升",这是我区"三个发展"的重点,关系到鼓楼可持续发展。我们要把湖南路"二次提升"的04、05片工程作为"经济高端发展、城区环境提升、群众住房改善"的三合一工程典范,加快依法以德拆迁的步伐。同时打造中央路总部大街,重点是紫峰大厦、国际商城的运营。二是大力发展民营经济、总部经济、楼宇经济。明年苏宁电器将进入世界500强,一批民营企业将迅猛发展,民营巨人企业的方阵将初步形成。

大力发展文化创意产业,提升鼓楼的文化软实力。深入挖掘民国历史文化,进一步加大颐和路十二片区招商推介力度,大力吸引中外著名企业和跨国公司入驻。打造郑和宝船厂遗址文化风光带,在巩固宝船厂遗址公园影响力的基础上,加快建设东片郑和广场、西片的郑和码头和游船码头,特别是建造世界上最大的郑和仿古木帆船,制定"八下西洋"计划。协助市里做好2012年中国航海节在南京及鼓楼举办的准备工作。

为经济迅猛发展创造好的环境。即政府服务环境、企业创业环境、政策扶持环境、优质生活环境,特别是要协助市里制定有关条例和法规,依法推进模范路科技创新园区建设。我区要学习中关村,制定"1+X"政策,依法规范、支持企业迅猛发展。

(二)更加突出品质提升,努力在城区建设和精细化、智能化管理上夯实基础

坚持高起点规划、高标准建设、高效能管理,充分彰显鼓楼人文、生态、宜居的城区特色,全面提升城区建设水平、综合承载能力和服务功能。

进一步提升城区功能品质。围绕打造环境优美的宜居区目标,认真学习发达国家先进理念,以高起点高水准规划引领高水平开发,加快推进城区现代化、国际化和智能化进程。结合产业转型升级,大力推进城区功能优化,围绕推动科技创新、金融服务等高端服务业的提升来统筹空间、生态、建筑布局,更加重视辐射功能和服务能力,实现城区功能、环境质量、人居品质极大提升,展现一流的中心城区功能格局和形象面貌。

进一步提升城区公共服务水平。着力推动公共资源优化配置,加快背街小巷等公共环境整治和社区公共服务设施建设,改善全区群众生活品质。积极配合全市"智慧城市"建设,进一步完善区域道路交通网络管理方案,利用智能交通控制系统提高道路通行能力;鼓励社会力量投资建设地下和立体停车设施,鼓励单位内部泊位向社会错时开放,有效缓减出行难、停车难问题。完善防灾减灾、应急救援等系统建设,保证城市安全有序发展。有序推进历史文化街区、历史遗存和文博场馆建设,提升城区价值品位。

进一步提升城区文明程度。积极构建长效管理机制,进一步巩固文明创建成果,确保顺利通过全国第三批文明城市复评检查。积极创新城区管理新模式,推动数字化城管向智能化城管转变,着力构建网格化、智能化、法制化和综合责任制有机结合的大城管体系,实现城市管理时间和空间上的全覆盖。加强居民小区规范化管理,集中解决一批老旧小区道路破损、楼道亮化、排水不畅、污水漫溢、店家污染扰民等涉及民生的难点问题。牢固树立生态环境优先理念,大力改善区域空气、水体质量,加大城区绿化力度,推进生态文明建设。

(三)更加突出以人为本,努力在推动社会和谐、民生改善上夯实基础

把人的全面发展作为经济发展、社会发展的最终目标,牢牢把握人民群众的新期待,让发展成果体现在提高人民生活水平上,体现在满足人民物质文化需求上,让全区人民过上更加美好的生活。

加快实施民生改善提速计划。突出富民优先方针,大力实施居民收入倍增计划,通过创业富民、就业惠民、保障安民,使居民人均可支配收入快速增长。千方百计解决群众就业问题,力争将城镇居民登记失业率控制在2%以内。突出教育优先发展,以贯彻全国学前教育工作电视电话会议精神为契机,加快发展学前教育;总结推广教育集团化发展的经验,深化教育改革成果,切实促进全区优质教育资源均衡发展;构建双轨制、终身化、社会化的职业教育体系,创建两个全国社区教育示范街道。更加突出完善社会保障体系,加大帮困扶贫力度。重点要解决中低收入家庭的住房问题,加快低保家庭、贫困家庭学生的多渠道资助体系建设,确保农民工子女在接受义务教育方面享受同城待遇。加大医疗惠民力度,继续做好对低保家庭、低保边缘家庭的医疗救助。要在加强社会建设上下更大功夫,加快发展社会事业,推动基本公共服务均等化。加大公共财政投入力度,进一步完善全方位覆盖的教育、文化、医疗、卫生、养老、社区服务等公共服务体系,让人民群众更加充分、更加普遍地分享改革发展的成果,不断提高幸福感和满意度。

继续加强平安稳定工作。进一步深化平安鼓楼创建工作,着力深化"大防控"、"大调解"、"基层基础"三项建设,全面落实维稳责任制。继续加大打击犯罪和治安防控力度。认真落实领导接访和包案制度,不断完善社会矛盾纠纷排查和大调解机制,切实加大处理信访突出问题的力度,有效把矛盾纠纷化解在基层、消除在萌芽状态。继续加强安全生产工作,及时消除安全隐患,标本兼治、常抓不懈,确保不发生重特大安全事故，切实做到安全发展。

深化星级文明和谐社区建设。坚持社区硬件建设和软件建设两手齐抓、齐头并进，明年要基本实现100%社区办公服务用房达到每百户30平方米。大力推进社工队伍建设，进一步完善考核激励机制，提高专职社区工作者服务居民的能力和水平。加强鼓楼社区网站维护建设，充分发挥其在社区居民民主自治、志愿者服务和扶贫济困等领域的服务功能。要按照上级文件精神，理顺社区党组织、社区居委会和业主委员会、小区物管之间的关系，利用党建议事会、社区议事园等平台，把党的领导与群众民主自治有机结合，确保社区平安稳定、文明和谐。

（四）更加突出统筹协调，努力在政治和文化建设上夯实基础

把坚持党的领导和发展社会主义民主政治、实现人民当家做主、推进依法治区结合起来，调动各种资源，凝聚各方力量，统筹推进各方面工作。

推动民主政治建设新进步。充分发挥人大、政协在社会主义民主政治建设中的重要作用，积极拓展人大、政协发挥作用的渠道，着力推进新形势下人大、政协工作的创新和发展。支持民主党派、工商联和无党派人士更好地围绕中心工作履行参政议政、民主监督职能，加强人大、政协街道工作委员会工作，切实做好对台、民族、宗教、侨务工作，进一步发挥工会、共青团、妇联等群团组织的桥梁纽带作用，广泛凝聚一切有利于发展的积极力量。加强双拥工作，促进军地和谐。

增创法治建设新优势。加快推进服务型政府建设，深化行政管理体制改革，进一步转变政府职能，规范行政权力运行，提高依法行政水平。全面开展“六五”普法宣传工作，广泛开展“法律人在行动”活动，积极争创省级法治区。不断强化法治建设为民办实事工作。切实加强党对政法工作的领导，着力推进司法公正，进一步推进政法队伍建设，努力提升政法队伍整体素质，增强司法工作服务全区经济社会发展大局的能力和水平。

实现文化建设新发展。围绕纪念建党90周年，积极谋划、广泛开展形式多样、内涵丰富的纪念活动，全方位宣传鼓楼的发展成就和发展经验，激发全区干部群众争先创优的斗志，努力形成健康向上、团结和谐的发展氛围。大力推进社会主义核心价值体系建设，不断巩固全区人民团结奋斗的共同思想基础。坚持把精神文明创建与和谐文化建设有机结合起来，充分依托文化馆、图书馆等公共文化设施，进一步提供全方位、多层次的公共文化服务，在潜移默化中提高群众的文明素质和全社会文明程度。全力打造鼓楼特色的文化活动品牌，扩大文化交流，塑造文化艺术精品，开展公益文化活动，不断丰富广大群众的精神文化生活。

（五）更加突出创先争优，努力在党建科学化水平上夯实基础

实现“十二五”时期经济社会又好又快发展，党的领导是根本保证。要切实以改革创新精神，全面加强党的思想、组织、作风、制度建设和反腐倡廉建设。

切实加强思想建设。坚持按照建设学习型党组织的新要求，抓好党的理论武装工作，不断提升全区各级领导和党员干部的思想理论水平。进一步创新学习方式，拓展学习载体，充分运用党校培训、集中轮训、专题研讨、学习报告会和中心组学习等多种形式推进理论学习。要全面实施党政干部素质提升工程，加大对领导干部的教育培训力度，在加强与井冈山、延安党校合作培训干部的基础上，尝试到国内高校、国外名校培训干部，确保提高学习培训成效。

切实加强干部队伍建设。以做好区委换届工作为中心，着力推进干部人事制度的改革与创新。坚持德才兼备、以德为先的用人标准，切实把政治上靠得住、工作上有本事、作风上过得硬、人民群众信得过的干部选拔上来，真正让能干

者有机会、干成者有舞台，绝不让老实人吃亏、投机钻营者得利。坚持“缺位公选”、“公开竞争”和“竞争上岗”等干部选拔方式，不断完善我区公开、公平、公正、竞争性选拔干部的制度体系。进一步加大年轻干部、女干部、党外干部的使用力度，努力提高干部队伍的年轻化、知识化水平。进一步加强人才工作，培养优秀人才、用好现有人才、引进高端人才，率先形成在国内有影响力的高端人才方阵。

切实加强基层党建工作。进一步夯实基层党建基础，完善党建工作站和党建工作指导员工作规范，消除党建工作空白点。坚持以党建带群团建设，推进党群共建，开拓不同群体、不同组织全面创先争优的新局面。注重在民营企业中开展“创先争优”活动，要求党员为民企做大做强作贡献，民企为社会扶贫帮困作贡献。切实做好党代表换届工作，开展党代表候选人直选试点工作，有效优化党代表队伍结构。扎实推进党务公开，研究制定《关于在全区基层党组织推进党务公开的实施意见》。

切实加强党风廉政和机关作风建设。继续完善惩防腐败体系基本框架，坚持一手抓惩防体系构建工作，一手抓教育、制度、监督、改革、纠风、惩治，提高惩防体系建设的科学性。进一步加强反腐倡廉宣传教育工作，创新教育方式，丰富教育载体，提高教育实效，增强党员干部廉洁从政的自觉性。进一步拓展“清风五坛”廉政文化载体，深入推进廉政文化建设，努力营造“崇廉尚洁”的社会氛围。继续加大查办案件工作力度，保持对腐败行为的高压态势。不断深化党同人民群众的血肉联系，牢固树立群众观点、自觉站稳群众立场、始终坚持群众路线，始终保持机关思想作风建设的生机与活力。

同志们，“十一五”的辉煌成就令人鼓舞，“十二五”的美好前景催人奋进。让我们在省委、市委的正确领导下，高举中国特色社会主义伟大旗帜，坚持以邓小平理论和“三个代表”重要思想为指导，深入贯彻落实科学发展观，同心同德、开拓进取，振奋精神、苦干实干，抢抓新机遇、迎接新挑战、实现新跨越，奋力开创鼓楼“十二五”时期科学发展新局面，把鼓楼的明天建设得更加美好！

政府工作报告

代区长　杨学鹏

(2011年1月21日)

各位代表：

现在，我代表区人民政府，向大会作政府工作报告，请予审议，并请各位政协委员和其他列席人员提出意见。

2010年及“十一五”期间工作回顾

2010年我们在区委的正确领导下，牢固树立“区域空间有限，科学发展无限”的理念，紧紧围绕全年目标任务，以转型发展、创新发展、跨越发展为主线，团结带领全区人民，齐心协力、扎实工作、锐意进取、攻坚克难，较好地完成了区第十六届人大第三次会议确定的各项目标任务，经济社会事业全面发展，获得“全国社会化养老服务示范单位”、“全国数字化学习社区先进区”、“全国计划生育优质服务先进单位”、“省可持续发展实验区”、“省知识产权工作示范区”等称号。

经济实力持续增强。我们围绕区委经济工作思路，着力提升现代服务业集聚度和能级，大力发展总部经济，促进经济发展速度与结构质量效益同步提高。全年实现地区生产总值323.2亿元，增长13.2%①，其中服务业增加值293.9亿元，增长13.2%。完成财政收入75.6亿元，增长18.5%，其中，一般预算收入38.1亿元，增长18.3%，财政收入的总量、增量继续保持六城区之首。完成固定资产投资83.1亿元，增长10.5%。实现社会消费品零售总额289.8亿元，增长17.3%。居民人均可支配收入30863元，增长10.2%。全年实际利用外资1.1亿美元，完成服务外包执行额4.1亿美元，外贸出口26.5亿美元。全区新增千万元以上现代服务业大项目45个，注册资本金25亿元。

产业结构更加优化。高端服务业发展迅速。绿地紫峰大厦、南京国际广场等高品质载体投入使用，湖南路“二次提升"04、05片工程拆迁全面启动，网上"湖南路商城"顺利开通，博西电器投资公司、花旗银行、风盛海水淡化科技公司等一批高端企业落户鼓楼。科技产业加快集聚。模范路科技创新园区进入省十大科技创新园区行列，并被列为省科技厅与南京市合作共建项目。南京科技广场二期、国睿科技园、中国(南京)电力自动化产业园和江东软件城建设进展顺利。南京财经大学科技园、南京中医药大学科技园、南邮物联网科技园建设有序推进。模范路科技创新园区实时数据库开发与共享平台等4个专业技术服务平台和1个综合科技服务公共平台正式投入使用。组建南京物联网应用研究院，承办了旨在建立我国物联网应用标准体系的全国性论坛。目前，模范路科技创新园区已集聚物联网相关领域研发企业100余家。全区经认定的软件企业188家。完成高新技术销售收入225亿元，增长25%，其中，软件产业销售收入210亿元，增长30%。国际科技合作迈出新步伐。在美国波士顿和硅谷设立海外创新基地，牵头成立高能耗产业节能减排创新国际合作联盟。加大引才育才政策力度。设立3000万元高层次"双创"人才专项资金，与南大等高校合作引进4位领军人才。文化产业稳步发展。石头城6号文化产业园、智慧谷动漫产业园等重点项目进展顺利，文化产业增加值同比增长14.6%，占GDP比重达到7.3%。

人居环境逐步改善。修订完成鼓楼区总体规划。按照建设"品质鼓楼"的要求，全面推进市容环境、城市品质、人居质量"三个提升"工程。完成金川河流域的劝业村、鲁迅园等154个小区和渊声巷、镇江路等28条街巷雨污分流工程。实施察哈尔路—福建路—钟阜路、广州路、永庆巷等干道整治；打造沈举人巷、车站东巷2条特色街巷，全年出新街巷97条。祁家桥二期、凤凰西街等道路建设有序推进。全年新增绿化面积10万平方米。继续完善大城管运行体制，推进城市长效管理。主次干道机械化清扫面逐步扩大，机扫道路达33条。试行垃圾中转直收直运模式，垃圾收集袋装化管理全面实施。加强农贸市场管理，8家市场实施内部专业化物业保洁。

整治老旧小区楼栋212幢，出新小区23万平方米，直接受益居民2万余人。探索老旧小区物业管理机制，在各街道建立物业管理"两站一中心"，引导283个无物管小区通过多种方式加强管理。积极推进节能工程，法斯克能源站正式运行，新增市级节水型小区6个，完成老旧小区钢窗节能改造近万平方米。环境监管力度不断加大，里圩河等黑臭河流生态治理初见成效，强化工地施工扬尘监管，加强渣土运输整治，试行对大型餐饮企业油烟在线监控。

公共服务持续提升。教育工作迈上新台阶，全年投入区本级教育资金5.6亿元，增长23.6%。继续完善学前教育体系，新增幼儿园4所，"入园难"问题进一步缓解。组建琅琊路小学、拉萨路小学、力学小学、芳草园小学、三牌楼小学等五大教育集团，教师定期轮岗，优质教育均衡化程度进一步提升。深入开展"名特优"教师送教活动，扩大名师资源。集中精力抓好教师的有效教学，提升教学质量，中高考创历史最好成绩。卫生惠民水平不断提高。全面执行国家基本药物制度，全年投入450万元支持社区卫生机构实行药品销售"零差率"。不断丰富三级医院对口支援社区卫生内涵，完善名医专家定期到社区坐堂门诊制度。挹江门社区卫生服务站改造工程顺利完成，江东社区服务中心和卫生监督所办公楼主体工程完工。传染病防控水平进一步提高。积极推进人口计生公共服务工作，区人口计生公共服务中心正式挂牌运行。公共文化服务水平进一步提升。南洋劝业会百年纪念活动在上海世博园区隆重举行。成功举办"文化四节"[②]，"苏韵流芳"戏曲名家惠民演出等文化活动精彩纷呈。全国第三次文物普查工作顺利推进，南洋劝业会遗迹等27处市级文物和重要新发现申报为第七批省级文物保护单位。全国第六次人口普查工作进展顺利。2009卷《鼓楼年鉴》获得全省和全国年鉴质量评比特等奖。一年来，妇儿、体育、人防、民宗、侨务、对台、档案等工作也取得了新的成绩。

民生保障成效显著。社会保障力度不断加大。多渠道扩大就业途径，增加就业容量，新增就业岗位2.8万个，城镇登记失业率控制在1.95%。不断扩大养老、医疗等保险覆盖面，新增基本养老、失业、生育保险1.6万人，征缴社保基金8.7亿元。开通全市首个消费投诉三方调解网络视频平台，食品药品安全和消费维权工作扎实有效，荣获"省城市社区药品'两网'建设示范区"称号。强化物价监管，推出"价比三家"服务，进一步规范市场价格秩序。启动物价上涨与困难家庭临时生活补贴联动机制，为4.6万人次困难对象发放临时生活补贴151万元。扩大教育救助覆盖面，为家庭经济困难学生发放、减免各类费用364万元。实施惠民门诊、特定疾病免费手术，建立孤寡老人家庭病床，困难群体基本医疗得到进一步保障。保障低收入家庭基本居住需求，全年完成3批廉租房实物配租选房安置，50户低保家庭住上廉租房，2300多户获得租赁补贴800余万元。全面调高低保、低保边缘群体救助金标准，全区低保及低保边缘家庭的综合保障水平达到每人每月630元，实现日均综合保障"3美元"目标。扩大"居家养老服务网"覆盖面，服务老人达6500

人,实现孤寡、独居老人免费服务全覆盖。加强社区养老服务站建设,拓展老年人康复和心理关爱服务。采取多种方式鼓励瑞海博老年康复中心等一批民营养老机构发展,新增养老床位300张,获得"全国老龄工作先进单位"称号。出台《关于加快残疾人事业发展意见》和《关于残疾人实施社会养老保险暂行办法》,加强残疾人社会保障、社会服务两个体系建设,建成并投入使用4个街道残疾人托养中心。进一步完善残疾人托养服务补贴制度,区残疾人康复中心建设进展顺利。

社区建设和谐有序。成功举办"建设和谐社区,迎接青奥盛会"高层论坛,社区建设经验得到中央党校、国家民政部等部门领导和专家学者好评。社区服务用房进一步改善,95%的社区办公服务用房达到每百户30平方米标准,山西路、江东、里圩社区服务中心建设有序推进。加强社区信息化建设,鼓楼社区网和64个社区网站开通运行。大力推进社区志愿者服务站、睦邻文化、社会组织、社会工作建设,社区居委会规范化程度进一步提高。加强社工人才队伍建设,社工待遇进一步提高,为民服务的能力和水平得到提升。深化平安鼓楼、法治鼓楼建设,全力做好世博会期间安全稳定工作。加强中小学、幼儿园校舍安全与治安保卫工作,在全省率先建成校园综合安防系统,完成南大附中、南昌路小学等9所中小学校舍抗震加固工作。强化流动人口服务与管理,加快推进外来人口信息社会化采集。大力实施社会矛盾源头预防工程,推进风险评估机制和社会矛盾大调解机制建设,社会矛盾纠纷调处成功率达98.8%,区医患纠纷人民调解委员会被司法部授予"全国模范人民调解委员会"称号。进一步畅通信访渠道,不断完善大接访制度,积极化解信访积案。认真吸取"7·28"事故教训,全面开展"三项排查"③,积极构筑社会消防安全"防火墙",安全稳定工作得到加强。人民武装工作取得新成就,双拥工作扎实推进,连续第七次被评为"省双拥模范区"。

行政效能稳步提升。全面执行区人大及其常委会的各项决议,主动向人大常委会报告工作。自觉接受区政协的民主监督,重大决策、重点工作事先主动征求意见。认真办理人大议案、代表建议和政协委员提案,办理工作透明度进一步加大,办成率达70.6%。积极稳妥推进政府机构改革,行政结构进一步优化,服务效能进一步提升。在全市率先成立综合应急救援大队,应对秦淮河渗水险情等突发事件及时有效。大力推进权力阳光运行机制,坚持做好政府信息公开工作。制定公有房屋租赁、国有资产管理、拆迁资金管理等办法,稳步推进国库集中支付制度改革,深化财政预算执行审计、重点工程建设项目审计和专项审计。加强法制宣传教育,做好"五五"普法收官工作。切实开展依法行政教育,规范行政执法行为。深入推进反腐倡廉工作,加大案件查办力度,以勤政廉政促经济发展、促社会和谐。

各位代表,刚刚过去的"十一五"时期,是我区经济和社会发展承前启后的重要时期,经过全区人民的不懈努力,我们圆满完成了"十一五"规划确定的各项目标,全区经济和社会发展取得了重要成就。

过去的五年,是经济综合实力实现历史性跨越的五年。我们积极应对国际金融危机的严重冲击,主动适应不断变化的宏观形势,积极调整发展思路,实现了经济快速平稳发展。"十一五"期间地区生产总值年均增长12.8%。财政收入从"十五"末的25亿元,发展到"十一五"末的75.6亿元,年均增长24.7%,其中,一般预算收入从"十五"末的7亿元,发展到"十一五"末的38.1亿元,年均增长40.3%。地区生产总值、财政收入、社会消费品零售总额等主要经济指标均位居全省同类城区前列。

过去的五年,是产业结构完成根本性转变的五年。五年来,我们致力于创新驱动,主动转变经济发展方式,大力发展现代服务业和总部经济,推动产业结构转型升级,以科技研发、现代商业商务、文化创意为主要内容的三大现代服务业产业集群初步形成。"十一五"末,全区服务业在产业结构中的比重稳定在90%以上,其中现代服务业的比重达到49%。总部经济迅猛发展,企业规模不断壮大,总部型企业对全区财政贡献度达到48%。民营经济再上新台阶,对全区经济贡献度超过70%,苏宁电器集团连续5年位列全国民营企业500强前三甲。科技创新成为转变经济发展方式的重要驱动力,全社会研究开发投入占GDP的比重达到6.78%。

过去的五年,是城市功能日趋完善,人居环境逐步优化的五年。"十一五"期间,城市基础设施建设进一步加强,通过挖掘历史文化资源,彰显特色,初步形成了布局合理、功能凸显、交通便捷、生态优化、管理高效的现代化城区形态。五年来,全区累计增加绿地面积71.6万平方米,绿化覆盖率达47%,"绿色人居环境社区"覆盖面达46%。同时,采取"政府主导,市场运作"等方式,对市容环卫工作机制进行改革,城市管理水平明显提升。

过去的五年,是和谐社会建设不断深入的五年。五年来,我们坚持富民优先,扎实推进就业再就业工作,不断完善社会保障体系,城市居民收入稳步提高。城镇登记失业率一直保持在2.6%以内。通过"3美元"综合保障计划等救助机制的实施,全区困难家庭得到有效帮扶。五年来,我们深入推进依法治区,扎实创建平安鼓楼,努力建设服务型政府,各项社会事业全面发展,公共服务质量明显提升。

"十一五"期间经济社会发展所取得的成绩,是市委、市政府和区委正确领导的结果,是全区人民团结奋斗、开拓进取、扎实工作的结果,是方方面面通力协作、大力支持的结果。在此,我代表区政府向全区广大干部群众表示崇高的敬意!向给予区政府工作大力支持的人大代表、政协委员、各民主党派和人民团体表示诚挚的谢意!

五年来,鼓楼区的各项工作都有了新的进步,但我们也清醒地看到,在发展过程中,还存在着一些亟待解决的矛盾和问题,主要有:高端服务业发展仍显滞后,自主创新动力相对不足,产业转型升级的任务依然艰巨,特别是去年下半年以来,重大项目建设进展比较缓慢;资源瓶颈制约日益加剧，拆迁等问题更显突出，经济载体建设攻坚力度有待进一步加强；社会事业发展水平、社区公共服务能力还不能完全满足群众日益增长的需求，社会管理面临不少新情况、新问题；政府职能转变尚未完全到位，行政效能和透明度还有待进一步提高；政府工作制度和监管体系建设存在疏漏，廉政教育管理不到位，极少数领导干部放松对个人的要求，违法违纪，严重损害政府形象。对于这些矛盾和问题，我们将高度重视，在今后的工作中认真加以解决。

“十二五”发展的总体思路和目标任务

“十二五”期间，鼓楼将面临新的发展机遇。国家和省市对科技创新的强力推动，将给我区进一步转变发展方式、推动科教人才资源优势转化为经济发展优势提供千载难逢的机遇。2013年亚青会和2014年青奥会的举办，将大大加快南京城市现代化和国际化的进程，为我区提升城区品质、对外交流及经济社会各项事业实现全方位跨越提供了难得的契机。与此同时，我们也清醒地看到鼓楼未来发展面临诸多压力和挑战：一是经济又好又快发展的压力进一步增大。我区空间狭小，区内大学、大企业正在外移，与此同时，全市区域竞争日趋激烈，周边城区正在迅速崛起，稍有松懈，鼓楼就会被边缘化。二是社会建设的压力进一步增大。主要是社会建设与经济发展在质量和速度方面都存在着较大的反差，特别是社区卫生服务、养老等工作方面历史遗留的“欠账”较多，如果不加以重视，将严重影响鼓楼的可持续发展。三是城市管理的压力进一步增大。与国内先进城区相比，我们不仅在道路交通设施等硬件上存在差距，还在市民素质、人性化服务等软环境、软实力上存在更大差距。四是社会稳定的压力进一步增大。现在是矛盾凸显期，各类矛盾层出不穷，处置工作稍有不慎就可能酿成事端，引发突发性、群体性事件。五是廉政工作的压力进一步增大。我们必须保持清醒头脑，切实增强忧患意识、机遇意识和责任意识，积极应对各种风险和挑战，着力解决各种突出矛盾和问题，实现鼓楼科学发展新跨越。

“十二五”期间政府工作的总体要求与指导思想是：以邓小平理论和“三个代表”重要思想为指导，深入贯彻落实科学发展观，坚持以“率先科学发展、共建和谐社会”为主题，以加快转变经济发展方式为主线，以创新为动力，以城区品质提升和民生改善为目的，全面实施富民强区、人才强区、科教强区、文化兴区、依法治区、以德谐区、可持续发展七大战略，全力推进我区“转型、创新、跨越”发展，奋力把鼓楼建设成为高端人才的集聚区、科教发达的创新区、总部云集的核心区、国际合作的开放区、环境优良的宜居区、古今文明交相辉映的和谐区。

综合考虑未来发展的趋势和条件，“十二五”期间，经济和社会发展的主要预期目标是：

——综合经济实力显著增强。保持经济平稳较快发展，经济增长的质量和效益进一步提高，力争到2015年地区生产总值突破600亿元，财政收入突破150亿元。

——创新能力显著提升。创新体系更趋完善，加快形成一批拥有自主知识产权和知名品牌的创新型企业，科技进步对全区经济增长的贡献率明显上升，率先建成国家自主创新示范城区。

——产业结构显著优化。进一步调高调轻调优产业结构，加快形成以现代服务业为主导的现代产业体系，现代服务业占服务业比重达到60%，文化产业占地区生产总值的比重提高到10%，总部型企业对财政收入的贡献率超过70%。

——城区现代化水平显著提高。进一步加快“精致鼓楼”、“智慧鼓楼”建设步伐，充分利用现代信息技术和科学管理手段，大力加强城市基础设施建设、生态文明建设，打造品质城区，有效彰显古都文化特色、人文绿都特色。

——人民生活显著改善。努力做到居民收入增长和经济发展同步、劳动报酬增长与劳动生产率提高同步，到2015年，居民人均可支配收入达到5.3万元，力争达到6万元；城镇登记失业率控制在1.8%以内，最低生活保障水平每人每月达834元以上。社会建设全面进步，基本实现劳有多得、学有优教、病有良医、老有颐养、住有宜居的“五有”目标。

——社会管理水平显著提升。平安鼓楼、法治鼓楼建设水平不断提高，社会管理机制进一步完善，为全区经济社会发展创造和谐稳定的社会环境和公正高效的法治环境。

到2015年左右，全区科教更加发达、经济更加繁荣、社会更加稳定、环境更加优良、民生更加和谐，率先基本实现现代化的基础更加牢固。

2011年政府工作的主要任务

2011年是“十二五”规划的开局之年。扎实做好今年的各项工作，为“十二五”发展开好头、起好步，至关重要。我们要坚决贯彻市委、市政府和区委的总体工作部署，狠抓各项政府工作的推进落实，确保全区经济平稳较快发展，确保民生持续得到改善，确保社会和谐稳定，为全面实施“十二五”规划奠定坚实基础。

综合各方面考虑，今年全区国民经济和社会发展的主要预期目标为：

——地区生产总值增长12%~13%，服务业增加值增长13%~14%；

——财政收入增长16%，一般预算收入增长14%；

——全社会固定资产投资80亿元；

——社会消费品零售总额增长14%~15%；

——城镇登记失业率控制在1.8%左右；

——居民人均可支配收入增长11%~12%。

上述目标综合考虑了各种有利条件和不利因素，广泛征求各方意见，充分体现“三个发展”的要求。鉴于今年国内外经济形势发展的不确定因素较多，我们将密切跟踪分析新情况新问题，审时度势，灵活应对，避免出现大的起落。

按照今年经济社会发展的总体要求，我们将着重抓好以下七个方面的工作：

一、全面提升产业发展能级

推动经济平稳较快发展是今年的首要任务。我们要进一步优化服务环境，继续提升现代服务业的集聚度和能级。

着力发展高端服务业。基本完成湖南路04、05片拆迁工作，推进湖南路中央商务区建设，加快湖南路"二次提升"步伐。深入开展名牌和商标战略，强化品牌培育与保护力度。拓宽招商引资渠道，做好绿地紫峰大厦、南京国际广场等高端商务楼宇的招商工作，重点关注投资、金融、旅游、科技研发、现代物流、文化传媒、教育培训、医疗服务、咨询服务等现代服务业项目。

积极打造"大学科技城"。全力推进"三个对接"，利用全区科教人才资源优势，强化与大学科技园、省属企业和科研院所的对接合作。以模范路科技创新园区为重点，积极推进大学科技园建设，加大南京科技广场（二期）、中国（南京）电力自动化产业园、国睿科技园、江东软件城等创新载体建设力度。大力发展物联网、节能环保、软件与服务外包、新能源新材料、生物技术与新医药、电力自动化六大战略性新兴产业。

继续推进文化产业发展。加强石头城文化风光带、宝船厂遗址文化风光带、颐和路民国历史文化风光带建设。加快推进宝船游艇俱乐部建设，完成郑和主题3D动漫电影制作，基本完成郑和宝船船体建设。推进凤凰广场二期工程、江苏电视塔改造、石头城5号文化产业园等文化项目。制定"八下西洋"计划，为申办2012年中国航海节做准备。

二、积极构建多元创新机制

强化机制体制创新，进一步激发区内大学、科研院所、企业创新的内生动力，优化配置产学研资源，最大限度释放区域创新资源的能量。

建立多元化投入机制。发挥政府资金的引导作用，提高科技投入的使用水平。继续完善南京高科技国际风险投资服务园等平台的投融资功能，设立科技小额贷款公司，加快引入风险资金，积极与银行、担保公司合作，健全科技金融对接机制，解决科技型企业的融资瓶颈。同时，帮助企业争取国家、省、市的科技项目经费支持。

完善以企业为主体的自主创新体系。鼓励驻区高校院所通过联合成立博士后工作室、研发中心等形式与企业加强合作，培育一批拥有自主知识产权、知名品牌和较强国际竞争力的优势企业。支持产业联盟的组建，形成政府、科研机构、高校、企业等各类科技力量协调一致、分工合作和紧密联系的良性机制。研究制定对技术成果转化的激励措施，加强科技成果交易平台建设，建立以市场为导向的科技成果转化机制。

创新人才培养和引进机制。继续加强与驻区高校的人才合作，进一步优化人才发展环境，落实和完善各项激励政策，引进集聚一批"双创"人才和研发团队。继续加强人才培训平台建设，围绕我区主导产业和重点领域，培养高层次急需人才。同时，继续推进"大学生科技创业3年行动"，设立高校学生创业实践基地，为大学生提供更多的创新创业机会。

三、大力实施品质鼓楼建设

以建设资源节约型、环境友好型城区为目标，坚持高质量建设、精品化管理，加强规划统筹，完善管理机制，不断提升城区环境品质。

科学规划城市发展。牢固树立"规划先行"的理念，做好我区控制性详细规划的修编工作，以规划引导城市建设健康发展。从提升城市形象、改善人居环境入手，围绕模范路科技创新园区、湖南路中央商务区等重大建设项目，做好空间利用和周边道路交通规划。加强民国建筑等历史文化遗存保护，提升价值品位，彰显鼓楼独特的历史文化风貌。坚持依法以德拆迁、文明阳光拆迁，大力推进湖南路"二次提升"、国电南自等项目拆迁，积极为规划实施创造条件。

加快提升城市功能品质。推进智能交通控制，不断完善城区道路交通网络，提高区域外连内畅能力。以筹办"亚青会"、"青奥会"为契机，完成裕盛路西段道路建设，配合做好纬三路等市政重点工程。继续推进"三个提升"，高标准实施山西路—湖南路、中山北路、模范西路—模范中路—新模范马路、云南北路—云南路—上海路等13条道路环境综合整治工程。结合北护城河、金川河流域雨污分流改造，继续推进背街小巷环境整治和小区出新。加大危旧房片区改造力度。鼓励社会力量投资建设停车场，引导驻区单位和社区错时开放内部泊车位。加强生态绿化建设，推进屋顶绿化、垂直绿化，提升绿化覆盖率。

实施城市精细化管理。坚持城市建设与管理并举，以落实网格化、智能化、法制化和综合责任制的"三化一制"为重要抓手，完善大城管运作模式，提升日常管理水平，按照全市统一部署完成拆违控违任务。进一步完善环卫工作机制，提高机械化清扫覆盖率。加快推进农贸市场社会化保洁进程，高标准建设菜、肉可追溯系统电子平台。加强"六小行业"精细化管理，保障人民身体健康。积极保护城市生态环境，启动蓝天行动计划，建立渣土群防群治社会网络体系，加大扬尘和餐饮油烟污染整治力度，基本淘汰燃煤锅炉，提升空气质量。继续开展黑臭河流生态治理，实施北河口水源保护区视频在线监控，全面推进清水行动。

四、着力提升公共服务能力

围绕基本公共服务均衡发展目标，大力加强社会建设，促进全区经济社会协调发展，努力满足人民群众的基本公共服务需求。

推进教育优质均衡发展。加大学前教育投入，新增2所公办幼儿园，进一步提高办园质量。积极实施"336"工程④，落实"教师岗位成长计划"，提升教师队伍素质。力争完成鼓楼职校一期工程，建设高品位的现代化职业学校。深入进行数字化学习社区建设标准、试点方案与支持政策研究；继续开展"全民终身学习活动周"、"学习超市"等主题活动，力争创建两个全国社区教育示范街道。积极鼓励民间资本兴办学校，扶持民办教育健康快速发展。

加快发展卫生事业。探索社区卫生特色服务，实现与大医院的错位发展。继续做大计划免疫示范品牌，加强慢病防治工作，拓展社区慢病干预新途径。高起点实施“双向对接”工程，放大品牌效应。以健康教育为抓手，积极推进健康城区品牌建设。开展“智慧医疗”试点工作，全力打造“15分钟健康圈”，实现公共卫生基本设施配备全覆盖。建设莫愁社区卫生服务中心，里圩社区卫生服务站和区卫生监督所力争投入使用。完善流动人口计划生育公共服务，深入开展流动人口计生服务管理示范社区创建活动。

精心做好文体惠民工作。新建劝业文化特色图书分馆，完成基层文化站达标升级任务。打造文化活动品牌，扩大文化交流与合作。推进“文化低保”工程，加强对低收入群体和外来务工人员的公共文化服务。精心策划“文化四节”，引进大型精品文艺演出，提升优秀公共文化产品的创作数量和质量，不断满足群众文化需求。加快推进魏源纪念馆建设，做好历史文化遗存保护。大力开展群众性体育活动，完成区社区体育中心扩建工程。

鼓楼区第八届湖南路旅游时尚节活动现场

加强精神文明建设。深入推进星级文明和谐社区创建，加强文明城市长效管理，迎接全国第三批文明城市复评。发挥科教人才资源优势，完善志愿者的服务管理、团队建设和长效活动机制，引导驻区单位员工积极加入志愿者队伍，为周边居民提供专业服务。全面推进以社会主义核心价值体系为主题的公民道德建设，提高公民文明素质和社会文明程度。

五、稳步提高社会保障水平

更加注重保障和改善民生，认真落实社会保障措施，办好一批顺民意、解民忧、惠民生的实事，切实解决人民群众最关心、最直接、最现实的利益问题，寻求包容性增长。

巩固“充分就业区”创建成果。紧贴产业发展和人力资源市场需求，充分发挥驻区高校的办学优势，完善教学与就业服务功能。加大对创业的支持力度，加强创业项目开发、开业指导、后续跟踪服务，推动创业由一般型向知识型、科技型、复合型、规模型转变。投入6000万元开发公益性岗位，确保“零就业家庭”动态消零。

加大社会救助力度。继续实施“3美元”纯生活保障计划。上浮大病医疗救助标准，将低保及低保边缘家庭大病医疗救助最高标准由1万元上浮至2万元。扩大教育救助覆盖面，将低保及低保边缘家庭中的研究生纳入救助范围。努力扩大保障性住房供应量，提高实物配租比例。建设功能完善、各具特色的街道社会救助中心，畅通便民服务渠道，实现综合救助“一站式服务”。

强化便民惠民保障。密切关注价格走势，强化市场价格监管。顺应就业形式多样化的客观要求，完善区、街、部门社会保险联动扩面征缴机制。扩大“居家养老服务网”覆盖面，增加养老服务供给，新增养老床位400张。按照适度普惠建设要求，完善“尊老金”[5]制度。大力推进残疾人工作两个体系建设，实施促进残疾人就业保障措施，对符合政策要求的各类残疾人办理社会保险给予补贴，推进区残疾人托养中心建设。

六、不断深化和谐社会建设

以社区建设为抓手，创新社会管理，加强和谐社会建设，积极协调利益、化解矛盾、维护稳定，为广大群众创造良好的工作生活环境。

进一步拓展社区服务功能。继续提高社区软硬件建设水平，建成里圩、山西路社区服务中心，确保全区所有社区办公服务用房达到每百户30平方米。继续提高社区信息化建设水平，发挥社区网站在社区居民民主自治、志愿者服务和扶贫济困等领域的服务功能。继续推进特色社区、精品社区建设，按照工作项目化、项目标准化要求，拓展社区公共服务。继续推进社会工作人才队伍建设，建立专职社工人才库，加强技能培训，完善考核体系，优化队伍结构。继续完善对社会组织的规范化管理，加强对公共服务、慈善救助、社区社会事务服务和管理类社会组织的指导，发挥好社会组织服务社区居民的作用。

进一步打造和谐民生环境。深入实施老旧小区物业化管理，推进街道“两站一中心”平稳有效运行，力促将零散小区全部纳入管理范畴。扩大农贸市场内部物业化保洁覆盖面，逐步建立起科学完善的农贸市场建设管理工作机制。深入开展放心消费城区创建，建成“省级放心消费示范区”。继续抓好食品安全综合监管，建立鼓楼区食品安全检测分中心。深化药品安全长效管理，加强基层医疗卫生机构药品监管。

进一步维护稳定发展局面。完善安全生产责任制度，提高安全生产综合监管能力，加强安全生产宣传教育与培训，加大高层建筑消防设施管理力度，推进安全隐患排查整改与落实。深入开展基层平安创建工作，将综治触角向非公经济领域延伸，积极推进平安科技园区创建。大力加强社会治安防控体系建设，构建人防、物防、技防全方位防控网络，不断提高对动态社会的管控能力。加强社会管理创新，完善流动人口服务管理平台，强化居委会维稳功能，继续推行社会稳定风险评估，完善评估程序、评估标准及相关工作机制，从源头上预防和减少矛盾纠纷。着力实现信访工作的规范性、制度化建设，完善和落实领导包案机制，加强对重点难点信访问题的协调会办，满足群众合理诉求，有效化解矛盾纠纷。全面贯彻实施《人民调解法》，进一步健全区、街、社区三级人民调解委员会，依法以德调解，促进社会和谐。启动政法大楼前期建设工作，逐步解决公安派出所办公用房紧张问题。着力拓宽双拥共建渠道，建立双拥志愿者服务队，做实做精双拥共建各项活动，提升双拥共建工作实际效果。

七、切实加强政府自身建设

深入推进政府管理创新，以转变政府职能为核心，进一步改进政府工作，更好地为基层、为企业、为群众服务。

进一步提升行政效能。巩固政府机构改革成果，促进各项政府职能优化重组后的运行与磨合，建立健全新的绩效考评体系，完善部门高效运转的体制机制。建设鼓楼区宏观经济综合数据采集库和综合信息共享平台、“大统计”工作平台。健全压力传导机制，强化行政效能督查，确保政府各项决策部署不折不扣落到实处。深化财政体制改革，加强国有资产监督管理，提高国有资产运作水平。切实抓好重大项目建设，力争将区内更多项目列入市重大项目库和储备库，增强经济发展后劲。提高服务企业的针对性，实现服务责任清晰化、服务企业效率化，提升鼓楼核心竞争力。

努力提高依法行政水平。自觉接受监督，认真贯彻执行人大及其常委会的决议决定，坚持重大事项报告制度。支持政协更好地履行政治协商、民主监督和参政议政职能。认真办理人大代表建议和政协委员提案，进一步提高办成率。健全重大问题集体决策、专家咨询和社会公示制度，主动听取各民主党派、工商联和社会各界人士的意见建议，不断提高政府决策的民主化和科学化水平。推进服务型政府建设，继续做好政府信息公开、权力阳光运行工作。积极对接市“12345”政府服务热线，切实为老百姓办实事、办好事。进一步理顺全区电子政务工作机制，全力打造“网上鼓楼区政府”。完善特邀执法监督员制度，搭建区行政风险控制与法律服务平台。启动“六五”普法教育，规范行政执法，切实提高一线执法人员的行政执法水平。

强化机关作风建设。大力弘扬求真务实精神，坚持查实情、讲实话、办实事、求实效。大力弘扬改革创新精神，推进干部岗位能力建设，鼓励干部勇于创新、善于创新。大力弘扬负重攀登精神，切实增强忧患意识，以更加饱满的热情、更加高昂的斗志，高标准全力推进各项工作。大力弘扬为民服务精神，切实做到权为民所用、情为民所系、利为民所谋，自觉履行为民服务职责，着力研究解决民生工作热点与难题。大力弘扬团队合作精神，把思想统一到全区重要工作部署上，把行动统一到加快转型发展上，又好又快地推进全区各项事业发展。

加大反腐倡廉力度。坚持标本兼治、惩防并举，严格执行各项廉政工作制度。深入开展民主评议行风工作，从教育、制度、监督等方面积极探索加强政风行风建设的长效机制，强化监督制约，规范行政行为。注重监督关口前移，有效防止违纪违法问题发生。加大案件查办力度，严肃查处重点领域和关键岗位发生的腐败案件。深入推进公共服务外包，完善公共产品监管机制。加大对教育、社会保障、医疗卫生、拆迁补偿等关系民生的资金审计力度，推动各项惠民政策落到实处。

各位代表，新的一年任务繁重而艰巨，责任光荣而重大。在新的起点上推动鼓楼的转型发展、创新发展、跨越发展，是时代的要求、人民的期待，是历史赋予我们的神圣使命。让我们在区委的领导下，进一步解放思想，求真务实，锐意进取，扎实工作，全面完成 2011 年各项目标任务，奋力开创鼓楼“十二五”时期科学发展新局面！

附件：

《政府工作报告》部分名词解释

①2010 年 2 月，市统计局对各区县 GDP 数据口径进行了调整，一些跨地区的大单位以及销售超亿元的连锁单位划归市统计局直接统计。据此，我区 2009 年 GDP 数据由 344 亿元调整为 277.06 亿元。

②即“民俗文化节”“旅游时尚节”“社区文化艺术节”“全民阅读节”，统称“文化四节”。

③即安全生产排查、信访热点难点问题排查、基层薄弱环节排查，统称“三项排查”。

④“336”工程，第一个“3”指的是名师、名校长、名校“三名工程”，第二个“3”指的是青年教师成长计划、中青年骨干教师成才计划、基础教育家培养计划等三项计划，“6”指的是六个等级的教师能级制建设。

⑤尊老金包括两个部分：一是向 80 岁~89 岁老人发放的营养补贴；二是向 90 岁以上老人发放的高龄补贴。

鼓楼年鉴2011

专记

Major Events

精彩纷呈的高端对话　意犹未尽的思想盛宴

——"建设和谐社区 迎接青奥盛会"高层论坛在鼓楼区召开

2010年4月24日，"建设和谐社区，迎接青奥盛会"高层论坛在鼓楼区召开。这是鼓楼区深入学习贯彻党的十七届四中全会精神，全面巩固学习实践科学发展观活动成果，继续深化和谐社区建设的理念，全力推进"对接世博，迎接青奥，建设中国特色社会主义新城区"的一次盛会。

本次论坛由中央党校社会发展研究所、中央党校科学社会主义教研部、人民日报社江苏分社主办，江苏省民政厅、江苏省社科院、河海大学、南京市民政局协办，鼓楼区委、区政府承办，共有全国17个省份、46个城区参会。

全国政协常委、中央党校原副校长李君如，南京军区原司令员向守志上将，市委副书记陈绍泽，国务院法制办公室政法司司长李建，民政部基层政权和社区建设司司长詹成付，市委常委、组织部长王奇等领导出席论坛并讲话。鼓楼区委书记鲍永安介绍鼓楼区和谐社区建设情况，鼓楼区区长与北京市西城区、杭州市上城区、苏州市沧浪区代表，分别作大会交流发言。

中央党校科学社会主义教研部主任严书翰、南京政治学院副院长赵学清、江苏省社科院院长宋林飞、河海大学党委书记朱拓、中国社科院政策研究中心副主任杨团、中央党校社会主义教研部教授常欣欣、南京师范大学教授吴亦明、上海大学教授顾俊等专家学者进行专题点评。会后，与会人员参观汇林绿洲社区、颐和路社区、心贴心老年人服务中心，并观看惠民文艺演出。

"论坛对迎接2014青奥会有指导意义"

——中央党校科学社会主义教研部主任　严书翰

"建设和谐社区，迎接青奥盛会"高层论坛准备充分、领导重视、内容丰富、意义深远。论坛全面总结鼓楼区和谐社区建设经验与做法，深入探讨和谐社区建设中存在的困难和问题，努力探索和谐社区建设的新思路、新方法，切实贯彻落实十七大以来中央关于社区建设工作的重要决策和部署，对加快推进具有中国特色社会主义和谐社会新城区建设，以更加富裕、和谐、文明的社会环境，迎接2014年夏季青奥会在南京的隆重举行具有一定指导意义。鼓楼区创建文明和谐社区的经验将被载入史册，相信鼓楼区会在新的起点上带领全区人民进一步推动科学发展，建设更高水平和谐社会。

"驻区部队有责任参与和谐社区建设"

——南京政治学院副院长　赵学清

和谐社区建设是一项理论和实践相结合的课题。鼓楼

区在此方面做了大量卓有成效的工作。作为驻区部队的一员，为鼓楼区和谐社区建设取得的成绩感到自豪。作为驻区部队，有责任、有义务参与鼓楼文明和谐社区建设，一定服从大局，全力支持、参与文明和谐社区建设，为第二故乡出力，为青奥盛会加油。学院还将有计划地组织地方党政领导和企业负责人到部队进行军事训练，帮助建立健全民兵预备役组织；完善驻区部队文化建设工程，利用《双拥报》全方面报道军爱民、民拥军的先进事迹和典型经验，为文明和谐社区建设营造良好氛围，为鼓楼和谐社区建设和南京举办青奥会作出新的贡献。

"文明和谐社区建设永无止境"

——江苏省社科院院长　宋林飞

文明和谐社区建设"鼓楼模式"主要有六大特征：一是创业富民，二是居民自治，三是联动共建，四是保障服务，五是平安文明，六是最佳人居。文明和谐社区建设永无止境，对鼓楼文明和谐社区建设及社区建设"鼓楼模式"创新发展有六个建议：一、创造社区服务品牌；二、创造社区警务品牌；三、创造社区文化品牌；四、创建社区救助体系；五、创建社区"热心"机制，关爱社区弱势群体；六、创建和谐幸福家园。希望鼓楼区在新的探索和创新过程中，把文明和谐社区建设"鼓楼模式"再向前推进，在已有的基础上创造更多、更好的新经验，把我们工作生活的地方建设得更加美好。

"鼓楼区和谐社区建设有五方面独有内涵"

——江苏省民政厅厅长　吴洪彪

1999 年，民政部在鼓楼区召开全国城市社区建设理论研讨暨鼓楼经验论证会，总结推广社区建设新理论，在全国社区发展进程中产生较大影响。尤其近十多年来，鼓楼区坚持以科学发展观为指导，结合本区工作实际，大胆探索，有力推动和谐社区建设的创新和发展。鼓楼区的和谐建设之路是不断探索的过程，有着自身独有的建设内涵。内涵包括五个方面：一是形成一个和谐社区建设的运行体制。鼓楼区创新社区管理服务模式，形成以社区党组织为核心、社区居委会为主体、社区公共服务站和其他社会组织为基础的新型社区组织体系和运行机制。二是制定一个和谐社区建设的规范标准。鼓楼区在全省率先推出标准化、规范化的建设。三是搭建一个和谐社区建设居民互动的平台。鼓楼区积极构建社区信息化的交流互动平台，有效整合社区内各方面资源。四是建立一支和谐社区建设的人才支撑队伍。鼓楼区积极推进社区干部选聘机制，加快社区工作职业化、专业化的工作步伐，为社区建设提供强有力的人才支撑。五是探索了一条和谐社区建设的自治路径。

"社区工作对社会和谐的作用越来越大"

——江苏省委组织部常务副部长　刘国中

社区工作的作用越来越大。第一，作为党和政府执政的基础，其作用越来越大，要听民意，扬民主。第二，在社会长治久安中起的稳定作用越来越大。第三，和谐社区建设对进一步推进城市化进程的作用越来越大。鼓楼区坚持解放思想、改革创新、谋划在前、务求实效，和谐社区建设取得很大的成绩，主要表现在"五个率先"：一是在全国率先提出社区建设是城市工作永恒的主题，把和谐文明的成果惠及人民群众；二是在全省率先提出和谐社区党建先行，找准各级和谐社会的着力点和落脚点，切实提高党员在城市社区的新形象，夯实党在城市社区的基础；三是率先推行社区党员议事会，"一会一站"的工作模式受到中组部的肯定和推广，通过民主议事、民主决策来解决群众诉求，疏通以基层党内民主带动社会民主的途径；四是率先提出把矛盾化解在社区、把稳定落实在社区、把和谐构建在社区，细化和谐社区建设的职责，明确建设的标准；五是率先创建星级文明和谐社区，有效整合社区的各类力量，来共同唱响"同住一个社区，共建一个家园"的和谐旋律。

"鼓楼是南京和谐社区建设的缩影"

——南京市委常委、组织部长　王　奇

鼓楼区是南京的主城核心区域，无论是社会建设还是党的建设，都走在全市的前列；鼓楼区的实践探索，是南京和谐社区建设的一个缩影，鼓楼区的样本经验充分体现南京和谐社区建设的发展变化。本次论坛的举办，不仅是对鼓楼区工作的肯定和推动，更将对南京和谐社区建设产生积极的影响。近年来，南京市把和谐社区建设作为构建和谐南京的重点工程来抓，在改革社区管理体制、推进社区居民民主自治、强化社区服务功能等方面，进行积极的探索，和谐社区建设取得比较明显的成效，南京初步走出一条具有自身特色的社区建设之路，荣获首批全国社区建设示范市的称号。以后将更多地求教于各位专家，相信有大家的鼎力支持，南京一定能够抓住承办青奥会的历史机遇，把和谐社区建设推向一个新的高度。

关于鼓楼和谐社区建设理念和实践的几点思考

——南京师范大学　吴亦明

鼓楼特色的社区建设经验概括起来，主要是坚持主题引领，共同治理，普惠服务，专业推进。以改善民生为重点，以文明和谐为目标,以社会建设推进社区建设,以社区建设促进社会建设,争创首善之区。

一、坚持主题引领。这是社区建设在城区工作中的定位和方向问题。鼓楼区在 1997 年提出"税源经济是全区事业的生命线、社区建设是城区工作的永恒主题",这两句话体现了鼓楼区对经济发展与社区建设关系的认识,明确将社区建设作为新时期城区工作的一个主题和立足点,是社区建设理念的创新和突破,体现了鼓楼区的认识水平,得到了国家民政部和省市领导的充分肯定。

二、坚持共同治理。这是社区建设的体制和动力问题。社区共同治理就是要在社会管理体制改革中进一步创新社区治理机制,实现党委领导、政府主导、居民自治、社会参与的有机统一。政府应树立现代社会管理理念,以人为本的科学发展观要求,从传统单一的行政管理走向善治。要充分发挥驻区企事业单位、社会组织及社区居民在社区建设中的主体作用,共同治理社区,共同处理社区事务,共同治理应当成为社区管理体制进一步改革和完善的方向。鼓楼区在实践中坚持积极整合有利于社区建设的各方资源和力量,同驻共建、共享共赢,这些做法应当发扬光大。

三、坚持普惠服务。这是社区建设的本质问题。鼓楼区提出要实现社区的普惠服务,普惠就是普遍惠及的意思,体现的是服务的内涵和标准,是要使全体鼓楼区居民都能普遍享受到福利性的社区服务。鼓楼区提出并正在努力落实"七有"(学有优教、劳有多得、病有良医、住有宜居、老有颐养、弱有所助、行有所便)、"十有"(劳者有其岗、少者有其学、病者有其医、弱者有其助、居者有其屋、生者有其保、诉讼有其援、义者有其奖、老者有其养、梦者有其圆)等措施,这些都是普惠服务的初步体现,这些服务内容和措施使全体社区居民能更好地共享经济社会发展成果、共享物质和精神的文明生活。鼓楼区的普惠服务应进一步发展在公共服务均等化的理念指导下,推进普惠化的社区综合性福利服务,在社区养老、助残、帮困和居民生活福利、社区文化等服务方面,大力加强以政府为主导的社区公共服务,引入市场机制的社会化服务,社区推动的居民互助服务,并根据实际的经济承受能力,逐步增加服务项目,逐步提高服务标准。鼓楼区社区服务的发展目标应该体现鼓楼区的经济社会发展水平,借鉴欧洲等发达国家和地区的经验,形成有鼓楼特色的适度普惠的福利服务体制。

四、坚持专业推进。这是社区建设的人才和方法问题。社区建设要进一步深化,必须加强专业标准、专业水平、专业人才、专业机制的推进。社会工作人才队伍的培养,养老、残疾人等服务体系的专业化水平的提高,社区工作者专业人才的引进是现阶段深化社区建设的重要课题,不破题就难有发展,应该遵循社区建设发展的客观规律,积极运用专业社会组织的理论、方法、技术,提升鼓楼区社区建设的专业化水平,推进鼓楼区的社工人才队伍建设。鼓楼区 96180 生活服务求助热线、居家养老都是依托社会组织开展专业化服务,已形成初步专业化推进社区服务的体系,但还不够,应继续发挥政府的主导作用,充分利用鼓楼区现有的人才资源优势,发展社区社会工作,推进社区工作的专业化。

五、坚持以改善民生为重点。这是今后社区建设工作重点问题。民生问题是事关人民群众生存发展的根本问题,也是构建和谐社会必须关注和解决好的核心问题。回顾鼓楼区社区建设全面展开,与居民息息相关的各类社会事业不断发展,社会活力不断增强,社会和谐水平不断提高,特别是在改善民生方面,取得了有目共睹的成绩。鼓楼区提出"十有"、"七有"比十七大改善民生五项任务更进一步。鼓楼区今后要充分考虑随着经济社会的发展,完善相关保障制度,着力保障和改善民生,以推动和谐鼓楼建设。

六、坚持以文明和谐为目标。这是文明社区创建和和谐社区创建的关系问题。文明和谐是鼓楼区一个非常突出的特色,是社区建设有效的一个载体和抓手。鼓楼区把"星级文明和谐社区"评定作为文明和谐社区创建活动的重要载体,有效加强社区党建和社区民主自治,促进社区居委会以服务社区居民作为社区工作的根本任务,将和谐社区创建与提升文明素质相结合,以和谐促文明,以文明带创建,既找准和谐社区创建的着力点,同时也丰富和谐社区创建内涵,有效促进和谐社区创建工作活动的不断深入,为和谐鼓楼的构建奠定坚实的基础。

七、坚持以社会建设推进社区建设,以社区建设促进社会建设。这是社会建设和社区建设的关系问题。社会建设和社区建设的内在联系表现在两者的相互促进上。一方面,从广义上讲,可以把社区建设看作是社会建设进社区,如一些宏观制度,比如社会保障制度落实到社区,这正是社会重心下移的突出表现。另一方面,微观的社区建设是宏观的社会建设的切入点和抓手,是构建社会主义和谐社会的一项基础性工程。通过社区建设的不断探索和日益成熟,探索出一条与社会主义市场经济和民主政治相适应的社会建设、社会管理的新路子来。构建和谐社会的基础在社区,社区建设是和谐社会建设的出发点和落脚点,是社会建设在现实工作层面上的具体体现,是实现社会建设的有效途径。

八、坚持争创首善之区。这是鼓楼区整体发展的定位问题。鼓楼区争创首善之区是争当实践科学发展观排头兵的重要战略部署,关系鼓楼区长远发展的重大命题,是今后一段时间鼓楼社区建设的工作目标。1998 年,鼓楼区明确提出"三服务一争创"的城区工作目标中包括"争创全省首善之区"。首善之区是个泛概念,意思是最好的地方。鼓楼区提出争创首善之区体现历史和现实的统一,表明基层政府应当积极从管理型政府向服务型政府转变,坚持以民为本。近几年,鼓楼区经济社会发展取得长足的进步,鼓楼区已经站在一个新的历史起点上,具有争创首善之区的坚实基础。鼓楼区和谐社区建设的定位就应是争创构建和谐社会的首善之区。

南京鼓楼　中国博览会的起点

1910 年，在现在的南京市鼓楼区丁家桥一带举办的中国历史上首次规模最大的博览盛会——南洋劝业会，“开一时之风气，策异日之富强”，对近代中国的政治、军事、历史、文化、交通发展产生积极而深远的影响，具有划时代的历史意义。近年来，鼓楼区十分重视这份宝贵文化遗产的挖掘与整理，利用多种形式宣传和展示南洋劝业会的文化成果，进一步扩大鼓楼区的对外影响力和辐射力，努力彰显鼓楼区厚重的历史文化底蕴。

《中国首届博览会——南洋劝业会百年回望》史料丛书首发仪式在上海世博园举行

2010 年 9 月 29 日上午，由吴建中、陈美林、周勋初、茅家琦、龚良、蒋赞初(按姓氏笔画排序)担任编纂委员会专家顾问，市委主要领导、著名学者、上海世博会顾问分别作序，鼓楼区主要领导担任主编，区委宣传部、区政协文史委员会、区文化局、区地方志编纂委员会办公室组织编写，上海交通大学出版社出版发行的《中国首届博览会——南洋劝业会百年回望》史料丛书，在上海世博园举行首发式。百年前盛极一时的南洋劝业会与正在进行中的上海世博会以这样的方式聚首。

丛书共分《南洋劝业会文汇》《南洋劝业会报告》《南洋劝业会杂咏》《南洋劝业会图说》4 册，将清政府于 1910 年 6 月 5 日在江宁(今南京)丁家桥创办的第一次南洋劝业会的主要历史文献史料予以点校、注释，并对南洋劝业会的所遗之物予以图解式的补充说明，使现代人从中领悟到清朝末年西风东渐之下国人主张“实业救国”和“振兴中华”的进步思想，也挖掘出中国博览会文化的历史渊源。组织南京以至全国的相关专家学者点校出版的“南洋劝业会百年回望”史料丛书，其目的就是回眸一个世纪前南洋劝业会的盛况，重新揭开那段尘封已久的历史，让上海世博会与百年前的南洋劝业会形成对接，并兼以呼应。

百年劝业，今日世博。具有悠久东方文明的中国，是一个热爱国际交往、崇尚世界和平的国度。从 1910 年的南洋劝业会到 2010 年上海世博会，两次在中国博览会历史占据着重要位置的博览盛会，正好相隔 100 年。序言中的一段话意味深长地说，要紧紧抓住上海世博会的举办契机和南洋劝业会的百年纪念，着力打造南洋劝业文化品牌，放大南洋劝业文化效应，利用多种形式去宣传和展示南洋劝业文化的研究成果，进一步扩大南京的对外影响力和辐射力，努力彰显南京厚重的历史文化底蕴。

专家、学者评劝业文化

出版方上海交通大学出版社总编张天蔚说，回望百年世博历史，中国首推南洋劝业会。当年，在现在的南京市鼓楼区丁家桥一带举办的南洋劝业会是中国历史上第一次全国规模的博览盛会，当时还吸引美、德、英、日等近20个国家参加，称得上是一次名副其实的世界级博览会，欧美等国对此也有类似评价。然而到今天，100年的时间里，尚未出版过一本这方面的专著，更不要说出版一部全面研究南洋劝业会的专著。正值上海世博会举行，博览文化在国内越来越受到人们的重视。鼓楼区本着不忘前人、造福今人、泽被后人的精神及理念，以继承文化遗产和弘扬学术研究的前瞻眼光，特邀江苏省内一流文史专家为顾问，组织多位博士从中协助，精心点校、广泛采集，经过一年多艰辛的劳动，完成了这套150万字丛书的工作，给上海世博会献上一笔厚礼。

上海交大历史系主任、博导、教授曹树基说，整套书里都是当年的专家学者论文，每一部分都有反思，都提出现实的解决意见。这对今天的世博会很有借鉴意义。南洋劝业会开启中国追求现代化的进程，很多抱实业救国梦想的仁人志士开始他们振兴中华的行动。不过由于复杂的时局，这段轨迹不断被打扰、改变。然而，这些努力没有白费，深入研究历史就会发现，新中国50年代农业、工业等各行业的大发展背后，都有民国期间实业人才在其中发挥推动作用，他们梦的开启追溯到南洋劝业会，这些是一脉相承并改变现实的，南洋劝业会在这个意义上的成功经验，时隔百年历久弥新。

南京大学中国传统文化研究院常务副院长、历史学系博导、教授夏维中认为，在中国的进步中，南洋劝业会具有很重要的意义。然而由于种种原因，这个历史被长期遗忘，一般老百姓不知情，就算在历史界研究的人也不是很多。所以鼓楼区发掘史料、保护遗址的做法是十分必要的。南洋劝业会无论是在世界博览会历史上，还是在中国历史上，都写下很重的一笔，很多人以为南洋劝业会只是南京的事，其实这在当年是全国人民各行各业的大事，尤其得到工商业界的大力支持，上海的新兴资产阶级商人出了很大力气。南洋劝业会是清朝末年“十年新政”的重要体现，集合一批仁人志士，他们对中国的现代化充满希望，并试图通过“实业救国”来拯救国家。如果对中国近代史了解得越深入越全面，就会越来越发现南洋劝业会的重要性，会对南洋劝业会的价值有更正确的认识。南洋劝业会不是一场单纯的商贸交易会，具有不可复制的重要性，他带动南京大规模的建设，是近代中国城市文明的转折点；他带动中国人的工商热情，民国初期中国人大量参加博览会的热潮，是南洋劝业会播下的文明种子。可以说，现在历史文化遗产的重要性开始被人们所认知，很多城市把他当成城市核心竞争力的一部分，对历史事件、历史文物的尊重，鼓楼区在此作出了不小的成就，是一个优秀的案例。

鼓楼区委书记鲍永安说，100年前的南洋劝业会在今天的鼓楼区举办，那次博览会历时半年，吸引30万民众参观。各地把自己最好的东西送到南京，各国最先进的技术在这里展示。南洋劝业会首屈一指，有很多第一次出现在这里，比如水泥制品。南洋劝业会在近代中国出现并产生广阔而深远的影响，南洋劝业会的出现承载当时国人的梦想，那时候仁人志士希望通过“实业救国”使中国强大，现在回头去看，在当时的环境下，这样的梦不可能实现。只有在今天，这个梦才实现了。南洋劝业会的精神需要弘扬，得风气之先的南洋劝业会给鼓楼区留下宝贵精神财富，当年的劝业路在上世纪50年代成为全国闻名的模范马路，是先进制造业的代表。现在模范马路正在从“制造模范”到“创造模范”转变，模范马路的创新正从一条街繁衍成一片区，模范路科技创新园区里南京大学、南京邮电大学、南京工业大学等高校云集，科研院所荟萃，各种产业创新的智慧结晶出自这里。在全国民企前30名中有3名在鼓楼，苏宁电器20年前就是一间门面房；现在有一批优势企业在鼓楼区迅猛发展，这些都能找到南洋劝业会的历史文化渊源。鼓楼区正在做的6大工程里，文化鼓楼是很重要的一项，南洋劝业会、郑和下西

金陵缎业别馆

当时劝业场开放场景

牌楼

松枝门

洋等历史文化资源都是先人留给鼓楼的宝贵财富。

南洋劝业会
——一份不能忘却的文化记忆

南洋劝业会于宣统二年4月28日（1910年6月5日）开幕，10月28日(11月29日)闭幕。主会场设在城北丁家桥、紫竹林、三牌楼一带，占地约46.67公顷。全国22个行业、省份等分别设馆参展，南洋群岛一些国家也组织参展，第一、二、三参考馆则展出欧美及东洋等地产品。展项主要分布于教育、图书、科学学艺器械、经济、交通、采矿冶金、化学工业、土木及建筑工业、染织工业、制作工艺、机械、电气、农桑、丝业及蚕桑、茶业、园艺、林业之经营、狩猎、水产、饮食品、美术、卫生及医药、陆海军及其用具与战品、统计等行当，累计24部86门442类约百万展品(项目)，几乎涵盖当时社会生活的各个方面。东三省、直隶、山陕、湖北、湖南、四川、河南、云贵、山东、浙江、福建等省设有陈列馆；而以东道主所在地的两江馆为最大，设有工艺、农业、机械、通运、教育、卫生、美术、武备等分馆。有湖南的瓷业、博山的玻璃、南京的江宁缎业3个实业馆；有上海的江南制造局兰锜馆、广东的教育出品馆、江浙渔业公司水产馆等特别馆；还有华侨参展的暨南馆、陈列外国商品的参考馆等。展品多为轻工、农副、工艺、美术等产品。以南京著名学者李瑞清为首的南洋劝业会研究会组织700余名专家对展品的质量进行鉴定，在440类近百万件展品中评出一等奖66个、二等奖214个，共有3345件展品获奖。

南洋劝业会吸引近30万观摩者，总成交额数千万银元，对中国近代工业的发展起到积极作用。来自美国、日本等国考察团对劝业会给予肯定和赞赏。劝业会更使当时追求近代文明的中国人大开眼界，时任浙江绍兴中学学堂学监兼博物教员的鲁迅率全校200多名师生赶来观摩。一位在劝业会江西馆工作的绍兴同乡、鲁迅的老朋友赠给师生们每人一只特制细瓷茶杯，杯上刻写“南洋劝业会纪念，徐季龙赠”。当时的报界评价劝业会：“全国之大钟表也，商人之大实业学校也，产品之大广告场也，输送本国货以向外国之轮船、铁道也”“一日观会，胜于十年就学”。

展销会场内外附设剧场、马戏场、动植物园等娱乐益智场所，并新建旅馆、店铺200多家。为了方便客商和游人，会场附设商肆、银行、邮局、马戏场、跑马场、球场、体操运动场、大观园、照相馆、医院、消防队、公园和牧畜场等，同时出

会场内景

工艺馆

湖北馆

版会展介绍指南、纪念册、邮品等。会场外铺设轻轨小铁路，有每节车厢可容纳二三十人的小火车，每小时发车环行会场一周。还特地出版《金陵杂志》一书，封面上印有“宣统二年南洋劝业会第一次开幕印”。会展盛事规模空前，客观上推动国民经济的发展。

南洋劝业会产生的深远影响

南洋劝业会作为一次规模引进资本主义新事物的尝试，为中国博览事业的发展奠定基础，也对中国近代工商业发展起到积极的推动作用。同时，对南京市、鼓楼区的政治、经济、交通和社会生活等各个方面产生较大影响。

繁荣商业，扩大交流　南洋劝业会是一次“开风气而劝工商”的商品博览盛会，展品达百万余件，若干名牌产品的销路日广。会场所设的娱乐设施如奏乐亭、纪念塔、喷水池等，商业设施如劝工场、会馆、商店、邮局、电话局等都繁荣扩大商品交流。如今紧邻南洋劝业会的湖南路已是“全国百城万店无假货示范街”，三牌楼大街也创成“江苏省社区商业示范街”。鼓楼区正在以湖南路、中央路为核心，打造一条总部经济和现代服务业的集聚带。这一地区商业发达，生活便捷。

工业发展，科技先导　为了南洋劝业会的举办，南京兴建电厂，南京人也用上电灯，展区夜间还有五色电灯的亮化。摄影术的普及、各类科学仪器和新式机械的陈展让人“初料未及”，展出的工业品以轻工为主、重工化工落后，也可见中国民族产业资本的结构。如今南洋劝业场遗址范围内的模范马路一带聚集国电南自、国家大学科技园等众多科研机构、国家和省部级重点实验室，鼓楼区全力推进“北有中关村，南有模范路”的建设目标。

经济腾飞，教育优先　南洋劝业会以农副、工艺、教育出品为主，并设立教育馆以及广东教育出品陈列所，专门用来陈列各类教育出品及成果。教育界的学者参与展品研究，撰写许多优秀的研究报告。同时，南洋劝业会催生不少教育社团，各省相继成立工艺学堂(传习所)，招收学员，传授各种工艺技术。如今的鼓楼区教育资源发达，人才荟萃。全区1/3居民具有大专以上学历，两院院士40多名，占江苏省的40%以上；有全市最好的中小学基础教育；有南京大学、河海大学等约20所高校，仅社区范围内就有东南大学、南京工业大学、中国药科大学3所高校。

区域发展，交通先行　南洋劝业会设于南京的原因之一是交通便利。筹办期间又专门修建铁路和通往会场的劝业路、丰润路，增设会场小火车，则进一步方便人员、货物的流通。在南京市区运行近50年的“小火车”于1958年拆除，但是由他所开辟的南京城市轨道交通，却在衔接着未来。而今的鼓楼，已形成以公交、地铁、隧道、高架为主的立体式大交通网，社区内更是交通便利，四通八达。

城市品质，建筑体现　南洋劝业会“建造南京市面”的初衷得以实现。各展馆的建设，真正体现中西合璧，异彩纷呈；新建店铺“俨然有欧洲特立之市场风焉”。而这些建筑理念和手法，对民国时期南京城市建设颇多影响，如颐和路使馆、公馆区，中山(北)路一线的建筑。如今鼓楼高楼耸立，建筑风格多样，规划理念先进。紫峰大厦、国际广场已成为南京地标。

正门电灯全景

构筑通往历史深处的通道

——《红色将军系列连环画》正式出版发行

2011年1月8日，南京城寒意袭人，位于湖南路上的凤凰国际书城却春意融融，《红色将军系列连环画》首发式暨赠书仪式在这里举行。南京军区原司令员向守志、朱文泉将军，南京军区原第一副政委张玉华将军，江苏省军区原政委彭勃将军，南京军区政治部、江苏省军区政治部、江苏武警总队政治部、南京政治学院政治部、南京警备区、江苏省委党史办、江苏省地方志办、南京市委宣传部、市委党史办、市地方志办、鼓楼区四套班子的主要领导等出席首发式。首发式现场向部队、街道、社区、学校以及图书馆代表赠送图书。向守志、朱文泉、郭礼云、曹光福、鲍永安分别作重要讲话。向守志、张玉华、彭勃三位将军和胡博综先生还现场签名赠书。中央电视台军事频道、《解放军报》《新华日报》、江苏电视台、南京电视台、《南京日报》《扬子晚报》等多家新闻媒体单位在现场进行采访报道。

向守志将军在讲话中表示自己能作为连环画中的人物，感到很亲切，也很感谢。在卡通、动漫大行其道的当下，连环画这种形式虽然传统，但也有很强的生命力。朱文泉将军对连环画作出高度评价，指出他的出版发行是为建党90周年献上的一份厚礼，必将把爱国主义教育提高到一个新的水平。南京军区政治部副主任郭礼云将军强调连环画的编纂是继承革命传统、创新教育方式的有益尝试，是进行军史教育、国防教育的生动教材。凤凰出版集团副总经理曹光福简要介绍图书的编纂过程，指出该套连环画题材重大，是报经国家新闻出版总署和解放军总政治部审批的精品。鼓楼区委书记鲍永安强调要将继续整理、发掘全区革命历史文化资源，继续编绘“红色将军系列连环画”，分期分批出版，进一步弘扬革命传统和鼓楼“将军文化”，让“红色文化”代代相传。

书籍一发行，立即引起社会各界高度关注。何以要编撰将军系列连环画？首套连环画是怎样编纂出来的？这还得从颐和路社区将军馆说起。

重大决策：创造历史与书写历史

“我们之所以是我们，乃是由于我们有历史。”黑格尔的这句名言，深刻揭示出历史与现实之间难以割裂的传承关系。鼓楼区的党史资源十分丰富，区内居住着众多的共和国将军，仅颐和路社区就居住着30余位老将军。他们绝大多数90岁以上高龄，但依然身体硬朗，精神矍铄。他们离而不休，仍旧心系社会，情系社区，关心青少年成长，与社区群众打成一片，成为居民的好邻里、青少年的好朋友，是不可多得的宝贵财富。鼓楼区委、区政府敏锐地意识到开发和利用这一历史资源的重要性，从2008年起开始了“颐和路社区将军馆”的谋划工作。2009年9月，面积145平方米的颐和路社区将军馆建成向社会开放，集中展示了居住在颐和路的30多位共和国将军的光辉事迹，产生了积极的影响。一年多来，该馆在南京以及全国都得到了热烈的反响，将军的事迹广为流传，将军的精神感动着每一位观众。将军馆成为驻地中、小学重要的教育基地，成为南京民国文化旅游线里的红色景点。颐和路社区将军馆的成功，让鼓楼区委、区政府对开展形式多样的党史教育感触很深，将军馆正是让党史走出了专家学者的书斋书阁，走到了百姓身边，才收到

了非常好的教育效果。鉴于将军馆的成功经验，2010年，区委、区政府决定，在颐和路社区将军馆的基础上，策划编绘红色将军系列精品连环画丛书，以青少年喜闻乐见的形式，生动形象地展示社区将军馆老将军们经典的传奇故事，让固定形式的将军馆“流动”起来，产生更加广泛的影响。连环画的策划人，鼓楼区委常委、常务副区长纪增龙说：这既是鼓楼区继续打造“将军文化”的重要举措，又是实施文化惠民工程新的探索。

打造精品：经得起历史检验

如何把这套《红色将军系列连环画》编绘好，编绘出一流水平，编绘成精品连环画？连环画承编单位鼓楼区委党史办、区地方志办公室进行了大量周密、细致的工作。一流水平的精品连环画，要找一流水平的编辑出版团队。2010年6月，鼓楼区将目光锁定在凤凰出版集团、江苏美术出版社身上。凤凰出版集团、江苏美术出版社对此十分重视，将该选题列为出版社2010年度“十大选题”。江苏美术出版社副社长、副总编、著名画家周海歌亲自担任《红色将军系列连环画》出品人，领衔该书编辑出版各项工作。编绘精品连环画，需要准确、精炼、优美的文字脚本。6月，由区委党史办、区地方志办牵头组建编辑部，调兵遣将、明确分工。编辑部制订编纂工作的总体方案，确立先采访、挖素材后编写、最后绘画的思路。作为编纂连环画的重要一环，搜集史料成为编纂工作的“重头戏”。

事实上，编纂工作一开始，编辑办公室就力图将这部《红色将军系列连环画》做成一件经得起历史检验的精品，在编纂工作的各个阶段，高标准，严要求，反复锤炼甚至“回炉再造”是常事。在搜集史料阶段，编辑部不仅要求对将军的历史深挖细找，还要求对史料进行细心考证。承担编辑工作的3位编辑先后查阅老将军的回忆录等大量现有文字资料，并把重点放在登门采访。经过多次的采访和查阅相关史料，多次的推倒重写和多次的修改，3部连环画的脚本大体成稿。为确保史实的准确性，专门请南京军区军史研究室主任王建丰在军史事实上把关，并请江苏省作家协会人事部主任、著名作家李凤宇担任文字统筹，最后经过军事科学院专家的审定最终确定脚本。

脚本确定后，最重要的是找画家。由于著名连环画画家大多都因年事已高而搁笔了，寻找画家一时陷入了困局。后经本书总策划南京晋韵文化艺术有限公司和江苏美术出版社的共同努力，分别在南京、南通、上海找到了胡博综、胡志明、王万春3位画功卓越的老画家，他们听说是画老将军，都很支持，愿意重新出山。其中，70岁高龄的胡博综先生，擅长连环画，他曾任江苏美术出版社副主编，作品《京江怒涛》《十二品正官》《要是我当县长》分别获全国第二、三届连环画评奖二等奖，《故乡情》入选第八届全国优秀作品展，现为中国美术家协会连环画艺委会委员，江苏美术家协会理事，江苏美术出版社编审、副总编辑。业界评价，写有胡博综先生编绘的连环画都有收藏价值。3位画家都没有见过将军，依据的是照片和脚本，一天只能画几幅，一个多月才全部画成。画稿出来后配上文字给老将军们看，将军们非常开心，都说画得很好，很像，认为将他们的神韵通过画面表现出来了，非常满意。

多方瞩目：不能辜负的厚望

一石激起千层浪。鼓楼区编纂连环画的决定，在区内外，在市党史、地方志界，引起了不小的反响。许多将军、军区领导、专家充满殷切期待的目光，都投向了这部即将诞生的《红色将军系列连环画》。他们或勉励，或出谋划策，使编辑们既信心倍增，又深感责任重大。鼓楼常务副区长纪增龙、副区长冯雯兰多次对编辑工作提出要求，指出对重要的史料或有疑义的史料，一定要进行考证，确保拿到的史料是原始的，用的史料一定要准，如果不准宁可不用，决不能影

响书的质量，贻害后人。这部连环画能不能有所突破，除了文字外，一定要找专业的画家，画出神韵来。

老将军们对这套连环画的出版寄予厚望。将军们虽年事已高，但积极支持，多次接受采访，提供线索图片，并对脚本认真修改，提出意见。

凤凰出版集团、江苏美术出版社对此书的编辑出版十分重视，将该选题列为出版社 2010 年度“十大选题”。江苏美术出版社社长、总编，著名画家周海歌亲自担任《红色将军系列连环画》的责任编辑，领衔该书编辑出版各项工作。凤凰出版传媒集团党委副书记、副总经理曹光福说，在我国出版物市场上，“红色图书”不在少数，但采用连环画等生动表现形式、具有良好传播效果的红色图书却不多，《红色将军系列连环画》的出版发行具有较强的现实意义和一定的收藏价值。

南京军区对此次连环画的出版发行十分重视，南京军区政治部副主任郭礼云在首发式上说：这套连环画的编纂，为南京军区的历史抒写了生动的历史画卷，意义不同一般。希望军地在文化建设上能进一步加强联合，不断创新革命传统教育的方式方法，使红色精神教育更加深入民众，深入部队、深入学校。也希望这套连环画能走进部队、走到战士手中，为部队的思想政治工作和现代化建设提供精神食粮。解放军总后勤部部长廖锡龙还亲笔致书，认为这是回顾历史的窗口、军事学习的园地和爱国主义的课堂。

故事梗概

《烈火丹心——向守志将军的热血传奇》由全国著名画家胡博综作画，插图生动形象，人物栩栩如生，内容丰富，再现了向守志青少年时期的成长历程和传奇故事。其中“一根竹棍”的故事至今让将军津津乐道。长征途中，向守志手里总拿着一根竹棍，就是这根不起眼的竹棍救了很多人的命。翻越党岭山时，一次，他突然发现从山上滚下一个“东西”，居然是一位掉队的红军战士。他赶紧把手中的竹棍伸了下去，可是刚一用力拉，他就被带下去一步。说时迟，那时快，紧随其后的连长一把抓住了向守志的衣服。在三四位战友的共同努力下，那位战士得救了。过草地时，一天，向守志遇到一位与他年纪相仿的战友正在泥潭中痛苦地挣扎。“别动！”向守志把手上的竹棍伸向了他。1 厘米、2 厘米、3 厘米……半个小时之后，他终于把这位战友给救了上来。

《激战雷神庙——张玉华将军的英雄故事》中张玉华将军回忆了抗战岁月中日两军激战雷神庙的情景。雷神庙战役，打响了胶东抗日的第一枪。1938 年 2 月，日军海军陆战队 100 多人突然包围了雷神庙。此时，庙里只有中共胶东特委书记理琪、第一大队一中队指导员张玉华等 20 余人。他们以劣势装备，以少敌多，抵抗住了日寇 8 个小时持续不断的进攻，毙敌 50 余名，击落敌机 1 架，打破了日军不可战胜的神话，鼓舞了胶东人民的抗日斗志。

《在战火中成长——彭勃将军的军旅生涯》以时间顺序为“经”，以典型事件为“纬”，纵横交错，层层递进，环环相扣，主次分明，详略得当地介绍了彭勃将军在战火中逐渐成长的过程，书中展示的一幅幅历史画面，让人油然而生敬佩之情。其中“宁丢头不丢面”的故事广为流传。1943 年，彭勃调任太行八分区政治部组织科工作。当时，战士们普遍吃不饱。春节临近，政治部的同志每人发了 1 斤白面。正当大家兴高采烈地和面时，日本鬼子偷袭打过来了，组织科马科长立即对彭勃说：“小彭你年纪轻，负责把面背上，到炊事班帮忙行动，我们四个人去参加战斗，记住，宁丢了头也不能丢了面！”彭勃抱着面，弯着腰躲避飞啸而过的流弹，向炊事班集中。1 小时后，敌人被打退，战斗结束。大家都感到饿极了。“彭勃呢？面呢？”全科的同志看到彭勃后，都开玩笑地说：“我们的面在，小彭的脑袋也在，太幸福了。”

鼓楼大事

Chronological Events

1月

3日 区委九届十七次全体（扩大）会议隆重召开。

区政协文史委、区文化局联合编撰的《鼓楼文史（第八期）·清凉山文化研究》出版发行，区长徐苏宁作序，区政协主席陶世贤题写卷首语。

4~7日 区政协十届三次全会召开，区四套班子领导、区政协全体委员参加大会。

5日 区第十六届人民代表大会第三次会议开幕。

7日 区第十六届人民代表大会第三次会议胜利闭幕，会议审议通过区政府、人大常委会和法检两院工作报告以及区发改、财政工作报告，肯定2009年鼓楼区各项建设所取得的成绩，确定2010年经济和社会发展各项目标，讨论确定2010年为民办实事重点项目，区委书记鲍永安在闭幕式上讲话。

8日 由《南京日报》主办的“2009南京地产风云榜”评选活动揭晓，驻区企业苏宁环球集团、南京新城市商业置业有限公司、南京广厦置业（集团）有限公司当选为“2009南京地产最具影响力品牌企业”。

11日 鼓楼区有15项科技成果在国家科学技术奖励大会上获奖，其中国家自然科学二等奖1项，国家技术发明二等奖2项，国家科技进步一等奖1项、二等奖11项。

12日 鼓楼区召开人口和计划生育工作大会，总结2009年人口和计划生育工作，部署2010年工作。

鼓楼区通过2009年全市房屋整治和小区出新工程验收。

在全国社区教育特色课程评比中，凤凰街道的“孤独症儿童的早期教育”“墨韵书香书票”等4门课程荣获“全国社区教育特色课程奖”。

14日 鼓楼区召开各民主党派、工商联、无党派人士情况通报会。

15日 区安监局被国家安监总局授予“安全生产监察先进单位”称号。

鼓楼区被评为2009年度全省“扫黄打非”工作先进区。

17日 湖南路街道召开地区重点税源企业座谈会。

19日 省残联理事长高晓平一行到区调研残疾人托养工作，副区长周文中陪同调研。

20日 省委常委、省军区政委李笃信，司令员许援朝一行到湖南路养老院看望慰问老人，向老人们致以节日的祝福。

22日 省人大常委会副主任、总工会主席张艳一行到区慰问下岗职工和困难劳模。

市长季建业一行到区视察金川河流域雨污分流工程。

27日 公安鼓楼分局在市局禁毒支队指导配合下，成功破获省厅挂牌特大贩卖毒品案件。

28日 鼓楼区召开2009年度知识产权工作总结表彰会，总结鼓楼区2009年知识产权工作，表彰相关先进集体、先进个人，并对2010年知识产权工作作出部署。

江苏省暨南京市第三次全国文物普查领导小组办公室到区验收文物普查第二阶段实地调查工作成果。

29日 鼓楼区召开2010年建议提案交办工作会议，对2010年区人大代表提出的4件议案、113件建议以及区政协委员提出的147件提案交办工作作出部署。

鼓楼区启动“计生关爱在鼓楼”送温暖活动，活动分“生育关怀·情暖鼓楼”“和谐家园·关爱永恒”“呵护女性·促进健康”3大专题。

2月

1日 召开全区食品安全整顿工作会议，传达全国食品安全整顿工作会议精神，并对食品安全整顿工作作出部署。

2日 江苏瑞中数据股份有限公司成立大会暨江苏数据库、传感网产业联盟签约仪式在模范路科技创新园区举行。副省长史和平、国家工信部软件服务司司长赵小凡、市委副书记陈绍泽、国网电力科学研究院院长肖世杰、区委书记鲍永安等领导出席成立仪式。

全市社区矫正管理教育服务中心建设现场会在鼓楼区召开，会议向各区县推广鼓楼区社区矫正工作经验做法。

3日 区领导鲍永安、王红云、陶世贤带领区有关部门领导到武警江苏省总队、南京政治学院、江苏省军区走访慰问驻区部队官兵。

4日 鼓楼区召开2009年度新闻宣传工作总结表彰会，表彰2009年度作出突出贡献的全区新闻宣传工作先进集体和先进个人，总结2009年全区新闻宣传工作，部署2010年工作。

5日 市委常委、市总工会主席许慧玲一行到凤凰街道对困难群众、劳模、烈士遗属等特定人群进行节日慰问。

鼓楼区召开2010年度军地座谈会，区领导王红云、陶世贤、王堡、何德剑、周文中，以及省、市民政部门和驻区部队有关领导参加座谈会。

9日 鼓楼区四套班子领导，分7路走访慰问驻区老红军、老干部和困难群众。

副市长徐珠宝带领市“禁放办”相关部门领导到区检查烟花爆竹有限开禁工作。

10日 市委常委、政法委书记杨植到中央门街道司法所调研。

鼓楼区举办2010年“丝竹咏和谐”新春音乐会，区四套班子领导出席。

11日 省物价局局长周卫国到区检查雪后市场价格稳定情况。

副市长陈刚一行到区调研农贸市场节日供应工作。

21日 省军区副司令员戴陆伟到区检查指导人武工作。

24日 区政府召开全体（扩大）会议，区领导朱志宏、李晖、司军分别就全区1~2月份经济和社会发展情况作出点评，区发改局、区建设

2月10日，鼓楼区举办2010年"丝竹咏和谐"新春音乐会

局、湖南路办事处等6家单位做表态发言。

25日　鼓楼区召开党的建设、机关思想作风建设大会。

鼓楼区召开安全生产暨消防工作会议。

3月

2日　鼓楼区在青春剧场举办"三八"国际劳动妇女节100周年庆祝活动，省市妇联、工会有关领导，区四套班子有关领导参加活动。

3日　市委副书记、纪委书记陈绍泽到区调研模范路科技创新园区建设情况。

鼓楼区召开民政、残联工作会议。

4日　市委常委、宣传部长叶皓一行到区调研仿古郑和宝船复建项目及片区规划建设进展情况。

鼓楼区召开关心下一代工作会议。

鼓楼区召开城建城管工作动员大会。

5日　鼓楼区开通全市首个消费投诉三方调解网络视频平台，实现工商部门、商家、消费者三方在线交流，为消费者维权开辟新的渠道。

区社区培训学院"漂流瓶"爱心公益者协会获"南京市十大志愿者服务集体"称号。

8日　省委副书记王国生到江东街道清河新寓社区调研基层妇女工作。

10日　区检察院举行"百名检察官深入社会"活动启动仪式。

鼓楼区实施沈举人巷出新改造工程。

11日　省司法厅副厅长姜金兵一行考察鼓楼区社区矫正管理教育服务中心。

16日　一场以"学习身边好人争当道德楷模"为主题的"感动鼓楼故事会"拉开区第九届公民道德建设宣传月序幕。

18日　省人口计生委主任孙燕丽、省妇联主席张京霞一行到区调研人口计生工作。

区政协召开2009年委员企业稳员增效求发展竞赛活动总结表彰会，评选出"十佳委员""有功委员"及热心服务企业的部门。

鼓楼区召开社区居委会规范化和社区信息化建设现场会。

19日　江苏省(联创)软件研究院暨联创软件大厦奠基典礼在南京国际服务外包产业园(江东软件城)举行，省市领导沈健、王咏红、蒋跃健、龚怀进、赵进，区领导鲍永安、王红云、陶世贤以及苏宁电器集团等企业负责人参加奠基典礼。

20日　建设创新型国家战略推进委员会副主席、国务院参事沈梦培一行先后调研鼓楼区南京科技广场、江东软件城和南瑞集团。

"2010走进世博——旅游大篷车"宣传推广活动和鼓楼区第八届湖南路旅游时尚节，在湖南路狮子桥步行美食街开幕，国家旅游局世博推广活动总指挥马旭明，上海市、安徽省、江苏省旅游局领导，南京市委常委、副市长王受文，南京市旅游局及鼓楼区有关领导出席仪式。

23日　团中央书记处书记周长奎一行到鼓楼区爱心助学协会调研。

鼓楼区创建法治文化社区启动仪

式在华侨路街道石头城社区举行。

26日　鼓楼区召开纪委全体(扩大)会议。

29日　区政府召开全体（扩大）会议,区委常委、常务副区长朱志宏对鼓楼区一季度经济社会发展情况作分析点评,副区长冯雯兰、周文中分析点评分管工作。

31日　鼓楼区召开学习实践科学发展观活动总结大会。

是月,国税鼓楼分局、地税鼓楼分局共同建立全省第一家国地税联合办税服务厅。

4月

1日　鼓楼区召开全区组织工作推进会,表彰2009年度全区组织工作优秀调研成果、党建信息工作、创新创优成果,以及在社区任职10年以上的社区党组织书记。

鼓楼区召开人口普查工作会议,传达全市人口普查工作会议精神,部署全区人口普查工作。

2日　市委常委、市政法委书记杨植一行到挹江门街道调研司法工作。

6日　中央党校第47期省部级学员班学员到南京大学—鼓楼高校国家大学科技园调研。

7日　鼓楼区在山西路市民广场开展第22个爱国卫生月宣传活动。

鼓楼区召开社区教育工作会议,全国成人教育协会、省市教育部门有关领导参加会议。

华侨路街道石头城社区“家园文化”爱国主义教育创新项目被评为市十大群众性文明创建工作优秀案例。

8日　国家卫生部食品安全督查组到鼓楼区苏果超市清凉门店开展食品安全检查。

区政协主席陶世贤率区政协提案委、部分政协委员到鼓楼科技产业有限公司,对周国平委员提出的“关于对国民党中央广播电台旧址进行保护的建议”提案办理工作进行督查。

鼓楼区召开食品药品安全监管工作会议。

10日　市长季建业，副市长陆冰、徐珠宝到区视察沈举人巷整治出新工程进展情况。

11日　市长季建业到区考察德国博世和西门子家用电器集团，并与博西集团总裁古伯乐就如何进一步加快集团发展进行深入交流。

12日　《南京市志》(1~4册)首发暨赠书仪式在宁海路街道颐和路社区将军馆举行，中国地方志指导小组秘书长田嘉,市区领导陈刚、纪增龙,老将军向守志、朱文泉、傅奎清、张玉华、彭勃等出席首发仪式。

省司法厅和法律援助基金会联合发布全省“2009年度法律援助十大优秀案件”评选结果,鼓楼区援助的陈立基等8名老人排除妨碍一案获此殊荣,成为鼓楼区继2008年“流浪汉商某交通事故损害赔偿案”获全省2008年度法律援助优秀案件后又一典型案例当选,为南京市唯一入选的案例。

13日　鼓楼区召开信访工作会议。

15日　区长徐苏宁率区招商代表团拜访荷兰泰威逊集团(Teeuwissen)总部。

16日　鼓楼区全面启动紧急援助青海省玉树地震灾区赈灾活动,区四套班子领导参加活动启动仪式,并带头为灾区捐款，活动当天共收到捐款200余万元。

鼓楼区邀请中央纪委、监察部监察专员阎群力作“廉洁从政必须防微杜渐警钟长鸣”主题报告。

17日　省委常委、市委书记朱善璐就贯彻落实全省加快转变经济发展方式工作会议精神到区调研。

18日　首届“江苏中医文化节”在山西路市民广场拉开帷幕，此次活动的重要组成部分——南京中医药大学省级大学科技园、文化产业园同日揭牌。

20日　国家司法部政策研究室主任王公义一行到区调研基层司法所建设及社区矫正管理工作。

区长徐苏宁率区招商代表团在英国伦敦拜会BA Holdings公司总裁罗伊·卡特。

21日　鼓楼区召开提升公共文明指数工作点评暨迎接省公共文明指数测评动员会。

22日　鼓楼区在中央门街道工人新村社区成立全区首家社区志愿者服务站,并启动机关、两新企业党团组织“志愿服务社区、爱心凝聚和谐”结对帮扶困难群众主题活动。

23~25日　在南京市第二届残疾人运动会上，鼓楼区残疾健儿一举夺得16枚金牌，并在全市13个区县中以176分的总成绩获得团体总分第二名，并荣获组委会颁发的“优秀组织奖”“体育道德风尚奖”。

24日　鼓楼区举办“建设和谐社区,迎接青奥盛会”高层论坛。

台湾中华书道学会、台湾台艺书画学会江苏参访团到区进行文化艺术交流。

25日　国家民政部基层政权和社区建设司司长詹成付一行到宁海路街道颐和路社区视察。

江苏电视台城市频道《万家灯火》社区行启动仪式在鼓楼区举行。

26日　鼓楼区开展第十个世界知识产权日宣传系列活动。

27日　区十六届人大常委会召开第十八次会议。

28日　台湾东元集团会长黄茂雄一行在市委副书记、市纪委书记陈绍泽陪同下到区参观考察。

29日　全国政协人口资源环境委员会主任张维庆一行到区调研社会养老工作。

鼓楼区举行校园保安进驻校园启动仪式。

由团区委主办的“鼓楼区‘与青奥同行、第一才能赢’知识竞赛”活动在区级机关礼堂举行。

5月

3日　鼓楼区福利机构8名护理员(心贴心老年人服务中心6人,好和园养老院1人,凤凰养老院1人)赶赴青海玉树灾区参与救治伤病员的护理工作。

4日 美国洛杉矶凯沙医院考察团到区考察社区卫生服务工作,并与区医务人员就社区卫生服务、家庭医疗护理等内容进行座谈交流。

5日 位于中央路和新模范马路路口的南京香格里拉大酒店举行奠基仪式。

鼓楼区召开区委中心组学习扩大会,邀请市委常委、宣传部长叶皓作“重读南京”专题报告。

6日 市委常委、市总工会主席许慧玲率市发改、科技、规划、国土、财政、工会等部门负责人到区调研经济社会发展情况。

鼓楼区开展企业向青海玉树地震灾区捐款活动。

鼓楼区举办社区居委会主任培训班,全区64个社区居委会主任参加培训。

10日 鼓楼区举办第20个全国助残日宣传活动。

鼓楼区召开2009年度军转干部培训会,对接收安置的53名军转干部进行岗前集中培训。

11日 省检察院检察长徐安到区调研检察工作。

11~12日 在第四届全国年鉴编纂出版质量评比活动中,《鼓楼年鉴》(2009)荣获综合、框架设计、条目编写、装帧设计4个奖项的一等奖。

13日 鼓楼区召开全区革命遗址普查工作动员大会。

16日 第十届全国科技活动周暨鼓楼区第22届科普宣传周在山西路广场举行。

挹江门街道残疾人康复训练中心在“真美好好和园”养老院揭牌成立。该中心是鼓楼区首家养老、托残、残疾人康复训练一体化的服务中心。

17日 电影《庐山恋2010》新闻发布会在金陵江滨国际会议中心酒店举行,全国知名网站,中央电视台一、六套,北京卫视、东方卫视、有关报社等近百家媒体参加新闻发布会。

18日 根据宁委〔2010〕139号文件通知:李晖任中共南京市鼓楼区委委员、常委;丁健生任中共南京市鼓楼区委常委。

苏宁睿城之苏宁慧谷项目奠基典礼在江东软件城举行,省、市领导朱善璐、陈家宝、沈健、陆冰等,区四套班子领导及国内外知名企业代表等参加奠基仪式。

鼓楼区召开创建国家可持续发展实验区工作领导小组会议。

19日 经鼓楼区第十六届人民代表大会常务委员会第十九次会议决定,任命纪增龙为南京市鼓楼区人民政府副区长。

江东街道举办首届睦邻文化节,文化节以“邻里守望、互助合作、共筑和谐”为主题,全面展示街道睦邻文化建设成果。

20日 江苏省“科学家教进万家”暨净化社会文化环境家庭护卫行动启动仪式在鼓楼区举行。

25日 鼓楼区举行区家庭教育工作会议暨《蒙学〈弟子规〉教程》首发仪式。

26日 省科技厅、市政府共建模范路科技创新园区签约仪式在南京科技广场举行,朱善璐、徐南平、季建业、陈绍泽、刘以安、王咏红、罗群等省市领导,鲍永安、王红云等区四套班子领导参加签约仪式。

27日 省科技厅组织“江苏省可持续发展实验区”建设工作专家组到区检查验收,副区长费丽明陪同检查。专家组认为,鼓楼区建设“江苏省可持续发展实验区”工作成效显著,示范工程进展顺利,一致同意通过验收。

鼓楼区召开民营经济关心下一代工作推进会暨“阳光学子世博行”项目启动仪式,市关工委常务副主任汪正生、副主任姚志炳,区委常委、常务副区长纪增龙等领导出席。

5月20日,江苏省“科学家教进万家”暨净化社会文化环境家庭护卫行动启动仪式在鼓楼区举行

21日 鼓楼区连续第七次被评为省双拥模范区。

鼓楼区医患纠纷调解委员会被司法部授予“全国模范人民调解委员会”称号。

23日 由鼓楼区承办的“饱览名城神韵、共享世博精彩”世博演出南京行系列活动首场演出在山西路市民广场举行。

2010“书香鼓楼”第二届鼓楼区社区全民阅读节开幕,副区长冯雯兰参加开幕式。

28日 全市首家“白金五星级”酒店——南京绿地洲际酒店在紫峰大厦正式开业。

29日 江苏省计生协、南京市计生协、鼓楼区计生协联合在山西路市民广场举行中国计生协会成立30周年大型纪念活动。

是月，鼓楼区申报南洋劝业会遗址等27处市级文物和重要新发现为第七批江苏省省级文物保护单位。

6月

1日 省委书记梁保华、市委书记朱善璐、市长季建业，以及省市相关部门领导到凤凰街道金信幼儿园，与孩子们共庆“六一”佳节。

3日 省委常委、政法委书记林祥国到鼓楼区视察司法行政工作。

8日 市人大常委会副主任李福全就全市城乡低保工作到区调研。

9日 鼓楼区召开街道经济统计工作会议。

10日 鼓楼区召开构筑社会消防安全“防火墙”工程动员部署会议。

12~13日 鼓楼区召开纪检监察工作业务培训会，总结和部署全区纪检监察工作。

17日 区教育局召开新闻发布会，宣布新成立琅琊路小学教育集团、拉萨路小学教育集团、力学小学教育集团、芳草园小学教育集团、三牌楼小学教育集团。

19日 省、市文明办与鼓楼区联合开展“文明交通”志愿服务活动。

21日 成都市锦江区委书记周思源率区党政考察团到鼓楼区考察居家养老服务工作。

21~23日 省政府教育督导团到区考核评估教育工作。

22日 市委书记朱善璐到鼓楼区调研非公企业发展情况。

副市长陈刚率市旅游园林局、民族宗教事务局等有关部门负责人到区调研清凉寺恢复建设情况。

区十六届人大常委会召开第二十次会议。

24日 鼓楼区全面启动“和康杯”名医进社区活动，活动由区政协、区卫生局联合发起，整个活动将持续3年。

鼓楼区召开国家可持续发展实验区创建工作推进会。

25日 区教育系统召开纪念“七一”暨开展创先争优活动动员大会，对全区教育系统先进基层党组织、优秀党务工作者、优秀共产党员、优秀党员志愿者进行表彰，对教育系统开展创先争优活动进行动员和部署。

29日 全市首家维护残疾人合法权益的法律援助工作站在凤凰街道挂牌成立。

30日 第三次全国文物普查江苏省整体验收工作会议在鼓楼区举行。

省司法厅副厅长万力到区调研司法行政工作。

7月

1日 中央财经领导小组办公室副主任刘鹤一行到区调研经济工作。

区委书记鲍永安出席在上海世博园区举行的由法国凯捷咨询集团主办的“企业如何助力于中国城市的创新和可持续发展”高峰论坛，并发表“科技创新，让城市生活更美好”的主题演讲。

2日 鼓楼区举行庆祝建党89周年暨“永恒的誓言”主题党日活动。

鼓楼区召开放心消费示范区创建领导小组工作会议，全面启动争创省级放心消费示范区工作。

5日 副市长罗群率市有关部门负责人到区调研模范路科技创新园区建设情况。

6日 市委政法委副书记、综治办主任徐福华到区调研综治和平安创建工作。

鼓楼区召开经济工作分析会。

鼓楼区召开稳定工作会议。

《福布斯》发布“2010中国最佳品牌价值排行榜”，“苏宁电器”以27.4亿元的品牌价值成为中国商业零售第一品牌。

8日 鼓楼区召开深化行政权力阳光运行机制工作培训会，就行政权力事项清理和系统数据标准调整做专题辅导，对做好区权力阳光运行工作作部署。

9日 南京物联网大会在南京邮电大学召开，南京物联网产业研究院、南京物联网技术与应用研究院、南京邮电大学物联网科技园、南京物联网应用与服务示范园同时揭牌成立。

省妇联调研组到鼓楼区调研社区“妇女儿童之家”项目建设情况，实地走访石头城社区等地，与社区代表进行交流座谈。

14日 省委常委、市委书记朱善璐到鼓楼区调研科技创新基地建设情况。

15日 鼓楼区11家社区卫生服务中心全面执行国家基本药物制度。

19日 区委书记鲍永安带领相关部门负责人实地察看长江、秦淮河沿岸及鼓楼区易淹易涝地段，并先后召开区四套班子联席会、防汛工作座谈会，深入传达全市防汛工作会议精神，专题研究部署鼓楼区防汛抗洪工作，对做好防汛抗洪工作提出要求。

20日 全国人大常委会副秘书长何晔晖率十一届全国人大香港特别行政区代表团到艾志工业技术集团公司视察。

鼓楼区与省、市残联联合举办以“特奥有你有我，迎接全国特奥会”为主题的第四个“全国特奥日”活动。

21日 秦淮河定淮门大桥段河堤出现渗水现象，巡查人员及时发现上报，区防汛指挥部立即启动防汛抢险预案，采取有力措施，迅速有效进行处置。

鼓楼区召开公共文明指数测评暨迎接国查动员会议。

22日 鼓楼区召开上半年信访工作总结会。

区政协召开主席约谈会，专题协商区政协十届四次全会大会发言选题。

在联合国教科文组织、国际水协等共同举办的“2010第三届国际人与水摄影大赛”中，鼓楼区残疾人摄影作品《美丽的秦淮》《后海之光水溶交融》分获二、三等奖。

23日 省科技厅副厅长曹苏民

到南京朗讯科技通信有限公司调研。

鼓楼区召开江东软件城拆迁安置房选房工作领导小组会议。

25~26 日 鼓楼区召开双拥工作研讨会暨“八一”建军节庆祝大会。

26~27 日 区十六届人大常委会召开第二十一次会议。

27 日 鼓楼区举行校园综合安防系统开通仪式。

凌晨，北京西路 2-2 号海宁饭店发生火灾，造成人员 2 死 1 伤。早晨 5 时，常务副区长纪增龙立即组织街道、公安、安监等部门负责人到现场召开协调会，对做好事故处理工作提出要求。

28 日 鼓楼区召开安全生产和社会稳定工作紧急会议。

区政协召开十届十次常委会议。

29 日 鼓楼区召开大学科技园建设专题调研动员会。

30 日 鼓楼区召开区委九届十九次全体(扩大)会议。

是月，鼓楼区专职社区工作者工资补贴待遇提高，率先达到市上年度城镇单位职工平均工资水平。

鼓楼区居民张玉华、朱世平、沈谊、陈正一 4 人被中国文明网评为“中国好人”。

8月

1 日 “鼓楼社区网”及全区 64 个社区子网站开通试运行。该网站集社区党建、社区便民综合服务信息、社会公益信息和社区周边商业服务信息为一体，设有居民关心的助老、助残、教育、文化等栏目。11 月，该网站正式开通运行。

江东新区管委会综合处处长赵志刚编著的《郑和下西洋趣闻轶事》一书获第四届中国冰心散文奖优秀奖。

2 日 召开全区统计工作暨第二次全国经济普查表彰、第六次全国人口普查动员大会。

4 日 省科技厅厅长朱克江在市委副书记陈绍泽陪同下到区调研模范路科技创新园区建设情况。

市人大常委会主任陈家宝一行到区调研产业转型工作，视察中国移动南京分公司、国网电力科学研究院、南京邮电大学物联网科技园等单位。

6 日 鼓楼区开展社区安全月宣传活动，借助社区平台，普及安全知识。

10 日 市委常委、政法委书记刘志伟到区检查指导政法工作。

11 日 全市首个“全国肢残人活动日”活动在鼓楼区举行，百余名残疾人工作者和肢体残疾人参加活动。

12 日 市残联理事长穆桂英看望慰问鼓楼区残疾人创业明星陈耀。

鼓楼区举行“机关干部下社区锻炼行动”启动仪式，区机关各部门通过个人报名和组织推荐方式，共有 43 名机关干部被任命为社区书记助理或主任助理，驻点社区锻炼 2 个月时间，配合街道社区开展安全生产、人口普查、文明城市创建等工作。

16 日 宁海路街道举办地区人大代表论坛，此次论坛活动的主题为“迎青奥会，做文明人”，省委组织部副部长郭广银、市人大常委会副主任李福全、区人大常委会主任王红云等宁海路地区 40 多位全国、省、市、区四级人大代表参加论坛活动。

鼓楼区参照南京市 2010 年退休职工退休费调整规定，在全市率先调高社区居委会主任的退养费，一是工资上调 10%，二是适当增发高龄补贴，增加 30 元~50 元不等。

19 日 省产学研联合创新重大平台项目——“智能电网电力自动化设备检测服务平台”揭牌仪式在国网电力科学研究院举行。

20 日 市人口普查工作领导小组到区检查指导“人普”工作。

21 日 鼓楼区召开城市数字化管网建设专家咨询座谈会，市经信委、安监、规划、城管等部门，东南大学、南京朗坤软件有限公司、江苏今迈数字空间技术股份有限公司等单位负责人和专家学者参加座谈。

23 日 区政府召开全体（扩大）会议。

鼓楼区召开迎接市征地拆迁专项治理督查工作会议。

24 日 鼓楼区召开迎接公共文明指数测评工作推进会。

25 日 陕西省委组织部考察团到工人新村社区参观考察。

“激情鼓楼，拥抱青奥——鼓楼区迎接青奥大型广场文体表演”在山西路广场举行。

26 日 鼓楼区召开文化产业发展工作推进会，对爱儿时代文化创意产业园、QQ 堂主题街区、艺事后素艺术馆主题活动等共计 12 个产业项目颁发区级文化产业专项资金补贴。

31 日 鼓楼区召开迎接公共文明指数国查工作紧急会议。

9月

1 日 市委副书记陈绍泽到凤凰街道看望慰问革命烈属季凤池老人。

全市首家非公团建工作示范点——“青春之家”在鼓楼区科技园爱可信(南京)技术有限公司成立。

5 日 鼓楼区召开区委九届二十次全体会议，专题研究新一轮政府机构改革中政府工作部门正职干部调整工作，全体区委委员、候补委员参加会议。

6 日 鼓委发〔2010〕64 号文：根据宁委〔2010〕266 号文件和宁组复〔2010〕16 号、〔2010〕23 号文件通知，朱劲松同志任中共南京市鼓楼区委委员、常委、组织部部长；免去纪增龙同志中共南京市鼓楼区委组织部部长职务。

区政府召开全体(扩大)会议，通报鼓楼区全国公共文明指数测评迎查工作情况和全区机构改革、干部优化配置工作进展情况。

7 日 省委书记梁保华，省委常委、秘书长李云峰，副省长曹卫星等到区一中心小学视察并看望广大师生。

8 日 鼓楼区召开迎接公共文明指数国查工作部署会。

宏图三胞集团隆重举行集团团委成立揭牌仪式。

10日　鼓楼区召开各民主党派、工商联、无党派人士情况通报会。

11日　国家科技部副部长曹健林一行到南大—鼓楼高校国家大学科技园视察，实地考察国家973计划中风电海水淡化项目成果转化情况。

全国人大常委会副秘书长李连宁视察湖南路街道"人大代表之家"。

12日　由国家文化部、省文化厅共同主办，鼓楼区与市文广新局、省文化馆具体承办的"文化民生"全国第15届"群星奖"获奖节目江苏巡演活动在山西路市民广场拉开帷幕，国家文化部、省文化厅、市文广新局有关领导参加巡演活动。

省、市、区红十字会联合在山西路广场举办2010世界急救日宣教活动。

13日　区十六届人大常委会召开第二十三次会议。

14日　市政府和区政府相关部门在鼓楼区举行食品药品监督体制调整交接仪式。

15日　呼伦贝尔市委副书记孙震一行到区考察基层信访工作。

16日　国家卫生部检查组到中央门社区卫生服务中心督查麻疹疫苗强化免疫工作。

省文明办考查组到工人新村社区检查文明社区标兵创建工作。

17~29日　区政协举办第三期"风雨同舟创和谐、同心同德促发展"主题培训班。

18日　区国防教育委员会在山西路市民广场开展第十个"全民国防教育日"活动。

19日　鼓楼区举办纪念《中共中央关于控制我国人口增长问题致全体共产党员共青团员的公开信》发表30周年暨第四届人口文化节文艺演出，并对"十一五"区人口和计划生育工作先进集体、先进工作者进行表彰。

根据区政府2010年第18号区长办公会议精神，区政府召开银城花园幼儿园、小天使幼稚园交接总结会，区妇联下属银城花园幼儿园、小天使幼稚园整体划归区教育局统一管理。

20日　省物价局局长周卫国一行到区视察节日市场价格稳定情况。

《鼓楼年鉴(2009)》获首届江苏省年鉴奖评选特等奖。

21日　鼓楼区成功举办"2010年南京金秋经贸洽谈会——鼓楼区现代服务业暨科技创新推介会"。

23日　鼓楼区召开政府机构改革工作会议，常务副区长纪增龙宣布鼓楼区政府机构改革工作方案，区委组织部部长朱劲松宣读政府部门主要负责人的任命决定，区委书记鲍永安就进一步做好全区政府机构改革工作提出要求。

鼓楼区召开公共文明指数测评总结表彰会议，对全区公共文明指数测评迎查工作进行总结表彰。

区委、区政府下发《关于南京市鼓楼区人民政府机构改革的实施意见》，确定组建区投资促进局、人力资源和社会保障局、城市管理局、住房和建设局、商务局。

25日　全国侨务系统"五五普法侨法宣传角"揭牌仪式在中央门街道观音里社区举行。

鼓楼区与省新闻出版局、市文广新局等单位共同举办的"喜迎国庆六十一年、第三届江苏省名优期刊推介活动"在山西路广场举行。

26日　工商鼓楼分局在南秀村社区设立全市首个"无传销社区"。

27日　首届全国幼儿园园长高峰论坛在鼓楼区开幕。

"中医中药中国行"江苏省文化科普宣传周活动启动仪式在鼓楼区举行。

区文化馆合唱团代表江苏省参加全国第12届老年合唱节比赛，荣获比赛最高奖项。

28日　"国乐风华"民族音乐会暨"激情鼓楼"第八届鼓楼区社区文化艺术节在山西路广场拉开序幕。

29日　鼓楼区南洋劝业会百年纪念活动暨《中国首届博览会——南洋劝业会百年回望》史料丛书首发式在上海世博园区举行。

30日　市委常委、副市长李琦，市政府副秘书长牟小玉等领导视察味洲农加超南昌路农贸市场。

鼓楼区新版"网上湖南路"暨网上"湖南路商城"正式开通。

9月30日，中央门街道举行"中国好人"事迹报告会

是月，鼓楼区居民崔传面、黄世霞被中国文明网评为"中国好人"。

10月

1日　市长季建业率市相关部门负责人视察鼓楼区街巷出新工作。

5日　鼓楼区召开促进江东软件城发展工作会议。

7日　高教新村一住户发生煤气爆燃事件。事件发生后，区委、区政府高度重视，常务副区长纪增龙、副区长司军立即亲临现场进行指挥,统筹处理善后事宜。区相关部门和街道在第一时间赶往现场进行有效处置,并及时对受损住户的损失情况进行登记、评估和核定。当日,居民生活已恢复正常。

8日 区委、区政府正式出台《关于加快残疾人事业发展的实施意见》。

9日 鼓楼区成功完成食品质量安全Ⅳ级突发事故应急现场处置演练活动。

10日 中央人民广播电台、《中国人大》《中国检察日报》等中央媒体,在全国人大常委会代表资格审查委员会办公室主任李伯钧、全国人大常委会办公厅新闻局局长钟雪泉带领下,到区专访人大代表工作。

11日 鼓楼区召开2010年冬季征兵工作会议。

12日 鼓楼区召开人普领导小组成员单位会议。

鼓楼区召开环境保护委员会成员会议。

13日 东南大学常务副校长胡敏强一行到鼓楼区商谈模范路科技创新园区东南大学科技园合作共建事宜。

14日 为开展好全国首个“敬老月”活动,区老龄委与十四所在古林公园联合开展“千人游园迎重阳”活动。

15日 国家工商总局副局长付双建到鼓楼科技工商所视察。

为进一步加强未成年人思想道德建设,团区委举办“和乐杯”和谐校园短剧大赛。

16日 副市长陈维健到区看望慰问百岁老人杨毓芸。

鼓楼区召开纪念《中华人民共和国行政诉讼法》实施20周年座谈会。

17日 苏宁电器股份有限公司董事长张近东获得第三届中国消除贫困奖。

18日 副市长陆冰一行到区调研城建工作。

江苏省教育科学“十一五”规划2010年重点课题——“数字化学习社区建设标准、试点方案与支持政策研究”开题论证会在鼓楼区召开。

19日 省军区官兵向田家炳高级中学爱心班捐赠助学款10万元,资助爱心班30名贫困学生完成高中学业。

市政法委书记刘志伟到区调研政法综治工作。

区人大常委会举办以“促进优质教育均衡发展”为主题的第八届人大代表论坛。

区政协召开十届第十一次常委会议。

鼓楼区举办湖南路狮子桥第六届美食文化节,共有40余家餐饮企业30个品牌的名特优产品参加美食文化节展示。

20日 鼓楼区举行郑和宝船复建工程庆典。

20~24日 秦淮河·塞纳河——中法双城摄影绘画艺术精品展在鼓楼公园“巴黎印象馆”开展,展出法兰西艺术院院士、法国印象派大师让-玛丽·格拉涅尔等5人的艺术作品。此次活动是第四届南京名城会系列活动之一。

鼓楼区召开中学教学工作会议。

21日 由市文联、市档案局与鼓楼区联合主办的“2010中国南京第三届民间艺术节”在山西路市民广场拉开帷幕。

鼓楼区成功参展2010年(第五届)中国南京文化产业交易会,在组委会印制的投资项目指导手册和2010文交会会刊中,全区有10个项目、8个园区入册,在全市各区县中名列前茅。

鼓楼区举行江东软件城体育中心开馆典礼。

22日 鼓楼区在力学小学举行“全国模范职工之家”授牌仪式,并结合全区工会创先争优活动进行展示。

26日 鼓楼区召开非公企业党建工作座谈会。

27日 由中国通信标准化协会(CCSA)、南京市人民政府、江苏省经济和信息化委员会联合主办的“2010年全国泛在网与物联网技术标准研讨会暨首届金陵物联网应用标准论坛(JFIOT’2010)在南京邮电大学召开。

华侨路街道组织华侨路地区全国、省、市、区四级政协委员视察清凉寺。

28日 湖南路街道开展地区四级人大代表论坛活动,全国人大代表、省人大常委会秘书长仇中文,省人大代表、省人大常委会副秘书长黄利群等领导参加论坛。

是月,鼓楼区通过江苏省城市社区药品“两网”建设示范区检查验收。

11月

1日 全新页面风格的鼓楼区门户网站群主站——“南京·鼓楼”政府门户网站(http://www.njgl.gov.cn)正式上线运行。

2日 市委常委、市总工会主席许慧玲到区调研社会建设工作。

3日 南京凯盛国际工程有限公司揭牌成立暨入驻南京国际服务外包产业园仪式在江东软件城举行,国务院国资委监事会主席乔龙德,全国政协常委、全国政协民族与宗教委员会副主任蒋明麟,市区领导罗群、鲍永安、何德剑、纪增龙等出席仪式。

鼓楼区召开湖南路04、05片工程拆迁工作推进会。

全省“慈善周”宣传活动在山西路广场举行,区级机关工委代表全区党员干部向区慈善协会现场捐款63万元。

5日 鼓楼区召开全区负责干部大会。

7日 鼓楼区被国家民政部授予“全国养老服务示范活动示范单位”荣誉称号。

区信息安全风险评估与等级保护测评工作顺利通过市网安办验收。

9日 市委常委、副市长郑泽光到区调研开放型经济工作。

10日 区纪委、区委组织部、区委宣传部联合举办以学习贯彻《廉政准则》为主题的“清风廉韵”演讲比赛汇报演出,700多名党员干部观看演出。

11日 副市长李琦率市发改委、投促局、经信委等部门到鼓楼区五星电器集团和博西家电集团等两家世界500强企业调研。

12日 鼓楼区召开总体规划专家评审会。

鼓楼区召开2010年“慈善一日捐、济困送温暖”活动工作动员会。

13日 由鼓楼区企业南京圣诺热管有限公司牵头发起的江苏高能耗产业节能减排国际创新合作联盟宣告成立，标志鼓楼区的国际科技合作工作取得新突破，为鼓楼区国际产学研合作增添新平台。

鼓楼区召开区委常委(扩大)会。

15日 省委常委、市委书记朱善璐调研鼓楼区人才工作情况。

由市委宣传部、市旅游园林局、团市委与鼓楼区共同举办的“观《庐山恋2010》·游人文绿都南京”系列文化活动启动仪式在鼓楼区举行。

16日 鼓楼区召开政府机构改革“三定”(定岗、定编、定责)工作会议，对区政府部门“三定”工作进行安排部署。

由中国地方志指导小组办公室与中央电视台联合摄制的10集电视纪录片《方志中国》于11月16~25日在中央电视台四套黄金时段播出。16日播放的该片第一集“文化瑰宝”介绍鼓楼区地方志资源，并播出大量石头城社区文化馆画面。

17日 国家司法部基层司副司长李斌到区调研司法所建设情况。

市委统战部部长钱继红到区调研民营经济工作。

长春市委组织部考察团到挹江门街道妙峰庵社区进行考察交流。

20日 共青团江苏省委在区检察院召开未成年人犯罪预警信息研判情况介绍会。

23日 南京市江南八城区区长座谈会在鼓楼区召开。

24日 市委副书记陈绍泽到区调研模范路科技创新园区重点项目建设推进情况。

鼓楼区举行“鼓楼区旅游十大特色服务品牌”授牌仪式。

25日 市城区民营企业关工委建设现场推进会在鼓楼区召开。

南京农业大学青年志愿者协会在凤凰托养中心建立青年志愿者服务基地，与凤凰托养中心建立长期合作关系。

25~27日 全国人普领导小组人普登记质量抽查小组到凤凰街道苏城苑社区22普查小区进行抽查验收。

27日 全国人大常委会副秘书长何晔晖一行到区调研医患调解中心建设和运作情况。

团区委以帮助玉树抗震救灾和灾后重建工作为契机，在玉树地区组建首家驻外团支部，长期协助做好玉树的灾后重建工作。

28日 南京国际服务外包产业园区域能源站竣工典礼举行。该能源站是亚洲最大的江水源热泵区域能源系统，也是全省第一个区域性能源站，投运后每年可减少二氧化碳排放2.5万吨，节省用电2507.5万千瓦时，节省标煤1万吨。

在第23个“世界艾滋病日”前夕，鼓楼区在山西路市民广场举办大型宣传服务活动。

29日 鼓楼区被全国老龄工作委员会授予“全国老龄工作先进单位”称号。

是月，《鼓楼年鉴(2009)》获全国地方志系统第二届年鉴评比特等奖。

12月

1日 区第十六届人大常委会召开第二十五次会议。

2日 英国康迪特基金与鼓楼区签订框架协议，成立联合国康迪特新能源南京孵化中心。该中心将落户南京科技广场，通过实施联合国清洁能源计划项目，为南京新能源企业提供资金支持，促进企业可持续发展。

鼓楼区召开湖南路二次提升拆迁动员大会。

全市首家由智障儿童担任工作人员的鼓楼区图书馆博爱分馆建成对外开放。该馆位于铁路北街的南京博爱安养庇护中心，藏书3000余册。

南京物联网应用研究院有限公司在模范路科技创新园区成立。

3日 四川省司法厅领导到华侨路街道考察基层司法所建设情况。

省政府办公厅副秘书长徐国柱一行到凤凰街道凤凰托养中心视察。

2010“书香鼓楼”第二届鼓楼区社区全民阅读节圆满闭幕，阅读节历时6个月，累计开展30余场活动。

在“全国社区教育示范区”教育成果展上，鼓楼区社区教育成果展获全国一等奖。

4日 鼓楼区“法治文化广场”落成典礼在中央门街道金贸广场举行。

11月，《鼓楼年鉴(2009)》获全国地方志系统第二届年鉴奖特等奖，图为昆明颁奖现场

凤凰托养中心举行“承载希望、传递真爱”中心成立周年庆典暨庆祝世界国际志愿者日活动，市残联理事长穆桂英代表市残联向凤凰托养中心捐赠2万元用于中心的建设与发展。

5日 由中共江苏省委宣传部和江苏省哲学社会科学界联合会主办、河海大学承办的“2010年江苏省哲学社会科学界学术大会管理学专场”在河海大学举行，江苏省哲学社会科学界联合会党组书记、常务副主席张颢瀚，复旦大学首席教授、东方管理研究中心主任苏东水等国内外100多位知名专家学者出席会议，区委书记鲍永安在会上作题为《基层政府在科技创新中的地位和作用》的主题报告。

6日 鼓楼区5名企业家张近东、张桂平、郭金东、朱献国、毛顺初被授予第四届“光彩事业之星”荣誉称号。

9日 鼓楼区召开10月份公共文明指数实地考察及数字化城管双考评点评推进会。

鼓楼区召开稳定物价保障群众基本生活联席会议。

10日 鼓楼区被市评为上海世博会信访稳定工作先进单位。

区十六届人大常委会组织160多名区人大代表集中视察绿地广场紫峰大厦、爱儿时代广场、丁山社区居委会等处，详细了解鼓楼区经济建设、社会公共服务事业等方面的发展状况。

13日 鼓楼区召开各街道和部分部门负责干部会议。

为顺利推进湖南路二次提升拆迁工程，区委组织部充分发挥干部工作服务全区中心工作的职能作用，在有效摸底、积极沟通、全面协调的基础上，抽调150余名善于做群众工作的干部，组成18个居民动迁组和2个商贸组进驻拆迁现场，并派出督查组对被抽调干部的工作情况进行跟踪督查。

14日 省人口计生委副主任张春到区调研人口计生工作。

鼓楼区举行综合应急救援大队成立暨挂牌授旗仪式。

鼓楼区出台《鼓楼区残疾人社会保险补贴暂行办法》，自2011年1月1日正式实施。

15日 省知识产权示范区考核验收工作组对鼓楼区省级知识产权示范工作进行考核验收。

16日 市委、市政府授予鼓楼区苏宁电器集团、江苏金浦集团有限公司、联创科技(南京)有限公司等6家企业“2010南京市优秀民营企业”称号，授予张近东、张桂平、郭金东、孙力斌等4人“南京市优秀民营企业家”称号。

鼓楼区举行首届民国建筑文化高峰论坛。

鼓楼区召开精神文明建设指导委员会全体成员单位会议。

鼓楼区举办区人力资源服务中心成立十周年庆典。

17日 区计划生育协会在中国计划生育协会第七次全国会员代表大会暨先进表彰会上荣获“全国计划生育协会先进单位”称号。

18日 绿地广场紫峰大厦正式开业。

19~20日 鼓楼区召开区委九届二十一次全体(扩大)会议。

20日 区政协召开十届十二次常委会议。

21日 由省文化厅、镇江市人民政府主办的第九届江苏省“五星工程奖”在镇江颁奖。该奖项是江苏省为繁荣群众文艺活动、提高创作水平而设立的政府最高奖项，全省共有74个文艺类、小品类、曲艺类、舞蹈类、音乐类作品参加角逐，鼓楼区选送的群舞《我生长的地方》(成人组)荣获舞蹈类金奖；“激情鼓楼”南京鼓楼社区文化艺术节获服务项目类第一名。

21~24日 由市委组织部、区委、区政府共同主办的“硅谷海外清华学子南京行”活动在鼓楼区举行。来自美国、加拿大、德国等国的34名海外学子参观考察模范马路科技街区、江东软件城，并举行项目对接洽谈会，区四套班子领导，市委组织部相关负责人，以及驻区重点高科技企业、高校、科研院所等参加项目洽谈会。

鼓楼区召开2011年“两节”慰问救助和走访活动工作协调会。

鼓楼区顺利通过“江苏省卫生应急示范区”验收考核。

22日 南京邮电大学物联网科技园有限公司成立。

25日 鼓楼区门户网站被评为“2010年度中国政府网站优秀奖”，是区门户网站连续第三次获得奖项。

27日 《南京市模范路科技创新园区管理办法》经市政府常务会议审议通过，自2011年4月1日起实施。

28日 区十六届人大常委会召开第二十七次会议。

29日 鼓楼区对接市“12345”政府服务呼叫中心仪式正式启动。

团区委组织人大代表、政协委员与新生代农民工，开展以“新生代农民工的社会融入”为主题的面对面座谈会。

31日 省委书记罗志军先后到芦席营味洲农贸市场和金润发龙江超市，倾听群众呼声，深入了解市场供应和物价控制情况。

副市长罗群到南大—鼓楼高校国家大学科技园调研，并参观园区企业江苏风盛海水淡化科技有限公司和瑞声声学科技研发(南京)有限公司。

区情概览

Survey of the District

区况概述

【位置和面积】 鼓楼区位于长江下游南岸，南京市主城区西北部，是南京市的中心城区之一，也是江苏省委、省政府机关、省人大常委会、省政协机关所在地。东以中央路、中山路为界，与玄武区为邻；南以汉中路、汉中门大街为界，分别与白下区、建邺区接壤；西至长江夹江，与建邺区的江心洲隔水相望；北以护城河、明城墙为界，与下关区相连。区域面积26.62平方公里，其中主城区16.82平方公里、江东新区9.8平方公里。

【建置沿革】 鼓楼区历史源远流长，是南京城区开发较早的地区之一，五六千年前就有多处原始村落存在。周显王三十六年(公元前333年)，楚威王熊商在石头山置金陵邑，此为鼓楼区境第一个行政建置，也是南京城区建置之始。秦始皇嬴政三十七年(公元前210年)，金陵邑改为秣陵县，增设江乘县，现区境北部属江乘县、南部属秣陵县。五代杨吴天祐十四年(917)至清末，区境始终为江宁、上元两县管辖。明初，筑南京城墙，区境主体部分圈入内城，其余部分也在外廓之内。

民国15年(1926)4月，南京建市之初，按功能划分行政区、商业区、预备扩充区等8个区。今鼓楼区辖的挹江门、三牌楼街道及水佐岗、华侨路、鼓楼、五台山街道部分地区划分在商业区；中央门、宁海路、湖南路街道及水佐岗、华侨路、鼓楼、五台山街道部分地区划分在住宅区；江东街道范围划分在预备扩充区。

民国22年(1933)3月，南京市改自治区为市政府所属的8个行政区划单位。今鼓楼区，时为第六区。

民国27年(1938)1月，伪南京市自治委员会，将城区划为4个区。今区境，时为第四区。

民国31年(1942)4月1日，汪伪南京特别直辖市重新划分城区为6个区，以北极阁、华侨路、清凉山一线，沿定淮门、挹江门、金川门至玄武门城墙，划为“城区自治实验区”(今区境)。

民国34年(1945)，抗日战争胜利后，恢复原第六区建制，辖域有所扩大，玄武湖一带划归第六区管辖。

民国38年(1949)3月，第六区(也称北区)区域四至：东以中山路、中央路向北沿库伦路、环湖马路至太平门为界；南自汉口路，转西至虎踞关、草场门为界，西、北均以城墙为界。

解放后，1950年6月15日，第六区调整为新五区(后习称第五区)。新五区范围：以旧六区为基础，划出中央路以东玄武门以南地带，及玄武湖全部，增加旧五区一部分，即汉中路以北地带。区界边之中央路路面由新五区管辖。

1955年6月11日，第五区设挹江门、三牌楼、中央门、水佐岗、丁家桥、鼓楼、阴阳营、上海路、沈举人巷等9个街道办事处，作为区人民委员会的派出机构。8月3日，第五区人民委员会改称鼓楼区人民委员会。

1960年5月7日，鼓楼人民公社(政社合一)成立。全区8个街道办事处合并为五台山、丁家桥、挹江门和三牌楼4个分社。

1960年9月19日，南京市将栖霞人民公社的燕子矶镇（包括笆斗山）、迈皋桥镇及晓庄农(林)场划归鼓楼人民公社管辖。

1961年2月27日，鼓楼人民公社决定撤销迈皋桥等8个乡镇。

1961年3月16日，宁办字〔1961〕第069号文中，将下关区小市分社沿和燕路、和上路东北部分地区，划给鼓楼区管辖。

1962年7月16日，玄武新村划归鼓楼人民公社管辖。

1962年7月17日，燕子矶分社交市管。

1962年8月，鼓楼人民公社及各分社撤销，恢复区人委和街道办事处建制，设丁家桥、鼓楼、阴阳营、华侨路、中央门、三牌楼、挹江门、水佐岗、小市镇等9个街道办事处。当年9月，增设五台山街道办事处。

1962年11月，晓庄农(林)场交市管。

1965年3月，小市镇划归栖霞区。

1967年3月20日，鼓楼区改称延安区。

1968年3月15日，延安区革命委员会成立（简称延安区革委会)，街道办事处更名为街道革命委员会（简称街道革委会)。

1973年11月12日，延安区革委会更名为鼓楼区革委会。

1978年11月15日，街道革委会

山西路市民广场全景

恢复街道办事处名称。

1980 年 10 月，鼓楼区人民政府成立。下设 9 个街道办事处，为区人民政府派出机构。

1984 年 2 月 6 日，宁政发〔1984〕36 号文中，将下关区定淮门外的秦淮河江滩地划归鼓楼区水佐岗街道办事处管辖；将建邺区汉中门街道的红土山、石城桥两个居委会划归鼓楼区五台山街道办事处管辖。鼓楼区的多伦路、黄土山、盐仓桥 3 个居委会划归下关区四所村街道办事处管辖。

1984 年 6 月 1 日，宁政发〔1984〕159 号文中，将建邺区的石头城居委会划归鼓楼区五台山街道办事处管辖；将鼓楼区的于家巷、北祖师庵、光夏新村、建宁新村 4 个居委会划归下关区四所村街道办事处管辖；鼓楼区挹江门派出所划归下关区公安分局管辖。

1995 年 4 月 11 日，宁政发〔1995〕74 号文中，将鼓楼区中央路东侧廖家巷、大树根、后大树根、中央门 4 个居委会划入玄武区玄武门街道办事处管辖；将雨花台区江东镇建制及江东镇所辖的清江、江东、河北 3 个行政村和中保行政村南半部分（以定淮门大街规划道路中心线为界），以及江东门、新河口、二道桥 3 个居委会，划归鼓楼区管辖。小市镇(包括鼓楼区在镇境内的飞地安怀新村)、迈皋桥镇的五塘村（包括鼓楼区在村境内的飞地五佰村），划归下关区管辖。

2002 年 10 月 22 日，宁委发〔2002〕45 号文中，将建邺区莫愁湖街道办事处汉中门大街以北地区及其建制划归鼓楼区管辖；汉中门大街以南部分划归建邺区南湖街道办事处管辖。

2007 年 3 月 1 日，经省、市政府批准，将建邺区兴隆街道江东村委会划归鼓楼区管理。两区此段行政区域界线走向为：自汉中门大街中心线与清河路交汇处起，折向西南沿清河大街中心线。

2009 年 5 月 5 日，根据南京市鼓楼区人民政府 2009 年第 79 号文，将江东办事处蓝天园、白云园两社区居委会整建制划入莫愁办事处。划入区域四至为：东至外秦淮河河道中间线、南至龙园南路道路中间线、西至江东北路道路中间线、北至草场门大街道路中间线。同时，莫愁街道办事处更名为凤凰街道办事处。

【行政区划】 鼓楼区人民政府辖 7 个街道办事处。辖区内有 64 个社区居委会和 3 个村委会。

【人口】 至 2010 年底，全区人口 658795，比 2009 年的 673653 减少 14858 人；总户数 188556，比 2009 年 186798 户增加 1758 户。全区人口中男性 333282 人，女性 325513 人，性别比 102.4（女：100）。全年新生人口 4683 人，出生率 7‰；死亡人口 2658 人，死亡率 4‰；人口自然增长率 3‰，同比上升 0.3 个千分点；省外迁入 7863 人，省内移入 16700 人，迁往省外 10890，迁往省内 25791 人。

【地理环境】 鼓楼区是山峦环绕，湖川相依，山、水、城、林浑然一体的中心城区，有龙蟠虎踞之雄，依山带水之胜。秦淮河、金川河穿境而流，万里长江擦境而过；鼓楼岗、五台山将秦淮河冲积平原和金川河冲积平原南北分开。

【气候特征】 鼓楼区地处中纬度大陆东岸，因受地理环境影响，形成春温、夏热、秋暖、冬寒四季变化明显、冬夏时日长、春秋时日短的气候特征。2010 年，全区年平均气温为 15.7℃~16.8℃，

2010 年鼓楼区居、村委会一览表

表 1

街道	类别	名称	地址
华侨路	社区居委会 7 个	慈悲社	明华新村 15 号
		广州路	广州路 41 号
		石头城	石头城新村 40 号
		龙蟠里	虎踞路 38 号
		清凉山	虎踞路 3 号
		虎踞关	虎踞关 36 号
		五台山	五台花园 1 幢 101 室
宁海路	社区居委会 9 个	古林	定淮门 6 号
		天津新村	天津新村 7 幢
		三步两桥	水佐岗 32 巷 28 幢
		北京西路	虎踞北路 4 号
		山西路	四卫头 45 号
		颐和路	琅琊路 11 号
		苏州路	天目路 21 号
		仙霞路	虎丘路 14 号 101 室
		康藏路	康藏路 4 号

续表 1

街道	类别	名称	地址
湖南路	社区居委会 8 个	丁家桥	湖南路 8 号
		裴家桥	裴西村 6 号
		傅厚岗	高云岭 34 号
		马台街	天福园 28 号
		青岛路	南秀村 21 号 102 室
		大方巷	五条巷 14 号
		云南路	渊声巷 41 号
		南秀村	金银街 17 号-2
中央门	社区居委会 12 个	汇林绿洲	黑龙江路 15 号
		观音里	观音里 8 号
		工人新村	工人新村 82 号
		青石村	青石村 89 号
		紫竹林	长江新村 7 号-1
		天正和鸣	建设新村 7、8 幢之间
		劝业路	新模范马路 7 号
		模范马路	狗耳巷 22 号-1
		颂德里	三牌楼大街 111 号
		三牌楼	三牌楼大街 110 号-1
		新门口	东瓜圃桥 9 号-102
		将军庙	铁路南街 19 号
挹江门	社区居委会 9 个	察哈尔路	回龙桥 8 号
		鲁迅园	中山北路 283 号
		戴家巷	戴家巷 16 号
		丁　山	察哈尔路 108 号
		钟阜路	洪庙一巷 3 号
		福建路	洪庙巷 21 号西
		妙峰庵	铁路北街 284 号
		模范西路	古平岗 22 号
		回龙桥	校门口 25 号
凤　凰	社区居委会 11 个	莫愁新寓	胜棋里 17 号
		凤凰二村	凤凰二村 10 幢
		凤凰西街	凤凰西街 275 号-1
		西城岚湾	清凉门大街 8 号 3 幢
		凤凰街	凤凰庄 9 号-102 室
		凤凰花园	福安园 28 号
		教工新村	教工新村 34-2
		华阳佳园	清凉门大街 113 号-1-112
		苏城苑	湛江路 98 号苏城北苑 11 幢-2
		白云园	白云园 50 号
		蓝天园	蓝天园 19 号

续表 1

街道	类别	名称	地址
江东	社区居委会8个	宝船	宁工新寓48号102室
		江滨新寓	江滨新寓31号
		银城花园	银城花园86号
		清河新寓	清江路39号
		腾飞园	腾飞园17幢
		宝地园	龙园西路龙江花园车站旁
		聚福园	漓江路6号聚福园东园04幢
		长阳花园	清凉门大街298号长阳会所1楼
	村委会3个	中保村	华宝新寓江景园1号
		清江村	东宝路99号
		江东村	积余村398号

比常年偏高0.4℃~0.9℃;降水量1302毫米，比常年偏多3成；年降水日数112天~133天；年日照总时数为1737.0小时~1927.0小时,与常年持平或偏少1~2成。

春季 大致始于3月下旬或4月上旬,到5月下旬或6月上旬结束,平均历时60~70天。

夏季 大致从6月上、中旬到9月中旬,历时100天左右,明显分为初夏的梅雨天气和盛夏的伏旱天气。“梅雨季节”因湿度大、温度高,衣服、家具等易受潮发霉。

秋季 夏冬的过渡季节，大致从9月中旬到11月中旬，历时60天左右。

冬季 从11月中旬到翌年的3月下旬或4月上旬,历时4个多月。

【重要天气事件】 **连阴雨** 年内,有3次较长时间的阴雨寡照天气:一是3月1~9日，全区出现持续降水降温天气；二是4月11~15日、18~22日,出现连阴雨天气，持续的低温阴雨天气使得低洼地区积水较多；三是5月13~23日,11天中除19、20日为晴天外，其他各日的日照时数均在3小时以下。

梅雨 6月17日入梅,入梅期正常(常年入梅日期为6月18日前后);7月18日出梅(常年出梅日期为7月10日前后),梅期长32天。入梅后降水呈局地性、间歇性、过程性、短时降水强度大的特点，期间有两段区域性的强降水天气，分别出现在7月3~5日,7月10~13日，以7月12日雨量大,危害重。7月12日大暴雨以后,秦淮河超过警戒水位,区多处地区被淹,积水严重,最大积水深度大约1米,城区部分路段及低洼地区积水，对交通和出行造成影响。全区启动防汛Ⅳ级应急响应(蓝色)。

高温 年内，受大陆高压与副热带高压的共同影响，自7月29日开始,鼓楼区出现连续35℃以上的高温天气。仅8月的高温日数多达17天,为近15年以来高温日数最多的一年。8月,出现3段明显的高温天气,分别在8月1~6日、10~15日、18~22日。其中,8月12~14日连续3天平均气温均超过34℃,特别是13日达34.3℃,突破近60年的历史极值。

台风 年内，西太平洋有编号的台风一共14个,9月就有6个台风活动,其中4个台风对全区无明显影响。2个台风（6号台风狮子山和10号台风莫兰蒂)倒槽与冷空气的结合,给全区带来明显的风雨雷电天气。

雷电 较往年相比，冬春季的暴雨和雷电发生次数增加，雷电造成的伤害事故增加，全市有3人遭雷击身亡,2人受伤,鼓楼区无伤亡统计。

降雪 4月14日,受北方较强冷空气的影响，全区出现了霰的天气现象,气温迅速下降,为有观测记录以来

全区出动清扫积雪

最晚的降雪日。

大雾 10~11月，全区共出现9次区域性大雾天气，时间分别为10月9日、15日、16日、18日和19日以及11月17日、18日、21日和30日。

（市气象局）

国民经济和社会发展

经济状况

【国民经济】 2010年，鼓楼区实现地区生产总值(GDP)322.9亿元，同比增长13.0%(按可比价格计算)；完成财政收入75.6亿元，同比增长18.5%，一般预算收入38.1亿元，同比增长18.3%；全年实现社会消费品零售总额289.9亿元，同比增长17.3%；完成全社会固定资产投资额83.1亿元，同比增长10.52%。全区48家规模以上工业企业累计完成工业总产值47.51亿元，实现工业增加值12.64亿元；实现利税总额8.06亿元，完成销售产值46.36亿元。

【高科技产业】 2010年，鼓楼区率先创建成为"江苏省可持续发展实验区"，软件产业实现销售收入280亿元，软件出口1.3亿美元，全区涉软企业577家，经认定的软件企业总数178家，其中新认定软件企业22家，新登记软件产品101件；共有22家企业通过CMMI 3级以上认证，17家企业通过ISO 27001认证，19家企业通过系统集成3级以上认证，3家企业入围2010年第九届"中国软件业务收入前百家企业"，3家企业位列2010年江苏省软件业务收入10强，全区4家企业被认定为国家规划布局内重点软件企业，7家企业被认定为江苏省规划布局内重点软件企业。南京南瑞集团公司被中国软件协会评为2010中国十大创新软件企业。全区20个软件产品获"2010年度优秀软件产品"称号。通过大力推进模范路科技创新园区建设，园区被确定为全省十大科技创新园区之一，并被省科技厅和市政府确定为南京唯一的合作共建园区。组建南京物联网应用研究院，联合物联网领域122家研发企业成立南京物联网联盟。中国(南京)电力自动化产业园、国睿科技园、南京科技广场二期、南京邮电大学物联网科技园等重点载体项目进展顺利。江东软件城苏宁慧谷、联创科技大厦、河海大学国家水资源中心等项目全面开工，南大苏富特一期大楼竣工使用。是年，全区共有高新技术企业64家，其中新认定6家；实现高新技术产业产值230亿元，同比增长50%。新增民营科技企业15家，总数116家，实现技工贸总收入70亿元；一批重点和龙头企业迅速发展，技工贸收入超亿元的民营科技企业达11家，千万元以上的26家。全区服务业增加值占地区生产总值的比重达90.9%，软件产业、高新技术产业加快发展，科技园区、经济园区、总部经济、楼宇经济的聚集效应逐渐显现。

【总部经济】 2010年，鼓楼区总部企业共实现税收36.7亿元，占区财政总收入的48.6%，总部经济对区域经济的拉动作用日趋明显。总部企业数量进一步增加，花旗银行南京分行、紫金信托江苏公司、江苏再保融资租赁公司、博西电器投资公司等一批高端项目落户鼓楼，共拥有41家世界500强企业和著名大企业的地区总部、分支机构。苏宁电器、宏图三胞、苏宁环球、江苏金浦跻身2010年全国民营企业500强，其中苏宁电器位居第二名，纳税额位居第一名，成为中国商业零售第一品牌。总部型载体建设有效推进，绿地紫峰大厦、南京国际广场正式投入使用，绿地洲际酒店正式开业，泰威逊、中金公司等120余家现代服务业总部型企业成功入驻；湖南路"二次提升"04、05片工程拆迁全面启动，金陵饭店二期工程等重点项目顺利推进。

【开放型经济】 2010年，鼓楼区开放型经济以现代服务业引进外资为重点，不断优化区域经济结构，促进产业转型升级，外资、外包、外贸和外经协调发展。全年引进千万元以上现代服务业大项目45个，新批外资企业45家，注册资本金25.1亿元；全年实际利用外资1.12亿美元，合同利用外资1.52亿美元，外贸出口额29.78亿美元；承包工程、劳务营业额1.12亿美元，服务外包合同额4.4亿美元，服务

聚福园小区

外包执行额4.15亿美元，2家企业入选2009（第六届）中国软件出口（服务外包）排行榜。

社会状况

【民生投入】 2010年，鼓楼区以“五有”为重点持续加大民生投入力度，区级财政投入教育经费6.14亿元，同比增长24.2%。全年新增就业岗位28160个，城镇登记失业人数5512人，失业率1.95%；完成在职职工培训2876人次，下岗失业培训7815人次，新生劳动力培训2006人次，免费培训16664人，免费职业指导5194人；实现再就业10328人，安置双下岗、双失业与“4045”等困难群体2037人；全区7个街道64个社区全部成为充分就业街道、社区。全区共参加养老保险18万人，参加医疗保险25万人，参加失业保险11万人，参加工伤、生育保险10.4万人。全年共发放最低生活保障金和低保补充救助金2002.3万元，低保和低保补充救助覆盖面达5.89万户次、11.16万人次。住房保障力度持续加大，全年共向2300多户居民发放800余万元房屋租赁补贴，顺利完成江东新村公寓600多户拆迁安置房的审核、上报工作。

【社会事业】 2010年，全区城镇居民人均可支配收入30863.2元，同比增长10.2%，家庭总支出26973.6元/人，同比下降0.2%；困难群体综合保障水平进一步提升，“3美元”计划基本实现，全区低保及低保边缘家庭的综合保障标准达到每人每月630元，继续在全国同类城区中保持领先。继续坚持教育优先发展，以公平、均衡为导向，积极改革教育发展模式，组建琅琊路小学教育集团等五大教育集团，教育资源布局进一步优化；全面实施素质教育，贯彻“有效教学、绿色接力、质量为魂、卓尔不群”的办学方针，强化家庭困难学生教育救助，基本建立涵盖整个学校教育阶段的扶贫助困体系；实施社区教育“百千万”惠民工程，建设数字化学习社区，终身教育体系取得成效，鼓楼区被评为首批全国数字化学习社区先行区。就业再就业工作成效明显，全区城镇登记失业率有效控制在2%以内。卫生服务体系不断完善，积极构建覆盖全区的新型医疗卫生服务体系，全年社区门诊134.19万人次，母婴保健服务10.25万人次，传染病免疫接种14.16万人次；“四苗”覆盖率99.07%，乙肝疫苗接种率100%。卫生基础设施建设取得新进展，虹桥卫生服务中心被评为江苏省社区卫生服务中医示范中心。老龄工作取得新进步，鼓楼区被评为全国老龄工作先进单位；养老服务体系进一步完善，实现60岁以上孤寡、独居老人免费服务全覆盖，是全市唯一的被民政部命名的“社会化养老服务示范单位”。全区共参加市以上体育竞赛26项次，获得金牌82枚、银牌87枚、铜牌116枚；全民健身设施建设进一步加快，现有区体育协会两个，体育总会分会14个，区青少年体育俱乐部会员人数达2300人。计划生育和人口普查工作扎实推进，鼓楼区被评为全国计划生育优质服务先进单位。人民武装工作和国防后备力量建设不断创新发展，双拥工作深入开展，实现“江苏省双拥模范区”七连冠。老干部、党史、党校、统计、审计、地方志、档案、旅游等工作也取得新成绩。

江东路

【城市建设与管理】 2010年，鼓楼区坚持规划引领，系统研究全区空间布局，初步制订出包括湖南路中央商务区规划、模范路科技创新园区交通组织规划在内的城区“十二五”发展空间规划。城市基础设施建设加快，继续加大道路项目建设，稳步推进祁家桥二期道路建设、乐业村道路拓宽等工程；完成西康路3号等6个旧住宅小区出新，以及劝业村、妙峰庵等15个片区和康藏路等28条街巷的雨污分流改造工程；通过老城绿地建设、垂直绿化、楼顶绿化、小区增绿等方式，全年新增绿地面积8.03万平方米，绿化覆盖面1211.21万平方米，城市绿化率达45.5%；维修沥青路面24696平方米，维修人行道16986平方米；疏通下水管道238.4千米，疏通窨井、雨井58363座；河道养护面积353.7万平方米，清运漂浮物垃圾2357吨；维修公房面积1.83万平方米，维修平屋面漏雨1.41万平方米，清理疏通化粪池267座，清洗消毒二次供水箱189只。城市综合治理力度进一步加强，数字化城市管理模式不断完善，全年受理各类城管问题7.38万件，任务办结率达98%；全年开展城市综合治理大型集中整治321次，出动执法整治人员7173人次、车辆1678台次，取缔无证占道经营2947

处，取缔无固定场所无证经营 2038 家，教育占道经营户 4751 家，清理“三乱”21795 处，执法处理违章案件 2793 件，清运生活垃圾 32.63 万吨、清运建筑垃圾 8.9 万吨。

环境保护力度加大，城市环境进一步改善，全年审批环保建设项目 61 个，发放排污许可证 110 份，完成污染源限期治理项目 212 个，受理环保执法处罚案件 106 件。全面实施“蓝天工程”；完成烟尘控制区高空瞭望监控 24 次，施工工地现场检查 1033 次，降水监测 69 次，降尘监测 12 次，环境保护现场监督检查 695 家次；饮用水水质达标率 100%，烟尘控制区覆盖率 100%，城市环境噪声达标区覆盖率 100%，区域环境噪声年平均值为 54.7 分贝，交通干线噪声 69.2 分贝。

【平安鼓楼建设】 2010 年，鼓楼区大力推进社会矛盾化解、社会管理创新、公正廉洁执法三项重点工作，强化大调解机制、大防控体系建设，平安鼓楼建设进一步深化。积极开展信访热点难点问题、安全事故隐患、基层基础工作薄弱环节“三项排查”活动，着力解决突出矛盾和问题，主动消除各类不稳定、不安全因素。切实加强校园安全工作，为全区中小学和幼儿园统一配备专职保安和校园综合安防系统。顺利完成世博维稳任务，鼓楼区被评为上海世博会信访稳定工作先进单位；区医患纠纷调解委员会被评为全国模范人民调解委员会。法制宣传和普法工作扎实推进，建成芦席营法治文化广场。全区顺利通过全市“五五”普法验收。政法队伍建设进一步加强，区法院荣立集体二等功，并被评为全省法院清理执行积案活动先进集体，区检察院被评为全省检察机关先进集体。全年调解纠纷 6629 件，调解成功 6564 件；共接待信访 787 件、2119 人次，信访案件同比上升 9.3%、信访人次同比上升 15.2%；“148” 法律援助电话接待咨询 1952 人次，接待法律求助来访 3656 人次，受理法律援助案件 1171 件；办理各类公证服务 17912 件；组织法制宣传活动 430 场次，发放宣传资料 20900 份；接警出动火警、抢险救援 944 起，整改消防隐患 13839 处。

【社区建设】 2010 年，鼓楼区充分利用信息化手段，不断提升星级文明和谐社区建设层次和水平。全面开通、运行鼓楼社区网和 64 个社区网站，为社区居民搭建了解社区建设、参与社区事务和快速获取社区服务的高效平台。社区硬件建设得到加强，全区 95% 的社区办公服务用房达到每百户 30 平方米标准。扎实推进社区志愿者服务站、社区民间组织等建设，社区居委会规范化水平进一步提高。成功举办“建设和谐社区，迎接青奥盛会”高层论坛，鼓楼区社区建设经验得到中央党校、国家民政部等部委领导、专家学者及与会代表的一致好评。至年末，全区共有社区居委会 64 个，村委会 3 个，社区服务设施 72 个，社区服务中心 8 个，养老机构 27 个，养老机构建筑面积 7.9 万平方米，床位 2468 张，入住 1232 人。社区服务中心和“96180”生活服务求助热线运作良好，全年共接听咨询电话 4.08 万次，有效接通 3.89 万次，接通率 95.28%。

颐和路

【文化建设】 2010 年，鼓楼区积极组织上海世博会等重大活动的宣传报道工作，把文明城区创建与“办好青奥会，建设新南京”“迎世博、讲文明、树新风”等主题活动相结合，不断完善文明创建长效机制；继续抓好市民素质提升工程，顺利通过全国公共文明指数测评，全区公共文明指数在全市继续保持前列；继续深入挖掘鼓楼历史文化资源，以南京举办“2010 中国南京世界历史文化名城博览会”为契机，隆重举行郑和宝船复建工程庆典；积极对接上海世博会，在上海隆重举行《南洋劝业会百年回望史料丛书》首发式，扩大鼓楼劝业文化的影响力；全国第三次文物普查工作有序推进，建立文物普查档案，汇总上报文物普查数据 569 件电子和纸质文档，申报南洋劝业会遗迹等 27 处市级文物和重要新发现为第七批江苏省省级文物保护单位。公共文化服务体系建设进一步深化，文化惠民工程扎实推进。全区共有 7 个文化站，1 个国家一级区（县）图书馆，全年采编新书 9782 册，征订报刊 600 种，办理各类图书证 2355 张，年接待读者 14.8 万人次，流动图书车出车 390 台次，外借图书 7000 册；全年组织文艺演出 123 场次，受益群众 30 多万人，举办各类展览 16 次，开设音乐、器乐、舞蹈、摄影、书法和美术欣赏等各类艺术培训班 64 个，培训人数达 6700 人次；群众文艺创作作品在国家、省、市各级比赛和调演中荣获国家级金奖 1 个，市级金奖 9 个、银奖 8 个、铜奖 13 个。文化创意产业蓬勃发展，由鼓楼区投资拍摄的向 2014 年南京青奥会献礼影片——《庐山恋

2010》在全国上映；进一步做响石头城文化、郑和文化、民国文化品牌，扎实推进石头城6号文化产业园、智慧谷动漫软件产业园、水木秦淮D区南艺后街、郑和宝船复建、郑和主题3D动漫电影等重点文化产业项目；全年新增文化企业116个，全区文化产业增加值达23.8亿元，同比增长15%，占地区生产总值的7.3%。

机构设置及负责人名录

中国共产党南京市鼓楼区委员会

书　　记：鲍永安
副 书 记：徐苏宁（5月23日免）
　　　　　王　堡
　　　　　何德剑
常　　委：鲍永安
　　　　　徐苏宁（5月23日免）
　　　　　王　堡
　　　　　何德剑
　　　　　朱志宏（4月1日免）
　　　　　姚　坚
　　　　　纪增龙
　　　　　朱劲松（8月10日任）
　　　　　苏　郑
　　　　　李增平
　　　　　李　晖（5月10日任）
　　　　　丁健生（5月10日任）

南京市鼓楼区人民代表大会常务委员会

主　　任：王红云
副 主 任：张兴才　王建华
　　　　　王源源（7月27日退休）
　　　　　沈文娟（兼）

南京市鼓楼区人民政府

区　　长：徐苏宁（6月22日免）
常务副区长：朱志宏（4月27日免）
　　　　　纪增龙（5月19日任）
副 区 长：李　晖　冯雯兰
　　　　　周文中　费丽明
　　　　　司　军（12月1日免）
　　　　　郭明雁（12月1日任）
副巡视员：萧泰迅
副 区 级：张　勇（11月19日任）
　　　　　徐　丽（12月22日任）

中国人民政治协商会议南京市鼓楼区委员会

主　　席：陶世贤
副 主 席：陈家荣　华　峰
　　　　　张尊建（兼）
　　　　　毕　军（兼）
　　　　　张德平（兼）

中国共产党南京市鼓楼区纪律检查委员会

书　　记：何德剑
副 书 记：张国强　巢伟平
常　　委：何德剑　张国强
　　　　　巢伟平
　　　　　李国栋（12月免）
　　　　　王红军

南京市鼓楼区人民法院

院　　长：经翔宇
副 院 长：王　平
　　　　　黄　清（12月免）
　　　　　盛　皓　鲁昌贵
　　　　　徐　华（12月任）
　　　　　马徽军（12月任）
　　　　　郭英华（兼）
纪检组长：俞本美
政治处主任：曹桂福
执行局局长：许诗保
副调研员：王世久　吴　苹

南京市鼓楼区人民检察院

检 察 长：田跃初
副检察长：葛　冰（4月免）
　　　　　王宁虎
　　　　　黄　清（12月任）
　　　　　徐明明　孙　宁
　　　　　曾培芳（兼）
纪检组长：刘　红
政治处主任：王宁虎（12月免兼）
　　　　　黄　清（12月兼任）
调 研 员：孙本洪（9月退休）
　　　　　孙　枫
副调研员：傅子明　汪　田
　　　　　贺国胜

反贪污贿赂局

局　　长：葛　冰（4月免兼）
　　　　　孙　宁（12月兼任）

中国共产党南京市鼓楼区人民武装部委员会

第一书记：鲍永安
书　　记：李增平
副 书 记：方立中

中国共产党南京市鼓楼区委工作部门

区委办公室

主　　任：丁健生
副 主 任：蔡双根（11月免）
　　　　　李志平　岑继白
　　　　　周　刚（12月任）
副调研员：邵世芳

机要局

局　　长：李志平（兼）

保密委员会办公室

主　　任：李志平（兼）

信访局

局　　长：贝维纲
副 局 长：张云霞（9月免）
　　　　　吴晓清　胡一挺
调 研 员：张云霞（9月免）
副调研员：刘宗亮

接待办公室

副 主 任：岑继白（兼）

组织部

部　　长：纪增龙（5月10日免）
　　　　　朱劲松（8月10日任）
副 部 长：肖锋力　陈海涛
　　　　　王新军（兼）
调 研 员：宋　政　吴桂娴

新经济、新社会组织工委

书　　记：陈海涛（10月兼任）
副 书 记：陈海涛（10月免兼）

组织员办公室

主　　任：肖锋力（兼）

副　主　任：白　扬

党代会代表联络办公室
副　主　任：陈海涛(兼)

党史工作办公室
主　　　任：周国平
副 调 研 员：陈　鹏(5月任)

老干部局
局　　　长：范成平
副　局　长：胡　琼　赵志祥
副 调 研 员：顾伟萍
　　　　　盛文煊(12月免)

关心下一代工作委员会
副秘书长：盛文煊(12月任)

宣传部
部　　　长：苏　郑
副　部　长：束传贤(兼)
　　　　　张晓燕(9月免)
　　　　　郭　磊
　　　　　李国蓉(12月任)
调　研　员：范时鸣(10月任)
副 调 研 员：黄中骏　朱晓星

精神文明建设委员会办公室
主　　　任：张晓燕(9月免兼)
　　　　　郭　磊(10月兼任)
副　主　任：叶扣林

统战部
部　　　长：华　峰
副　部　长：魏夏宁
调　研　员：张必祥(6月退休)
副 调 研 员：马　军　笪远甦

台湾工作办公室
主　　　任：华　峰(兼)

工商业联合会
党 组 书 记：杨书明
副　会　长：马　军(兼)

政法委员会
书　　　记：姚　坚
常务副书记：赵　耀(11月任)
副　书　记：朱志宏(4月免兼)
　　　　　王昆远(10月免)
　　　　　赵　耀(11月免)
　　　　　沈志宏
副 调 研 员：洪传喜(10月退休)
　　　　　黄锦发　胡贻友

综治办公室
主　　　任：赵　耀(兼)
副　主　任：汪必扬

610办公室
主　　　任：夏　远(9月免)
　　　　　邱林祥(12月任)
副　主　任：邱林祥(12月免)
　　　　　丁元东
　　　　　朱　军(12月任)
调　研　员：张志强
副 调 研 员：董世峰　钱凤宝

机关工委
书　　　记：徐晓武
副　书　记：姜　倩
调　研　员：谢旦娣
副 调 研 员：洪惠生　陈凤梅
　　　　　吴从康

党校
校　　　长：王　堡(兼)
常务副校长：王天喜
副　校　长：汤忠胜　李　翔
调　研　员：汤忠胜
副 调 研 员：陈　勇　高　滢
　　　　　高发生(5月任)
　　　　　张国安(9月任，12月免)

南京市鼓楼区人民代表大会常务委员会办公室和各工作委员会

办公室
主　　　任：张玉玲(10月免)
　　　　　黄益峰(10月任)
副　主　任：黄益峰(10月免)
　　　　　沈伟进
调　研　员：张玉玲(10月任)
副 调 研 员：苏剑波(3月退休)
　　　　　葛建中(1月退休)

信访办公室
主　　　任：黄益峰(兼)

人事代表联络工作委员会
主　　　任：田春芸(10月免)
　　　　　陈　凯(10月任)
调　研　员：田春芸(10月任)

内务司法工作委员会
主　　　任：严建华
副　主　任：曹桂霞(10月免)

财政经济工作委员会
主　　　任：汪振宇

教科文卫工作委员会
主　　　任：庞月霞(10月免)
副　主　任：曹桂霞(10月任)
调　研　员：曹桂霞(10月任)

环资城建工作委员会
主　　　任：司梁宪

南京市鼓楼区人民政府工作部门

政府办公室
主　　　任：郭明雁
副　主　任：贝维纲(10月兼任)
　　　　　季殿元(5月免)
　　　　　陈爱华　郑卫琴

法制办公室
主　　　任：季殿元(5月免兼)
　　　　　姜宏斌(9月任)
副　主　任：白清泉

发展和改革局
局　　　长：徐　丽
副　局　长：袁校柠(5月任)
　　　　　唐　涛
　　　　　张　贤(12月免)
　　　　　张玉琦　冯　磊
　　　　　姜　涛(9月免)
　　　　　邓少华(12月任)
副 调 研 员：胡千林　卢晋宁
　　　　　张成先

统计局
局　　　长：刘新建（9月免）
　　　　　　姜　涛（9月任）
副　局　长：王宝路（12月免）
　　　　　　许　杰
调　研　员：王宝路
副调研员：夏　岩
　　　　　　李明福（5月任）

教育局
局　　　长：周越古
工委书记：王　强
工委副书记：周越古（兼）
　　　　　　储　红（兼）
常务副局长：王　强（兼）
副　局　长：储　红　陈云龙
　　　　　　谢春生
　　　　　　谈雅萍（10月任）
调　研　员：纪国顺（3月退休）
　　　　　　庞月霞（10月任）
　　　　　　黄中杰　朱宝鼎
　　　　　　陈兴民
副调研员：王爱林　张晓春

教育督导室
主　　　任：王　强（兼）
常务副主任：牟学晓（1月免）
副　主　任：桑志强

科学技术局
局　　　长：许小萍（9月免）
　　　　　　何　军（9月任）
副　局　长：李智辉　宋振宇
　　　　　　曹　伟
调　研　员：许小萍（9月任）
副调研员：端　军　张雪男

信息中心
副　主　任：宋振宇（兼）　吴宝兴
　　　　　　蒲云尧

监察局
局　　　长：张国强
副　局　长：周　彤

民政局
局　　　长：陈福泉
工委书记：商应征（9月免兼）
　　　　　　陈福泉（9月兼任）
工委副书记：陈福泉（9月免兼）
　　　　　　郑　峰（12月兼任）
副　局　长：郑　峰
　　　　　　孙龙呈（12月免）
　　　　　　邹汉宁
　　　　　　周自堂（12月任）
调　研　员：张光华　张小强
副调研员：周自堂（12月免）
　　　　　　孙龙呈（12月任）

残疾人联合会执行理事会
理　事　长：商应征
副理事长：李秀文

司法局
局　　　长：姜晓宁（9月免）
　　　　　　夏　远（9月任）
副　局　长：姚启明
　　　　　　姜宏斌（9月免）
　　　　　　刘　磊
　　　　　　杨庆勇（12月任）
调　研　员：徐虎声（2月退休）
　　　　　　姜晓宁（9月任）
副调研员：戴宝福　王　毅
　　　　　　杨庆勇（12月免）

财政局
局　　　长：何泽南（9月免）
　　　　　　许小卫（9月任）
副　局　长：刘晓晖（9月免）
　　　　　　王绮明　丁学农
　　　　　　张长青（9月免）
调　研　员：张长青（9月免）

人力资源和社会保障局
根据2010年9月23日《关于南京市鼓楼区人民政府机构改革的实施意见》文件精神，组建区人力资源和社会保障局。将区人事局、区劳动和社会保障局的职责，整合划入区人力资源和社会保障局。不再保留区人事局、区劳动和社会保障局。（鼓委发〔2010〕84号文件）
局　　　长：张晓燕（9月任）
工委书记：张晓燕（9月兼任）
工委副书记：汤文艺（9月兼任）
副　局　长：汤文艺（9月任）
　　　　　　闫　航（11月任）
　　　　　　樊学燕（12月任）
　　　　　　杨　杨（11月任，12月免）
调　研　员：颜　钋（11月任）
　　　　　　孙学华（10月任）
　　　　　　汤文艺（9月任）
副调研员：文　璇（11月任）
　　　　　　钱永华（11月任）
　　　　　　方立清（11月任）

机构编制委员会办公室
主　　　任：王新军
副调研员：曲新宁（11月任）

审计局
局　　　长：张国强（9月免兼）
　　　　　　刘晓晖（9月任）
副　局　长：曹　波　周恩情
副调研员：吴德南

物价局
局　　　长：许小卫（9月免）
　　　　　　张长青（9月任）
副　局　长：魏渝嘉（12月免）
　　　　　　张　雯
　　　　　　胡志堂（12月任）
副调研员：胡建宁
　　　　　　魏渝嘉（12月任）
　　　　　　卢　英
　　　　　　顾理奎（10月退休）
　　　　　　胡志堂（12月免）

环境保护局
局　　　长：杭　军（9月免）
　　　　　　张　敏（9月任）
常务副局长：王卫东
调　研　员：刘玉兰
副调研员：姜红贤　方　明
　　　　　　李　力　俞寿生

安全生产监督管理局
局　　　长：陈　凯（9月免）
　　　　　　周　捷（9月任）
副　局　长：龚　颖　季习平
调　研　员：黄和平
副调研员：郑长林（12月免）

城市管理局(城市管理行政执法局)

根据2010年9月23日《关于南京市鼓楼区人民政府机构改革的实施意见》文件精神,组建区城市管理局,挂区城市管理行政执法局牌子。不再保留区市容管理局。(鼓委发〔2010〕84号文件)

局　　长:苏有林(9月任)
工委书记:尹伟勋(9月任)
工委副书记:苏有林(9月兼任)
副 局 长:蒋晓清(11月任,12月免)
倪　锐(11月任)
燕丽萍(11月任,12月免)
赵中柱(11月任)
田富合(12月任)
于根宝(12月任)
调 研 员:刘小陵(11月任)
李志芳(11月任)
副调研员:王冀华(11月任)
蒋晓清(12月任)
张庆友(11月任)

爱国卫生运动委员会

主任委员:李　晖(兼)
副主任委员:苏有林(兼)
燕丽萍(12月免兼)
办公室主任:燕丽萍(12月免兼)
田富合(12月兼任)

住房和建设局

根据2010年9月23日《关于南京市鼓楼区人民政府机构改革的实施意见》文件精神,组建区住房和建设局。将区建设局市政和公用基础设施建设的职责,区市容管理环卫基础设施建设的职责,区房产管理局的职责,整合划入区住房和建设局。不再保留区房产管理局、区建设局。(鼓委发〔2010〕84号文件)

局　　长:李江新(9月任)
工委书记:吴　超(9月任)
工委副书记:李江新(9月兼任)
陈士发(11月任,12月免)
肖　兴(11月任)
副 局 长:徐劲松(11月任)
张跃进(11月任)
胥亚林(9月任)
于根宝(11月任,12月免)
陈　兵(11月任)
徐晓华(11月任)
张　安(11月任)
张　珂(11月任)
王　平(11月任)
初　伟(11月任)
高　庆(11月任)
蔡连瑞(11月任)
梅仁明(12月任)
调 研 员:钱金华(12月任)
滕小莲(11月任)
高文强(9月任)
徐传豪(11月任,12月退休)
徐劲松(11月任)
张跃进(11月任)
胥亚林(9月任)
副调研员:梅秀春(11月任)
包生信(11月任)
陈士发(12月任)
戴宏纲(11月任)
王培芳(11月任)
蔡育虹(11月任)
梅仁明(11月任,12月免)
高洪富(11月任)

商务局

根据2010年9月23日《关于南京市鼓楼区人民政府机构改革的实施意见》文件精神,组建区商务局。将区商业贸易局的职责,区旅游局的职责,区发展和改革局有关服务业发展引导职责,整合划入区商务局,挂区旅游局牌子。不再保留区商业贸易局。(鼓委发〔2010〕84号文件)

局　　长:吴霁宁(9月任)
工委书记:耿　旻(9月任)
工委副书记:吴霁宁(9月兼任)
陈庆贵(9月任)
副 局 长:陈庆贵(9月兼任)
赵永明(11月任)
张立军(11月任)
调 研 员:朱关田(9月任)
陈庆贵(9月任)
副调研员:陈　华(11月任)
聂　东(11月任)
陆根林(11月任)
李自来(11月任)

旅游局

局　　长:耿　旻(兼)
副 局 长:周　捷(9月免)
张立军(兼)

区投资促进局

根据2010年9月23日《关于南京市鼓楼区人民政府机构改革的实施意见》文件精神,组建区投资促进局。将区对外贸易经济合作局的职责,区发展和改革局有关投资促进职责,整合划入区投资促进局。不再保留区对外贸易经济合作局。(鼓委发〔2010〕84号文件)

局　　长:向　卫(9月任)
副 局 长:吴　翔(11月任)
调 研 员:周建平(10月任)
孙　翔(11月任)
副调研员:周修忠(11月任)

文化局

局　　长:张国防(9月免)
刘传俊(9月任)
副 局 长:王四骏(12月免)
于石城(12月免)
朱冬梅(12月任)
调 研 员:张　莹
副调研员:王四骏(12月任)
于石城(12月任)
耿卫国　乐开安

卫生局

局　　长:丁　萍(9月免)
周颖秋(9月任)
工委书记:徐　军
工委副书记:丁　萍(9月免兼)
周颖秋(9月兼任)
常务副局长:唐伯才(12月任)
副 局 长:唐伯才(12月免)
陈　珺　宋志坚
副调研员:严世增

食品药品监督管理局

根据2010年9月23日《关于南京市鼓楼区人民政府机构改革的实施意见》文件精神,按照食品药品监督管理机构由省以下垂直管理改为由地方政府分级管理的要求,将南京市食品药品监督管理局鼓楼分局划入区卫生局，区卫生局挂区食品药品监督管理局牌子。不再保留南京市食品药品监督管理局鼓楼分局。(鼓委发〔2010〕84号文件)

局　　长：王宗源(11月任)

副 局 长：李长浩(11月任)

副调研员：周林华(11月任)

人口和计划生育局

局　　长：董莎莉(9月免)

　　　　　喻宁艳(9月任)

副 局 长：孙焰艳　王晓凤

副调研员：杨惠宁　刘苑平

人民防空办公室

主　　任：王黎平(9月免)

　　　　　杭　军(9月任)

副 主 任：黄京奇　任国健

调 研 员：王黎平(9月任)

副调研员：周志龙　胡全夫

　　　　　张国安(12月任)

民族宗教事务局

局　　长：魏夏宁(兼)

台湾事务办公室

主　　任：华　峰(兼)

侨务办公室

主　　任：华　峰(兼)

工商分局

局　　长：黄明春

党组书记：黄明春

副 局 长：林九强(7月免)

　　　　　宋文义(7月免)

　　　　　王培军　曹红梅

　　　　　陈　忠(7月任)

　　　　　史学广(9月任)

纪检组长：于　玲(7月免)

调 研 员：王德丰

　　　　　林九强(7月任)

　　　　　宋文义(7月任)

副调研员：孙玉锤(8月免)

　　　　　巢卫东

　　　　　史学广(9月免)

　　　　　于　玲(7月任)

质量技术监督分局

局　　长：宋汉新(7月免)

　　　　　周　洁(7月任)

党组书记：丁昌盛

副 局 长：张仁斌　姚　蕾

调 研 员：冯建中

副调研员：李应朋

国税局

局　　长：徐六保

副 局 长：闫东祥　王礼根

　　　　　徐　健(1月任)

副调研员：李昌华　谢锡昌

地税分局

局　　长：罗　斌

副 局 长：吴跃发　朱广生

　　　　　全　晓

副调研员：吴汉平　林碧婴

　　　　　吴　兵

　　　　　潘祥云(3月任)

公安分局

局　　长：司　军(12月免)

　　　　　张　勇(12月任)

政　　委：唐长宝(9月任)

副 政 委：唐长宝(9月免)

副 局 长：郭传真(10月免)

　　　　　付　翔

　　　　　蒋　浩(10月任)

监察室主任：王先进(12月免)

　　　　　谢　凯(12月任)

调 研 员：王先进(12月任)

　　　　　郭传真(10月任)

档案局(馆)

局　　长：勾文迪(9月免)

　　　　　张云霞(9月任)

副 局 长：倪慧敏

调 研 员：勾文迪(9月任)

　　　　　何鲁川

副调研员：彭　辉

馆　　长：勾文迪(9月免兼)

　　　　　张云霞(9月兼任)

副 馆 长：倪慧敏(兼)

体育局

局　　长：吴超奇(9月免)

　　　　　武　刚(9月任)

副 局 长：孙　仲　徐　磊

调 研 员：吴超奇(9月任)

副调研员：娄小枫(5月任)

地方志编纂委员会办公室

主　　任：周国平(兼)

江东新区建设管理委员会

主　　任：徐苏宁(5月免兼)

常务副主任：何德剑(12月兼)

　　　　　李　晖(12月兼)

副 主 任：王　堡(12月免兼)

　　　　　周文中(12月兼)

主任助理：赵志刚

　　　　　袁校柠(5月免)

　　　　　李国栋(12月兼任)

综合处

处　　长：赵志刚(兼)

副 处 长：张广田　李新明

副调研员：王英俊

建设处

调 研 员：宗育华

副调研员：沈代仲

土地规划处

处　　长：雷新堂(1月免)

副 处 长：王　辉　葛龙军

监察管理处

处　　长：刘传俊(9月免)

　　　　　谢秋平(12月任)

副 处 长：岳梦吟　刘　艳

　　　　　王　伟(12月任)

调 研 员：王季华　师现民

街道工作处

处　　长：武业胜(兼)

开发处

副 处 长：施国平

南京湖南路山西路地区管理委员会

主　　任：束传贤

副 主 任：王和平　张兴月

　　　　　王桂荣(12月任)

副调研员：朱民义　芦圣明
王桂荣（12月免）

商业网点建设办公室

主　　任：束传贤（兼）
副 主 任：王和平（兼）　张兴月（兼）
王桂荣（12月兼任）

软件产业发展领导小组办公室

主　　任：许小萍（9月免兼）
副 主 任：张　贤（12月免兼）
向　卫（兼）　张雪男（兼）

南京大学–鼓楼高校国家大学科技园工委

书　　记：徐　丽（兼）
副 书 记：姜　涛（9月免兼）

广州路科技街管理办公室

主　　任：徐　丽（兼）
副 主 任：唐　涛（兼）　孙　翔（兼）
曹　伟（兼）　张玉琦（兼）

南京鼓楼高新技术产业园（江东软件城）管理办公室

主　　任：袁校柠（5月免）
李国栋（5月任）
副 主 任：师现民　吴素芹
张　安
孟繁金（7月免兼）

南京大学–鼓楼高校国家大学科技园溧水产业基地管理办公室

主　　任：韩群力
书　　记：韩群力（兼）
副 主 任：岳梦吟（兼）

南京模范路科技创新园区管委会

主　　任：鲍永安（兼）
徐苏宁（5月免兼）
副 主 任：朱志宏（4月免兼）
办公室主任：徐　丽（兼）
常务副主任：袁校柠（5月兼任）
办公室副主任：李智辉（12月免兼）
姜　涛（5月兼任，9月免兼）
冯　磊　杨　杨（12月任）

中国人民政治协商会议南京市鼓楼区委员会工作部门

秘 书 长：陈　卫

办公室

主　　任：陈　卫（兼）
副 主 任：盛　捷
汪家圣（12月免）
谌　菲（12月任）
副调研员：汤印河

专门委员会

办公室主任：丁　萍（10月任）

提案委员会

主　　任：范时鸣（10月免）
王昆远（10月任）

文史委员会

副 主 任：张国防（10月任）

中国共产党南京市鼓楼区纪律检查委员会工作部门

办公室

主　　任：王荣辉

纪检监察室

主　　任：田志荣

党风廉政建设室

主　　任：高　明

来信来访室

主　　任：王　蔚

案件审理室

主　　任：程立鹏

执法监察室

主　　任：李国栋（12月免）
张和生（12月任）

宣传教育室

主　　任：王红军
副处级纪检员：龚锡民
张和生（12月免）
调 研 员：陈家富　朱扣林
副调研员：黄忠欢　姜晓萍
徐可玉　赵　平
昌国银　刘向宇
孟　群

南京市鼓楼区各群众团体

总工会

主　　席：符祝如（5月10日明确为副区级）
副 主 席：张伟明
刘建永（12月免）
汪家圣（12月任）
调 研 员：张伟明
副调研员：阚道长（12月退休）
刘建永（12月任）
王致鸣

团　委

书　　记：陈乙华
副 书 记：樊向前　王　翅（12月任）
诸钟亮（兼）

妇女联合会

主　　席：祁　敏
副 主 席：汤海鸿　施秀红
调 研 员：唐菊仪（10月任）
副调研员：王小菲（5月任）

红十字会

根据省编委《关于理顺县（市、区）红十字会管理体制的通知》（苏编〔2009〕5号）文件要求，为有利于区红十字会按照《中华人民共和国红十字会法》和《中共红十字会章程》独立自主开展工作，鼓楼区红十字会管理体制调整为区政府领导联系，机构单独设置，列入同级群团机关管理。（宁编字〔2009〕34号文件）

会　　长：王宗源（12月兼任）

南京市鼓楼区各街道

华侨路街道

工委书记：李本武
工委副书记：何　军（9月免兼）
陈乙华（11月兼任）
廖建华　邵　娟
人大工委主任：张光华（4月免）

人大工委副主任：汤连锁（10月免）
办事处主任：何　军（9月免）
陈乙华（11月兼任）
办事处副主任：任志刚（12月免）
胡　宇（12月任）
李　军（12月任）
张　莉
政协工委主任：廖建华（12月兼任）
人武部部长：郑爱华
综治办主任：张　翀
统战委员：孙广明
调研员：汤连锁（10月任）
副调研员：毛美婵　虞万琴
王来群　朱宝明

宁海路街道

工委书记：王　红
工委副书记：陈　平（12月免兼）
陶相中（兼）
曹爱萍（10月免）
燕丽萍（12月任）
人大工委主任：兰　芳（10月任）
人大工委副主任：兰　芳（10月免）
办事处主任：陈　平（12月免）
陶相中（12月任）
办事处副主任：李成明　石治国
罗有进
政协工委主任：曹爱萍（10月任）
人武部部长：郑建英
综治办主任：李从春
统战委员：刘开福
调研员：潘秀华

湖南路街道

工委书记：蓝绍森
工委副书记：倪一如（兼）　周德刚
喻宁燕（9月免）
徐晓红（12月任）
人大工委主任：张新霞（10月任）
人大工委副主任：张新霞（10月免）
办事处主任：倪一如
办事处副主任：田富合（12月免）
李　松（12月任）
孙淮宁　袁　榕
政协工委副主任：周德刚（12月兼任）
人武部部长：刘翠萍（12月免）
郑长林（12月任）
综治办主任：蔡淑胜
统战委员：周汝干
调研员：葛榴辉（1月退休）
副调研员：谢晓春　李宁生
郭阳生　樊国甫

中央门街道

工委书记：严忠琴
工委副书记：何　建（兼）
胥亚林（9月免）
朱　江
徐兴国（12月任）
人大工委主任：唐菊仪（10月免）
刘新建（10月任）
人大工委副主任：潘京潮
办事处主任：何　建
办事处副主任：杨　健（12月任）
李玉生　于爱珍
徐兴国（12月免）
刘翠萍（12月任）
政协工委副主任：徐兴国（12月兼任）
人武部部长：秦余珠
综治办主任：包立红
统战委员：杨　健（12月免）
调研员：郑福林（5月退休）
张伯祥（5月退休）
洪宝荣
副调研员：杨明玉
徐兴国（12月免）

挹江门街道

工委书记：张　凯
工委副书记：李　民（兼）
刘尊坤　刘　迎
人大工委主任：曹子萍（10月免）
董莎莉（12月任）
人大工委副主任：顾理明
办事处主任：李　民
办事处副主任：陈方方　肖　立
谢秋平（12月免）
张　乐（12月任）
政协工委主任：刘　迎（12月兼任）
人武部部长：王永国
综治办主任：顾心群
统战委员：匡　猛
调研员：储祥林
曹子萍（10月任）
副调研员：乔增斌

江东街道

工委书记：武业胜
工委副书记：武　刚（9月免兼）
蔡双根（11月兼任）
王　媛　马巧令
人大工委主任：石　坚（10月任）
人大工委副主任：戴为钢
办事处主任：武　刚（9月免）
蔡双根（11月任）
办事处副主任：黄永刚　阙晶晶
孟繁金（7月免）
李春宁
刘　莉（12月任）
政协工委副主任：王　媛（12月兼任）
人武部部长：孙良毅
综治办主任：徐家强
统战委员：何国安
调研员：马学春（12月退休）
副调研员：马庆年（2月退休）
贾玉凤　解天兰
尹学勤　顾国民

凤凰街道

工委书记：叶钟林（12月免）
陈　平（12月任）
工委副书记：王　前（兼）　陈　华
马　平
人大工委主任：叶钟林
人大工委副主任：黄建新
办事处主任：王　前
办事处副主任：汪明法　王可可
徐晓红（12月免）
任志刚（12月任）
政协工委副主任：陈　华（12月兼任）
人武部部长：张　军
综治办主任：岳裕山
统战委员：章蔷丽
调研员：柳其贵（9月退休）
副调研员：刘亚仪（9月退休）
李志萍　戴德才
金登林

（晋　荣）

精致鼓楼建设

Construction of Exquisite GuLou

城市建设

"十一五"期间城市建设成就

"十一五"期间，鼓楼区围绕"提升城市形象、优化城市功能"工作主线，以科学经营城市的理念，从城市形态、功能和公共设施等方面为实现人的全面发展提供最适宜发展环境和最有利条件，通过挖掘历史文化资源，展现个性化特色，全力加强基础设施建设，初步形成布局合理、功能凸显、交通便捷、生态优化、管理高效的现代化城区形态。五年间，拓宽芦席营北上、察哈尔路西延等21条道路；出新北京西路、云南北路等12条道路，实施三牌楼大街、广州路、凤凰东街、慈悲社等17处道路管网改造工程；完成三牌楼、南祖师庵特色街建设任务，建成金陵中学东侧等一批地下停车场，全区新增停车泊位1万余个，城市基础配套设施逐步趋于完善。进一步放大城市生态环境优势，促进经济与环境互动发展、人与自然协调发展，最大限度满足产业发展及居民生活对环境需求，乌龙潭公园水环境整治工程如期完成，金川河整治工程进入全面实施阶段，河西清江东沟、里圩河生态治理正式启动，五个试验片区的雨污分流改造工程进展顺利。五年间，累计增加绿地面积71.6万平方米，至"十一五"末，全区绿化覆盖率45.5%、"绿色人居环境社区"数量占全区社区总数46%。创新城市管理手段，在全市率先创建数字化城管模式，初步实现城市管理精细化、法制化和科学化，顺利通过国家卫生城市和国家环保模范城市考核验收。

营造最佳人居环境　鼓楼区围绕"蓝天、碧水、宁静、洁净"等生态区建设目标，实施"显山、露水、见城、滨江"工程，建设山水城林为一体的最佳人居环境。"十一五"期间，新建八字山公园、魏源故居、曾水源墓、芦席营北上、中央门长途汽车站南侧等22处绿地，完善石头城遗址公园绿地建设，增加社区小游园、街头中小型绿地数量，减小绿地服务半径。大力推动发展平面、立体绿化，继续实施"拆违建绿""拆破增绿""见缝插绿""破墙透绿""垂直挂绿"和"楼顶铺绿"等系列绿化工程，增加垂直绿化3.19万米、屋顶绿化4.21万平方米；全区29个老旧小区增加绿地4.05万平方米，建成北京西路、中央路、中山路、汉中路、江东北路绿化景观路；居民认养家前屋后绿地近30万平方米、家庭养花超过100万盆，有市、区两级护绿员270人。实施明城墙风光带(定淮门大街—小桃园段)保护与建设工作，颐和路公馆第11街区、南京饭店、军人俱乐部、南京大学等9处3片民国建筑群挂牌保护；完成一批老旧小区住宅旧钢窗节能改造1.28万平方米，创建市级以上节水型小区24个。

住房保障　2006~2010年，鼓楼区完成房屋整治1047幢、小区出新55个258万平方米；零散片区专项整治4个，建筑面积7.07万平方米。按照"住有所居"要求，全面实施低收入家庭廉租住房3种(发放租赁补贴、实物配租、租金核减)保障方式，经济适用房、中低价商品房供应管理工作稳步推进，全区累计安置保障性住房4617套，其中安置经济适用房3700套、中低价商品房529套、产权调换房388套；发放房屋租赁补贴1957户、1718万元，安置实物配租廉租房177户。

石头城遗址公园

综　述

【概况】 2010年，鼓楼区紧抓南京市申办"青奥会"契机，进一步优化区域城市环境，完善城市功能，提升城市品质，彰显城市特色，加快城市建设步伐，全面完成市区城建奋斗目标。

市政基础设施建设　2010年，鼓楼区积极推进凤凰西街特色商业街改造，实施二期道路杆线下地项目。新建紫峰大厦绿地4200平方米，对魏源故居进行修复，实施瓜圃桥绿地建设工程2300平方米和宁海路欧洲风情街地块拆迁。全区新增绿地8.03万平方米。同时，一批老旧小区实施节能节水改造，新增市级节水型小区6个。完成节能窗改面积9378平方米、改造177户。

城区环境品质提升　2010年，鼓楼区整治出新沈举人巷、车站东巷、察哈尔路12巷等97条街巷。完成察哈尔路—福建路—钟阜路、拉萨路—永庆巷—华侨路、广州路、牌楼巷等道路环境综合整治工程，新建鲁迅文化广场及金川河东侧闽商文化广场。以金川河流域为重点，全面启动片区、街巷雨污分流工程，片区雨污分流完成154个小区，面积84.96公顷；街巷雨污分流完成28条街巷、长度约10公里。

服务区域大项目　2010年，区住建局结合“南瑞国网电力研究院技术研究中心”地块整合开发项目，为企业做好前期项目运作服务；与新城市公司沟通协调虹桥新城市二期项目，向市规划局专题汇报规划中的道路红线调整、高度、容积率等规划指标，并将市规划局的意见反馈给企业。同时，完善重大项目绿色通道制度，全程跟踪服务湖南路地区二次提档升级并代办相关事项。配合市规划局编制区“十二五”区域发展空间规划专题研究报告总体规划，至年末，编制项目组基本完成最终成果；委托南京市规划研究院规划研究湖南路商圈规划专题研究报告，年末设计单位完成中间成果。

【推进“权力阳光运行”机制】　2010年，区住建局实现行政许可全过程、全方位监察，全年审批建设工程规划许可15件、面积2191.86平方米，其中永久8件、面积1483.61平方米，临时7件、面积708.25平方米。全年承办人大代表建议和政协委员提案60件，其中市人大建议3件、市政协提案2件，区人大代表议案2件、建议24件、提案29件，办结满意率100%。

城市规划

【区总体规划(2010-2030)】　2010年，南京市规划局与鼓楼区共同委托南京工业大学、南京市规划设计研究院有限责任公司编制《南京市鼓楼区总体规划(2010-2030)》，通过多次召开座谈会、向各单位收集资料、召开多轮汇报会、专家评审会的形式，项目组完成最终成果。鼓楼区的功能定位确定为：国家科技创新中心之一，江苏省行政管理中心，南京市重要的现代服务业基地，和谐发展的宜居城区。发展战略是高端化、集聚化、国际化、品牌化。

【区“十二五”区域发展空间规划专题研究报告】　2010年，鼓楼区配合市规划局进行区总体规划编制工作，与市规划局城中分局及工业大学等设计单位多次沟通，召开专家评审会，编制项目组基本完成最终成果。全区“十二五”区域发展空间规划专题研究结合区总体规划编制同时展开，年末完成初稿编制。“十二五”专题研究内容分为两块：一是鼓楼区“十二五”区域发展的空间布局和城市功能提升研究，二是研究提出“十二五”期间区域环境优化与发展的工作思路、主要任务和政策措施，结合全市建设“生态园林城市”的目标，研究未来5年生态鼓楼建设思路和绿地建设任务，合理安排全区绿地、绿化建设规模，排出近期及“十二五”期间重点绿地建设项目。

【湖南路商业街区规划】　2010年，鼓楼区委托南京市规划研究院进行湖南路商业街区规划。至年末，设计单位完成中间成果，并向区委、区政府专题汇报，进入方案深化设计阶段。专题汇报的主要内容是明确湖南路商业街区功能定位、重点项目、规划可操作性及规划研究深度等内容。完成的中间成果是：关于湖南路商业街区研究范围、功能定位、确定规划研究深度；功能定位是：以现代生产力服务和城市游憩商业为特色的高端服务业集聚区。

市政建设

【祁家桥二期道路建设工程】　祁家桥道路拓宽改造工程，起点位于江苏路与宁夏路交界处，终点至北四卫头与中山北路交界处。工程全长约0.65公里，该道路为城市支路，红线范围20米，设计速度20公里/小时，工程投资6800万元。其中，前期拆迁费用约5900万元、工程建设费用约900万元，拆迁房屋建筑面积4200平方米，居民36户、工企单位6家。2009年9月启动建设，当年完成水佑岗至虎啸花园段120米拓宽建设任务。2010年，启动主体工程拆迁。

【凤凰西街二期道路建设工程】　2009年5月，凤凰西街二期道路建设工程获市建委正式立项，2010年启动建设。该工程东起凤凰街，西至嫩江路，全长1200米，总投资3000万元。工程内容包括杆线下地、市政设施更新、店招店牌出新等，年内完成投资1200万元。

【中保泵站防汛排涝设备维保】　5月，江东新区管委会建管的中保泵站，全力做好迎汛排涝各项准备工作。将大宗潜水泵维修工程纳入区政府招投标范围，并保质保量完成3号、4号泵返厂大修任务，全站4台潜水泵全部正常运行；更新换代老化机电安保设备，针对近年安保设备老化导致潜水泵故障多发，管委会委托南京南大傲拓科技有限公司，引进国内先进电机安保技术和安保信息采集平台设备，组织代

7月22日，副区长周文中(前左二)等检查长江大堤鼓楼段防汛情况

管单位值班人员培训，确保汛期前投入使用；整体维保出新存在安全隐患的场内设施，更新和维保所有红外探头、水位仪；彻底更换全部前池、后池及调水池防护围栏。6月末，中保泵站防汛排涝电机设备全部维保到位、运行正常，并开始实施新安保平台及相应措施，为江东地区迎汛排涝做好各项准备。

【新增绿地8.03万平方米】 2010年，鼓楼区启动魏源故居地铁绿地建设工程，对该项目投资约1800万元。魏源故居及周边绿地位于广州路和龙蟠里交界处，其中包含龙蟠里20号和22号清末著名思想家、史学家和诗人魏源晚年长期居住的两处院落，具有170多年历史。2008年4月，魏源故居地块绿地建设工程可行性研究报告通过市建委专家论证，全部工程于12月竣工，与乌龙潭公园连成一体，一并对市民开放。新增绿地面积700平方米，同时采用不落架及同时期老材料"原汁原味"修复约房屋面积580平方米。年内，启动紫峰大厦绿地工程建设，总投资250万元，新增绿地面积4660平方米，10月竣工。瓜圃桥绿地及宁海路欧洲风情街地块绿地工程进场拆迁。全年，鼓楼区通过老城绿地建设、垂直绿化、小区增绿、环境综合整治等方式，新增绿地8.03万平方米(其中公共绿地4.34万平方米)，人均绿地12.03平方米，人均公共绿地2.613平方米，绿化覆盖率45.5%，绿地率31.07%。

【雨污分流及河道清水工程开工】 5月，鼓楼区完成5个实验片区雨污分流改造工程。7月，以内金川河流域环境综合整治为重点，实施沿线片区雨污分流改造、河道清水工程，着力建成水质清澈、水流通畅、岸坡出景、人水相亲的和谐水环境，彰显现代滨江都市水文化特色。主要工程项目包括：河道整治——内金川河水系开展拆迁拆违、护坡改造、清淤绿化、生态治理等综合整治；片区雨污分流改造(以内金川河流域沿线为重点)*——针对企事业单位、住宅小区内部雨污水排放现状，实施建筑物排水立管及化粪池后排污管改造，敷设街巷支管，形成独立雨水收纳系统与污水排放系统。至年末，金川河流域片区雨污分流工程基本完成42个片区，加上前期试验小区154个，面积87.56公顷；完成金川河流域街巷污水工程计划实施第一批次28条，总长度约10公里，分别为察哈尔路12巷、康藏路、长江新村、古平岗、镇江路、回龙桥、二条巷一巷、二条巷二巷、三条巷、西妙峰庵、渊声巷、平安里、紫竹林、四条巷、洪庙巷、水佐岗48巷、东妙峰庵、二条巷东段、丁家桥南段、丁家桥北段、竹林新村、青石村、水佑岗、服装五厂路、模范马路、校门口、南昌路和江西路；完成牯岭路、祁家桥等10处工程施工。

链接 金川河鼓楼段重点实施5项工程措施：①内金川河东支清淤疏浚；②内金川河中支，将大方巷到人和桥的560米覆盖河道打开，其余按照河道蓝线进行生态护砌、清淤疏浚；③内金川河西支，除南师附中范围160米及政治学院范围210米覆盖河道外，其余覆盖河段打开，敞开段按照河道蓝线进行生态护砌、清淤疏浚；④城北护城河，中央门以西段按照河道蓝线拆迁、生态护砌；⑤投资约4.05亿元对内金川河沿线188个片区实施雨污分流改造。

【老旧小区节能节水改造】 2010年，鼓楼区继续实施老旧小区节能节水改造。新增峨嵋岭小区、西城风尚、北阴阳营8号、汉口路小区、凤凰和鸣苑、泰润公寓等市级节水型小区6个。政府补贴95.69万元，完成177户居民窗改、面积9377.62平方米，其中低保14户、非低保163户。

环境综合整治

【沈举人巷出新整治工程】 3月10日，鼓楼区依据"古老与时尚共荣"原则，实施沈举人巷出新改造工程。该工程包括道路出新改造、绿化提档升级、杆线下地、市容市貌整治、雨污分流改造、房屋立面出新、景观小品建设等。4月10日，工程全面竣工，铺设雨水管130米、基础开挖1200平方米、铺设路牙沿100米；拆除户外广告牌88处、约1000平方米，拆除违章28处、约415平方米；按照"中包西"风格，新增艺术小品圆雕(铸铜)一组、深浮雕7幅、石雕字30幅；制作安装门头店招金属框架35家、约150平方米，安装卷帘门15家；用赎买方式取缔沿线占道书报刊亭7个，并实施杆线下地工程；立面出新6幢房屋约1.3万平方米，空调移机15台、安装空调外罩4个、封闭阳台70平方米、防盗网80平方米，帮助居民住家

整治一新的秦淮河鼓楼段

更换塑钢门窗、防盗窗300平方米。同时，在沈举人巷10巷、16巷、22巷入口处设置缓坡，处理沈举人巷片区积淹水问题，防止干道积水流入街巷内；在沈举人巷10号(建设银行)院内新建一座化粪池，检查及清疏明华新村等街巷，实现沈举人巷片区内居民院落内管网与支巷管网、沈举人巷雨水管与管家桥雨水管对接。

【察哈尔路—福建路—钟阜路环境整治】 4月，察哈尔路—福建路—钟阜路等环境综合整治工程开工，该工程投资8000万元。5月1日前，实施污水管及雨水管改造，同步进行燃气管及强弱电下地施工；整合沿街艺术小品建设方案，报市住建委审定。6月，工程全面竣工，完成强电下地3300米、弱电下地4000米杆线工程；新建鲁迅文化广场及金川河东侧闽商文化广场，出新沿街围墙、路幅以外绿化景观。拆除各类违章建筑198处、6920平方米；拆除各类违规违章广告店招484处、1.02万平方米；拆除门头店招673处、9090平方米；赎买取缔报刊亭34个。完成立面出新及“六统一”(统一空调外机遮挡，统一更换破旧遮阳篷，统一更换破旧晒衣架，统一拆除屋面及立面违章搭建，统一更换外立面破旧落水管，统一更换沿街立面破旧钢、木窗)56栋2.6万平方米，安装空调外罩1762个、遮阳棚2900米、晒衣架300个，出新围墙3800米，镂空改造300余扇卷帘门。

【广州路整治工程】 5月，鼓楼区启动广州路整治工程。工程项目包括道路出新改造(含杆线下地)、绿化提档升级、交通设施改造和市容市貌整治等，工程投资5500万元。年末，工程竣工，完成更换路牙6400米、摊铺虎踞路至虎踞关沥青1万平方米、修补机动车路面3000平方米、铺装人行道500平方米、上海路至小粉桥段路特固基础处理800平方米。

【两条道路环境综合整治】 11月，拉萨路—永庆巷—华侨路环境整治工程开工，该路段长约1500米。同月，牌楼巷—永庆巷—汉中路环境整治工程开工，路段长约420米。整治内容包括道路出新改造(含杆线下地)、绿化提档升级、交通设施改造和市容市貌整治等。两条道路整治工程投资8500万元，摊铺沥青4万平方米，铺装人行道5000平方米，病害处理3200平方米。12月竣工通车。

【城北护城河环境改造开工】 11月29日，南京市排水管理处自行拆除部分自建房屋13处、面积约1000平方米，区相关部门和街道出动人员协助工企单位开展自拆工作。12月，城北护城河环境改造开工，该项目是全市雨污分流总体实施方案中的重要步骤，是造福于民的重点民生工程。工程具体整治城北护城河河道景观、违章乱建、水质状况及生态环境中存在的问题。工程计划抓住冬春枯水季节有利时机，通过实施河道清淤、环境整治、景观建设、拆除违章、生态修复、增绿添彩等一系列工程，将护城河沿线打造成水质清澈、水流通畅、岸坡出景、人水相亲的和谐水环境。

【97条街巷整治】 2010年，鼓楼区投资1.5亿元，出新沈举人巷、车站东巷、察哈尔路12巷等街巷97条。整治内容包括拆除违章建筑、整理或杆线下地、店招店牌整理或出新、沿街建筑立面修缮或出新，市政、园林设施整治或出新，公共服务配套设施设置等。年底，辖区街巷整治工程全面竣工。

(郝　建)

生态绿化建设

【概况】 2010年，鼓楼区生态绿化工作，通过建设老城绿地、屋顶绿化、垂直绿化、新小区建设和老小区出新、道路街巷出新整治、江东软件园建设等方法增加绿地和绿化覆盖面积。在以往道路绿化带、广场游园增补植各类苗木，实施精细化管理，提升档次和品位。市、区两级义务护绿员在全区大街小巷和各个角落开展巡查，保护绿化成果。全年，鼓楼区新增绿地8.03万平方米（其中公共绿地4.34万平方米），种植乔灌木88.04万株(其中大树5020

2010年鼓楼区园林、绿化情况

表2

指标名称	单　位	实　绩
绿化覆盖面积	万平方米	1211.21
城市绿化覆盖率	%	45.50
新增绿地面积	万平方米	8.03
其中:公共绿地面积	万平方米	4.34
全年植树	万株	88.04
成活率	%	90.00
铺植草坪	万平方米	6.54
全区年底实有乔灌木	万株	813.89
公园数	个	3.00
公园游人量	万人次	75.30

节日期间，区园林绿化部门放置50万盆花草点缀街头广场

株）、绿篱200米、垂直绿化1.02万株（5270米）、屋顶绿化1万平方米，铺植草坪、地被6.54万平方米，花卉55.86万（盆）株。至年末，全区绿地面积827.15公顷，人均绿地12.03平方米（其中公共绿地183.41公顷，人均2.63平方米），绿地率31.07%、绿化覆盖率45.5%。是年，驻区南京水利科学研究院被全国绿化委员会授予“全国绿化模范单位”称号，汉口路小学和宁工小学被市教育局、市绿化委员会办公室联合授予“南京市园林式校园”称号，鼓楼公园、乌龙潭公园等6家公园被评为三星级公园，宝船厂遗址公园被评为二星级公园，山西路广场、阳光广场、月光广场被评为四星级广场，铁路北街广场被评为三星级广场，金陵名人居被评为二星级园林小区，区市政设施综合养护所获市“梅花杯”绿化综合养护竞赛二等奖。

【管理体制改革】 2010年，鼓楼区绿化管理体制进行大部制调整，将原来区建设局公共绿地建设管理职能，变更由区住房和建设局负责，对应市住房和建设委员会；公共绿地养护管理由区城市管理局负责，对应市城市管理局。古树名木上级管理机关由市园林局（撤销）变更为市旅游园林局。区绿化委员会办公室上级业务管理机关市绿化委员会办公室由市园林局（撤销）变更为市农业委员会。

【千株花木进社区活动】 2010年，鼓楼区绿化委员会选择挹江门街道、湖南路街道、凤凰街道等部分有种植条件的社区，开展千株花木进社区活动。3月15~18日，各街道接到苗木后，立即组织社区干部、绿化志愿者开展植树活动，将苗木补植于居民小区，绿化、美化环境，3个街道分别补植高干女贞、桂花、紫薇、木槿、樱花、红叶石楠球等苗木1450株，秋季检查，成活率90%。区绿化委还组织吊兰、文竹、芹叶牡丹等12种花卉各50盆，并编写各种花卉的学名、科属、原产地、生物学特性、种植养护方法宣传单，赠送给社区绿化积极分子，并现场解答社区居民绿化知识咨询。

【屋顶绿化再增1万平方米】 2010年，鼓楼区试点在绿地广场紫峰大厦周边地区产权复杂的居民楼顶上进行屋顶绿化。清除高云岭7号、车站东巷2~4号、6~8号3座楼屋顶建筑垃圾和杂物300多立方米，重新做屋面防水层，铺设隔根膜和排蓄水板，采用轻质又富含营养的基质，种植抗病虫、耐干旱的佛甲草，铺设彩色塑胶检修通道，用花箱种植垂挂植物云南黄馨，建成生态型屋顶绿化2330平方米。江苏第一高楼——紫峰大厦把屋顶绿化和自身经营结合，建设高标准屋顶花园3520平方米。辖区其他建筑物和民居也相应增加屋顶绿化面积，全区累计新增屋顶绿化1万平方米。

【新增生态墙2520平方米】 2010年，鼓楼区丁山宾馆、南京艺术学院、田家炳高级中学、宁西公寓等单位，在墙边、透空栏杆边、挡土墙外缘新植和补植爬墙虎、爬藤蔷薇等藤本植物1.02万株5270米。同时，在车站东巷高台挡土墙侧面种植草坪400平方米；结合察哈尔路综合整治，将原两处水土流失严重的陡坡采取先用布袋子装土分格子固定，然后播撒草种的方法，建成美观生态墙2000多平方米，绿化环境并消除地质灾害隐患；区政府大楼楼梯

3月15日，鼓楼区绿化委深入社区举办绿化知识咨询活动

侧面，建设100多平方米生态墙体，全年增加生态墙2520平方米。

【街巷出新增绿1151平方米】 2010年，鼓楼区41条背街小巷出新整治工程中，区绿化部门结合道路出新、排水管网改造、雨污分流、杆线下地等工程维修破损花坛，补植缺苗苗木，重建因施工损坏的绿地。在察哈尔路12巷见缝插绿，种上红花檵木球、海桐、黄杨等绿色植物，建成教育文化景观墙。至年末，全区街巷出新增建绿地1151平方米，种植女贞、玉兰、红花檵木、紫薇、棕榈、海桐等苗木2.87万株。

2010年鼓楼区街巷出新增绿一览表

表3　　单位：平方米

序　号	所属街道	街巷名称	绿化面积
1	华侨路街道	大铜银巷	63
2	华侨路街道	平家巷	52
3	华侨路街道	平家巷-1	2
4	华侨路街道	慈悲社北段	21
5	宁海路街道	康藏路	124
6	宁海路街道	服装五厂路	70
7	宁海路街道	水佐岗东段	70
8	宁海路街道	水佐岗西段	69
9	宁海路街道	竹林新村	25
10	湖南路街道	云载巷南段	4
11	湖南路街道	渊声巷15号楼前路	7
12	湖南路街道	劝业路	100
13	湖南路街道	二条巷二巷	9
14	湖南路街道	湖北路支巷狮子桥39号楼前路	120
15	湖南路街道	湖南里	15
16	中央门街道	黑龙江路8号巷	3
17	中央门街道	模范马路125号巷	37
18	中央门街道	紫竹林3号	105
19	挹江门街道	察哈尔路12巷	135
20	挹江门街道	古平岗	120
合　　计			1151

【举办绿化宣传周活动】 3月8~14日，鼓楼区举办绿化宣传周。3月11日，区绿化委员会联合挹江门街道、鼓楼公园等单位在铁路北街广场，举办"创生态园林城市，建精致绿色鼓楼"义务植树广场宣传活动。活动中，陈列展板20块、社区板报9块，开展义务植树科学知识、家庭养花咨询。3月12日，区委书记鲍永安、区人大常委会主任王红云等四套班子领导率领部分机关干部参加义务植树，与社会各界代表近百人在江东软件城种植樱花120株。同日，江东管委会、江东街道机关干部和居民代表百余人在裕盛路种植法桐大树89株；河海大学师生400余人在西康路校区种植大树20株、花灌木4000株，清扫绿地卫生2万平方米。植树节绿化宣传周期间，全区组织学习绿化政策和知识56场、悬挂宣传横幅43条、编写板报85块、张贴植树宣传画300余张。

【开展"城乡结对"植树活动】 3月21日，鼓楼区组织50户家庭150名志愿者到溧水县东屏镇金湖行政村、华家自然村，参加"城乡结对，送树下乡"植树活动。50户市民和50家农户自愿结对，交流绿化经验，在农户家前屋后空地共同栽植桃树、梨树、柿子树150株，参观东屏湖周边防护林和村庄绿化，赠送农户公园家庭年卡，邀请农户到南京游览，观看南京新面貌。

【古树名木年度检查】 9月，区绿委办实施全区古树名木年度检查。全区120株古树名木，分布在26家机关、院校、部队等单位。检查内容包括：古树保护牌有无缺失、养护责任落实情况、古树生长状态与上年相比有何明显变化；一年来采取哪些养护措施、效果如何，并逐项记录。同时提出每株古树养护复壮措施、续签养护管理台账，并拍照存档。检查结果显示各单位均有专人负责古树名木定期巡视、松土施肥、病虫害防治等养护管理；许多古树名木老态龙钟，受到特殊保护后，大多衰老缓慢，生长基本正常；除南京大学校园内编号为28号的柳杉于9月底死亡外，全区其他古树名木生长状态及养护情况良好。

【公共绿地养护】 2010年，鼓楼区提出公共绿地养护养管工作争一流总体目标，区市政设施养护所按月向养护公司下达养护工作计划，跟踪检查计划完成、落实情况，每月检查一次所有绿化设施，每周检查一次主次干道、重点游园、广场，特殊地段、特殊时间段每天检查，并召开考核讲评会，通报检查考核结果。3家养护公司按照统一标准日常养护汉中路、中央路、中山路、北京西路等多条景观道路。全年修剪行道树1.77万株、花灌木127.57万平方米，刷白行道树及乔木2900株、施肥4320公斤。至年末，全区60%广场游园达到样板标准、40%道路达到景观绿化道路标准。

【小区绿化出新】 2010年，鼓楼区投资129万元，用于小区绿化出新。结合历史文化的挖掘、展示进行环境综合打造，利用休闲场所和社区文化元素，提升绿化景观内涵。车站东巷出新，在斜坡、路坡顶树荫下，设置供居民休憩的花坛桌椅，建成木质浮雕式、造型似一列民国时期小火车的坡道边栏，坡脚下新建一处微型火车站景点，坡道沿街立面进行立体生态绿化，3栋居民楼屋顶绿化2330平方米、墙体绿化400平方米。劝业村小区利用南洋劝业会文化元素，采用欧式建筑、中式园林、中西合璧风格，打造古朴而开放的环境；沈举人巷小区出新中，组织成立小区美化家园委员会，选出居民代表全程参与小区出新及后期管理工作，道路出新、雨污分流、杆线下地等工程和小区增绿同步进行。至年末，全区小区出新增绿6788平方米。

10月30日起，鼓楼区各街道举行花卉展览

【社区花展】 5月，湖南路街道举办社区巡回花展，选出居民自己精心种植的花卉50余盆十几个品种，在2个社区巡回展示，并奖励优胜者。9~11月，鼓楼区开展2010年度金秋花卉展览评比活动。华侨路、宁海路、湖南路、中央门、挹江门等6个街道举办花卉展览，南京政治学院、南京艺术学院、鼓楼幼儿园、南京四海花卉工程公司、南京海文花卉工程公司、南京蓝宇花卉工程公司、福建漳州园林花卉有限公司等20多家驻区单位参展。展览地点位于铁路北街广场、三牌楼广场、宝船厂遗址公园、汉口西路、广州路、祁家桥、山西南村等7处，展品包括花卉、盆景、插花，品种有铁树、五针松、桂花、菊花、佛手等100多种，数量2万多盆，观众超过百万人次。经评选组评比，挹江门街道获花卉展览一等奖、中央门街道获二等奖、江东街道荣获三等奖。 (张殿红)

2010年鼓楼区小区绿化出新一览表

表4

街道	小区名称	增绿面积(平方米)	投资(万元)	备注
华侨路	豆菜桥	350	5	–
华侨路	沈举人巷	1200	30	–
湖南路	车站东巷	318	45	屋顶绿化 2330 平方米，墙体绿化 400 平方米
宁海路	西康路3号	3500	25	–
挹江门	萨家湾1~27号	220	3	–
中央门	模范马路129~199号	400	6	–
中央门	劝业村	800	15	–
合　计		6788	129	–

江东新区建设

【完成4项工程建设】 2010年，江东新区投入1648.9万元用于滨江大道、裕盛路西段管涵工程、锦江路及部分桥梁、隧道、河道附属结构建设。其中，滨江大道鼓楼段（汉中门大街至定淮门大街）全长2780米，投资1489.6万元，3月25日开工。整治内容包括道路整修、绿化整改，按设计要求摊铺沥青面层，完善交通标识、信号等设施。4月，完成沥青面层摊铺及交通设施完善整治工程，确保纬七路过江隧道5月1日安全通车。裕盛路西段（江东北路至湛江路），投入67.7万元，完成裕盛路西段新增管涵工程给排水、结构层施工和10千伏电力杆线迁移基础设施建设。投入80.3万元，完成河西地区纵一路（草场门大街至汉中门大街）长约1350米、宽20米路面摊铺细粒沥青工程。投入11.3万元，修补清河路解放沟桥栏板24米、湛江路里圩河桥花岗岩桥梁6米栏板，维修桥面18米和桥台抱鼓石1.8米。

【征地拆迁房屋6880平方米】 2010年，江东新区完成清江加油站、清江消防站2个项目拆迁工作。清江加油站地块隶属中国石油化工股份有限公司江苏南京石油分公司，拆迁面积300平方米，4月按就近拆一还一的拆迁原则，该公司通过协议出让方式与国土部门签署清凉门大街地块4500平方米商业土地置换协议，中石化同意搬迁，并顺利拆除清江加油站；清江消防站项目位于清凉门大街向阳渔港以南，占地约0.53公顷，有住户32户，拆迁房屋面积约6580平方米，年末达成补偿协议、完成全部动迁。

【自动化产业园拆迁】 中国（南京）自动化产业园为国有土地拆迁项目，是南京市政府与央企对接正式签约的重大项目，也是鼓楼区模范路科技创新园区建设的龙头和示范项目，涉及拆迁产权户160多户，拆迁面积约1万平方米。在充分做好前期工作的基础上，鼓楼区完善强化国有土地拆迁资质，取得城市房屋拆迁证书，同时对拆迁人员进行岗前培训。10月末，进场完成项目前期调查及办理启动项目各项准备工作，年内与12户业主签订拆迁补偿协议。

【清江广场建设】 清江广场地块位于江东北路以东，清凉门大街以南，神马家具城以北，地上面积9.5万平方米，地下5.08万平方米，绿地配套设施1.21万平方米。清江广场建设项目以苏宁电器南京地区总部为主，有商业用房、办公用房、绿地、地下商场、停车场及相关配套设施，地上建筑面积9.5万平方米，地下商业（超市）1.86万平方米，商业面积5.29万平方米，SOHU（搜狐）办公区面积5.6万平方米。商业裙房包括品牌商店、餐饮、健身、KTV、SPA等多种商业类型，地下负1层有大型超市。至年末，该地块项目全面进入实施阶段，完成地块内管线迁移和3/4桩基工程。

【电台村地块建设】 2010年，鼓楼区多次请求市政府协调解决电台村（含向阳渔港西侧）地块建设资金难题，尽快实施市电台搬迁和新址建设，完善该片区教育等公共配套设施。电台村项目为"城中村"改造重点项目，征地拆迁、电台搬迁、学校建设所需资金近8亿元（其中市电台中波发射台搬迁费用0.5亿元、学校建设费用1.5亿元）。至年末，完成征地撤组和学校可研方案设计，取得选址意见书和土地预审报告，前期测算及土地出让准备工作按时序进度推进。 （沃 萍）

旅游景区建设

宝船厂遗址公园

【概况】 2010年，宝船厂遗址公园接待游客35万余人。6月，宝船文化公司投资2000万元与市文化投资集团公司合作拍摄《海上巨人——郑和》主题动画电影。年内，宝船文化公司投资1500万元与张瑜影视文化公司合作拍摄《庐山恋2010》，该片于10月5日正式上映，取得良好社会效应，为宣传南京、提升南京知名度作出贡献。组织参加湖南路旅游时尚节及中国船舶展，宣传宝船文化。

【宝船复建核心技术列入世界保护非遗名录】 10月，在肯尼亚首都内罗毕举行的联合国教科文组织保护非物质文化遗产政府间委员会第五次会议审议通过：中国"福船船体"和"水密隔舱"制造技艺被列入2010年《急需保护的非物质文化遗产名录》。福船从春

复建中的郑和宝船

秋、秦、汉时期便开始存在,明朝郑和宝船将其发展至历史颠峰。中国水密隔舱及福船船形制造技艺是福建沿海木船制造的一项重要传统手工技艺,采用拼接榫接、钉锔加固、麻丝壳粉桐油搅拌的捻料捻缝等核心技艺,形成船体结构牢固、舱与舱之间互相独立且密封互不透水的结构形式,该制造技艺成为南京仿古郑和宝船复建运用的核心技术。至年末,钧龙宝船置业有限公司完成《宝船船体建造总装工艺》《船体主要构件施工工艺》《船舶建造过程质量管理》等160多万字专题研究材料编写工作。

链接 《急需保护的非物质文化遗产名录》根据联合国教科文组织2003年10月通过的《保护非物质文化遗产公约》设立,与《人类非物质文化遗产名录》区别在于列入该名录的非物质文化遗产是指那些尽管受到保护,但存续状况仍然受到威胁的文化遗产,申报国家需要承诺制订专门的保护计划。

【宝船厂遗址公园整修出新】 2010年,鼓楼区投入40余万元用于宝船厂遗址公园建设和维修保养。新铺设长1000余米自来水供水管网,总覆盖面60%;维修、更换仿真"郑和宝船"甲板、跌水墙木板平台2000余平方米;粉刷出新回龙桥栏杆、扶手2000余米;制作供游客休息的混凝土材质仿木长凳11张,合理布局30个塑钢材质分类垃圾桶;种植草坪灌木3000平方米,铺设青砖平台500平方米,增强景观游览安全性。

【《郑和下西洋趣闻轶事》获奖】 8月1日,中国第四届冰心散文奖评奖在北京举行,由江苏文化促进会副主席、南京宝船厂遗址文化管理有限公司董事长兼总经理、江东新区管委会综合处处长赵志刚编著的《郑和下西洋趣闻轶事》一书获第四届中国冰心散文奖优秀奖。该书18.2万字,配照片202幅,用209个故事描写中国人对世界文明所作的贡献。2009年11月出版,首期发行5000册。 (沃 萍)

鼓楼公园

【概况】 2010年,鼓楼公园(以下简称公园)全面细致自查鼓楼建筑存在的问题、险情,提出务实合理的鼓楼文物保护规划、发展规划及维修方案;省、市文保部门召开鼓楼抢修及综合整治设计方案专家论证会,方案得到省、市文物局专家认可;结合"创全国文明城市"复查、市园林局"平安景区"检查以及两次"星级公园"检查等各类迎查工作,深入整治公园园林绿化、环境设施,确保各项创建工作顺利通过。全年举办各类展览、活动9期。

【秦淮河·塞纳河——中法双城摄影绘画艺术精品展】 10月20~24日,秦淮河·塞纳河——中法双城摄影绘画艺术精品展在鼓楼公园"巴黎印象馆"开展,法国印象派大师、莫奈艺术馆前任馆长、法兰西艺术院院士让-玛丽·格拉涅尔的版画艺术作品,法国极品艺术世界协会主席、法兰西艺术之旅网站总编皮埃尔和法国摄影艺术家安娜等以塞纳河为主题的摄影作品,法国艺术家协会主席海咪·哈哼油画作品,江苏省文联副主席、省摄影家协会主席沈遥等共40幅摄影绘画艺术精品参展。展览期间,市人大常委会副主任金实、市委宣传部副部长张俊、副区长周文中、巴黎十三区区长古梅、法国艺术家协会主席海咪·哈哼、法兰西艺术之旅网站总编皮埃尔等到场观看,同期举行由中法双方联合推出的《中法极品艺术世界》双语杂志首发仪式等活动。展览为期1周,免费向市民开放,参观人数逾2000人。

【绿化养管面积约9万平方米】 2010年,公园继续与宝船厂遗址公园签订绿化养管合同,年养管费用近80万元。在宝船厂遗址公园再次申报创星级公园中,该公园绿化养护工作得到专家组一致认可,继续被评定为二星级标准。2007年,公园通过招投标承接铁路北街市民广场养管业务,从广场绿化养护、设施管理、秩序维护等方面全方位管理,经过近4年养管工作,该广场达到三星级标准,养管质量得到园林局专家组和综合养护平台检查组好评。至年末,公园承接绿化养管面积约9万平方米,年养管费用近80万元。

【"清韵溢彩"美术工艺作品展】 8月26日,由区纪委、区文化局主办的"清韵溢彩"美术工艺作品展在公园廉政文化教育基地举办。展览主题为"廉政准则鼓楼行",征集美术工艺作品129件(套),其中美术类42件、工艺类87件(套)。展览为期10天,区纪委、文化局有关领导,区级机关各局、街道等10多

8月30日,湖南路街道组织干部到鼓楼公园参观"清韵溢彩"美术作品展

家单位组织数百人参观。

【鼓楼抢修及综合整治设计方案专家论证会】 10月27日，鼓楼抢修及综合整治设计方案专家论证会在公园召开，南京工业大学、市文物局、区住建局、文化局、鼓楼公园等单位领导和专家11人参加会议。与会人员现场察看鼓楼建筑残损状况，听取公园领导及建设单位抢修方案草案汇报，确定鼓楼维修性质为揭顶大修；围绕文物保护和恢复历史功能设置，对方案进行补充和完善；提出必须尽快选择有文物保护资质的专业队伍抢修，做好建筑顶面及城台防排水，准确定位门窗、彩画、屋面瓦、整体色调等细部方案的意见。12月20日，该方案经省文物局审核批复，同意立项，计划2011年上半年实施。 （唐鸿颖）

乌龙潭公园

【概况】 2010年，乌龙潭公园管理处(以下简称公园)重点改造景区内曹雪芹纪念馆片区环境，结合绿地改造，建设景观围墙、办公库房等服务配套设施，全面维修、出新景区公共设施。同时，在乌龙潭西片区建设观景栈道，引进游船娱乐项目，逐步更新改造休闲服务配套设施。加大公园植物景观养护管理。根据季节，有计划对景区绿篱色块、乔灌木进行修剪、松土、挖围、除草、施肥和病虫害防治。全年修剪乔灌木3800余株、绿篱色块1.5万米；补植、移植苗木1800余株，建设主题花境2座；节假日摆花1.5万盆，形成具有公园风格、特色鲜明、内涵丰富的景观。利用报刊、杂志、电视台等各类媒体平台，宣传景区建设，传播园林绿化文化。2010年，在《南京园林》等杂志上刊登宣传景区文章；依托曹雪芹纪念馆，编辑出版《红楼文化》刊物，扩大公园知名度，提高市民对公园关注度和参与度。是年，公园通过市园林协会组织的“星级公园”复核，并被市旅游园林局评为“平安景区”创建达标单位；公园园容科、游客中心分别被评选为南京市园林绿化系统创建文明行业活动文明班组和文明岗位；公园所辖红楼山庄宾馆通过市“星级饭店”复核。

（钱 岚）

古林公园

【概况】 2010年，古林公园开展大规模环境绿化，全年园内花坛布置用草花6万余盆。完成公园人性化设施建设工程，新建避雨亭3个、新建道路500平方米，更换景点坐凳、维护出新栏杆、扶手，逐步更新改造休闲服务配套基础设施，完善人性化服务设施和基础设施。梅花牡丹节和2010中国南京BCI盆景精品邀请展活动期间，做好园事花事活动预案，保障突发事件园内安全，全年公园接待游客14万人。认真接待来信来访，及时答复上级部门转来的“省政协十届三次会议提案中关于加强古林公园建设和管理的建议”以及“关于古林停车场问题”等，办理信访案件4件，结案率100%。

【公园环境绿化】 2010年，公园开展大规模环境绿化。冬春绿化期间，整治园内主干道白玉兰路、香樟路、雪松山坡及黄土裸露部分，栽植乔、灌木9845株，地被1850平方米；栽植水生植物再力花、梭鱼草、水生美人蕉、水葱、旱伞草、千屈菜等1.1万株。花境花带栽植景天、地被菊、虎耳草等3个品种650平方米；香樟路、白玉兰路、烧烤场周边栽植麦冬1000平方米；盆景园边新设小景点栽植小海桐200平方米，充实园林景观艺术效果。将黄土裸露整治和公园环境建设相结合，在远香榭、茶梅岛等处新建花池，栽种地被菊90平方米、景天50平方米、虎耳草30平方米、小海桐35平方米；雪松山新建游步道两侧栽种八角金盘3500株等，整治后公园黄土裸露现象得到较大改观，整体绿化覆盖率得到提高。增强牡丹园整体观赏效果，引进15个品种牡丹，栽种大胡红牡丹520株、荷包牡丹100株、芍药520株。同时，在日常修剪基础上根据植物实际生长状况及长效管理有关要求，制订计划，适时调整植物修剪和园内植物配比。

【南京第17届牡丹花会】 4月10日~5月10日，南京第17届牡丹花会在古林公园举行。公园为全市最大的牡丹观赏之地，牡丹观赏面积2.1万平方米，拥有300多个品种、3200多株，主要品种有乌龙捧盛、大胡红、小胡红、藏枝红、珊瑚台等，其中黑花魁、赛雪塔、红珊瑚等为精品。牡丹花会期间接待游客4.5万人。

【2010南京盆景精品邀请展】 9月30日~10月7日，古林公园举行2010南京盆景精品邀请展暨国际盆景学术研讨

9月30日~10月7日，古林公园举行2010南京盆景精品邀请展暨国际盆景学术研讨交流活动

交流，展览由南京市旅游园林局主办，南京市古林公园管理处、南京盆景赏石协会承办。上海、苏州、常州、扬州、镇江、芜湖、杭州、马鞍山及南京等9座城市组织300盆盆景精品参展。有水石盆景、微型盆景、雨花石盆景等精品。国际盆栽协会主席苏玉杰率队的18个国家、120多位专家参观展览会并开展学术交流。盆景展期间，举办学术交流活动2场，近3万市民到园参观。《扬子晚报》《金陵晚报》等媒体报道7次、电台报道80次、宣传栏展示1次、网络报道2次。（冯雪媛）

清凉山公园

【概况】 清凉山公园（以下简称公园）位于城西清凉山83号，南临广州路、西临虎踞路、北与河海大学毗邻。公园占地面积26.6公顷，最高处海拔65.7米。园内山势起伏、树木繁茂，自然生态环境良好，被誉为“城市中的山林”。清凉山古名石头山，乃钟山西延之尾端，与城东紫金山齐名，并称为“钟山龙蟠，石城虎踞”。园内历史文化色彩浓厚，素有“六朝胜迹”之称。自战国以来，相继兴建金陵邑、石头城、驻马坡、南唐避暑离宫、崇正书院、扫叶楼等名胜古迹，“清凉文化”更被专家学者誉为金陵文化之源。

民国19年(1930年)，清凉山被列为公园，新中国成立后清凉山公园于1960年正式对外开放，面积73公顷。经历“文化大革命”后，1976年3月恢复南京市清凉山公园管理处。在山林恢复的基础上，公园陆续展开古建筑修缮：1979年10月，扫叶楼修缮工程及绿化配景工程竣工，以后又逐渐恢复崇正书院、江光一线阁、还阳井、驻马坡、大庙等古迹景点。1985年因建设城西干道，公园被一分为二，原属清凉山公园范围的城西干道以西部分被划出，单列为南京市石头城公园。90年代初以来，公园相继展开新一轮景点建设：改建龚贤纪念馆、公园东大门景区，新建兰花专类园、中华奇石馆，金陵名人艺术馆（即李剑晨艺术馆和魏紫熙艺术馆）、清凉山旅游收藏品市场以及武侯别苑，恢复清凉古寺。2003年7月，管理处编制完成清凉山公园总体规划，确立“城市山林”及“历史文化名园”两大特色。2004年10月，公园面向社会公众免费开放，成为南京首批4家免费开放试点公园之一，也是南京唯一一座免费开放的文化主题公园。公园管理机构为南京市清凉山公园管理处，设有综合办公室、组织宣传科、财务结算中心、园林建设科、保卫科、艺展中心、物业管理中心、园林养护公司、经营公司等9个部门。2008年7月，清凉山公园被命名为市级文化创意产业园。2009年，公园在原有总体规划基础上梳理出佛教、都城、书画、赏石、兰花等方面文化主题定位。建园以来，坚持走文化路线，定期举行兰花展、奇石展等高层次文化交流活动，常年举办书画、奇石、收藏品展览，成为以历史名胜古迹、佛教、书画、赏石、兰花为文化载体，整体文化品位较高，在全市享有盛誉的历史文化名园。

【四个方面打造主题公园】 2010年，公园从基础设施改造、人性化服务设施配套、景观绿化提升和历史文化表达等四个方面入手，建设精品化公园。投资650万元，历时11个月，完成奇石馆及南门两大广场环境综合整治，新增绿化面积5000余平方米，添置垃圾箱、坐凳等服务型设施；完善标识系统；新增残疾人通道以及广场、道路景观照明系统，设置庭院灯、草坪灯110余盏；新建道路和休息平台1600平方米、停车场500平方米、景亭两座，全面贯通、翻修、拓宽后山游人步道，打造“城市山林”。以佛教文化为主轴，诗词文化、书画文化沿轴体现，用“李煜礼佛”“清凉问佛”“翠微环眺”等景观墙浮雕小品以及若干青石地面地雕、石灯笼等多种景观元素体现历史文化，打造历史文化名园。年内公园接待游客79.26万人。

【海峡两岸春季兰花展】 2月26日~3月3日，公园成功举办第12届海峡两岸春季兰花邀请展，活动由市园林局主办、市兰花协会和清凉山公园承办。展览荟萃江浙皖一带名贵春兰和台湾兰界培育的一批洋兰、热带兰，市兰花协会会员送展的春兰名品以及各种名品蕙兰、叶艺兰花、多朵蝶、虎蕊蝶、五彩蝴蝶等稀世珍品，有来自云南的莲瓣兰代表“五朵金花”和莳养10年才露芳容的四川隆昌县蝴蝶兰、大花惠兰、石斛兰等各种热带兰，共200余个品种近400盆(株)。兰展同期，园内李剑晨艺术馆举办兰文化书画展览，展出兰花题材书画作品40余幅，均为当代江苏书画家以兰抒情的艺术精品。展览期间，公园邀请专家举办兰花栽培知识讲座，为市民群众提供养兰咨询。兰展特设交易区，提供各种兰花供市民和兰花爱好者观赏选购、交流。内地各省市兰协代表、植兰大户、中国台湾地区

公园南门广场新建的李煜礼佛景观墙浮雕小品

植兰专家等近百人提供展品并参与盛会各项活动，市民及兰花爱好者近5万人次到园观赏。（鲁　敏）

石头城公园

【概况】 南京市石头城公园又称南京国防园，是全市唯一的国防教育主题公园。公园占地面积20公顷，园内地形起伏较大，自然条件优越，山、水、城、林俱全，自然景观和人文景观丰富，石城虎踞，闻名中外，是南京城悠久历史和古老文化的集中体现。

公园于1992年7月落成开放，2004年10月1日起实行免费开放。公园先后被命名为江苏省爱国主义教育基地、省中小学生德育教育基地、南京市爱国主义教育基地、南京军区青年官兵革命传统教育基地、南京市中小学生校外科技教育基地等。2010年，公园根据国家应急避难场所标准GB21734-2008设计建设江苏省首家应急避难场所，该场所为集生态、景观、文化、休闲、教育和避险功能于一体的绿色应急避难场所。

【铺设低压电缆2350米】 3月25日，石头城公园基础设施改造一期（水电改造）工程动工。该工程投资300万元，由南京康润建筑安装工程有限公司负责施工，修建低压电缆敷设工程，从新建的配电房至后山小洼地及清凉门入口处，铺设低压电缆2350米、新增分支箱2台。5月30日，工程竣工，经南京市住建委验收合格并投入使用。

【建成全省第一所国标级应急避难场所】 9月，全省第一家按照国家标准建设的应急避难场所建设工程在石头城公园园区开工，该工程投资306.66万元，由淮安市镇淮建筑工程有限公司施工。全部工程包括应急避难篷宿区A、B、C建设，应急避难指挥中心、应急避难中心广场、应急避难宣教设施建设及设备安装，其他配套监控系统、广播系统、标识系统、照明系统安装等，总面积约2万平方米，可容纳6000人同时避难。（张　莉）

位于石头城公园内的国防教育馆

城市管理

【概况】 2010年，鼓楼区城管监督中心配合区相关部门做好国家文明城市文明指数测评工作，派出80多人参与城管监督工作，及时监督上报主次干道及街巷问题，整顿非机动车停放秩序和市民广场、农贸市场周边卫生及摊点；配合沈举人巷、察哈尔路及北京西路等道路出新改造工程，做好改造后路面问题监督上报工作；配合相关职能部门开展6次专项普查工作，立案780件；做好重要会议、领导视察等活动期间服务保障工作。全年，区城管监督中心受理监督员上报城市管理问题立案7.38万件，结案6.9万件，按期结案率93.56%，日均处理案卷202件。

【监督管理工作】 2010年，区城市管理工作创新监督模式，实行减员增效，强化工作问责，完成三个方面工作。配合、参与城管通系统升级优化和手机更换工作；组织监督员操作技能培训，更换监督员城管通手机100部、维修城管通手机46部，在北京图盟公司、中国移动南京分公司的协助下，完成所有城管通手机更换，更换后的城管通手机信息采集图片分辨率高，操作方便、传输迅速。实行减员增效，强化工作问责，严格处理不守纪、不尽责、不称职和重大城市管理信息不及时上报的队员，实行全程问责制，年内按照绩效考核相关条款，清退4人。

【监督员进社区巡查】 5月，区城管监督中心把日常监督延伸到社区院落，抽调7名监督员组建进社区督查分队，负责全区7个街道所属小区、背街支巷及农贸市场等周边督查，实现与市监管平台监督考核接轨和区域城管监督全覆盖。8月起，加大督查力度，每周1~2次深入小区院落巡查，并将结果列入日常考评，每月10日通报考核结果，同时督查市级平台案卷处理情况、解决历史遗留问题，全年区数字化城管平台从市平台接受并批转案卷137万条，结案率95.8%。

【监督员培训】 2010年，区城管监督中心采取集中培训和中队培训相结合的培训方式，结合市监管平台批转案件特征，集中组织监督员进行培训学习，全年组织各类培训12次。4月下旬，管理科比对分析市平台批转案件，对日常漏报的一些设施类信息，集中整训教育；11月中旬，梳理监督员采集质量不高的信息，运用大屏教学手段，直观培训全体队员，规范问题信息采集相关标准。

【数据统计和分析】 2010年，鼓楼区数字化城管工作依据监督员上报的各类城市管理案卷信息，每周对上一周案卷情况进行数据统计汇总和分析，每月对各街道、部门数字化城管工作情况进行考核分析，形成数字化城管数据通报，并通过数字化城管平台向相关领导和部门发送。通过各类数据统计和分析，及时发现城管工作中存在的问题，寻求解决问题的方法，为城市管理工作提供科学参考和建议。

【开展专项普查6次】 2010年，区城管监督中心配合相关部门开展专项普查，增强数字化城管系统应用效能。1月12日，普查辖区施工工地情况，立案76件；2月24日，普查全区市政道路破损情况，立案224件；5月20日，普查辖区机动车辆游动卖水果情况，立案130件；6月28日，普查全区西瓜摊点，立案88件；7月23日，普查全区盲道占用情况，立案202件；12月13日，普查全区道路街巷在建门头，立案60件。至年末，开展专项普查6次，上报问题信息780件，为区各专业部门工作提供信息保证。 （祁崇洲）

2010年鼓楼区数字化城管工作情况

表5 单位：件

单　　位	任务数	按期结案数	超期结案数	结案数	结案率%
宁海路街道	9019	8980	22	9002	99.8
华侨路街道	6059	6050	5	6055	99.9
湖南路街道	10339	10145	126	10271	99.3
中央门街道	8841	8636	182	8818	99.7
挹江门街道	5287	5286	1	5287	100.0
江东街道	9049	8483	456	8939	98.8
凤凰街道	10220	10202	15	10217	100.0
环卫所	6992	5741	1248	6989	100.0
市政养护管理所	2374	2189	158	2347	98.9
市容局	2546	2159	321	2480	97.4
房产局	204	187	12	199	97.5
湖南路管委会	297	267	22	289	97.3
指挥中心协调科	724	—	—	—	—
交警五大队	214	—	—	—	—
江东管委会	—	—	—	—	—
行政执法大队	109	63	42	105	96.3
环保局	8	—	8	8	100.0
民政局	2	—	—	—	—
城警五大队	1474	623	620	1243	84.3
公安鼓楼分局	3	—	—	—	—

市政管理

【概况】 2010年是“大部制”机构调整改革实施之年，也是“大城管”管理模式运行第一年，鼓楼区城市管理工作按照大部制改革要求，理顺关系、归口管理。3月，市政养护所整体建制由区住建局划入区城管局，根据“建管分离”原则，将原市政、绿化等建设工程项目移交给建设单位，同时面对“大城管”管理模式和新管理要求，及时调整养护监管措施、办法，着力做好建设施工单位监管，将新“大城管”设施维护要求纳入到合同中，与养护单位重新签订养护合同，明确案件质量标准，确保机构调整无缝对接。

【日常养护监管】 2010年，鼓楼区城管工作以工作联系单形式，解决市民大城管案件投诉，接到投诉随时下单安排、及时处理；依照正常月度养护计划，解决市政、绿化中出现的一般性问题；按问题缓急程度列入市政大、中修项目，解决街巷出新、绿化改造以及较大较严重破损的市政设施等；结合区情，科学计划、统筹兼顾，突出重点、力求全面，严格按照合同考核，确保计划按时保质完成。至年末，完成维修沥青路面2.47万平方米、人行道1.7万平方米、疏通主管143.6千米、疏通支管94.8千米、清运河道漂浮物2357立方米等市政养护工程；完成修剪行道树4.57万株、花灌木139万平方米、施肥4620公斤，栽植大树285株、花灌木15.99万株，草坪、地被4890平方米等绿化工程。

2010年鼓楼区市政管理工作情况

表 6

项 目	单 位	2010年
维修沥青路面	平方米	24696
维修人行道	平方米	16986
疏通下水管道	千米	主管 143.6 支管 94.8
疏通窨井、雨井	座	窨井 22655 雨水 35708
河道养护	万平方米	353.7
清运垃圾	立方米	2357
打捞漂浮物	立方米	2357

【处理案件1200件】 2010年，区城管系统逐步形成“大城管”案件处理工作机制，根据案件描述内容，第一时间依据照片初核，不能确定责任范围的到现场进行核查；及时与养护单位联系，校对来案，明确整改要求和时间节点；及时与区城管办联系协调，防止积压和遗漏案件；及时回复并建好案件档案。落实非养管设施维护经费及费用审核拨付流程，一案一核价，按月按实拨付整改费用。至年末，养护平台处理市政类案件826件，其中设施内案件408件全部完成，设施外案件完成178件；绿化类案件处理374件，其中设施内案件191件全部完成，设施外案件完成58件。

【查处违章81起】 2010年，区城管系统查处市政类私自挖掘、工地偷排泥浆、装修占道等违章38起；绿化类私自砍伐、修剪、移植树木、占用绿地等违章43起，做到件件有落实，完成率100%。其中，监管明确要求在规定期限内完成金陵饭店东扩回填造成延安剧场路和管家桥路雨水管道堵塞问题全面整改，并规范作业现场。

【防台风、防汛准备】 3月，鼓楼区通达公司购置绞拉射水车，保障管道疏浚。利用非汛期降雨，组织养护企业实时普查全区道路积淹水点，排查出问题路段积淹水点325处，并展开维护整治工作或申请专项整治项目。全年立项排水改造及大中修牯岭路、天目路等12条道路；采取养护工程措施整治龙仓巷、古平岗1号等阻水节点30余处；增设回龙桥、新模范马路、湖南路、广州路等排水支管及收水井58个；重点绞拉淤塞严重的管家桥、南昌路等主干管15条约12公里；协助南艺、省财政厅、公交总公司大桥南路站场等沿路居民及驻地单位解决排水漫溢问题18处；维修改造三牌楼地下通道及青石村过街通道排水系统；分别提出广州路、龙园西路雨水改造项目申请及建议。万荣公司全面普查全区行道树、绿地、游园等公共绿化设施，查出181株死、险树，并分别清理、扶正、伐除，先后对双门楼宾馆墙外、鲁迅园社区中山北路283号21幢、高云岭某院落、狗耳巷小区等险树进行消险工作，确保辖区范围内绿化安全度汛。

5月6日，鼓楼区城管执法人员查处并拆除违建

【消除强降雨险情】 7月12~14日，南京连降暴雨，造成秦淮河草场门桥附近大量树木出现险情，河堤发生渗漏。区万荣公司紧急调动人员连续奋战，修剪河堤沿线百米云南黄馨，露出河堤，以便进一步查明险情位置、范围，为抢险工作提供确切信息。区通达公司组织抢险人员将装满泥土的麻袋，抬至渗漏处封堵，经过整整一夜奋战，成功封堵渗漏处。同时，通达公司在桥下等积水严重路段，增加4台水泵连续工作，有效防止险情进一步发生。

（陈胜国）

市容管理

【概况】 2010年，鼓楼区完成沈举人巷及钟阜路—福建路—察哈尔路道路市容综合整治出新工程。拆除各类违法建筑74处、3542平方米，拆除户外广告491个、7690平方米，新建栅栏围墙4003米、实体围墙2267米，空调外机外包1117个、卷帘门改造576个，新做店招店牌257个、面积2100平方米，立面墙体出新39幢、5.12万平方米，出新店

2010年鼓楼区市容管理工作情况

表7

指标名称	单位	2010年
全区大型集中整治	次	321
出动执法整治人员	人次	7173
出动执法整治车辆	台次	1678
取缔无证占道经营	处	2947
取缔无固定场所无证经营	家	2038
教育占道经营户	家	4751
清理“三乱”	处	21795
执法处理违章案件	件	2793
清运生活垃圾	万吨	32.63
清运建筑垃圾	万吨	8.89

面橱窗22个、480平方米。“五一”“十一”期间，在北京西路、草场门、虎踞北路、盐仓桥等5个广场，19条主干道和商业街集中摆放50余万盆花卉，营造祥和的节日氛围。同时，北京西路、江东北路等主要路段绿化补植3万余株，美化节日期间市容景观。办理简易程序轻微幅度案件5563起、办理一般幅度案件124起、严重幅度案件592起；一般程序轻微幅度案件454起、一般幅度案件575起、严重幅度案件113起，未发生行政处罚裁量不准投诉。

【规范疏导摊点635处】 2010年，区城管部门严格按照市区疏导安置标准，审核、把关区域摊点，严控疏导数量、规模。至年末，全区疏导早摊点317处、修旧摊318处。规范管理，建立各类疏导早餐点、修旧摊点电子台账，登记造册，指定经营位置、时间，统一设施、统一发放“临时占道早餐经营许可证”“(修旧)临时摊位许可证”，实现亮证经营。配合工商、卫生部门“放心消费”工作，加强早餐摊点从业人员健康证监督检查。建立周查制，每周有针对性地组织检查摊点，及时将检查情况向相关街道反映，直至问题得以解决，全年发现并纠正各种问题167个。

【拆除违章建筑1.54万平方米】 6月10日~7月20日，区城管部门在全区范围开展违章建筑大普查。普查工作采取区、街、社区和执法队员组成的“三位一体”普查工作机制，逐街、逐路、逐院拉网过筛，查处一处、登记一处、核准一处，至7月20日，查处违章2.71万处、117.31万平方米。同时，制订《关于加强拆除和查处新的违章建筑责任追究意见》，严格管控拆除工作，进一步细化工作要求、标准和责任，发现一处拆除一处、举报一处落实一处，至年末，全区查处拆除436处违章建筑、1.54万平方米，其中新违章建筑298处、8506平方米，全年无新违章建筑。

【夏季临时性西瓜销售摊位管理】 8月1日~9月30日，区城管局在辖区21条街巷为瓜农提供64个销售群、169个销售摊位，出资定制统一规范的西瓜销售遮阳篷200个发给瓜农。经营期间，办理市局统一颁发的西瓜销售摊点证，与瓜农签订“夏季瓜果临时占道经营协议”，增强自我管束意识、卫生自律意识。9月30日，全区169个瓜农直销摊位按时撤摊清场。

【监管19家农贸市场】 2010年，鼓楼区农贸市场在物业公司自查、属地街道监管模式基础上，区城管局每月组织两次检查考核和日常检查督导考核，将原定市场门前管理区域向外延伸，细化考核大类要求，提升日常管理水平，扩大管理效果。发现非机动车摆

鼓楼区加强临时西瓜销售摊位管理

放不齐、有漂浮垃圾等1辆，1处分别扣0.5~1分不等分值，根据扣分累计情况扣除当月管理费用。全年考核19个物业化管理农贸市场门前环境及秩序管理，扣除97.9分，折合实际金额近5000元，实现农贸市场门前管理长效常态和精细化，物业化管理水平日趋提高。

（陈胜国）

环卫管理

【概况】 2010年初，鼓楼区专题调研环卫机构设置、生活垃圾密封收运以及道路、院落清扫保洁模式改进等环卫发展难点问题，认真学习借鉴发达城市环卫管理成功经验和先进作业手段及模式，取得显著成效。改善民工民生问题，全年与55名技工签订合同，并办理5险；支付民工大病救助基金5万余元、救助30余人；新建保洁员住房493.5平方米，帮助所内26名民工子女在区内中小学就读。

【机构增设调整】 2010年，区环卫所调整所部机关科室，合理划分业务职能，将原收费科与财务科合并，整合收费人员，提高工作效率；新成立督察（安技）科，专门负责日常作业质量和管理标准督查，受理并处置各类环卫问题投诉，加大问题整改力度；重新整合各作业公司职能，新组建汽车运输服务公司和主干道保洁公司，分别负责收运各类垃圾、配合机扫公司实施重点道路清扫保洁，实现“专业化分工、精细化管理、规范化作业”目标。

【区环卫执法中队成立】 1月，鼓楼区加大环卫管理力量，由区行政执法大队派驻3名队员、环卫所4名协管员成立区环卫执法中队。具体负责道路沿线单位、店家卫生责任区落实，督促辖区单位、店家做好“门前三包”，处罚单位和店家随意乱堆、乱倒垃圾行为；抓好辖区内建设工地渣土源头管理，加大路面污染处罚力度；配合街道社区、执法大队管理非物管小区院容院貌，监督管理物管企业执法责任区制度等三方面工作。

【实施道路“三保一清”作业模式】 2010年，鼓楼区环卫部门针对道路清扫保洁特点，打破原有行业职能分工，按照保道路、保果皮箱、保花坛绿岛和清除牛皮癣的“三保一清”作业要求，对保洁人员实行定时、定岗、定责、定标“四定”管理，8小时分时段分任务作业。先后投入资金32万元，购置皮卡、电动车、自行车等各类快速保洁车辆80余部，组建快速保洁队，实行20分钟快速捡拾保洁，有效提高道路清扫保洁作业效率和质量。同时，区政府投入经费100余万元，辖区内所有果皮箱和垃圾桶全部套袋，实现垃圾袋装化收集运输，减少垃圾收运过程中造成的二次污染。

【小区院落规范化清扫保洁试点】 2010年，鼓楼区在挹江门街道戴家巷社区宏业村等小区开展小区院落规范化清扫保洁试点，细化和完善小区院落清扫保洁范围、作业要求和标准以及人员配备、检查考评办法。试点在“一家扫”总体模式下，将清扫保洁范围覆盖到居民住宅楼楼道、车棚、花坛和各类垃圾（包括无主垃圾、废弃杂物等）清运，为居民群众创造更整洁的生活环境，提供更优质的公共服务。

【垃圾收运子母车模式】 2010年，区环卫部门将保洁人员分为街巷保洁、院落保洁和垃圾清运3个班组，把垃圾集中到垃圾桶由专人拖运，实行院落垃圾直收直运。同时，针对街边小巷大型垃圾车进出困难，采取子母车模式运收背街小巷院落内垃圾。区政府出资240万元购置3辆3吨小型垃圾收运密闭车，直接到点收集、压缩，转运到13吨大型机电一体压缩车上，然后运往垃圾场，缩短、减少背街小巷垃圾收运时间和困难。

（李　蓓）

爱国卫生工作

【概况】 2010年，鼓楼区爱国卫生办公室成立督查考核小组，检查考核全区爱国卫生工作开展情况，发现问题及时督促整改。按市城市长效综合管理要求，将农贸市场管理纳入行业管理考核内容，制订农贸市场除四害检查考核办法，每月抽查5个农贸市场，全年抽查60个农贸市场，发出整改意见书9份，整改率100%；全年检查不同类型外环境2.16万米、鼠迹36处（标准<5处/2000米）、蚊幼及蛹阳性孳生地31处（标准<3处/2000米），走访群众145户，满意度96%，符合标准要求；4月，组织人员考核春季灭鼠，专项检查各街道毒饵宅放置合理性及灭鼠投药到位率、覆盖率、饱和率等，同月末，考核辖区农贸市场、居民院落、饮食业、绿化带、建筑工地、超市等不同类型单位防鼠设施、灭鼠效果，期间检查单位

工作人员在操作垃圾收运子母车

77家，查房581间，阳性房间12间，阳性率0.02%。全年控制四害密度在国家标准范围内。辖区内江苏省国家安全厅、江苏教育学院等10家单位被评为南京市爱国卫生先进单位。

【推广公民健康素养促进行动】 2010年，区爱卫办推广创建“公民健康素养促进行动示范街道”活动。深入宣传普及中国公民健康素养66条，重点开展慢性病、生活方式病、传染病的健康教育，开展突发公共卫生事件、食品卫生、劳动卫生、环境保护等公共卫生问题的健康教育。推广行动中，制作2万份常见疾病健康知识宣传资料发放给辖区居民；每个街道制作宣传橱窗展板100余块，在各街道之间巡回展示；为每个社委会订购《健康之窗》《江苏卫生保健》《精品健康》和《健康导报》等多种报刊、杂志供居民阅读。年末，湖南路街道被授予南京市“公民健康素养促进行动示范街道”。

【蚊蝇密度控制】 4月，全区各街道制订灭蚊蝇活动实施方案，做好蚊蝇孳生地调查、密度监测和灭前现状调查。5~11月，以街道为单位，每月明确一个重点工作内容，全区发放蚊蝇浓缩液800公斤、蝇缓释剂800公斤，用于药物灭杀工作。各驻区单位组织职工开展周末卫生日活动，打扫室内外卫生，清除卫生死角，采取清除蚊蝇孳生地、建防蝇设施、药物消杀等综合防治措施，有效降低蚊蝇密度。

【开展小区清洁月活动】 9月1日，鼓楼区开展以“清垃圾、清杂物、清乱涂乱画”为重点的“小区清洁月”活动。各街道、社区、物管小区采取黑板报和致居民一封信等多种形式，开展宣传教育，发动小区居民群众、志愿者和驻区单位参与清洁活动，用实际行动清洁家园。“小区清洁月”活动中，全区12万人次参加，清理垃圾杂物约6500吨、清除卫生死角5500多处。

【无烟医院覆盖率超过60%】 2010年，鼓楼区开展医疗卫生系统禁烟工作，按照省卫生厅制订的医疗卫生系统禁烟目标任务，安排部署辖区内无烟医疗机构摸底、申报、评比工作。区爱卫办联合区卫生局干部、街道卫生干事多次检查指导辖区医疗卫生单位。10月，卫生部督导组督导市无烟医疗卫生机构建设情况，辖区鼓楼医院代表南京市接受督导组检查，受到世界卫生组织专家和国家卫生部有关领导肯定。至年末，全区24家医疗卫生单位禁烟达标，“无烟医院”覆盖率超过60%。（戴正凤）

4月7日，鼓楼区在山西路广场开展健康知识宣传

生态环境建设

“十一五”期间生态建设成就

“十一五”期间，鼓楼区每年投入生态环境建设资金均占GDP2%以上，每年安排300万元区级环境整治专项资金，作为环境治理重点项目引导资金；设立20万元区环境保护奖励基金，表彰奖励环境保护工作中作出显著成绩的单位和个人。创立“三位一体、分组包片、考核到人”的城区环保监管框架模式，将区环保局机关职能科室、环境监察大队和环境监测站实施“三位一体”职能捆绑，实现执法、管理、监测联动；同时将人员编组包片负责7个街道、3个片监管工作，将各项考核目标、管理责任落实到组、考核到人。区长环保目标责任制考核成绩自2005年以来两次位居全市城区第一。

污染防治　“十一五”期间，鼓楼区坚持实行严格的环境保护制度，用刚性制度约束保证环境改善，严把新建项目审批关，5年内审批建设项目314个、否决建设项目51个，环保“三同时”（建设项目中环境保护必须与主体工程同步设计、同时施工、同时投产使用）执行合格率100%。将调整经济结构、转变增长方式作为改善环境的根本途径。“十一五”期间，先后有南京桂花鸭集团、十四所和三乐电器集团等十余家污染较重的企业，搬迁出鼓楼区；加快推进燃煤锅炉清洁能源改造进度，改造区内燃煤锅炉31台；集中整治辖区规模以上餐饮企业10家，至“十一五”末，全区有市级餐饮污染控制示范街10条。2009~2010年，鼓楼区对河西地区黑臭河流里圩河和清江东沟进行生态修复整治工程。按照省环保厅制定的黑臭河流氨氮、高锰酸盐指数、溶解氧、生化需氧量、总磷五项考核标准考核，里圩河和清江东沟基本消除黑臭，除氨氮外其他基本指标均达到v类水质标准。运用视频监控技术实时监控水源地、地表水状况，北河口水厂水源地水质达标率100%。

节能减排　实施节能减排，发展低碳产业，建设低碳生态示范园区——南京国际服务外包产业园，法斯克能源站被列为江苏省建筑节能示范项目；结合十四所搬迁，区模范路科技园区与省建设厅合作在十四所地块创建“江苏省节能减排示范园区”。实施十四所931项目节能改造，建设江苏低碳经济产业园，取得污染物减排及优化产业结构效果。

绿色社区和学校创建　“十一五”期间，鼓楼区深入开展环保绿色创建工作，环境保护进社区、进学校、进企业，着力提高公众环境意识和环境公德水平，大力改善居民生活环境。至“十一五”末，全区建成绿色社区31个，其中国家级绿色社区1个、省级绿色社区7个、市级绿色社区23个，覆盖率46%；建成绿色学校38所，其中国际生态学校1所、国家级2所、省级20所、市级14所。

10月19日，市环保局领导到驻江东软件城企业调研节能减排情况

环境保护

【概况】　2010年，鼓楼区环境保护工作紧紧围绕“三保五服务”(保增长、保民生、保稳定，为企业服务、为群众服务、为基层服务、为项目服务、为人才服务)，实施环保优先发展战略，加大环境执法和环境综合整治力度，努力解决突出环境污染问题，维护群众环境权益。全年审批建设项目61个，“三同时”执行合格率100%；新创市级绿色社区3个；新创国际生态学校1所、省级绿色学校1所、市级绿色学校2所；新创餐饮污染控制示范街1条。加大污染治理力度，先后完成47家污染较重、群众反映强烈的污染企业限期治理，全区投入污染治理资金556.23万元，其中区环保局下拨污染治理资金67.5万元。加大环境基础设施建设，全区环境保护投入占区GDP2%，化学需氧量和二氧化硫排放量比2009年分别削减23.81%和95.24%，鼓楼区小康社会环境质量综合指数83.9分。全年办理环境信访投诉391件，办理人大、政协提案11件，办结率100%。

【环境质量状况】　2010年，鼓楼区环境质量总体稳定，环境空气质量同比有所下降，二氧化硫和二氧化氮浓度均达到国家环境空气质量二级标准，同比基本持平；可吸入颗粒物浓度超标；酸雨频率同比有所上升，仍居较高水平；北河口饮用水源地水质保持优秀，地表水环境质量有所改善；区域声环境质量保持平稳。评定辖区80家企业环境行为，其中77家被评为蓝色企业、3家被评为黄色企业。

环境空气质量：草场门、山西路大气国控点年平均空气污染指数分别为71.7、78.4(空气污染指数小于50为优秀、大于50小于100为良好)，与2009年相比略有下降。2个大气国控点全年环境空气优良以上天数为302天，同比减少13天。

声环境质量：全区区域环境噪声54.7分贝，交通噪声45个路段平均值69.2分贝，较2009年下降0.2分贝，其中达标路段(低于70分贝)占总监测路段的76.1%。

水环境质量：全区水环境质量与2010年相比总体稳定，局部有所改善。北河口水源地水质稳定，达标率100%；乌龙潭整治后水质有较大改善，达到V类水质标准；宝船厂遗址公园水质为V类水质；外秦淮河石城桥至定淮门段、金川河倒桥、钟阜桥断面水质均为劣V类。

11月13日，整治后的西流湾公园水面

精致鼓楼建设

【区长环境保护目标责任制成绩良好】 2010年,区政府将辖区污染物减排、区域环境综合整治与建设、污染防治、环境管理、环境质量目标等重点环保工作目标列入区长环保责任制，实行区长与街道及相关部门负责人签订责任状形式的目标化管理,建立“区长统一领导，环保部门牵头，相关部门负责,公众积极参与”的环境保护管理机制。组织召开区环境保护委员会会议,签订2010年环境保护工作责任状。年末，区环委会考核各责任单位任务完成情况，奖励环保目标任务完成好的单位，问责目标任务没有完成的单位和区域环境质量恶化单位领导；市政府对鼓楼区区长环境保护目标任务完成情况进行考核,成绩良好。

【环境监察1685次】 2010年，鼓楼区组织环境现场监察1685次，其中污染防治现场监察475次、建设项目监察160家次、限期治理监察416次、排污许可证年审监察110次、其他监察627次。严格依法行政，严厉查处环境违法行为，全年查处各类环境违法行为105件,处罚金额40.79万元;加强污染排放企业监督管理，年审排放污染许可证110家;依法征收排污费260.4万元,完成市局下达的奋斗目标。

【获取环境监测数据2418个】 2010年，区环保部门注重环境监测标准化建设，全年投入环境监测能力建设经费21.7万元。完成酸雨监测,组织降水监测55次;完成大气降尘、硫酸盐化速率项目监测，获取监测数据278个;完成秦淮河石城桥、金川河倒桥2个地表水控制断面9个项目监测工作,获取监测数据2148个。

【入河污水再生利用研究成果通过验收】 2010年,区环保部门黑臭河道治理中入河污水再生利用课题研究以里圩河岸边一排口为对象，采用污水集成处理系统将入河生活污水就地处理。该排口排污水量约150吨/天,均为附近小区生活污水和化粪池水，污染物浓度高、臭味大,对河流造成严重污染,截污难度大,在雨污分流众多难点中具有一定典型性。年末,市环保局专家组实地考察课题使用的管理层收购(MBO)组合式污水再生处理系统运行情况，听取鼓楼区污水再生利用研究汇报,经过质询和讨论,充分肯定课题组研究成果,并一致通过验收。

【扬尘及烟尘污染控制】 2010年,区政府在全市率先出台《鼓楼区扬尘长效管理工作方案》,加大工地扬尘污染防控力度,公示工地扬尘污染防控,落实建筑施工申报夜间施工审批制度,督促施工单位落实控制措施，确保工地有围档、有冲洗车台、门前有保洁员。与区住建局、城管局联合重点检查雨污分流、道路管网、拆迁等市政施工工地,强化渣土管理,建立渣土群防群治社会网络体系。督促辖区燃煤锅炉使用单位开展清洁技术改造，降低能耗,减少污染,做好儿童医院清洁生产审核试点工作。年内,完成脑科医院4台燃煤锅炉清洁能源改造任务，全年使用洁净煤2725吨；完成69家1000平方米以上大型餐饮业专项整治工作,18家餐饮企业安装远程无线烟尘监控装置,实施远程监控,辖区大型餐饮污染控制达标率97%。

【实施环保专项行动】 2010年，区环保部门把严厉查处环境违法行为、加大环境监管力度、着力解决群众关心的难点、热点问题作为环保工作重点,开展“整顿违法排污企业、保障群众健康”环保专项行动。着重开展燃煤锅炉清洁能源改造、夜间施工噪声扰民及扬尘污染防治、核与辐射及危险废物安全监管、餐饮油烟污染整治、地表水环境综合整治等执法检查。专项行动期间，出动环境执法人员331人次，检查餐饮大户69家、污染排放产生单位160家，并行政处罚31家超标排放企业,处罚金额13.2万元。

【开辟项目审批“绿色通道”】 2010年,区环保局梳理行政项目审批流程,简化审批程序,缩短审批时间。将建设项目环境影响评价审批原定办理时限60天、30天和15天,承诺改为10天、5天和2天。对有利于鼓楼区产业结构调整的好项目、大项目,贴近服务、特事特办、随到随办,并落实专人办理。全年,区环保局审批全区招商引资新建环保项目41个。

【利用物联网技术实时监控辖区环境】 2010年，区环保系统创新环境监管手段,投资约5万元,运用物联网车载移动视频监控技术实时监控北河口水源地保护、小康考核水质断面和建筑工地扬尘污染防控情况，及时掌握辖区环境重点部位、重点区域真实情况,

运用物联网技术实时监控金川河倒桥补水点

完善执法取证。10月8日，北河口水厂水源地、小康考核水质倒桥断面和人和桥、丁家桥、大树根补水点物联网监控系统开始运行，运行远近调焦、旋转操作方便，图像清晰，实现24小时远程视频图像监控，对环境违法问题做到及时发现、准确取证、监管到位，提高环境监管能力和工作效益。该传感系统投入运行以来制止多起捕鱼船只非法闯入水源地保护区事件。

【开展环境安全大排查活动】 2010年，区环保系统成立一把手局长为组长的安全生产大排查领导小组，下设办公室和3个检查组，着重拉网式检查辖区北河口饮用水源地安全、辐射源环境安全、关闭的工业企业环境安全、危险废物环境安全和大型餐饮业排污情况。大排查期间，查处事故隐患1处、消除和整改1处。10月，区环保局组织安全生产大排查“回头看”，巩固安全生产大排查成果。

【医疗危险废物集中处置率100%】 2010年，鼓楼区加强危险废物安全监管检查，采取统一管理医疗固废产生单位、集中处置医疗危险废物的方法，全年处置医疗废物1588.8吨，其中固体废弃物1430吨、危险废物158.8吨，危险废物集中处置率100%。

【核与辐射环境管理】 2010年，鼓楼区环保部门专项核查辖区9家涉源单位、75枚放射源和222台套射线装置，完善审批申报转移手续，建立一源一档管理，落实安全管理措施，确保核与辐射环境安全。

【创建市级绿色社区3个】 年初，区环保局联合驻区单位和社区群众开展绿色社区创建，围绕清新、宁静、洁净、优美绿色社区创建标准，组织召开社区创建工作动员布置会，综合整治社区小餐饮业、小五金加工和农贸市场周边环境，努力解决群众关心的热点、难点问题。年内，创成市级绿色社区3个(云南路社区、丁山社区、天正和鸣社区)。至年末，全区有国家级绿色社区1个、省级绿色社区7个、市级绿色社区23个。

【创建绿色学校4所】 2010年，区环保局继续在中、小学校和幼儿园开展绿色学校创建活动，推进环境保护和青少年绿色文明普及教育。年内，创成国际生态学校1所(龙江小学)、省级绿色学校1所(紫竹苑小学)、市级绿色学校2所 (赤壁路小学和天正小学)。至年末，全区有国际生态学校1所、国家级绿色学校2所、省级绿色学校20所、市级绿色学校14所。

2010年鼓楼区绿色人居环境社区创建汇总表

表 8　　单位：个

街　道	国家级绿色社区	省级绿色社区	市级绿色社区	数　量
华侨路	–	–	虎踞关、龙蟠里	2
宁海路	–	–	颐和路、天津新村	2
湖南路	丁家桥	南秀村	马台街、大方巷、云南路	5
中央门	–	工人新村	司背后、观音里、青石村、紫竹林、天正和鸣	6
挹江门	–	模范西路、妙峰庵、戴家巷	鲁迅园、丁山	5
江　东	–	聚福园、长阳花园	腾飞园、清河新寓、宝地园、江滨新寓	6
凤　凰	–	–	莫愁新寓、华阳佳园、苏城苑、凤凰花园、西城岚湾	5
合　计	1	7	23	31

20010年鼓楼区国际生态学校暨绿色学校创建汇总表

表 9　　单位：个

级　别	绿色学校	数　量
国际生态学校	龙江小学	1
国家级绿色学校	教院附中、凤凰花园城小学	2
省级绿色学校	南师附中、金陵中学、琅琊路小学、浉声巷小学、汉口路小学、古平岗小学、芳草园小学、财经大学附属小学、鼓楼区一中心小学、白云园小学、银城小学、宁工小学、市第二幼儿园、第三幼儿园、实验幼儿园、鼓楼幼儿园、力联阳光幼儿园、南京市第八中学、丁家桥小学、紫竹苑小学	20
市级绿色学校	南京市第五十中学、第四中学、宁海中学、教院附小、长阳小学、清凉山小学、工人新村小学、凤凰街小学、三牌楼小学、东方智能幼儿园、莫愁新寓小学、青云巷小学、赤壁路小学、天正小学	14
合　计	37	

省级绿色学校——宁工小学

【噪声污染防治】 2010年，区环保部门落实24小时环境应急值班制度，加大环境噪声监督管理力度。全年处置夜间施工噪声投诉1631次，查处环境违法案件65件，维护群众环境权益。整治长江科技园朗讯公司空调机噪声扰民问题，投资60万元治理空调噪声、安装隔声墙。同时，做好中、高考期间噪声控制工作，考试期间严禁夜间施工，拉网检查考场周边500米范围内工地、小五金加工点及其他各类噪声污染源，组织环保监察人员在考场执守。

【创建虎踞北路餐饮污染控制示范街】

2010年，鼓楼区开展虎踞北路一条街餐饮污染控制示范街创建活动，综合整治街区25家餐饮店污染排放达标，投入资金37.1万元，安装油烟净化器12台、建隔油池13个。年末，虎踞北路餐饮街通过市环委会验收，成为全市餐饮污染控制示范街。至年末，全区有市级餐饮污染控制示范街10条。同时，巩固既有的餐饮污染控制示范街成果，对9条餐饮污染控制示范街餐饮店污染设施运行情况逐个验收。

【环保宣传】 “6·5”世界环境日宣传周期间，区环保部门围绕“6·5”世界环境宣传主题，制作环保宣传杯3000只、横幅10条、低碳宣传展板50余块、生态宣传广告牌1块，分别在天正和鸣等3个社区开展环保宣传活动，提高群众环境意识，倡导低碳减排、绿色生活理念。2010年是联合国确定的“国际生物多样性年”，10月24日，区环保局会同南京审计学院、汕头大学环保志愿者在裴家桥社区开展保护生物多样性环保知识讲座。全年投入环境保护宣传经费约9万元。

【行风评议】 2010年，区环保部门将组织政风行风评议活动作为推进年度环保中心工作抓手，先后健全《服务承诺制》《首问负责制》《行政责任追究制》《政务公开制》等内控制度。坚持开门整风，主动接受社会各界监督，召开各类座谈会和走访活动163次，认真听取行风监督员意见与建议，收到反馈意见、建议7条。对自查和行风监督员反馈的问题，做到能改的立即整改，一时难于改正的，限期改正。塑造鼓楼环保“服务发展、积极履职、至臻团队、永争一流”的新形象。

（刘玉龙）

2010年鼓楼区餐饮污染控制示范街汇总表

表 10　　　　单位：条

街　道	餐饮污染控制示范街	数　量	街　道	餐饮污染控制示范街	数　量
华侨路	华侨路、宁海路（部分）	1.5	中央门	中央北路、福建路（部分）	1.5
宁海路	宁海路（部分）	0.5	挹江门	福建路（部分）、虎踞北路	1.5
湖南路	湖南路、马台街、青岛路、云南北路	4	江　东	草场门大街	1
合　计	10				

房产管理与开发

房产管理

【概况】 2010年，鼓楼区住房和建设管理着眼改善民生，做好低收入住房困难家庭住房保障、改善老旧小区居住环境、推进湖南路片区拆迁改造、规范房屋租赁市场和中介服务行为、提升物业管理水平、加强公房管理和维护等工作。出新改造西康路3号、沈举人巷等6个旧住宅小区，整治西康路3号等小区和察哈尔路、福建路等主次干道沿线房屋212幢。拓展房屋租赁管理和服务空间，通过做好房屋租赁登记备案工作增加租赁税收，全年走访出租单位578户，发放登记备案通知书1853份，新增房屋租赁登记备案2033户，房屋租赁税收突破1.5亿元。是年，区住建局被市住建委评为房屋租赁管理优秀单位、房屋安全管理先进单位、物业管理先进单位和房屋安全管理先进单位，区房产局住房保障窗口被省建设厅评为住房保障

2010年鼓楼区房产经营工作情况

表 11

指标名称	单 位	实 绩	指标名称	单 位	实 绩
总 量	幢	2091	改造老化电线	户	–
其中：住宅	幢	1834	维修平屋面漏雨	平方米	14096
总户数	户	9445	清理疏通化粪池	座	267
其中：住宅	户	9060	清洗消毒二次供水水箱	只	189
建筑面积	万平方米	55	新包扎防寒水管	米	4617
其中：住宅	万平方米	49.8	二次供水改直供水水箱	只	4
使用面积	万平方米	39.3	交易中心		
其中：住宅	万平方米	35.6	发放宣传材料	份	200
月租金基数	万元	72	发放房源信息表	份	600
其中：住宅	万元	51.4	接受客户咨询	人次	720
出售房屋	套	578	为拆迁户现场提供房源	条	700
出售房屋面积	平方米	31856	办理过户	户	10
为民办实事			房产交易	户	40
公房维修面积	平方米	18299	房产交易总收入	万元	75

优质窗口，先后有12人次获得市住建委表彰。

【出新改造老旧住宅小区6个】 2010年，鼓楼区投入资金约1100万元，完成西康路3号、沈举人巷等6个老旧住宅小区出新改造，面积22.65万平方米，惠及居民3300余户、1.2万人。出新改造工程中，翻铺及新铺水泥路面6000平方米、铺设面包砖3500平方米、马蹄砖3000米，新做路牙4500米、路沿1600米；新铺沥青路面约2000平方米、修建自行车棚1800平方米；新建休闲场所4处150平方米、添置健身器材18件、铺设塑胶地垫400平方米；新增并更换邮政信箱350只，翻建花坛200平方米，新增及补种绿化4000平方米，维修粉刷围墙6500平方米；配备监控设备1台，在16处安装摄像头。

出新后的沈举人巷16号大院

【发放低收入家庭住房保障】 2010年，鼓楼区住房保障对象由城市最低收入家庭扩至低收入家庭，廉租住房保障对象从人均月收入750元的城市低收入住房困难家庭扩大到人均月收入1000元家庭。全区有2691户家庭被纳入住房保障体系，其中享受发放住房补贴保障方式家庭2321户、申购经济适用房并参加轮候近1600户。完成3批廉租房实物配租选房安置，50户低保家庭住上廉租房；完成60户被拆迁家庭申购保障性住房申请、审核、上报、落实安置工作；完成江东新村公寓645户拆迁安置房审核、上报工作。至年末，发放低收入家庭住房补贴800万元。

【整治出新房屋212幢】 2010年，鼓楼区投入资金约3400万元，完成房屋整治212幢，实施沈举人巷、西康路3号等小区和察哈尔路、福建路等主次干道沿线房屋屋面整修和立面出新，出新房屋外立面33.75万平方米、粉刷内楼道15.84万平方米、整修屋面1.12万平

10月1日,市长季建业(前右二)视察车站东巷片区住宅整治出新情况

方米，解决老旧房屋顶层渗漏与隔热差问题;安装空调外罩4278个、封闭阳台544平方米；更换遮阳篷7010米、花架301个、晒衣架1022个、防盗网885.6平方米。安装新模范马路9号等7个小区、243个单元楼道灯1296盏。

【开展三类特殊群体住房状况调查】 5月,区住建局、区民政局与各街道协调配合，开展城市中低收入住房困难家庭、新就业人员及外来务工人员住房状况调查。调查808户家庭,通过采集调查对象基本情况、居住状况、收入情况及所享受住房保障情况等指标,基本摸清三类特殊群体住房情况,为完善全区住房保障体系，科学制订住房保障规划做好基础准备。同时,区政府加大最低收入家庭住房保障力度,减免承租公房低保户70%租金，全年为841户承租公房低保户减免租金56.4万元。

【受理物业管理矛盾143起】 2010年,鼓楼区各街道均成立物业管理办公室,落实“两站一中心”(物业应急维修服务站、物业管理投诉调解工作站和物业服务中心)办公场所,制订“两站一中心”工作实施方案,探索创新物业管理体制。全年，制作各种宣传横幅300余幅，下发宣传手册1000多份,制作小区宣传专栏信息450版块。各街道矛盾调解站受理各类物业矛盾143起、调解结案138起、引导走司法程序5起;化解、钝化矛盾133起;承接居民应急报修133起,应急维修成功率100%。

【开展房屋安全普查】 2010年，区住建局先后5次检查全区险损房屋,把险损房屋检查作为重点，督促做好汛期及高温、台风等恶劣气候情况下险损房屋检查和消险工作，全年检查辖区险损房屋25处、2000余平方米。结合检查情况，重点加大违规拆除房屋承重结构检查管理，及时到现场查勘处理群众举报的违规装修，全年上门现场查看处理投诉举报360多次,减少因房屋装修拆改而引发的纠纷和矛盾近400起。

【改造拆迁危旧房1.3万平方米】 2010年，鼓楼区危旧房改造拆迁工程为瓜圃桥绿地项目，面积1.2万平方米;综合历年危旧房改造项目,至年末,合计完成改造拆迁危旧房1.3万平方米。同时，完成伍佰村危旧房片区前期调查摸底和拆迁方案论证；完成湖南路片区拆迁各项前期准备工作，拟订拆迁方案和拆除方案并顺利进场。

【公房管理】 2010年,区住建局制订公房防寒保暖预案和防汛预案,成立直管公房维修抢险应急机构,确保出现问题在最短时间内迅速解决。全年办理公房租赁手续148户、办理租赁合约续约51户、审核房改购房298户、办理档案资料查询78户、处理租赁纠纷6处、签订公房拆迁补偿协议3份。完成中修、综合维修14处面积3955平方米,小修工程9382处、维修平屋面面积1603平方米，疏通化粪池336座次、疏通下水道2.2万米,更换屋面落水管175道,白蚁灭治36处。

(袁启鹏)

房产开发

【概况】 2010年，鼓楼区房地产开发工作继续深化“聚力兴企”工程,辖区101家房地产开发企业完成投资40.34亿元,按构成用途分,住宅类33.22亿元,其中经济适用房0.23亿元;办公楼

2010年鼓楼区房地产开发投资情况

表 12

指标名称	单 位	实 绩	指标名称	单 位	实 绩
企业个数	个	101	二、土地开发		
其中:亏损企业	个	37	本年完成开发土地面积	平方米	–
一、投资额和新增固定资产			待开发土地面积	平方米	–
计划总投资	万元	2745155	本年购置土地面积	平方米	242715
自开始建设累计完成投资	万元	1868915	本年土地成交价款	万元	80520
本年计划投资	万元	–	三、资金来源		
本年完成投资	万元	403367	(一)本年资金来源合计	万元	857031
按构成分			1.上年末结余资金	万元	383362
建筑构成	万元	233061	2.本年资金来源小计	万元	473669
安装构成	万元	9587	(1)国内贷款	万元	135580
设备工器具购置	万元	4476	其中:银行贷款	万元	125580
其他费用	万元	156243	非银行金融机构贷款	万元	10000
其中:旧建筑物购置费	万元	–	(2)利用外资	万元	–
土地购置费	万元	90320	其中:外商直接投资	万元	–
按构成用途分			(3)自筹资金	万元	39907
住 宅	万元	332189	其中:自有资金	万元	8000
其中:经济适用房	万元	2257	(4)其他资金来源	万元	298182
办公楼	万元	5552	其中:定金及预收款	万元	168683
商业营业用房	万元	62327	个人按揭贷款	万元	89017
其 他	万元	3299	(二)本年各项应付款合计	万元	74388
本年新增固定资产	万元	502706	其中:工程款	万元	34112

0.56亿元、商业营业用房6.23亿元、其他0.33亿元。南京鼓楼城镇建设开发有限公司新门口项目拆迁当年拆迁、当年完成;驻区房地产企业为辖区和谐社会作出积极贡献,南京华泰基础建设有限公司为共建小区解决路灯安装、接通天然气;正大房地产开发有限公司完成随园大厦电梯大修;华阳公司更换华阳大酒店电梯,解决安全隐患。至年末,各公司按时足额支付企业员工补助和节日慰问费,在年底前结清工程款和材料款。驻区各开发企业年内按6%~15%的比例提高员工工资和福利待遇,并适当发放每月200元~600元津贴补助。各企业开展工资协商,全部签订劳动合同、集体合同、工资集体合同、女职工专项合同。是年,南京华泰基础建设有限公司被评为区劳动关系和谐企业,广厦职工书屋被评为全国职工书屋示范点。

(李罗生)

【南京广厦置业(集团)有限公司】 2010年,南京广厦置业(集团)有限公司(以下简称公司)发扬求真务实创业精神,全面完成年度目标任务。新开工天水滨江01幢天一阁1.3万平方米;续建天水滨江西区10.39万平方米、江浦天凤国际3.6万平方米2个项目,其中天水滨江西区02~08幢10.39万平方米于6月30日竣工交付。全年实现销售收入4.6亿元,上缴税金1131万元。是年,公司荣获全国房地产最具社会责任企业、国家级信用企业、诚信典型示范企业,江苏省“3·15”质量诚信企业、消费者信得过示范单位,南京市最具影响力品牌企业、地产品牌诚信企业、地产十大诚信开发商、民营企业纳税大户等多项称号。公司职工书屋被中华全国总工会授予“全国职工书屋示范点”。

天水滨江西区如期交付 6月30日,天水滨江花园西区成功交付业主。该项目为公司建设的“绿色住宅”,其综合节能65%的指标达到江苏省领先水平,各节能综合系统利用,达到奥运村住宅建设同等标准,获得省财政20万元补贴。公司精心布置西区各事项验收节点,开展“欢迎回家”主题交付工作,将“创造人居时尚,奉献人文关怀”理念融入到交付工作

天水滨江西区

中，增进与业主间互动交流。是年，该项目荣获江苏省“建设科技示范工程”荣誉称号。

天水滨江01幢天一阁　天一阁项目融书吧、讲堂、藏书阁、文艺工作室等文化功能为一体。年内，该楼盘在南京地产大会上荣获2010年最佳人文社区奖，成为“文化地产”品牌项目。5月20日，主体工程开工，11月23日完成主体结构封顶；11月14日，全国首家社区书院——南京广厦天一阁·仁德书院正式落成，省文化厅副厅长、省美术馆馆长高云和市文化广电新闻局局长陈光亚为书院揭幕。项目以书吧作为销售中心，实现公司体验式营销既定目标。

盱眙天汇宝积项目　9月16日，公司拍得盱眙宝积山西侧沿淮河地块，成功实现“大步走出南京城”的发展战略。该地块占地7.13公顷，山水资源丰富，紧邻淮河，水系自然天成；背靠宝积山，山水浑然一体，位于盱眙淮河风光带，是盱眙十景之一“夕阳西照”所在地。公司拟将其打造成为集生态、旅游、文化为一体的特色风景住宅。至年末，该地块进入拆迁阶段，预计2011年开工建设。（陈　阳）

【南京鼓楼城镇建设开发有限公司】 2010年，南京鼓楼城镇建设开发有限公司（以下简称公司）加快售房力度，拓宽物业增收渠道，做好房屋租赁业务，强化企业内部管理，完成新门口拆迁任务。新门口项目是公司改制五年来第一个自行开发项目，拆迁公司采取“用脑、用心、用力、加一磨（谈）”的方式，打好“围歼战、攻坚战”。至年末，完成拆迁任务99%，新门口现场完成钻探工作并围档。12月1日，拆迁公司接受湖南路04、05片拆迁项目，总户数296户，至年末完成38户。年内，公司为大方巷社区修建2个自行车棚（傅佐路、五条巷各1个），投入1.35万元修缮江苏路8路汽车总站化学厂门口约30米、西桥约30米2条道路。（房　革）

天一阁·仁德书院

【正大房地产开发有限公司】 2010年，正大房地产开发有限公司采取“走出去”开辟三线城市战略，进行拓展市场尝试。常州项目是公司第一块从土地市场拍的项目，为发展重中之重。该项目位于常州主城区丽华路以西，规划用地4.5公顷，新建11幢住宅楼，建筑面积9.27万平方米。其中，地上面积7.45万平方米，地下面积1.82万平方米，上半年完成拆迁工作。至年末，该项目完成土地、建设用地规划许可等“四证”申领；施工图设计和优化、综合管线图及工程建设招投标工作全面结束，并于12月21日开工建设。公司始终将企业社会责任放在首位，取得良好社会效益和环境效益。年内，公司连续第六年为员工增加工资，增幅8%，同时提高员工福利待遇；连续11年积极做好施工单位和材料设备供应商工程款、材料款支付工作,无一拖欠;妥善处理拆迁遗留问题和群众来信来访,确保党和政府保障改善民生政策落到实处。公司及员工热心社会公益事业,积极参加社会公益活动,为玉树、舟曲灾区捐款20多万元。是年,公司获得国家统计局颁发的5000家重点房产先进企业、江苏省依法质量指导委员会颁发的江苏依法质量维权环省行服务质量先进单位称号,并被评为鼓楼区2007~2009年文明单位、民兵组织建设先进单位等。 (朱 迎)

【南京华阳置业集团有限公司】 2010年,南京华阳置业集团有限公司(以下简称公司)董事会认真分析形势、及时调整决策、转变观念,克服各种不利因素、扎实工作,基本完成年初工作目标计划。年初,溧水琴韵华庭三期项目达到预售要求,取得良好销售业绩。至年末,销售120套房屋、3500万元。宣城白马山庄高尔夫别墅项目,是公司2009年重点高端项目。至年末,该项目18栋别墅售出16栋,并完成客户产权证办理。中山北路乐业村项目,总体推进十分缓慢,至2010年底土地仍未正式开发。2009年11月~2010年2月,集团公司下属拆迁公司超计划完成25户厚载巷房屋收购工作;2010年3月接受厚载巷房屋拆迁项目,至6月完成"调查摸底、入户登记、评估、概算"等工作;10月,厚载巷变电站拆迁项目送审,资料准确性、完整性得到区审计局肯定。7月,与广阔地产公司就平家巷地块拆迁项目进行服务费等问题商谈,最终取得较满意结果,并做好拆迁进场准备。 (火 玲)

【南京开元经济开发有限公司】 2010年是开元公司开启"香山系列品牌产品打造"年。9月,"开元香山壹境"项目一期工程全面开工。该项目位于句容市宝华镇鲍亭社区汤龙路西侧,为开元"香山系列品牌"承启项目,规划总建筑面积约24万平方米。项目规划设计尊重原生态自然景观、地形地貌;建筑规划中,充分保留并依据原始山形地势,设计为西班牙风情元素建筑群落,建造山地低密度住宅、小高层、高层住宅及商业街区和会所建筑。全年,项目开工面积2.95万平方米、竣工面积1997平方米,竣工工程合格率100%。组织员工为玉树灾区人民捐助10.92万元。全年上交税金4910.58万元。加快多元化经营拓展步伐,南京开元物业服务有限公司、南京开元香山商业管理有限公司均取得较好成绩,花开四季小区获得南京市三星级园林小区。是年,公司被评为南京市、鼓楼区纳税大户,鼓楼区安全生产先进单位、民兵政治工作先进单位、资信等级AAA单位等称号。 (彭 敏)

开元香山系列品牌项目——香山美墅

鼓楼年鉴2011

现代服务业

Modern Service Industry

综述

【概况】 2010年,鼓楼区继续保持经济平稳较快发展，大力推进一批重点服务业项目和服务业集聚区建设，高端服务业发展迅速,产业结构进一步优化升级,初步形成以科技产业、现代商务商业、文化创意产业为主要内容的三大产业集群。完成服务业增加值293.6亿元,同比增长13%，占地区生产总值比重为90.9%；实现社会消费品零售总额289.9亿元，同比增长17.3%；实际利用外资1.12亿美元,合同利用外资1.52亿美元;引进注册资本在百万元以上的科技及现代服务业企业226家，其中新增注册资本在千万元以上的大项目45个,总注册资本25.1亿元;完成全社会固定资产投资额83.1亿元,同比增长10.5%,其中完成服务业投资82.5亿元,占全社会固定资产投资额99%以上。是年,鼓楼区率先创建成为"江苏省可持续发展实验区"。

高科技产业发展迅速　按照"学习中关村,打造模范路"的发展思路,省科技厅和市政府共建推进模范路科技创新园区建设，园区被确定为全省十大科技创新园区之一。模范路科技创新园区实时数据库开发与共享平台等4个专业技术服务平台和1个综合科技服务公共平台正式投入使用,园区内集聚物联网相关领域研发企业100余家。江苏瑞中数据股份有限公司成立,江苏数据库、传感网产业联盟签约,组建南京物联网应用研究院,联合物联网领域122家研发企业成立南京物联网联盟。中国(南京)电力自动化产业园、国睿科技园、南京科技广场二期、南京邮电大学物联网科技园、南京财经大学科技园、南京中医药大学科技园等重点载体项目进展顺利。江东软件城苏宁慧谷、联创科技大厦、河海大学国家水资源中心等项目全面开工,南大苏富特一期大楼竣工使用。全年实现高新技术产业产值230亿元,同比增长50%；完成软件产业销售收入280亿元,完成软件出口1.3亿美元。

总部经济继续保持良好发展势头　总部型企业成为支撑全区经济发展最重要的力量。全年总部型企业共实现税收36.7亿元,占区财政总收入的48.6%,总部企业税收增量占财政收入增量的比重达到50%。全年新引进中电投江苏分公司、博西(中国)投资有限公司等6家总部企业。2010年全国民营企业500强，苏宁电器、宏图三胞、苏宁环球、江苏金浦榜上有名,其中苏宁电器位居第二名，纳税额位居第一名,成为中国商业零售第一品牌。总部配套载体建设有效推进，绿地紫峰大厦正式投入使用,泰威逊、中金公司等120余家现代服务业企业成功入驻;南京首家"白金五星"酒店——绿地洲际酒店正式开业；南京国际广场一期正式投入使用，金陵饭店二期工程等重点项目顺利推进。

金融业和金融服务业取得新发展　鼓楼区开展规范整顿融资性担保机构、筹备设立科技小额贷款公司、推动企业进入资本市场融资等相关金融工作,协调推进区内金融业和金融服务业取得新发展,金融体系不断完备,综合实力不断增强,金融机构不断集聚。全年新引进千万元以上非银行类金融机构26家，其中紫金信托有限责任公司注册资金5亿元,为南京市唯一的地方金融控股平台;江苏省再保融资租赁公司注册资金4.28亿元,系江苏省规模最大的外资融资租赁企业。

文化创意产业蓬勃发展　建成市级文化产业基地2个,市、区两级文化产业特色园区达9个。由鼓楼区投资拍摄的向2014年南京青奥会献礼影片——《庐山恋2010》在全国上映,进一步扩大南京和鼓楼区的影响力。进一步做响石头城文化、郑和文化、民国文化品牌,石头城6号文化产业园、智慧谷动漫软件产业园、水木秦淮D区南艺后街、郑和宝船复建、郑和主题3D动漫电影等重点文化产业项目扎实推进。全年新增文化企业116个,全区文化产业增加值达23.8亿元,同比增长15%,占地区生产总值的7.3%。

【2010中国·南京重大项目投资洽谈会(鼓楼专场)】 4月28~30日,2010海峡两岸企业家紫金山峰会暨中国南京重大项目投资洽谈会在南京国际展览中心举行，国内外60多名客商,其中外商30多人与会。会上成功签约和推进侨福投资(中国)有限公司项目、创意产业战略合作项目、江苏浙江商会总部大厦项目、中电投江苏公司项目、江苏华保久信担保有限公司项目、紫金信托投资有限责任公司等亿元以上项目11个,总签约资金70亿元,其中外资1.8亿美元。苏宁研发大楼、联创软件研究院和香格里拉大酒店3个重大项目正式开工建设,总投资达30

4月28~30日，各地客商在2010中国·南京重大项目投资洽谈会上参观模范路科技创新园区展厅

亿元。5月28日，2010年中国南京重大项目投资洽谈会第二次签约仪式在紫金山庄举行，鼓楼区与中国电子科技集团公司第十四研究所合作共建的“南京低碳产业园”、与国电南京自动化股份有限公司合作共建的“中国(南京)电力自动化产业园”以及与南京邮电大学合作共建的“南京邮电大学物联网科技园”等3个重大项目成功签约，签约总投资达20亿元。两次签约，鼓楼区共签约亿元以上重大项目15个，总签约投资和注册资金超过100亿元，其中外资1.8亿美元。（刘　斌）

【南京物联网应用研究院有限公司成立】 12月2日，南京物联网应用研究院有限公司成立。该公司由国睿集团有限公司出资1800万元、占股权36%，南京模范路科技创新园区有限公司出资1700万元、占股权34%，江苏南大苏富特科技股份有限公司出资800万元、占股权16%，江苏巨能投资有限公司出资500万元、占股权10%，南京泰通科技有限公司出资200万元、占股权4%。公司定位于物联网重点应用领域的市场开拓，利用“政产学研用”创新合作优势平台打造物联网技术应用的产业化平台，提供交通、医疗、安防、环保、灾害预防、物流、航运、智能家居等物联网相关产业的整体解决方案，以及产品研制、软件开发和系统集成。公司是江苏省政府、南京市政府制订物联网相关政策、重大决策方面的技术咨询机构，是高新技术成果集散地、高级技术人才培养基地和高新技术企业孵化基地。（武　斌）

2001~2010年鼓楼区服务业增加值完成情况(评价口径)

表13　　单位：亿元

年　份	服务业增加值(现价)	可比价增速±%
2001年	88.9	18.9
2002年	108.1	19.0
2003年	129.3	17.4
2004年	152.3	15.0
2005年	169.9	16.8
2006年	186.8	14.9
2007年	207.8	15.8
2008年	227.4	12.8
2009年	250.6	12.5
2010年	293.6	13.0

2010年鼓楼区服务业重点企业调查主要指标

表14　　单位：万元

指标名称	全部营业收入	利润总额	从业人员	增加值	增加值增速%
合　计	1462445	437059	19954	398959	27.59
交通运输、仓储和邮政业	178405	16486	3997	49075	4.27
信息传输、计算机服务和软件业	189351	20292	3266	67186	3.28
租赁和商务服务业	511021	96988	6692	103380	25.93
科学研究、技术服务和地质勘查业	299885	65037	2664	128165	23.32
居民服务和其他服务业	13057	624	1149	5264	2.06
教育(企业)	7561	296	230	1696	46.53
文化体育娱乐业	263165	237336	1956	44193	311.62

2010年鼓楼区星级住宿业和限额以上餐饮业经营情况

表15　　单位：万元

指标名称	营业额					客房数(间)	年末拥有床位数(个)	年末拥有餐位数(位)
	合　计	客房收入	餐费收入	商品销售收入	其他收入			
一、住宿业	226744.4	83642.9	95310.8	31114.2	16676.5	9356	14969	24400
其中：国有控股	122017.6	38233.9	48010.0	26862.3	8911.4	5272	8801	14234

续表 15

指标名称	营业额					客房数（间）	年末拥有床位数（个）	年末拥有餐位数（位）
	合 计	客房收入	餐费收入	商品销售收入	其他收入			
1.按登记注册类型分组								
国有企业	44981.4	17028.1	24046.3	962.8	2944.2	2969	5309	9388
集体企业	2531.4	546.0	445.9	678.5	861.0	148	309	250
股份合作企业	–	–	–	–	–	–	–	–
有限责任公司	65180.3	27131.3	30171.2	1577.8	6300.0	3350	5357	7291
股份有限公司	51444.5	11040.0	13294.1	25658.3	1452.1	585	753	1826
私营企业	22891.6	10998.2	10461.6	399.3	1032.5	783	1113	1773
其 他	9865.2	2784.4	4163.3	1718.6	1198.9	276	448	610
港、澳、台商投资企业	15960.1	8402.8	6021.5	103.6	1432.2	720	980	1530
外商投资企业	13889.9	5712.1	6706.9	15.3	1455.6	525	700	1732
2.按国民经济行业分组								
旅游饭店	204331.8	70877.1	87899.4	30366.1	15189.2	7242	11264	21617
一般旅馆	21312.7	12161.4	7183.9	734.7	1232.7	1987	3474	2741
其他住宿服务	1099.9	604.4	227.5	13.4	254.6	127	231	42
3.按星级登记分组								
二星	9184.0	4199.1	682.5	342.9	3959.5	1165	1821	580
三星	20105.6	6845.2	10722.4	783.5	1754.5	1220	2122	5520
四星	33387.6	13688.5	17436.7	1.8	2260.6	1244	1850	5400
五星	124665.3	39818.1	48816.1	29150.8	6880.3	2785	4057	7934
其他	39401.9	19092.0	17653.1	835.2	1821.6	2942	5119	4966
4.按经营方式分级								
独立门店	216673.6	79046.3	91096.5	30420.7	16110.1	8490	13578	23042
连锁门店	951.8	903.5	4.1	15.0	29.2	192	269	88
其他	9119.0	3693.1	4210.2	678.5	537.2	674	1122	1270
二、餐饮业	130146.8	3596.5	119584.9	6241.2	724.2	616	926	35949
其中：国有控股	9983.6	3260.9	6473.7	–	249.0	550	806	2091
1.按国民经济行业分组								
正餐服务	122421.5	3596.5	114750.7	3350.1	724.2	616	926	33925
快餐服务	2785.8	–	2785.8		–	–	–	1333
饮料及冷饮服务	3474.7	–	1691.1	1783.6	–	–	–	511
其他餐饮服务	1464.8	–	357.3	1107.5	–	–	–	180
2.按经营方式分组								
独立门店	107165.3	747.0	100489.3	5477.4	451.6	143	252	30039
连锁总店（总部）	5764.4	–	5000.6	763.8	–	–	–	1317
连锁门店	1731.7	–	1731.7	–	–	–	–	669
其他	15485.4	2849.5	12363.3	–	272.6	473	674	3924

2010 年鼓楼区限额以上批发和零售业、餐饮业星级以上住宿业企业财务状况

表 16

单位：万元

指标名称	批发业	零售业	住宿业	餐饮业	指标名称	批发业	零售业	住宿业	餐饮业
年初存货	1147000	31497	15035	3539	主营业务税金及附加	10291	2617	9634	6132

续表 16

指标名称	批发业	零售业	住宿业	餐饮业	指标名称	批发业	零售业	住宿业	餐饮业
一、年末资产负债					主营业务利润	902786	60016	127164	49005
流动资产合计	6125810	250012	193121	38553	其他业务利润	21417	16990	1521	41
其中:存货	1551550	43236	7817	3427	营业费用	437667	32837	53814	36551
固定资产原价	74986	74986	348150	18531	管理费用	140123	27209	55113	11299
累计折旧	101920	24322	195811	11227	财务费用	24258	3324	2686	1105
其中:本年折旧	29778	3650	19820	1540	营业利润	326253	13636	18281	2899
资产总计	6754587	363679	487693	55885	利润总额	356360	16333	23469	3034
负债合计	5463019	249455	223580	38653	应交所得税	24495	1994	5086	857
所有者权益合计	1291568	114224	264113	17232	劳动、失业保险费	2004	597	544	177
二、损益及分配					全部从业人员年平均人数	14366	4865	9362	6339
主营业务收入	14227431	529866	213413	110981	—	—	—	—	—

【服务业集聚区和载体建设】 2010年，模范路科技创新园区建设全面推进，园区被确定为全省十大科技创新园区之一，被省科技厅和市政府确定为南京唯一的合作共建园区。中国(南京)电力自动化产业园(南自地块)项目完成挂牌，南京科技广场二期工程完成桩基施工，国睿科技园3号地块项目完成前期规划并启动拆迁，模范中路—三步两桥地块项目列入市土地储备计划，虹桥新城市二期开展前期工作。江东软件城绿建(新能源)大厦全面启动建设，南大苏富特一期交付使用、二期工程进场施工，河海水资源研究中心进行地上工程施工，服务外包产业基地ITO区实施基础施工，联创科技大厦完成桩基施工。苏宁电器南京地区总部—清江广场项目实施地下工程。南京财经大学科技园、中医药大学科技园完成前期方案设计，成功引进7家企业入园。湖南路“二次提升”工程有序推进，04、05片拆迁全面启动，紫峰大厦、国际广场一期正式投入使用，国际广场城市航站即将运营，南汽—香格里拉酒店项目开工建设，宁海路欧洲风情街项目实施拆迁，厚载巷地块项目、凤凰西街二期、中海凤凰现代商业载体开展前期工作，金陵饭店扩建工程等重点项目顺利推进。

【公共服务平台建设】 2010年，组建南京物联网应用研究院，联合物联网领域122家研发企业成立南京物联网联盟。全年IBM—南京外包人才实训基地、FPGA创新中心分别培训服务外包、芯片设计人员1200人，工程技术培训中心培训高端工程设计人员437人。建成模范马路创新街区产学研联合创新综合服务平台及部分专业子平台，服务企业530家。国家中小企业协会苏皖赣分中心投入运作，全年开展企业巡诊服务5次。华东区域网络游戏技术测试平台完成游戏测试和认证近20款。帮助高校、院所、企业的科技创新项目获各级各类科技进步奖58项，协助重点项目及中小企业完成投融资额13亿元。大学科技园在5家企业中建立“博士后工作室”，成功举办10场企业沙龙。江苏博特新材料有限公司“SBT”商标获中国驰名商标认定。全年新增注册商标548件，申报省著名商标4件，省名牌5个，市著名商标5件，市名牌4个。 （张承先）

商 贸

【概况】 2010年，鼓楼区消费品市场逐步回暖，全年实现消费品零售总额289.9亿元，同比增长17.3%；服务业增加值293.6亿元，同比增长13%，服务业投资额82.5亿元。副食品商业新型业态“农加超”市场面积新增2500平方米；创建7家市级绿色市场，增长75%，在全市保持领先。

【商业大项目建设】 2010年，鼓楼区注重抓商业大项目建设，推动商贸流

12月18日，南京国际广场试营业

紫峰大厦

通业的结构调整和业态创新。三大商圈一体化协调发展，传统业态加速向以购物中心为主的新型业态转型升级，综合性、标杆类、旗舰类的商业项目明显增多。龙江凤凰商圈建设初具规模，中海地产凤凰熙岸项目于6月开盘销售，龙江新城市二期进入规划论证阶段，江东街道引进的南京弘亚商场—爱儿时代项目7月正式开业；湖南路商圈提档升级加快，04、05片区改造工程8月正式启动；紫峰大厦、国际广场一期2个高端商贸项目于12月全面建成开业；新街口商圈鼓楼片区开发建设力度加大，金陵饭店扩建工程推进顺利。

【高标准社区商业建设】 2010年，三牌楼社区顺利通过省、市商务部门的考核验收以及商务部网上公示，成功创建为国家级商业示范社区，成为自2005年全国商业示范社区创建工作开展以来全市第二家、鼓楼区唯一一家国家级商业示范社区。同时，宁海路街道完成山西路社区市级商业示范社区创建工作。该社区累计投入3000万元实施小区出新、道路改造、商业网点改造等一系列社区环境建设，社区商业网点经营面积达3.35万平方米，惠及社区1.6万人，社区宜居性和居民购物便利性得到改善。

【家电以旧换新工作】 2010年，鼓楼区在开展家电以旧换新工作中，注重协调服务，积极推动工作规范有序运行，形成家电消费热点，带动苏宁电器、五星电器、宏图三胞、苏果、金润发等企业家电销售大幅增长。至年底，全区家电以旧换新共回收旧家电17.8万件，销售新家电18.7万件，合计销售金额6.99亿元，商务部门审核通过20.4万件，共发放补贴金额6056.74万元。

农贸市场建设

【概况】 2010年，鼓楼区以城市规划建设为契机，引导企业投入近350万元，新建果色花香凤凰西街社区菜市场、凤凰宝地副食品市场、金凤凰副食品疏导群、南京绿恒市场等4家农贸市场，使鼓楼区河西区域农贸市场不足的状况得到彻底改变。全年新建7家市级绿色市场。“放心早餐”稳步推进，以保障早餐食品安全为重点，全年新发展放心早餐企业7家，中式快餐企业7家，圆满完成目标任务。

【“农加超”连锁经营新发展】 2010年，南京味州食品有限公司投入460万元对原南昌路农贸市场进行升级改造。市场具有超市的环境、农贸市场的格局，率先采用现代经营理念及管理方式，购物环境走在全市乃至全省前列，受到各级领导及消费者的好评。至年底，全区有湖北路、石头城、南昌路等3家“农加超”连锁市场。

【绿色市场创建工作】 2010年，全区新创建7家市级绿色市场，占全市40家市级绿色市场六分之一多。新增绿色专销区206平方米，在全市保持领先。加大食品安全监管力度，加强流通环节蔬菜农残检测工作，规范化改造3个农贸市场农残检测室。实施肉类流通追溯体系建设。在山西路、南昌路、水佐岗、三牌楼、镇江路5家市场率先进行试点工作，市民可通过肉品身份证——电子标签打出小票，凭票可追溯肉的来源及流通环节。全区计划在3年内对27家农贸市场所有肉摊位、蔬菜摊位、水产品摊位，全部实施可追

2010年鼓楼区农贸市场一览表

表17

序号	农贸市场名称	地址	面积(平方米)	备注
1	海谷三牌楼社区菜市场	模范马路130号	2600	–
2	上海路副食品中心市场	汉口西路22号	1300	–
3	山西路农贸市场	江苏路138号	1600	–

续表 17

序　号	农贸市场名称	地　址	面积(平方米)	备　注
4	苏州路社区菜市场	苏州路 15 号	1000	–
5	味洲农加超(石头城店)	石头城 71 号	1000	农加超
6	福建路社区菜市场	萨家湾 3 号	1000	–
7	味洲农加超(南昌路店)	芦席营 79 号	2500	农加超
8	镇江路副食品市场	校门口 68 号	3000	–
9	天津新村社区菜市场	虎踞北路 32 号	600	–
10	豆菜桥农贸市场	豆菜桥 2 号	1000	–
11	龙江农贸市场	龙江阳光广场 6 号	2600	–
12	味洲农加超(湖北路店)	湖北路 51 号	1200	农加超
13	天福园市场	天福园 58 号	1300	–
14	水佐岗社区菜市场	水佐岗 56 号	1400	–
15	凤凰花园城社区菜市场	金陵园 55 号	900	–
16	鼓楼街副食品中心	鼓楼街 11 号	1400	–
17	果色花香凤凰西街社区菜市场	凤凰西街 239 号	500	–
18	淮古社区菜市场	古平岗 2 号	200	–
19	银城花园社区菜市场	银城花园	1150	–
20	南京绿恒市场	漓江路 200 号	1700	–
21	汉中门社区菜场	汉中门外大街 203 号	600	–
22	东宝路社区菜市场	东宝路 29 号	560	–
23	易发戴家巷社区菜市场	戴家巷 7 号	1700	–
24	黑龙江路社区菜市场	黑龙江路 11 号	500	–
25	峨嵋岭社区菜市场	峨嵋岭 20 号	350	–
26	凤凰宝地副食品超市	凤凰西街 163 号	800	–
27	金凤凰副食品蔬导群	凤凰东街 48 号	1000	–

溯体系建设。　（徐元林）

烟草专卖

【概况】 南京市烟草专卖局(公司)二分局(分公司)(以下简称二分局)位于进香河路 33-3 号,管辖鼓楼区和玄武区的卷烟市场，辖区总面积 107.59 平方公里,总户籍人口约 117.73 万,拥有在线订货卷烟零售户总计 2395 户。该局下设 3 个科室(客服科、专卖科、综合科),有干部职工 38 人。该局连续两年被市局(公司)评为先进集体。

【卷烟销售管理】 2010 年,二分局累计销售卷烟 4.27 万箱,实现销售收入 13.57 亿元，全年卷烟批发均价为 127.02 元/条。至年底,二分局网上订货客户总数 2253 户,网上订货客户比例达到 94%,位居全市第一,零售客户电子结算率 99.66%。

【行政执法】 2010 年,二分局共出动烟草专卖行政执法人员 3025 人次,车辆488 台次，共计查处违法违规案件 565 起，查获各类违法违规卷烟 10261.5 条,案值 217.3 万元。其中,万元以上案件 17 起；假烟案件 429 起,查获假烟1734 条,案值 50.68 万元;走私烟案件29 起,查获走私烟 224 条,案值 2.1 万元；乱渠道进货案件 107 起,查获乱渠道进货卷烟 8303.5 条，案值 164.52 万元。拘留不法烟贩 5 人,判刑 6 人。

【网络案件工作】 2010 年，二分局继续与公、检、法等职能部门紧密合作,成功查处并结案一起符合国标的“11·6”网络案件。“11·6”网络案件是一起典型的小案值牵出的大网络案件，现场共查获非法卷烟 1458 条，累计案值6.2 万元，最后锁定涉案金额超过 110 万元,判刑 3 人。10 月,二分局参与查处的“7·28”网络案件获得国家烟草专卖局通令嘉奖。　（姚玉三）

南京新城市广场

【概况】 新城市广场坐落于南京龙江商业区，位于鼓楼区江东北路与草场门大街交汇处，由南京新城市公司投资兴建，一期项目总投资15亿元，总建筑面积36万平方米，是省内首个集购物、餐饮、休闲、娱乐、文化、办公、居住等为一体的大型城市综合体，拥有大润发大型仓储超市、多功能豪华上影国际影城、苏宁电器大卖场、奇乐儿超级室内儿童游乐场、金吉鸟星级健身俱乐部以及KTV、足疗、早教、儿童摄影等业态，有400米长的步行街专营时尚精品百货、日常用品、家居工艺品等，流行街区汇聚数百家特色小铺可供逛街、淘宝，更有餐饮广场打造美食盛宴。

2010年，新城市广场改造升级，重新调整业态布局与品牌结构，调整面积达51%以上，调整品牌近百个。欧时力、百家好、阿索比、哥伦比亚、美丽宝、博士娃、OHOO、浩之源、韩风烤肉、石香居、大娘小厨等一批消费者认可的优质品牌进驻广场。同时，新城市推出全新运营管理模式——品牌集成馆：以多品牌组成、品味融合设计、整体动线规划的品牌化消费模式，带给消费者全新购物体验。是年，新城市集团全力推出新一代城市综合体——新城市广场二期和虹桥中心二期，将城市综合体与城市公共空间融为一体，既体现集商业、商务、高档公寓等诸多功能，又为市民提供一个公共休闲区域。年内，新城市广场在“2010第二届中国城市综合体发展峰会”上，被专家评委会评选为“2010中国城市综合体标杆”，被南京市消费者协会授予“2009~2010诚信单位”“2010年服务南京消费示范单位”；南京新城市公司被江苏省精神文明建设指导委员会授予2007~2009年江苏省精神文明建设工作先进单位。

【新城市广场(龙江)】 2005年，新城市广场试运营，负1层主营家居饰品和手工艺品，1层经营女装、女鞋、配饰，2层主营运动和户外用品，3层涵盖童装、儿童游乐场、早教、儿童摄影、影院、书城等业态，4层主营餐饮。其中，金润发大型仓储超市2003年开业，当年营业额突破4个亿；上影国际影城2004年6月营业，成为南京第一家国际五星级8厅影院；作为华东地区最大的室内儿童游乐场——奇乐儿，从2005年最初不足600平方米的营业面积，发展成3000平方米的超大型室内儿童乐园，拥有疯狂炮阵、沙画、蹦极、旋转木马、超级迷宫和奇乐儿早教中心等多种适合不同年龄段的儿童游乐项目；4层美食大道汇聚世界各国的风味美食。新城市广场以最具时尚前卫Mall特色的百货精品步行街著称，400米长的超大型室内商业步行街，景观串联，装饰典雅舒适，营造出浪漫时尚的消费空间。

统一按照国际化标准打造的流行街区，有3层楼的商业区域，总面积1.1万平方米，2008年开业，主营流行服饰、特色服饰、时尚配饰、童装玩具、工艺礼品、家居、食品等。完全以“街”的新颖概念包装推出，将各楼层以世界三大名洲来命名，2楼是欧洲街区、3楼是美洲街区、4楼是亚洲街区，各街区的巷道又以世界著名的时尚都市来命名，如纽约、东京、巴黎、香港等。

【新城市·虹桥中心】 新城市·虹桥中心位于鼓楼区中山北路281号，地处鼓北核心商业区，距模范马路仅300米。2008年底，项目一期正式营业，其主力商业分布在4层裙楼，1~3层为商业步行街，4层为餐饮美食街，主营业态涵盖男女时装、鞋类、箱包、运动户外、儿童类(服饰、用品、早教、娱乐)、餐饮美食等。2010年，虹桥中心精心打造名品工厂折扣店模式，1层汇集百丽、星期六、森马、佐丹奴等知名度较高的品牌折扣店，2层是户外、运动专区，有阿迪达斯厂家直营店、李宁零码折扣店、耐克、KAPPA、特步、安踏等工厂折扣店。1~2层以酷爱运动的时尚青年、在校大学生为目标消费群体，兼及服务周边社区居民，以名品低价、交通便利为特点，点缀一些休闲餐饮店。3层着力打造儿童服务业态，4层是特色餐饮。此外，还配有1.2万平方米的苏果大型仓储主力超市、大型休闲娱乐广场(涵盖健身、美容、美体、美发、婚礼策划等)和地下停车场等。

【社会公益活动】 2010年，南京新城市公司继续发扬传统，承担企业社会责任，先后开展扶贫助学等慈善活动及其他社会公益活动。3月，向南京外

花津浦(龙江店)部分内景

花津浦(龙江店)美食

亨利之家(新城市店)内景

法派自助铁板烧

新城市广场美食

6月9日，由新城市公司赞助的南京市琅琊路小学教育集团第三届"新城市优秀教师奖"颁奖典礼举行

国语学校教育发展基金捐赠20万元，向四川省甘洛县妇幼保健院捐资200万元修建的综合主楼如期竣工；向南京理工大学学科带头人奖励基金捐资15万元，用于奖励南京理工大学学科带头人。4月，新城市公司发起"情系玉树，大爱无疆"抗震救灾爱心募捐活动，收到员工爱心捐款36895元。6月，向琅琊路小学教育集团捐资22.4万元用于发放"新城市优秀教师奖"，全额赞助琅琊路小学第三届"新城市优秀教师"表彰会；向光彩事业基金捐赠20万元用于高淳扶贫。9月，向南京理工大学"新城市教育基金奖"捐资50万元。12月，出资100万元冠名赞助"南京新城市市民学堂"。（张成磊）

湖南路商圈

【概况】 湖南路位于市区西北部，西起中山北路，连山西路，东至中央路，中连云南北路、丁家桥、狮子桥、马台街、湖北路，全长1100米，路幅30米。2010年，全街区共有各类商家单位402家，其中大中型商场13家、服装122家、餐饮102家、金融22家、美容美发20家、珠宝首饰8家、鞋帽箱包18家、眼镜8家、休闲娱乐14家、宾馆18家、书店3家、其余54家。其中，名牌、精品、专卖店占83%以上，全街区总营业面积约39.64万平方米，就业人数11063人。湖南路商圈全年商品销售总额177.6亿元，比2009年增长16.8%，其所在的湖南路街道全年税收32.09亿元，约占全区总税收的45.7%。

2010年，湖南路管委会注重街区长效管理，全体工作人员实行三班轮流巡查制度，实现湖南路、狮子桥、山西路市民广场等管理区域内定人、定岗、定位全天候24小时综合规范长效管理，全年先后组织9次不同的专项整治。据统计，全年共查处违章渣土车7辆，查处违章施工26次，取缔占道经营和流动摊点67次、取缔散发广告和"三乱"（乱张贴、乱刻画、乱涂写）128起、收缴橱窗宣传广告162张、驱逐盲流乞讨70余人次、协调处理各类矛盾纠纷43起，抓获扒窃嫌疑人39人次，为受害人挽回经济损失约3万元。会同工商、质监、物价等职能部门对街区商家进行5次联合执法检查；组织商家企业进行法规、礼仪、消防等培训教育6次、700余人次；接待处理顾客投诉73件，投诉金额5.25万元，完结率100%、满意率98%。协助保障完成省、市、区及社会各界在山西路市民广场、湖南路、狮子桥举行的各类公益活动及商务文化活动300余次；坚持每天在LED大屏为市民群众播放新闻和影视节目，开启光效艺术牌、灯光隧道等街景亮化公益设施；完成各类参观接待保障活动150余批，3000余人次；及时维护、维修和出新街区的花坛、休闲椅、护栏、道板等公益设施。1月，湖南路商业街被市城市管理委员会评为第25届金陵杯暨城市长效管理考评窗口地区优胜单位；3月，被江苏省放心消费城市创建活动办公室评为江苏省放心消费创建活动示范单位。9月，湖南路管委会被市委、市政府评为2007~2009年度市级文明单位；12月，被江苏省精神文明建设指导委员会授予2007~2009年江苏省精神文明建设工作先进单位。

【推进湖南路"二次提升"工程】 2010年，湖南路"二次提升"工程建设是市、区明确的年度重点目标任务之一。湖南路管委会成立湖南路"二次提升"工作协调领导小组，制订相应的工作方案及应急方案；2月8日前，落实04、05片拆迁指挥部300余平方米办公用房，购置指挥部办公桌椅、文具用品等；解决指挥部组建初期日常工作人员的午餐就餐问题；调查统计04、05片涉及商家单位的相关资料，建立健全相应的电脑资料数据库；8月和12月，分两批共抽调6人专项从事04、05片拆迁工作（其中主任、副主任各1名）。

【开展"3·15"大型维权咨询服务系列活动】 3月13日，由区文明办、区工商分局、湖南路管委会联合举办的"诚信服务，放心消费"——鼓楼区"3·15"大型宣传咨询服务系列活动，在山西路市民广场举行。启动仪式上，对全区10家消费维权诚信单位、10家放心消费城区创建示范单位和先进单位、10家三信三优单位、10家公共场所卫生信誉度等级A级单位、8家医疗机构规范药房示范单位和放心药店、湖南路十佳文明服务标兵进行表彰授牌。

【第六届湖南路民俗文化艺术节】 2月14~20日，第六届湖南路民俗文化艺术节，在狮子桥步行美食街举行。艺术节由民间民俗艺人才艺展示和迎春联欢文艺表演两部分组成。民间民俗艺人才艺展示特邀民间艺人49名，共设40个展位，主要有彩编、剪纸、竹刻、

2 月 14 日，第六届湖南路民俗文化艺术节在狮子桥步行美食街举行

刺绣、木雕、糖艺、空竹、脸谱、风筝、葫芦雕、烙画、花灯、玻璃工艺、骨雕、瓷笛、玻璃拉丝等民俗工艺制作与展销；迎春联欢文艺表演，主要由湖南路文化艺术联盟、小红花艺术团、南京老园丁钟山民乐团、市少年宫、裴家桥社区、云南路社区、江苏盛德老年艺术团、酷九九少儿艺术团等艺术团体参加。民俗文化艺术节为湖南路文明街增添了浓浓的年味。

【第四届"劳动者之歌"文艺汇演】 4 月 30 日，由区委宣传部、湖南路管委会联合主办的第四届湖南路庆"五·一"——"劳动者之歌"文艺汇演在山西路市民广场拉开帷幕，湖南路街区商家单位员工 600 余人参与。整场演出有 12 个单位选送的独唱、独奏、对唱、舞蹈、小合唱等节目。少年宫的武术《中华武魂》荣获汇演一等奖。

【走进世博系列宣传活动】 3 月 20~28 日，第八届湖南路旅游时尚节——"2010 走进世博——旅游大篷车"宣传活动，在狮子桥步行美食街举行。4 月23 日~5 月 31 日，每天上午、下午分 2 个时段在山西路金山大厦的 LED 和苏宁环球电子大屏播放市、区指定的"世博"宣传光盘；征招湖南路主要地段的 4 个大型广告位*、19 个翻转宣传牌、山西路广场地下通道近 30 块宣传广告栏进行世博宣传；在山西路市民广场的路灯上布置 30 面双面道旗、湖北路围档墙上布置 100 余平方米图片文字进行"世博"专题宣传。

链接 4 个大型广告位：湖南路桂花鸭楼顶（湖南路 110 号）、中国银行楼顶（湖南路 209 号）、广发银行楼顶（湖南路 45 号）、湖南路 255 号楼顶（共约 1000 多平方米）。

【第七届湖南路"读书节"】 7 月 30 日~9 月 30 日，湖南路管委会会同区委宣传部、区文化局、区教育局、团区委、湖南路商会等单位，联合举办第七届湖南路"读书节"活动。开展中小学生才艺表演、小学生童谣及中华传统经典诵读、英语学习方法咨询、英文脱口秀、英语才艺表演、街区员工"市民英语"培训、商业礼仪讲座、街区青年员工心理健康疏导、"捐一本书，献一份爱"、员工乒乓球比赛、英语角、英语夏令营、广场书市、演讲比赛、爱心捐赠等十多项活动。活动丰富多彩，吸引众多学生和市民参与。

【新版网上湖南路暨湖南路商城上线】 9 月 30 日，鼓楼区举行新版"网上湖南路"暨"湖南路商城"上线仪式。湖南路以整街的形式开辟网上"湖南路商城"，专门成立南京湖南路网上发展有限公司，这在全国的商业街区属首创。新版"网上湖南路"(www.hnl.com.cn)暨"湖南路商城"(www.hmart.com.cn)，服务于湖南路"二次提升"工程。项目主要包括：湖南路政务公开平台、湖南路"二次提升"宣传平台、湖南路三维导购平台、湖南路用户交流平台、湖南路网上购物商城等系统。该系统着力宣传街区商家品牌产品、企业文化、经营理念、销售信息；"湖南路商城"为用户提供网上购物服务，体现逛街、购物、政务、游览、休闲、互动的特点。

【湖南路狮子桥第六届美食文化节】 10 月 19~24 日，湖南路管委会与区委宣传部、区文明办、区文化局、湖南路地区商会、南京鼓楼中等专业校、湖南路文化艺术联盟等单位联合举办"湖南路狮子桥第六届美食文化节"。文化节为期 6 天，以"金陵老字号，名扬海内外"为主题，旨在"弘扬美食文化，展

10 月 19 日，湖南路狮子桥第六届美食文化节开幕

示名城风采”，40余家餐饮企业参展，30个品牌的名特优产品展示。组织剪纸、面塑、唐艺、果雕及名厨名艺现场献艺，进行歌舞、舞狮、民乐等文艺演出，评选出“十佳美食展板”和“美食优胜展台”。（鲍跃华）

湖南路商圈重点企业简介

【南京八佰伴商贸有限公司】 南京八佰伴商贸有限公司（以下简称商场）地处湖南路1号江苏凤凰广场，商场建筑面积2.5万平方米，经营区域包括地下负1层~地上4层，2008年9月28日开业，经营项目涵盖餐饮、精品超市、品牌箱包、时尚男女鞋及服饰等。至2010年末，拥有员工300多人，众多知名国内外品牌如丝芙兰、屈臣氏、天才宝贝、乐扣乐扣等成功入驻。商场负1层主营精品超市、潮流餐饮，1层设时尚鞋区、精品服饰专柜，2层经营成熟女装、品质箱包，3层专卖少淑女装、时尚内衣，4层主要是乐扣生活馆、精品特卖场。商场与凤凰国际书城、凤凰休闲娱乐中心三位一体，共同打造成湖南路商圈规模最大、现代化水平最高，集购物、文化、餐饮、娱乐、休闲于一体的大型购物中心，拥有能容纳500余辆机动车的停车场和下沉式水景观广场。

2010年，商场多次开展社会公益活动。3月6日，商场与“扬子社区行”栏目组在商场负1楼下沉中庭联手举办迎“三八”妇女节专题活动“玫瑰之约——浪漫相亲会”，同时举行云锦时装秀、肚皮舞、瑜伽等表演，向女性赠送免费爱心体检卡等；4月26日，组织全体员工开展南京八佰伴玉树赈灾义卖慈善捐赠活动，商场内各品牌商与厅房纷纷拿出各自最好的商品参加义卖，累计筹款6968.2元。是年，商场先后荣获“湖南路放心消费示范单位”、2009“三信三优”单位，被《南京日报》评为“最具发展潜力单位”以及“12315消费者联络站消费者协会维权服务站”等称号。（赵　明）

4月26日，南京八佰伴举办玉树赈灾义卖活动

【南京凤凰国际书城】 南京凤凰新华书店有限责任公司（南京凤凰国际书城，以下简称书城）是一家五星级书城，属于江苏凤凰新华书业股份有限公司全资子公司，坐落在湖南路1号凤凰广场北裙楼，2008年9月28日开业，经营面积1.5万平方米，主营业态为图书和音像制品。2010年底有员工130人。书城积极探索文化MALL的业务模式和盈利模式，先后引进星巴克咖啡、芭琪冰淇淋、丹麦乐高培训中心、台湾华硕眼镜、台湾洋葱简餐、新东方英语教育培训中心等国内外知名品牌。策划开展各类营销活动，发放“凤凰文化惠民券”，有近5万人次使用；向省级机关推广“机关干部读书卡”“校园人文行”“凤凰助我飞、新东方伴我行”等大型营销活动；与电信号码百事通合作开展积分换购图书活动，全年公司实现销售额近7300万元。

书城本着“做文化做教育做服务”的经营理念，积极开展多种形式的公益活动。2010年举办各类文化公益活动，开展“大象·大爱·大美——中国生肖文化巡视暨圆明园十二铜兽首展”，邀请法国历史学家伯纳德·布里瑞（Bernard Brizay）举办“上海，东方的巴黎”历史讲座，举办法国摄影家爱提恩·西歌特（Etienne Sigaut）上世纪40年代拍摄的上海老照片展、韩国作家南仁淑新书发布会、《百家讲坛》著名主讲人蒙曼读者见面会、“云想衣裳花想容”——百年妇女节凤凰书城主题读书活动、央视资深新闻主播徐俐《优雅是一种选择》新书发布会、著名足球评论员李承鹏《中国足球内幕》新书发

1月5日，南京凤凰国际书城举办“大象·大爱·大美——中国生肖文化巡视暨圆明园十二铜兽首展”

布会、凤凰姐姐讲故事活动、暑期书城征文大赛活动；联合《现代快报》共同举办捐书献爱心活动，向四川受灾地区以及南京周边地区贫困学子捐赠图书5万册；开展玉树大型赈灾义演活动，募集36588.7元善款捐给灾区。是年，书城先后获得由南京市文化广电新闻出版局和南京市书报刊发行行业协会共同颁发的“读者最喜爱的书店”称号、江苏凤凰新华书业股份有限公司2010年度连锁经营先进单位、2010年“凤凰新华杯”业务技能竞赛南京地区“熟悉图书”团体竞赛项目一等奖、书报刊发行业协会2010年首届业务技能竞赛团体总分第二名。(王振凯)

【南京苏宁环球购物中心】 苏宁环球购物中心隶属南京苏宁环球集团有限公司，位于湖南路18号，营业总面积3万多平方米，设有100个车位的停车场，共有员工330人，经营区域为负1层~7层。负1楼主营汤姆熊欢乐世界、越时空通信，1楼有化妆品、女鞋、皮具、烟酒、珠宝、屈臣氏超市、国际餐饮等业态，2楼经营休闲女装、少淑女装，3楼以职业女装、女士内衣、女士配饰为主，4楼主营男装、男鞋、男士配饰、箱包皮具，5楼主打休闲服饰、牛仔服饰，6楼经营运动服饰、茶庄和客服中心，7楼经营儿童商品、床上用品、美容院、韩国料理。自2004年1月开业至今，商场坚持实施品牌战略，引进粤鸿和、必胜客、味千拉面、面包新语、汤姆熊欢乐世界、卡乐门KTV、足生堂、英派斯健身等多家知名餐饮和娱乐企业，是一家集购物、休闲、餐饮、娱乐为一体的中型综合性商业企业。曾获得全国“百城万店无假货”示范店、“中国商业信用企业”“全国达标百货店”、南京市“三信三优”单位等多项荣誉。

2010年，商场进行大规模业务调整，涉及100个品牌，品牌调整率达40%。对休闲及户外运动门类进行扩容，引进包括德国著名户外品牌狼爪、探路者在内的众多品牌。全年策划实施37次各类促销活动，“十一”黄金周举办“全城钜献，共襄华诞”活动，创造年同比上升41.8%的业绩；与媒体合作举办购精灵第三季、高跟鞋运动会、第二届啤酒大赛等众多活动；7月，购物中心企业网站www.snhqgw.com建成并开通运行，全方位介绍中心的企业概况、促销资讯、购物指南、人才招聘、商务通卡等信息，进一步提升企业公众形象。2010年，全年销售收入同比增长10%以上，毛利同比增长5%，圆满完成年初制订的各项经济指标，成为湖南路地区百货业的标杆。是年，被评为市文明单位、诚信单位、平安企业和残疾人就业工作先进单位，湖南路“百城万店无假货”活动五星信用商家等称号。在市文明办、市商贸局联合开展的“服务明星”和“优秀营业员”评选活动中，中心员工施玲当选为市“双十佳服务明星”，祁俏静、蔡凌燕被评选为“优秀营业员”。(封　蕾)

【南京湖南路商场有限公司】 南京湖南路商场有限公司(以下简称商场)位于“全国文明示范街”湖南路100号，注册资本5500万元，1986年10月31日开业，经营区域1~5层，面积7000平方米，是一家集购物、娱乐、休闲、商务楼租赁为一体，以服饰经营为主的综合性商场。商场以中青年为主要服务对象，以服饰为主要经营商品，1楼主营化妆品、烟酒、黄金饰品、日用小家电、文化用品、钟表眼镜、休闲服饰、少儿服饰及用品，2楼经营箱包、鞋帽、羊毛衫、针织内衣等，3楼经营女士服饰，4楼经营男士服饰，5楼为名品服饰特卖场。

商场自成立以来，始终坚持“顾客第一、服务至上”的服务宗旨，在经营和售后服务中率先承诺：质量放心无假货、价格放心无欺诈、服务放心无烦忧，不满意就退货。商场1楼设有投诉总服务台和服务热线，有专人负责接待，帮助顾客解决售后问题。自2003年改制以来，商场经济效益逐年稳步增长，企业已步入良性循环发展阶段。先后被评为全国用户满意企业、全国军民共建社会主义精神文明先进单位、省诚信商场、省消费者满意商场等，连续多届被评为省、市文明单位，受到社会各界的好评。至2010年末，有员工330人，实现销售额1.4亿元，创历史最好业绩。(商场办公室)

【南京索菲特银河大酒店】 南京索菲特银河大酒店(以下简称酒店)位于山西路9号。2006年5月28日正式开业，2007年1月正式挂牌五星。酒店高48层，拥有248间豪华客房、30间套房，房间均配备笔记本电脑、电子保险箱、高速宽带英特网接口、32寸大屏幕等离子电视机、卫星电视频道、“雨林花洒”豪华浴室，独创舒适大床及卧具，宴会厅总面积达1800平方米，可容纳500人同时用餐，另有11间多功能厅。酒店拥有中西餐厅、酒吧、室内游泳池、网球场以及书吧、雪茄吧等，集客房、餐饮、娱乐、健康休闲于一体。至2010年末，拥有员工450人。自开业以来先后接待过德国总理默克尔、泰国公主朱拉蓬、越南总理阮晋勇、柬埔寨首相洪森、新加坡资政李光耀、多米尼亚总统尼古拉斯·利物浦、瓦努阿图总统阿尔比夫妇、欧洲议长布泽克、

索菲特银河大酒店宴会厅全景

文莱王子兼外交部长穆罕默德·博尔基亚亲王夫妇、玻利维亚国防部长萨韦德拉、卢旺达国防部长詹姆斯·卡巴瑞贝上将等各国政要以及中国香港地区特首曾荫权。是年，酒店成功承接南京邮电大学与纽约理工学院携手在南京举办的2010"绿色畅想：能源、教育、环境倡议"国际论坛会议，荣获由《商务旅游杂志》主办的"2010年度中国MICE产业金椅子奖"活动评选的最佳酒店奖（区旅游局颁发的十大特色品牌——贴身管家服务的称号），酒店银河宫中餐厅被MAP杂志评选为最受外国友人欢迎的淮扬菜餐厅。

（袁　蕾）

【南京太平洋百货有限责任公司】 南京太平洋百货有限责任公司（简称商场）位于山西路86号建伟大厦1~5层裙楼，是南京中央商场（集团）全资创建的中型百货零售企业。2001年5月1日开业，营业面积约2万平方米，是一个集购物、娱乐、休闲等为一体的新型购物中心。曾多次被评为市"重合同守信用"企业、市"三信三优"企业、湖南路文明街"五星级信用商家"以及"零风险购物、零距离服务、零时差投诉"示范店等。

商场1层是以国内外著名一线品牌为核心的流行生活馆，有国际化妆品品牌超市屈臣氏、珠宝配饰、时尚鞋包、85°C面包；2层是精品少淑馆，主营精品少淑服饰、时尚配饰；3层是时尚休闲馆，经营流行少男少女装、精品休闲装、女性内衣、时尚配饰；4层是儿童靓衣馆，经营业态有精品童装、手工互动区、文体用品、亲子摄影、儿童教育中心；5层是快乐母婴馆，经营母婴系列玩具、文具、童鞋，并设有游戏互动区等。至2010年底，拥有员工约100人。4月，商场进行全新定位装修，硬件设施进一步提升，以面向中、高收入阶层，倡导"满足个性、服务流行、引导时尚、精品荟萃"为经营理念，以满足0岁~24岁新新人类及城市新型家庭对时尚生活品质需求为经营导向，经营一批时尚畅销国际知名品牌，凭借精准定位、专业运作、精细管理及中央商场（集团）强大的企业核心号召力，稳居目标市场前瞻地位，成为市单体规模最大、最专业时尚主题百货卖场。

（李　力）

【苏宁电器山西路店】 苏宁电器山西路店坐落于南京第二商圈山西路8号，2003年3月15日开业，隶属苏宁电器股份有限公司，是苏宁电器第三代信息家电经营中心、苏宁电器南京地区第三大旗舰店，拥有员工500人左右。商场有1~4层，经营面积1.4万平方米，主营家用电器、电子产品、办公设备、通讯产品及配件的销售，包括空调、冰洗、彩电、音像、生活电器、通讯、电脑、数码、OA办公、厨卫等10个品类（含自主产品）、上千个品牌、20多万个规格型号。

2010年，该店秉承苏宁电器作为中国3C家电连锁零售企业领先者的经营理念，坚持"服务是苏宁的唯一产品，顾客满意是苏宁的终级目标"宗旨，致力于打造中国最优秀的连锁服务品牌。坚持创新经营，有效整合数码、IT、高端家电和通讯产业的巨大资源，彻底改变家电传统销售模式，在店内设置手机加油站、3大运营商专柜、3C家电维修中心等相关配套设施，将未来家电"SHOPPING MALL"（销品茂）理念变为现实。同时，以客户体验为导向，不断创新店面环境与布局，严格执行公司店面标准化及店面服务原则，率先推出5S服务模式，会员专区、VIP导购实现一站式购物，提供产品推荐、上门设计、延保承诺、家电顾问、会员专享等服务，满足顾客多样化需求，承诺"品牌、价格、服务"一步到位，通过B2C、联名卡、会员制营销等方式，为消费者提供质优价廉的家电商品。是年，先后获得省、市"2010年度优秀连锁店""诚信单位""诚信经营示范店""治安先进集体"等荣誉。

（吉莉萍）

【苏宁银河国际购物广场有限公司】 江苏苏宁银河国际购物广场有限公司（以下简称苏宁银河），地处山西路1号，2005年4月8日开业。总营业面积近4万平方米，拥有员工约122人，商场荟萃众多国际国内一线名品，是一个具有国际水准，集购物、休闲、美食于一体的中高档百货商场。曾获国家首批"金鼎百货精品店""中国商业信用企业""江苏质量诚信5A级品牌企业"，省、市级"百城万店无假货示范店"等荣誉。

苏宁银河1楼国际名品矜贵馆，主营化妆品、女鞋、珠宝、钟表、烟酒、茗茶等；2楼优雅职场丽人馆，主营职业女装、饰品、女包等；3楼绚丽流行少女馆，主营少淑女装、内衣、羊绒制品、饰品等；4楼精品名典绅士馆，主营男装、男鞋、男包、男士杂件等；5楼缤纷休闲童趣馆，主营国内外知名休闲服饰及童装、童玩；6楼激情运动家居馆，主营运动服饰及床品、家居用品。2010年，苏宁银河坚持"整合社会资源、满足顾客需要"的经营理念，凭借良好的硬件设施、体贴周到的服务、精彩纷呈的时尚活动，销售业绩、品牌形象、商业信誉等获得消费者、业内同行及社会各界的广泛认可。是年，先后

苏宁银河国际购物广场

获得“市诚信单位”“市文明单位”以及“企业信用评价 AAA 级信用企业”等荣誉。 （陈 蓉）

旅游业

【概况】 2010 年是世博旅游年，鼓楼区旅游工作围绕“世博旅游”主题，认真抓好旅游市场管理、《旅游行动纲要》制订、旅游企业创优、星级饭店复核、旅游十大特色服务品牌评选、电影《庐山恋 2010》放映的旅游宣传、“从南洋劝业会到上海世博会——历届世博图片展”、走进世博旅游大篷车活动及对接世博旅游等工作，联合区旅游咨询中心和驻区旅行社，开展“诚信旅游进社区”等十多次旅游进社区咨询活动，促进全区旅游经济发展和旅游服务水平提升。全年星级饭店、旅行社、景区共接待旅游者 140 万人次，同比增长 14%，营业总收入突破 30 亿元，同比增长 16%。

市场开发

【举办第八届湖南路旅游时尚节】 3月20 日，鼓楼区在湖南路狮子桥步行美食街成功举办第八届湖南路旅游时尚节。活动以“精彩世博、时尚旅游、和谐鼓楼、快乐生活”为主题，与国家旅游局主办的“2010 走进世博——旅游大篷车”宣传推广活动联办。活动期间，区旅游局锁定世博旅游热点，为市民导航世博旅游线路，宣传世博旅游新线路、新产品，发放旅游宣传资料 2 万多份；展示百年世博辉煌历史，宣扬南洋劝业会的历史贡献，活动现场搭建世博“中国馆”微缩模型，举办“从南洋劝业会到上海世博会——历届世博图片展”，现场发放 3000 册《从南洋劝业会到上海世博会》宣传手册；在狮子桥搭建宝船厂遗址公园、石头城遗址公园、乌龙潭公园、鼓楼公园等旅游景区实景模型，供游客欣赏；在三牌楼民俗文化街、龙江新城市广场和虹桥新城市中心分别设立 3 个节庆分会场，呈现多个分会场联动、商旅互动共赢的局面。

【编制旅游发展行动纲要】 2010 年，鼓楼区遵循“城景共建、景城合一”、建设景区化旅游城区的发展思路，编制《2010~2020 年鼓楼区旅游发展行动纲要》，全力实施旅游 8 大行动计划：绘制鼓楼旅游导引景观链、构建省会旅游中央服务区、提升民国文化旅游展示区、整合历史文化旅游风光带、拓展景区化商业街时尚标、打造科技创意旅游体验地、培育健康产业旅游目的地、激活郑和文化旅游人气源。

【通过国家AAA 级旅游景区复核验收】 2010 年，区旅游局依照《旅游景区质量等级的划分与评定》国家标准与《旅游景区质量等级评定管理办法》，指导宝船厂遗址公园、乌龙潭公园参加景区复核。10 月，两公园顺利通过市旅游景区质量评定委员会复核验收。

【上海世博会宣传和旅游对接工作】 3 月，区旅游局协助国家和省旅游局开展“2010 走进世博——旅游大篷车宣传活动”、举办“从南洋劝业会到上海世博会——历届世博图片展”。4 月，组织江苏海外·南京国旅等 20 多家旅行社在山西路广场、湖南路狮子桥步行美食街和清凉山等多个社区开展“世博直通车走进千万家”活动，宣传世博主题、推出世博旅游路线。5 月，做好“世博会推荐酒店”指导工作，驻区 32 家星级饭店获得“世博会推荐酒店”称号。

【开展系列旅游宣传促销活动】 11 月 15 日，鼓楼区与市旅游园林局共同组织电影《庐山恋 2010》走进南京系列青年文化活动暨“观《庐山恋

3 月 20 日，“2010 走进世博——旅游大篷车”宣传推广活动在湖南路狮子桥步行美食街开幕

2010》,游人文绿都南京"旅游专线启动仪式。市委书记朱善璐、市委宣传部长叶皓、副市长陈刚、区委书记鲍永安、影片制片方张瑜等领导和嘉宾出席仪式。11月22日始,《庐山恋2010》在山西路青春剧场持续免费放映,每周放映5场。至年末,放映近40场次,上座率达85%,观众达24万人次。在宝船厂遗址公园、石头城公园等电影拍摄场地设置拍摄外景地纪念铭牌,推出"观《庐山恋2010》,游人文绿都南京"旅游线路。全年先后参加南京旅游赴台宣传促销、2010中国国际旅游商品博览会、"体验世博,共迎青奥,畅想城际新干线"南京深度旅游产品广场宣传活动等旅游促销活动。利用江苏电视台、《南京日报》等媒体对2010年评出的鼓楼区旅游十大特色品牌进行重点宣传。开展旅游服务进社区活动,组织50多名社区主任,分别参加江宁横溪西瓜节、栖霞山登山节等活动。

行业管理

【评出鼓楼区旅游"十大特色服务品牌"】 2010年,鼓楼区旅游工作以"迎青奥、促创新"为主题,开展"鼓楼区旅游行业服务素质提升工程系列活动之五——鼓楼区旅游特色服务品牌评选活动"。经过行业内网上投票和专家评审,金陵饭店的金陵美食、南京中北友好国际旅行社有限公司鼓楼区旅游咨询服务中心的游客的好帮手、江苏中旅导游翻译有限公司的导游之家、南京德高旅游有限公司的江南直通车、南京中心大酒店的礼仪行动、南京中国国际旅行社有限公司和江苏海外旅游有限公司的磊磊娜娜环球之旅、南京索菲特银河大酒店的贴身管家服务、南京秦淮河建设开发有限公司的外秦淮河水上游览项目、江苏金陵商务国际旅行社有限责任公司的细微的票务服务、南京古南都饭店的樱花美食节等10个旅游特色服务项目获得"鼓楼区旅游十大特色服务品牌"称号,11月24日在中心大酒店举行授牌仪式。

3月20日,"从南洋劝业会到上海世博会——历届世博图片展"在湖南路狮子桥举办

【完成星级饭店复核工作】 10月13~30日,区旅游局对驻区17家二、三星级饭店进行复核检查,是市旅游园林局将星级饭店复核工作下移到区县的第一次复核。区旅游局成立星评小组,按照星级饭店标准进行逐项检查复核。体育宾馆、虹桥饭店、物资大厦、瑞迪大酒店、江苏大酒店、华江饭店、江南大酒店、国瑞大酒店、文苑宾馆、华能苑饭店、莱茵达酒店、红楼山庄、金盾饭店等13家饭店通过复核;江苏学士园酒店因存在问题,限期半年整改;南瑞宾馆、京华大酒店由于装修停业申请延期进行复核;微分宾馆因转为快捷式酒店,取消其二星标志。

【开展创建省级"放心消费示范区"活动】 2010年,区旅游局做好旅游行业创建省级"放心消费示范区"工作,制订鼓楼区旅游行业创建省级"放心消费示范区"工作方案和服务标准,驻区108家旅游企业参加创建工作,签订公开承诺书。江苏海外·南京国旅作为旅游行业的抽查企业,顺利通过市级验收。全年指导江苏省民族国际旅行社等4家旅游企业创建南京市"三信三优"企业;指导凤西宾馆通过三星级饭店申报评定;指导江苏省职工国际旅行社申办出境旅游组团社资质;指导江苏海外旅行社创建成省级旅游行业文明单位;组织优秀导游员参加市导游员大赛;完成6家旅行社申办现场检查和5家旅行社营业部备案工作。

【完善旅游咨询中心建设】 2010年,区旅游咨询中心(以下简称中心)大力发展苏中、苏北旅游,开展泰州、宿迁、泗洪旅游直通车活动。将咨询中心纳入长三角旅游信息咨询、长三角资料配送体系。联合中北友好国旅共同制订外出旅游安全注意事项和安全告示,提醒旅游者注意旅游安全,防范意外发生。10月,中心的"游客的好帮手"特色服务被评为区旅游十大特色服务品牌之一。11月,中心被市旅游园林局确定为全市7家重点旅游咨询中心之一,同时与"12345"政府服务中心对接。至年末,中心接待游客电话、上门咨询17843万人次,其中接收境外旅游咨询400余人次。

【加强旅游市场安全监管】 2010年,区旅游局制订和完善《鼓楼区旅游应急救援预案》《鼓楼区旅游企业安全工作应急预案》。成立世博会期间旅游安全工作领导小组,制订《2010年上海世博会期间南京市鼓楼区旅游安全工作方案》,出动90余人次对49家重点旅游企业进行安全工作大检查,确保上海世博会期间全区旅游安全形势平稳。定期开展全区旅游行业安全生产事故隐患排查治理,确保旅游行业全年安全无事故。 (孙 丽)

2010年鼓楼区旅游管理工作情况

表18

指标名称	单　位	实　绩
旅游企业主要情况	–	–
星级饭店	家	31.0
星级饭店营业收入	亿元	17.6
星级饭店纳税金额	万元	8864.8
星级饭店客房	间	6084
星级饭店从业人员	人	8083
旅行社	家	84
公园景点	家	9
旅游管理与开发		
受理旅行社申办	家	18
受理星级饭店申报	家	1
开展行业安全检查	次	54
开展旅游宣传促销	次	43
接待游客咨询	人次	17843

2010年鼓楼区域内AAA级旅游景区一览表

表19

名　称	地　址	电　话
石头城遗址公园	石头城1号	86551060
宝船厂遗址公园	漓江路57号	86227011
乌龙潭景区	广州路217号	83703123

2010年鼓楼区域内旅游星级饭店一览表

表20

单位名称	星　级	地　址	电　话
南京金陵饭店	五星	汉中路2号	84711888
索菲特银河大酒店	五星	山西北路1号	83718888
城市名人酒店	五星	中山北路30号	83123333
古南都饭店	五星	广州路208号	83311999
苏宁环球套房饭店	五星	广州路188号	83232888
南京玄武饭店	五星	中央路193号	83358888
南京丁山花园大酒店	五星	察哈尔路90号	58802888
南京中心大酒店	五星	中山路75号	84733888
金陵晶元酒店	四星	江东北路386号	86203888
南京华美达怡华酒店	四星	中山北路45号	83308888
江苏凤凰台饭店有限公司	四星	湖南路47号	86838888
南京新纪元大酒店有限公司	四星	中山路251–1号	83302666
华东饭店	四星	北京西路67号	83709988
锦江南京饭店	四星	中山北路259号	86826666
南京虹桥饭店	三星	中山北路202号	83400888

续表 20

单位名称	星　级	地　址	电　话
学士园大酒店	三星	草场门大街 91 号	86201888
江苏省京华大酒店	三星	山西路 53 号	83128888
江苏国瑞大酒店	三星	中山北路 55 号	83309888
瑞迪大酒店	三星	广州路 223 号	85828309
华江饭店	三星	中山北路 178 号	83224488
江苏大酒店	三星	中山北路 28 号	83329888
江南大酒店	三星	新模范马路 1 号	83371999
金盾饭店	三星	虎踞关 8 号	83719939
江苏物资大厦	三星	中山北路 283 号	83423888
文苑宾馆	三星	江东北路 399 号	86229581
凤西宾馆	三星	汉中门大街 118 号	83932228
体育宾馆	三星	永庆巷五台山 1-3 号	51889888
华能苑饭店	二星	中山路 239 号	83300888
江苏莱茵达大酒店	二星	湖南路 181 号	86823128
红楼山庄	二星	广州路 215 号	83738742
南瑞宾馆	二星	蔡家巷 24 号	83095105

2010 年鼓楼区域内主要旅行社一览表

表 21

名　称	地　址	电　话
江苏海外旅游有限公司	中山北路 255 号	83538729
南京中国国际旅行社	中山北路 202-1 号	83538729
江苏省中旅旅行社	中山北路 313 号	83426533
江苏金陵商务国际旅行社	广州路 5 号君临国际 B 座 5F	51860998
中国康辉南京国际旅行社	新模范马路 17 号宏景公寓 02 幢 203 室	86639590
江苏职工国际旅行社	中山北路 202 号	83342076
江苏省中山国际旅行社	中山北路 204 号	83463140
江苏省民族国际旅行社	西流湾 27 号天羊大酒店 2 楼	86659998
江苏同源国际商务旅行社	江东北路 91 号典雅居大厦 501	83726235
江苏友谊国际旅行社	云南路 31-1 号苏建大厦 24 层	83328651
江苏教育国际旅行社	北京西路 15 号	86634334
南京禄口机场国际旅行社	汉中路 180 号星汉大厦二楼	86799091
南京海外旅游有限公司	汉中路 218 号金鹏大厦 C 座 9 楼 9007 室	86292636
江苏金桥国际旅行社	中山北路 219 号宏图大厦 9 楼	83272702
南京圣和国际旅行社	中山路 81 号华夏大厦 901 室	84782786
江苏省金阳光旅行社	广州路 5 号 2 幢 601 室	86975058
南京五台旅游有限公司	上海路南东瓜市 1 号	83300702
南京虹桥旅游有限公司	中山北路 212 号天和园大厦三楼 307 室	83411677
南京原野旅行社	汉中路 218 号金鹏大厦 C 座 9 楼	86292680

（孙　丽）

科技强区建设

Construction of Powerful Sci-Tech District

科学技术

【概况】 2010年,在全面实施《鼓楼区“十一五”科技发展纲要》的收官之年,区科技局将科技创新作为转变经济发展方式、建设创新型城区、打造“智慧鼓楼”的重要举措,全面完成科技发展年度目标和“十一五”各项指标。

科技创新能力全面提升 全年区级科技三项经费投入6109.05万元,同比增长10%,用于支持软件产业、科技平台、创新创业人才、社会事业等领域37个项目的研发和产业化。新认定高新技术企业6家,全区高新技术企业数累计达64家,实现高新技术产业产值230亿元,同比增长50%。

软件产业快速发展 全区软件产业实现销售收入280亿元,软件出口1.3亿美元。新认定软件企业22家,新登记软件产品101件,至年末,全区有涉软企业577家,经认定的软件企业总数178家。有22家企业通过CMMI 3级以上认证、17家企业通过ISO 27001认证、19家企业通过系统集成三级以上认证。两家企业入选2009(第六届)中国软件出口(服务外包)排行榜;3家企业入围2010年第九届“中国软件业务收入前百家企业”;南京南瑞集团公司被中国软件协会评为“2010中国十大创新软件企业”;在省经济和信息化委员会认定的80家2010年度省规划布局内重点软件企业中,鼓楼区有7家企业上榜,其中4家为规模型、2家为出口型、1家为潜力型企业。

国家、省、市各类科技计划项目 全区86个项目列入国家、省、市各类科技计划,经费资助8791万元,其中国家级10项4627万元,省级16项2345万元,市级60项1819万元。

知识产权 2010年,1家企业成为南京市知识产权示范企业。受理专利补助项目1855项,补助经费1409910元;软件著作权登记补助项目155项,补助经费46500元。专利申请总量3180件,专利授权总量1510件。

科普工作 召开区科普讲师团工作会议、区科普工作联席会议、区防震减灾工作联席会议和区全民科学素质纲要工作领导小组会议。“科普学堂四进活动”举办科普报告42场,受益人数达6000多人次。“科普剧进校园”共走进5所学校演出8场。“科普影视社区行”深入社区放映20场次、40片次。

是年,鼓楼区率先创成南京市首批“江苏省可持续发展实验区”,成功跨入“江苏省知识产权示范区”行列,启动国家级可持续发展实验区创建工作,被省科技厅评为全省科技工作先进区,通过“2011~2015年全国科普示范区”专家组验收,区科技局被省、市知识产权局评为2010年度江苏省知识产权工作先进单位、2010年度南京市知识产权工作先进单位,区科协被市科协评为南京市科协工作先进集体。

科技管理

【区级科技发展计划】 2010年,区科技三项经费6109.05万元,同比增长10%,支持37个项目的研发和产业化。

【1个省科技成果转化专项资金项目通过验收】 12月,江苏省科技厅组织验收江苏南大苏富特科技股份有限公司承担的江苏省科技成果转化专项资金项目“开放式安全增强操作系统的开发与产业化”。专家组认为该项目已全面完成合同规定的目标任务和各项考核指标,一致同意通过验收。

【6家企业通过“高新技术企业”认定】 根据国家新出台的《高新技术企业认定管理办法》,艾志(南京)环保垫片预紧材料有限公司、南京凯盛开能环保能源有限公司、南京河海科技有限公司、南京工大数控科技有限公司、江苏集群科技有限公司、南京鑫三强科技实业有限公司等6家企业通过2010年国家“高新技术企业”认定。至年末,全区高新技术企业数累计达64家。

【1家企业被确定为国家创新型(试点)企业】 12月,江苏省建筑科学研究院有限公司被国家科技部、国务院国有资产监督管理委员会和中华全国总工会联合确定为国家创新型试点企业。

【6家企业被确定为江苏省创新型企业】 8月9日,南京圣诺热管有限公司、南京华设科技有限公司、江苏省建筑科学研究院有限公司、南京石油化工股份有限公司、诚迈科技(南京)有限公司、江苏省一夫新材料科技有限

2010年鼓楼区区级科技计划一览表

表22

项目编号	项目名称	起止时间	承担单位	补助经费(万元)
2010001	南京市鼓楼区数字化城市管理平台	2010年3~12月	南京市鼓楼区城市管理监督中心	69
2010002	Ioffiec V5.0版的研发	2010年5~12月	联迪恒星(南京)信息系统有限公司	51.2
2010003	NS-16加氢裂化防垢剂的研发	2010年5~12月	南京石油化工股份有限公司	300
2010004	鼓楼区电子文件中心及档案管理系统	2010年5~12月	区档案局	10

续表 22

项目编号	项目名称	起止时间	承担单位	补助经费（万元）
2010005	鼓楼区组织系统专用网络建设	2010 年 5~12 月	区委组织部	25
2010006	动漫游戏产业公共技术服务平台	2010 年 5~12 月	区科技中心	300
2010007	江苏工业设计园国际服务外包工程技术培训基地建设	2010 年 5~12 月	江苏工业设计园建设管理有限公司	82.75
2010008	鼓楼区宽带政务网建设租赁费	2010 年 6~12 月	区信息中心	115
2010009	鼓楼区信息化系统基本运行维护费	2010 年 6~12 月	区信息中心	82
2010010	南京高科技国际风险投资服务园建设	2010 年 9 月~2011 年 9 月	南大—鼓楼高校大学科技园管委会办公室	22.6
2010011	南大—鼓楼高校大学科技园孵化基地建设	2010 年 9 月~2011 年 9 月	南大—鼓楼高校大学科技园管委会办公室	33
2010012	科技园引资(智)平台建设	2010 年 8~12 月	南大—鼓楼高校大学科技园管委会办公室	109.5
2010013	鼓楼区校园安防监控系统建设	2010 年 8~12 月	区信息化办公室	50
2010014	“双创人才”资金	2010 年 10 月~2011 年 10 月	区委组织部	600
2010015	长江科技园隔音墙建设	2010 年 9~10 月	区中央门街道	20
2010016	南京模范路科技创新园区公共技术服务平台建设	2010 年 9 月~2011 年 9 月	南京模范路科技创新园区有限公司	1500
2010017	南京 IBM-ETP 服务外包人才实训基地建设(IV 期)	2010 年 9 月~2011 年 9 月	南京南大苏富特服务外包人才培训中心	259
2010018	南京模范路科技创新园区建设	2010 年 10 月~2011 年 10 月	南京模范路科技创新园区管委会办公室	50
2010019	鼓楼区治安防范电子监控系统建设	2010 年 10 月~2011 年 10 月	区信息中心	80
2010020	科技创新体制建设	2010 年 1~12 月	区科技局	45
2010021	国际合作平台建设	2010 年 1~12 月	区科技局	20
2010022	防震减灾工作	2010 年 1~12 月	区科技局	10
2010023	鼓楼区知识产权奖励与宣传	2010 年 1~12 月	区科技局	60
2010024	江苏省可持续发展实验区建设	2010 年 1~12 月	区科技局	80
2010025	鼓楼区软件产业展示	2010 年 9 月	区科技局	10
2010026	中心数据库异地备份系统建设	2010 年 11 月~2011 年 12 月	区信息中心	20
2010027	“网上鼓楼区区政府”系统建设	2010 年 12 月~2011 年 12 月	区信息中心	15
2010028	南京科技广场综合平台建设	2010 年 1~12 月	区科技中心	56.2
2010029	大型通用实时数据库开发与共享平台	2010 年 1~12 月	江苏瑞中数据股份有限公司	73.8
2010030	南大—鼓楼高校大学科技园成果转化平台建设	2010 年 1~12 月	南大—鼓楼高校大学科技园管委会办公室	100
2010031	第六届中国(南京)软博会参展	2010 年 9 月	江苏工业设计园管理办公室	20
2010032	鼓楼区 2010 年科技计划项目	2010 年 1~12 月	区科技局	100
2010033	B2C 网上电子商城平台	2010 年 12 月~2011 年 12 月	苏宁电器股份有限公司	150
2010034	鼓楼区治安监控系统	2010 年 1~12 月	南京市公安局鼓楼分局	70
2010035	区信息化建设	2010 年 1~12 月	鼓楼区信息化办公室	20
2010036	“双创人才”资金	2010 年 12 月~2011 年 12 月	区科技局	1200
2010037	“双创人才”资金	2010 年 12 月~2011 年 12 月	南京泰格生物医药有限公司	300
合　计		6109.05 万元		

公司等6家企业被省科技厅、省国有资产监督管理委员会、省总工会和省工商业联合会联合授予“江苏省创新型企业”称号。

【3家企业被认定为南京市技术先进型服务企业】 12月,爱可信(南京)技术有限公司、南京艾迪亚动漫艺术有限公司、雅达电源科技(南京)有限公司等3家企业被认定为南京市技术先进型服务企业。

【加强科技创新载体与平台建设】 2010年,全区共有国家重点实验室19家,其中国家级11家,省级8家。市科学技术委员会(以下简称市科委)同意全区7家企业组建市级工程技术研究中心,艾志工业技术集团有限公司的“南京市环保密封工程研究技术中心”通过市科委认定;省科技厅同意全区10家企业组建省级工程技术研究中心;全区共有工程技术研究中心38家,其中国家级3家,省级26家,市级9家。“南京科技广场技术转移中心”建设项目获国家创新基金项目立项支持,资助经费80万元。

【民营科技企业】 2010年,民营科技企业不断成长,全区民营科技企业技工贸总收入70亿元。新增民营科技企业15家,总数达116家。一批重点和龙头企业迅速发展,技工贸收入超亿元的民营科技企业已达11家,千万元以上的26家。

【形成一批创新技术和产品】 2010年,全区2个项目被列入国家火炬计划;3个产品被列入国家重点新产品计划,8个产品被认定为江苏省高新技术产品,2个产品被认定为江苏省自主创新产品,10个产品被认定为南京市自主创新产品。

【科技成果】 2010年,全区科技成果获国家、省、市各类科技进步奖共86项,其中国家科技进步奖12项,国家科技进步一等奖3项、国家科技进步二等奖7项、国家自然科学二等奖2项;江苏省科技进步奖37项,一等奖5项,二等奖11项,三等奖21项;南京市科技进步奖37项,一等奖2项,二等奖8项,三等奖27项。

7月20日,十一届全国人大香港特别行政区代表团一行视察艾志工业技术集团公司

【R&D资源清查】 2010年,区科技局牵头对区内高新技术企业、研究与实验发展机构、独立科技研发机构及各园区企业的R&D*资源进行全面清查,2009年度全社会R&D投入18.8亿元,占GDP比重达6.78%。

链接 R&D(研究与试验发展):该活动经费支出及其占GDP的比重是衡量一个国家科技活动规模和科技投入水平的重要指标,也是反映国家自主创新能力和创新型国家建设进程的重要内容。

软件产业

【鼓楼区被市政府评为建设中国软件名城有功单位】 11月8日,在全市软件和信息服务业发展暨“中国软件名城”创建表彰大会上,鼓楼区被评为建设中国软件名城有功单位,驻区企业联创科技股份有限公司董事长孙力斌、国网电力科学研究院院长肖世杰、国电南京自动化股份有限公司总经理张国新、中电科技集团第14所所长周万幸、诚迈科技(南京)有限公司首席执行官王继平、江苏南大苏富特软件股份有限公司董事长谢立、南京朗讯科技通信有限公司总经理陈宝如、爱可信(南京)技术有限公司总经理赵敏、联迪恒星(南京)信息系统有限公司总经理沈容明、江苏瑞中数据股份有限公司总经理施冲、南京朗坤软件有限公司董事长武爱斌等11人被评为建设中国软件名城有功个人。

【获省市软件产业专项资金支持2660万元】 2010年,全区共49家企业53个项目获省、市软件专项资金2660万元,其中11个项目获2010年省级现代服务业(软件产业)发展专项引导资金2220万元,42个项目获市软件产业发展专项资金计划资助,资金总额为440万元。

【第六届中国(南京)国际软件产品博览会】 9月3~5日,第六届中国(南京)国际软件产品博览会在南京国际展览中心举行,全区共有联创科技、南瑞、南大苏富特、国电南自、朗坤软件、江苏国瑞信安、华瑞杰等10家企业参展。会上共签约26个项目,总投资达38.5亿元。其中,南大苏富特股份有限公司与美国MedImpact Healthcare Systems International Inc(美德医医疗技术服务有限公司)在软博会上签署战略合作协议,双方将共同投资2000

万美元在智慧医疗领域开展合作；该区10家企业分别参加数据库产业联盟、物联网产业联盟、服务外包产业联盟等专业展区的展览。

【软件企业与软件产品认定】 2010年，全区新认定软件企业22家，经认定软件企业达178家，新登记软件产品101项。

【4家企业被认定为国家规划布局内重点软件企业】 2010年，全区有4家企业被认定为国家规划布局内重点软件企业，其中规模型2家，分别为联创亚信科技(南京)有限公司和南京国电南自软件工程有限公司；出口型2家，分别为联迪恒星(南京)信息系统有限公司和爱可信(南京)技术有限公司。

【7家企业被认定为江苏省规划布局内重点软件企业】 5月，在省经济和信息化委员会认定的80家2010年度省规划布局内重点软件企业中，全区有7家企业入围，其中规模型企业4家，分别为南京南瑞集团公司、联创科技(南京)有限公司、江苏南大苏富特科技股份有限公司和南京国电南自软件工程有限公司；出口型企业2家，分别为联迪恒星(南京)信息系统有限公司和爱可信(南京)技术有限公司；潜力型企业1家，为南京康尼电子科技有限公司。

2010年鼓楼区新认定的软件企业名单

表23

序　号	认　定　号	企　业　名　称
1	苏R-2010-0018	南京常展科技有限公司
2	苏R-2010-0057	江苏菲博瑞科技有限公司
3	苏R-2010-0068	江苏省视讯传媒有限公司
4	苏R-2010-0074	南京扬东信息技术有限公司
5	苏R-2010-0076	南京讯唐科技有限公司
6	苏R-2010-0077	江苏省朗通科技有限公司
7	苏R-2010-0081	南京杰诺瀚软件科技有限公司
8	苏R-2010-0082	南京融域软件科技有限公司
9	苏R-2010-0085	南京吸铁石科技有限公司
10	苏R-2010-0087	江苏达科运维软件股份有限公司
11	苏R-2010-0090	南京凌速科技有限公司
12	苏R-2010-0091	南京舜智软件科技有限责任公司
13	苏R-2010-0092	南京舜祖软件有限公司
14	苏R-2010-0099	江苏南大苏富特通信有限公司
15	苏R-2010-0110	江苏天马高科技有限责任公司
16	苏R-2010-0114	江苏省紫光智能系统有限公司
17	苏R-2010-0116	江苏天鑫医疗科技有限公司
18	苏R-2010-0117	江苏卓众科技发展有限公司
19	苏R-2010-0123	南京和亦信软件有限公司
20	苏R-2010-0129	南京仁峰软件工程有限公司
21	苏R-2010-0130	南京瑞玥科技有限公司
22	苏R-2010-0135	南京友田信息技术有限公司

【3家企业位列2010年江苏省软件业务收入10强】 2010年，全区有3家企业位居江苏省软件业务收入10强，分别为南京联创科技集团股份有限公司(第3位)、南京南瑞集团公司(第4位)、江苏南大苏富特科技股份有限公司(第7位)。

【20个软件产品获"2010年度优秀软件产品"称号】 2010年，全区共有20个软件产品获国家、省、市各级优秀软件产品称号，其中7个软件产品被评为2010年度中国优秀软件产品，5个软件产品被评为国家级2010年度优秀软件产品；1个软件产品获2010年度江苏省优秀软件产品（金慧奖）称号；7个软件产品获"2010年度南京市优秀软件产品"称号。

知识产权

【专利申请3180件】 2010年，全区专利申请3180件，完成全年目标的130%，其中发明专利1746件，完成全年目标的190%。全区专利授权1510件，完成全年目标的157%，其中发明专利授权711件，完成全年目标的173%。专

2010年鼓楼区优秀软件产品一览表

表24

奖　项	产品名称	企业名称	备　注
2010年度中国优秀软件产品	南瑞计算机监控软件 NC2000 V2.2	南京南瑞集团公司	南京市共20项
	南瑞安全传输系统 ST-3000 V1.2	南京南瑞集团公司	
	苏富特网络安全综合防护系统 V2.0	江苏南大苏富特科技股份有限公司	
	南瑞水情水调自动化系统平台软件 WDS9002 V1.2	南京南瑞集团公司	
	南自软件 EYE win 厂站监控系统 V1.0	南京国电南自软件工程有限公司	
	联创移动业务运营支撑系统 V3.0	南京联创科技集团股份有限公司	
	三益一卡通管理系统 V1.0	南京三益动力电子系统有限公司	
2010年度优秀软件产品	朗坤风速风量在线监测系统 V1.0	南京朗坤软件有限公司	南京市共14项
	苏源客户服务管理信息系统 V3.0	江苏电力信息技术有限公司	
	朗坤电厂标识系统管理平台软件 V2.0	南京朗坤软件有限公司	
	南大金利得网络视频会议系统 Goldview V2.0	南京南大金利得电子科技有限公司	
	南大金利得自动呼叫服务管理系统 V1.0	南京南大金利得电子科技有限公司	
2010年度江苏省优秀软件产品奖(金慧奖)	联创联通新一代 BSS 系统软件 V2.0	南京联创科技集团股份有限公司	
2010年度南京市优秀软件产品	国瑞信安安全保密检查工具软件 V2.0	江苏国瑞信安科技有限公司	一等奖
	朗通全程供应链管理系统软件 V1.0	江苏省朗通科技有限公司	二等奖
	南大傲拓 NA400 可编程控制器集成开发环境软件	南大傲拓科技江苏有限公司	
	华软药事服务系统软件 V1.0	江苏华软联合科技有限公司	
	优玛大老板进销存 SaaS 平台	南京优玛软件科技有限公司	三等奖
	奥派电子商务应用软件 V1.0	南京奥派信息技术有限责任公司	
	视讯网络在线培训服务平台软件	江苏省视讯传媒有限公司	

利申请量、授权量的增幅都超过20%。

【完成省科技产出及“双自”产品统计】 1月28日，在全区46家企业配合下，区科技局、知识产权局完成2009年度江苏省科技产出及“双自”(企业自主知识产权和自主品牌)产品统计。

【开展“4·26”知识产权日宣传周活动】 4月26日，开展第十个世界知识产权日宣传系列活动,先后举办“走进高校院所——知识产权巡回宣讲”、“4·26”世界知识产权日知识竞赛和校园广场宣传等活动，联合区工商分局、区文化局等单位举办“4·26”世界知识产权日广场活动，宣传知识产权法律法规。

【获两项“2010年度南京市优秀发明专利”奖】 11月9日，在市知识产权局主办的“2010年度南京市优秀专利奖”评选会上，鼓楼区获得两项优秀发明专利奖，分别是国网电力研究院南京南瑞集团公司申报的“一种基于IE61970标准的电力系统图形的交互性实现方法”(专利号：ZL200810025478.4)、南京工业大学申报的“浆态床反应器制合成油催化剂分离工艺”(专利号：ZL200510094322.8)。

【鼓楼区通过省知识产权区域示范考核验收】 12月15日，在省知识产权局副局长支苏平、市知识产权局局长刘晓斌的带领下，省知识产权区域示范考核验收工作组的专家对鼓楼区省级知识产权示范工作进行考核验收。专家组高度评价鼓楼区知识产权示范工作，一致同意通过验收。

国际科技合作

【靳晓明一行考察南京工业大学国家大学科技园】 1月7日，国家科技部国际合作司司长靳晓明在中国驻悉尼总领事馆科技参赞刘志明、中国驻纽约总领事馆科技参赞毛中颖、中国驻澳大利亚使馆科技参赞冯瑄、科技部国际合作司美大处(负责与北美、拉丁美洲及大洋洲的科技合作与交流)处长王强、江苏省科技厅副厅长曹苏民和市科技局副局长郑加强等省市科技部门领导的陪同下，莅临南京工业大学国家大学科技园考察鼓楼区低碳经济产业技术发展情况，调研南京工业大学国家大学科技园牵头的中美（南京）低碳经济产业技术研究院筹建情况，常务副区长朱志宏参加考察。

【建立芬兰科技展示中心】 4月，作为南京科技广场国际科技合作基地公共服务平台建设项目，中芬技术转移中心启动建设，建立“芬兰科技展示中心”，该中心将与芬兰赫德米亚公司的南京分支机构就技术成果信息库建设、技术转移推广等开展工作。

【圣诺热管英国有限公司成立】 4月20日，圣诺热管英国有限公司在英国伦敦正式揭牌，公司办公地位于欧洲地区最大的非军事民用科技研发中心Wilton Center(威尔顿中心)。圣诺热管英国有限公司将在英国建立一个节能环保技术联合研发中心以及高新技术、产品的集成创新转移平台，利用国际国内资源开展环保节能技术与产品联合研发，为其开拓国际市场提供技术支撑。

【9个项目获国际科技合作专项计划支持】 2010年，全区获各级国际合作专项资金141万元，9个项目获省、市国际合作专项资金支持，其中6个项目获市科技计划项目国际科技合作专项65万元资金支持，3个项目获省国际科技合作专项计划66万元支持，艾志集团获省级研发机构认定，得到市科委奖励10万元。

【全区有7家省外资研发机构】 2010年，全区新增1家省外资研发机构。至年底，全区省外资研发机构达7家，分别为南京朗讯科技通信有限公司、艾志工业技术集团、诚迈科技(南京)有限公司、联迪恒星(南京)信息系统有限公司、爱可信(南京)技术有限公司、爱普瑞斯软件(亚洲)有限公司、南京富迪科技(南京)有限公司。

【召开“中英生物质能源技术合作洽谈会”】 5月27日，“中英生物质能源技术合作洽谈会”在南京科技广场举办，该洽谈会是市科委主办的“2010年对接世博——国外企业南京行”系列活动之一。英格兰东北地区加工业企业集群(NEPIC)的外方代表、江苏省从事可再生能源技术特别是生物质能源技术研发、生产和销售的大学、科研机构、企业界代表20余人参加会议，与会人员就生物质能源技术发展和技术合作等事宜进行洽谈交流。

【举办“欧盟第七框架计划暨科技外交官服务行动”调研会鼓楼分会】 7月14日，“欧盟第七框架计划暨科技外交官服务行动”调研会鼓楼分会在南京科技广场举办。中国科技交流中心副主任陈和平、中国—欧盟科技合作促进办公室张建国、董克勤，来自南京大学、南京工业大学等驻区高校的科研人员近20人参加会议。

【芬兰共和国万塔市市长尤哈尼-帕亚宁先生一行到区访问】 9月21日，芬兰共和国万塔市市长尤哈尼-帕亚宁先生一行8人到区访问。先后参观南京科技广场公共服务平台、南京圣诺热管技术有限公司，听取南京科技广场建设背景、发展项目、服务功能等方面的情况介绍，并与南京圣诺热管技术有限公司负责人进行现场交流。

【成立江苏高能耗节能减排国际创新合作联盟】 11月13日，由南京圣诺热管有限公司牵头，联合南京工业大学、东南大学、南京埃森环境有限公司、江苏中圣高科技产业有限公司、美国艾默生过程控制有限公司、芬兰—中国技术合作委员会、英国牛津大学等国内外知名高校和企业共同组建江苏高能耗节能减排国际创新合作联盟。联盟将通过积极开展国际产学研合作，实现优势互补，突破节能减排领域的关键技术，尽快实现产业化目标。

【硅谷海外清华学子考察鼓楼区创新创业环境】 12月24日，由南京市委组织部、区委、区政府共同主办的“硅谷海外清华学子南京行”活动在鼓楼区举行。来自美国、加拿大、德国等国的34名海外学子参观考察模范马路科技街区、江东软件城，举行项目对接洽谈会。区四套班子领导，市委组织部相关负责人，以及驻区重点高科技企业、高校、科研院所等参加项目洽谈会。海外学子发布的科研项目涵盖节能环保、新一代信息技术、生物、高端装备制造、新能源、新材料、新能源汽车等多个高科技领域，与南京市和鼓楼区的产业发展重点高度吻合。该活动旨在通过积极帮助国外优秀留学人才熟悉南京和鼓楼的创业投资环境、政策以及生活配套服务，着力构建国际科技信息和人才交流平台，推动海外人员与国内政府、企业等深入开展信息交流和人才合作，吸引一批海外精英留学人员回国创业，促成一批高科技项目实现成果转化和产业化。

12月24日，“硅谷海外清华学子南京行”座谈会在鼓楼区举行

科学技术普及

【召开相关会议】 4月22日，鼓楼区防震减灾工作联席会议2010年例会召开。会议由区科技局副局长宋振宇主持，总结区2009年防震减灾工作情况及亮点工作，布置2010年区防震减灾重点工作，副区长费丽明对区防震减灾工作提出具体要求。25日，鼓楼区召开区科普工作联席会议2010年例会暨全民科学素质工作领导小组会议。会议总结全区2009年科普工作开展情况和全民科学素质行动计划纲要实施情况，布置2010年工作，重点对第十届全国科技活动周暨鼓楼区第22届科普宣传周活动、2011~2015年全国科普示范城区创建工作、全民科学素质行动计划纲要实施情况督查等工作进行部署。

【山西路小学开展地震应急疏散演练】 5月12日，为纪念"5·12"汶川地震二周年，山西路小学第五次开展地震应急疏散演练。同时，举行防震减灾科普教育基地授牌仪式，省、市地震局领导分别为山西路小学颁发"江苏省防震减灾科普教育基地"和"南京市防震减灾科普教育基地"奖牌。

【举办第22届科普宣传周活动】 5月16日，第十届全国科技活动周暨鼓楼区第22届科普宣传周在山西路广场拉开帷幕。市、区有关领导参加广场咨询活动，看望慰问参加广场咨询活动的70名专家，咨询现场为市民发放各种宣传资料约5000册，接受现场咨询约5000人次。各街道、社区和学校也举办内容丰富、形式多样的科普活动。

【市督察组检查区《全民科学素质行动计划纲要》实施情况】 5月25日，市督查组一行5人到区，就鼓楼区《全民科学素质行动计划纲要》实施情况进行检查。督察组听取区工作汇报，查看工作台账，进行实地检查，对鼓楼区4年来《纲要》实施情况给予高度评价。

【开展"科学饮食、科学养生、科学育儿"社区行活动】 9月19日，为丰富全国科普日活动内容，由省老科协、省人民医院、省疾控中心，区科技局、科协及凤凰街道联合举办的鼓楼区"科学饮食、科学养生、科学育儿"社区行活动在凤凰街道社区广场正式启动，省人民医院、省疾控中心、东南大学公共卫生学院、南京市中医院、南京医科大学等50名专家参加广场咨询活动。活动现场免费为社区居民"三高"人群进行血糖测试及指导，举办科普知识有奖竞答，发放科普资料2000多份，陈列展板45张。

【在月光广场建立第二个应急避难场所】 10月，为保障周边居民的生命财产安全，鼓楼区在月光广场建成第二个应急避难场所。该所占地面积2.5万平方米，能容纳约1万人避难。

【省科协副主席阮仁良一行到区调研】 12月22日，省科协副主席阮仁良一行到区调研，就如何进一步发挥老科技工作者协会的作用开展专题调研。区老科技工作者协会汇报近几年的组织网络建设、工作开展情况及未来的打算和发展方向。与会人员围绕如何进一步发挥老科协的作用、规范运行机制和加强思想建设等问题展开讨论。

【做强鼓楼"科普学堂"品牌】 2010年，区科协广泛征求科普讲师团专家及相关单位意见，做好课程安排，深入社区、机关、军营、学校举办科普报告42场次，受益人数6000多人次。

（万　琦）

信息化建设与管理

【概况】 2010年，鼓楼区信息化办公室（以下简称区信息化办）以打造"网上鼓楼区政府"为重点、积极推进全区数据中心建设、数字社区工作，高标准完成治安监控系统五期工程及校园安防等信息化建设项目，进一步规范全区政务网管理、门户网站运行维护等信息化日常管理工作，开展全区信息技术培训工作，进一步提高信息化建设及管理应用水平，使信息化工作在全区政府公共服务和经济社会发展中发挥更大作用。

电子政务

【启动"网上鼓楼区政府"建设】 1月，区信息化办按照区委、区政府建设"智慧鼓楼"要求，成立"网上鼓楼区政府"专项建设小组，指派业务能力强的技术人员担任项目组骨干。3月，项目组初步拟订建设框架方案，针对"网上鼓楼区政府"包含的建设项目进行基础调研。8月，项目组基本完成前期调研工作，走访调研31个区内部、委、办、局，参观考察5个区外单位，获得大量有效信息，完善细化"网上鼓楼区政府"建设方案，制订出详细推进方案。计划通过门户、应用与数据整合，实现统一的信息呈现、办事平台和用户管理，把"网上鼓楼区政府"建设成充分展示鼓楼形象的网上媒介，政府信息公开的网上载体，更加方便公众、企业办事的网上服务平台，全面促进政府与公众交流的网上沟通桥梁。

【开通"网上湖南路电子商城"】 6月底，根据区委、区政府要求，针对湖南路部分商业街区即将拆迁改造的现状，鼓楼区开始着手打造"网上湖南路"。先后与南京电信和苏宁易购平台达成合作协议，由湖南路管委会牵头组织，区信息化办进行整体技术规划，南京电信负责"网上湖南路"网站建设，苏宁易购为湖南路商家提供网上商城平台。10月1日，"网上湖南路"正式推出，日均访问量千余人次，受到商家和消费者认可。

【升级区门户网站群后台系统】 8月，区信息化办完成区门户网站群后台内容管理系统的切换升级工作，新版后台系统具有信息发布迅速、信息共享、信息维护方便简单、统计功能多样等诸多优点，同时支持其他业务系统数据自动同步，简化发布操作流程，实现政务动态信息发布的同一数据来源。

【新版鼓楼区门户网站上线运行】 11月1日，全新页面风格的鼓楼区门户网站群主站——"南京·鼓楼"政府门户网站(http://www.njgl.gov.cn)正式上线运行。新版门户网站根据网站服务功能将栏目调整为今日鼓楼、政府服务、生活服务、投资向导等4大频道页，重新梳理17个试点部门的信息公开目录以及教育、医疗卫生、计划生育等公共企事业单位的信息公开目录，提供百余个便民查询事项。新版的网上办事大厅从公众角度出发重新对政务服务事项进行分类，提供网站办事功能，可随时查询办件状态。

信息化建设

【推进全区数据中心建设】 2010年，区信息化办继续推进全区数据中心建设，成功引入政企互惠、风险共担的市场合作机制，采用"政府出建设思路与应用环境、企业出建设经费进行开发，项目建成后政府得使用权，企业得推广权"的模式，开发"鼓楼区政务智能数据交换平台"。6月，该平台完成一期项目研发，基本功能模块均搭建完成(交换桥接、交换前置、交换传输、中心管理4大基础模块)，初步实现区计生系统与社区管理系统之间多个固定规则案例的数据流转。6月，同步开始的二阶段工作，着重实现具有可视化操作界面的数据转换规则编辑器，对跨部门的数据流转接口实现一定程度自动化获取、转换与集成功能。多次召集公安、计生、民政、残联和社区代表等相关部门，演示该平台，征求各单位意见，进一步完善平台。随着"政务智能数据交换平台"的建立，区居民基础信息库得到不断完善，库结构以及简单查询统计功能齐备，居民基础数据的录入将在第六次人口普查结果的基础上进行更新与扩充。

【完成区社会治安动态监控系统（五期）工程建设】 2月，区社会治安动态监控系统(五期)工程正式启动，区信息化办负责组织实施及技术牵头，公安鼓楼分局负责业务需求整理及过程监督指导，南京熊猫信息产业有限公司负责工程施工建设，江苏建发建设项目咨询有限公司负责工程监理。10月，该工程完成建设，新建40个监控点，监控点的布控向次干道和背街小巷转移；新建公安指挥中心大屏，该大屏由18块21英寸LED显示器、1块120英寸背投屏幕以及1组LED条屏组成，可以通知接驳公安专网、监控平台、接警平台、有线电视、DVD、城管平台等信号源；实现无物管小区监控系统、校园安防监控与治安监控系统联网，将已建成的工人新村社区、三牌楼大街、豆菜桥小区视频监控以及校园安防监控资源接入公安专网，公安鼓楼分局可随时查看实时监控图像，调用监控录像；实现治安监控与政府应急指挥对接，将治安监控系统信号接入区政府大楼，为区政府应急指挥中心的建设打下坚实基础。

【豆菜桥小区视频监控系统工程通过验收】 3月8日，由区信息化办组织建设，华侨路街道办事处、区公安分局监督指导的豆菜桥小区视频监控系统工程通过验收。豆菜桥小区视频监控系统是豆菜桥小区整治出新工作的组成部分，也是区治安监控系统的一部分。2009年12月，该工程完成招投标工作，南京明泽科技有限公司中标实施建设，整个工程共建设8个监控点，通过铜缆传输，采用硬盘录像机对监控图像进行控制和记录，历史图像保存时间为30天。

【完成鼓楼区校园安防监控网建设工作】 5月，为全面提升校园安全防范能力，保障师生人身财产安全，由区政府出资，区信息化办牵头，与区教育局、公安鼓楼分局、区政法委成立专项小组，中国电信南京分公司负责建设，在全区区属中小学、幼儿园和培训机构安装视频监控和平安110一键报警及电子门禁校园综合安防系统，建成集全区82个单位326个点的校园安防监控网，该综合安防系统成为全省唯一建成的区域性实时互动的校园综合安防系统。10月中旬，该系统通过专家组验收，已全面投入使用。

【继续推进数字社区工作】 2010年，区信息化办着力于社区居民信息管理系统的研发与试点应用。9月基本完成"鼓楼区社区居民信息管理系统"开发。该系统集社区居民的人、户、房等多方位信息于一体，实现相关数据采集、查询与统计功能；能对居民信息进行自定义导入导出，解决居民信息多渠道多系统的共享与交换；系统的电子台账功能，解决困扰社区多年的活动台账录入、审核、查询等难题。

【举办鼓楼区"爱心杯"征文活动】 7月15日，区信息化办、江东街道和清河新寓社区在清河新寓社区联合举办"爱心杯"征文活动颁奖仪式。"爱心杯"征文活动以区信息化办牵头建设的清河社区"心手相牵·爱心园"网站*为平台，向中小学生征集爱心故事，激励更多市民参与到爱心行动中。活动共评出优秀作文奖3名、潜力作文奖3名、参与作文奖23名，其中获得优秀作文奖的作文将分别发表在《初中生世界》《阅读》杂志上。

链接 "心手相牵·爱心园"网站是由区信息化办在清河新寓社区建设的具有"区域特征明显、服务对象特定、服务品牌独特"的社区网站，是鼓楼区数字社区试点工作的重要内容之一。网上"爱心园"为社区的慈善和互助活动提供先进的网络平台，为社区管理者提供管理社区、服务社区、创造和谐社区的手段，也为政府基层组织在行使职能、信息收集、提高效率、加强沟通等方面探索一条新的服务模式。

【全面普及社区网站】 2010年，区信息化办、区民政局在成功推广"爱心园""议事园"和"互助合作社"3个社区特色网站的基础上，在社区层面全面建设界面统一、各具特色的社区网站，全年社区网站建成率达100%。

信息化管理

【保障区政务网全年安全运行】 年初，区信息化办制定《南京市鼓楼区政务网运行管理办法》。3月，组织开展全区政务网2055台上网电脑的信息登记工作，对部分单位网络接入进行上门核查，撤销20条闲置的宽带接入，纠正电信29条政务网接入的错误配置，完成9个社区的ADSL改光纤接入。5月，为适应全区日益增长的电脑用户及业务系统的安全需求，对政务网出口千兆防火墙进行以旧换新及一次性割接成功，使区政务网的网络效率大大提高。通过对网络高峰期流量进行重点实时监控和分析，针对接近饱和的流量现象提出合理化建议。6月，将互联网出口带宽升级为200兆，进一步提升区政府网的运行速度，保障政务网高效运行。同时，区信息化办聘请专业公司为区网络系统维护提供外包服务，解决区级机关各部门网络设备及线路的网络故障问题，确保全区网络运行通畅，全年无重大网络责任故障发生。

【网络与信息安全风险评估和等级保护测评通过验收】 2010年初，根据国家、省、市网络安全和等级保护相关文件要求，区信息化办组织开展区网络与信息安全风险评估和等级保护测评工作，对区内各信息系统进行定级备案及安全评估服务，分析区电子政务信息系统面临的问题与风险，评估信息系统的安全状况，查找薄弱环节与安全隐患。9月20日，鼓楼区网络与信息安全风险评估与等级保护测评工作通过南京市网络与信息安全协调小组办公室验收。

【门户网站信息维护与考核】 2010年，区信息化办继续做好门户网站群信息维护与考核工作，每日及时发布视频新闻、图片新闻、公告公示等信息，每月按时进行网站考评统计工作并发布统计结果排名，全年区内各单位网站维护信息量达28600多条，同比增长18%以上。经考核统计，2010年门户网站主站信息维护前10名的单位是：区政府办、区委宣传部、区委办、区统计局、区人力资源和社会保障局、区人大办、区发展和改革局、区投资促进局、区档案局、区城市管理监督中心；2010年部门网站信息维护前10名的单位是：区委组织部、区检察院、南京大学—鼓楼高校国家大学科技园管理委员会、区统计局、中央门街道、区档案局、区纪律检查委员会和监察局、宁海路街道、华侨路街道、区环境保护局。

【信息化办公培训】 12月15日，区信息化办举办新版办公系统培训班，全区各主要业务单位公文收发员参加培训。此次培训主要是公文拟稿、审核、收发、归档等各步骤的实际操作，各单位内部公文处理流程设计，电子印章使用等。通过培训教师的统一讲解、现场指导、公文收发员上机模拟等多种形式，达到发现问题、解决问题的效果。17日，区信息化办组织召开2010年区网络信息员工作实务培训会，全区各街道、各部门和各有关单位近60名网络信息员参加培训。培训会以电子政务和区政务网知识为基础，以提升网络与信息安全为重点，以提升网络信息员队伍的履职能力为抓手，明确网络信息员的职责和工作任务，强化参训人员的网络与信息安全意识。

(孙妍妍)

科技园区

南京模范路科技创新园区

【概况】 南京模范路科技创新园区(以下简称园区)涵盖模范马路创新街区、广州路科技商务街及南京国际服务外包产业园，总面积10平方公里。其中，模范马路创新街区全长3.9公里，规划总面积7平方公里，总建筑面积约500万平方米；广州路科技商务街长2.6公里，总面积1.84平方公里，总建筑面积约80万平方米；南京国际服务外包产业园总占地面积1.16平方公里，总建筑面积246万平方米。园区资源丰富，是国内最具资源禀赋的科技创新基地之一。内有南京大学等18所高校，120余家科研机构，97个国家、省、部级重点实验室，3个国家级和2个省级大学科技园，63名两院院士，5000余名教授、副教授，在校生总数25万人；园区聚集着以十四所、南瑞、南自为代表的央企以及各类科技型企业2000余家，初步形成园区优先发展的低碳环保产业、物联网产业、电力自动化产业、生物医药产业、创意设计产业五大产业板块。此外，还有跨国公司研发中心、销售中心以及多家风险投资机构、银行机构、担保机构、培训机构等。

按照“学习中关村，打造模范路”的战略部署，省、市、区着力将园区打造成为华东区域最具自主创新力的智慧高地，发挥集聚、引领、示范、辐射作用，力争在5~10年内，实现研发面积500万平方米、研发设计总部企业3000家、产业人群15万、年销售收入超千亿元，使模范路科技创新园区成为新一轮科技发展模式创新区、高科技服务先导区、产学研合作示范区、科技领军人才密集区。作为市科技创新发展的内核，园区是南京市五大科技创新工程之一，是全市唯一省市共建科技园区，4月名列江苏省首批十大创新型园区。

【打造国睿科技园】 1月14日，区政府与中电集团第十四研究所正式签订合作协议，由区政府整体租赁十四所鼓楼所部的办公区地块(2号地块)，在区政府主导下，双方共同打造国睿科技园。合作协议明确，整体租赁区域4.6公顷，租赁物包括4.76万平方米的4幢研发楼宇，以及设施设备、道路、绿化、场地等，租赁期20年。8月19日，区长办公会决定国睿科技园2号片区交模范路科技创新园区有限公司负责改造运营。十四所鼓楼所部总体占地面积26.64公顷，分3个地块，由区政府与十四所合作进行统一规划、分步开发。其中，2号地块位于古平岗4号所部办公区，区域内4.76万平方米研发、办公楼宇已完成置换。国睿科技园采用合同能源管理方式，按照国家绿色建筑二星级标准进行改造；在实际应用中体现多项节能减排和物联网应用技术，包括地源热泵，RFID（射频识别）、RTU（电子科技运动终端）能源计量和智能感知系统，能效管理和智能传输等，实现园区建筑与管理的智能化、低碳化、人性化。年底，国睿科技园招商工作取得进展，中亚光电、江苏非并电网风电有限公司、江苏中节华泰低碳工程技术有限责任公司等与低碳产业密切相关的企业落户园区，初步形成低碳经济产业的集聚。

【成立江苏瑞中数据股份有限公司暨江苏数据库、传感网产业联盟】 （参见“党政·群团”类目，第231页）

【区召开园区管理办法座谈会】 5月12日，鼓楼区召开制定园区管理办法座谈会，就园区协助市政府法制办起草的《模范路科技创新园区管理办法（初稿）》，征求园区范围内高校、科研院所、科技企业及相关专家的意见和建议，市、区相关领导参加会议。会议从园区规划、产业重点、管理体制等多个方面，对完善《管理办法》提出建议和意见。

【省市共建模范路科技创新园区签约】 （参见“党政·群团”类目，第232页）

【完善园区组织架构】 5月，区委、区政府成立园区管理委员会办公室（以下简称管委办）和园区有限公司，实行政府引导、公司化运作。管委办是市机构编制委员会办公室正式批准的区政府派出机构，行政编制20人；园区有限公司是由区国有资产经营中心投资的国资公司，注册资金5000万元。园区管委办、园区有限公司内设计划发展部、规划建设部、知识产权与产业集群部、党群工作部（公共关系部）、办公室等5个内设机构，办公场所暂定在国睿科技园（江苏低碳经济产业园）内。

【推进园区科技创新载体建设】 2010年，模范路科技创新园区初步形成长江科技园、南京工业大学国家大学科技园、江苏建筑工程设计创意产业园、世界之窗软件园、易发创业园、南京国际服务外包产业基地、智慧谷动漫软件产业园等载体空间，总面积50万平方米。同时，南京工业大学国家大学科技园二期正式开工，中国（南京）电力工业自动化产业园完成土地出让，国睿科技园、南京邮电大学物联网产业园、南京财经大学科技园、河海大学水科技园、省广电文化创意园、772液晶六代线研发中心、广东路舜天总部、虹桥新城市二期、香格里拉大酒店等一批研发和配套载体进行方案论证和报审。其中，国睿科技园3号地块位于虎踞北路52号十四所工厂区，占地面积13.5公顷，可开发面积8公顷，开发方式为土地出让，规划建设体量30万平方米；虹桥新城市二期地块位于新模范马路与中山北路交叉口西北角，占地面积约10万平方米，2009年《模范马路创新街区概念规划》明确该地块为模范路街区的公共服务设施区，为整个街区乃至全市创新产业发展服务；广东路53号（舜天总部）地块原系南京冠生园食品厂用地，后由江苏煌朝置业有限公司通过协议出让取得土地权属，包含周边零星用地，地块面积约6000平方米，2009年江苏煌朝置业有限公司提出在地块内建设智汇谷科技园，并取得市发改委的备案文件和市规划局的规划设计要点；省广电集团电视塔北侧地块位于省电视塔北侧，用地总面积13000平方米，预计总建筑面积约为5万平方米。

【协办全国泛在网与物联网技术标准研讨会】 10月27日，由中国通信标准化协会（CCSA）、省经济和信息化委员会和市政府联合主办的“2010年全国泛在网与物联网技术标准研讨会暨首届物联网应用标准金陵论坛（JFIOT’2010）”在南京邮电大学召开。大会由中国工业和信息化部、省政府共同指导，南京邮电大学承办，省物联网产业联盟、南京物联网产业联盟、南京模范路科技创新园区、南京邮电大学物联网科技园、南京物联网研究院、南京物联网应用研究院协办。南京邮电大学党委书记闵春发教授主持开幕式及“物联网应用标准金陵论坛”合作协议签署仪式。协议签署标志着全国物联网应用标准金陵论坛每年将在南京定期召开。该论坛旨在建立国内具有自主知识产权的物联网应用标准体系，探索物联网标准从技术到应用的良性互动机制，推动国内物联网产

10月27日，首届全国泛在网与物联网技术标准研讨会暨物联网应用标准金陵论坛在南京邮电大学召开

科技强区建设

业抢占国际应用标准领域的制高点。与会代表分成5个小组，从智能交通和智能物流、智能电网和智能工业、智能家居和智能公共安全、智能医护和智能环保、智能灾防和智能农业等方面的物联网技术与应用标准入手开展深入研讨。

【园区宣传】 11月1日，园区与南京日报社合作，以“创新引领·产业集群”为题，重点对园区产业集聚和发展进行10期的系列专题报道。报道突出园区5大产业发展并对具有代表性的20家科技企业进行采访。此外，结合园区发展，采用报刊、杂志、电视、网站、户外广告多种宣传方式，和多家媒体逐步建立良好关系和通畅渠道，形成定期向媒体宣传园区的宣传机制。

【人才工作】 2010年，园区充分利用高校人才资源帮助企业开展技术攻关，推进校企合作，先后在14家企业中设立园区企业博士后工作室，推进科技型企业的技术创新和研发实力。7月2日，园区管委办组织6家企业参加省侨办和市政府组织的2010“海外华侨华人高层次人才江苏行”生物医药项目南京洽谈会。来自世界各地的40余名生物医药方面的华侨华人高层次人才和园区南大苏富特等近10家企业的总经理在南京湖滨金陵饭店进行洽谈。12月21~24日，园区组织企业参加区委、区政府举办的“硅谷海外清华学子南京行”活动，并与清华校友会成立民办非企业单位研究机构签订合作意向。

【南京邮电大学物联网科技园有限公司成立】 12月2日，园区有限公司与国睿集团、南大苏富特等联合出资成立南京物联网应用研究院有限公司。12月22日，园区有限公司与南京邮电大学联合出资成立南京邮电大学物联网科技园有限公司。通过两个平台建设，吸引全国在物联网领域有影响力的企业与高校建立联合实验室，引进国际先进的研究中心，形成在物联网研发、设计、应用、系统集成等高端领域的应用成果，在智慧医疗、平安应急、智慧家居、智能电网等领域率先推进物联网应用示范项目建设，推动模范路智能街区及“智慧鼓楼”建设，着重提供物联网的系统应用服务，带动产业发展。

【园区建设协调委员会成立】 12月3日，省科技厅与市政府联合下发《南京市人民政府、江苏省科学技术厅关于成立模范路科技创新园区建设协调委员会的通知》，成立园区建设协调委员会。市委副书记、市长季建业及省科技厅厅长朱克江担任协调委员会主任，协调委员会下设办公室，负责日常工作，蔡伯圣兼任办公室主任，徐丽兼任办公室副主任。

【视察调研】 3月16日，省长助理徐南平院士率省政府办公厅、省教育厅、省科技厅、市科技局、区政府等领导莅临汉中门校区南京中医药大学科技园视察。

4月17日，市委书记朱善璐到园区考察调研，视察瑞中数据库、艾志集团和南京国际服务外包产业园。

7月14日，市委书记朱善璐、副市长王咏红率市发改委、市经信委、市住建委、市科委、市规划局、市国土局等部门负责人在南京邮电大学召开“科技创新基地暨调研座谈会”。

8月4日，市人大常委会主任陈家宝一行到园区调研。同日，省科技厅厅长朱克江、市委副书记陈绍泽一行到园区调研建设情况。

11月15日，市委书记朱善璐、市委组织部长王奇、市委秘书长刘以安调研区人才工作情况，视察园区内南大苏富特IBM-ETP人才培训中心、中国药科大学重点实验室，并举行座谈。

【国外来访】 1月17日，以美国麻省理工学院(MIT)建筑与规划学院院长阿黛尔·诺德·桑多斯率领的专家访问团到园区，重点参观圣诺热管有限公司及FPGA创新中心，并就麻省理工学院与鼓楼区合作开展低碳等先进技术的示范性开发进行意向性会谈。

7月21日，美国安普雷斯公司总经理孙纲博士到园区参观，对新载体项目进行考察。

8月12日，美国劳伦斯伯克利国家实验室环境能源技术部首席研究员沈波博士一行在同仁四海董事会主席姜涛的陪同下考察园区。

8月25日，园区接待德国巴斯夫公司考察团一行。考察团一行参观国睿科技园2号地块旧建筑保温改造项目，以及南京工业大学、南京邮电大学等单位。巴斯夫初步明确在南京设立研发中心的意向。

9月1日，法国凯捷大中华区董事会主席及首席执行官陈波、凯捷(中国)副总裁全球交付中心总经理王晓良等一行4人在区委书记鲍永安的陪同下参观园区。双方商讨凯捷参与南京物联网应用研究院理事会签约合作事宜，达成协议。

9月21日，园区接待美国安普雷斯公司董事长、总裁兼首席执行官，美籍华人孙纲博士一行。安普雷斯公司是一家新型高储能量硅纳米线电池的研发和制造公司，储电量比传统充电电池提高10倍。孙纲博士此行考察，拟投资建设硅纳米线电池生产线和研发中心。

11月8日，由省发改委与加拿大安大略省经济发展与贸易部共同举办的江苏省—安大略省生命科学研讨会及企业洽谈会在南京金陵饭店举行，园区组织相关企业参会并与加方企业会谈，进行项目对接。

11月16日，巴斯夫(中国)有限公司副总经理陆志忠及LUWOGE能源咨询公司Jan一行到园区考察。双方达成关于促进园区节能减排改造的初步合作意向。

12月11日，模范路科技创新园区与美国可持续发展社区协会及美国劳伦斯伯克利国家实验室代表团成员就实施“中美气候行动伙伴计划”进行会谈，双方对共建“中国企业环境健康与安全管理(EHS)研究与发展中心”达成初步共识。 (肖文初)

南京大学—鼓楼高校国家大学科技园

【概况】 2010年，南京大学—鼓楼高校国家大学科技园（以下简称科技园）以高校成果转化为出发点，以服务区域经济社会发展为落脚点，依托共建高校和鼓楼区的科技资源与综合优势，围绕中心工作，紧扣年度工作目标，不断强化人才意识、项目意识、服务意识和创新意识，完成各项工作任务。是年，科技园新引进科技型企业63家，其中千万元以上大项目11家，全年完成投融资额12480万元；新增博士后工作室5家，举办主题沙龙活动10场，科技园总部基地建设工作已经起步。至年底，园区企业累计达到775家，其中电子信息类489家、生物医药类54家、新材料类41家、光机电一体化46家、能源与环保40家、科技服务类62家、其他类43家。全年园区企业注册资金累计达45.16亿元，园区企业实现销售收入7.79亿元，同比增长39.2%；缴税5.22亿元，同比增长37.1%；实现净利润7.18亿元，出口创汇8457.4万美元；园区销售收入超千万元企业56家，其中超亿元企业12家；税收超百万元企业47家，其中超千万元企业12家。

在年初公布的2009年"新世纪百千万人才工程"国家级人选中，科技园共建高校有11人当选；在第三批国家"千人计划"名单中，南京市共有12位高端人才入选，其中科技园共建高校有8人入选。科技园企业联创科技（南京）有限公司、联迪恒星（南京）信息系统有限公司进入2009年度国家规划布局内重点软件企业名单；诚迈科技（南京）有限公司进入2009中国软件出口20强企业名单，排名第16；南京联创集团股份有限公司、江苏南大苏富特科技股份有限公司2家企业入围2010年第九届"中国软件业务收入前百家企业"名单，分列第11位和第76位。南京华设科技有限公司等4家企业被授予江苏省创新型企业。共建高校2个项目进入2010年度国家软科学计划研究；在国家科技部下达的2010年度国家有关科技计划项目通知中，科技园企业2个项目进入2010年度国家火炬计划，1个项目入选2010年国家重点新产品计划。在中国软件行业协会举办的2009年度推荐优秀软件产品活动中，科技园企业2项产品获"中国优秀软件产品"称号，3项产品获"优秀产品"称号。

【招商引资】 2010年，科技园紧密结合区域特点和资源优势，着力打造电子信息、能源环保、先进材料等研发设计产业集群和研发型总部集聚带。全年新引进科技型企业63家，引进企业注册资本金合计41155万元，引进江苏风盛海水淡化科技有限公司、江苏智慧谷投资管理有限公司、江苏中昊光电显示科技有限公司、南京优越健康科技有限公司、南京国电南自轨道交通工程有限公司、南京三棱光电技术股份有限公司、南京乐斯汀电子设备有限公司、南京火麒麟科技有限公司、南京思创信息技术公司、江苏百成信息技术公司、江苏尤特斯新技术有限公司千万元以上大项目11家。

【服务园区企业】 2010年，科技园为园区企业争取地方扶持政策，2008年度的优惠政策扶持款已全部落实到企业，有17家园区企业得到区政府财政扶持，净额计109.5万元。科技园联合共建高校在园区建立博士后实践基地，帮助企业开展科研攻关。通过由园区企业提出合作研发项目需求，共建高校向企业推荐博士后高层次研究人员与企业合作的方式，促进企业和高校合作，使企业的技术难题得到解决，推动新技术新成果的进一步转化。全年新建及引进5家科技园企业博士后工作室，其中国家级博士后工作站2个，分别是风电项目博士后工作站、江苏新能源博士后工作站。年底已累计在园区14家企业设立企业博士后工作室。科技园创新校企合作新模式，推动校企共建研发中心，引导有能力的企业自建研发中心。科技园首家973国家重点基础项目江苏风盛海水淡化科技有限公司，与南大合作成立南大风能研究中心。4家园区企业进入2010年第一批江苏省工程技术研究中心拟立项项目名单，3家园区企业进入2010年南京市工程技术研究中心建设项目清单。举办10场主题沙龙活动，加强企业交流，提升企业家的管理能力。科技园组织企业参加南京理工大学2010年就业和暑期实习招聘会、南京地区2010届未就业高校毕业生联合专场招聘会、南京工业大学专场招聘会，帮助企业解决人才需求问题。11月，南大科技园与中图数码科技有限公司签署"共建卓越工程师培养实习平台协议"，为高级工程设计人才培养中心的发展提供支持和帮助。

【召开全国R&D资源清查工作培训会】 1月8日，科技园在区政府401会议室召开模范路暨广州路科技街区第二次全国R&D资源清查工作培训会，近60家街区企业统计人员及科技园办公室、模范马路创新街区管委会办公室工作人员共80多人参加培训。会议做工作动员，对统计报表的填写方法、要求和注意事项进行讲解。会后，不少企业的统计人员就填表相关内容进行咨询。

【共建高校11人入选2009年"新世纪百千万人才工程"】 1月19日，人力资源和社会保障部、科技部、教育部、财政部、国家发改委、国家自然科学基金委、中国科协联合发文公布2009年"新世纪百千万人才工程"国家级人选。科技园共建高校有11人当选，分别是南京大学的周志华、鹿化煜、刘怀玉、张辰宇、郑丽敏，河海大学的王沛芳，中国药科大学的孔令义，南京工业大学的邢卫红、应汉杰、沈晓冬、凌祥。

【驻园企业两项产品获"中国优秀软件产品"称号】 1月25日，在中国软件行业协会举办的2009年度推荐优秀软件产品活动中，科技园企业两项产品获"中国优秀软件产品"称号，3项产品获"优秀产品"称号。朗坤智能企业管理信息系统LiEMS V3.0（南京朗坤软件有限公司）、联创综合结算系统

V1.5（南京联创科技集团股份有限公司）获得“中国优秀软件产品”称号；苏富特网络安全综合防护系统V2.0（江苏南大苏富特科技股份有限公司）、联创移动业务运营支撑系统（南京联创科技集团股份有限公司）、朗坤风速风量在线监测系统V1.0（南京朗坤软件有限公司）获得“优秀产品”称号。

【南京微结构国家实验室（筹）研发出重大成果】 2月20日，江苏省重大研发机构建设项目“南京微结构国家实验室（筹）”*成功地将低温扫描隧道显微镜自主研制成自旋极化扫描隧道显微镜（Spin-polarized STM），成为世界上极少数掌握此项技术的实验室之一，标志着中国自旋极化扫描隧道显微技术迈入世界先进行列。

链接 南京微结构国家实验室：2006年依托科技园共建高校之一的南京大学开始筹建，同年底被国家科技部批准列入国家实验室筹建试点计划。2010年2月，4.2万平方米新建研发大楼投入使用，拥有仪器设备1046台（套），形成专职研发人员160人，其中院士11人、教育部“长江奖励计划”特聘教授17人、国家杰出青年科学基金获得者25人，共承担863、973、自然科学基金等国家项目145项，形成一批战略性重大成果和技术，“介电体超晶格材料的设计、制备、性能和应用”项目成果获国家自然科学一等奖。2009年该实验室被科技部定为“量子调控”领域唯一国家实验室，量子调控研究成为实验室核心科研工作。

【新增1家国家级重点实验室】 2月20日，在国家科技部公布的新一批省部共建国家重点实验室培育基地（简称省部共建实验室）名单中，科技园共建高校南京邮电大学申报的“有机电子与信息显示实验室”名列其中。该实验室2007年获准组建省级重点实验室，至2010年末，形成总面积逾3000平方米的研发场地，拥有固定资产总值逾2000万元的仪器设备。至年底，园区共有10家国家级重点实验室。

【南京中医药大学科技园】 南京中医药大学是科技园共建高校之一，2009年12月4日，省科技厅和教育厅联合发函，同意学校和区政府在汉中门校区共同筹建“南京中医药大学省级大学科技园”。2010年4月18日，南京中医药大学科技园揭牌。6月17日，区长办公会通过由南京模范路科技创新园区有限公司出资300万元（占15%股份），与南京中医药大学科技园管理有限公司校府共建中医药大学科技园。该科技园按照政府主导、学校主体、企业参与的模式，遵循市场化运作和经济运行规律的要求，坚持社会效益和经济效益并重，统筹兼顾，整体规划，稳步推进，计划用3~5年的时间，逐步把汉中门校区打造成融医、教、研、产及中医药文化知识普及、信息集散于一体，特色鲜明并极具行业影响的现代大学科技园区和文化产业园区。2010年，学校科技园业态策划、建设规划基本完成，已开发利用的建筑面积1.5万平方米，入驻企业24家，其中70%的企业在人才、技术、成果等方面与中医药科技文化产业相关联。

4月18日，南京中医药大学科技园揭牌

【共建高校8人入选第三批国家“千人计划”名单】 3月11日，经中央海外高层次人才引进工作小组批准，第三批国家“千人计划”*名单出炉，南京市共有12位高端人才入选，其中科技园共建高校有8人入选，分别是南京大学的王雪平、陈镜明、栾升、宋晓东、周豪慎、陈小江，河海大学的李凌，南京工业大学的章伟。

链接 千人计划：2008年12月中央实施的“海外高层次人才引进计划”，是中国引进海外高层次人才的重要举措之一。主要围绕国家发展战略目标，在未来5~10年内为国家重点创新项目、重点学科和重点实验室、中央企业和国有商业金融机构等，引进2000名左右人才，并有重点地支持一批能够突破关键技术、发展高新产业、带动新兴学科的战略科学家和领军人才来华创新创业。为解决海外高层次人才的后顾之忧，对于引进的科技创新人才，国家提供一系列特定的生活待遇，包括每人100万元的一次性补助；多次出入境签证；可承担国家重点科技、产业、工程项目任务，其产品符合要求的，纳入政府采购目录等。创业人才做出突出贡献后，国家有关部门予以表彰，并在永久居留、医疗、保险等方面给予特殊待遇。

【5家省级工程技术研究中心获立项】 3月30日，省科技厅公布2010年第一批江苏省工程技术研究中心拟立项项目名单，科技园企业南京圣诺热管有限公司的江苏省热管工程技术研究中心、南京全信传输科技股份有限

公司的江苏省船舶及轨道车用电缆工程技术研究中心、南京南自信息技术有限公司的江苏省安防与视频监控工程技术研究中心、南京朗坤软件有限公司的江苏省发电管控一体化工程技术研究中心和科技园共建高校南京大学的江苏省生物质低碳能源工程技术研究中心等5家获立项。

【驻园3家企业被认定为省高新技术企业】 4月1日，省高新技术企业认定管理工作协调小组公布2009年度江苏省第四批高新技术企业名单，科技园企业南京安正软件工程有限责任公司、南京国电南自轨道交通工程有限公司、南京安元科技有限公司3家位列其中。加上第一批认定的南京国电南自凌伊自动化有限公司、南京智真电子科技有限公司、南京全信传输科技股份有限公司，第二批认定的南京联创科技股份有限公司、南京信通科技有限责任公司，第三批认定的南京凯盛水泥技术工程有限公司、南京奥顺电力科技发展有限公司，全年科技园共有10家被认定的省高新技术企业。

【举行2010江苏中医科技文化节】 4月18日，2010江苏中医科技文化节在鼓楼区山西路广场举行。同日，中医文化高端论坛暨南京中医药大学科技园、南京中医药文化产业园揭牌仪式在南京中医药大学学术报告厅举行。国家中医药管理局办公室主任赵明、省教育厅副厅长殷翔文为"南京中医药大学科技园"揭牌，中国健康教育中心、卫生部新闻宣传中心主任毛群安、省文化厅副厅长马宁为"南京中医药大学文化产业园"揭牌。南京中医药大学分别与江苏电视台城市频道、国家医药成果转化中心、中国电信南京分公司、中国银行江苏分行签署战略合作伙伴关系。几位专家教授分别作中医学术报告和中医文化知识访谈。

【5个项目进入2010年度国家科技计划】 5月28日，科技园企业3个项目进入国家科技部公布的2010年度国家科技计划项目清单。属于2010年度国家火炬计划的是联创电信运营商商务智能系统平台软件开发与产业化（由南京联创科技集团股份有限公司承担）、面向工业过程的实时数据库系统研发与产业化（由南京朗坤软件有限公司承担），属于2010年国家重点新产品计划的是大型信息安全运营支撑平台（由南京联创科技集团股份有限公司承担）。另外，科技园共建高校南京工业大学的"提高国有大中型企业技术创新能力的对策"和"长三角地区企业技术创新能力及评价研究—以上市公司为例"2个项目进入2010年度国家软科学计划研究。

【驻园3家企业工程技术研究中心获准建设】 7月7日，市科委公布2010年南京市工程技术研究中心建设项目清单，全区有7家企业工程技术研究中心获准建设，其中科技园3家企业的工程技术研究中心名列其中，分别是南京泰通科技有限公司的南京铁路无线通信工程技术研究中心、南京康尼电子科技有限公司的南京市轨道车辆门控系统工程技术研究中心、南京市石油化工股份有限公司的南京市聚醚胺工程技术研究中心，总投资额达3170万元。

【驻园4家企业被确认为2010江苏省民营科技企业】 8月2日，2010年第一批江苏省民营科技企业名单揭晓，科技园4家企业南京奥顺电力科技发展有限公司、南京华设科技有限公司、南京康尼电子科技有限公司、南京亦和信软件有限公司榜上有名。本次确认的江苏省民营科技企业有效期为2010年7月至2012年6月。

【国家973计划风电项目落户科技园】 9月10日，国家重点基础研究发展计划(973计划)"大规模非并网风电系统的基础研究"项目，完成第一次技术成果转移，并联合投资机构成立江苏风盛海水淡化科技有限公司，落户南大—鼓楼高校国家大学科技园创业园世界之窗软件园，注册资金5000万元，是国家973计划能源领域唯一的风电项目实现技术成果转移成立的公司。该项目于2007年7月获科技部立项，是国家973计划能源领域第一个也是唯一一个风电项目，江苏省宏观经济研究院院长顾为东担任首席科学家。

【参加第三届中国留学人员南京国际交流与合作大会】 10月26日，第三届中国留学人员南京国际交流与合作大会在南京开幕，作为金陵留学创业园之一的南京大学—鼓楼高校国家大学科技园派团参会。留交会有300多位留学人员与会，带来166个项目，主要分布在电子信息、生物医药、新能源、新材料、光机电一体化、动漫技术

4月18日，2010江苏中医文化节开幕式暨江苏城市频道《万家灯火》开播三周年庆典在山西路广场举行

和高新技术服务，所有专业与鼓楼及科技园发展方向相符。科技园丰富的科教资源、良好的发展环境和便利的生活条件吸引众多留学人员。27日，加拿大中国专业人士协会海归人士创业基地主任卢英等留学生代表到科技园进行深入洽谈。科技园管委会向代表们介绍科技园发展情况，邀请代表团参观留学生创办的企业——南京罗杰软件发展有限公司。会后留美博士Philip Wu(菲力浦·吴)、黄颖等多名留学生代表表达在科技园创业发展的意向。

【6家共建高校20个项目获得江苏省软科学研究计划项目立项】 11月1日，省科技厅、财政厅联合发布2010年度省软科学研究计划项目立项清单，科技园6家共建高校申报的20个项目获省软科学项目立项资助。其中，南京师范大学4个、河海大学2个、中国药科大学2个、南京中医药大学2个、南京工业大学2个、南京大学8个。

【驻园企业4个产品通过“2010年度软件产品推优活动”初评】 12月6日，在“2010年度软件产品推优活动”中，市软件行业协会组织申报的34个软件产品通过初评。其中，科技园3家企业4个产品通过初评，分别是江苏南大苏富特科技股份有限公司的苏富特网络安全综合防护系统V2.0、南京联创科技集团股份有限公司的联创移动业务运营支撑系统V3.0、南京朗坤软件有限公司的朗坤风速风量在线临监测系统V2.0和朗坤电厂标识系统管理系统管理平台软件V1.0。

【园区团建党建】 2010年，园区新建公司党支部6家，接纳新转入党员241名，新增入党积极分子56名，发展新党员10名，上报省市宣传“创先争优”活动先进党组织和个人各2个。组织南京全信传输科技股份有限公司、南京顺天实业有限公司(世界之窗软件园)等7家园区企业分别与江苏移动南京分公司、金陵石化有限责任公司、南京银行、中国网通南京市分公司签约共创党建，组织南京龙玖环境工程有限公司、南京华瑞杰自动化设备有限公司等11家企业分别与鼓楼区11个机关党支部签约共建。举办“非公企业党员如何发挥先锋模范作用”“延安精神永放光芒”“深入学习、用心实践，以科学发展观指导非公企业又好又快发展”等3期公开党课。新建团总支3家、企业团支部11家，新增团员397人，并在“爱可信(南京)技术有限公司”成功打造全市首家非公团建工作示范点——“青春之家”。科技园“凝聚青年、服务企业的特色团建模式”被推荐参加全省共青团工作创新创优成果奖评选。《中国青年报》10月20日头版刊登《南京鼓楼区团组织以实效服务、创业创新吸引凝聚青年》一文，全面展现科技园团组织在创先争优活动中，履行组织青年、引导青年、服务青年和维护青年四项基本职能所取得的新进展、新成效，充分肯定园区团工委在推进园区基层团建上作出的积极探索和实践。

【南京国际高科技风险投资服务园】 南京国际高科技风险投资服务园（南京软件产业投融资中心）创建于2005年9月。2010年，服务园秉承服务意识，紧紧围绕总体工作部署，扎实开展工作，广泛征集企业及共建高校的优质项目资源，建立专门的数据资料库，累计收集优质项目逾300个，并整合各类优质项目资源，进行筛选分类和包装后整体推荐给风投机构；与中国工商银行、中国建设银行、招商银行、浦东发展银行和南京银行等十余家银行建立银政企合作机制，针对处于初创期及起步阶段的小型企业，积极引进担保机构和中介服务机构，形成银行、担保公司、中介服务机构3方合作体系，为企业获得小额贷款，提供有效途径；积极开展教育培训、论坛交流及企业融资操作培训，提升企业引入风险资金的意识、了解风险资金的作用、明确获得风险资金青睐的手段。至年末，为园区投融资及贷款12480万元，其中为6家企业引入风险资金和融资4080万元、为26家企业解决银行贷款8400万元。

【视察调研】 4月6日，南京大学党委书记、南京大学—鼓楼高校国家大学科技园管委会主任洪银兴率中央党校第47期省部级学员班一行十余人到科技园调研。市委常委、市总工会主席许慧玲，市人大常委会副主任张宁生，区委副书记王堡，区发改局局长、科技园管委会主任助理徐丽陪同调研。洪银兴一行先后到科技园创业分园长江科技园和世界之窗软件园、园区企业阿尔卡特朗讯南京研发中心和联创科技股份有限公司、科技园服务平台IBM-ETP实训基地，了解两个园区的发展历程及模范马路创新园区的规划目标和建设推进情况，就创新发展问题和企业领导进行交流和探讨，询问实训基地的发展情况及学生就业情况，对鼓楼区通过打造人才高地，推动服务外包产业发展的做法表示赞赏和鼓励。

9月11日，科技部副部长曹健林率国家相关部委领导到科技园视察。在园区企业江苏风盛海水淡化科技有限公司，曹健林一行考察国家973计划能源领域第一个也是唯一一个风电海水淡化项目的成果转化情况，听取该项目首席科学家、江苏省宏观经济研究院院长顾为东的介绍。区委书记鲍永安、南京大学电子与工程学院院长施毅等陪同调研。同日，曹健林一行出席在南京举行的“2010第二届世界非并网风电与能源大会”。

10月28日，国内著名风险投资商中科招商到科技园调研，与包括网赢集团、中昊光电、凌越教育软件等多家园区创新型企业举行对接座谈会。会上，科技园办公室与区科技局的领导重点介绍鼓楼区及科技园高新技术企业及软件企业的现状与发展趋势，中科招商方面介绍公司的概况及相关投资领域、投资阶段及退出机制，与会企业也分别介绍各自的优势项目及发展前景。资金供需双方坦诚交换意见，数家企业的项目受到风投商的关注，当场提交商业计划书供风投商进行下一步项目评估。

9月11日，科技部副部长曹健林到科技园视察园区企业——江苏风盛海水淡化科技有限公司

【沙龙活动】 1月21日，科技园在世界之窗软件园南大苏富特IBM-ETP实训基地举办园区企业家沙龙活动，活动以软件及服务外包人才为主题，共有11家园区企业参加。参会企业有软件人才培养供给方——南大苏富特IBM-ETP实训基地，有软件人才需求方——联创科技(南京)有限公司、南京朗坤软件有限公司、爱可信（南京)有限公司、诚迈科技(南京)有限公司、仁宝信息研发(南京)有限公司、南京泰通科技有限公司、南京中图数码科技有限公司等。参会企业各自介绍企业的发展情况，就软件人才培养、使用及软件人才对于整个软件产业的重要意义等内容进行专题交流，提出明确的软件人才供求信息，进行具体的软件人才供求洽谈。

4月15日，在南京师范大学仙林校区，科技园联合江苏省生物医药材料测试服务中心为园区化工、生物医药及新材料类科技企业举办分析测试主题沙龙活动，博瑞德(南京)净化技术有限公司、南京协和化学有限公司、南京振华医药开发有限责任公司、南京科环环境系统工程有限公司等园区10家企业参加。省生物医药材料测试服务中心的专家、教授对参会企业测试人员进行专场业务指导和针对性的技术培训，带领企业人员参观测试服务中心各实验室，仔细讲解各检测设备的用途用法。通过专题沙龙活动，园区同行业企业进行联系和交流，企业的测试分析水平得到提高。

11月11日，科技园在园区企业南京中图数码科技有限公司举办“卓越工程师培养基地”沙龙活动。南京大学、东南大学、南京工业大学、南京林业大学、南京理工大学、南京师范大学、南京邮电大学等工程类高校学工处、就业办负责人，中石化南京工程公司、中图数码科技有限公司等工程设计类公司负责人，就如何构筑工程师培养新模式等主题进行深入交流，并参观中图数码工程设计高端人才培训中心。南大科技园与中图数码科技有限公司签署“共建卓越工程师培养实习平台协议”，为高级工程设计人才培养中心的发展提供支持和帮助。 （严　强）

南京工业大学国家大学科技园

【概况】 2003年，南京工业大学科技园(以下简称科技园)启动建设，注册成立“江苏南工大科技园有限公司”作为科技园的运作实体，以推进南京工业大学的科技成果产业化、高新技术企业孵化和创新创业人才培养。科技园规划占地34.8公顷，其中研发创新区占地14.67公顷，位于南京工业大学模范马路校区，包括位于模范马路5号的科技创新大楼及周边建筑群、中山北路200号的江苏建筑工程设计创意产业园，以一期8万平方米的科技创新大楼为核心，规划新建22万平方米，最终形成50万平方米的研发“种子”基地；孵化创业区位于浦口万寿路经济开发区，占地20.13公顷，建成4万平方米厂房及办公区，最终形成建设面积达26万平方米的“育苗”孵化区。同时，与南京高新区共建“海内外领军人才‘三创’(创新、创业、创优)载体区”(330工程)。2009年，科技园被认定为国家级大学科技园，“一园三区、跨江发展”的格局基本形成。2010年，科技园先后接待领导调研11批次，上海、无锡、徐州等地及美国、芬兰考察团10批次。

【组织驻园企业参加“南京—英国生物医药对接会”】 5月28日，由市科委与英格兰东北经济发展署共同举办的“南京—英国生物医药对接会”在索菲特银河大酒店召开。科技园管委会组织爱斯医药科技(南京)有限公司、南京爱可德夫科技开发有限公司等生命科学及医药化工领域驻园企业参会。会上，举行“中英生命科学创新中心(南京)”揭牌仪式，参会企业听取南京医药研发与技术服务行业协会、英国生命科学卓越中心、英国剑桥生物医药研发公司等单位发表的行业分析和研究成果演讲，并展开广泛研讨。

【与张家港市签约共建创新成果产业化示范基地】 6月18日，科技园管委会执行主任、南京工业大学副校长朱跃钊与张家港市副市长卞东方在南京工业大学(以下简称南工大)科技创新大楼签署《战略合作框架协议书》，就企业研发平台建立、创新创业基地建设、创新成果转化示范、高端复合型人才引进、工程设计、咨询、服务外包等方面与张家港市开展全方位战略合作。根据协议，科技园将与张家港市高新技术产业园合作共建“南京工业大学国家大学科技园创新成果产业化张家港示范基地”，将南工大高新科研成果向张家港市企业推荐，使其尽快转化为现实生产力。同时,科技园将为张家港市提供科技创新服务平台,引导企业建立联合实验室,将南工大优质科技资源全面与企业共享,满足企业研发、技术创新、人才培养等方面的需求。此外,科技园还将为张家港各相关企业引进高端复合人才提供全方位支持与帮助。

【与南京化学工业园签约共建化工产业分园】 4月29日,在河西国展中心举行的"2010中国·南京重大项目投资洽谈会"上,科技园管委会执行主任朱跃钊代表科技园与南京化学工业园区签署合作协议,正式启动共建化工产业分园项目。

【南京工业大学协作申报国家02科技重大专项】 6月,南京工业大学"三创"领军人才姚力军博士牵头,联合国内4家大型企业、3家著名高校,申报国家02科技重大专项——"45~28nm配线用超高纯系列溅射靶材开发与产业化"。该项目申请中央财政资金5000万元,南工大作为项目协作单位,获得中央财政资金245.63万元。

【参加"北京—南京两地高校大学科技园建设专题研讨会"】 8月3日,由区政府组织的"北京—南京两地高校大学科技园建设专题研讨会"在南京工业大学召开。科技园管委会执行主任、副校长朱跃钊代表学校介绍南京工业大学办学理念、基本概况和特色发展,重点阐述科技园的发展历程、建设思路与做法、发展目标与现状及未来建设的几点思考。北京市教委科研处科技园、北京大学科技园、北京航空航天大学科技园、北京科技大学科技园、中国农业大学科技园、北京化工大学科技园、北京工业大学科技园等从不同侧面,围绕大学科技园的定位、发展模式、创新创业环境与科技园的发展绩效等主题先后作专题发言。南京大学—鼓楼高校国家大学科技园、东南大学国家大学科技园、南京工业大学国家大学科技园、南京财经大学科技园(筹)、南京中医药大学科技园(筹)、南京邮电大学科技园(筹)的负责人与来自北京高校大学科技园的负责人就大学科技园发展目标、存在的瓶颈、体制与机制因素及如何处理好政、产、学、研的关系等问题进行讨论交流。

4月29日,科技园与南京化学工业园在河西国展中心签约共建化工产业分园

【启动建设浦口产业园区三期工程】 8月31日,科技园浦口产业园区三期工程正式开工建设。三期工程主要包括1栋5层精品写字楼、1栋6层人才公寓及6栋独栋研发楼,建筑风格设计与一期相应建筑相同。该工程在图纸阶段就被不少科技企业关注,部分企业表示出浓厚入驻意愿。

【南工大"三创"人才获三项国家自然科学基金】 8月,国家自然科学基金委员会公布2010年度基金评审结果,南工大从海外引进的"三创"人才依托化工学院、生工学院和机械学院等对口学院申报,共获得三项面上项目资助(占2010年学校所获面上项目总数的12.5%)。至年末,南京工业大学从海外引进的"三创"人才共获得4项国家自然科学基金资助。

【国家知识产权培训(江苏)基地落户南工大】 11月12日,国家知识产权培训(江苏)基地揭牌仪式在南工大科技创新大楼5楼报告厅举行。经国家知识产权局批准,南工大正式成为国家知识产权培训(江苏)基地。副省长何权、国家知识产权局副局长贺化、省知识产权局局长朱宇、校党委书记王

11月12日,国家知识产权培训(江苏)基地落户南京工业大学

德明、校长欧阳平凯等出席揭牌仪式。

【1个项目获2010年度"中国石油和化学工业科学技术奖"科技进步二等奖】 10月20日，江苏中圣高科技产业有限公司"热棒及高效工业节能装备的研发及产业化"项目荣获2010年度"中国石油和化学工业科学技术奖"科技进步二等奖。该项目是由江苏中圣高科技产业有限公司、南京工业大学、江苏省高效工业节能装备工程技术研究中心共同研究完成。

【1个项目获市50万元科技扶持】 10月22日，园区企业南京工大数控公司的"大型高效数控成形铣齿机床关键技术研究与开发"项目获得南京市第二批科技发展计划重大项目支持，支持额度50万元。

【召开生物医药企业交流座谈会】 11月24日，"南京工业大学科技园生物医药企业交流座谈会"在科技创新大楼C503会议室召开。科技园管委会办公室邀请南京知识律师事务所和南京科技广场的负责人与会，组织园区部分生物医药领域科技企业座谈。江苏中丹药物研究有限公司、南京合祁医药科技有限公司、爱斯医药科技(南京)有限公司、南京源端生物技术有限公司、南京弗思特医药科技有限公司和南京威尔化工有限公司等多家科技型企业的负责人参加座谈会。会上，各位园区企业的代表充分研讨以下问题：生物医药领域科技企业当前的发展状况、市场前景、面临的机遇和挑战；需要科技园管委会为推动园区企业的发展提供怎样的环境和支撑条件；如何依托工大科技园平台开展企业之间的交流与合作，深化企业与工大的产学研合作等。

【浦口产业园区被授牌"国际科技合作基地"】 11月13日，在2010南京国际技术转移大会上，国家科技部国际合作司司长靳晓明代表科技部授予南京市3家"国际科技合作基地"荣誉牌匾，科技园浦口产业园区是其中之一。

【组织园区企业参加招聘会】 11~12月，科技园管委会组织园区企业参加南工大系列专长招聘会。科技园入园企业南通市华峰化工有限责任公司、南京圣诺热管有限公司、南京新化原化学有限公司、南京科环环境系统工程有限公司、江苏莱博环境检测技术有限公司、江苏澄扬作物科技有限公司、南京中镜科仪技术有限公司、江苏中丹药物有限公司和南京英凯工程设计有限公司等公司组团参加。

【视察调研】 1月22日，市长季建业率市政府、市发改委、市经济委、市科技局、市高新开发区管委会、区政府及浦口区政府领导一行，到南工大就南京市实现转型创新跨越发展，进行科技创新高校院所调研活动。

2月23日，浦口区常务副区长胡洪、浦口经济开发区管委会主任刘远震与浦口区发改局、区科技局、区财政局等职能部门负责人，到科技园浦口产业园区现场调研，了解园区的建设进展情况，并就具体问题召开现场办公会。

9月26日，中科院研究生院管理学院副院长柳卸林教授率科技部专家调研组一行4人专程到科技园考察调研。省科技厅厅长朱克江，南工大党委书记王德明，中国工程院院士、校长欧阳平凯等陪同参观考察。调研组参观入驻园区的南工大—无锡宏盛换热器研发中心、南京圣诺热管有限公司及其与南工大的联合研发中心、南工大材料化学工程国家重点实验室"三创"载体的领军人才实验室，详细了解企业研发中心及实验室的运营情况，并听取相关负责人的介绍。

10月20日，国家工商总局副局长付双建到科技园科技创新大楼内的市工商局鼓楼分局科技工商所视察，副区长费丽明陪同视察。付双建充分肯定作为全国首个设立在国家大学科技园内的科技工商所，自2009年8月1日正式挂牌成立以来，区工商分局推进商标品牌建设，积极服务区域经济发展的举措，并对商标品牌建设提出要求。

11月17日，市委常委、统战部部长钱继红，市投资促进委员会副主任郝健、市统计局副局长夏德智、市工商联副主席韦廉等领导到科技园科技政务及科技公共服务平台——南京科技广场调研，视察南京圣诺热管有限公司，听取公司领导对热管技术、产品开发、业务拓展等方面的详细介绍。区委书记鲍永安，副区长费丽明等陪同调研。

11月13日，科技园浦口产业园区被授牌"国际科技合作基地"

12月15日，省知识产权局局长朱宇一行到科技园科技政务及科技公共服务平台——南京科技广场考察。朱宇一行先后参观南京科技广场服务大厅、南京知识律师事务所及区科技工商所，分别了解科技系统为广大科技企业服务情况、专利办理情况及工商所为园区企业服务情况，并召开座谈会。

【国内外来访】 1月11日，美国马里兰大学中美科技园主任杜凯元博士访问科技园，就共同开发科技项目、帮助科技园企业进驻美国市场、接待科技园企业家团组、短期培训、安排以及与美国企业家见面等事项展开深入探讨。

1月18日，美国哥伦比亚大学全球事务特别顾问、工程及应用科学学院院长特别顾问沈琦博士在市科技局国际合作处副处长张快、沈建峰的陪同下，到科技园访问。

6月2日，美国亚特兰大商会代表团一行到科技园参观考察，与入园企业展开座谈。

6月22日，参加2010年中国发展与规划国际论坛(南京)城市峰会的哈佛大学、麻省理工学院等著名高校科研院所的国外专家嘉宾50余人到科技园参观考察。考察团参观科技创新大楼内材料化学工程国家重点实验室。

7月9日，徐州师范大学校长任平、副校长杨亦鸣、何保全及校各职能部门负责人到科技园参观考察。任平一行听取科技园情况介绍，赞赏科技园良好迅猛的发展势头，邀请科技园领导支持和指导徐州师范大学“文化创意产业园”的建设。 (刘　广)

南京国际服务外包产业园(江东软件城)

【概况】 2010年，南京国际服务外包产业园(江东软件城，以下简称园区)紧紧围绕“精心打造江苏省内最高端、国内第一流、世界有影响的国际服务外包产业基地、软件产业基地”的发展目标，推进开发建设、招商引资、管理服务等工作。年内，新注册及入园江苏再保融资租赁有限公司、中国电信游戏运营中心、江苏海隆等24家具备自主创新能力的重点企业，其中新注册资金千万元以上企业4家。至年底，园区有注册企业17家、入驻企业30家，其中科技类企业28家、生物医药类5家、清洁能源类4家、其他类10家。全年总营业收入102亿元，税收4.5亿元；实现服务外包合同额27283万美元，服务外包执行额24350万美元，其中离岸合同额6650万美元，离岸执行额6120万美元。

江东新村公寓

【多形式宣传推介园区】 2010年，园区通过路牌广告、航空杂志、行业报刊、互联网等渠道和形式，加大宣传力度，扩大园区知名度；与广告公司接洽，在机场高速和沪宁高速公路上建广告牌，全面推广宣传园区；创办发行园区《传世》杂志，扩大园区的文化宣传。

【基础设施建设】 1月11日，艾志集团正式入驻园区爱之科技研发中心办公；5月18日，C-05地块公交首末站整体项目被福建越洋集团以10900万元取得土地使用权；自8月22日起，园区新增两条公交线路站点，公交113路、303路原终点站东宝路站延伸至江东软件城站，两条线路调整后，服务时间保持不变。至年底，江东新村公寓建设任务全面完成，下圩河改造二期工程完成。

【南京蓝尼信通讯技术有限公司签约入驻园区】 1月18日，南京蓝尼信通讯技术有限公司(以下简称“蓝尼信公司”)与园区正式签订入驻协议。蓝尼信公司创立于2005年，注册资金1170万元，主要从事第三代移动终端核心软件产品研发，包括：GSM/GPRS、WCDMA、TD-SCDMA、手机TV、WIMAX及未来的4G等移动终端。

【低碳生态绿建大厦方案通过评审】 3月1日，由清华大学博士生导师袁镔教授主持的全省首座低碳生态绿建大厦设计方案在南京国际服务外包产业园通过专家评审。大厦设计方案体现“城市绿色新地标、与环境和谐共生、整体节能环保、特有时代追求”的先进理念，单体设计采用水源热泵、光伏发电、光导管、智能控制、节能LED灯、空调热管、立体绿化、雨水中水再利用等国内外先进节能技术，建筑节能率达到68%，达到国家三星绿色建筑标准。该大厦建成后，在较低造价和安装成本基础上，将成为全省建筑节能行业标志性示范工程、全国一流的节能技术研发基地。

11 月 15 日，区政府与省广播电视总台签订协议

【联创科技大厦奠基】 （参见“党政·群团”类目，第 231 页）

【省电台迁建工作重新启动】 6 月，区委书记鲍永安多次与省广电总台协商，就省电台迁建工作达成共识。园区克服种种困难，筹集 2.5 亿元资金，投入到电台新址的征地拆迁中，省广播发射中心迁建工作得以重新启动。经多轮协商后，11 月 15 日，区政府与省广播电视总台就省电台发射基地新址建设、旧址搬迁签订正式协议，商定新广播发射中心年底正式开工，2012 年底力争正式运行；至 2010 年底，新址拆迁完成 80%，电台旧址拆迁工作也在同步进行。

【苏宁慧谷项目奠基】 （参见“党政·群团”类目，第 232 页）

【中国电信游戏运营中心落户园区】 8 月 28 日，中国电信游戏运营中心在南京挂牌，落户园区正式运营，“爱游戏”产品同时上线。至 8 月底，中国电信在全国 6 个省级公司布局 8 个集团产品基地，江苏公司承接并管理其中的物联网、游戏两个产品基地。

【园区项目获江苏省建筑节能专项资金扶持】 8 月 31 日，由省住房和城乡建设厅主办的“江苏省建筑节能专项资金申报专家评审会”在南京国际会议大酒店举行，众多国内建筑节能方面专家参加评审。园区申报的“建筑节能与绿色建筑示范区”项目参与评审，最终在入围的 9 家园区中综合评分排列第三，纳入专项资金扶持范围。

【参加南京智能电网产业联盟成立大会】 9 月 4 日，南京智能电网产业联盟正式成立。市长季建业为联盟揭牌并致辞，国内电力科学院名誉院长薛禹胜院士、省经信委副主任俞军等领导出席会议。园区管理办公室主任李国栋代表南京国际服务外包产业园与江苏省联宏自动化公司就推进智能电网示范项目建设事宜签订合作协议，双方还就共建智能园区进行广泛深入的交流。

【南京凯盛国际工程有限公司入驻园区】 11 月 3 日，南京凯盛国际工程有限公司揭牌暨入驻南京国际服务外包产业园典礼在江东软件城举行。国务院国资委监事会主席乔龙德，全国政协常委、全国政协民族与宗教委员会副主任、国务院参事室参事蒋明麟，副市长罗群、区委书记鲍永安等百余人参加典礼。南京凯盛国际工程有限公司隶属于央企中国建筑材料集团，主营水泥工程设计、技术服务、工程总承包、余热发电等服务外包、新能源及节能环保领域，被认定为高新技术及

9 月 4 日，在南京智能电网产业联盟成立大会上，园区管理办公室主任李国栋与江苏省联宏自动化公司就推进智能电网示范项目建设事宜签订合作协议

11月3日，南京凯盛国际工程有限公司揭牌暨入驻南京国际服务外包产业园仪式举行

服务外包企业，2010年实现服务外包合同额1.33亿美元，执行额7851万美元，其中离岸外包合同6110万美元，执行额2914万美元。

【省首个区域能源站正式运行】 11月，园区尾水综合利用项目管道埋设接近尾声，取水泵站及一期能源站土建工程基本完工，设备安装到位，正式投入运行。28日，南京国际服务外包产业园区域能源站竣工典礼暨苏宁慧谷绿色能源服务签约仪式举行，副省长何权等省、市、区部分领导参加仪式。该能源站利用长江水中储量丰富的地热资源，采用大型江水源热泵实现集中供冷供热，实现可再生能源在建筑领域的规模化应用。能源站由南京丰盛新能源科技股份有限公司历经3年建成，是亚洲最大的江水源热泵区域能源系统、国家级可再生能源建筑应用示范项目，江苏省第一个区域性能源站，投运后年可减少二氧化碳排放2.5万吨，节省用电2507.5万千瓦时，节省标煤1万吨。

11月28日，鼓楼区举行南京国际服务外包产业园区域能源站"竣工典礼"暨苏宁慧谷绿色能源服务"签约仪式"

【国内外来访】 1月27日，美国AMD公司考察团一行在市、区部分领导陪同下到园区考察，参观南京国际服务外包大厦4层标准办公间，并就AMD公司在南京设立研发中心的可能性进行探讨。AMD公司成立于1969年，总部位于美国加利福尼亚州桑尼维尔，致力于开发下一代面向商用、家用和游戏领域的计算和图形处理解决方案。自1993年在中国开展业务以来，AMD不断扩大在华投资，在中国的业务逐渐从产品销售发展到包括研发、渠道管理和市场营销在内的全方位拓展。

4月1日，法国阿尔萨斯教育协会友好访问团一行12人在相关领导陪同下到园区参观考察。

11月18日，由省住建厅副厅长顾小平牵头，省财政厅、住建厅相关领导到园区考察低碳项目建设情况，视察园区区域能源集中供暖供冷项目一号能源站，听取园区低碳节能生态规划情况汇报。与会领导对园区区域能源集中供暖供冷项目的示范意义和进展状况给予肯定。

11月22日，省、市、区食品药品监督管理局相关领导和西藏自治区食品药品监督管理局代表团一行15人，参观考察入驻园区企业——南京巨鲨（南京巨鲨商贸有限公司、南京巨鲨显示科技有限公司）。巨鲨公司作为江苏省优秀医疗器械贸易公司代表，是西藏自治区药监局代表团到江苏参观考察的唯一一家贸易型医疗器械公司。该公司经营销售全球知名品牌的医疗器械，独立研发、生产和销售自主品牌的医疗专用显示器，占全国近50%的市场份额。（徐惠子）

溧水产业基地

【概况】 溧水产业基地位于溧水县以北，2005年7月，区政府和溧水县政府合作成立鼓楼—溧水科技园管委会，并成立注册资金2000万元的园区运作公司——南京鼓溧科技有限公司，鼓楼区出资90%，溧水县出资10%（该10%由鼓楼区政府替溧水县国资局支付）。2010年，溧水产业基地按照“优势互补、双向互动，呼应城乡、协调发展，项目推进、重点突破”的原则，加大与溧水县挂钩合作力度，发挥区县各自资源优势，推动区总部经济、民营经济大发展。

【溧水产业基地办公室】 溧水产业基地办公室成立于2005年，与鼓溧科技有限公司合属办公。2010年，该办公室本着“贯彻城乡统筹战略，帮促溧水经济健康快速发展，为区内企业腾笼换鸟提供空间，为区税源经济发展留足后劲”的思路开展工作。深入调研，力争突破瓶颈，使各项工作处于主动地位；在大力发展区总部经济的过程中，全力为驻区企业总部提供发展广阔腹地；与区相关职能部门加强联系，形成有机工作机制，合力促进总部经济发展；切实落实鼓楼区对产业基地管理办公室的扶贫帮困计划，积极与溧水县主管帮促部门沟通，真正把帮扶项目落到实处。

【招商引资】 2005年10月起，为加大产业基地招商引资的宣传力度，营造园区投资氛围，鼓溧公司投资在产业园区四周道路上竖起溧水产业基地指示牌、宣传牌，在园区主要路段建立长20米门头，并树起园区总体规划图，在园区周围进行围墙招标建设。至2010年底，溧水境内招商引资用地13.33公顷，固定资产投资约4.4亿元，产业基地入驻11家企业；同时，依托产业基地建设，大力帮促溧水县经济社会事业发展，较好完成全年奋斗目标和城乡统筹工作。

【服务企业】 2010年，溧水产业基地在做好“一站式”全程代理服务的基础上，实行跟踪、贴身式服务，及时、正确、协调处理企业的各类矛盾和问题，在入园企业建筑规划设计、施工建设、后勤保障等方面为企业服务。产业基地办公室协调、解决针对企业与溧水方产生的矛盾，及时掌握企业建设情况，主动和企业有关人员沟通施工中发现的问题，保证施工建设进度和质量，使企业发展顺利进行，得到企业的好评。同时，梳理企业的需求信息以及存在问题，加强指导、服务和协调，对于实际困难和问题，与溧水县政府及有关部门沟通协调，研究具体解决方法和措施，逐一落实，使企业健康快速发展。

溧水产业基地11家企业名单

表25

项目名称	用地(公顷)	总投资(万元)	项目位置	预计年利税(万元)	项目状态	项目来源
南京华阳房地产公司	–	13000	开发区	–	销售	鼓楼区
南京华瑞医疗器械有限公司	3.33	5000	永阳镇	800	投产	鼓楼区
臻顺国际贸易公司	3.33	300(万美元)	启动区13.33公顷	180	投产	永阳镇
南京科光特种材料有限公司	2.00	3000	启动区13.33公顷	1000	投产	鼓楼区
南京大德科教设备有限公司	1.67	3750	启动区13.33公顷	480	投产	永阳镇
宁波禾采医疗器械有限公司	10.00	20000	开发区	13000	基础建设	鼓楼区
南京帝都印务有限公司	0.67	1500	永阳镇	300	投产	鼓楼区
江苏省邮政机械厂	–	–	洪蓝镇	–	投产	鼓楼区
康即福食用油有限公司	–	300	东屏镇	–	投产	鼓楼区
浙江捷灵开关有限公司	5.00	12000	启动区13.33公顷	–	基础建设	永阳镇
金鑫传动设备有限公司	1.67	1500	启动区13.33公顷	–	基础建设	永阳镇

（何一伟）

工业·建筑业

Industry & Construction Industry

工 业

【概况】 2010年,鼓楼区工业发展较2009年有所回暖,工业企业完成工业总产值504669万元,同比增长0.76%。48家规模企业期末资产总计889507万元,其中:固定资产原值137240万元,累计折旧53343万元,流动资产83896万元(其中应收账款净额275029万元、存货100053万元);负债总计513576万元;所有者权益375931万元;全部从业人员平均人数为9317人。48家规模企业2010年共完成工业总产值475098万元(现价),实现工业销售收入463629万元、工业增加值126424万元(现价)、工业利税3549万元、工业利润43619万元,工业产品产销率为97.59%。2010年完成工业固定资产投资5962万元。规模以下工业企业完成工业总产值29571万元,同比下降2.1%。

【规模以上工业企业分类】 2010年,属于鼓楼区在地统计口径范围的年销售收入在500万元以上的规模工业企业(以下简称规模企业)有48家,比上年减少1家。48家规模企业按登记注册类型分类,国有企业11家,集体企业1家,股份合作企业1家,有限责任公司8家,股份有限公司2家,私营企业18家,港澳台商投资企业1家,外商投资企业6家。

【规模以上工业企业生产与销售情况】 2010年,鼓楼区48家规模以上工业完成工业总产值475098万元,工业增加值126424万元,工业销售产值463629万元,工业用电量3504.18万千瓦时。其中,11家国有企业完成工业总产值66155万元,工业增加值17604万元,工业销售产值73672万元,工业用电量648.68万千瓦时;1家集体企业实现工业总产值1097万元,工业增加值292万元,工业销售产值1097万元,工业用电量7.19万千瓦时;1家股份合作企业实现工业总产值1367万元,工业增加值364万元,工业销售产值1367万元,工业用电量20.6万千瓦时;8家有限责任公司实现工业总产值19483万元,工业增加值5184万元,工业销售产值19286万元,工业用电量158.95万千瓦时;2家股份有限公司实现工业总产值259868万元,工业增加值69151万元,工业销售产值241288万元,工业用电量1287万千瓦时;18家私营企业实现工业总产值48516万元,工业增加值12910万元,工业销售产值51455万元,工业用电量921.77万千瓦时;1家港、澳、台商投资企业实现工业总产值3660万元,工业增加值974万元,工业销售产值3980万元,工业用电量45万千瓦时;6家外商投资企业实现工业总产值74952万元,工业增加值19945万元,工业销售产值71484万元,工业用电量414.99万千瓦时。

【高新技术行业增长明显】 2010年,高新技术行业完成工业总产值31.36亿元,同比增长19.2%,占规模以上工业总产值的66%;完成销售产值29.93亿元,同比增长17.1%,占规模以上工业总产值的64.6%;出口交货值1.61亿元,同比增长544.7%。

【产销衔接状况回升】 1~12月,全区规模以上工业产销率为97.59%,同比上升0.39个百分点。其中,国有工业产销率为113.63%,在各经济类型中最高,其次是外商及港澳台商投资企业、集体企业和股份合作企业。

2000~2010年鼓楼区工业总产值一览表

表26　　单位:万元

年份	工业总产值			规模以上所占比重(%)
		规模以上	规模以下	
2000年	80765	63517	17248	78.6
2001年	91722	65521	26201	71.4
2002年	88927	50293	38634	56.6
2003年	92096	51508	40588	55.9
2004年	原区:149155	99711	49444	66.9
	经普:579034	529590	49444	91.5
2005年	650255	602140	48115	92.6
2006年	668519	615150	53369	93.3
2007年	641561	589275	52286	91.9
2008年	648022	620157	27865	95.7
2009年	500854	470646	30208	94.0
2010	504669	475098	29571	94.1

2000~2010年鼓楼区规模以上工业企业利税总额一览表

表 27

年　份	利税总额(万元)	其　中		平均每一职工创利税额(元/人)
		利润(万元)	税金(万元)	
2000年	9084	5706	3378	26406
2001年	9073	5635	3438	31040
2002年	8991	5922	3069	54200
2003年	9528	6912	2616	49547
2004年	58679	30338	2834	40282
2005年	59506	28651	3085	42410
2006年	67904	34823	2960	51811
2007年	77205	36332	2965	55174
2008年	67028	38222	3426	49879
2009年	64395	33569	2660	58781
2010年	80554	43619	3549	86459

【节能降耗】 2010年,全区规模以上工业企业单位工业增加值能耗为0.05吨标煤/万元,同比下降11.1%;单位工业增加值电耗为320.56千瓦时/万元,同比下降7.8%。

【国电南京自动化股份有限公司】
2010年,国电南京自动化股份有限公司围绕"两轮驱动"战略思想,加大科技创新力度,构架并优化三级研发体系,建立和实施两级科研管理体系,公司研发体系推行"126人才培养计划"(即1年半时间复制1个研究院,有200名骨干研发人员,研发队伍增至600人),该计划推行不到1年,已拥有院士1名、博士20名,研发队伍从2009年的370人增至574人;积极拓展符合公司战略的新业务领域,先后成立南京国电南自新能源科技有限公司、南京国电南自新能源工程有限公司、南京国电南自电力自动化有限公司、南京国电南自风电自动化技术有限公司、南京南自电气科技有限公司。坚持创新管理,广泛和国内外一流企业或有特色企业进行合作洽谈,不断拓展发展空间,和西电集团、合康变频、中船重工、武汉天和、重庆海吉等多家知名大型公司进行合作,采取吸收、兼并方式,成立武汉天和技术股份有限公司、江苏国电南自海吉科技有限公司、江苏上能变压器有限公司等,有效提升公司可持续发展的能力。全年与北京合康亿盛变频科技股份有限公司、江苏上能变压器有限公司签署战略合作框架协议,做大做强相关产业,投资2.88亿元入股中船重工(重庆)海装风电设备有限公司,持有其18%股权,为第二大股东,完成公司历史上最大的单笔投资。年内收购兼并4家公司,新设9家公司,共有下属公司41家,其中子公司23家,参股公司8家,三级公司14家。加大融资力度,全年完成非公开发行股票工作,以23.1元的价格融资7.8亿元。2010年,订货额达30.88亿元,营业收入237584.77万元,同比增长25.3%,实现利润总额16614.06万元,同比增长17.05%。

年内,750千伏新疆哈密变电综合自动化站投运,完成京沪高铁枣庄—蚌埠间的先导段牵引变电所综合自动化系统和电力配电所综合自动化系统项目,完成印尼阿萨汉一级水电站全厂二次系统设备的供货及调试,国网公司首座220千伏新建设智能变电站,为大唐国际青铜峡光伏电站一期10兆瓦项目提供的太阳能全站一、二次电气系统集成设备成功投运。成功摘牌中国(南京)电力自动化产业园地块。该项目是南京市确定的形成自动化产业集聚、衍生的重点项目,是新模范马路建设的龙头示范项目,建筑面积27.48万平方米,总投资约21亿元,以打造成为国内规模最大、配套设施最完善、科技含量最高、整体设施最先进、经营环境最理想的电力自动化创新产业园区为目标。

全年公司开展的科研项目获得省部级鉴定12项,企业级鉴定23项,申报并获得受理的专利43项,获得授权的专利25项;申报计算机软件著作权登记212项,软件产品检测10项,软件产品登记16项。7项产品通过省部级新产品鉴定验收。南京国电南自软件工程有限公司入选2010年度江苏省规划布局内重点软件企业,其"EYEwin厂站监控系统"在中国软件行业协会组织的软件产品推优活动中获"中国优秀软件产品"称号。年内,公司获全国电力行业优秀企业、国家级火炬计划重点高新技术企业、

2010年鼓楼区规模以上工业企业(按登记注册类型分组)生产与销售情况

表28

单位：万元

类　　别	单位数	工业增加值(生产法)	工业总产值	工业销售产值	工业用电量(万千瓦时)
总　　计	48	126424	475098	463629	3504.18
国有企业	11	17604	66155	73672	648.68
集体企业	1	292	1097	1097	7.19
股份合作企业	1	364	1367	1367	20.6
有限责任公司	8	5184	19483	19286	158.95
股份有限公司	2	69151	259868	241288	1287
私营企业	18	12910	48516	51455	921.77
港、澳、台商投资企业	1	974	3660	3980	45
外商投资企业	6	19945	74952	71484	414.99

2010年鼓楼区规模以上工业企业能源购进、消费与库存状况

表29

能源名称	单　位	单位数(个)	年初库存	购进量		消费量					年末库存
				实物量	金额(万元)	合　计	工业生产消费		非工业消费	用于交通工具	
								用于原材料			
能源合计	吨、标准煤	48	13	7310	4523	7310	6138	12	1172	454	10
原煤	吨	–	–	–	–	–	–	–	–	–	–
洗精煤	吨	–	–	–	–	–	–	–	–	–	–
其他洗煤	吨	1	18	593	66	597	597	–	–	–	14
焦炭	吨	–	–	–	–	–	–	–	–	–	–
天然气	万立方米	1	–	6	17	6	6	–	–	–	–
汽油	吨	29	–	586	436	584	189	8	394	293	–
柴油	吨	6	–	560	359	560	553	–	7	16	–
液化石油气	吨	–	–	–	–	–	–	–	–	–	–
热力	百万千焦	1	–	6390	40	6390	6390	–	–	–	–
电力	万千瓦时	48	–	4007	3605	4007	3523	–	484	–	–

2010中国上市公司法律风险管理优秀企业、2010年度最佳信息披露提名奖、中国华电集团公司先进企业等荣誉，获得由中国安全防范产品行业协会颁发的“安防工程企业一级资质”和由中华人民共和国商务部授权、江苏省商务厅颁发的“对外承包工程资格证书”，公司的“国电南自”商标被国家工商行政管理总局商标局认定为“中国驰名商标”。

建筑业

【概况】 2010年，鼓楼区资质建筑业企业紧紧抓住发展机遇，大力拓展建筑市场，全力以赴保增长、保稳定、保安全，企业的生产经营呈现出产值增长、效益提高的良好局面。全区288家资质建筑业企业全年共完成总产值307亿元，同比增长30.6%。各项主要经济技术指标实现新突破，建筑业对拉动全区相关产业发展，促进区域经济持续较快发展发挥重要作用。

【资质建筑业企业基本情况】 2010年，全区288家资质建筑业企业按承包类型分，施工总承包企业38家，比2009年增加4家，同比增长11.76%；专业承包企业231家，比2009年增加

8家，同比增长3.59%；劳务分包企业19家，比2009年增加2家，同比增长11.76%。按资质等级分，一级企业37家，占全区资质建筑业企业的12.85%，比2009年减少7家，同比下降15.9%；二级企业79家，占全区资质建筑业企业的27.43%，比2009年增加3家，同比增长24.56%；三级企业172家，占全区资质建筑业企业的59.72%，比2009年增加18家，同比增长11.69%。纵观数据显示，鼓楼区资质建筑业企业资质分布的基本结构没有发生较大改变。

【建筑业总产值快速增长】 2010年，全区资质建筑业完成建筑业总产值307亿元，比2009年增加66亿元，增幅达30.6%，保持快速增长势头。其中，建筑工程产值278亿元，占总产值90.55%，比2009年增加69.29亿元，增幅达33.20亿元；安装工程产值28亿元，占总产值9.10%，比2009年增加5.53亿元，增幅达24.61%；其他产值1.2亿元，占总产值0.39%，比2009年增加0.2亿元，增幅达20%。

【高资质企业产值比重提高】 2010年，鼓楼区高资质企业产值稳步增长，高资质建筑业企业完成产值285.15亿元，占全区建筑业总产值的92.88%，为整个建筑行业稳步发展奠定坚实基础。其中，一级资质企业完成产值251.63亿元，占全区建筑业总产值的81.96%；二级资质企业完成产值33.52亿元，占全区建筑业总产值的10.92%。

【经济效益明显提高】 2010年，资质建筑业企业全年签订合同额482.21亿元，同比增长28.49%；实现工程结算收入390.23亿元，同比增长46.5%；实现工程结算利润38.33亿元，同比增长29.0%；工程结算税金及附加11.55亿元，同比增长52.1%；实现利润总额38.57亿元，同比增长225.1%。全年应付工资总额30.04亿元，同比增长33.87%，年人均薪资达4.10万元，同比增长69.42%，远高于全市建筑业平均水平。

【主要指标居全市之首】 2010年，鼓楼区资质建筑业企业的生产经营情况良好，各项建筑业指标均居全市六城区之首。区资质建筑业企业与建设单位签订合同额占全市建筑业签订合同额的18.86%；完成建筑业总产值占全市建筑业总产值的17.72%；完成各类房屋施工面积占全市建筑业房屋施工面积的14.04%；创造工程结算收入占全市建筑业工程结算收入的19.5%。

【民营经济占建筑业主体】 2010年，民营资质建筑业企业共有211家，占全区资质建筑业的73.26%；年末拥有从业人员89366人，占全区资质建筑业从业人员的79.93%；与建设单位签订合同349亿元，占全区资质建筑业合同额的72.38%；创造产值222.29亿元，占全区资质建筑业产值的72.6%；完成工程结算收入302.4亿元，占全区资质建筑业工程结算收入的77.42%，完成建筑业总产值222.29亿元，占建筑业总产值的72.41%。民营建筑业企业经济的发展已成为推动鼓楼区资质建筑业发展的最主要力量。

【产业结构比较单一】 2010年，区资质建筑业仍以传统的房屋和土木工程建筑业为主，而在装饰装潢、钢结构、市政路桥、园林绿化、交通、水利、电力等新兴行业组成的大建筑市场所占比重较低。从与建设单位签订合同额来看，房屋和土木工程建筑企业与建设单位签订合同额413.97亿元，占全区资质建筑企业签订合同额的85.89%；从完成产值来看，房屋和土木工程建筑业完成产值194.07亿元，占全区资质建筑业总产值的63.21%；从从业人数来看，房屋和土木工程建筑业从业人数为62207人，占全区资质建筑业从业人数的69.61%；从实现利润来看，房屋和土木工程建筑业实现利润8.70亿元，占全区资质建筑业利润总额的22.56%。

鼓楼区资质建筑业企业数量对比表

表30　　单位：个

	2010年	2009年	同比±%
企业总数	288	274	5.11
施工总承包企业	38	34	11.76
专业承包企业	231	223	3.59
劳务分包企业	19	17	11.76
一级企业	37	44	−15.91
二级企业	79	76	3.95
三级及以下企业(含劳务)	172	154	11.69

2010年鼓楼区资质建筑业经营情况一览表

表31

单位：亿元

主要指标	2010年	2009年	同比(±%)
签订合同额	482.21	375.30	28.49
工程结算收入	390.61	266.37	46.65
工程结算利润	38.33	19.25	29.0
工程结算税金及附加	11.55	7.59	52.1
利润总额	38.57	11.86	225.2
本年应付工资总额	30.04	22.44	33.87
年人均工资	4.10	2.42	69.42

【工程成本不断上涨】 2010年，全区资质建筑企业由于各项费用的提高，致使工程结算成本达到338.22亿元，占工程结算收入的比重高达86.67%，压缩企业的赢利空间，导致企业利润减少。

【施工队伍素质偏低】 全区资质建筑业企业大多是从乡镇企业发展起来的，专业技术、管理人才较少，施工队伍大多由农民工或临时人员组成，技术、业务素质不高，与国内一些大企业相比差距甚远，更适应不了国际竞争的需要。至2010年末，区拥有建筑业从业人员89367人，其中管理人员15989人，占总人数的17.89%；工程技术人员12690人，占总人数的14.20%；现场施工人员达到60688人，占总人数的67.91%。 (高　鸣)

2010年鼓楼区建筑业主要指标一览表

表32

指标名称	单位	2010年	占全市比重(%)
与建设单位签订合同额	亿元	482.21	18.86
建筑业总产值	亿元	307	17.72
房屋建筑施工面积	万平方米	1973.78	14.04
工程结算收入	亿元	390.61	19.5

2010年鼓楼区民营建筑业企业情况表

表33

	民营建筑业	全区建筑业	所占比重%
企业数量(个)	211	288	73.26
年末从业人数(人)	71436	89366	79.94
与建设单位签订合同额(亿元)	349	482.21	72.38
建筑业总产值(亿元)	222.29	307	72.41
工程结算收入(亿元)	302.4	390.61	77.42

2010年南京市六城区建筑业主要指标一览表

表 34

单位:亿元

指　　标	玄武	白下	秦淮	建邺	鼓楼	下关
与建设单位签订合同额	132.28	337.20	38.03	146.04	482.21	207.73
建筑业总产值	85.88	218.31	21.65	76.40	307.00	117.92
工程结算收入	86.22	209.07	34.28	100.97	390.61	119.40

2010年鼓楼区资质以上建筑业主要指标完成情况

表 35

指标名称	2010年	2009年	同比±%
企业(个)	269	257	4.7
签订合同额(亿元)	482	375	28.5
建筑业总产值(亿元)	307	235	30.6
其中:装饰装修产值(亿元)	19	18	5.6
在外省完成的产值(亿元)	166	112	48.2
竣工产值(亿元)	206	160	28.8
房屋建筑施工面积(万平方米)	1974	1341	47.2
其中:本年新开工面积(万平方米)	1048	539	94.4

2010年鼓楼区资质以上建筑业财务指标情况

表 36

单位:万元

指标名称	2010年	2009年	同比±%
固定资产原价	607856	510315	19.1
本年折旧	31444	17663	78.0
工程结算收入	3902315	2663692	46.5
工程结算税金及附加	115525	75948	52.1
工程结算利润	383313	192531	99.1
其他业务收入	1089233	688433	58.2
其他业务利润	150839	36402	314.4
营业利润	380356	114405	232.5
利润总额	385721	118649	225.1
从业人员劳动报酬	340358	249239	36.6
劳动和失业保险费	6917	7692	-10.1
全部从业人员年平均人数(人)	82918	97986	-15.4

鼓楼年鉴2011

对外经济及港澳台贸易

Foreign Economy & Trade With Hongkong, Macao and Taiwan

综　　述

【概况】 2010年，鼓楼区开放型经济工作把握后金融危机时代机遇，扎实推进各项目标任务落实，实现开放型经济平稳发展。全年注册合同外资1.52亿美元，实际使用外资1.12亿美元。实现服务外包合同金额4.4亿美元，服务外包执行金额4.15亿美元；完成对外承包工程和劳务营业额1.12亿美元；实现外贸出口29.78亿美元；引进注册资本金在1000万元以上大项目45个，总注册资本金25.1亿元，其中引进注册资金亿元以上企业4家。成功举办“2010鼓楼区现代服务业暨科技创新项目推介会”。是年，鼓楼区政府被南京市政府表彰为“2010年度开放型经济工作优胜单位”。区贸促支会被市贸促会表彰为贸易促进工作先进单位。　　（周建平　杨　志）

【举办鼓楼区现代服务业暨科技创新推介会】 9月21日，鼓楼区成功举办“2010年南京金秋经贸洽谈会——鼓楼区现代服务业暨科技创新推介会”。市区领导缪合林、李琦、鲍永安等参加。会上，区委书记鲍永安介绍全区总体发展思路和投资环境，常务副区长纪增龙重点推介湖南路04、05片及绿地广场、南京国际广场、苏宁慧谷等现代服务业招商项目。芬兰万塔市市长尤哈尼-帕亚宁率芬兰市科技创新中心工作人员参加推介会，并与鼓楼区就芬兰—中国科技创新合作项目进行交流洽谈。花旗集团下属花旗银行与鼓楼区达成入驻金陵饭店意向；国内规模最大外资中小企业信用担保公司富登投资信

9月21日，鼓楼区成功举办“2010年南京金秋经贸洽谈会——鼓楼区现代服务业暨科技创新推介会”

2000~2010 年鼓楼区外向型经济指标一览表

表 37　　单位：万美元

年　份	直接利用外资	出口创汇	劳务输出营业额
2000 年	810	2763	131
2001 年	1006	4335	168
2002 年	2022	5000	153
2003 年	4046	6896	246
2004 年	5512	8300	278
2005 年	5806	17900	412
2006 年	12600	24834	7606
2007 年	20682	33597	8873
2008 年	18408	39571	9985
2009 年	22847	30099	10116
2010 年	11200	297826	11161

2010 年鼓楼区外资和港资企业投资情况

表 38　　单位：万美元

项　目	总投资	合同外资
合　计	23536	15200
一、按投资方式分		
中外合资	10966	2033
外商独资	12570	13167
二、按国别地区分(部分)		
美　国	426	359
德　国	9628	9628
新加坡	4080	3071
中国香港	8420	1453
开曼群岛	857	476

用担保有限公司与鼓楼区签约，年内增资 9000万美元以上。

（向　卫　杨　志）

【组建区投资促进局】 9 月 23 日，区委、区政府下发《关于南京市鼓楼区人民政府机构改革的实施意见》，确定组建区投资促进局，将区对外贸易经济合作局职责、区发展和改革局有关投资促进职责，整合划入区投资促进局(以下简称区投促局)。区投促局承担对外来投资的促进、管理、服务和民营经济发展责任，不再保留区对外贸易经济合作局。

（杨　志）

引进和利用外资

【概况】 2010 年，区投促局多措并举推动开放型经济科学发展，开放型经济工作继续保持良好发展势头。对已落户外资企业进行全方位扶持和帮助，使企业做强做大。全区新批外商投资企业 24 家，其中 7 家为科技企业；增资扩股 15 家，其中 9 家为科技企业。完成注册合同外资 1.52 亿美元，完成区目标 117%；实际使用外资 1.12 亿美元，完成区目标 102%。

【完成 2009 年度外资企业年检工作】 4~7 月，2009 年度外商投资企业联合年检工作顺利结束。全区 197 家外资企业参检，参检率 98.5%。从年检情况看，企业在不同程度上受到金融危机的冲击，但在国家相关扶持政策及

4月28日，台湾地区东元集团会长黄茂雄一行在市委副书记、市纪委书记陈绍泽陪同下到鼓楼区参观考察

自身努力下，2009年开始逐步走出阴影，生产经营趋向正常化，体现出外资企业较好的抗风险能力。年检对企业股东主体资格进行严格梳理，对规范企业经营秩序起到积极作用，并加深对企业情况了解，加大对企业生产经营监督力度，有效促进全区外向型经济健康发展。

【权力阳光政务系统办理审批65件】 2010年，区投促局在权力阳光政务系统中办理审批65件，其中限额以下外商投资企业解散、终止审批1件，限额以下外商投资企业其他变更审批19件，限额以下外商投资企业申请增资审批11件，限额以下外商投资企业申请股权变更审批10件，限额以下外商投资企业申请减资审批3件，限额以下外商投资中外合资、中外合作企业设立审批5件，限额以下外商独资企业设立审批16件。通过权力阳光平台运行，企业可了解外商投资审批事项办理全过程，增加政府权力实施透明度，为企业提供便利。 （毛夏琴）

【成立博西家用电器投资（中国）有限公司】 10月，博世和西门子家用电器集团(BSH)独资控股成立博西家用电器投资（中国）有限公司，投资总额9627.52万美元，注册资本9627.52万美元。2009年西门子位列世界500强第30名，博世位列第98名。博世西门子家用电器集团是德国及西欧排名第一、世界第三家电制造商，于1967年联合组建，年销售额逾80亿欧元。博西家用电器投资（中国）有限公司主要从事国家允许的各类投资业务并对所投资企业提供采购设备、员工培训、贷款担保等服务，是典型高端现代服务业及总部型经济。

【科技型企业发展迅速】 2010年，全区共新批外商投资企业24家，其中7家为科技型企业。增资扩股16家，9家为科技型企业。诚迈科技（南京）有限公司于6月和10月2次增资，从50万美元增至350万美元，显示科技企业良好发展态势和发展潜力。

【全省最大外资融资租赁公司落户鼓楼区】 11月，由江苏省信用再担保有限公司、苏州市农业投资发展有限公司、徐州博汇工程机械集团股份有限公司、中国香港红石投资有限公司、中国香港钟山有限公司合资设立的江苏省再保融资租赁有限公司落户鼓楼区服务外包大厦，是2010年全省注册规模最大境外资本融资租赁公司。注册资本4.28亿元，其中港资占总股本26.64%。 （朱 蓓）

【吉祥置业开工建设】 2010年，嘉里置业（中国）有限公司和香格里拉中国有限公司合资成立吉祥置业（南京）有限公司，公司投资总额6亿元，注册资本3亿元。香港嘉里集团隶属马来西亚郭氏兄弟集团，成立于1974年，为亚太地区最大多元化发展集团。2008年，香港嘉里集团旗下嘉里

2010年鼓楼区注册合同外资（含增资扩股）100万美元以上外商及港澳台地区投资企业表

表39 单位：万美元

序号	项目名称	投资方	总投资	注册合同外资
1	南京伯藜置业管理有限公司	新加坡欣光投资有限公司	9980.00	3000.00
2	江苏侨福酒店管理有限公司	新加坡侨福建设股份有限公司	280.00	200.00
3	博西家用电器投资（中国）有限公司	BSH博世和西门子家用电器有限公司	9627.52	9627.52
4	江苏省信用再担保有限公司	红石投资有限公司	6310.43	1680.82
5	掌富科技（南京）有限公司	万机资源有限公司	409.00	175.00
6	艾志（南京）环保管接技术股份有限公司	环保投资香港有限公司	1326.96	206.74
7	南京多伦餐饮管理有限公司	王东东	119.80	99.30
8	博瑞德（南京）净化技术有限公司	新加坡客商严月根	199.80	71.36

（杨 莉）

2007~2010 年鼓楼区服务外包执行额数据图

图 1

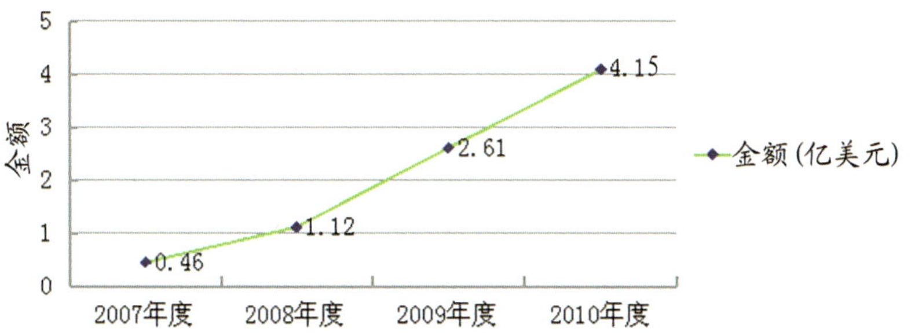

2010 年鼓楼区服务外包企业从业人员情况分析

图 2

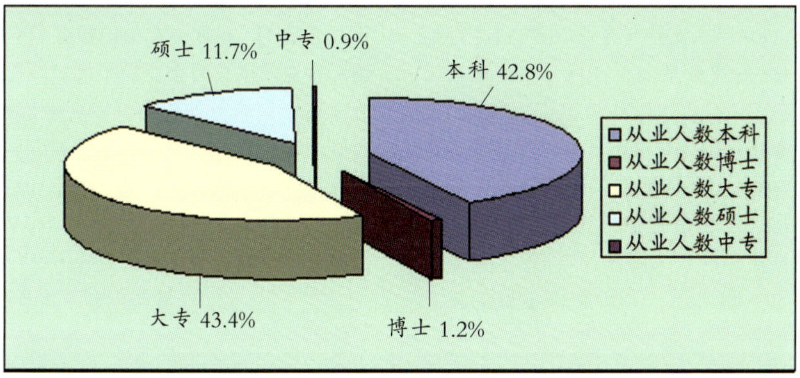

2010 年鼓楼区服务外包发包国别及地区分布

图 3

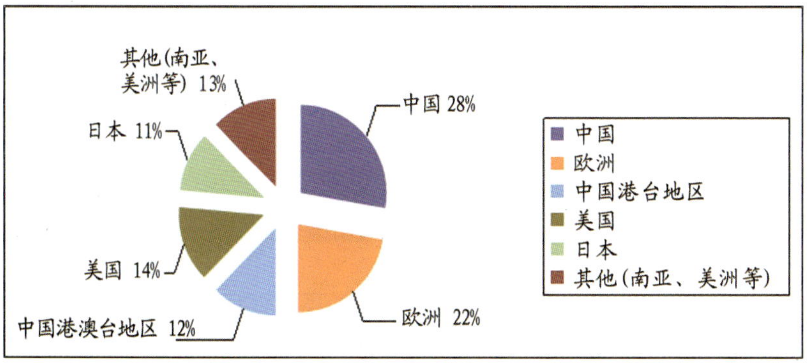

2010 年鼓楼区服务外包 ITO 业务类型分布图

图 4

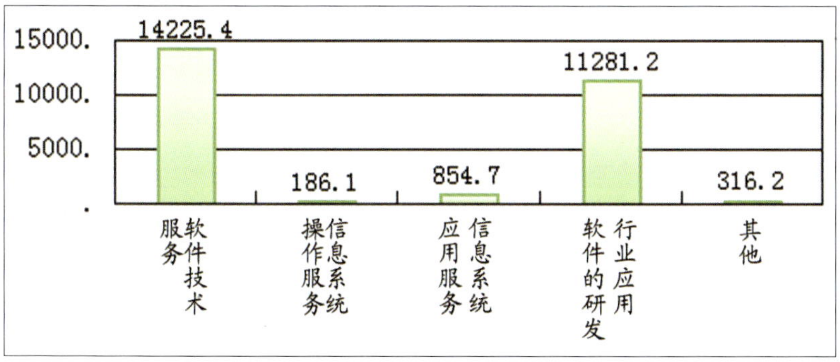

置业(中国)有限公司、香格里拉中国有限公司拿下位于模范马路和中央路交界南汽地块，拟兴建香格里拉酒店。该项目于2010 年 12 月开工建设，以打造世界一流高端酒店及商用物业为目标，提升南京市酒店整体层次，促进服务业国际化发展。

(杨晓芳)

【帮助企业创品牌】 2010 年，区投促局扶持诚迈科技(南京)有限公司、南京中图数码科技有限公司、南京罗杰软件发展有限公司等企业获得 ISO 27001 认证，富迪科技(南京)有限公司、南京圣诺热管有限公司等获得 ISO 2000 认证，南京爱普瑞斯软件有限公司成为全球供应链协会理事单位，艾志工业技术集团有限公司获得省、市工商行政管理局颁发的著名商标。南京利丰英和商贸有限公司应用先进全球供应链管理模式，顺应经济全球化、采购和生产全球化趋势。

(杨　莉)

服务外包

【概况】 2010 年，鼓楼区服务外包合同额 4.4 亿美元，服务外包执行金额 4.15 亿美元，同比增长 59.2%；纳入统计服务外包企业 79 家，其中外资企业 23 家。5 家企业通过 CMM(能力成熟度模型)三级认证，11 家通过 CMMI(能力成熟度模型集成) 三级认证，12 家通过 ISO 27001 认证，4 家通过 ISO 2000 认证，19 家通过“双软”认证，12 家通过“高新”认证，2 家通过 SWIFT(环球同业银行金融电讯协会)认证；另有 4 家企业首批通过江苏省技术先进型服务企业认定。全区服务外包产业体系基本形成，产业结构日趋完善，业务类型集中在软件研发、工程设计、IC (集成电路)设计研发、通讯研发、供应链物流、医药研发等领域，发包国主要有美国、日本、英国、德国、韩国等，具体发包企业则有朗讯、阿尔卡特、荷兰阿卡迪斯等知名跨国企业。

2008~2010 年鼓楼区服务外包扶持资金表

表 40　　单位：万元

专项扶持资金	金　额
2008 年度(部分)南京服务外包专项政策资金	220.33
2009 年度江苏省商务厅国际服务外包专项资金	750.17
2009 年度南京市服务外包专项扶持资金	216.10
2010 年商务部服务外包扶持资金(第一批)	162.17
2010 年商务部服务外包扶持资金(第二批)	228.15
总　　计	1576.92

【服务外包从业人员 19414 人】 2010 年，鼓楼区服务外包从业人员 19414 人，同比增加 3000 人。区从事服务外包产业本科及大专学历员工占据多数，符合以较高综合素质的普通高校毕业人才为基础、以少量尖端科研技术人才为支撑、形成产业竞争力的特色。

【服务外包业务结构日趋完善】 2010 年，区服务外包业务类型集中在软件研发、工程研发设计、通讯软件研发、供应链物流、医药研发等领域，其中 ITO(产品支持与专业服务)占主导地位，占业务量 65%，BPO(业务流程外包)占 10%，KPO(知识流程外包)业务出现较大幅度增长，占整体业务量 25%，主要体现在工业设计业务额增加。在 ITO 业务中，全区自主研发软件业务有较大增长，软件技术服务能力不断增强，科研院校集聚优势显著，以软件研发为主导服务外包产业模式特色明显。数据显示全区服务外包产业结构进入调整优化阶段，但整体层面仍然较低，停留在产业链价值洼地，依靠员工数量增加业务局面无根本性改变。

【服务外包扶持资金申请及拨付创新高】 2010 年，区投促局为辖区服务外包企业申请并拨付国家、省、市各级服务外包专项扶持资金 1576.92 万元，促进服务外包产业的发展。

【诚迈科技入选“中国服务外包成长型百强企业”】 6 月，在中国服务外包领军企业及成长型企业发布仪式暨打造立体中国服务外包品牌峰会上，鼓楼区诚迈科技(南京)有限公司被中国国际投资促进会认定为中国服务外包成长型百强企业。至年底，全区入选全国服务外包成长型百强企业 5 家。

(侯红军　施伟韦)

2010 年鼓楼区区属外经企业业绩一览表

表 41　　单位：万美元

单　　位	新签合同额	完成营业额
南京对外经济合作有限公司	1285	966.5
南京大地建设(集团)股份有限公司	5336	9218
南京纺织品进出口股份有限公司	51	384
南京凯盛水泥技术工程有限公司	–	800

2010 年驻鼓楼区企业境外投资情况一览表

表 42　　单位：万美元

境外注册公司名称	中方企业名称	投资类别	合作形式	投向	投资金额
江苏省建筑工程集团赤道几内亚公司	江苏省建筑工程集团有限公司	建筑工程	独资	几内亚	50.00
江苏建设开发(塞内加尔)有限公司	江苏省建筑工程集团有限公司	建筑工程	独资	塞内加尔	50.00
得诚有限公司	南京盛富达商业投资管理有限公司	商务服务	独资	英属维尔京	219.16
香港苏宁电器有限公司	苏宁电器股份有限公司	批发业	独资	中国香港	5000.00
圣诺热管英国有限公司	南京圣诺热管有限公司	生产型	独资	英国	150.00
(香港)艾普特工程有限公司	江苏艾普特成套设备有限公司	发电设备	独资	中国香港	9.00
南汽英国有限公司	南京汽车集团有限公司	汽车生产	独资	英国	1160.00
星雅新加坡有限公司	江苏广博文化发展有限公司	文化传播	合资	新加坡	48.15
大地建设集团(柬埔寨)开发有限公司	南京大地建设集团有限责任公司	建筑工程	独资	柬埔寨	200.00
总　　计					6886.31

(仵亚洪)

3月9日，江苏省建筑工程集团公司副总裁、海外公司总经理张三旗与赤道几内亚工业、矿业和能源部办公厅主任 Feliciano Moro Mba 先生就双方在赤道几内亚项目的合作进行友好会谈

12月27日，南京大地建设集团召开四季度总结会

对外经济技术合作

【境外工程及劳务输出营业额创新高】 2010年，鼓楼区从事外经企业4家。年度完成营业额1.12亿美元，超额完成市奋斗目标的105.2%。后国际金融危机时代下，全区境外承包工程及劳务输出形势依然严峻，南汽集团公司因故暂停外经业务，凯盛水泥有限公司迁入区内，大地建设集团继续发挥全区外经工作龙头作用，该企业全年完成承包工程营业额9218万美元，同比增长204.3%，超出市奋斗目标187.6%。各外经企业年末在外人员6862人，区属外经企业未发生重大人身伤亡事故以及违反外事纪律等恶性事件。

【境外投资持续走强】 2010年，苏宁电器向中国香港公司投入5000万美元，大地建设集团为柬埔寨开发项目继续增资，全年9家企业在境外投资兴办8家公司，境外投资遍布3大洲7个国家和地区。江苏省建筑工程集团有限公司在非洲开办新境外投资企业，江苏广博文化发展有限公司首次涉足文化传播项目。 （仵亚洪）

对外贸易

【概况】 2010年，鼓楼区外贸企业积极应对后金融危机时代形势挑战，开拓国际市场，抢抓订单，外贸出口回升向好态势明显，全年全区238家有出口实绩外贸企业完成出口额29.78亿美元，同比增长39.1%，完成市目标的121.6%，完成区目标的148.9%。

【调整外贸进出口统计归属】 2010年，南京市商务部门将外贸进出口统计归属进行属地化，一批驻区省、市属外贸企业纳入鼓楼区统计。区进出口备案登记企业从282家增长为625家，其中进出口实绩企业从115家增长为238家。召开外贸工作专项座谈会，邀请中江国际、天元船舶等10家驻区省市重点外贸企业，商讨促进外贸、出口实现增长的方法与措施。

【加大企业资金扶持力度】 2010年，区投促局组织企业参加各种政策宣讲

2010年鼓楼区出口实绩在500万美元以上的企业名录

表43　　单位：万美元

序号	单位名称	出口实绩
1	江苏天元船舶进出口有限公司	88008.27
2	中国江苏国际经济技术合作公司	46803.47
3	南京纺织品进出口股份有限公司	27393.60
4	江苏中汇进出口有限公司	15305.85
5	江苏省对外经贸股份有限公司	13013.29
6	江苏阳光东升进出口有限公司	12674.87
7	南京市对外贸易有限公司	6654.93
8	南京南汽进出口有限公司	5577.75
9	中工美(江苏)进出口有限责任公司	5078.95

续表 43

序号	单位名称	出口实绩
10	中海工业(江苏)有限公司	4319.44
11	江苏省华宁国际技术贸易公司	4093.02
12	江苏省陶瓷进出口(集团)有限公司	3207.77
13	南京裕成贸易有限公司	3069.03
14	南京利富化工有限责任公司	3055.54
15	江苏佳泰化工有限公司	2685.88
16	南京海鼎胜商贸有限公司	2588.94
17	江苏海外集团机械有限公司	2510.18
18	南京赛创电子进出口有限公司	1961.50
19	南京淼润森工贸有限公司	1838.26
20	南京博思国际贸易有限公司	1808.11
21	南京汇荣贸易有限公司	1450.92
22	江苏金泰克国际贸易有限公司	1383.21
23	南京西可五金实业有限公司	1377.83
24	南京德沛进出口贸易有限公司	1367.84
25	南京可康工贸有限责任公司	1303.53
26	南京恒源丝绸有限公司	1251.20
27	南京元晟进出口有限公司	1226.95
28	南京亨利纺织有限公司	1103.23
29	联迪恒星(南京)信息系统有限公司	983.99
30	江苏苏尚工程技术有限公司	940.52
31	江苏中电润华国际贸易有限公司	864.71
32	南京润顺服装有限公司	840.36
33	南京铸峰国际贸易有限公司	759.63
34	南京阳阳服饰有限责任公司	724.72
35	南京国际礼品有限公司	669.27
36	南京泛欧科技有限公司	667.85
37	江苏商络电子机械有限公司	659.53
38	南京吉朗机械设备有限公司	659.44
39	南京利民化工有限责任公司	645.31
40	南京悄悄话贸易有限公司	642.81
41	江苏省出版印刷物资公司	637.70
42	南京康越纺织品进出口有限公司	623.55
43	江苏浩华服饰有限公司	616.53
44	南京对外经济合作有限公司	604.09
45	江苏省海外企业集团有限公司	600.34
46	南京绎霖国际贸易有限公司	594.37

续表 43

序　号	单位名称	出口实绩
47	江苏省海亚贸易有限公司	584.77
48	南京三联泵业有限公司	576.46
49	南京张氏工程机械有限公司	541.37
50	南京凯瑞进出口贸易有限公司	523.96
51	南京华东电子进出口有限公司	523.05

（杨　志）

会，全年组织132家企业申报各类扶持资金994.11万元。经区长办公会研究决定，2010年继续从区财政中安排150万元，对出国参展企业给予人员差旅费补贴。

【区贸促支会被市贸促会评为2010年贸促工作先进单位】 2010年，鼓楼区贸促支会先后组织驻区40家企业参加美国、加拿大、德国、芬兰、印度等国家或地区在南京举办经贸交流与推广活动。拓宽对外联络工作，加大与国外贸促机构、商协会组织、各国驻宁外事办事机构及经济合作组织联系，为驻区企业搭建平台，提供学习交流机会，积极推荐企业加入南京市贸促会和南京市国际商会。是年，区贸促支会被市贸促会评为2010年贸促工作先进单位。（李　倩）

重点招商引资大项目

【概况】 2010年，鼓楼区新增大项目45个，注册资本金25.1亿元。新增重点项目投资规模大、质量好，内资项目质量稳步提升，落户内资大项目中，超亿元项目4个。新增项目涉及面广，涉及金融担保、环保、文化、电子商务等现代服务业领域。现代服务业项目继续呈现增长态势，区标志性项目绿地广场项目已交付，国际广场项目计划2011年全面投入使用。在手项目稳步推进，嘉里集团南汽地块项目、富登增资、普华永道等重点大项目得到积极推进。

【绿地广场、国际广场招商工作有序推进】 2010年，鼓楼区配合绿地广场、国际广场开展招商工作。绿地广场建筑体量28万平方米、国际广场总建筑体量48万平方米，是区标志性建筑，也是全区总部经济、现代服务业招商重要载体。12月18日，绿地广场紫峰大厦正式开业。至年底，绿地广场引进新加坡富登担保、泰威逊（中国）商级社、渣打银行南京分行、宾利汽车、中金公司江苏营业部、浙商银行等一批国际国内知名企业。国际广场招商工作有序推进，普华永道等一批企业开始洽谈入驻事宜。是年，绿地广场项目和国际广场项目全面交付投入使用。

（张立群）

1月27日，美国AMD公司到南京国际服务外包产业园考察

9月21日，芬兰共和国万塔市市长尤哈尼–帕亚宁先生一行到南京科技广场访问

鼓楼年鉴2011

综合经济管理与监督

Integrative Economic Administration and Supervision

财　　政

【概况】 2010年，鼓楼区财政收入突破75亿元大关，完成756107万元，财政收入实现增量11.8亿元，同口径增长18.5%，其中一般预算收入完成380802万元，一般预算收入实现增量5.9亿元，增长18.3%。全年全区第三产业实现税收占全年财政收入比重90%以上，其中现代服务业税收明显提高，财政收入中纯税收收入占比重98.9%。财政总收入、一般预算收入总量、增量均居全市六城区首位。一般预算支出261806万元，增长19.2%，政府性基金预算支出13338万元。

12月31日，在2010年终决算会上，区委书记鲍永安揭晓2010年全区财政总收入数字

【总部型企业实现税收36.5亿元】 2010年，鼓楼区新引进中电投江苏分公司、博西（中国）投资有限公司等6家总部企业。总部企业配套载体建设有效推进，绿地紫峰大厦正式投入使用，泰威逊、中金公司等120余家现代服务业企业成功入驻；南京首家“白金五星”酒店——绿地洲际酒店正式开业；南京国际广场一期正式投入使用，金陵饭店二期工程等重点项目顺利推进。全年总部型企业实现税收36.5亿元，占区财政总收入48%，总部企业税收增量占财政收入增量比重50%，税收集聚效应得到提升。

【坚持打造服务品牌】 2010年，鼓楼区财政局树立“一切着眼于企业、一切服务于企业”思想，为企业提供引领性、专业化服务。鼓励支持驻区有条件企业走出国门，拓展企业境外合作和发展领域；鼓励企业建立境外研发机构，加强国际技术、信息和人才交流；在自主品牌、技术研发和国际市场开发等方面加大财政投入，增强企业国际竞争力；发挥财政资金杠杆作用，采取多种方式支持企业进行境外并购、参股、合资合作和海外上市等，促进企业做大做强。

【加大民生投入】 2010年，鼓楼区财政局全力支持区人代会确立的10个为民办实事重点项目，保证项目完成。同时，加大区域民生项目投入，全年一般预算支出安排城乡社区事务支出26220万元、教育支出61370万元、科学技术支出24572万元、文化体育与传媒支出3035万元、医疗卫生支出13868万元、社会保障和就业支出32602万元。政府性基金支出共安排城乡社区事务支出9627万元，教育支出2218万元，社会保障和就业支出670万元。

【加大困难群体帮扶力度】 2010年，鼓楼区财政局多渠道扩大就业途径，增加就业容量，全年政府买岗投入5000余万元，新增就业岗位2.8万个，全区城镇登记失业率1.95%。启动物价上涨与困难家庭临时生活补贴联动机制，为困难家庭及优抚对象发放临时生活补贴151万元。全面实现“3美元”计划，调高低保、低保边缘群体救助金标准，全区低保及低保边缘家庭综合保障标准达每人每月630元，处南京市最高水平。保障低收入家庭基本住房需求，全年财政投入廉租住房建设1000万元，2300余户获租赁补贴800余万元。扩大“居家养老服务网”服务覆盖面，为独居老人、“空巢”老人和困难老人家庭投入258万元，提供免费生活照料和探访服务，覆盖面增至3013人（户）。采取多种方式鼓励瑞海博老年康复中心等一批民营养老机构发展，新增养老床位300张。进一步完善残疾人托养机构补贴制度，为324名残疾人提供托养服务，区残疾人康复中心建设进展顺利。

【统筹发展各项社会事业】 2010年，鼓楼区财政局投入区本级教育资金55838万元，增长23.6%。依法保障教师收入水平，吸引和鼓励优秀人才长期从教。全年为1634人次家庭经济困难学生减免各类费用123万元，为鼓楼中等专业学校3232人次学生发放“助学金”241万元。完成南大附中和芳草园小学综合楼建设工程。完成芳草园小学、汉口路小学、南昌路小学等9所中小学校舍抗震加固工程2.5万平方米。由财政投入137万元为全区所有中小学、幼儿园及培训机构配备专职保安83名，安装视频监控和“一键通”报警系统，在全省率先建成校园综合安防系统，建立快速反应机制。全面执行国家基本药物制度，全年投入450万元支持社区卫生机构实行药品销售“零差率”。惠民门诊全年接诊18653人次，为9名困难群众提供免费手术援助。投入207万元建设现代化预防接种门诊，改善接种门诊就诊环境；挹江门社区卫生服务站改造工程顺利完成，江东社区服务中心和卫生监督所办公楼主体工程完工。

【城建城管投入资金35847万元】 2010年，鼓楼区城建城管投入资金35847万元，完成察哈尔路—福建路—钟阜路、北京西路等干道及沈举人巷、车站

2010年鼓楼区一般预算收入预算执行情况表

表44 单位：万元

征收机关	项　目	2009年决算数	2009年决算调整数	2010年完成数	同口径增幅%
国税局	小　计	75624	75510	96188	27.4
	增值税	46592	46482	53839	15.8
	企业所得税	29032	29028	42349	45.9
地税分局	小　计	243621	233214	278387	19.4
	营业税	121098	113582	142423	25.4
	企业所得税	44377	44377	59886	3.5
	个人所得税	50104	48154	44144	-8.3
	房产税	15655	14726	18529	25.8
	印花税	9493	9481	10436	10.1
	车船税	2894	2894	2969	2.6
财政局	小　计	13106	13106	6227	-52.5
	行政事业性收费收入	1838	1838	1739	-5.4
	罚没收入	2676	2676	1442	-46.1
	国有资本经营收入	10200	10200	4800	-52.9
	国有资源(资产)有偿使用收入	177	177	172	-2.8
	退增值税	-1785	-1785	-1926	-7.9
一般预算收入		332351	321830	380802	18.3

2010年鼓楼区财政总收入预算执行情况表

表45 单位：万元

征收机关	项　目	2009年决算数	2009年决算调整数	2010年完成数	同口径增幅%
国税局	小　计	258948	258500	321229	24.3
	增值税	186368	185930	215358	15.8
	企业所得税	72580	72570	105871	45.9
地税分局	小　计	385343	372011	434432	16.8
	营业税	121098	113582	142423	25.4
	企业所得税	110943	110943	149716	35
	个人所得税	125260	120385	110359	-8.3
	房产税	15655	14726	18529	25.8
	印花税	9493	9481	10436	10.1
	车船税	2894	2894	2969	2.6
财政局	小　计	7751	7751	446	-94.2
	行政事业性收费收入	1838	1838	1739	-5.4
	罚没收入	2676	2676	1442	-46.1
	国有资本经营收入	10200	10200	4800	-52.9
	国有资源(资产)有偿使用收入	177	177	172	-2.8
	退增值税	-7140	-7140	-7707	-7.9
财政总收入		652042	638262	756107	18.5

东巷等多条街巷出新整治工作。大力支持环卫保洁工作，投入366万元配备22辆机扫车，机扫作业道路增至33条，机扫面逐步扩大，主干道机扫率69%；配备2辆快速保洁皮卡车，推行快速化保洁，有效降低保洁员劳动强度，大幅提高保洁精度和效率；配备小型压缩车，试行垃圾中转直收直运模式，有效减少滴洒抛漏现象。完成魏源故居及周边、紫峰大厦绿地建设，全区新增绿地8.03万平方米。投入5282万元用于小区出新及房屋整治。对一批老旧小区开展节能节水改造，新增市级节水型小区6个。财政补贴96万元，完成旧钢窗改造总面积9378平方米。市、区投入5613万元，完成154个小区和28条街巷的雨污分流工程。

【稳步推进国库集中支付改革】 2010年，鼓楼区财政局稳步推进国库集中支付制度改革（财政国库集中支付制度是在科学合理编制部门预算基础上，通过设立国库单一账户体系来管理财政资金，通过编制分月用款计划来加强财政资金支付的计划性，通过实行直接支付和授权支付的方式来实现财政资金安全高效运行），财政结算中心逐步向国库集中支付机构转轨。选择区纪委、区审计局、湖南路街道、区财政局、区财政结算中心5家单位开展试点，试点单位预算内资金先行纳入财政国库集中收付范围，并组织相关人员进行业务培训，试点工作平稳顺利运行。

【政府采购工作规范化、制度化】 2010年，鼓楼区政府贯彻落实《中华人民共和国政府采购法》，以扩大政府采购范围为前提，规范政府采购行为为重点，加强监管，保证政府采购规范化、制度化。全年政府采购预算13924万元，实际采购金额13269万元，节约资金655万元，资金节约率4.7%。从采购项目的构成看，货物类、服务类、工程类分别为2802万元、303万元和10164万元，所占比重分别为21.1%、2.3%和76.6%。

（黄　艳）

国家税收

【概况】 2010年，鼓楼区国税局组织各项税收32.12亿元，同比增收6.29亿元，同比增长24.38%，一般预算收入9.62亿元，同比增长27.4%。该局自主征税26.8亿元，同比增收4.99亿元，同比增长22.89%，自主征收一般预算收入8.08亿元，同比增长26.22%。“十一五”期间，该局共组织国税收入116.43亿元，年均增幅27.65%，占六城区总量34.81%；一般预算收入34.85亿元，占六城区总量26.1%。收入总量多年保持六城区之首。

【落实税收优惠和结构性减税政策】 2010年，鼓楼区国税局落实税收优惠和结构性减税政策，全年累计办理各类退税5.37亿元，增幅20.83%，其中出口退税4.42亿元，增幅17.12%，各项政策性退税及汇算、结算清缴退税9536.73万元；走访58户研发机构，落实科研机构采购国产设备税收优惠，办理享受增值税税收优惠政策企业194户，所得税税收优惠政策企业104户，全年共办理增值税、所得税享受优惠总税额2亿元。“十一五”期间该局共减免及减免退税25.93亿元，其中出口退税17.57亿元，各类优惠政策减免及减免退税8.36亿元。

【初步建立专业化管理组织框架】 2010年，区国税局初步建立专业化管理组织框架，按照纳税人经营规模、纳税表现、税源特点、行业属性，将全局税源税户分为重点税源企业、风险企业、一般企业、小型企业、个体工商业户、重点项目等进行管理。把握区域经济特点，细分税户结构，确定重点行业，合理拆分税源管理职能，重视和强化大企业管理，在分类型基础上探索和建立“属地加特征纳税人”税源专业化管理新模式，提升税收征管效率。

【创建全省首家国地税联合办税服务厅】 3月，鼓楼区国税局搬入新办公大楼，与地税鼓楼分局共同建立全省第一家国地税联合办税服务厅，真正实现纳税人“进一家门办两家事”。实现“四统一、四联合”（统一的税务标识、统一的硬件环境、统一的服务标准、统一的排队叫号评价系统；联合办理税务登记业务、联合进行咨询辅导、联合设置自助办税厅、国地税值班长联合办公），推进全功能窗口建设和公共管理系统，严格落实值班长制度、首问负责制和午间值班制，开展方便纳税人办税“即时服务、限时服务和延时服务”，节省纳税人办税时间。在2010年行风评议中，该局纳税人满意度达97%，较往年有较大程度提高。

国地税联合办税服务厅全景

【优化大企业个性化服务】 2010年，鼓楼区国税局协助企业建立和完善税收风险内控体系，主动防范和避免税收风险，实现大企业专业化管理和为大企业提供针对性服务。对苏宁电器股份有限公司进行多层次、全方位纳税服务，探索大企业纳税服务新方法。建立多层次互动体系和大企业合作信赖制度，建立签订合作遵从备忘录，提供预约服务、上门服务、延时服务以及其他能满足其个性化需求全方位办税服务。

【开展增值税行业税负管理】 2010年，鼓楼区选择家电批发行业、图书出版行业加强增值税行业税负管理。结合所得税分类分层管理要求，推行项目化管理，发挥专业化审核团队风险应对作用。“十一五”期间，该局企业所得税收入由2005年1.4亿元增至2009年6.8亿元。是年，汇算亏损面、微利面、零申报面42.17%，核定征收面36.7%，预缴率70%，汇算准期申报率100%，电子申报率100%，汇缴审核任务完成面100%。强化跨国税源监控，非居民税收管理成效显著，全年代扣代缴非居民税收1531.26万元。 （容 蓉）

地方税收

【概况】 2010年，地税鼓楼分局累计组织入库各项收入79.27亿元(含社保费、基金费收入)，同比增收12.46亿元，增幅18.65%，组织入库地方税收55.76亿元，同比增收8.47亿元，增长17.92%；其中完成区级收入43.44亿元，同比增收6.24亿元，增幅16.8%，占六城区总量32.4%。“十一五”期间累计组织区级税收158.5亿元，为“十五”期间(44.58亿元)的3.56倍，年均增长21.43%。成功举办2010年“阳光税务”品牌建设主题研讨会。是年，地税鼓楼分局被评为2007~2009年度南京市文明单位、鼓楼区机关作风建设群众满意机关、连续6年获鼓楼区优化投资软环境竞赛一等奖。

【区级一般预算收入增幅首次超过税收增幅】 2010年，地税鼓楼分局完成区级一般预算收入27.84亿元，同比增量4.52亿元，同比增幅19.4%，占全区财政地方一般预算收入73%，组织区级税收增幅16.8%，区级一般预算增幅首次超过税收收入增幅2.6个百分点，主要得益于营业税和房产税增幅较大。区级税收中完成营业税14.24亿元，同比增收2.88亿元，同比增幅25.4%，占区级总税款比重32.78%，同比增加2.25个百分点；完成区级房产税收1.85亿元，同比增量3801万元，增幅25.8%。营业税占税收收入比重增加及增幅较大，区级一般预算收入增幅快于税收收入增幅。

4月28日，地税鼓楼分局举办2010年“阳光税务”品牌建设主题研讨会

【5税种税收超亿元】 2010年，鼓楼区区级地税收入5个税种超亿元，分别是营业税14.24亿元，企业所得税14.97亿元，个人所得税11.04亿元，房产税1.85亿元，印花税首次过亿元，达1.04亿元。营业税、企业所得税、个人所得税三大主体税种合计入库区级收入40.25亿元，占税收收入总量92.66%。

【重点企业对税收支撑作用明显】 2010年，鼓楼区地方税收纳税亿元以上4户，实现区级税收收入15.85亿元，占区级总税收36.49%；千万元以上50户，全年实现区级税收29.27亿元，占区级总税收67.38%。其中，2010年苏宁系列完成区级收入8.86亿元，同比增幅15.32%，占分局总税款20.4%；电力系列完成区级收入6.61亿元，同比增幅23.71%，占分局总税款15.2%。苏宁、电力、房管合计入库区级收入19.15亿元，占区级地税总税款44.08%，同比增长3.43亿元，增幅21.84%。

【征缴社保、基金费21.92亿元】 2010年，地税鼓楼分局强化对社保、基金费收入日常征缴管理，及时分解工作任务，按月通报入库进度，按季纳入绩效考核，加大社保费征缴、清欠力度，强化与区绿化委、残联、工会等部门协调联系，推进税费基金同征、同管、同查，规范征缴行为，全年组织入库各项基金3687.58万元，增幅11.5%；社保费应缴户7421户，组织入库21.55亿元，综合征缴率100%，清欠737.46万元，清欠率23.08%。是年，分局残疾人就业保障金征管工作被市残联表彰为先进单位。

【自行纳税申报人数居全市首位】 2010年，地税鼓楼分局加强个人所得税管理，做好年所得12万元个人所得税自行申报工作，对烟草、电力、金融等高收入行业进行调查摸底，对年薪制企业、个人独资合伙企业进行挖潜，拓展监控外人员，对重点监控对象进行深入宣传和上门辅导，开辟12万元专用申报室，提高申报质量。在自行申报期间，共发宣传资料17000份、寄送提醒函10402份、举办培训班6次，受理自行纳税申报10978人次，补税197.94万元，自行申报人数连续4年位居全市首位。

【评估、清欠、检查入库税款1.69亿元】 2010年，地税鼓楼分局运用纳税评估、专项检查等手段，加强评估、清欠、检查。在开展建筑业、房地产业等行业评估基础上，将各类培训机构、中介服务、税负明显偏低的企业和非金融商品转让、"大小非"解禁后股票转让等纳入重点行业进行评估，对纳税百万元以上重点税源企业开展评估自查辅导，对房地产业、医药制造及药品经销、建筑安装业、交通运输业、非居民企业等行业开展重点专项检查，将新闻出版业、金融保险业和中介机构也纳入检查范围。全年组织开展评估1504户，入库税款及滞纳金8485.98万元；依法惩处各类涉税违法行为，查办百万元以上大要案7起，查补税收收入7938万元；加强欠税动态监管，加强对未申报户和待扣款户的催报催缴，严防新欠，追缴陈欠，清理陈欠税款507.88万元，为2009年同期清欠数额5倍。全年通过评估、清欠、检查合计入库税收1.69亿元。

【落实税收优惠政策】 2010年，地税鼓楼分局加强主动型税政建设，加大对就业再就业以及残疾人税收优惠政策宣传、贯彻、落实和服务，经常性开展为下岗职工义务宣传税法活动，设立"下岗再就业绿色通道"，方便下岗失业人员办理涉税事宜，首次编写盲文版《促进残疾人就业税收优惠政策读本》并赠送盲人就业企业。全年共减免各种税款3.33亿元，把国家对社会弱势群体的优惠政策真正落到实处。

【税警联动加强发票打假工作】 2010年，地税鼓楼分局主动加强与公安经侦部门联系，打击假发票涉税违法案件。为公安经侦骨干举办专题发票鉴别讲座，提高公安一线办案人员实战业务能力；加大发票打假宣传工作，营造良好社会舆论环境；组织开展"深入行动百日决战"整治假发票买方市场活动，各基层税务所、驻地税公安办联合行动，查获涉嫌出售假发票案件3起，收缴各类假发票3.2万份，抓获犯罪嫌疑人7人。

【加强国地税联合征管】 2010年，地税鼓楼分局建立国地税征管工作联席会议制度，作为两局协商解决联办业务基本工作制度；开展日常联合征管工作，是年，地税鼓楼分局与鼓楼区国税局共同开展非正常户清理、联合纳税评估、联合税清理、漏征漏管户清理、联合注销检查、小型税源联合核定征收管理、数据交换比对等7类业务，制订具体工作流程和文书，拓宽国地税局联合征管工作深度和广度。

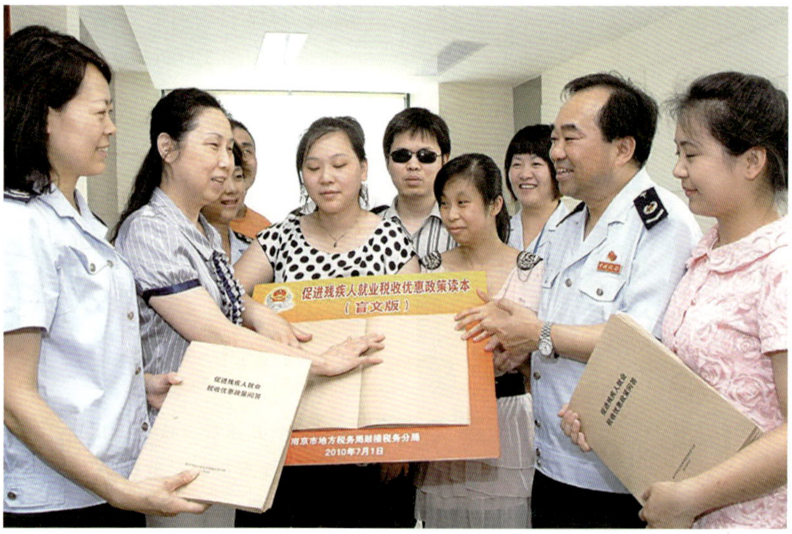

地税鼓楼分局组织人员编写盲文版《促进残疾人就业税收优惠政策读本》并赠送给盲人就业企业

【强化信息化管理】 2010年，地税鼓楼分局加强信息管理，依托省地税局3.0大集中网络系统，做好信息采集、录入和分析。加强数据审计常态管理，按照审计规则按月对数据录入情况进行审计，针对错误信息及时维护，确保数据实时准确。做好CA户发展推广(即证书授权中心：是一个负责发放和管理数字证书的权威机构。经过证书授权中心认证的电子数据采取以数字证书为核心的加密技术，可以对网络上传输的信息进行加密和解密、数字签名和签名验证,这就是CA认证的过程)，至年底，共有16526户纳税人通过CA方式进行申报，CA应用率97.2%。加强对税务登记、申报数据、财务报表和发票领购等各项涉税信息综合利用，做好信息异动情况结构性、差异性比对，排查纳税疑点，发挥信息管税效能。

【加大维权减负服务】 2010年，地税鼓楼分局利用多种形式宣传纳税人权利义务。依托湖南路街道"纳税人之家"，组织苏宁电器代表队参加全市"纳税人维权知识竞赛"获第一名；在山西路市民广场开展"税收维权服务"活动，将纳税人24项权利义务制作成"维权360°"宣传转盘，与市民现场互动；对118户企业开展重点税源企业需求调查，听取纳税人意见建议。11月，纳税人送"办事认真暖人心、文明服务素质高"锦旗；12月，纳税人送"公正执法、文明服务"锦旗。

【打造"成长服务""税暖我心"服务品牌】 2010年，地税鼓楼分局建立分层、定期走访机制，主动开展为纳税人辅导服务。针对纳税人关注热点和焦点，依托报刊、电台、网站等载体开展多渠道、多途径、多层次政策宣传；依托办税服务厅显示屏、涉税信息月报、12366短信提醒、重点税源户电子邮箱、腾讯通外联等载体，加强税

地税鼓楼分局干部深入驻区企业开展纳税服务

收政策法规、服务举措及纳税提醒等内容的宣传服务。全年共发送涉税短信6万余条；每月通过邮箱向522户重点企业推送《涉税信息月报》电子信息；与98户企业建立腾讯通外联，及时解决涉税疑难；全年共办理“免填单”35777户次，办理“同城通办”634户次；依托“纳税人之家”开展税收政策宣传、案例讲评辅导、征管意见征集等15场次，举办“纳税人学堂”税收政策咨询辅导会68场、培训5002人次，为纳税人提供形式多样、适时适需政策解读宣讲和纳税辅导服务。

【开展“向纳税人报告”和“双述双评”活动】 2010年，地税鼓楼分局开展“向纳税人报告”和“双述双评”活动，邀请辖区部分纳税人参加向纳税人报告大会，由分局局长向纳税人报告地税工作开展情况；6个管理所30名干部结合本职工作，向纳税人汇报年度主要工作和廉政制度执行情况，同时，开展纳税服务质量调查，通过向纳税人发放调查问卷形式，对税收管理员履职情况和作风建设进行了解，搜集纳税人意见和建议，经测评，纳税人综合满意率98.59%。

【开展季度明星评比活动】 2010年，地税鼓楼分局开展季度明星评比活动，共评选网络学习明星、服务基层明星、窗口服务明星、信息明星、准期申报明星等10类单项明星114人次，按季度进行评比表彰，并张榜公布。以制度为导向，优化绩效考核机制。建立专项基金，加大对先进集体、先进个人等先进典型表彰和激励力度，增强干部考核透明度，拉开档次，打破“大锅饭”现象。

【开展民主评议政风行风工作】 2010年，地税鼓楼分局以“严、常、广、快”落实行风评议各阶段工作，推进整体工作水平提升，开展“为地税添光彩、为党旗增光辉”“树立行业新风，优化发展环境”等活动。成立巡查小组，制订楼层值班长制，对干部工作态度、工作效率、工作环境、仪容仪表、工作去向等情况进行定期督查，树立“人人是窗口、个个是形象”服务意识，做好“访、谈、征”。全年分局班子走访重点税源企业100户，所长和管理员走访企业1032户，现场解答涉税收问题400余个。通过座谈会、培训会、上门走访、问卷调查等多种形式，收集整理出意见建议5大类15条，确保所有问题整改落实。 （唐 棣）

工商行政管理

【概况】 2010年，工商鼓楼分局深入推进助推转型工程、品牌提升工程、农业帮扶工程、放心消费工程、创业就业援助工程，在服务发展、市场监管、消保维权、队伍建设等方面取得优异成绩。全年大力开展争创省级放心消费区活动，在为企业提供有效服务上下功夫，民营经济累计注册资本390.3亿元，商标品牌战略实现突破。是年，工商鼓楼分局连续三年获得区优化发展软环境竞赛一等奖，连续三年保持

2010年度中国民营企业500家鼓楼区企业名单

表46

序号	企业名称	排名
1	苏宁电器	2
2	宏图三胞	13
3	苏宁环球	29
4	金浦集团	71
5	大地集团	295
6	建工集团	301

2009~2010年鼓楼区个体、私营经济情况

表47

指标名称	单位	2010年	2009年	同比±%
个体私营经营额	万元	498953.4	564205.2	−11.57
私营企业	万元	399622.8	389925.6	2.49
个体	万元	99330.7	174279.6	−43
净增个体户数	个	3529	4221	–
净增私营企业	个	1896	1823	–
个体户	户	14432	13783	–
个体从业人员	人	31470	29767	–
私营企业	家	14393	12819	–

2010年鼓楼区私营企业情况(按行业分)

表48

类　　别	户数(户)	投资者人数(人)	雇佣人数(人)	注册资金(万元)
合　计	11045	22550	63935	780548
农林牧渔业	10	11	68	253.0
制造业	446	1121	3202	38561.8
建筑业	949	1977	5106	69195.8
交通运输、仓储业	122	250	666	10620.0
信息传输、计算机服务和软件业	656	1405	3330	40138.4
批发和零售业	4419	8677	21813	286668.3
住宿和餐饮业	343	608	5660	13444.1
房地产业	495	959	5371	127592.3
租赁和商务服务业	2792	5979	14154	170344.2
居民服务和其他服务业	558	1058	2803	13413.6
卫生、社会保障和社会福利业	30	53	374	570.0
文化、体育和娱乐业	224	452	1370	9746.5
其他行业	1	–	18	–

2010年鼓楼区个体工商户情况(按行业分)

表49

类　　别	户数(户)	从业人员(人)	注册资金(万元)
合　计	13732	29639	48737.3
农林牧渔业	7	19	27.5
制造业	128	300	516.1
建筑业	54	150	440.2

续表 49

类　别	户数(户)	从业人员(人)	注册资金(万元)
交通运输、仓储和邮政业	305	481	2821.5
信息传输、计算机服务和软件业	40	88	178.3
批发和零售业	8835	15919	25702.8
住宿和餐饮业	1690	6103	7291.5
房地产业	65	143	214.0
租赁和商务服务业	323	657	1594.0
居民服务和其他服务业	1958	4967	7634.7
卫生、社会保障和社会福利业	37	122	378.0
文化、体育和娱乐业	270	640	1859.5
其他行业	20	50	79.2

名列市工商局三个文明目标考核第一方阵，首次获得江苏省精神文明建设先进单位和南京市文明单位称号。

【为企业提供有效服务】 2010年，工商鼓楼分局发挥科技工商所专业化工商服务平台作用，以新兴产业为重点，为江苏瑞中数据、南京泰格生物医药、南京博瑞思信息技术、南京金鹏生命科技、江苏南亿迪纳数字科技等400余家科技企业进行指导服务，促进全区物联网、生物医药、电子信息、新材料、电力自动化、节能环保等六大高端产业链和集聚区发展；以区税源企业为重点，促进全区招商引资，为苏宁置业公司成功办理迁入落户手续，帮助江苏宾利汽车公司在国家工商行政管理总局办理销售许可证；以园区楼宇企业为重点，为模范路科技创新街区内的物联网研究院、电力自动化产业园、再保融资租赁公司等园区企业及紫峰大厦等26家、南京国际广场内53家总部楼宇企业提供高效服务，受到政府和企业好评。

【民营经济累计注册资本390.3亿元】 2010年，工商鼓楼分局研究起草《关于支持鼓楼区科技园区和科技企业发展的实施意见》，加大融资解困力度，全年共办理动产抵押登记9件，股权出质登记28件，帮助企业融资1.5亿元；组织开展中小企业融资推介会3场，与渣打银行签订授信合作协议2亿元，推荐15家成长型民营企业获得贷款2000万元。至年底，全区共有民营企业14393家，民营经济累计注册资本390.3亿元，占全市18.6%。全区新发展民营企业2294户，新增注册资本88.21亿元，新发展个体工商户3157户。全国民营企业500强中南京有14家，其中鼓楼区有6家，前30强中鼓楼有3家。

【商标品牌战略实现突破】 2010年，工商鼓楼分局帮助江苏博特新材料有限公司"SBT"商标、国电南自公司"国电南自"商标获得中国驰名商标行政认定。帮助模范路科技创新园区内物联网产业基地成功申报为江苏省和南京市产业集群品牌培育基地。全年新增注册商标548件，同比增长20%。注册商标与企业比例达20%，高于全市10%水平。至年底，全区拥有注册商标5940件，其中驰名商标4件、省著名商标26件、市著名商标38件，居全市区县前列。

【开通首个消费投诉三方视频调解网络平台】 3月5日，工商鼓楼分局开通全市首个消费投诉三方视频调解网络平台，帮助浙江消费者顺利退换在南京八佰伴商城购买的商品。该系统通过QQ、MSN等及时通讯软件实现工商部门、商家、消费者三方在线交流，有效减少消费者投诉成本，

9月28日，工商鼓楼分局举行商标品牌战略讲座暨银企对接会，与渣打银行签订授信2亿元合作协议

2010年鼓楼区拥有的江苏省著名商标一览表

表50

序号	商标名称	类别	证号	注册号	注册地址	备注
1	朗坤	9	〔08〕288	3329432	南京朗坤软件有限公司 南京市定淮门12号软件园15号楼3楼C区	2008年新认定
2	小肥熊	29	〔08〕541	1998887	南京京城糖葫芦店 南京市湖南路狮子桥狮王府	2008年新认定
3	淮(图形)	30	〔08〕577	1663118	江苏省盐业集团有限责任公司 南京市江东北路386号	2008年再认定
4	LANDSEA郎诗	25	〔08〕501	1941266	南京纺织品进出口股份有限公司 南京市云南北路77号	2008年再认定
5	艾志(图形)	6	〔08〕123	1975906	艾志(南京)机械工业技术有限公司 南京市广州路177号	2008年再认定
6	圣诺(图形)	11	〔08〕303	738570	南京圣诺热管有限公司 南京市丁家桥30号	2008年再认定
7	SBTJM	1		3629769	江苏博特新材料有限公司 南京市北京西路12号工艺楼310室	2009年新认定
8	AIG	6		3471647	艾志(南京)机械工业技术有限公司 南京市广州路177号	2009年新认定
9	GSH	36		1097408	南京广厦物业管理有限公司 南京市裴家桥29号	2009年新认定
10	回味	43		1683635	南京回味鸭血粉丝汤店 南京市狮子桥2号中华名肴食街A2铺	2009年新认定
11	小菜一碟	35		1334838	南京市定淮门大街11号A栋2304室	2009年新认定
12	苏食	29	〔06〕138	1411815	江苏省食品集团公司 南京市草场门外大街111号	2009年再认定
13	苏食(图形)	35	〔06〕412	1394635	江苏省食品集团公司 南京市草场门外大街111号	2009年再认定
14	SBT	19、1	〔06〕323	3300101	江苏博特新材料有限公司 南京市北京西路12号工艺楼310室	2009年再认定
15	博特(图形)	19、1	〔06〕323	3300730	江苏博特新材料有限公司 南京市北京西路12号工艺楼310室	2009年再认定
16	NEW&HICH图形	42	〔06〕426	3091983	江苏宁海商标事务所有限公司 南京市北京西路30号宁海大厦	2009年再认定
17	凯盛	42	10〔1010〕	4105027	江苏凯盛水泥技术工程有限公司 南京市江东软件城	2010年新认定
18	风帆	10	〔07〕352	3167889	南京华瑞医疗器械有限公司 南京市上海路150-4号	2010年再认定
19	宏图	36	10〔0994〕	1324988	江苏宏图高科房地产开发有限公司 南京市中山北路219号	2010年新认定
20	蝙蝠	11	〔07〕354	124661	长江电子信息产业集团有限公司 南京市芦席营97号	2010年再认定
21	双侯	19	〔07〕475	193204	江苏双龙集团有限公司 南京市虎踞北路181号	2010年再认定
22	三乐	11	〔07〕369	894377	三乐电子信息产业集团有限公司 南京市中山北路215号	2010年再认定
23	三企图形	29	〔07〕643	1793101	江苏林宁国际贸易有限公司 南京市山西路67号A2302	2010年再认定
24	马祥兴	42	〔07〕772	771958	南京清真马祥兴菜馆 南京市云南北路32号	2010年再认定

续表 50

序号	商标名称	类别	证号	注册号	注册地址	备注
25	JOC	25	〔07〕610	3099467	江苏海外企业集团有限公司 南京市中山路55号新华大厦28楼	2010年再认定
26	SBT	1	〔07〕044	3300102	江苏博特新材料有限公司 南京市北京西路12号工艺楼310室	2010年再认定

2010年鼓楼区拥有的南京市著名商标一览表

表 51

序号	商品名称	类别	证号	注册号	注册地址	备注
1	AIG	6	〔08〕0017	3471674	艾志(南京)机械工业技术有限公司 南京市汉中路180号星汉大厦25楼	2008年新认定
2	SBTJM	1	〔08〕0016	3629769	江苏博特新材料有限公司 南京市北京西路12号工艺楼310室	2008年新认定
3	朗 坤	9	〔08〕0018	3329432	南京朗坤软件有限公司 南京市定淮门12号软件园15号楼3楼C区	2008年新认定
4	GSH	36	〔08〕0019	1097408	南京广厦物业管理有限公司 南京市裴家桥29号	2008年新认定
5	荣 萍	25	〔08〕0020	1465602	南京荣萍服饰有限公司 南京市中央北路80号	2008年新认定
6	仁和 (字母图形)	9	〔08〕0015	975704	江苏仁和新技术产业有限公司 南京市汉口西路2号502室	2008年新认定
7	淮(图形)	30	〔08〕0078	1663118	江苏省盐业集团有限责任公司 南京市鼓楼区江东北路386号	2008年再认定
8	LANDSEA 郎诗	25	〔08〕0081	1941266	南京纺织品进出口股份有限公司 南京市云南北路77号	2008年再认定
9	艾志(图形)	6	〔08〕0077	1975906	艾志(南京)机械工业技术有限公司 南京市鼓楼区广州路177号	2008年再认定
10	圣诺(图形)	11	〔08〕0076	738570	南京圣诺热管有限公司 南京市丁家桥30号	2008年再认定
11	小菜一碟	35	y	1334838	南京市定淮门大街11号A栋2304室	2009年新认定
12	金老汉	43	y	3635421	南京市鼓楼区金老汉烧鸡公大排档南京马台街46号	2009年新认定
13	和得来				合得来喜庆连锁有限公司 南京市草场门滨江友好商城	2009年新认定
14	华江龙虾	29	y	4466126	中国人民解放军南京军区装备部招待所 南京市中山北路178号	2009年新认定
15	鼓 GU	1		684155	南京石油化工股份有限公司 南京市广州路37号	2009年再认定
16	苏食	29		1411815	江苏省食品集团公司 南京市草场门外大街111号	2009年再认定
17	风帆	10		3167889	南京华瑞医疗器械有限公司 南京市上海路150-4号	2009年再认定
18	小肥熊	29		1998887	南京京城糖葫芦店 南京市湖南路狮子桥狮王府	2009年再认定
19	SBT	19、1		3300101	江苏博特新材料有限公司 北京西路12号工艺楼310室	2009年再认定
20	博特(图形)	19、1		3300730	江苏博特新材料有限公司 南京市北京西路12号工艺楼310室	2009年再认定

续表 51

序号	商品名称	类别	证号	注册号	注册地址	备注
21	NEW&HICH 图形	42		3091083	江苏宁海商标事务所有限公司 南京市北京西路 30 号宁海大厦	2009年再认定
22	马祥兴	42		771958	南京清真马祥兴菜馆 南京市云南北路 32 号	2010年需再认定
23	JOC	25		3099467	江苏海外企业集团有限公司 南京市中山路 55 号新华大厦 28 楼	2010年再认定
24	SBT	1		3300102	江苏博特新材料有限公司 南京市北京西路 12 号工艺楼 310 室	2010年再认定
25	金陵	35		779921	南京金陵酒店管理有限公司 汉中路 2 号世界贸易中心 7 层 D 座	2010年再认定
26	四明	44		1205822	南京四明眼睛店有限公司 南京市慈悲社 16 号	2010年再认定
27	跃进	12		1107962	跃进汽车股份有限公司 南京市芦席营 68 号南汽商务大厦 8 楼	2010年再认定
28	蝙蝠	11		124661	长江电子信息产业集团有限公司 南京市芦席营 97 号	2010年再认定
29	双侯	19		1932047	江苏双龙集团有限公司 南京市虎踞北路 181 号	2010年再认定
30	三乐	11		894377	三乐电子信息产业集团有限公司 南京市中山北路 215 号	2010年再认定
31	盛华	9		754059	南京消防集团公司 南京市汉中路 168 号	2010年再认定
32	影响	25		1268623	南京影响实业有限公司 南京市广州路 258 号	2010年再认定
33	凯盛	42		4105027	南京凯盛水泥技术工程有限公司 南京市鼓楼区江东北路 305 号 24 层	新认定
34	润强	1	3957157	320000000052851	江苏博特新材料有限公司 南京市江宁科学园天元东 1 号	新认定
35	格林	11		616000	江苏核工业格林水处理有限公司 南京市察哈尔路 16 号	2010年再认定
36	玉环及图	11		906077	南京玉环达盛热水器有限公司 南京市凤台南路 148 号	新认定
37	宏图	36		1324988	江苏宏图高科房地产开发有限公司 南京市中山北路 219 号	新认定
38	大牌档	42		3008805	南京大牌档美食有限公司 南京市鼓楼街 88 号绿地广场翠峰国际商务中心六层 601 室	新认定

为高效快捷地解决消费维权问题提供支持。

【成立全市首个“无传销社区”】 9 月 26 日，工商鼓楼分局在南秀村社区设立全市首个“无传销社区”。分局紧扣中心主城区特点，以加强打击传销宣传力度为重点，通过图片展览、公益广告、宣传手册等形式，在社区、街道等居民集中区域深入推进预防、打击传销力度，筑牢政府和群众联手抵制打击传销防线。

【争创省级放心消费示范区】 2010年，工商鼓楼分局以“争创放心消费城区，共建文明和谐鼓楼”为主题，扎实做好迎查筹备工作，在省、市创建办考核验收中成绩名列全市 3 个参评区第一。成功调解全国 10 倍赔偿第一案(2009 年 6 月 2 日)，2010 年被中国法学会评为优秀典型案例，中央电视台“3·15”节目进行专门报道。全年受理消费者咨询、申(投)诉、举报 5266 件，办结率 100%，调解成功率 97%，为消费者挽回经济损失 380 万元。10 月，工商鼓楼分局在市场监管专项整治中融入“自选动作”，开展两个专项整治(证照管理、食品安全)行动。整治期间，共检查经营户 8878 户，重热点行业企业 359 户，取缔和规范无照经营 799 户，查处无照经营案件 34 件。分局全年开展问题乳品、水产品、中高考期间食品、世博会期间食品等专项检查 22

4 月 23 日，工商鼓楼分局对节前市场进行检查

次，检查食品经营户 5628 户次，开展快速检测 965 个批次，食品监测 192 个批次，查处食品案件 39 件，没收不合格食品 620 公斤。

【实行“科所合一”基层建设改革】 2010 年，工商鼓楼分局全面推行基层建设改革新模式，在科技工商所和商广科、华侨路工商所和市场科实行“科所合一”运行机制，强化职能整合、业务融合、人才复合，专业化综合职能服务成果初步显现。10 月 15 日，国家工商总局副局长付双建视察科技工商所，给予分局“三个特殊”(命名特殊、职能设置特殊、场所位置特殊)评价。

【5 个工商所设立非公党建指导站】 2010 年，工商鼓楼分局在区私营个体协会设立非公党建指导办公室，并在 5 个工商所成立非公党建工作指导站，为区内未成立党组织的“两新”组织服务，实现企业服务与党建工作同步推进。分局建立党建户口，扎实开展“双报双推”工作，为企业建立经济户口，建立和完善非公企业党建数据库，采集掌握党员信息 6197 条，全区各党工委根据信息组建非公党组织 5 家，动员指导 98 家非公企业成立关工委组织，开展“结对帮困助学”活动，组织非公企业主为贫、病、孤、残儿童捐款 60 余万元。 (张 倩)

物价管理

【概况】 2010 年，鼓楼区物价工作从解决百姓关注的价格问题入手，贯彻执行国家和省收费减免政策，扎实开展涉企收费专项清理，取消及停止收费项目 9 项，减少收费 581.5 万元；优惠或降低收费项目 5 项，落实收费减免和优惠 126.55 万元。应对主副食品价格上涨，加强价格监测预警，注重政策宣传和引导，先后组织 300 多人次深入农贸市场、超市开展“价格政策现场咨询活动”和“稳物价惠民生现场指导活动”，努力将国家和省、市“稳价保供”调控政策宣传执行到位。深化民生价格信息公示、价格争议调解工作和“价格服务进万家活动”，以价格信息和政策服务，疏导群众价格矛盾，化解群众价格纠纷。全年共受理有关教育、医疗、物业、卫生等方面举报、咨询 67 件，其中举报 49 件、咨询 18 件，举报办结率、回复率均 100%。是年，区物价局获江苏省文明行业、全省收费统计工作先进集体、南京市文明单位等荣誉称号，连续 8 年被市政府授予“南京市价格调控和治乱减负”目标完成优秀单位。

【开展“五进市场”活动】 2010 年，区物价局开展“五进市场”活动(工作人员进市场、政策宣传进市场、督促监管进市场、价格服务进市场、工作措施进市场)。制订《鼓楼区“五进市场”活动方案》，与市场负责人签订《稳定物价和价格监管目标管理责任书》，深入市场发放《致全体市民的一封信》《致全体市场经营者的一封信》等“稳价保供”政策宣传资料，用提醒、劝诫方式督促市场经营者响应政策，让利于民。

【加强世博会期间价格监管】 2010年，区物价局落实省、市《关于做好世博会

3 月 19 日，鼓楼区物价局干部与价格监测志愿者共同巡查市场价格波动情况

12月15日鼓楼区日用品“货比三家”价格公示表

表52

单位:元

品种	品名	规格	计价单位	采价点(价格)		
				时代中央门店	金润发龙江店	苏果大方巷店
方便面	康师傅红烧牛肉面	113克	元/桶	3.40	3.10	3.20
	统一来一桶老坛酸菜牛肉桶面	125克	元/桶	3.50	2.70	–
	统一来一桶番茄牛肉面	109克	元/桶	3.50	3.10	–
食用油	金龙鱼食用调和油	5升	元/桶	63.90	62.60	64.50
	鲁花压榨花生油	5升	元/桶	109.90	109.00	109.90
	多力葵花籽油	5升	元/桶	81.90	76.90	76.90
	福临门大豆油	5升	元/桶	57.20	57.50	–
	豆维家大豆油	5升	元/桶	57.90	51.00	56.90
牙膏	高露洁超强牙膏	90克+30克	元/支	–	3.30	–
	佳洁士草本水晶牙膏	140克	元/支	7.60	4.70	3.60
	中华全效亮白牙膏	130克	元/支	7.50	5.70	7.90
洗衣粉	汰渍柠檬清新无磷洗衣粉	350克	元/袋	–	10.30	–
	立白超清新无磷洗衣粉	1550克	元/袋	10.60	11.20	11.50
	超能天然皂粉	1600克	元/袋	–	21.30	22.90
奶制品	光明浓牛奶(利乐包)	1升	元/盒	8.80	–	9.50
	光明鲜奶	980毫升	元/盒	9.50	–	9.90
	卫岗鲜奶	980毫升	元/盒	9.20	8.10	9.60
	卫岗纯牛奶(利乐包)	250克(243毫升)	元/袋	2.00	1.70	2.00

注:公示的价格均为当日采价点的商品标价签价格

12月15日鼓楼区家用电器“货比三家”价格公示表

表53

品名	型号(规格)	计价单位	采价点(价格)	
			苏宁山西路店	五星山西路店
三星液晶电视	40C630	元/台	–	–
海信空调	32V89KV	元/台	–	–
西门子冰箱	KG18V40	元/台	1740	1835
西门子洗衣机	WM288M	元/台	2600	2799
AO史密斯燃气热水器	JSQ20C1 Q2OC1	元/台	2858	2858
美的微波炉	MG720FC8-NS	元/台	499	568
西门子抽油烟机	LC355K55W	元/台	4444	4340
海尔笔记本电脑	T6-I330	元/台	3999	4100
三星手机	M27100	元/部	599	–
尼康数码相机	D90	元/部	7390	7590

注:公示的价格均为当日采价时点价格

12月30日鼓楼区主副食品“货比三家”价格公示表

表 54

品　名	规　格	计价单位	采价点(价格)		
			天福园市场	山西路市场	湖北路市场
粳米	标 1	元/500 克	2.20	–	2.4
鸡蛋	新鲜完整	元/500 克	4.80	4.7	4.8
猪前腿肉	去骨腿肉	元/500 克	11.50	12	11.5
猪后腿肉	去骨腿肉	元/500 克	11.00	12	11.5
大排	新鲜	元/500 克	12.00	12.5	11.5
小排	新鲜	元/500 克	11.50	12.5	12.0
精瘦肉	新鲜	元/500 克	13.50	12.5	12..5
草母鸡	鲜活	元/500 克	19.0	21	–
三黄鸡	鲜活	元/500 克	8.00	–	–
白鲢	鲜活	元/500 克	2.60	3	2.8
鲫鱼	鲜活 250 克/条以上	元/500 克	5.50	6.5	6.0
豆腐	新鲜	元/500 克	2.60	–	–
青菜	新鲜	元/500 克	0.50	0.7	0.8
芭菜	新鲜	元/500 克	1.60	1.2	1.6
西红柿	新鲜	元/500 克	2.50	2.5	2.5
土豆	新鲜	元/500 克	2.50	2.5	2.5
黄瓜	新鲜	元/500 克	2.0	2	2.5
白萝卜	新鲜	元/500 克	1.00	1	1.0
青椒	新鲜	元/500 克	1.80	2.5	2.5
黄豆芽	新鲜	元/500 克	1.50	–	1.8

12月30日鼓楼区集贸市场“价比三家”监测表

表 55　　计价单位：元/500 克

品　名	规　格	江山农贸市场	味洲生鲜超市
晚籼米	标一	2.4	1.8
粳米	标一	–	2.2
特一粉	–	2	2
特二粉	–	–	1.8
菜籽油	散装	–	–
豆油	散装	5	–
小磨麻油	散装	21	–
猪肉	去骨腿肉	12	11.5
猪肉	精瘦肉	12.5	12
猪肉	肋排	18	17
猪肉	大排	12.5	11.5
猪肉	肋条肉	13	12.5
活草母鸡	鲜活	21	–
鸡蛋	新鲜完整	4.7	4.8/特价 4.4
花鲢	鲜活	6.5	6
白鲢	鲜活	3	3

续表 55

品　名	规　格	江山农贸市场	味洲生鲜超市
草鱼	鲜活 750 克以上	6.5	6.5
鳊鱼	鲜活 500 克左右	6.5	6
鲫鱼	鲜活 250 克/条以上	6.5	6
青椒	新鲜	2.5	2
黄瓜	新鲜	2	2
西红柿	新鲜	2.5	2.5
青菜	新鲜	0.7	0.8
茄子	新鲜	2.5	2
大白菜	新鲜	0.8	0.8
芹菜	新鲜	1.8	2
土豆	新鲜	2.5	2
萝卜	新鲜	1	0.8
包菜	新鲜	1.2	1
四季豆	新鲜	2.8	4
韭菜	新鲜	3	3
冬瓜	新鲜	1	1
毛豆	新鲜	6	6

期间价格监管工作的通知》精神，制订工作方案，设置 4 个监管小组，向商家、市场、社区发放价格政策法规宣传资料 700 份，发放价格政策提醒函 350 份，有效强化经营者诚信经营意识。加强世博会期间粮油、药品、客运、旅游、液化气等重点行业价格监管，综合运用提醒、告诫、警示、责令限期整改、行政处罚等多种手段，遏制价格违法行为，维护世博会期间价格稳定。

【开展收费年审工作】 2010 年，区物价局对收费年审单位实行“一证一档”管理，严格审查收费项目、收费标准和收费依据。组织收费人员进行政策法规培训，针对新政策出台及原政策变更，开展即时性指导。全年参与收费年审行政事业及经营性单位 155 家，取消和停止收费项目 9 项，减少行政收费 581.5 万元；降低(优惠)收费项目 5 项，落实各类减免收费 126.55 万元。

【启动价格争议调解服务】 2010 年，区物价局成立鼓楼区价格争议调解工作小组。该小组与司法局、街道司法所等部门配合，在全市设立鼓楼区工人新村价格争议调解社区示范点，预防、减少和化解因价格纠纷所引发社会矛盾。先后参与宁工新寓火灾纠纷调处、高教新村火灾纠纷调处、省人民医院西扩拆迁评估等价格调解工作，及时疏导群众间价格矛盾。

【规范幼儿园教育收费】 2010 年，区物价局贯彻落实南京市幼儿园收费管理政策，联合区教育局组织召开幼儿园收费管理工作会议，向全区幼儿园传达《南京市关于调整幼儿园收费标准的通知》精神，要求幼儿园执行制定的调价收费成本监审制度，对符合上浮收费标准幼儿园，按规定进行成本监审和审批。执行教育收费公示制度，健全乱收费违法行为投诉、举报机制，强化幼儿园教育收费社会监督。部署开展幼儿园收费政策落实情况专项检查。

【举办纪念《价格法》实施 12 周年宣传活动】 5 月 28 日，区物价局在山西路广场举办纪念《中华人民共和国价格法》实施 12 周年宣传活动。现场设立 1 个标语拱门、3 块主题展板(价格举报办理指南、价格矛盾调解常见问题解答和价格诚信)、4 个服务工作台(价格咨询台、价格举报台、价比三家宣传台和调解价格矛盾宣传台)。活动期间接受群众有关房价、医疗、停车收费等方面价格咨询投诉 20 起，发放价格宣传材料 500 份，向市民赠送“贯彻价格法、服务千万家”宣传购物袋 480 个，较好普及价格法律法规，增强消费者价格维权意识。

【建立价格维权服务机制】 2010 年，区物价局加强对辖区肉、蛋、禽、蔬菜等重要商品和敏感商品价格监测，把握价格变动趋势；加强与苏果、金润发、北京华联、时代超市等监测单位工作联系，对价格波动明显商品及时进行预警预报，确保市场异常情况得到及时处理。开展“价比三家”活动，向社会发布药品、家电、主副食品、日用品等民生商品价格信息，保障群众价格知情权、选择权和监督权。“价比三家”活动中该局制作公示牌 80 块、印发价格公示资料 1000 余份，累计更新“价比三”家信息 1500 条，为百姓消费提供比价依据，得到群众认可。全年上报价格监测数据 180 条、编写主副食品

区物价工作人员在农贸市场公示栏公布"价比三家"价格信息

价格动态信息12篇、完成价格监测调研5篇。

【开展价格诚信创建宣传活动】 2010年，区物价局深入"三点（金轮国际广场、龙江新城市广场、虹桥新城市广场）三线"（三牌楼大街、宁海路、中山北路），发放《明码标价规定》《致商家的一封信》等价格宣传材料720家、7200份，上门宣传指导2500家次，推荐上报诚信创建优秀商家8家，通过宣传、指导、评优三到位，商家明码标价普及率和规范率分别保持在85%和80%。

【价格鉴证标的总额778.25万元】 2010年，区物价局开展涉案财产价格鉴证工作，协助公安、法院开展刑事类价格鉴证285件、民事类价格鉴证38件、行政及其他类价格鉴证5件，价格鉴证标的总额778.25万元。

（桑圣琴）

审计监督

【概况】 2010年，鼓楼区审计局全面履行审计监督职责，不断深化财政预算执行审计，着重审计预算资金分配、拨付及使用环节，以财政综合预算为主线，以规范预算管理为目标，监督财政部门管好、用好纳税人每一分钱，在维护财经秩序、促进增收节支、推进依法行政、维护群众利益、推动廉政建设等方面发挥积极作用。全年完成审计项目141个，其中固定资产投资审计项目132个、专项审计项目8个、预算执行审计项目1个，共查出管理不规范金额16185万元，核减工程决算1668万元。

【预算执行审计】 3~5月，区审计局对2009年度财政收支真实性、合规合法性、效益性和预算执行完整性，以及财政预算拨付各类教育资金、社保基金、再就业解困资金、卫生医疗专项资金、市容和市政建设资金、小区出新及房屋改造等重点建设资金的管理使用情况进行审计。同时，对区劳动局、民政局、教育局、建设局、卫生局、市容局、环卫所等部门2009年财政预算执行情况进行审计及延伸审计，指出部门预算编制、执行中存在情况和问题，促进规范管理行为，提高部门资金使用效益。

【固定资产投资审计】 2010年，区审计局对江苏工程设计中心大楼外立面改造工程、育英外国语学校运动场工程、乌龙潭公园西南大门北侧建筑出新改造工程、河西地区交通信号配套设施工程、江东新村公寓土方工程、清凉山小学新址装修改造工程以及中央路、汉中路整治出新建设等132个工程建设项目进行竣工决算审计，审计项目总投资额9771万元，核减工程造价及评估概算1901万元，核减率17.07%；继续对江东新村公寓（江东拆迁安置房）建设工程、沈举人巷街巷出新工程和里圩社区服务中心等4个重点建设项目实施全过程跟踪审计，指出投资建设项目管理中存在的薄弱环节，提出审计意见及建议，将节约投资和规范投资行为等工作贯穿项目建设全过程。

【专项资金审计与审计调查】 2010年，区审计局先后对金陵中学南侧地块改造项目拆迁补偿资金收支情况、苏宁环球广州路随家仓地块遗留问题专项资金、宁工新寓132号502室火灾事故经费、小粉桥等项目拆迁资金收支情况进行专项审计调查，纠正资金使用方面存在问题，提出加强资金管理审计建议；对鼓楼区义务教育学校绩效工资政策落实情况进行专项审计和审计调查；组织开展节能减排专项审计调查，重点了解相关部门贯彻落实节能减排政策法规情况、重点行业和重点企业开展节能减排工作情况，以及节能减排资金投入、分配和使用情况，揭示全区节能减排工作各项指标完成情况，反映该项工作取得的成绩，分析存在突出问题和问题产生主要原因，促进相关部门和企业履行节能减排责任和义务，严格执行国家政策法规，推进生态文明建设。

【领导干部任期经济责任审计】 7月，区审计局抽调4名审计干部组成审计小组，由分管领导带队，对南京鼓楼高新技术产业园、科技产业有限公司原总经理袁校柠进行离任经济责任审计。采取现场审计方式，围绕部门职能职责，突出对离任领导干部履行经济决策责任、经济管理责任、经济政策落实责任以及廉政责任审计。11月，结合全区机构改革工作，区审计局启动22个部门、街道领导干部任期经济责任审计工作，组织对档案局、610办公室、人防办、安监局4个部门领导干部展开任期经济责任审计。

【7个工程项目决算审计招投标】 2010年，区审计局根据区政府《鼓楼区重大投资项目审计招投标试行办法》文件要求，先后对鼓楼高新科技产业园拆

迁安置房试桩和桩基(含支护)工程、江东软件大厦外墙装饰一二标段工程、高新技术产业园110千伏汉西变电站及附属工程、江东软件大厦02幢土建安装工程、江东软件大厦装饰等工程、南京鼓楼科技产业园110千伏输变电工程、河西新区清江中小学工程等7个决算审计项目进行公开招投标。公开招标对象是政府投资项目工程审计资源库中的社会中介机构,由区纪委、区专治办、区审计局负责人组成评标小组对参与竞标中介机构进行审查,根据《鼓楼区审计局重大项目审计招投标评分细则》要求,采用综合评分法,对参与竞标机构资质、审计人员业绩、审计方案和审计费用进行综合评分,最终确定最高分作为中标单位。

(刘晓晖　鲁月霞)

统计管理

【概　况】 2010年,鼓楼区统计工作通过指导培训、梳理问题、对重点大户走访、完善企业基础资料等方面健全工作机制,做好对经济运行情况的分析与预警工作;全年强化服务职能,提高服务的预见性、社会性,开展为区委、区政府和区各部门及社会公众服务的多项举措,圆满完成第六次全国人口普查工作。是年,区统计局先后被评为第二次全国经济普查国家级先进集体、省第二次R&D资源清查先进集体、市统计政务信息工作评比一等奖、市统计工作先进集体、区"全面达小康,建设新鼓楼"较大贡献单位、全区"公务员能力培训"工作先进单位。

【开展统计培训】 2010年,区统计局完成对街道和各专业指标的目标分解,针对重点指标的涵义和关键点进行集中业务培训。对全区指标影响较大的行业,进行逐个单位梳理,找出问题所在。在各街道深入分析的基础上,提出不同的建议和意见,指导街道开展目标推进工作。

【走访服务重点大户】 2010年,区统计局与区经济协调运行小组走访凤凰传媒集团、江苏远洋运输集团、江苏盐业集团、江苏金陵交运集团、金陵饭店等重点单位,掌握企业运营情况,了解企业未来发展态势和影响因素,对企业由于改制、统计口径变化等因素造成的统计数据不能及时上报等情况进行技术指导。与街道一起走访南京医科大学、中大医院、新华报业集团、易发房地产等企业,新发现投资项目2个,新增计划总投资11亿元。重视指导企业规范统计基础工作,走访国电南自、圣诺热管、紫藤制版、江苏恒达印刷、瑞年纺织、江苏乾和置业等单位,帮助企业健全统计基础资料,要求企业及时准确真实地反映情况。在对税收大户和街道新增单位比对的基础上,发现新增单位,了解其生产经营状况,及时补充统计报表单位。对影响行业的大户数据及时跟踪了解,将各街道数据及时反馈给街道,对存在的问题与街道沟通,共同设法解决。通过点评会和预测会,了解企业信息,及时跟进,给予统计指导。

【拓展统计服务途径】 2010年,区统计局组织专业人员,充分应用掌握的一手统计数据资料,先后撰写《一季度鼓楼区生产总值和服务业增加值预测及简析》《1~5月份全区经济运行情况预测简析》等分析文章,从贴近领导决策需要的角度,对影响实现"三个发展"和社会普遍关心的热点问题进行分析监测,分析产生问题的原因及可能产生的变化,有针对性的提出建议、对策。组织开展经普数据的后期开发工作,编印《鼓楼区第二次全国经济普查资料汇编》《2010年统计年鉴》和《鼓楼统计月报》《鼓楼区2009年国民经济和社会发展统计公报》,为社会各界和各级领导了解鼓楼提供资料。为满足区委、区政府和区各部门对统计数据资料的个性化需求,区统计局开展面向公众的统计数据查询服务工作,全年共受理全区各部门书面数据查询30次,为各部门提供基础统计数据或加工统计数据30次,受理各类电话查询和咨询多次。

【开展统计执法检查与自查自纠工作】 2010年,区统计局印发《关于成立统计执法检查领导小组的通知》,制订工作计划,有步骤组织大检查,掌握各阶段工作的实施情况,在经费上给予充分保证,确保自查工作顺利进行。在做好企业单位自查工作的同时,统计局将街道统计工作纳入大检查自查范围。在区局专业科室的帮助下,各街道全部建立健全统计台账,有的街道还充实统计人员队伍,由1人增至2人。召开部门统计工作会议,规范部门统计行为,完善部门统计制度,要求部门不仅要做好本系统统计数据的质量自查,还要做好上报数据的自查工作。把加强上报数据与历史数据比对和对歧议数据的查询,作为监督检查自查自纠工作的重要途径。为切实保证统计数据源头的高质量,加强对定报单位上报数据的网上监审,及时对有疑问的数据进行查询,并结合数据分析,有针对性的对各行业重点单位进行走访调查,收到明显效果。对核实的统计违法行为,立即立案查处。同时,还对违反有关规定的单位进行依法处理。

【第六次全国人口普查】 (参见"彩页"专题)

(李立增)

食品药品监督管理

【概况】 2010年,南京市鼓楼区食品药品监督管理局(以下简称区药监局)以创建食品安全示范街区和药品"两网"建设示范区为重点,认真开展食品药品监管工作和"五服务深化年"活动,坚持监管为民,主动应对挑战,出色完成各项监管任务,全年共出动执法人员1717人次,对驻区药品生产企业、药品批发连锁企业、药品零售企业、医疗器械生产企业进行全覆盖检查,检查医疗器械经营企业136家,

GSP(《药品经营质量管理规范》)复认证企业共21家;完成药品抽样247批次;立案26件,结案23件;受理举报投诉84件,全部办结。10月,鼓楼区顺利通过江苏省城市社区药品"两网"建设示范区考核验收。是年,鼓楼区政府被南京市食品安全委员会表彰为"2008~2009年度食品安全工作先进集体",区药监局被区委、区政府授予"2007~2009年度文明单位"称号。

【完成食品药品监督体制调整工作】

9月14日,市政府和区政府相关部门在鼓楼区举行食品药品监督体制调整交接仪式。根据《中共南京市委、南京市人民政府〈关于南京市人民政府机构改革的实施意见〉》《关于区县食品药品监督管理机构人员编制及资产划转有关问题的通知》《关于南京市鼓楼区人民政府机构改革的实施意见》,区县食品药品监督管理机构由省以下垂直管理改为分级管理,组建鼓楼区食品药品监督管理局,在区卫生局挂牌,相对独立开展工作。做到独立编制"三定"规定,独立编制部门预算,独立设置党组和行政班子。区食品药品监督管理局承担餐饮服务、药品、医疗器械、保健食品和化妆品安全监管责任。

【做好药械安全监管工作】 2010年,区药监局加强药品、医疗器械日常监管力度,指导零售企业完善"药品经营许可证"换证申报资料,核查现场条件,加强对经营场所硬件条件、关键岗位人员资质、是否兼职等敏感问题检查。现场核查新开办的7家药品零售企业,并要求在规定时间内申请GSP认证;对取得GSP证书药品零售企业进行检查,重点检查监管药品购进验收、储存条件、分类管理、人员资质等情况。按规定、按计划做好对毒、麻、精神类药品等特殊药品监管和监测工作,辖区内一类精神药品每月监督检查一次,二类精神药品及蛋白同化制剂每季度检查一次。开展涉外抗肿瘤药品、邮寄药品、医用分子筛制氧设备、无证经营药品、保健食品添加药品、人工晶体、虚假违法药品医疗器械、保健食品广告、治癫痫中药品种及医疗机构中药制剂、进口药品医疗器械使用管理、互联网违法销售药品、街头回收药品、非药品冒充药品、打击工业氧(或压缩气体)冒充医用氧违法行为等专项检查。全年共出动执法人员1717人次,对2家药品生产企业、16家药品批发连锁企业、118家药品零售企业、25家医疗器械生产企业进行全覆盖检查,检查医疗器械经营企业136家(全区共有192家),占医疗器械经营企业总数71%,GSP复认证企业21家,完成药品抽样247批次,立案26件,结案23件,受理举报投诉84件,全部办结。

【选定两家基本药物配送企业】 3月,区药监局在辖区范围内选定两家基本药物配送企业,与企业签订保证基本药物质优价廉、安全有效责任状;5月,辖区所有社区卫生服务机构开始全面使用基本药物;6~7月,区药监局组织执法人员对基本药物进行专项检查;9月,进行评价性抽样,抽验合格率100%。

4月23日,鼓楼区药监局将查封扣压的假劣药品采取烧后掩埋的方式进行销毁

【开展数字化监管工作】 2010年,区药监局先后投资6.85万元,建立区涉药涉械单位地理信息系统,实现对全区涉药单位数字化监管,覆盖全区所有涉药单位。该系统对相关企业分布情况一览无余,利用点击查询功能,可显示单位地理位置及基本信息。通过设定,对GMP(《药品生产质量管理规范》)、GSP证书、经营许可证等有效情况实现地图闪烁提前报警,可及时提醒企业,做好换证准备。建立零售药店远程电子监管信息系统,企业基本数据全部输入在库,实行动态监管,药监人员实时掌握企业药品进、销、存、养护等情况,及时预防和消除药品安全隐患。在零售药店安装指纹识别仪,加强药师在岗监管。启动医疗机构药剂科远程监管,该项工作代表江苏省接受国家六部委检查,获得好评。

【深化食品安全综合监管】 2010年,市食品安全委员会确定狮子桥美食街、龙江小区新城市广场、云南北路街区、中央路时代超市街区为"南京市食品安全示范街区"创建单位,区药监局按照区政府办公会要求,印发《鼓楼区创建"南京市食品安全示范街区"实施方案》,组织召开创建工作动员会,建立创建单位数据库,对食品安全协管员、信息员进行食品安全知识培训,各创建街区对食品经营企业和餐饮单位负责人进行食品安全知识及创建标准培训。着手开展对保健食品(化妆品)投诉举报查处和专项整治工作,关注并开始介入餐饮监管工作。

【通过省级城市社区药品"两网"示范区验收】 2010年,区政府把创建省级城市社区药品"两网"建设(药品监督网和药品供应网建设)示范区工作列入年度区社会事业目标,下发《鼓楼区创建江苏省城市社区药品两网建设示范区实施方案》。1~10月，区药监局按照"五落实"(人员机构、制度责任、经费设施、工作目标、奖励问责)要求，推行药品安全"网格化"管理，建立数字化监管平台，加强基层监管机构建设，加强对药品经营企业指导，在各街道设立"安全用药服务点"，为社区配备"家庭过期药品回收箱"，选定2家基本药物配送企业。10月，鼓楼区通过江苏省城市社区药品"两网"建设示范区检查验收。

【开展"五服务深化年"活动】 2010年，区药监局开展"五服务深化年"活动，开展预约服务、提醒服务、上门服务、跟踪服务、互动服务等特色服务。加大企业诚信体系建设，实施分级分类监管、扶优和打假相结合。做好食品安全综合监管工作，在街道设立"安全用药服务点"，在社区放置"过期失效药品回收箱"，宣传安全用药知识、提供药学服务指导、协助过期药品回收、监测收集药品不良反应。实施网上政企互动，建立"鼓楼药监"QQ群，建立短信平台，推行说理式执法文书，对违规受处罚企业通过说理式执法文书反映处罚决定形成全过程，办理投诉举报，为相对人提供政策法规咨询服务、受理群众投诉举报，同上级机关和有关部门搞好工作协调。 (吴 俊 徐 璐)

质量技术监督

【概况】 2010年，鼓楼区质量技术监督工作围绕区委、区政府和市质监局中心工作，紧贴区域经济发展需求，创新思路，大力推进名牌战略，狠抓食品和特种设备"两大安全"监管，以保障民生和服务企业发展为重点，积极探索行政执法新模式，各项工作实现跨越发展。是年，南京市质量技术监督局鼓楼分局(以下简称质监鼓楼分局)获2010年度南京市质量技术监督系统先进单位、区"优化发展软环境"竞赛一等奖、区安全生产工作先进单位。

【申报名牌工作】 2010年，质监鼓楼分局继续加大质量兴区、名牌强区的工作力度，强化名牌培育、申报、培训、指导工作，对申报名牌产品和质量奖的企业开展"保姆式"创牌服务，主动跟踪问效，协调各方关系，帮助企业完善资质条件和申报材料，积极组织有条件的单位申报国家、省、市名牌和质量奖。组织和推荐艾志、市供电公司、苏宁物业、朗坤、大件公司等5家企业参加省质量奖申报工作，其中市供电公司获得省质量奖；组织博特、苏宁电器等8家企业参加市局2010年省名牌产品申报辅导班和申报省名牌，其中金陵饭店、博特、致邦、苏宁电器和省高新创业中心5家企业产品被评为省名牌；组织朗坤、金陵旅行社等8家企业参加2010年市名牌产品申报辅导班和申报市名牌，其中大件、朗坤、博特和宁海商标4家企业产品被评为市名牌；培育和组织朗坤、我爱我家、石油化工、大件公司、博特5家企业参加市质量奖辅导和申报工作，其中朗坤、我爱我家2家企业获得市质量奖，博特申报市长质量奖，并进入现场评审阶段；组织苏食、博特、艾志、荣萍、圣诺等5家省名牌企业申报质量信用评价，全部取得A级质量信用等级。

【食品质量安全工作】 2010年，质监鼓楼分局出台《质监鼓楼分局食品生

5月23日，鼓楼区药监局在新城市广场开展食品安全知识宣传

2010年鼓楼区“中国名牌产品”一览表

表56

序　号	单位名称	产品名称
1	江苏省盐业集团有限责任公司	淮牌食盐
2	江苏省食品集团有限公司	鲜冻分割猪肉
3	江苏博特新材料有限公司	SBT高效减水剂

2010年鼓楼区“江苏省名牌产品”一览表

表57

序　号	单位名称	产品名称
1	江苏博特新材料有限公司	SBT高效减水剂
2	南京荣萍服饰有限公司	荣萍牌中式服装
3	艾志工业技术集团有限公司	AIG牌密封件
4	江苏省食品集团有限公司	鲜、冻分割猪肉
5	南京圣诺热管有限公司	圣诺牌热管换热器
6	苏宁电器股份有限公司	省服务名牌
7	江苏省高新技术创业服务中心	省服务名牌
8	江苏致邦律师事务所	省服务名牌
9	金陵饭店股份有限公司	省服务名牌
10	南京纺织品进出口有限公司	省服务名牌
11	江苏省电力设计院	省服务名牌
12	中国江苏国际经济技术合作公司	省服务名牌
13	江苏省食品集团有限公司	省服务名牌

2010年鼓楼区“南京市名牌产品”一览表

表58

序　号	单位名称	产品名称
1	南京朗坤软件有限公司	朗坤牌智能企业管理信息系统
2	江苏博特新材料有限公司	混凝土超塑化剂
3	南京荣萍服饰有限公司	荣萍牌旗袍系列
4	江苏双龙集团有限公司	双猴牌普通硅酸盐水泥
5	南京石油化工股份有限公司	汽油清净剂
6	南京圣诺热管有限公司	圣诺牌热管换热器
7	艾志工业技术集团有限公司	油封
8	艾志工业技术集团有限公司	盘根
9	艾志工业技术集团有限公司	机械密封
10	南京玉环达盛热水器有限公司	燃气热水器
11	江苏省茶叶有限公司	绿茶
12	联创科技(南京)有限公司	电信融合计费账务系统软件
13	南京我爱我家房屋租赁置换有限公司	市服务名牌

产加工企业分类分级监管实施方案》，对辖区企业逐一分析，全面进行分级、分类、分等监管，年底，全区食品生产企业全面实行“三分”监管模式。同时强化监管重点，全年对区内 11 家食品企业累计巡查 32 次，发现安全事故隐患 26 处，下达整改通知书 31 份，查处违法行为 2 起，取缔非法生产企业 1 家，建议不予通过生产许可审查 1 起。组织开展乳粉、大桶水、食品用油、添加剂等高风险食品专项整治行动 25 次，出动检查人员 200 人次，发出整改通知书 40 份，整改问题 65 项，保证区内食品生产企业抽检 100%合格。10 月 9 日，质监鼓楼分局开展鼓楼区食品质量安全 IV 级突发事故应急现场处置演练暨南京市桶装饮用水生产企业迎青奥质量安全公开承诺仪式，省、市、区有关领导，各街道、兄弟单位及相关企业负责人 150 多人观摩和参加此次活动，并给予高度评价。

10 月 9 日，鼓楼区开展食品质量安全 IV 级突发事故应急现场演练暨南京市桶装饮用水企业迎青奥质量安全公开承诺仪式

【特种设备安全监察】 2010 年，质监鼓楼分局围绕贯彻实施省级地方标准《特种设备使用单位安全管理准则》，推进特种设备使用单位安全管理达标工作，并在宁海路等街道开展特种设备分级分类监管工作试点，制订特种设备使用单位安全管理达标工作实施方案，统一编印《特种设备安全管理工作手册》免费分发给各使用单位。在全区广泛开展以“关爱生命，关注特种设备安全”为主题的“电梯安全使用进社区”宣传教育活动，3 月 28 日在汇林绿洲小区举行启动仪式，并联合市特检院、维保单位现场开展电梯事故应急救援演练。全年先后在汇林绿洲、天福园、世贸大厦、君临国际、青石村等 12 个小区广场开展此项活动。6 月，分局在 7 个街道分别召开特种设备使用单位达标推进会，有 200 多家单位上报承诺书、自评报告和电梯基本信息表，进一步健全特种设备管理档案和体系。11 月 25 日，分局在古南都饭店召开鼓楼区贯彻特种设备使用管理标准暨分级分类监管工作总结表彰大会。全年，质监鼓楼分局日常巡查特种设备使用单位 53 家，完成各类特种设备安全隐患整改工作 202 件，妥善处置蓝莲花茶餐厅、华保新寓、江东北路 307 号花都、随园大厦等涉及电梯安全突发事件 4 起，未发生一起特种设备安全事故，确保区内特种设备安全运行。“7·28”栖霞区输汽管道爆炸事件后，分局按照区委、区政府及市质监局要求，开展压力管道（生命线）隐患排查工作，深入近百家单位检查，发现隐患 5 处，并全部督促整改到位。

【实施打假保名牌、保民生行动】 2010 年，质监鼓楼分局认真落实打假责任制，大力整顿和规范市场经济秩序，积极探索与企业开展深度服务合作新模式，主动与洋河酒厂南京分公司、鼓楼医院等 4 家企业签订服务协议，提供打假维权等方面支持，全年收到洋河酒厂等企业赠送的锦旗 4 面。加大区内建筑工地建材和宾馆酒店供应的酒水检查力度，有效杜绝假冒伪劣现象发生。全年立案 16 件，涉案货值 1200 多万元，罚没款 120 万元，无一起行政复议和诉讼案件。

11 月 25 日，鼓楼区召开贯彻特种设备使用安全管理标准暨分级分类监管工作总结表彰大会

【开展质量月等宣传活动】 3 月 13 日，鼓楼区举办“3·15”国际消费者权益保护日广场咨询活动；9 月 18 日，配合省、市质监局，在鼓楼区举办“远离假冒伪劣”宣传教育活动。活动以迎接

"青奥会"为契机,围绕消费与服务、打假维权等主题,现场为百姓提供质量法律法规咨询,受理质量投诉举报,传授百姓鉴别假冒伪劣知识,播放《远离假冒伪劣》等宣传片。活动中,悬挂各类宣传横幅十多条,展出质量、计量等宣传图板十多块,分发各类宣传资料1000多份,现场接受咨询100多人次。

【民生计量管理】 2010年,质监鼓楼分局组织对辖区25家集贸市场2000台衡器进行免费检定、修理一条龙服务,有效杜绝短斤少两行为,受到广大消费者欢迎。开展餐饮饭店和超市计量专项监督检查,坚决打击短斤少两的欺诈行为,确保百姓消费放心。对名人城市大酒店等单位能源计量工作进行指导,开展能源计量试点工作,确保企业用能计量准确,做到能耗心中有数。

【加强企业质量技术管理与服务】 2010年,质监鼓楼分局进一步加强对许可证获证企业管理,完成49家验配眼镜企业的年审和监督检查工作、6家验配眼镜企业换证整改现场确认工作、3家委托加工备案企业的监督检查工作、4家岩土工程仪器生产企业许可证年审和监督检查工作、2家3C企业的强制性产品认证获证检查、34家质量体系认证获证企业的监督检查、5家管理体系推进工作。对检查中发现的问题及时向企业指出,并要求企业立即整改,确保工作规范。 (曹　宁)

安全生产监督

【概况】 2010年,鼓楼区安全生产监督工作继续推进"安全生产年"、安全生产宣传教育培训、安全生产监督执法、安全生产事故隐患排查治理等活动,全年工商贸企业亡人事故零起、重伤事故零起、设备事故零起,连续6年保持安全生产形势稳定,完成国务院确定的"安全生产年"各项活动任务、市政府下达鼓楼区政府的生产安全事故控制目标任务、区政府规定的年度安全生产工作各项任务。是年,区安监局被江苏省安全生产监督管理局评为2010年度全省安全生产监管系统先进单位。

【设立安全生产工作专项基金】 3月,由区安全生产委员会(以下简称区安委会)办公室建议,经区政府决定,每年拿出100万元,设立区安全生产专项基金。该基金由区政府设立,列入区财政年度预算,区财政专户储存,区政府安委会办公室专门负责管理,实行专款专用。该基金主要用于加强全区安全生产基础工作、生产安全事故调查处理、重大事故隐患整改、事故预防及应急救援体系建设、重点行业安全专项整治和社会性公共安全生产知识及相关法律法规宣传教育等。为加强专项基金管理,区财政局与安监局联合出台《南京市鼓楼区安全生产专项基金管理办法》,明确基金使用原则、范围、方式和管理程序。

【签订安全生产责任状】 3月8日,区安委会重新修订安全生产责任状内容,加大考核奖惩力度,明确对安全生产工作做得好的单位给予适当奖励;对发生1次死亡1人以上或重伤3人

1月27日,质监鼓楼分局组织人员开展市场计量专项检查

以上责任事故单位，单位负责人停职检查，并按照《鼓楼区安全生产"一票否决"实施办法》，取消一切行政奖励资格。区政府召开安全生产工作会议，与7个街道办事处和建设局、民政局、外经局、房产局等15个部门及南京交运集团、金陵汽运集团、大件运输公司等25家企业，共47个安全生产责任单位签订2010年安全生产、消防工作责任书。

【金康老年护理中心重大火灾隐患整改】 3月，在省、市消防部门联合检查中，发现鼓楼区金康老年护理中心消防设施严重不符合国家标准规定和要求，存在重大火灾隐患。5月10日，被省安委会定为省级挂牌督办重大火灾隐患整改工程项目，省安委会要求在9月底前完成整改。金康老年护理中心是鼓楼区集颐养、护理、临终关怀为一体的养老院，全院长年住有约300位老人，所用房屋由厂房改建，消防设施严重不符合国家规范要求。5月15日，鼓楼区召开区长办公会，研究部署隐患整改工作，确定由区安监局牵头，会同区消防大队，负责组织指导、协调、监督隐患整改责任单位，制定整改方案、落实整改计划、筹集整改专项资金、招标施工单位等一系列工作，共投入整改资金30余万元。8月2日完成整改，9月10日通过省安委会验收并摘牌。

【"狮子桥美食一条街"重大燃气安全隐患整改】 3月，湖南路"狮子桥美食一条街"被市安委会列为市级挂牌的重大生产安全事故隐患整改项目。全街30余家餐饮企业年瓶装气用量54万公斤，大多数餐饮企业临时搭建违章建筑存放气瓶，不符合储气间安全要求，形成重大生产安全事故隐患。区安委会成立"隐患整改"工作领导小组，区安监局牵头协调，协同市燃管处、湖南路管委会等部门进行整改，10月完成整改，11月10日通过市安委会验收并摘牌。

【继续开展"安全生产年"活动】 2010年，区安监局以"关爱生命、安全发展"为主题，开展安全生产宣传教育行动。以严厉打击非法违法生产经营行为为主要内容，组织开展安全生产执法行动；以消防、燃气、建筑工地等行业领域隐患排查治理为重点，开展安全生产事故隐患排查治理行动；以规范执法行为为重点，加强安全生产法制建设；以夯实基础为目标，加强安全生产基础建设；以提高综合监管能力为标准，加强安全生产监管队伍建设。年度重大安全生产事故隐患整改率100%，全区安全生产监管人员持证上岗率100%，企业职工亡人事故零起，重伤事故零起。

10月3日，常务副区长纪增龙检查生产经营单位安全生产工作

【开展安全生产月活动】 6月，区安监局利用区政府门户网站向全区干部发送安全知识宣传短信215条，迎街悬挂张贴安全宣传标语1326条，宣传画5000张，社区出黑板报、专栏橱窗323块，发放宣传品15000份(册)，组织群众观看安全宣传影片312场；组织企业职工开展安全生产"四个一"(读一本安全生产知识书，搞一次岗位安全自查，提一条安全合理化建议，研究、剖析一个事故案例)活动，利用"科普影视社区行"活动平台，在全区各社区巡回播放安全知识科普宣传片。

【开展安全生产大排查活动】 8月，组织全区开展安全生产大排查活动。设督导小组7个，采取分片包干方式，对全区大排查活动进行全程跟踪督导；各街道、各有关部门和单位周密布置、明确责任、分片包干，进行全方位、立体式、全覆盖拉网式排查。全区出动7000余人次，对人员密集场所、宾馆、饭店、老旧小区、废品收购站、城中村、网吧、KTV、六小行业等18632家各类生产经营单位和全区在建所有施工工地进行全面认真排查，共查出各类生产安全事故隐患近2万处，其中大多数事故隐患为一般事故隐患，占所查出总事故隐患99%以上。一般事故隐患基本做到即查即改，现场整改率95%以上，少数事故隐患责令限期整改，区政府投入事故隐患整改资金200余万元，在大排查中取缔2个黑气点，收缴钢瓶63个。

【开展监督执法活动】 2010年，区安监局成立安全生产监督执法检查领导小组，编制年度安全生产监管执法工作计划和实施方案，由区政府审核批准，向社会公布监督执行。区安监局根据各科室职能分工，分类组成3个监督执法检查专项小组，分别对企业、街道、有关职能部门共236家单位安全生产工作进行监督执法检查，对各单位安全生产组织机构建设、规章制度建设、安全生产基础管理、事故隐患排查整治、危险源监控、贯彻落实上级有关工作部署和要求情况、开展安全生产监督检查情况、安全生产宣传教育和培训情况、建设工程项目安全评价、安全生产突发事件应急救援管理体系建设、生产安全事故责任目标控制等方面情况进行重点监督执法检查。

【开展打击非法违法生产经营建设行为专项行动】 2010年，区安监局贯彻落实《南京市严厉打击非法违法生产经营建设行为专项行动工作方案》要求，成立以区委常委、常务副区长纪增龙为组长，区监察、区总工会、区安监等部门主要领导为副组长，区安委会成员单位分管领导为成员的专项行动领导小组，制订行动方案，明确目标和步骤，组织7个专项行动小组，分别对人员密集场所、交通运输、建筑施工、危险化学品、民用爆炸物品、燃气、特种设备等行业和领域存在的非法生产经营建设行为，集中进行打击、整治和清理。全区各单位共检查各类生产、经营场所6300多家，查出非法违法生产经营建设行为516起。对存在非法违法生产经营建设行为的责任主体单位或个人发放责令限期整改通知书81份，现场完成整改335起，有效维护了生产经营正常秩序。

【安全生产知识培训】 2010年，区安监局组织举办安全生产知识培训班3期，培训辖区内所属企业、商业、危险品、餐饮、娱乐等生产、经营单位负责人、安全生产管理人员301人，培训内容包括安全生产法律法规、安全生产事故案例分析、安全生产形势分析、生产设备管理及消防安全管理知识、企业事故报告、应急救援与调查处理、安全生产管理等知识。所有培训人员均参加市安监局委托的安全生产中介机构考核，合格率100%，对考试成绩合格者均颁发"安全资格证书"。组织全区安全生产监督执法人员参加市安监局举办的监督执法人员培训班，参加培训26人，全部通过监督执法资格考试，全区安全生产监督执法人员持证上岗率100%。

6月4日，鼓楼区开展2010年"安全生产月"——燃气安全进社区活动

【开展燃气安全进社区活动】 6月4日，区安监局牵头区总工会、挹江门街道、南京市港华燃气公司等在妙峰庵社区市民广场举行燃气安全进社区活动，活动主题为"以人为本，安全用气，远离隐患，平安和谐"。现场展出安全用气知识宣传展板，2家燃气公司向居民提供安全用气咨询和问题投诉受理，并发放相关宣传资料。

【安全生产检查】 2010年，区安监局对辖区内公共场所、"六小"行业、危险化学品经营单位、商场、学校、娱乐场所、建筑和拆迁工地、民办幼儿园、敬老院、汽车修理厂、公园、旅游公司、军人俱乐部、文化活动中心、网吧等重点单位和行业进行安全生产检查，全年组织安全生产检查96次，其中重大节日大检查3次、重大活动检查8次、平常性工作检查87次，检查单位13126家，发现安全隐患126处，下达整改通知书23份，落实整改率100%。

【重大节日和重大活动安全保障】 2010年，区安监局采取制订现场安全防范措施和制订突发性事件应急处理预案等形式，落实人力、物力，在重大节日和重大活动到来之前，组织各部门、各街道办事处和各有关单位对春节、国庆节及全国、省、市两会期间安全生产工作进行全面检查。各单位出动检查人员3700余人次，检查各类生产经营场所8000余家，查出安全生产隐患8处，发出"责令限期改正通知书"6份。在节日和重大活动到来之前悬挂横幅400余幅、标语800多条、黑板报和橱窗300多块。完成隐患整治，隐患整改率100%，春节、国庆节及全国、省、市两会期间鼓楼区没有发生亡人事故和重伤事故。（陆宏明）

文化兴区建设

Construction of Prosperous Cultural District

教育

“十一五”期间教育事业发展成就

“十一五”期间，鼓楼区教育事业坚持以人为本，全面推进素质教育，促进各级各类教育均衡、优质、和谐发展，努力实现教育公平公正，打造教育名区。全区高考普通达线人数由2006年的1492人增至2010的1622人，在2008~2009年度高考质量方面，6所区内中学有3所获得南京市高中教育发展性评估最高奖“综合奖”，2所获得“优秀奖”、1所获得“合格奖”，宁海中学美术教学获得“特色奖”。至“十一五”末，全区有小学37所，区属初中11所(含分校区)，独立初中均为省示范初中，小学、初中入学率100%，小学、初中巩固率100%；有市属高中2所、区属高中6所。有国际生态学校1所、国家级绿色学校3所、国家级体育俱乐部1个；省级绿色学校17所、省级艺术教育特色学校4所、省级青少年科技教育特色学校2所、省级体育传统项目学校6所、省级体育俱乐部2个；市级绿色学校21所、市级科技教育特色学校8所、市级科技教育普及性特色学校6所；区内90%的小学被评为南京市教育普及性特色学校，市中小学艺术团6个、市小学艺术中心5个、市级体育传统项目学校10所、市级体育基地8个。区教育系统54家建档单位100%达到星级(省级)标准，其中三星级35家、二星级19家。

“十一五”末，全区有在校学生5.33万人、托幼儿1.58万人，专职中小学、幼儿园教师4075人。高中教师高层次学历(硕士研究生以上)占11%；新进中小学教师实行“本科化”，初中教师高层次学历(本科以上)占87%、小学教师高层次学历(大专以上)占90%、幼儿园教师高层次学历(大专以上)占94%。在职教师中，江苏省特级教师29人、省教授级中学高级教师5人、省有突出贡献中青年专家1人、省人民教育家培养对象1人；南京市中青年专家2人、市陶行知奖(名校长)6人、市斯霞奖(名教师)8人、市学科带头人71人、市优秀青年教师189人。2006年以来，鼓楼区先后获得全国社区教育示范区、江苏省义务教育均衡发展先进区(县)、江苏省全面实施素质教育先进区、江苏省幼儿教育先进区、江苏省教育现代化先进区、江苏省师资队伍建设先进县(市、区)、江苏省(区)县级人民政府教育工作省级督导评估考核先进单位、江苏省教育纪检监察先进集体等称号。

教育经费投入　“十一五”期间，鼓楼区教育总投入32.31亿元。至2010年末，全区义务教育阶段预算内区属学校生均公用经费小学1~6年级每生每学年510元，初中每生每学年810元，均高于省定基准定额。

2006~2010年鼓楼区教育经费投入一览表

表59　　单位：亿元

年度 \ 资金	教育事业拨款(亿元)	总投入(亿元)
2006	3.02	4.31
2007	3.75	5.02
2008	4.68	6.55
2009	4.75	7.35
2010	5.58	9.08

注：2010年总投入中含区财政投入6.14亿元

教育硬件建设　“十一五”期间，鼓楼区根据全区国民经济和社会发展奋斗目标，先后完成白云园小学科技楼、力小分校教学综合楼，田家炳中学宿舍、学生食堂、体育馆，二十九中里圩校区、古平岗小学、教院附小、汉江路小学、育英中学、天正小学、凤凰街小学、赤壁路小学、金陵汇文学校、宁海中学分校、芳草园小学等教学综合楼及南大附中综合实验楼等16个建设项目，总建设规模10.43万平方米，总建设资金2.13亿元。

义务教育　2007年，鼓楼区成立南京市第一家小学教育集团——琅琊路小学教育集团(2010年对所属学校作相应调整)，2010年成立拉萨路小学、力学小学、芳草园小学、三牌楼小学教育集团；引入金陵中学优质教育资源和拉萨路小学优质教育资源，开办区域内第一所九年制公办学校——金陵汇文学校；南京工业大学(五十中校区)与南师附中联合办学，设立南师附中初中课程实验班。采取布局调整、资源整合、集团发展及建立具有鼓楼特色的“有效教学”实施方案与评价体系，推进区域内优质教育资源共享，整体提升全区义务教育办学层次。

扶贫助学　“十一五”以来，鼓楼区基本建立起从幼儿园到大学涵盖整个学校教育过程的扶贫助困、助学体系。2006年春季新学期开始，全区公办中小学学生义务教育阶段一律免收杂费，同时免收低保家庭子女“一费制”(指每学期开学后，在严格核定杂费、课本费和作业本费标准的基础上，一次性向学生收取每学期的杂费、课本费、作业本费等3项费用总额)所有项目费用，年内减免943万余元、惠及全区4万名学生。2007年，分别减免基础教育阶段特困生、贫困生学杂费，把生活贫困边缘户家庭纳入资助体系；将符合入学条件的义务教育阶段外来务工人员子女安排在区内公办学校就读，享受“同城待遇”。2008年，建立健全高校资助政策体系、帮助家庭经济困难大学生顺利完成学业；为全区义务教育阶段学生免费提供教科书，不再收取课本费；为中等职业学校具有全日制正式学籍的在校一、二年级学生，按每生每年1500元标准发放国家助学金，用于支付学习和生活费用；

每个符合条件的幼儿可以享受每年1600元助学券补助。2009年,减免辖区各中学、小学、幼儿园困难家庭学生"作业本费""社会实践活动费""学费""保育费"等各类费用114万余元、惠及1637人次;发放中等职业学校一、二年级学生助学金221万余元,办理22名在高校就读的困难家庭学生助学贷款12余万元,减免特殊教育学校学生全部学费;在工大附中(八中校区)、田家炳高级中学设立爱心班,在宁海中学设立宏志班;妥善分流因市政府工程涉及到阳光民工小学拆迁的623名外来务工人员子女,全部相对就近安排到区属4所公办小学就读。2010年,为1634人次家庭经济困难学生减免各类费用123.32万元(政府拨款60.39万元、学校自筹62.93万元),为31名在高校就读的鼓楼区户籍困难学生办理助学贷款17.05万元。

社区教育　"十一五"期间,鼓楼区社区教育扎根社区,创新实践,实施并完成"百千万"惠民工程(100个学习场所、1000个学习讲坛和活动、10000个家庭得到智力帮扶)。2008年,鼓楼区被教育部确定为全国首批社区教育示范区,华侨路、莫愁(凤凰)、中央门街道被评为全国社区教育示范街道。2009年,率先在全省创办"社区教育数字化学习在线"网络学习平台;在山西路市民广场开展"市民终身学习周"活动;开展省、市两级示范街道创建活动及开办全国社区教育特色课程。2010年,参加全国社区教育示范区社区教育成果展,荣获一等奖。至"十一五"末,鼓楼区"百步讲堂"社区青少年家庭教育实验等11个项目被立项为全国社区教育实验项目,其中"居民参与数字化学习实验"被立项为全国社区教育实验重点项目,13门课程被评为全国社区教育特色课程。全区所有街道均为南京市社区教育示范街道、28.6%的街道被评为江苏省社区教育示范街道、42.9%的街道被评为全国社区教育示范街道。

特色教育　"十一五"期间,鼓楼区坚持科学发展,优化教育资源。成立"鹤琴幼儿教师培训学校",以此为平台,传承、弘扬幼儿教育专家陈鹤琴教育思想,整合全区优质幼儿教育资源,开展全国知名园长论坛和幼儿师资培训;创建国际交流合作基地:南大附中、田家炳高中开办中日班,四中与韩国又松学园合作开办韩国又松大学直升班等,探索中外合作办学新思路。实施教师"能级制"管理,推进"三名工程"(名师、名校长、名校)和"鼓楼区112骨干教师队伍"建设,成立10个"特级教师工作室",发挥名特优教师示范和引领作用。至"十一五"末,全区形成汉江路小学"水文化"特色校园和财大附小"体验教育"、龙江小学"乐活十分钟"、回龙桥小学"晨诵、午读、暮写"读写互促活动、南昌路小学"乐韵课堂"、汇文学校"人和书约"阅读活动、二十九中"校园民族文化节"等特色教育品牌。

(胡丽丽)

综　述

【概况】 2010年,鼓楼区教育事业总投入9.08亿元。创建1所南京市优质园、3所南京市标准园,15所南京市平安校园。龙江小学创建成为国际生态学校、紫竹苑小学获"江苏省绿色学校"称号,天正小学、赤壁路小学获"南京市绿色学校"称号。完成南大附中、教院附中玉泉路校区与致远校区、芳草园小学、汉口路小学、一中心小学、南昌路小学、琅琊路小学等8所学校的校舍(第一批)抗震加固工程。全年区教育局门户网站发布教育信息约170条,获得市信息(新闻)工作先进集体称号。

年内,全区有完全建制幼儿园47所。小学37所(含鼓楼特殊教育学校),小学学生30546名,808个班级,其中小学毕业生4795人,合格率、升学率均为100%;小学普及率、巩固率100%。市属高中2所、区属高中6所、区属初中11所(含分校区),初中在校生12181人,毕业生3895人;高中在校生8713人,毕业生2449人,初、高中毕业合格率100%。5位教师被评为江苏省特级教师、2位校长获南京市"陶行知奖"、24位教师被评为南京市学科带头人(含后来引进的3名)、236名教师被评为区优秀青年教师。至年末,全区教育系统在职教职工4659人,其中专职教师4075人。区教育局办园幼儿教师236人、小学教师2060人、中学教师1735人(不含私立学校)、职业学校教师156人、直属单位教师58人。

是年,区教育局被评为南京市基础教育课程改革先进集体、南京市教育信息(宣传)工作先进集体,获得南京市区县初中教育质量评估优秀奖、南京市教育系统党组织建设工作创新创优成果奖、南京市学校德育创新奖一等奖等多项殊荣。田家炳高级中学、凤凰街小学被江苏省科协、江苏省教育厅命名为首批"江苏省青少年科技教育特色学校"(全市共6所学校),凤凰花园城小学、紫竹苑小学、莫愁新寓小学、财大附小、汉口路小学、汉江路小学被南京市科协、南京市教育局命名为"南京市科技教育普及性特色学校",山西路小学被南京市科协命名为"南京市科普宣传教育基地"。在各类科技竞赛中,获得团体和个人奖国家级28项、省级230项、市级42项。

(胡丽丽)

【成立五大教育集团】 6月17日,鼓楼区成立南京市琅琊路小学(2007年成立,年内重新调整)、南京市拉萨路小学、南京市力学小学、南京市芳草园小学、南京市三牌楼小学五个教育集团,将龙江小学、白云园小学、长阳小学、镇江路小学等发展较好的小班化学校纳入集团内,实施名校集团化发展,促进集团内各学校管理、教师培训、教学研究、教育科研、特色建设等方面均衡发展和共同提高。全区五大教育集团功能定位为:发挥集团内领衔学校教师成长孵化作用,集团内教师实行交流制度,集团领衔学校承担集团内所有新教师培训任务和其他教师轮岗培训任务;集团内以各学科特级教师、名师、学科带头人、优秀青年教师为主的"名师工作室"进行骨干教师培训;每学期定期开展校际间教育教学交流、教科研合作等工作;集团内学校定期组织教师开展业务竞赛、评比等活动,促进教师专业发展，提高集团内教师素质和学校教育教学质量；建立教育集团及其成员学校督导评估制度，促进学校集团化办学健康有序发展，确保学校办学质量整体提高；推进信息化和网络化建设，充分利用网络和短信平台，提高集团管理效率，集团内信息通过网络和短信平台发布，各校在校园网上设置相关栏目及时交流宣传集团内活动。年内，五大教育集团通过“统一+分散”模式*进行集团化运作，围绕师徒结对、教师培训、教育教学等方面开展活动。

链　接　统一：集团内学校，以共识的教育思想为学校办学核心理念，在学校各项管理中实行统一要求；分散：集团内每一所学校均为独立法人单位，学校彰显各自特色、自主发展，在特色课程建设上，各校特色发展、错位发展。

（曹小平　王　萍）

2010年鼓楼区教育集团一览表

表60

集团名称	组成学校
南京市琅琊路小学	琅琊路小学、汉江路小学、天正小学、莫愁新寓小学
南京市拉萨路小学	拉萨路小学、银城小学、汇文小学、长阳小学、教院附小
南京市力学小学	力学小学、凤凰花园城小学、龙江小学、财大附小
南京市芳草园小学	芳草园小学、白云园小学
南京市三牌楼小学	三牌楼小学、镇江路小学

【中高考成绩】 2010年，鼓楼区中考成绩比南京市平均分高出53.66分，与2009年相比，全区中考成绩总均分相对提高10分；2010年全市中考总分第一、第二名均出自鼓楼区，全区中考考分640分以上人群比例是全市平均值的两倍，获市教育局区县考核一等奖。全区高考成绩：二本达线情况为二十九中358人、田家炳高中30人、四中29人、南大附中19人，宁海中学达到艺术类本科线以上332人。在9月18日召开的2010年南京市高中教学工作会议上，二十九中、宁海中学、田家炳高级中学、南京四中获得南京市高中教育发展性评估最高奖“综合奖”，全区中学获奖比例为南京市首位。（王晓燕）

【教育惠民】 2010年，鼓楼区加大教育惠民政策落实力度，将资助范围扩大到持有街道、居委会、乡镇、村委会证明的家庭经济困难学生。高中资助项目，在学费基础上增加代办费、住宿费、高考报名考试费等；各中小学自筹资金减免部分家庭经济特别困难学生午餐费、校服费等费用。至年末，全区为1634人次家庭经济困难学生减免各类费用123.32万元，其中义务教育阶段851人次、14.04万元，普通高中阶段530人次、63.91万元，职业高中阶段183人次、39.32万元，幼儿园阶段70人次、6.05万元。为鼓楼中等专业学校3232人次学生发放“助学金”241.14万元，为31名在高校就学的鼓楼区户籍困难学生办理助学贷款17.05万元。

（任庆书）

【投入4500.96万元建设基础教育设施】 2010年，鼓楼区投入4500.96万元加强基础教育设施建设，新建、扩建和抗震加固一批中小学校舍。投资300万元完成南大附中综合实验楼收尾工程，建筑面积7804平方米；投资400万元完成芳草园小学教学综合楼收尾工程，建筑面积5800平方米。开工建设拉萨路小学教学综合楼，年末完成深基坑土方开挖工作，累计投入资金1350万元；开工建设鼓楼中等专业学校一期工程，年末完成桩基施工，累计投入资金100万元。投资1729.63万元，完成芳草园小学教学楼、鼓楼区一中心小学行政楼、二十九中（玉泉路校区）3号教学楼等9所学校9幢校舍抗震加固工程，抗震加固校舍总面积2.5万平方米；投资621.33万元，完成中小学校舍维修工程38项，其中小型维修近2万平方米、大型维修2.32万平方米、运动场5800平方米、其他项目7项。（田　涛）

【投入近2000万元改善办学条件】 2010年，鼓楼区投入1529万元改善中小学办学条件。其中，投入100万元建设全区中小学、幼儿园视频监控报警系统（公安网）；投入122万元，新增和更新课桌椅4632套；投入125万元，新增和更新教室多媒体投影设备300余套；投入220万元，新增和更新计算机700余台；投入171万元，新添图书馆图书和期刊近5万册；投入149万元，新添或更新教学仪器设备，为10所学校提档升级广播系统；投入127万元，改善教师办公条件；投入275万元，新建各类专用教室；投入240万元，用于8所学校校舍抗震加固后弱电系统升级改造。

（张金生）

【推进四大重点工程】 2010年，鼓楼区教育部门全力推进四大重点工程。全年投入约200万元，完成金陵汇文学校整体建设工程，该校整体建设在拉萨路小学搬迁过渡及中小学部扩班情况下进行，根据省标配足配齐各类教育教学设施；完成拉萨路小学搬迁过渡工程，该校在原址上进行扩建，并对老教学楼进行抗震加固，依据分流方案，全体师生分流到汇文学校、四中、凤凰街小学、新华校区（拉萨路小学）4个教学点，搬迁建设依据

2010年度鼓楼区获省、市"平安校园"称号学校一览表

表 61

序号	学校名称	级别	序号	学校名称	级别
1	南昌路小学	省级	12	山西路小学	市级
2	银城小学	省级	13	第四中学	市级
3	一中心小学	省级	14	凤凰街小学	市级
4	紫竹苑小学	省级	15	宁海中学	市级
5	实验幼儿园	省级	16	青云巷小学	市级
6	第二幼儿园	省级	17	清凉山小学	市级
7	古平岗小学	省级	18	教育学院附属高级中学	市级
8	金陵汇文学校	省级	19	回龙桥小学	市级
9	三牌楼小学	省级	20	渊声巷小学	市级
10	力学小学	市级	21	汉江路小学	市级
11	丁家桥小学	市级	22	教育学院附属小学	市级

"节约、实用、标准、优质"原则，确定搬迁方案和建设标准，整合调整原有教育技术装备，确保4个教学点正常开学；投入240万元，完成首批8所学校校舍抗震加固配套弱电系统配套工程，进一步提高学校教育技术装备水平；完成南大附中和芳草园小学综合楼建设工程，建设实验室、网络机房、音乐、舞蹈等专用教室。

【专职校园保安守护学校】 2010年，鼓楼区依托公安鼓楼分局保安公司组建成立全市首支校园保安大队，担负全区中小学学校门卫管理及校园周边地区秩序维护职责。保安大队下设2个中队，设1名大队长、2名中队长等管理人员；保安公司负责人员聘用、培训、管理，区教育部门及学校负责保安任用和考核，由区政府出资买岗，区财政全额支付每年137万元人员经费。经过10天岗前业务培训，5月1日，70名统一着装并配备警棍、防身辣椒水等装备的校园保安，进驻辖区67所公办中小学和幼儿园，协助警方负责校园内及校园周边治安管理，保障学校正常教学秩序和师生安全，同时在学生上学、放学时段维持学校门口交通秩序，协助校方做好学校安全保卫工作。至年末，保安大队保安人员增至83名。是年，校园保安工作获鼓楼区2010年度"全面达小康、建设新鼓楼"杰出贡献工作奖。

4月29日，鼓楼区举行校园保安进驻校园启动仪式

【综合安防系统开通运行】 5月23日，由区政府出资，在全区区属中小学、幼儿园和培训机构安装视频监控、平安"110"一键报警系统及电子门禁系统，全部安防系统由南京电信鼓楼区局负责建设和维护，区政府以月租方式支付，每年费用72.8万元，是全省唯一的区域性校园综合安防系统。7月27日，全区校园综合安防系统在83个公办学校校区安装到位，并在白云园小学举行系统开通仪式，副市长徐珠宝、市委政法委副书记徐福华、市电信局局长缪新华共同启动开通装置，市、区有关领导和中小学、幼儿园主要负责人观看综合安防系统演示。视频监控系统采用先进监控设备和电信光纤宽带传输，可存储30天录像，具有远程监控、本地监视、本地录像、录像回放和一键报警功能；平安"110"一键报警系统采用电信电话网络进行信息传输，学校一旦遇到警情，门卫按下紧急按钮，学校领导、安全负责人和教育局安全负责人手机会同时收到电话和短信报警，辖区派出所接警电话同时振铃报警。（全　萍）

【信访答复率99%】 2010年，区教育系统接收信访289件(人)次。其中，信访111件、群众来访165人次、网上信箱13件。区教育系统各职能部门积极、主动与有关单位协调，并取得区信访局、区司法局、街道等部门支持，及时解决华阳佳园业主子女入学等重大信访案件。至年末，答复率99%。 （王少坤）

【10个特级教师工作室成立】 2010年，鼓楼区以29中特级教师孙汉洲、朱琦，宁海中学特级教师郭其俊、陆长根，四中特级教师嵇明海，区教师进修学校特级教师葛文君，琅琊路小学特级教师周益民、黄黎敏，拉萨路小学特级教师周婷，鼓楼幼儿园特级教师崔利玲名字命名的10个特级教师工作室成立。工作室由特级教师任主任，聘请一批资深专家做顾问，选派120位市、区学科带头人、市优秀青年教师做学员。每一个工作室都有工作计划、总结，学员有近期个人发展规划。年内，工作室开办专家讲座、名师示范课，学员互相听课、评课，开展读书沙龙、参观学习等，举办7场特级教师、市学科带头人教学展示活动。至年末，特级教师工作室5名学员被评为省特级教师、21人被评为市学科带头人，学员荣获全国赛课活动一等奖，省市赛课、基本功比赛等多种奖项。 （申　云）

【事业单位岗位设置】 2010年，鼓楼区根据《南京市事业单位岗位设置管理实施意见》精神，开展全区教育系统所属事业单位岗位设置工作，实行岗位管理制度。事业单位岗位分为管理岗位、专业技术岗位、工勤岗位3种类别，涉及事业单位管理人员(职员)、专业技术人员和工勤技能人员。根据按需设岗、竞聘上岗、按岗聘用原则开展岗位聘用工作。建立监督机制，遵循公开、公平、公正原则，确保岗位聘用工作顺利完成。实施岗位管理制度后，事业单位将逐步建立健全以岗位为重心的合同用人机制、公平竞争机制、绩效评价机制、分配激励机制、人员退出机制和监督管理机制，岗位管理成为事业单位人事管理的基本管理制度。 （徐庆菊）

回龙桥小学定期组织学生与南师附中考菲尔德学校学生开展中外交流活动

【教育国际交流】 2010年，鼓楼区继续推进教育国际交流。田家炳高级中学与江苏卓越国际交流教育基金会、江苏卓越日语专修学院合作开办中日课程班；第四中学与韩国又松学园合作开办韩国又松大学直升班。全区各中小学和幼儿园接待海外团组39批次、930人；与12所海外学校建立合作关系，238名师生参加校际交流，与7所学校签署合作备忘录；6位中小学骨干教师参加省教育厅“再充电计划”赴海外培训，22位教师参加学校资助的海外培训。为外籍学生到区就读创造良好条件，有82名外籍学生、26名港澳台学生在区属中小学及幼儿园就读。 （郦　琳）

【鼓楼市民学习在线】 2010年，鼓楼区数字化学习平台建设根据居民多层次、多维度学习需求，不断完善网站课程设置与服务功能筛选。至年末，为社区居民提供文化科学、职业技能、继续教育、时政法制、健康教育、休闲娱乐、鼓楼特色等七大类600余门课程。网站注册4.4万户，居民最高学分5115分，不同时间段在线学习人数1000人左右。 （朱映红）

【小学、幼儿园及直属单位干部竞争上岗】 7月、12月，鼓楼区分别开展小学、幼儿园以及直属单位干部竞争上岗工作。整个竞聘程序为报名、笔试、面试答辩、组织考察、工委研究、任职前公示及组织任命。31名教师参加小学正、副职校长竞聘，8人任职；8名教师参加教育局办幼儿园副园长竞聘，2人任职；15名教师参加区招办主任(副主任)竞聘，1人任职。

（姜晓薏）

幼儿教育

【概况】 2010年，鼓楼区有完全建制幼儿园47所，其中省级示范园13所、省优质园20所、市优质园5所，市标准园6所、合格园3所。有教职工1568人，其中专职教师1139人；省特级教师5人、市名园长3人、市名教师2人、市学科带头人和优秀青年教师34人；区学科带头人和优秀青年教师134人、区骨干教师383人。9月，区妇联下属银城花园幼儿园、小天使幼稚园划归区教育局统一管理。至年末，全区有托幼儿班512个，在托幼儿1.58万人。年内，创建1所市优质园——中国电子科技集团公司第十四研究所幼儿园，3所市标准园——鼓楼区辰龙幼儿园、鼓楼区江滨幼儿园、鼓楼区腾飞幼儿园。是年，鼓楼区获南京市幼儿教育先进区称号。

2010年鼓楼区幼儿园集体获奖一览表

表62

获奖单位	获奖名称
南京市实验幼儿园	江苏省和谐学校、江苏省基础教育课程改革先进集体、南京市文明单位
南京市鼓楼幼儿园	江苏省平安校园、南京市文明单位
南京市第三幼儿园	江苏省平安校园、江苏省模范职工之家
南京市第二幼儿园	南京市文明单位、南京市安全文明校园、南京市先进读书之家
省级机关第一幼儿园青年教学组	江苏省青年文明号
省级机关第一幼儿园团支部	江苏省省级机关五四红旗团支部
省级机关实验幼儿园	江苏省精神文明建设先进单位、南京市学校优秀教研室
江苏省军区机关幼儿园	南京市先进家长学校
河海大学幼儿园	江苏省科技特色园、南京市节水型幼儿园
南京市小天使幼稚园	南京市巾帼建功先进集体

2010年鼓楼区幼儿园个人获奖一览表

表63

姓　名	工作单位	获奖名称
章　丽	南京市实验幼儿园	江苏省特级教师
崔利玲	南京市鼓楼幼儿园	南京市第二届基础教育专家
陈　静	南京市鼓楼幼儿园	南京市基础教育改革先进个人
何凯黎	南京市鼓楼幼儿园	南京市学科带头人
唐松梅	南京市第三幼儿园	南京市学科带头人
王燕兰	省级机关第一幼儿园	江苏省省级机关巾帼建功标兵
于雪萍	省级机关第一幼儿园	江苏省省级机关巾帼建功标兵
田　苗	省级机关实验幼儿园	江苏省省级机关巾帼建功标兵
赵丹荣	省级机关实验幼儿园	江苏省省级机关优秀共青团员

（贺　玮）

【教科研成果】 南京市鼓楼幼儿园“0~6岁婴幼儿一体化亲子教育的实践研究”和南京市实验幼儿园“幼儿成长纪念册——发展性评价有效载体”获首届江苏省基础教育教学成果一等奖。鼓楼区辰龙幼儿园、南大幼儿园、省级机关实验幼儿园、莫愁幼儿园选送的自制玩教具获得南京市幼儿园优秀自制玩教具展评二等奖和三等奖。

【举办首届全国幼儿园园长高峰论坛】 9月27~29日，首届全国幼儿园园长高峰论坛在鼓楼区开幕。论坛由《中国教育报》、鼓楼区人民政府主办，《中国教育报学前教育专刊》、鼓楼区教育局承办，南京师范大学学前教育研究所协办。论坛主题为“教育家办园，专业化管理”，《中国教育报》总编刘仁镜、北京师范大学、南京师范大学有关领导，省、市、区各级领导参加开幕式；全国各地幼教主管部门领导、幼儿园园长、学前教育专家及业内人士200余人参加论坛，交流幼教发展热点问题，分析学前教育领域误区，总结、分享鼓楼区幼儿园办园经验。《中国教育报》副总编、《教育规划指导纲要》起草组成员翟博作“学前教育改革发展的目标蓝图”报告，结合学前教育热点问题，解读《教育规划指导纲要》战略定位和基本框架；江苏省教科院副院长杨九俊作题为《追寻理想教育——关于幼儿园建设的若干赠言》的报告，北京师范大学教授刘焱作《教育家办园，为儿童创造美好的童年生活》的报告，南京师范大学教授刘晓东作《我们应该树立怎样的儿童观》的报告。28~29日，与会人员参观辖区实验幼儿园、鼓楼幼儿园、第二幼儿园、第三幼儿园，并分4个分论坛，分别围绕“超前认知误区与儿童潜能开发”“园长引领与幼儿园特色发展”“园本培训与幼儿教师专业成长”“幼儿园课程实施与儿童发展”等

9月27日，首届全国幼儿园园长高峰论坛在鼓楼区举行

主题进行分论坛研讨，全国各地幼教领导、专家、园长听取鼓楼区经验介绍；分论坛代表在总结会上交流汇报情况，并进行总结点评；各位领导和专家充分肯定鼓楼区作为全国幼教强区为幼教发展所搭建的交流平台及发挥的模范带头作用。 （贺 玮）

小学教育

【概况】 2010年，鼓楼区有37所小学（含鼓楼特殊教育学校），在校学生30546名，808个班级，小学普及率、巩固率100%。全区15所小学实行小班化实验教学，年内汉口路小学被评为南京市小班化示范学校。6月，成立五大教育集团（其中琅琊路小学教育集团2007年先期成立，2010年调整并重命名），缩小校际差异，实现优质、均衡发展。鼓楼特殊教育学校成为“哈佛项目”——城市残疾儿童及其家庭支持网络建设研究课题南京实验点学校。围绕争当“四好少年”“与青奥共成长”两大主题，不断深化全区少先队“手拉手”互助活动；开展抗旱、抗震救灾等各种形式爱心活动；推进体验教育，开展“小主人跑两会”（人大、政协）活动。区各级少先队组织踊跃参与各类评比活动，并获得优异成绩；凤凰街小学学生黄惠昕被评为中国少年科学院小院士；特殊教育学校获得第五届全国特奥会二金一银一铜的成绩。

【教育科研成果】 2010年，琅琊路小学课题“小主人教育——愉快教育的实践范式研究”获江苏省基础教育课程改革教学研究特等奖等多项殊荣；白云园小学课题“学校文化战略的策划与实施”获中国教育学会“十一五”科研规划重点课题一等奖等多项殊荣；银城小学编写的《体育（乒乓球）校本课程纲要》获2010年南京市小学优秀校本课程教材评比一等奖；凤凰街小学案例研究报告获得全国课题“中小学生创造力案例研究”结题会一等奖；财经大学附属小学获省教育厅和省科协联合主办的火箭模型竞赛综合团体一等奖；渊声巷小学获第15届全国中小学学生绘画、书法作品比赛先进集体；琅琊路小学“琅琅童声”合唱团获得世界合唱节银奖；山西路小学科普剧《生命》获全国邀请赛一等奖；拉萨路小学获江苏省小学生“信息与未来”夏令营团体一等奖；南昌路小学民乐合奏《秦淮灯市》获得“南京市第八届少儿艺术团队文艺大赛”特等奖；江苏教育学院附属小学获全国学校足球竞赛二等奖。古平岗小学学生肖璇的《抖空竹》获全国童谣创编一等奖；特殊教育学校学生黄鸣、杨婕分获全国第五届特奥会冠军和第三名。

【开展图书漂流活动】 “4·23”世界读书日前夕，鼓楼区教育部门联合凤凰国际书城将300本《争当四个好少年》书籍在辖区各中小学间漂流，所有学生看书的同时将读后感言写在书的封二或末页空白处与之后读书学生分享，并在上交图书时，捐赠一本8成新的少儿读物。漂流期间，部分学校举办少先队大队和中队主题会，组织学生集体学习、交流感受，同时举行集体捐书仪式，为贫困小学奉献更多爱心。全区征集图书1.8万册，其中6000多册运往四川灾区希望小学，其余分别捐助高淳、溧水、六合等区县6所小学建立红领巾书屋。

【开展争做四好少年活动】 “六一”前夕，鼓楼区在校小学生用集体舞、武术、军体拳等多种形式展现少先队员

4月23日，鼓楼区开展“争当四个好少年”图书捐赠活动

积极进取迎青奥、活力无限争"四好"的风采。活动中,银城小学和宁工小学40名少先队员结为手拉手小伙伴,银城小学队员向宁工小学队员赠送乒乓球拍、足球、书包等礼物,宁工小学队员现场展示书法作品作为回赠,彼此勉励用实际行动争当青奥小使者,争做"四好少年"(热爱祖国、理想远大的好少年;勤奋学习、追求上进的好少年;品德优良、团结友爱的好少年;体魄强健、活泼开朗的好少年)。

【寻访红色足迹公益夏令营活动】 2010年,鼓楼区开展"你我手拉手,争当好少年"公益夏令营之"祝福青奥延安行,两地学子心连心"活动,组织20名品学兼优的困难家庭子女和十余名爱心志愿者到红色革命圣地延安,寻访红色足迹、与延安柳林中学开展手拉手联谊活动。夏令营营员将从南京带去的书籍、衣服、文具等礼物赠送给柳林中学伙伴,并邀请该校学生2014年到南京参加青奥会相关活动。南京电视台"周涛讲故事"栏目作活动专题报道。 (曹小平 王 萍)

区属小学

【南京市琅琊路小学】 琅琊路小学创建于1934年,1981年被省教育厅授予首批江苏省实验小学称号。学校本部坐落于琅琊路7号,占地面积9732平方米,建筑面积11434平方米。至2010年末,学校有教学班42个、学生2213人,教师122人,其中南京市名校长1人、中学高级教师9人、小学高级教师74人、江苏省特级教师4人、南京市学科教学带头人6人、南京市优秀青年教师21人。是年,学校连续第八次获"江苏省文明单位"称号,其中连续三届荣获"江苏省文明单位标兵"称号,由校长戚韵东主持的主课题"小主人教育——愉快教育的实践范式研究"获江苏省基础教育课程改革教学研究特等奖等多项殊荣。学校以培养学生做"集体的小主人、学习的小主人、生活的小主人"为教育目标,实践愉快教育思想,培养人格健全、自主创新的小主人。在课程设置、教学方式、教材开发、教学评价以及综合实践活动等方面进行改革与实验,是原国家教委向全国推荐实施"愉快教育"实验的7所典型学校之一。2010年,学校基于原有课程设置,开发阅读、艺术、体育、文化等具有琅小特色的课程,通过大单元主题教学、活力课堂、教学研究周等实践平台,探索"快乐做主人"课堂形态。积极创建工作坊、周三有约、悦读时光、草根论坛、露一手等多种形式研修平台。全年,仇学春、强献娟、杭小燕3位教师获第七届全国中小学信息技术创新与实践活动"网络教研团队"决赛特等奖,教师陆华山荣获全国第二届小学语文教师素养大赛特等奖,教师王蕾、仇学春获全国电子白板现场赛课、录像课4个一等奖,强献娟荣获2010年江苏省"华夏杯·教海探航"年度新人奖,胡志宏、孟军论文获省"师陶杯"论文评选一等奖,强献娟、冯毅、徐睿、夏洁、郑理、王蕾分别获省教海探航论文评选一、二、三等奖,全校教师有52篇教育教学论文在省级以上报刊发表。校舞蹈队舞蹈《校园的早晨》获"校园时代"全国青少年才艺电视展演录像评比金奖,"琅琅童声"合唱团应邀在凤凰卫视主办的《智慧东方》2010文化人物颁奖典礼大会上演出,唐修齐和张洪齐在第八届"全国中小学信息技术创新与实践活动"决赛中分获"智能机器人创新设计"一等奖和"智能机器人竞赛(环保主题)"二等奖,王闻中和宋一鹏等学生获得江苏省"信息与未来"夏令营活动全部4个项目和综合项目一等奖。

承办第五届江苏省教育家论坛 4月22~23日,由江苏省教育科学院主办,鼓楼区教育局、琅琊路小学承办的第五届教育家论坛在南京市华东饭店举行,论坛主题为"快乐做主人:童年的幸福密码"。省教育科学研究院副院长杨九俊、南京师范大学副校长吴康宁、同济大学文学院哲学系教授陈家琪、湖南师范大学文学院教授汤素兰、市教育科学研究所所长刘永和等知名教育家及省、市教育局领导,副区长冯雯兰,以及来自全省的800多名代表共同出席论坛。校长戚韵东作《琅小园·琅小人·琅小梦——"快乐做主人"教育叙事》主题报告,成尚荣主持"快乐做主人:走向活力课堂"主题沙龙。 (陆华山)

【南京市拉萨路小学】 拉萨路小学创建于1963年6月,坐落在南京乌龙潭畔,占地面积7666平方米,校舍建筑面积8065平方米,为江苏省实验小学。至2010年末,该校有南京市金陵汇文学校小学部、南京市银城小学、南京市拉萨路小学新华校区及本部4址。校本部有48个班、2537名学生,在职教师138人。其中,中学高级教师11人、省特级教师3人,市名校长1人、市学科带头人5人、市优秀青年教师20人,区学科带头人、优秀青年教师60多人,研究生(含教育硕士)12人。"十一五"期间,学校相继成立"名师工作室""韩芳班主任工作室",承担智慧型教师专业成长、成果推广、智慧传承任务;教师拥有百步聊吧、阅读悦生活、智慧心约卡、网上博客等多种研修平台。学生拥有每周一玩、小小志愿队、笑笑吧、阳光语录、"1+1"创造节、"大嘴巴"英语节、"童瞳杯"学科节、"文明一日行"、红领巾调节站、"我是一个兵"等智慧教育课堂和活动。

学校确立"让每一个学生都得到发展,让每一个学生在发展中拥有智慧"的办学目标,建构"模拟课堂、同课异构"、走廊评课、菜单式点课、备课学术化"等智慧课堂。开发"星期三生活学校"校本课程体系,先后编写完成2套《智慧园》校本教材,并在全校范围内招聘教师担任课程教学任务;研发与应用《语文大嘴呱呱》《数学大风车》《童眼看世界》校本练习教材,实践"让每一个孩子没有背不动的书包,只有带得走的智慧"教学新理念。6月17日,拉萨路小学教育集团重新组建成立。是年,学校先后被评为省文明单位、全国少年科学院示范基地、金陵书香校园等;先后获得省小学生"信息与未来"比赛团体冠军,市校本课程教材一等奖、市德育创新奖、市集体舞比赛一等奖。教师江和平被评为省特级教师、省基础教育课程改革先进个人,教师吴兰南被评为全国中小学图书馆先进工作者；学生邹文颖被评为中国少年科学院“小院士”，学生王译庆获中国少年科学院“小院士”提名；学生高雨亮获得中央电视台“希望之星”英语风采大赛省决赛一等奖；李安然等11位学生在省“信息与未来”夏令营活动中获得一等奖；学生彭拜尔受邀作为江苏省代表，参加长三角青少年科技创新月活动，并与上海市虹口区区长、浙江省分管领导一起按下启动仪式屏幕按钮。

“智慧课堂”项目研究展示 5月21日，由南京市教育科学研究所项目管理中心主办，南京市拉萨路小学承办的“智慧课堂”项目研究展示活动在金陵汇文学校举行，省教师培训、市教科所、区教育局相关部门领导和专家参加，市区特级教师、教研员、教师代表等全程参与。活动分为4个部分：拉小副校长周婷作主题报告、6位名特优教师课堂展示、课堂坊——“把学生带到高速公路的入口处”、全国著名特级教师华应龙课堂观摩和讲座。“智慧课堂”是该校对理想课堂的一种诠释和追求，期望通过课堂研究促进教师自身不断发展与学生自主发展，达到师生素质共同提高的目的。

链　接　同课异构：同一内容的课，由不同老师根据自己的实际、自己的理解，自己备课并上课。由于老师的不同，所备所上课的结构、风格、教学方法和策略各有不同，这就构成了不同内容的课。　（单薇洁）

【南京市力学小学】　力学小学坐落在南京市汉口西路120号。学校占地面积5129平方米，校舍建筑面积6331平方米。拥有微机房2间，图书室、心理咨询室、科技活动室、音乐教室、卫生室、体育器材室各1间。至2010年末，学校有教学班49个、学生2602人、教师123人，其中中学高级教师6人、小学高级教师72人；省特级教师1人、市学科教学带头人5人、市优秀青年教师10人。

2010年，学校举办首届教育集团庆典及联谊活动，与美国艾森豪威尔新星小学结成友好学校；成功承办全省英语学科展示活动、全市教师研修展示研讨活动、全市科学学科展示活动、全市品德学科展示活动。首次编写英语学科校本教材，编写并出版全套儿童作文校本教材，作文丛书获南京市校本教材一等奖。11位教师立项市级个人课题、7位教师立项区级个人课题；教师186篇研究论文在市级以上评比中获奖，7篇文章在《江苏教育研究》等刊物上发表。学生张天元作为江苏省少代会代表团团长赴北京参加全国少代会，并受到中共中央总书记胡锦涛亲切接见。校合唱队获南京市“童声古韵”古诗文合唱比赛一等奖、集体舞队获鼓楼区小学生集体舞大赛一等奖；学校获鼓楼区中小学综合性运动会团体总分第三，校机器人小组获全国机器人大赛一等奖、南京市机器人大赛二等奖和三等奖。副校长李琳被评为省特级教师，蔡群获全国英语教师优秀园丁奖、全国小学英语十佳教师称号；张金秋获市体育教师能手一等奖、虞彩琴获市信息技术赛课一等奖、张云获省级数学赛课一等奖，王黎获市优秀班主任称号。

是年，学校工会获全国模范职工之家称号，校少先队获省优秀少先队称号，学校获省红十字示范学校、市社会治安综合治理及平安建设先进集体、市文明单位、市基础教育课程改革先进集体等称号；校主课题“研究型课堂：悄悄的课堂革命”获省基础教育教学成果一等奖、市基础教育教学成果特等奖；校“小公民实践活动”获首届市德育创新成果特等奖。

小公民实践活动　10月26日，学校“小公民实践活动”获得首届南京市德育创新成果特等奖，并在全市学校德育创新成果推广会上作经验交流。2005年，该校作为江苏省首批项目实践学校参加由江苏省教研室主持的“公民教育实践活动”，成立“公民教育项目研究中心”，把培养优秀中国公民、打好人生精神底色作为新时期德育工作的探索和实践，编写完成全国首套《小学生公民教育实践活动手册》《公民教育教师学习手册》。2010年，该校把公民教育实践活动纳入学校德育课时计划。至年末，学校摸索出开展公民教育实践活动常态流程。公民教育实践活动研究成果先后收录在《小学德育》《江苏教育》《江苏教育研究》《江苏省公民教育案例》等专著和杂志中。

（张　伟）

【南京市芳草园小学】　南京市芳草园小学成立于1998年，地处芳草园33号，占地1.5万平方米，校舍建筑面积7158平方米。1998年9月至2006年7月为南京市琅琊路小学分校（芳草园小学）；2006年7月，学校独立为南京市芳草园小学；2007年11月成为琅琊路小学教育集团成员学校；2010年成立以学校领衔的芳草园小学教育集团。学校传承愉快教育思想，走“质量立校，文化兴校，科研强校”之路，以“阳光儿童教育”为办学特色，奉行“孩子的笑脸是学校阳光，教师的笑脸是学校的幸福”办学理念。至2010年末，学校有教学班39个、在校学生2055名，在职教师98人，其中研究生学历4人、本科学历88人、大专5人、中师1人；学校有特级教师1人、市学科带头人3人、市优秀青年教师11人、区学科带头人6人、区优秀青年教师21人。

2010年，学校在省“十一五”重点课题“阳光儿童教育”引领下，开拓阳光教师培养、阳光课堂建设新思路，锻造有风格的教师；构建“让学”课堂，倡导“多元思维、个性表达”的学习方式，搭建学生主题活动月实践平台，将阳光教育播撒到儿童文化生活各个领域。学校教师阳光俱乐部、阳光加油站、魅力教师读书工程、青蓝工程、阳光教师讲坛、项目研究中心、素养提升与名师成长工程等多种形式研修平台，成为教师成长的助推器。是年，学校获得全国班主任专业化实验学校、省中小学心理健康教育先进集体、市现代化小学、市个人课题研究优秀学校等多项殊荣。校长肖大明获市“陶行知”奖；王恒、张红被评为市第六届学科带头人；周靓制作的数学电子白板课“认识东南西北”获全国赛课二等奖，课堂教学视频《周长是多少》收录于三年级（下）数学备课手册配套光盘；武文红获省音乐赛课低年级段一等奖第一名；张民乐获市体育青年教师基本功一等奖；陶静等教师多次荣获省师陶杯论文评比一、二等奖。全年，该校教师80余篇论文在省市论文评比中获奖，50余篇论文、随笔被各级各类刊物发表。6名学生获省"信息与未来"信息设计活动一等奖。校"户外小队""缤纷果小队"获南京市优秀"雏鹰假日小队"称号。

与南师大签订教师培养协议　10月8日，芳草园小学与南京师范大学教科院小教所签订教师培养合作协议仪式在南师大随园校区举行，南师大2009级、2010级小教专业全体本科生参与并见证两校合作签字仪式。协议规定两校定期开展讲座、实践等互动交流活动。签字仪式结束后，芳草园小学校长肖大明作为该项目第一位受邀到南师大讲学的教师，为小教专业本科生作"我们今天需要什么样的教师"主题讲座。至年末，芳草园小学接待南师大本科班学生数百人次到校听课学习，并先后派出黄健、耿珊珊、陈红、刘桂芹等12位名师到南师大讲学。　（谢玉琴）

10月8日，芳草园小学校长肖大明在该校与南京师范大学教师培养合作协议签字仪式后开办主题讲座

【南京市赤壁路小学】　赤壁路小学坐落在赤壁路10号，鼓楼区民国建筑公馆区内，占地面积3817平方米，校舍建筑总面积4628平方米。学校创办于1964年，至2010年末有20个教学班、1044名在校学生、61位在职教师。其中，特级教师1名、市学科带头人1人、市优秀青年教师4人、市优秀班主任1人、区学科带头人7人、区优秀青年教师10人、区学科中心教研组成员7人、区优秀中队辅导员10余人。学校以"追寻童年精神"为总体价值追求，以"小巧精致、个性鲜明、品味高雅、质量上乘"的现代特色名校为形象定位，走文化立校、科研强校、特色兴校之路。2010年，学校成功创建省平安校园、省艺术教育特色学校、省体育先进学校，市绿色学校、市优秀家长学校、市无烟学校，校英语教研组获市优秀教研组称号。学校作为西部教育顾问单位，年内分别承担玉树及新疆地区教师培训工作。校英语教师韩佩玲被评为省特级教师，刘蜜、刘建华获全国信息技术白板赛课活动一等奖，王艳玲获省书法赛课一等奖、罗向群获市综合实践赛课第一名、丁艳参加全省"五城区五届一次"青年教师教学交流活动。学生鲁凌迪获世界少年奥林匹克数学竞赛银奖、李彤获全国少儿声乐比赛儿童组银奖，近百名学生在全国、省、市书画比赛中摘金夺银。

首届紫藤教学节　11月，学校首届"紫藤教学节"举办。该活动为期一个月，以"观察儿童，观察课堂"为主题，分专家面对面、课堂坊和学科秀3个板块互动，整合校本研修、课题研讨和学科活动。专家面对面活动中，教师聆听国家督学成尚荣"观察儿童，观察课堂"主题演讲、观摩区语文教研员姜淑兰公开课、邀请特级教师观摩研讨数学课堂；学科秀活动中，教师精心设计迎新年识字小报展览、"童诗叙童心，诗意迎新年"童诗诵读会、"我与皮卡共成长"课外阅读、口算大王评比、"玩转数学"演讲比赛、趣味数学知识竞赛、英语动漫时空和朗读秀等活动，学生在学科活动中体验学习的无限乐趣。　（刘丽春）

【南京市山西路小学】　山西路小学建于1955年9月，地处南京市人和街3号，占地面积5761平方米，校舍面积7494平方米。至2010年末，学校有19个教学班，在校学生499人。在编教师46人，教师学历合格率100%，其中教育硕士1人，本科学历23人，大专学历22人。学校开设合唱、美术摄影、计算机等特色课程，建有学生和教师图书阅览室、藏书室、舞蹈房、合唱室、网络中心、科学实验室、心理咨询室、写生画室、计算机室等各专用教室，为教师教学、学生成长提供便利。2010年，学校打造"合作课堂"小班化教学特色，在校园网站开辟"合作教学"论坛，将新课改理念融入到课堂教学中。是年，学校被省市科技局授予"江苏省科普宣传教育基地"和"南京市科普基地"铜牌，获省艺术特色学校、省平安校园、市平安校园、区平安校园示范单位等称号；校小星星合唱团荣升为市小学合唱一团，雏鹰假日小队获市优秀雏鹰假日小队称号；教师撰写论文案例获省级奖项15篇、市级奖项10篇；校长李娟获省防震减灾示范校创建集体先进个人称号，教师安雯、陈智分获第15届全国中小学生书画比赛指导一、二等奖，学校获优秀组织奖；教师刘治国获市首届教育软件大赛二等奖、优秀青年教师称号；多名学生参加省、市、区各种竞赛并获奖。

小星星合唱团获第六届世界合唱比赛专业组铜奖　7月14~19日，山西路小学"小星星合唱团"赴绍兴参加第六届世界合唱比赛，获得专业组童声合唱铜奖。该校"小星星"少儿艺术合唱团成立于1988年，成立之初就成为市小红花特约合唱单位；1997年学校被授予南京市声乐合唱艺术中心，2007年被授予市小学生合唱三团铜牌；2010年通过市小学生合唱团晋级评审，荣升市小学合唱一团，同年，被评选为省艺术特色学校。合唱团由校音乐组教师和外聘艺术教师联合开展训练活动，每周活动3次。合唱团曾获第六届中国艺术节演出优秀表演奖、全国“高歌颂祖国，迎接新世纪”音乐会优秀组织奖、全国首届少儿合唱艺术节闭幕式优秀表演奖、省“五星工程”银奖等多项殊荣。至年末，“小星星合唱团”有团员100多人，为二年级至六年级的学生，形成连续性梯队结构，具备可持续发展潜力。（吴　艳）

【南京市三牌楼小学】 南京市三牌楼小学始建于1912年，位于新模范马路94号，占地面积10348.7平方米，校舍建筑面积4934.3平方米。全校有36个教学班，在校学生1665人、教职工91人，专职教师88人，其中高级职称68人、市优青学科带头人6人。学校先后被命名为南京市示范学校、南京市心理教育实验学校、南京市实验小学、江苏省实验小学。9月，联合镇江路小学，成立“三牌楼小学教育集团”。学校继承并发扬“教研科研化、科研教研化，提升办学品位、争创品牌学校，实施优质教育、创建和谐校园”的办学理念，打造科研发展之路。省级课题“培养小学生良好孝德的实践研究”于12月顺利结题；同年学校依据课题研究，编写校本课程《孝心、孝言、孝行》获得南京市校本课程评比一等奖。50余位教师参与南京市个人课题研究，是年，获得南京市首届个人课题研究实验学校称号，满分通过省“平安校园”检查，获得全省第一名。

探索教育品牌　2010年，三牌楼小学继续发挥“探索教育”品牌引领作用，以课题研究确立学校渐成体系的“探索教育”实施原则、策略与方法，并确立探索式教学设计模式。至年末，该校编印《探索与实践》论文集3辑、《课改实验动态报》5期、《小学生综合实践活动探索教育》校刊5期等一批教科研实验成果，并有多项研究成果在《南京教育》《江苏教育》《心理教育研究》等报刊上发表；2项研究成果获市优秀科研成果奖。探索教育、孝道教育、心理教育等成为三牌楼小学教育品牌。

（杨秋枫）

1月15日，三牌楼小学艺术中心成立10周年庆典

【江苏教育学院附属小学】 江苏教育学院附属小学地处南京市西部，创建于1986年，因校门正对四明山，故校训为“四明”——明理、明事、明人、明己。学校占地面积4121平方米，至2010年末有教学班15个、学生432名、教师37名。学校设有自然室、网络教室、音乐室、图书室、美术室、多媒体教室等14个专用教室。2010年，学校发挥小规模办学优势，倡导“精实”教育办学理念，开发水墨画校本课程。10月，召开自编国画校本教材《四明墨韵》全市发布会。把“科研兴校”作为学校发展策略，开展国家、省、市多项课题研究，24位教师科研论文获得全国、省、市级论文奖和优课奖，并在各级刊物发表；50余位学生在第15届全国中小学书法、绘画大赛中获一、二、三等奖，学校获集体组织奖。年内，先后接待澳大利亚、美国、日本、新加坡等国外教育考察团，数十次接待全国各地教育代表团到校参观交流。校足球队获邀参加2010年全国青少年足球冬令营。是年，学校被评为市体育与健康、艺术教育普及性特色学校，市平安校园、市体育先进学校、市足球重点学校。

（王九红）

【南京财经大学附属小学】 南京财经大学附属小学坐落于鼓楼区东妙峰庵1号，占地面积约6000平方米，1951年建校，为省实验小学。至年末，学校有教学班20个、学生866人；教师51名，其中硕士生1名、本科学历教师43名、具有小学高级教师职称37人。其中，区级学科带头人5人、区优秀青年教师8人、区标兵教师4人。学校建有报告厅、舞蹈房、手工创造室、绘画室、科学实验室、电脑房等多个专用教室，并配备多媒体影像教学设备。6月，学校加入力学小学教育集团，以“力学”为校训，践行“力学”精神，奉行“让不同的孩子得到不同层次的发展，让每个孩子和别人有点不同，比昨天有点提高”育人理念。学校开展主题式课堂教学研究，建立阶段检测、单项检测和期末考试评价体系，开设健美操、航模、击剑、书法等数十个兴趣小组，开展“青苹果杯”语文、数学、英语系列学科竞赛活动。学校先后获得省实验小学、省绿色学校、市德育先进学校等称号。2010年，学校有33位教师获得各级各类教学成果奖，22位教师获中国教育学会优秀论文奖；4位教师在第三届全国中小学新媒体新技术教学应用研讨会暨基于交互式电子白板学科教学观摩研讨活动中分获二、三等奖；2位教师在省2010年度教育协会论文案例评选中分获二、三等奖；教师朱亚洲被评为省2010年度金钥匙科技竞赛优秀科技辅导员。12月，在省教育厅和省体育总局联合主办的“我爱祖国海疆”海模竞赛中2位学生获得一等奖、3位学生获得二等奖。该校创作的科普剧获省2010年科普剧创作及表演优秀奖。是年，学校被评为省平安校园、市平安治理先进单位、市体育与健康教育特色学校、市科技教育普及性特色学校、市无烟学校等，校长高采平被评为2010年南京市优秀共产党员，教师任颖被评为2010年南京市优秀教育工作者、南京市优秀少先队辅导员。

青、红苹果文化超市　2010年，学校着力打造“体验教育”特色品牌，该校体验教育基地——“青、红苹果文化超市”始创于2001年，超市经理和员工由学生竞聘产生，获选学生担任经理、营业员、会计、导购员等角色，并参与超市开业前市场调查、营业场所安排布置、商品进货和上架出售等创业全过程，真切体验劳动的光荣与艰辛、创造的快乐与辛苦。年内，3次举行超市岗位竞聘PK大赛、小超市进社区、青苹果大卖场等活动，将超市经营与社会实践牵手，锻炼学生社会实践能力。

（徐文军）

财大附小由学生经营的青、红苹果文化超市

【南京市白云园小学】　白云园小学创建于2000年，坐落于河西龙江小区36号，是全市首批小班化教育实验学校。学校占地面积6095.8平方米，建筑面积3958平方米，绿化面积1240平方米，体育场地1700平方米。学校所有教室配有个性化课桌椅、多媒体电脑、视频展台、54英寸背投等装备，班班通互联网，师生机比2.3:1，处于全省领先地位。同时，有录播、科学、劳技、计算机等功能教室。学校有教学班22个、学生554人、教师54人，其中中学高级教师1人、小学高级教师36人、南京市优秀青年教师2人、鼓楼区学科带头人5人、鼓楼区优秀青年教师9人。全校教师60%本科学历。办学10年来，学校先后被评为省实验小学、省现代教育技术实验学校、省绿色学校、省级体育传统项目学校，市小班化示范学校、市优秀绿化景观学校、市百家优美化校园、市青年文明号等多项荣誉称号。

2010年，学校奉行“养德、率性、谐乐”办学核心理念，树立“面向每一个”的教育思想，本着“以生为本”教育理念，开设为学生量身定做的课程，学校长短课设计更符合儿童成长规律，“一班双师”带给学生更多关爱；武术校本课程助孩子修身健体，社团活动满足孩子个性发展需求。年内，教师省级论文获奖37篇、市级论文获奖127篇，有5篇论文在国家级刊物上发表。校长朱艳勤主持的主课题“学校文化战略的策划与实施”获中国教育学会“十一五”科研规划重点课题一等奖等多项殊荣。学生吴可幻绘画作品获省2010思高儿童创意绘画征集活动南京市特等奖。是年，学校被评为省平安校园，连续4年被评为市体育传统项目学校称号，连续两届荣获市小班化示范学校称号。在市18届运动会武术项目比赛中，取得7枚金牌、4枚银牌、3枚铜牌的好成绩。

（葛晓敏）

【南京市鼓楼区一中心小学】　鼓楼区一中心小学创建于1933年，原名南京市五台山小学，1951年更名为鼓楼区一中心小学。学校位于上海路42号，占地面积1.25万平方米，校园内有笑脸墙、状元廊、奥运文化墙、奥运明星墙、快鹿(乐)园、校史馆、茅亭师话、葫芦园等特色文化景点。至2010年末，学校有29个教学班、在校生1085人，教师79人。其中，学科带头人及省市级优秀骨干教师占30%以上。建校以来，学校坚持“为每个学生的和谐发展设计最好的课程，为每个学生的健康成长提供最优的教育”，形成“优势教育”品牌。先后被评为省实验小学、省社会科学教育基地、中国科学院心理研究所小学心理教育研究基地、省现代教育技术实验学校、国家“奥林匹克”教育示范学校、省体育传统学校、省绿色学校、市德育先进学校、市优美校园、教育收费规范学校、市足球重点小学、市体育基地学校等。2010年，学校继续深化缤纷图式、e人工作室、智力魔方、七彩虹桥、魅力足球、阳光心育、童画奥运、琴韵飞扬以及2个专家引领的学科(语文教学、数学教学)等10个有较大影响的教师特色品牌团队建设；利用综合实践活动课和地方课时开设异想天开——小小发明训练课、仙乐飘飘——手风琴课、网络畅游——计算机课、童心奥运——儿童画训练课、思维体操——珠心算课等十大特色课程；形成“1个实践周、2个展示月、3个欢乐节、4大赛事”等十大传统特色活动，特色活动与校本课程相得益彰，互为补充，为学校全面推进素质教育锦

4月8日，鼓楼区一中心小学召开"我的研修我做主"校本研修会

上添花。是年，该校被评为2006~2009年度南京市教育系统老有所为关心下一代工作先进集体、离退休教师工作先进集体，2008~2009年南京市优秀家长学校、市传统体育健身项目进校园试点学校、市无烟学校、市教科研基地学校和市优秀教科研基地。

校本研修现场会　4月8日，学校召开校本研修现场会，全区中小学、幼儿园校本研修分管领导培训班和幼儿园校本研修模式研究班成员70人参加研修活动。现场会主题为"我的研修我做主"，与会人员现场观看学校8个团队活动录像片，活动包括"七彩虹"教师团队围绕"感动——班主任工作的新视野"主题汇报、校长张成芬代表学校介绍学校品牌团队建设和促进教师专业化发展整体情况、与会领导和教师进行互动等3个环节。　（祝菊荣）

【南京市龙江小学】　龙江小学（力学分校）创建于1996年，原址位于腾飞园22号，2008年9月迁至新校址朗晴名居旁，新校区占地8010平方米，校舍建筑面积6687平方米，绿化覆盖率40%，是国际生态学校、省实验小学、市小班化教育特色学校，至2010年末，有18个教学班，在校生443人，教职员工49名，其中教育硕士3人、本科学历38人；小学高级职称29人；市以上优秀教育工作者1人、市区优秀青年教师6人、"周恩来奖教学基金"获得者2人。2010年加入力学小学教育集团，成为力学分校。该校秉承"让教育充盈着幸福"办学理念，继续开展校本课程——环境教育，打破传统分科学习界线，以跨学科、跨年级、活动式等方式开展教学。联合举办环境教育教师培训班、"一棵树志愿者"、两届江苏美境行动颁奖暨启动仪式等一系列活动。学校申报的省"十一五"规划课题"城市小学环境教育EIC模式的理论与实践"获省级资助。学校成立小豆苗美术馆，凸显儿童画特色，学生连续6年在江苏省"美境行动"中获一、二等奖，教师孙健和王宽分别获省"科学幻想画"辅导一等奖、省第二届未成年人"科学在我身边"美术作品一级辅导奖。学生刘芮希获2010年全国小学生英语竞赛六年级组一等奖，教师张红霞获优秀指导奖；校代表队分获省科技航模竞赛橡筋动力飞机和弹射飞翼模型项目团体一、二等奖，获学生一等奖2名、二等奖4名、三等奖6名；获市海模比赛一等奖。至2010年末，学校分别被评为全国首批国际生态学校、省绿色学校、市语言文字规范化学校、市书香校园等。

开展乐活教育　2010年，龙江小学围绕"让课堂乐起来，让思维活起来"教学理念，提出"以小组研究为特色的乐活十分钟"课堂教学研究主张。根据不同学科、年级、课型等特点，归纳总结"乐活研究十分钟"具体操作模式。学校实行奖励性作业，给学生发放优乐卡，建立"优乐题库"，由学生自主选择作业内容和形式；环境教育、轮滑、游泳、爵士舞、儿童画等为学校特色课程，英语节、读书节、小豆苗生态节、游戏节等活动让孩子在愉悦和快乐中培养开放型性格，让"乐活"成为学生的活动方式。12月，学校在全市展示小班化教学，市、区教育局领导和专家以及小班化学校教师参加"乐活"公开课观摩活动，感受乐活教育魅力。

链接　乐活(LOHAS)是美国社会学家保罗·雷1998年提出的，并以每一个英语单词的第一个字母组成，意为"健康可持续性的生活方式"。"乐活"教育理念就是致力于让每个孩子"健康、快乐、可持续地发展"。所谓的可持续，就是带领学生走在研究的路上，给学生一种带得走的能力。　（林　敏）

12月23日，龙江小学学生在课间为到校参加小班化教学观摩的市、区领导及专家表演滑轮技艺

【南京市古平岗小学】 古平岗小学位于虎踞北路37号，创办于1960年7月。校园占地面积5621.8平方米，建筑面积3807.4平方米，活动场地面积4215.9平方米、绿地面积3100平方米。至2010年末，学校有自然实验室、舞蹈房、微机房、阅览室、美术室、演播室、科技创造室、音乐室等8个专用教室，具有综合功能多媒体教室1个；有教学班19个，学生558人，校教职工总数54人，教师学历达标100%，其中中学高级教师1人、小学高级教师30人。学校曾先后获得江苏省一级平安校园、省绿色校园、南京市德育先进学校。2010年，学校以"师生结伴，同心、同乐、同行，和谐发展"为办学理念，教师以"思进、求进、快进、奋进，做最好的自己"为目标，求真务实、积极进取。年内，由区教科所所长徐瑞泰主持，该校教师承担的"十一五"省级规划立项课题"唱出幸福童年——绿色童谣校本开发研究"结题。是年，学校被评为南京市德育创新品牌学校，学生肖璇创作的《抖空竹》获全国童谣创编一等奖。

省网上签名寄语活动成功启动 5月26日，江苏省暨南京市"传唱优秀童谣、做有道德的人"网上签名寄语活动启动仪式在古平岗小学举行。启动仪式上，校长李志辉向出席启动仪式的嘉宾介绍古平岗小学童谣传唱情况；省文明办未成年人处简要通报全国优秀童谣评选江苏省获奖情况，并作全省小学和幼儿园开展"传唱优秀童谣、做有道德的人"活动具体安排，现场为在全国优秀创编童谣评比中荣获一等奖的学生肖璇颁发奖状和奖金。

（吕　华）

【南京市长阳小学】 长阳小学建于2004年8月，坐落在南京市河西地区，东望秦淮河，西依长江夹江，校园面积7082平方米，各种功能室配套齐全，每班均享有一间多媒体配套教室，是一所小班化教育实验学校。有21个班级、学生539人，教师44人，教师中研究生学历3人，研究生在读2人、市优秀青年教师2人。坚持"精心打造精致教育，为学生生命成长精心服务"办学理念，践行"教育态度的精心、教学方法的精巧、教育管理的精细、教育环境的精美"的办学方略，教育教学实现跨越式发展。学校相继开发"休闲40分"活动课程、"顽皮猴"独轮车俱乐部、三原色油画工作室、长阳四季节日等特色活动。是年，学校获江苏省平安校园、江苏省"学习陶行知教育思想"先进集体等称号。5名教师在省级以上刊物上发表文章9篇，六(2)班学生黄秋实在全国小学生数学奥林匹克竞赛中获中国赛区金奖。

教育科研 2010年，学校率先在全市启用"VI"视觉识别系统，2次为国家教育部、中央教科所召开的"现代学校制度建设"工作会议提供观摩现场。学校有1个省级"十一五"规划重点课题，2个国家级课题的子课题。学校从休闲、益智和时尚视角，把独轮车运动引入到体育课堂，编撰《独轮车》教学用书，成为全国唯一的小学生《独轮车》教材。2009年，学校授权台湾地区"广安国小"，允许该教材同步在台湾地区"广安国小"使用；2010年10月，该教材在市校本课程评比中获得一等奖。学校有100名学生组成的独轮车俱乐部，在全国第五届独轮车锦标赛中获得团体第四名。

少儿科学种植实践基地成立 6月29日，长阳小学"少儿科学种植实践基地"成立。基地位于校园后院，经过志愿者近一年时间的耕作与打理，荒地逐渐成为熟地，为学生从事农事活动奠定基础。经过半年多酝酿，学校与江东街道合作，进行详细规划，将该地块开发成"阳光小菜园"。基地被划分为10块，由三、四年级学生认种，学生在社区居民和志愿者带领、指导下种植各种农作物，参与整地、下种、栽苗、田间管理等活动，学习农业生产知识，体会成长快乐，分享收获甜蜜。

（陈德中）

【南京市汉江路小学(琅小分校)】 汉江路小学(琅小分校)创办于2006年，地处龙江小区汉江路99号，占地面积8625平方米、建筑面积8945平方米、活动场地2626平方米、绿化面积1350平方米。至2010年末，学校有22个教学班，909名学生；专任教师50人，学历达标100%，其中教育硕士5人、高级职称2人、中级职称29人、鼓楼区优秀青年教师9人。学校配备计算机教室、劳技室、多功能大教室、仪器室、音乐室、舞蹈室、卫生保健室、队室、阅览室、藏书室等专用教室；校图书馆藏书1万余册，拥有计算机130台、直跑道70米、风雨活动室340平方米。建校以来，学校实践愉快教育，提出"若水教育"办学理念，以"培养水的情怀、汲取水的力量、涵养水的精神、砥砺水的智慧"为办学目标，打造新时代特色名校。2010

12月22日，古平岗小学承担的省"十一五"教育科学规划立项课题结题鉴定会召开

年，学校整装出新校大门和教学区，大门以白色为底、以竖立的书和蓝色翻腾浪花为形，嵌入流云华彩的校名，彰显办学特色；对4条长廊、3条楼梯进行主题装修。7月，汉江路小学首届22名学生毕业，全部升入市、区重点中学。是年，学校获得南京市现代化小学、南京市平安校园、南京市科技普及性特色学校、南京市个人课题研究优秀学校，第15届全国中小学学生绘画、书法比赛组织工作先进集体奖等多项殊荣。

首届水文化艺术节举行　6月1日，以“缤纷水滴，快乐童年”为主题的校本节日——汉江路小学首届水文化艺术节暨“六一”庆祝活动举行，省教科所原所长成尚荣、南京师范大学教授郦波及省市教育局相关部门负责人、校务委员会成员等到场观摩。学生演员为嘉宾献上舞蹈、相声、诗朗诵、合唱、知识竞赛等“水文化”建设主题文艺节目。5月初，学校公开向全体师生和家长征集艺术节会名、会徽，共收到各种方案90个。庆祝活动上，公布会徽评选结果并颁发证书和奖状，一(4)班学生高健溥设计的方案在90种方案中脱颖而出。首届水文化艺术节历时20天，先后开展水文化艺术节会徽设计大赛、小水滴形象标识征集，学生书法、摄影、地坪画比赛，水文化艺术节汇报演出、校本教材《水》的发行仪式等系列活动6场，师生和家长1600多人参与。　(万　进)

【南京市汉口路小学】　汉口路小学建于1933年，位于汉口路59号，紧邻南京大学，学校占地面积8159.8平方米，建筑面积近5500平方米。至年末，全校有23个班级、535名学生、教职员工49人，其中硕士学位3人、本科学历35人，占教师总数的77.6%；中学高级职称1人、小学高级职称32人，市区学科带头人3人、市区优秀青年教师6人。学校硬件设施设备齐全，拥有图书馆、多功能报告厅、舞蹈房、美术室、科学实验室、电脑房等多个专用室；建有足球场、塑胶篮球场、乒乓球活动区、器械活动区等多处室外活动场地，所有教室均配备多媒体教学设备。2010年，学校继续深化小班化办学探索，逐渐建构和形成以“励行”为核心的学校文化体系，确立“在这里，每一个都重要”的小班教育理念；同时开展基于“四色学习单”*的小班课堂教学模式探索，召开“四色学习单”优秀案例交流会，6位不同学科教师代表，从不同层面、不同角度与大家分享课堂教学中“四色学习单”多元呈现、角色互动、小组运作、主体评价，以及“四色学习单”在预习、实验、对话、练习等过程中的运用，小班办学经验2次在全区教学工作会议上交流推广并参加全市小班化美术教学观摩研讨活动。是年，该校被评为南京市园林式校园。

6月1日，汉江路小学举行首届水文化艺术节

链接　四色学习单：小班化分层教学模式，从讲课过程到选择作业都按照红、黄、兰、绿四个颜色区分出难易程度的要求，选择学习，体现因人而异、分层教学的理念。　(王家跃)

【南京市青云巷小学】　青云巷小学地处青云巷9号，始建于1965年。学校占地面积4700平方米，建筑面积4416平方米。拥有艺术室、创造室、音乐室、美术室、计算机室、多功能教室等各种教辅教室，并建有少儿古生物院、300平方米乒乓馆、150平方米生命进化室等特色教育场馆。该校有17个教学班，在校学生478人、教师49人，学历合格率100%，本科学历20人，研究生学历3人，其中小学高级教师29人、小学一级教师13人，南京市优秀青年教师2名、市区级骨干教师17名。学校本着“以学生的特长发展为着力点，为学生终身发展服务”的办学宗旨，“十一五”期间，先后开发和编制古生物、乒乓、美术等校本课程，其中与东大汉博研究中心合作的少儿“做中学”项目校本教学教材被全省实验学校采用。2010年，学校举办“崇尚科学、体验生活、探索创新”为主题的首届校园科技节，邀请中国电视剧制作中心国家一级演员、孙悟空扮演者“六小龄童”——章金莱到校参加读书节活动，作“弘扬西游文化，振兴猴王精神”主题讲座。至年末，该校先后被省教育厅授予中法合作“做中学”科学教育项目实验学校、省少科院建设与发展研究中心实验学校，省科技特色学校、市优秀少年科学院、市体育项目传统学校、市优秀家长学校、市平安校园。学生有37人次获省“金钥匙”杯和区“小学生科学实验操作能力竞赛”奖；校科学组被评选为市优秀教研组。美术校本教材《我们的街区》获市2010年校本教材评比二等奖，教师俞晨获市2010年美术学科教学设计一等奖，校乒乓队获“鹏达杯”2010年市少儿乒乓赛儿童组男子团体第三名。

特色教育项目　至2010年末，青云巷小学在学生中开设12类兴趣小组，学生参与率100%。同时，拥有少儿古生物院、少儿田径运动队、乒乓运动队、少儿心理研究中心。少儿书画苑登记成员510余人，学生多幅书画作品在历届全国中小学生书画大赛中获得一等奖；红领巾广播站、红领巾电视台，培养小主持人54名、小记者25名、小摄像师18名，其中小主持人孙智贤获南京市优秀少先队员、全国少工委"三级雏鹰奖章"。 （马　琳）

【南京市金陵汇文学校小学部(拉小分校)】 金陵汇文学校创办于2008年，占地4.67公顷，建筑面积3.1万平方米。小学部隶属拉萨路小学教育集团，由拉小本部全程管理，有一至四年级18个班、744名学生，其中四年级2个班、三年级4个班、二年级6个班、一年级6个班，生源逐年增加。小学部在职教师33人、代课教师3人，其中市学科带头人1名、市优秀青年教师3名、市区级骨干占32.56%，本科及以上学历95.5%。学校坚持"和"文化教育发展目标，以"汇·和"为校训、"和而不同"为理念、"为每个孩子提供合适的教育"为宗旨；倡导尊重儿童、关爱儿童，顺应儿童天份发展，引导儿童自主学习、发现学习，让每一个孩子都能"和而不同"、和谐发展。该校形成健康、阳光、快乐体育特色，高雅、丰富、个性的艺术特色，童趣、多元的人文活动特色，自主、和韵、智慧的教学特色。2010年，该校围绕"和"，打造和韵课堂、"人和书约" 阅读活动、"汇风颂" 朗诵会、"汇之风和之韵"陶笛新年音乐会等活动，深化陶笛、羽毛球、英语等特色教育。提倡"贴近教学、小型多样、广泛参与"的英语教学宗旨，每周开展一次化妆体验、外教进班、跳蚤市场等各种形式的课外英语活动；长期聘请外教，为学生进行纯正英语口语训练；每年一度的英语节，让学生充分感受英语魅力。学校"'和'文化教育理念的建构与践行"成功申报市级课题。先后有10人次在市小学生羽毛球比赛中获奖，5人次在区小学生羽毛球比赛单打和双打比赛中获奖；学生陶莹包揽南京市小学生羽毛球比赛女子乙组单打和双打冠军。是年，学校先后获得省节水型学校、省平安校园、市现代化小学、中国教育学会重点课题科学认读实践单位等称号。

"人和书约"阅读系列活动　2010年，汇文学校启动"人和书约"阅读系列活动，先后在教师中开展"相信种子的力量，聆听花开的声音"——畅谈阅读收获；"俯身的美丽"——倾听学生讲述动人的故事；"文化滋养与专业成长"——读专业书籍，体验别样乐趣；"善读、乐写，做'大教师'"——与《江苏教育》主创人员面对面；"晒晒我的床头书"座谈——在随意恬淡中，捕捉书籍的芬芳等5次活动。在教师群体里营造浓厚读书氛围，广大教师汲取营养、开阔视野、丰富知识，提高教师的文化底蕴和文化修养，成为"有思想的实践者"。 （王　征）

【南京市南昌路小学】 南昌路小学创建于1937年，位于芦席营19号，校园占地面积4507.9平方米，校舍建筑面积4852.6平方米，校园绿化面积1819平方米，拥有音乐、美术、科学等专用教室6间。至2010年末，有19个教学班，在校学生487名，专任教师49人，本科学历39人，大专学历10人；小学中学高级教师职称1人、市学科带头人1人、市优秀青年教师3人。是年，学校成为教育部哲学社会科学研究重大课题攻关项目"国民艺术素养教育研究"实践基地；8月被国家教育部评为"全国学校艺术教育先进集体"；学校民乐团器乐节目《秦淮灯市》获全国第三届中小学生艺术展演活动艺术表演类小学甲组一等奖；以优异成绩通过省艺术教育特色学校复评验收；以总分第一的成绩通过市平安校园创建验收；学校参编的《小班化教育》一书由东南大学出版社正式出版，并被市教育局列为小班化教师培训必修教材；学校编写的《韵润》《童心民乐欣赏》《古筝》《笛子》《二胡》《琵琶》5册校本教材，获市优秀校本课程教材评比一等奖；全校300余名学生通过南京艺术学院音乐考级。教师张仁进被评为市数学学科带头人；学校被推选为唯一一家代表南京市参与长三角地区小班化教育高峰论坛的基层学校。12月，学校成功举办鼓楼区有效教学现场会。

民乐合奏《秦淮灯市》获奖　3月18日，在省教育厅主持召开的"全国第三届中小学生艺术展演活动江苏代表团总结表彰大会"上，南昌路小学民乐团民乐合奏《秦淮灯市》获全国第三届中小学生艺术展演活动艺术表演类小学甲组一等奖。该曲由南昌路小学自行编创，取材于江苏民歌，表现元宵节秦淮河两岸繁华欢腾景象。至年末，该曲演出30余场，在"南京市第八届少儿

3月18日，南昌路小学民乐团表演自行编创的民乐合奏《秦淮灯市》

艺术团队文艺大赛”上获得特等奖。

(黄建利)

【南京市工人新村小学】 工人新村小学创建于1965年,位于“全国文明小区”工人新村社区,校园占地面积5334.7平方米,建筑面积3021平方米。有13个教学班、333名学生、34位教师。其中,区学科带头人1人、区优秀青年教师3人、区十佳班主任1人。2010年,学校继续实施“小班的世界,大家的精彩——关注每一个、激励每一个、发展每一个”教育理念,推进素质教育工作,编制《纸工艺》校本课程教材,突出艺术、科技、信息技术等教学特色。4月,学校获省机器人比赛团体一等奖;6月,获第15届全国中小学生绘画、书法比赛先进集体;7月,获全国中小学生信息技术创新与实践活动“恩欧希教育信息化发明创新特等奖”。数学教师李达获全国电子白板课例评选三等奖、章臣静获市小班化语文赛课二等奖,江竹凤、周平分别获省“师陶杯”论文评选二、三等奖,顾洁慧获全国少儿书画比赛优秀指导一等奖,金雁获市“小巧手”优秀指导奖,刘玉涛被评为省机器人比赛优秀教练员。学生陈嘉琦获第15届全国中小学生绘画书法比赛一等奖;刘心明、刘天霁获全国机器人比赛一等奖,夏旸皓、赵文星获该奖项二等奖。至年末,学校成为“十一五”全国教育技术研究重点课题“学校信息技术创新应用模式研究”实验学校。

首届科技嘉年华活动 4月1~30日,工人新村小学举行首届科技嘉年华活动,活动集颁奖、文艺才能展示、机器人现场秀为一体,全校师生参与,并吸引附近幼儿园100多位小朋友及家长参加。为期一个月的嘉年华活动,将校园分成3个活动区:一区四驱车竞赛、二区机器人大比拼、三区科学纪录片。一、二年级学生举办科学故事会,三、四年级学生绘制科学幻想画,编写科学小报,在科技长廊展示;五、六年级学生进行四驱车和航模飞机比赛;全校学生观看最新科技电影、科学谜语猜猜等。4月30日闭幕会上,颁发科技幻想画、科学小报、四驱车、机器人、文艺才能等5个主题活动一至三等奖,130位学生获奖。 (吴葆青)

【南京市凤凰街小学】 凤凰街小学位于凤凰街3号,创建于1950年。2002年10月区划调整,凤凰街小学由建邺区划入鼓楼区。学校占地面积5552平方米,建筑面积5126平方米;有电脑房、科学室、机器人室、科技博览室等各种专用教室。至2010年末,有教学班18个,全部进入小班化教育教学实验阶段,在校生445人,在编教师39人,其中在岗在编教师中拥有研究生学历2人、本科学历23人、大专学历12人。学校科技教育特色鲜明,先后被授予中国少年科学院科普教育示范基地、中国宋庆龄少年儿童发明创造活动示范基地(全省小学唯一)、江苏省青少年发明家摇篮奖、江苏省优秀少年科学院、南京市十佳少年科学院、南京市科技教育特色学校等称号。2010年,学校遵循“坚持创造教育研究,让每一位学生接受良好的教育”的办学理念;追求“打造创造教育品牌,促进学生全面发展”的办学目标;秉承“知书达礼、创新求异”的校风、“勤勉、敬业”的教风、“勤奋、多思”的学风。是年,教师刘晓梅、李园园撰写的论文《让每一位学生参与到创新活动中——南京市凤凰街小学学生创造力培养案例》,被中国教育学会中小学劳动技术教育专业委员会评为一等奖。学生宋淑璇作品“幼儿多用棋”获得第21届省青少年科技创新大赛一等奖,黄惠昕作品“画直线的尺子”获全国第五届劳技创新大赛铜奖,黄惠昕作品“磁吸式易换花盆”获第19届全国发明展览会金奖,陈倩颖作品“便笺板”获铜奖。

“五小”研究所 2010年,凤凰街小学“娃娃创造科学院”下属“五小”研究所(生物研究所、创造发明研究所、三模研究所、信息研究所、环保研究所)继续开展各种创造发明活动。“五小”研究所于1996年成立,5名所长由学生申报竞选担任,并在全校招聘所员,学生凭兴趣爱好申报自己喜欢的研究所,研究所定期活动,由科技辅导员进行指导。年内,生物研究所开展“亲近吊兰,美化校园”少年儿童生态道德实践活动;“三模”研究所开展车模、海模、航模各项培训活动,并参加纸飞机等各级各类比赛;环境研究所在教师指导下,开展吊兰对新装修居室空气净化作用检测;创造发明研究所由特级教师陈长明定期为所员作创造发明专题讲座,教给学生创造发明的方法、激发学生创造欲望。年末,刘晓梅、程萩珺、黄敏被全国少年儿童“双优”主题教育活动组织委员会评为优秀指导教师;创造发明研究所所员黄惠昕获“中国少年科学院小院士”称号;陈倩颖、蒋俊平获“中国少年科学院小研究员”称号;宋淑璇获“江苏省

4月,工人新村小学首届科技嘉年华活动之一——学生四驱车比赛现场

少年科学院小院士”称号；信息研究所连续2次获得省机器人比赛二等奖。

（李晓丽）

9月30日，凤凰花园城小学举办主题为“向着祖国歌唱”的首届校园合唱节

【南京市凤凰花园城小学】 凤凰花园城小学是南京市力学小学分校，位于河西地区，学校占地面积9000平方米，建筑面积6400平方米，有教学班级31个、1623名学生、81名教师。至年末，学校拥有市学科带头人2名、市优秀青年教师3名、区学科带头人6名、区优秀青年教师12名。2010年，学校坚持“乐学乐行、力学力行、善学善行、美学美行”办学理念，追寻教育最本真内涵——儿童生命成长。全年25名教师外出参加国家级培训、17名教师参加省市级各类培训。学校五（2）班中队与云南省永仁县外普拉小学结成手拉手伙伴。是年，学校先后被评为市现代化小学、市模范职工之家、市科技教育普及性特色学校、市传统体育健身项目进校园试点学校；校艺术团获首届儿童戏剧节表演最佳组织奖；学校获第15届全国中小学生绘画、书法作品比赛先进集体奖称号；教师薛晶菲获全国白板教学比赛一等奖，十余名教师在省、市、区各类比赛中获奖。

（章　婧）

【南京市察哈尔路小学】 察哈尔路小学始建于1963年，坐落于察哈尔路十二新村40号，是江苏省实验学校、小班化教育学校。学校占地面积3639平方米，建筑面积4370平方米，绿化面积3408平方米，体育场地1800平方米。至2010年末，有18个班级、学生480人，教师42人，其中中学高级教师1人、小学高级教师35人、南京市优秀青年教师2人。所有教室配有多媒体电脑、视频展台、54英寸背投等装备，每个班级都连通互联网。学校有体育室、舞蹈房、音乐室、美术室、科学实验室、劳技室、心理咨询室、计算机室、语音室等配合教学使用的各个功能教室。2010年，学校奉行“关注每一个，欣赏每一个；教孩子一天，想孩子一生；给孩子一生带得走的能力”教育理念。双语、阅读、写作、棒球以及关爱每一个学生、注重学生特长培养和能力形成逐步成为该校办学特色。张扬小班优势，营造“书香小班”，学校“红星书屋”藏书3万余册，各班设有图书角，图书定期轮换。学校读书长廊拥有读书小报、读书之星等栏目，体现学校办学特色。开设文学社、棒球、书画、韵律操、小主持、合唱、竖笛、科学等众多社团，培养学生综合素质。社团有固定活动时间，学生在各个社团中，培育兴趣、收获能力。学生拥有“英语节”“读书节”“时装秀”“创造月”等节日。至年末，该校先后获得南京市示范学校、市德育先进学校、市文明单位、市第三届师德先进群体、省实验小学、省技术装备使用先进单位等称号。

（周笑梅）

察哈尔路小学开展低碳减排活动，图为学生上交废旧电池

【南京市莫愁新寓小学】 莫愁新寓小学坐落在金陵名胜莫愁湖畔，莫愁新寓涌泉里9号，是江苏省实验小学。学校建于1983年8月，原名南京市凤凰新村小学，隶属建邺区教育局管辖；1991年4月更名为南京市莫愁新寓小学，2002年8月南京市行政区划调整后，隶属鼓楼区教育局管辖。学校占地面积1.09万平方米，校舍建筑面积4940平方米，运动场（与教学区分开）占地面积4852平方米，有19个教学班、在校学生716人、在职教师54人。其中，研究生学历2人，本科教师35人，专科及以下19人；小中高教师2人，小学高级教师

7月4日，台北县“米仓国小”师生参访团一行16人专程到莫愁新寓小学参访，两校师生合影留念

38人；市优秀青年教师2人。学校以“求真、养德、创新”为校训，实施科学管理、倡导教育关怀、加强素质教育，为学生构建支撑一生的精神、培养享用一生的智慧、形成受用一生的习惯。6月17日，学校加入鼓楼区琅琊路小学教育集团。坚持“文化立校”，积极倡导“要想教好书，先做读书人”教师阅读行为，每周三开办“新寓论坛”，分期邀请教师上论坛，全年21位教师登坛演说；开发童诗欣赏、国学、藏书票、体育游戏、民间传统体育、民族音乐等个性化校本课程和活动课程；继续深入推进学生课外阅读，开展语文教师课外阅读赛课以及“读书节”系列活动，六(2)班被评为市“书香班级”，张连华被评为优秀指导老师。是年，学校被评为市艺术教育普及性特色学校、市科技教育普及性特色学校，获省档案工作三星级、市无烟学校称号。学校教师60人次在区以上论文、案例、个人课题评比中获奖，4人市级课题顺利结题。教师盛璇获中国教育学会小学教育专业委员会组织的华东片区赛课品德组一等奖、杨柳获得音乐组二等奖。

版画架起海峡两岸交流桥　3月28日~4月4日，学校师生代表团一行5人赴台湾参加台北县与南京市教师版画教学技巧交流、学生版画作品交流与互访活动。7月4日，台北县“米仓国小”师生参访团一行16人专程到该校回访，双方学校师生举行特色联谊活动。7月5日，由南京市教育局和台北县教育局联合主办的南京市VS台北县儿童版画联展在江苏省美术馆开展，共展出240件作品，其中莫愁新寓小学20幅作品参展。　(王薇薇)

【南京市紫竹苑小学】　紫竹苑小学原为一所厂办校(长江厂子弟小学)，建于1960年，2002年6月划归鼓楼区教育局管理。校园占地面积9600平方米，建筑面积7600平方米，绿化面积2785平方米。拥有音乐、美术、科学、录播室等专用教室15间。至2010年末，有18个教学班、在校学生606人，教师48人，其中研究生学历2人、本科学历32人，大专以上教师占95.9%，小中高职称1人，区学科带头人4人、区优秀青年教师10人、区标兵教师4人。2010年，学校秉持“一切为了促进学生的最佳发展”办学理念，结合“实践性教育”发展要求，确定“突出一个重点、发展一个中心、办好一个基地、普及一项活动”特色发展方案*，继续开发美术、体育、综合实践等校本课程。年内，校本教材《做中学OK》获2010年南京市小学优秀校本课程教材评比一等奖，《竹韵线描》《篮球》分获2010年南京市小学优秀校本课程教材评比二等奖；5月和10月，学校相继承担南京市小学综合实践活动课程研讨会。是年，学校通过省平安校园评估，被评为省绿色学校、市教育技术装备管理示范校、市“个人课题”研究实验学校、市“个人课题”研究优秀学校，被市教育局命名为市小学艺术活动中心、市艺术教育普及性特色学校、市科技教育普及性特色学校、市体育与健康教育普及性特色学校。校四(3)班获市第二届“金陵书香班级”称号。全年，302人次学生获得国家、省、市、区各类奖励，其中胡佳玥获第15届全国中小学绘画、书法比赛绘画类一等奖，张吕嫣、吴迪获江苏地区“金钥匙科技竞赛”一等奖，林雨获市第二届“金陵读书小明星”称号。

链接　特色发展方案：突出一个重点——艺术教育，发展一个中心——小学生京剧艺术活动中心，办好一个基地——南京市女篮运动基地，普及一项活动——科技教育活动。

(倪桂红)

6月18日，紫竹苑小学举办京剧唱响校园汇报演出活动

【南京市镇江路小学】 镇江路小学位于鼓楼区归云堂15-1号，占地约2900平方米，校舍建筑面积2620平方米。学校前身是一所设在庙宇里的私塾，抗日战争胜利后，取名归云堂小学，1968年更名为镇江路小学。2002年成为南京市第二批小班化实验学校，2006年被评为南京市实验小学，2010年加入三牌楼小学教育集团。至2010年末，学校有10个教学班、229名学生、31位教师，其中小学高级教师20名、鼓楼区优秀青年教师2名、区首届标兵教师1名、区首届能手教师6名。学校确立信息技术办学特色，先后完成校园网络、教室和办公室连接互联网、所有教室安装多媒体教学设备等建设。学校在专家论证、指导下自行开发低年级信息技术校本教材，并在一至六年级开设信息技术课程。成立电脑绘画、网页制作、计算机拆装等兴趣小组，其中计算机拆装小组深受学生喜爱，参加小组活动的学生在较短时间内均能熟练拆装计算机，学校将计算机清尘维护工作交给该组负责，效果良好，小学生计算机拆装能力成为该校信息技术教育的亮点。是年5月，学校申报的市"十一五"规划课题"网络环境下培养小学生信息同构能力的实践研究"顺利结题，课题组教师蒋洁制作课件并执教的"Unit 8 Let's go to the park（第八单元 我们一起去公园）"获"斯玛特杯"电子白板课全国一等奖；2007~2010年，十余名学生获南京市中小学电脑制作活动二、三等奖，多次在市"网络夏令营"中获奖。 （姚 烨）

【南京市回龙桥小学】 回龙桥小学建于1946年，地处回龙桥11号，占地面积4250平方米。至2010年末，学校有教学班级18个、学生433人、教职工42人，教师本科率64.3%，中级职称30人、鼓楼区优秀青年教师7人。2010年，学校秉承"凝神聚力抓质量，寻求特色谋发展"的办学理念，以培养学生良好习惯为切入口，努力提高教育教学质量。贯彻落实"习惯改变人生"校训，将学生应养成的行为习惯和学习习惯提炼成"十好"（读好书、写好字、上好课、做好操、扫好地、唱好歌、走好路、说好话、吃好饭、排好队），每月围绕一个"习惯"重点开展各项活动。继续开展"晨诵、午读、暮写"特色教学活动，提高小学生语文素养。是年，学校档案工作被省档案局授予"江苏省档案工作三星级"称号；学校被市教育局评为无烟学校、平安校园。

回龙桥小学学生与国外学生开展交流活动

特色教育实践活动开展 2010年，学校借助"晨诵、午读、暮写"读写互促实践活动，提高学生语文素养、培养学生节约时间好习惯。该项活动创建于2008年，学生每天早晨诵读古诗5分钟、中午静读南京市推荐课外读物半小时、放学及日暮时分坚持写10分钟日记，达到"晨诵怡情、午读明理、暮写励志"的目的。校园内有晨诵廊、午读墙、暮写窗，长廊立柱不同侧面装裱古诗，每个支柱有一个主题，分别是春、夏、秋、冬、送别、思乡、边塞，多个立柱又互相呼应；在绿瓦黄墙映衬下，以《清明上河图》为背景的70本课外读物封面及介绍清楚呈现并罗列着；每个班级走廊里，都设有一个暮写展示窗口，展示各班优秀作品和学生随笔，教师每天面批，随笔天天更换。至年末，回龙桥小学大多数学生熟背古诗70首，一、二年级学生课外阅读量超过5万字，三、四年级学生课外阅读量超过40万字，五、六年级学生课外阅读量超过100万字。每个学生都拥有自己充满个性图画和名字、装订成册的暮写集。年初，以该活动为蓝本的教研课题"有效利用'小时间'，提高小学生语文素养的实践研究"被市教科室立项，成为鼓楼区小学唯一在市教科室立项的学科性课题。 （茅 瑜）

【南京市渊声巷小学】 渊声巷小学建于1948年，地处鼓楼区渊声巷8号，占地面积4564平方米、建筑面积3403平方米，有多功能教室、微机室各1间，教学电脑33台，教师办公电脑20多台。至2010年末，学校有教学班16个、在校生407人，教师44人，其中大专学历22人，本科学历12人；培养市学科带头人1名、市优秀青年教师1名、市优秀教育工作者1名、区学科带头人3名、区优秀青年教师4名、中高职称2名。完成"校校通"工程，开通校园局域网，实现网络到班到室，18个教学班均建成多媒体教室，并开通班级论坛，展示各种特色活动。2010年，学校开设《国学经典》校本课程，开展摄影、读书习惯、口语教学、篮球普及、游泳健身等系列人文教育活动，建设"小中求美、小中求特、小中求实、小中求新"花园学校、书苑学校。是年，学校获全国"感动2010"绘画、书法比赛先进集体，第15届全国中小学生绘画、书法作品比赛先进集体，全国第三届英语超级联赛南京赛区优秀组织工作奖。教师获得全国"感动

2010"绘画、书法比赛优秀指导奖，2人分获省金钥匙比赛优秀科技辅导员、优秀科技教育校长称号。学生在全国中小学生绘画、书法作品比赛中，获书法一等奖1人、二等奖2人、三等奖2人；省运会网球女子单打第三名1人；澳门花样游泳锦标赛双人第一名1人。

小主播走进江苏文艺广播 12月3日，学校5位学生走进江苏文艺广播，担当小主播，主持《小星星》节目。节目主题为"精彩的第16届亚洲运动会"，盘点在广州闭幕的2010年第16届亚运会，从开幕式到闭幕式，从自己最喜欢的运动员到分量最重的一枚金牌，5位学生轮番上阵或集体配合，侃侃而谈。该档节目历时60分钟，受到江苏文艺广播主持人文菲的赞赏和听众肯定。

（丁 玲）

【南京市丁家桥小学】 丁家桥小学建于1902年，东临玄武湖，南望湖南路，毗邻南京邮电大学、南京工业大学、南京药科大学、南瑞研究所等高校集聚地，学校占地面积4944平方米，有16个班级、学生452人，教师41人。教师中90%具有大专及以上学历，其中教育部国家级骨干校长1人、省特级教师1人，全国及省市区学科带头人、优秀青年教师、标兵教师、优秀班主任、优秀辅导员、先进工作者12人。2010年，学校倡导"先学后教，以学定教；自主学习、独立学习、合作学习、创新学习"教学形式，让课堂成为学生最向往的地方。举办"希望之旅——新东方杯"首届外语口语节、"腾飞之声" 第20届丁香花艺术节、"凤凰书城杯" 第二届经典文化读书节、"江苏科技馆雏鹰杯"首届科学节等活动。学校先后承办全国中小学四大教学流派"同课异构"专场展示、省公民教育专题论坛、市品德学科课堂观察教研工作会议等全国或区域性大型教育教学观摩研讨活动。是年，学校获省绿色学校、市"卫生安全保障工程"示范学校，第15届全国中小学生绘画、书法作品比赛组织工作先进集体奖；校"DI®创新思维"团队获第五届"DI®创新思维中国区总决赛"团体二等奖和文艺复兴奖。教师陶伶俐、郃杨的公开课获第三届全国中小学新媒体新技术教学应用研讨会二等奖；教师18篇论文获省2010年度"华夏杯·教海探航""师陶杯"教育科研论文奖；6篇论文被《现代教育报》《江苏教育》等杂志刊登。由校长张义宝等主编、学校生命教育课题组黄霞等十多位老师参编的《生命教育读本》(1~6年级6册)，由凤凰传媒集团和江苏文艺出版社正式出版发行，成为全国第一部以生命教育为主题的校本课程教材学生读本。

链接 DI®：是一个以社区为基础、适合学校的项目，以快乐和有意义的方式培养参与者创造力、问题解决能力和团队合作能力。DI®协会拥有28年发展历史，总部设在美国新泽西州，项目覆盖全球58个国家和地区，是世界上规模最大和历史最悠久的培养创新、创意及问题解决能力的青少年活动之一。

（施宏图）

9月1日，丁家桥小学双语课堂开课

【南京市马台街小学】 马台街小学始建于1957年，地处鼓楼区龙仓巷5号，是南京市体育传统学校、市实验小学、市小班化实验学校。学校占地面积4378平方米，建筑面积4116平方米，校园绿化覆盖率62%。至2010年末，全校有17个教学班级，在校生384名，教职员工42人。其中，本科以上学历26人、大专学历13人，有市先进工作者3人、市优秀青年教师1人、市优秀辅导员2人。2010年，学校以"展示每一个，发展每一个"为理念，全力推进校本研修工作，重点做好师德教育和教师专业化培训工作。着力抓好小班化"展示"教学研究以及小班化教育展示文化创建，着力"30+10"课改模式研究，全面打造学校"展示"特色教育。年内，学校开展20多场专家引领活动，邀请南京师范大学教授李星云、赵凯及市教科所主任黄达成、市教研室教师朱宇辉、市教科所宋宁等到校进行小班化合作教学指导，为教师专业素质提升提供理论支撑。是年，马台街小学档案室通过省三星级档案室验收，学校工会被评为市模范教工之家。6位教师获市、区级个人课题立项，5位教师的第四期市级个人课题成功结题。教师徐诗文的论文获中国教育学会论文评比一等奖；教师杭憓晴参加2010年全国NOC(全国中小学信息技术创新与实践活动）比赛教学实践项目评优获全国一等奖；16篇教师论文在省、市、区各级各类论文比赛中分获一至三等奖；学生95人次在全国、省、市、区各级比赛中分获一至三等奖。

开展"30+10"课堂研究 2010年，学校围绕"小班化有效教学探索"和"小学低年级课堂气氛的控制研究"两个市级立项教育规划课题，引导教师主动、有效开展"一课三议"研讨活动。采取上课、听课、评课等形式，围绕研究课题，进行"30+10"课堂"展示每一个"教学模式研究,每一节课设计10分钟展示环节,该环节以个人或小组为单位进行组内、全班展示和交流。通过多种形式师生和学生之间互动学习、感受交流,让所有孩子参与到学习互动中来。同时,教师可以进行个别辅导,更好掌握知识和技能,促进每一个学生发展。 (叶海豹 杭倢晴)

【南京市虹桥小学】 虹桥小学地处水佑岗19号,学校建于1948年,前身为南京私立西园小学,1956年更名为南京市虹桥小学。学校占地5496平方米,建筑面积3522平方米。有标准化教室18间、各种功能辅助教室16间;建有校七彩教育网站、局域网、资源库等信息管理平台,形成数字化校园办公系统和全新网络教室。至2010年末,学校有17个教学班、学生453人;在编教师40人,本科学历27人,大专学历12人。小学中学高级教师1人、小学高级教师30人、小学一级教师9人;教师中有市学科带头人1名、区学科带头人2名、区优秀青年教师5名。2010年,学校开设课外阅读、小公民实践、计算机等特色课程;建立七彩教育全新理念、构建七彩校园文化、潜心七彩课堂研究、培育七彩幸福童年;举办"春天,我们一起聆听"童话童诗演诵会、"童话点亮童心,灯火摇曳童年"灯火晚会、童话阅读竞赛等七彩德育活动,形成童话教育办学特色。是年,学校少先队获市2007~2009年度"红旗大队"、校工会获市模范职工之家等称号。张怡然、李佳怡、倪旻澍等3名学生获全国"凤凰读书会"儿童阅读评比活动"读书之星"称号。

七彩课堂研究 2010年,虹桥小学教学管理重点聚焦课堂研究,提升有效教学质量、构建具有校本特色的七彩课堂。3月3日,邀请市教研室教师朱宇辉召开"小班教学怎样为学生的学服务"专题讲座;开展七彩课堂系列活动,先后由各教研组推荐数学、英语、美术和阅读学科4名优秀教师执教,开展校内课堂研究。5月5日,市学科带头人王学金执教四年级"倍数和因数"公开课在七彩课堂展示;5月6日,学校首届"七彩体育文化节"举行,

4月2日,虹桥小学开展"春天,我们一起聆听……"童话童诗朗诵会

校体育组开发迎青奥趣味"七彩游戏"。至年末,学校总结出"七彩课堂"基本特征和课堂特质,在探究中体现自主、凸显个性。 (周 莹)

【南京市天正小学】 天正小学隶属琅琊路小学教育集团,2007年8月31日建成交付,同年9月正式开学。学校位于金贸大街天正路19号,占地8750平方米,建筑面积9500平方米,绿化面积2000平方米。学校拥有普通教室30间、辅助用房20余间,同时建有多媒体大教室、音乐室、美术室、舞蹈室、科学室、心理咨询室、图书馆、室内体育馆等专用教室,图书馆藏书量近万册;拥有计算机128台,并开通校园网。至2010年末,全校有17个教学班,在校生691名,教师44名,其中本科以上学历44人(含研究生2人),小学高级教师29人,区级以上优秀青年教师20人。2010年,学校以"童心德育、童心课程"为抓手,以童心文化促进学生发展。是年,学校获第15届全国中小学生绘画、书法作品比赛组织工作先进集体称号,被评为省级平安学校、市学校卫生工作先进集体、市第二届书香校园。教师张高洁、王军的论文在《中国现代教育装备》发表;胡金涛获得第15届全国中小学生绘画、书法作品比赛指导教师二等奖;4名教师通过市"十一五"规划

4月6日,天正小学开展淘书义卖活动

个人课题立项。学生50人次获市级以上各类竞赛奖。

校心理咨询室　12月10日，天正小学心理咨询室——“心灵花园”通过南京市示范心理咨询室验收，并获市示范心理咨询室称号。该咨询室创建于2009年，面积约50平方米，室内配备小桌椅、玩具、图书、沙盘、心理疏导图片等设施，以“童心即天，爱心至正”理念定位心育健康活动开展的维度。“心灵花园”有3名专业学校心理咨询员、3名心理健康教育教师，其中1人参与“陶老师热线”接线工作。咨询室每天向学生开放，门口设“悄悄话信箱”，校内有专用板报宣传心理健康知识；学校为每个孩子进行心理编号，用发邀请卡的方式请学生到“心灵花园”做客。心育课题组教师借助“心灵花园”平台，开设“一年级新生适应力培养、二年级注意力培养、三年级同学交往培养”等不同专题心理辅导营。同时，心育课题组围绕课题研究开展“心育教研周”活动，课题组老师每人上一节心育研究课，将实践和课题研究紧密结合，撰写论文、案例。至年末，20余篇心理论文和案例荣获省、市奖项。

（张高洁　张红霞）

【南京市宁工小学】　宁工小学前身是南京市雨花台区中保小学，1995年区划调整并入鼓楼区，2000年随着河西开发和建设发展，该校作为宁工新寓小区配套设施，异地重建，正式命名为南京市宁工小学。学校毗邻宝船厂遗址公园景区，占地8024.6平方米，其中绿化覆盖面积5200平方米，生均绿化面积7.8平方米。有18个教学班、666名学生，其中流动儿童558名。有教职员工43人，其中硕士学位2人、本科学历28人，中学高级教师1人、小学高级教师26人，市优秀辅导员2名。学校分别被授予全国农民工工作先进集体、省“中国书法写字特色学校”和“书法写字教学先进集体”、市绿色景观学校、市绿色学校。是年，学校获江苏省和谐校园、市园林式学校称号。2010年，学校500多名流动儿童与高淳阳江小学37名留守儿童开展“同在蓝天下，你我手拉手”主题活动，向手拉手小伙伴宣传南京和青奥会。学校根据书法教学特色，修建兰亭、书道、天鹅池、书法长廊，用师生书法作品点缀教学楼廊柱和操场树池。强化教师教学基本功“三字”（粉笔字、钢笔字、毛笔字）训练，利用每天中午20分钟写字课和校本写字课程，提高学生书写水平。有7位教师先后被吸纳为市书法家协会会员，学生近600人次在全国及省市书法比赛中获奖。

（李　佶）

【南京市北京路小学】　北京路小学地处北阴阳营20号，创办于1946年，是市实验小学、市示范学校、市小班化实验学校。学校占地3980平方米，校舍建筑面积2431平方米。学校配有12个标准教室和5个专用教室，均配有多媒体教学设备，学生机房配置56台电脑并安装宽带网，学校网站主页建成使用，校图书馆藏书2万余册。室外设有篮球场1个、排球场1个、30米塑胶跑道及运动器械区1片。至2010年末，学校有12个教学班、305名学生，在岗教师34人，其中小学高级教师22人。是年，学校获第三届“全国英语超级联赛”优秀组织工作奖；11月，教师6篇论文获省“师陶杯”论文评比二、三等奖。组织学生参加全国第15届中小学生绘画、书法比赛，2人获二等奖、9人获三等奖、21人获优秀作品奖，教师金力、孙明获辅导二等奖。

成立区首家少年军校　3月19日，北京路小学成立区首家“少年军校”，区教育局副局长陈云龙、市消防支队鼓楼中队队长郑泽叶共同为“少年军校”揭牌，并宣布鼓楼中队成为北京路小学“少年军校”培训基地，区教育局相关领导、鼓楼中队全体官兵及部分学生家长应邀参加仪式。仪式上，北京路小学校长王延飞为“少年军校”致词，校党委书记杨顺芳与郑泽叶分别代表双方签署《警校共建协议书》，并为消防中队13名班长骨干颁发聘书。仪式结束后，中队官兵为全体师生展示滑绳自救、灭火、现场急救等技能，受到与会师生及家长的欢迎。

（孔丽敏）

【南京市银城小学】　银城小学创建于2001年7月，地处闽江路28号，隶属拉萨路小学教育集团。学校占地面积1.2万平方米，校舍建筑面积7882平方米，拥有1个足球场、260米塑胶跑道、300多平方米体育馆；学校集资30多万元，建成艺术室、科学室、图书馆、报告厅等。至2010年末，全校有32个班级、1672名学生；教师77人，硕士学位2人、本科学历60人，中学高级职称3人、市以上优秀教育工作者10人；市学科带头人、优秀青年教师9人，区学科带头人、优秀青年教师22人，“周恩来奖教学基金”获得者3人。建校以来，先后获得省文明单位、省绿色学校、市优秀绿化景观学校、市百家优美校园、市首批

“六一”儿童节前夕，鼓楼区税务爱心书库启动仪式在北京路小学举行

6月1日，鼓楼区在银城小学举行"手拉手，迎青奥"庆"六一"大队主题会

园林式学校、少年军警示范学校等称号；26人次获得江苏省"信息与未来"奖，2次获省"信息与未来"编程竞赛团体冠军、1次获团体亚军。2010年，银城小学以"基于儿童，关爱儿童，发展儿童"为核心价值观，在"智慧教育，和谐对话"理念引领下，追求让每一个孩子得到发展，让每一个孩子在发展中增长智慧。省规划课题"儿童对话文化建设的校本研究"贯穿教育教学全过程，侧重儿童对话习惯能力培养——儿童行动力研究。年内15篇教育教学论文在市级以上刊物发表，60篇教育教学论文在国家、省、市论文评比中获奖，16篇案例在省教育学会、市教科所年度评比中获奖，学校编写的《体育（乒乓球）校本课程纲要》获2010年市小学优秀校本课程教材评比一等奖。是年，学校获市示范心理室、市科技教育特色学校、市技装建设与管理示范学校、市优秀教科室、教育科研基地学校等称号，获第15届全国中小学生绘画、书法作品比赛指导工作一等奖和组织工作先进集体，"红双喜星星杯"全国少儿乒乓球比赛女子乙组团体冠军，省信息学编程获一等奖5名、二等奖1名。

学生校长竞选活动　11月10日，银城小学第三届"学生校长"竞选活动结束，并同期举行新闻发布会。"学生校长"竞选源于2008年，是该校品牌项目。2010年，第三届"学生校长"竞选活动历时两周，共分三个环节：第一轮"竞选海报与宣传"，第二轮"大众PK晋级赛"，第三轮以"青奥"为主题小组团队竞赛。第二轮竞选出15名学生晋级第三轮"校长答辩会"，15个晋级候选人自由分成3组，围绕一个话题展开讨论，以演讲、情景再现等方式提出自己作为学生校长的管理策略，评审团根据每个队员现场表现打分，当场评选出10名学生校长。同期举行的新闻发布会上，校长张燕给10名"学生校长"颁发证书，并签署责任书，肩负起治校重任。　（陈玉娟）

【清凉山小学】　清凉山小学老校区占地面积1.11万平方米，校舍建筑面积7256平方米。至2010年末，学校有11个教学班，322名在校学生，33位在职教师，其中市优秀青年教师1人、区先进教师10人。学校确立"培养良好的行为习惯"的教育目标。7月，接收下关区一所外来务工小学58名学生入学。是年，学校通过区教育装备检查，获市平安校园称号。

举办清凉山小学新校区庆典　1月，清凉山小学举行"今天的阳光，明天的希望"新校区落成庆典。新校区坐落在虎踞路85号，占地面积1.11万平方米、校舍建筑面积1.09万平方米。建有开放式阅览室、多功能教室、体育场等。有14个班级、412名学生迁往新校区。开学庆典上，南京军区原司令员向守志和市教育局副局长洪伟共同为新校区揭牌。副区长冯雯兰、区教育局局长周越古等领导参加庆典。　（薛　源）

【鼓楼区特殊教育学校】　鼓楼区特殊教育学校创办于1985年11月，是一所教育和康复功能兼具的学校，为市特殊教育职业技术学院教育实习基地、区智力残疾康复技术指导中心，2005年被授予南京市特奥游泳训练基地。学校位于龙江小区腾飞园22幢，占地面积8083平方米，校舍建筑面积2965平方米，绿化面积3400平方米，有感觉统合训练室、康复训练室、语言训练室和资源教室等20余间功能室。至2010年末，全校有11个教学班、84名学生，19名在职教师，其中全国特奥优秀教练员1名、南京市优秀青年教师2名、"周恩来奖教学基金"获得者1人。校学前教育康复班招收不满6周岁，有一定自理能力的学前智障幼儿；九年义务教育阶段招收年满6周岁及以上智障儿童；职业中专班招收具有南京市正式常住户口，并具备走读条件的九年制特殊教育学校应届毕业生或随班就读的应届初中轻度智障学生。学校奉行"救失长善，与爱伴行"办学理念，以"培养具有健全人格的自尊、自信、自立、自强的社会人"为目标，对智力残疾儿童和少年实施学前教育、九年义务教育、中等职业教育，为江苏省特殊教育现代化示范学校。6月28日，南京市鼓楼中等专业学校龙江特殊教育分校正式成立。

2010年，学校做实学生个别化教育，医教结合、补偿缺失。组织教师深入课题研究，针对智障学生生理、心理以及类型特点，做好一生一方案、一生一课表、一生一足迹、一生一伙伴等"四个一"研究工作。完成第八期省中小学教学研究课题"培智教育情境中'救失长善'教育的行动研究"开题工作，成为"哈佛项目"——城市残疾儿童及其家庭支持网络建设研究课题南京实验点学校；组织教师参评全国、省、市论文41篇。申报个人课题3项，获奖论文中有国家级8篇、省级6篇、市级8篇、区级6篇；市级个人课题结题4项，

鼓楼特殊教育学校举办2010级首届职业中专班综合才艺展示活动

新立项市、区个人课题3项。做强艺体特色，打响特奥运动品牌。是年，教师晋辉获得由国家体育总局、中国残疾人联合会共同颁发的"2006~2010年全国特奥工作先进个人"称号。黄鸣等3名学生在第五届全国特殊奥林匹克运动会上夺得二金一银一铜；胡苏彬等4名学生获市第二届残疾人运动会四金一银五铜。学生美诗文朗诵《雨地里的小诗》获"第二届市'七彩语文杯'美诗文诵读特教赛区比赛"一等奖第一名。是年，该校成为河海大学"青马工程"实践基地，同时被冠予南京市特奥游泳、田径、保龄球、举重训练基地，在各级各类残奥、特奥运动比赛中成绩突出，获南京市教育局表彰。

成为"哈佛项目"南京实验点学校

11月25日，"哈佛项目" 南京实验区启动会在南京特殊教育职业技术学院召开，南京特殊教育职业技术学院以及南京市4所特教学校相关领导参加会议。会上，鼓楼特校成为"哈佛项目"——城市残疾儿童及其家庭支持网络建设研究课题南京实验点学校。该项目由美国哈佛大学法学院博士崔凤鸣，北京联合大学特殊教育学院院长、中国残疾人联合会专家组组长许家成，南京特殊教育职业技术学院院长丁勇等国内外知名特教专家联合主持，并共同参与研究。项目以残疾儿童为中心，建立包括家庭、地方教育部门、学校、教师、残疾人机构及社区在内的支持系统，同时探索在城市建立满足残疾儿童、青少年接受高质量教育，实现全面自由发展需求的一体化康复、教育和就业服务模式，为残疾人两个服务体系建设提供理论基础、政策依据和推广模式。年内，鼓楼特校分别在学前教育阶段、义务教育阶段、职业教育阶段选取典型个案开展支持性教育研究。 (李红梅)

中学教育

【概况】 2010年，鼓楼区有市属高中2所、区属高中6所、区属初中11所(含分校区)。其中，初中班级274个，在校生12181人；高中班级190个，在校生8713人。2010年初中毕业生3895人，毕业合格率100%；高中毕业生2449人，毕业合格率100%。鼓楼中等专业学校中专班51个，在校学生1934人；与高校合办五年制大专班8个，学生304人。区教育局根据外来务工子女入学有关政策，录取82名外来务工人员子女进入区属初中一年级就读。年内，二十九中教育集团初级中学成功入选2010年"南京市推进素质教育示范初中" 考察学校范围(全市共15所)；宁海中学特级教师陆长根领衔的 "高中美术特色校本课程建设与实施"课题(主要合作者：徐明、郭其俊、唐文勇、程兆云)获得首届江苏省基础教育教学成果一等奖。省教育学院附属高级中学、宁海中学分校代表鼓楼区参加2010年全市中学生合唱比赛，分别夺得高中组特等奖和初中组一等奖；教师赵永泉获最佳指挥奖，学生齐钰和教师周跃云分别获高、初中组最佳伴奏奖。

【区属高中对外合作办学】 2010年，全区各区属高中学校积极开展多种形式合作办学和交流。南大附中和加拿大合办学历教育"中加班"；田家炳高中与江苏卓越日语专修学院联合举办课程教育"中日课程班"，实施小班化全日本外教教学；第四中学与韩国又松大学联合办班，成立南京四中又松大学直通班，首届直通班学生9月赴韩国就读；二十九中等学校与美国、澳大利亚、日本、新加坡等国家和中国香港、台湾地区多所中学结成友好学校，每年定期互访交流。

【成功举办区第十届"一二·九"中学生合唱节】 11月，鼓楼区举办第十届"一二·九"中学生合唱节比赛。全区中学生积极参与，合唱节比赛获得圆满成功。经过专家评审，比赛产生一等奖4名(省教院附中、宁海分校、四中、八中)，二等奖4名(树人、金陵汇文、南大附中、二十九中致远)，三等奖4名(宁海、二十九中玉泉校区、育英外校、五十中)，最佳组织奖5名。省教院附中和宁海分校作为该区高、初中的代表，参加南京市合唱节比赛。 (王晓燕)

区属中学

【江苏教育学院附属高级中学（二十九中学高中部)】 江苏教育学院附属高级中学隶属南京二十九中教育集团。至2010年末，在校学生2388人、教职员工175名，其中全国知名特级教师7人、教授级高级教师3人，省市级以上学科带头人、名师等100多人。学校先后获国家级示范高中、省四星级高中和省文明单位等百余项殊荣。2010年，学校邀请南京军区原司令员朱文泉上将担任校外辅导员，并到校为学生举办爱国主义报告会。成立孙汉洲语文特级教师工作室、朱琦物理特级教师工作室。学校有国家、省、市级课题20余个，独立申请的国家“十一五”规划教育部重点课题“体育、艺术实践教育的特色研究”结题；独立承担的省教育科学“十一五”规划课题“确保学生成功率——有效教学行动研究”顺利结题。200余篇教师论文在各类刊物上发表，其中30多篇发表在核心期刊上。与英国奇切斯特学院建立友好关系，与英国艾塞克斯郡合作建立“昆曲—莎士比亚戏剧”研究项目。校420余名学生获各级各类学科竞赛奖。4月，该校3名学生获得江苏省高中生机器人大赛一等奖，其中闫冬获一等奖第一名；5月，5名学生获得全国中学生生物学竞赛一等奖，获奖人数位居全市同类学校第一，并跻身全省前5名；上百篇学生文章在各种刊物上发表；近20名学生获得全国、省级一等奖。校武术队夺得省第三届中学生运动会金牌11枚，获得省第17届运动会武术比赛八金三银二铜；校石城文学社荣登省优秀文学社金榜。

学校被中央教科所授予“全国教育科学‘十一五’规划普通高中特色学校”称号；国家核心期刊《红旗》用较长篇幅详尽介绍校素质教育成果。是年，学校成为继南京市属四大名校（南师大附中、金陵中学、第一中学、中华中学）之后增加的两所招收指标生城区名校之一，第五次以绝对优势蝉联南京市普通高中发展性评估最高奖项——综合奖，被南京大学等知名高校授予“优质生源基地”铜牌。（王有月）

【江苏教育学院附属高级中学(二十九中学初中部)】 学校有玉泉、石城两个校区，分别位于玉泉路1号、北圩路129号。玉泉路校区占地面积1.1万平方米，校舍建筑面积0.88万平方米；石头城校区占地面积1.4万平方米，校舍建筑面积1.53万平方米。至2010年末，学校有67个教学班、在校学生3668人，教职工230人，其中特级教师2名、市区学科带头人30名、市区优秀教师51名、毕业和在读研究生38名。2010年，学校继续抓好“建设高效课堂的教学行为研究”课题研究，申报参加由教育部、科技部组织的“中小学科学探究学习与创新人才培养实验研究”项目实验。教师参加教育、教学研究，开设市级公开课11节；新建录播教室，开设市级录像课2节、讲座2次。教师论文获国家级一等奖1人、二等奖1人，省级一等奖1人、二等奖6人、三等奖7人；在各级各类核心期刊及报纸上发表论文25篇。玉泉校区初三(8)班学生刘明嘉以718分的高分摘取南京市中考状元桂冠。是年，学校被教育部评为第15届全国中小学生绘画、书法作品比赛先进集体，获2007~2009年度市文明单位、市优秀家长学校、市平安校园等称号，并通过市素质教育示范初中初审。该校学生获省级机器人及信息技术大赛一等奖1人、二等奖4人；获Powertech（电力科学）两岸城市杯邀请赛暨两岸挑战赛国中组优等奖、Powertech两岸城市杯邀请赛南京排位赛国中组第一名。

2010和谐青奥民族文化节　11月，二十九中举行“2010和谐青奥民族文化节”汇报表演，邀请奥运冠军赵蕊蕊和残奥冠军孙海涛走进校园与全校师生共同感受民族文化与奥运精神；市、区相关部门领导出席活动，校家长委员会和班级家委会百余名家长参加。汇报演出分五大板块，涉及36个民族表演。文化节期间，学校同期举办展板展示和操场展台展示，嘉宾和师生可以从展板里详细了解各民族民风民情民俗、在展台前亲手触摸到来自少数民族的饰品、亲口品尝具有各民族风味的糕饼茶点。（毛海春）

11月，二十九中举行“2010和谐青奥民族文化节”

【南京田家炳高级中学】 田家炳高级中学建于1935年。2005年，鼓楼区教育局将原二中、八中、五十中3校重组整合，学校正式更名为南京田家炳高级中学。学校地处长江新村8号，占地面积6.61万平方米，教学用房建筑面积2.56万平方米，拥有省一级图书馆、室内体育馆、可同时提供1500人就餐餐厅、标准400米跑道田径场，为市绿色学校、市花园式学校。至2010年末，全校有37个班级、1565名学生，教职员工208人，其中专职教师181人，教师中具有硕士学位54人、具有中学高级职称110人，各级名特优教师56人。2010年，由田家炳高级中学独立承担的全国教育科学“十一五”规划教育部立项课题——“在科技教育中培养高中生科学素养的策略研究”开题。学校连续3年获得“南京市高中发展性评估办学最高奖——综合奖”，学校领导班子获得市首批校长质量管理奖，校长华勇获得市“行知奖”和市教育先进个人、市名校长等称号；校“‘三三三’素质教育行动”获市学校德育创新奖优秀奖；《江苏省普通高中进一步推进素质教育督导方案》颁布后，学校成为全省第一家按新方案接受督导评估学校，并获督导评价最高等级——优秀。学校退休教师、著名国画家孙元亮积聚25年心血创作而成的长卷国画《秦淮胜迹图》举行全球首发式；全校教师有50篇论文在省级以上正式刊物发表，近200篇论文或案例在省市评比中获奖。

学校被命名为省青少年科学教育特色学校　12月，田家炳高中被省科学技术协会、省教育厅命名为首批江苏省青少年科学教育特色学校。学校长期致力于培养学生科学精神、科学兴趣、创新意识和实践能力，在科学教育方面做了大量积极尝试。8月8日，在广州举行的第25届全国青少年科技创新大赛中，该校高二年级学生范梦恒作品“一种新型隧道抢险救援装置”获工程类高中组三等奖；吴桐、顾晟珉、杜若吟等3位学生撰写的论文《2009年7月22日日全食期间VLF（甚低频）信号的异常变化》获地球空间科学类高中组三等奖，成为继2008年以来，学校连续3年在青少年科技创新大赛中获得的国家级奖项。在第21届省青少年科技创新大赛中，学校获得4个一等奖、2个二等奖，连续5年奖牌总数蝉联省第一名。校航模队获省青少年航空模型大赛8枚金牌、5枚银牌、3枚铜牌，在所有参赛学校中独占鳌头；获江苏省“苏州科技城·文昌杯”青少年航空模型竞赛24个奖项，其中冠军8项，荣膺三连冠，再次蝉联综合团体第一名。至2010年末，学校获得科技类奖项1324次。（张飞雁）

5月10日，二十九中致远中学初一学生在江苏科技馆参加“2010年科普进校园启动仪式”

【南京二十九中致远中学】 二十九中致远中学前身为南京五中初中部，2002年区划调整至鼓楼区，隶属南京二十九中教育集团。至2010年末，学校有29个班级、1255名学生，教职员工121人，其中专任教师113人，教师中具有硕士学位15人、在职攻读教育硕士学位5人，本科学历104人，具有中学高级职称43人，市以上优秀教育工作者14人、全国优秀教师1人、市区优秀青年教师17人、市区学科带头人9人、“周恩来奖教学基金”获得者1人，1人获2010年度“江苏省基础教育先进个人”奖。学校曾被国家、省、市评为全国优秀家长学校、全国现代教育技术实验学校、全国绿色学校，省模范学校、省德育先进学校、省先进基层党组织、省教师回报社会先进集体、省巾帼示范岗先进集体，6次蝉联省文明单位称号。是年，被评为市党建工作创新先进集体、市教育发展有功单位、市先进师德群体等。2010年，学校开展“每月之星”评比活动，评选礼仪之星、健身之星、奋进之星、公益之星等。举行校园文化艺术节、科技节、“青春放歌”校园十佳歌手大赛、“激扬青春，拥抱未来”主题板报评比、校园摄影大赛等，展示学生才艺。开展“京剧进校园”活动，丰富学生课余活动。是年，学校初一新生计划外招生质量、数量均有稳步提高。校“三模”队参加全国、省、市各项科技创新和“三模”比赛，先后获省车辆模型比赛团体第二名、省航空模型团体第三名；获全国航空航天模型比赛江苏赛区3项团体第一、2项团体第二、综合团体第一、初中女子综合团体第二名的成绩。（王　凯）

【南京市宁海中学】 宁海中学始建于1890年，曾用名江苏省立南京中学，是中国特色教育学校、国家级示范性高中、省首批四星级高中、清华大学美术学院生源基地和南京师范大学研究生培训基地。学校初、高中分设，本部位于鼓楼区宁海路39号，高中教学部占地5.13万平方米。至2010年末，有班级44个、在校学生2227名，教职工200名。其中，教授级高级教师1人、特级教师6人、省市学科带头人及优秀教师36人，高中教师全部为本科以上学历，其中40多人获硕士学位。是年，教师陈红被评为江苏省历史特级教师。2010年高考再创佳绩，小高考合格率99%、高考二本上线401人；美术教育再显特色，6人被中央美院录取、10人考取中国美术学院，达清华美院录取线5人，2人被清华美院录取；4人考取四川美术学院，2人考入西安美术学院；20余人分别考取美国、加拿大、英国、澳大利亚、意大利、德国等国家著名高校。是年，

4月，宁海中学美术班学生习作在省美术馆专设展厅展示

校体育组教师唐晓民以国际技术官员身份出席广州2010亚残运会（第16届），担任盲人足球裁判，为宁海中学争光。

获江苏省首届基础教育教学成果一等奖 10月，宁海中学研究完成的“高中美术特色校本课程建设与实施”课程在江苏省首届基础教育教学成果奖评比中荣获一等奖，学校成为全区中学唯一获奖学校。该校通过科研兴教、科研强师，美术教学发展特色鲜明、成绩突出。校美术班学生每年均取得全省美术统考第一名，并在全省前10名中占半数；自2002年以来有30名学生考入清华大学美院，美术班年年有学生被清华大学录取，该校美术教育成为全国美术基础教育领域四大名校之一。 （文 雄）

12月，宁海中学分校初三年级学生代表队获第七届南京市中小学生英语电视大赛一等奖第一名

【宁海中学分校】 宁海中学分校2000年建校，地处龙江小区，占地面积1.46万平方米，校舍建筑面积1.17万平方米，是省优质品牌公办初中学校、市首批推进素质教育示范初中学校。学校先后被授予省示范初中、省传统体育学校、市语文探究性学习课题基地、市体育教育基地学校、市百佳校园、市优秀绿化景观学校、省物理课改实验学校、市首批推进素质教育示范初中、省德育先进学校等称号。

学校拥有教学楼和实验楼、专业美术画室和音乐教室、独立的校本课程教室、室内外运动场所、图书馆和阅览室、多媒体中心、多功能报告厅、学生舞蹈房、学生餐厅、校园超市等硬件设施；拥有完整建制的棒球队和专业棒球训练场，校棒球队为南京市队，多次赴日本、韩国和中国台湾地区与当地专业队伍深度交流，曾为南京市获得十运会首枚金牌和省运会金牌。2008年，引进南京艺术学院教育资源，创办声乐特色教育，成立“丝竹雅韵”民乐演奏社团和“百灵鸟”百人合唱团。是年，校“百灵鸟”合唱团获鼓楼区中小学生合唱节一等奖第一名，并代表鼓楼区参加南京市中小学生合唱节比赛获一等奖。至年末，该校有教学班级37个，在校学生1840名，教师143名，其中特级教师1名、市区学科带头人18名、研究生24名。2010年，学校施行“一月一主题，一周一重点”德育模式，开展丰富多彩德育活动。《关心下一代周报》南京首家小记者站在校成立，校刊《百川》创刊。年内，该校中考成绩再创新高，连续第五年被鼓楼区教育局授予初中教学绩效综合奖一等奖（最高奖）。是年，学校被评为市平安校园；校物理教研组被省物理学会评为省先进物理教研组；校初三年级学生代表队连续五年获市中小学生英语口语电视大赛一等奖第一名，总分超所有参赛学校；校合唱团获得南京市第十届“一二·九”合唱比赛一等奖；吴中琦、马思远等13位学生分获第15届全国中小学生绘画书法作品比赛一至三等奖，同时学校获得组织工作先进集体奖。

（赵晓春）

【南京大学附属中学】 南京大学附属中学始创于1896年，位于鼓楼区鼓楼街83号，占地面积2.26万平方米，校舍建筑面积2.57万平方米。学校有61个

11月2日，南京师范大学南大附中教育硕士实践基地揭牌，南京师范大学副校长吴康宁和南大附中校长年学晓共同为基地揭牌

教学班（含国际高中部9个班），学生2560人，教师197人，其中特级教师、市区学科带头人、优秀青年教师48人，硕士研究生19人。学校逐渐形成英语、京剧、科技和心理四大特色。学校是省三星级重点中学、省德育先进学校、南京大学生源基地、南京师范大学教育硕士实践基地、西安翻译学院外语教育基地，学生可以在科技信息、研究性学习、综合实践活动等方面直接得到南大教授和博士生指导，并可享受南大图书馆等优质教育资源。年内，学校禁毒预防教育展览室接待全国各省、市教育系统和公安系统参观者近300人。是年，学校明瑞、乔洋、孙悦等3位学生组成的代表队获得第七届市中小学英语口语电视大赛初中组团体二等奖，其中孙悦获得最佳个人机智奖；校国际部顾炎、陈耀阳、孙镧等3位学生获得高中组团体二等奖，其中孙镧获得最佳个人机智奖。（沈继林）

【南京市第四中学】 2010年，南京市第四中学有班级29个，学生997人，其中高中班级24个、学生860名，初中班级5个、学生137人。有教职工186名，其中专任教师174名。制订《关于南京四中有效教学的实施方案》，开展"高效课堂"和"有效教学"系列活动，实施减负增效。围绕"差异教育、特色发展、多元成才"办学理念，策划"学科周·校园节"系列活动，开办体育节、科技节、传媒节、艺术节、英语节等5个校园节。是年，学校获市高中发展性绩效评估最高奖——综合奖、市高考奖励最高奖——优秀奖，获"卡西欧杯"2010年全国高中数学图形计算器应用能力联赛组织奖，获2010年度市平安校园称号、市级体育传统项目学校称号，获2009~2010年度市校园足球联赛初中组"优秀校长奖"。3月，该校以管乐团为基本团队，成立学生艺术团(含管乐团、合唱团、舞蹈团)，合唱团在区第十届中学生合唱比赛中取得表演一等奖、优秀组织奖。由艺术团学生和学校传媒生联合排演的《我的校服我做主》大型服装秀在南京电视台新闻综合频道播出，引起很大反响。是年，学校管乐团被市教育局重新认定为市中学生管乐二团。（罗　伟）

【南京市四中分校】 四中分校有微机教室(网络学习室)、多媒体教室、美术室、音乐室、劳技教室、图书阅览室、物理实验室、化学实验室、生物实验室等专职教室各1间。配有心理咨询室、团队活动室、校医室等教学辅助室各1间。学校图书馆、阅览室面积约110平方米，图书馆藏书1.84万册。至2010年末，学校有教学班级11个、学生326人，教职工52人，其中专职教师49人，教师本科率96.78%，教育教学硕士2人；高级职称9人、学科带头人3人、区标兵教师3人。2010年，四中分校教学质量显著提高，中考连续五年获得区教学质量一等奖，在南京市小班化学校中位于前列。推进"教案改良"工作，推行教师发展"五个一"工程，每位教师制定一个个人成长年度计划、读一本专业书籍、写一篇高质量教育教学论文、上一节公开课、有一个教科研课题。全年，教师3篇论文被市级以上公开刊物发表、6篇论文获得省级以上论文奖项，2位教师个人课题获得市级立项；教师张艳、张可、桂素素、蒲秋菊被评为第七届鼓楼区优秀青年教师，教师邓媛媛获得小班化赛课市级一等奖。

"和福"励志奖学金颁发 9月1日，四中分校举办2009~2010学年"和福"励志奖学金发放活动。该活动由四中分校和鼓楼区爱心助学协会共同策划、组织，区委、区政府相关领导，区爱心协会人员、关心教育事业的企业家代表以及学校全体师生近400人参加，南京电视台著名节目主持人周涛主持。2009~2010学年，全校30位学生获奖，获奖金额1.2万元，获奖面较上年扩大一倍。（胡志梅）

【南京市第五十中学(南京工业大学附属中学)】 第五十中学始建于1976年，是省教育现代化示范初中，坐落于司背后12号，占地面积1.31万平方米。建筑面积1.14万平方米，图书馆藏书8.45万册。拥有教学楼2栋、41间教室、3间微机教室(计算机141台)、2间音乐专用教室、1间美术专用教室，实验楼1栋；环形200米跑道、田径场1个、篮球场3个。学校有39个教学班，1644名学生，167名教职工，其中153位专任教师。教师中有市学科带头人2人、市优秀青年教师4人、南京市先进教育工作者3人。11月，学校以独立法人资格恢复独立办学，人、财、物独立管理。由南京工业大学附属中学(五十中校区)更名为南京市第五十中学（南京工业大学附属中学)。年内，学校构建"尊重教育"校本文化体系，设计"尊重教育"实践路径。是年，教师许文洁获2010年市初中劳动与技术教师教学基本功竞赛一等奖；学生史宇飞荣获2010年市初中学生劳动与技术制作(实践技能)竞赛二等奖；李婕等11位学生获省"感恩父母，点亮亲情"原创短信大赛二、三等奖，教师许文洁获优秀指导教师奖。

中考总均分超过市均分45.7分 2010年，学校获得鼓楼区中考教学质量综合奖、规范办学奖、教学绩效一等奖、绿色接力三等奖。19名学生达南京师范大学附属中学(以下简称南师附中)分数线、34名学生达南师附中优惠政策线、39名学生达金陵中学分数线、91名学生达南京市第二十九中学分数线，150名学生达中华中学分数线，317名学生达四星级学校投档控制线，占全校学生52.2%；483名学生达三星级学校投档控制线，占全校学生80%。学

第五十中学在上魔方课

校总均分超过市均分45.7分，所有学科全部超过市均分。初三(14)班学生吕方天以712分进入南京市前7名；樊雪珮吟以中考成绩706分、南外自主招生考试全市第一名的优异成绩被南京外国语学校高中部录取　　（王　昊）

【南京市第八中学】 2010年，南京市第八中学和五十中人、财、物正式完全分开，独立办学。南京八中在职教职工102人，其中专任教师85人，本科学历72人、攻读硕士学位4人、中高级教师26人；有15个教学班，在校生430名。学校拥有8000平方米教学楼，2300平方米综合实验大楼和行政办公楼；有200米塑胶跑道、4个篮球场地、2个排球场地、3个羽毛球活动场地、室外乒乓球台、1个百米跑道及器械活动区域。拥有劳技、音乐、美术、计算机专用教室、图书馆、师生阅览室、食堂等。有中心机房、分机房、计算机网络教室、多媒体教室等6间，校图书馆藏书6.77万册，生均150多册。各专用教室、普通教室均配备多媒体教学设备，学生用计算机105台，全校生机比达5:1，教师一人一机。是年，学生陈海涤被江苏教育电视台授予"励志少年"称号。南京市物理、政治、数学、外语教学研讨活动相继在八中举行，学校教师开市级公开课20多节；教师成平、赵锦婷获市小班化学科赛课一等奖；市级课题"初中小班化教育背景下个别化教育的实践研究"顺利结题，十多项教师个人课题立项，多篇论文获省、市级奖项。是年，学校获省绿色校园、省档案工作三星级单位等称号。　　（葛晓梅）

【南京育英外国语学校】 2010年，民办育英外国语学校有初中、高中2个校区，32个教学班、1144名学生。其中初中24个班，学生967人；高中8个班(高二、高三2个年级)学生177人，年内高中停止招生。全校教职工162人，其中专任教师125人，高级教师36名，中级教师43名，硕士研究生6人、大学本科115人。2010年，初中应届毕业生297名，毕业合格率100%；高中应届毕业生85名，毕业合格率100%。2010年中考参考率100%，均分605.6分，超过区均分15.4分，超过市均分68.2分，名列全区第二，进入全市前20名。2010年高考，在同类生源学校中成绩名列前茅，有3位学生被南京大学国际班录取，有6位学生赴日本留学。学校被市教育局、市教育工委评为南京市教育系统关心下一代、离退休教师工作先进集体，被省水利厅命名为江苏省节水型示范单位，被全国民办教育协会评为全国民办教育先进单位。学校推行以"导学案"为载体、以"问题学习法"为抓手的教学改革，邀请东庐中学校长陈康金，国家督学、省教科所原所长成尚荣，浙江大学教授管斌全作学术报告；先后组织部分骨干教师参加全国著名初中(洋思中学、杜郎口中学等学校)"同课异构"研讨活动，3月31日举行面向全区和全市民办学校"导学案"教学研讨活动。成功举办"世界中学生水资源保护研讨会"、承办"中日青少年和平协作会议"。学校承担的省教育科学"十一五"规划课题"民办中学基于有效教学转变学生学习方式的实践研究"进行中期汇报，得到专家好评；陈瑛等9位教师课题论文分获省市优秀教育科研论文一、二、三等奖；教师参加省市论文比赛获奖21篇，其中省级论文获奖14篇、市级获奖7篇；4位教师获得省教育学会组织的2010年化学活动周初中学生化学竞赛指导教师奖，18位学生分别获得省二、三等奖；该校学生获江苏省中小学生心理健康小论文评比一等奖6名、二等奖11名、三等奖23名；校初三(F)班被评为市优秀班集体。

8月4日，南京育英外国语学校成功承办中日青少年和平协作会

打造英语教学特色品牌　2010年，学校开展一系列英语教学活动。初一年级组举办《典范英语》和《新概念英语》朗读比赛，初二年级组举办英语小品节等。7月16~17日，育英外校4名教师受北京外国语大学课题研究中心邀请，赴北京参加"全国基础英语素质教育实验基地学术交流研讨会"，并在大会上就学校外语组全国课题"中国基础英语素质教育的途径与方法"阶段性成果及外语教学业绩作"语感阅读法与阅读能力培养"典型发言，学校获"全国优秀实验基地奖"，由校外语组撰写的《阶段性实验报告》获一等奖。　　（黄玲燕）

【金陵汇文学校（中学部）】 2010年，金陵汇文学校中学部有七、八、九等3个年级，在校生1053人，教师76名，本科及以上学历110人，省特级教师2人、国家优秀指导教师及优秀教练员2人、省级各类优秀指导教师11人、市级学科带头人2人、市级优秀青年教师6人。年内，学校开设学科竞赛辅导、《新概念英语》、信息思维训练、名特师讲座、外教进课堂等特色课程。是年，学校获

省社会治安综合治理委员会、省平安创建工作领导小组颁发的“省平安建设示范单位”称号；校初二(1)班“起跑线快乐小队”获南京市优秀“雏鹰假日小队”称号。学校获第三届全国英语超级联赛优秀组织工作奖，2名学生获南京赛区一等奖；学生裴恒志获“第16届全国信息学奥林匹克竞赛分区联赛”省一等奖，汤啸雷、张少昂获省二等奖；学生高智超的电脑动画作品“洋垃圾漂流记”获“第11届全国中小学电脑制作活动”二等奖。

设立“人和心苑”心理健康咨询室

11月中旬，汇文学校“人和心苑”心理健康咨询室开设，同时开通心理咨询热线和电子邮箱，设置“诉心阁”“汇文姐姐”信箱，通过个别咨询、简单心理行为训练、书信咨询、网络咨询等多种形式，为学生提供心理健康指导与服务。咨询室由4位教师担任心理咨询员、5位教师担任心理健康教师、40名学生担任心理小助手。每天中午、下午“人和心苑”都有团员教师值班，接待学生倾吐心声、排解心理压力，并作好记录。年内，开辟心理健康教育讲座3次、排演心理剧和沙盘游戏、接待学生96人次，各班均在《阳光班级日志》上建立问题学生档案，进行跟踪教育和管理。是年，校心理室被南京市教育科学研究所评为“2010年南京市学校合格心理咨询室”。(鲍小蕾 娄晶晶)

10月19日，湖南路狮子桥第六届美食文化节期间，鼓楼中专校学生现场展示专业技能

【南京市鼓楼中等专业学校】 2010年，鼓楼中等专业学校有教职工190人，专任教师144人，外聘兼职教师5人，在校学生1851人。烹饪、中西面点和商贸专业学生参加湖南路狮子桥第六届美食文化节，学生制作并展示烹饪、雕刻、面塑和剪纸、布艺等专业技能；校“漂流瓶”爱心公益者协会获“南京市十大志愿者服务集体”奖；教师王广宇获省职业学校技能大赛烹饪比赛教师组综合一等奖，为全市获得唯一一块金牌；1名教师获教师组综合三等奖、2名学生获得学生组二等奖。教师汤向阳获省职业学校财会专业技能大赛暨江苏省第30届珠算技术比赛教师组珠算项目一等奖第一名，个人全能第一名；校体育舞蹈队先后获南京青少年广场舞蹈大赛青年组金奖、省第四届学生体育舞蹈锦标赛职高组团体第一名；2008级烹饪专业学生花健获得全国中等职业学校技能大赛烹饪类技能大赛热菜和果蔬雕刻两块金牌，指导教师胡艮、王广宇获全国优秀指导教师称号；2008级学生罗鑫获第七届全国中等职业学校“文明风采”竞赛创业之星征文比赛一等奖，学生张倩获市首届平面模特大赛二等奖；校10名学生参加长三角地区阳光测向竞赛暨全国阳光测向总决赛高中组选拔赛，获得团体一等奖。

2010年鼓楼中等专业学校参加江苏省职业学校技能大赛获奖一览表

表64

类别	奖项	获奖教师和学生
烹饪技能大赛	教师组综合一等奖	王广宇(教师)
	学生组二等奖2名	倪凡(指导教师：胡艮、夏育成)、花健(指导教师：夏琪)
	教师组综合三等奖	凌代勇(教师)
平面模特大赛	二等奖	张倩(指导教师：朱雷)

(王晶晶)

成人教育

【鼓楼区成人教育中心】 鼓楼区成人教育中心(以下简称成教中心)包括成人学历和非学历教育办学、民办教育管理、国家级成人教育考试管理等机构，由市广播电视大学鼓楼区分校、区民办教育管理办公室、区高等教育自学考试办公室暨区成人高等学校招生办公室、区职工学校、南京理工大学夜大学鼓楼分部组成。

2010年，成教中心坚持用终身教育理念指导工作，力求在协调服务、内部管理方面实现突破。继续拓展办学培训项目，充分利用资源，与多家办学单位联合办学；统筹安排和组织全区社区教育、成人教育领域多次重大会议和重大活动。是年，中心通过省三星级档案室验收。至年末，中心有专职教师11名，其中高级职称教师4名；全年聘用各类院校中高级以上职称兼职教师167名。

2010年鼓楼区成人教育情况

表 65　　单位：人次

指标名称	在学（考）	通　过
成人高教本科	704	253
成人高教专科	1723	211
五年高职	530	尚未毕业
成人高教自考	48993	212
成人高考	6744	1494
成人高考辅导	30	30
继续教育培训	2002	2002
合　计	60726	4202

【南京市广播电视大学鼓楼区分校】 2010年，市广播电视大学鼓楼区分校设有14个专业、58个班级；全年招收新生788人，在校学员2957人（其中全日制5年高职学生530人、南京理工大学夜大学鼓楼分部学生67人）；毕业学生464人（取得学士学位27人），其中小学教育本科毕业生253人，2名学生被评为中央电大优秀毕业生、5名学生被评为市电大优秀毕业生。全年组织400余场次近万人次考试管理（其中，中央电大网上考试数十场、千余人次）；专业课106门次、选修课8814门次，聘请全市各高校百余名兼职教师任课并担任实践和论文指导。至年末，该分校有专职教师5人、聘用专职管理教师6人。是年，分校再次被评为市电大系统先进办学单位、招生工作先进单位、教学管理先进单位；南京电大网上教学先进单位、南京电大学生案例设计与分析大赛和广告设计大赛优秀组织奖、南京广播电视大学2010年开放教育知识竞赛三等奖和组织奖。教师岳波被评为南京广播电视大学2010年度组织管理先进个人、陈亚彤荣获业务精英奖。

3月14日，鼓楼电大举行首届开放本科小学教育专业毕业典礼

【鼓楼区民办教育管理办公室】 2010年，鼓楼区民办教育管理办公室（以下简称区民管办）把引进民办优质教育资源作为建设全区终身教育体系重要工作来抓，实行首问负责制。深入了解面向中小学生学科辅导的校外培训机构情况，依法查处违反省政府“五不准”禁令举办的各种校外培训班，并跟踪整改，严格按时限答复，全年处理投诉十余起。组织年度督导评估工作，测评民办学校办学方向、办学条件、教学水平、办学效益等各项指标，审计民办学校财务状况，增强民办学校发展公开度和透明度；叫停不符合要求的民办单位，不再换发新证。鼓楼民办教育网和鼓楼区驻区民办教育协作会，实现信息交流互递，加强协作关系，重新整理“鼓楼民办教育网”，增加“协会工作”版面。组织民办学校校长外出考察，召开民办学校负责人经验交流会，分享办学成果。年内，审批民办教育机构16家。至年末，区域内有民办教育机构66家。

【鼓楼区高等教育自学考试办公室、成人高等学校招生办公室】 2010年，鼓楼区高等教育自学考试办公室、成人高等学校招生办公室（以下简称两办）深入高校、中专和职校教务部门及社会教育培训机构，宣传终身教育理念和大教育观念，推广自考、成人高考以及非学历证书考试。全年承担11个本、专科专业自学考试和成人高考高升专(文、理)、高升本(文、理)4个科别全市报名及考试组织管理工作,组织1月和7月南京大学、南京邮电大学助学专业考试,以及全市部分增考考务工作。全区先后安排考试2071场次、5.57万人次,其中自学考试报名1.48万人,毕业考生212人;成人高考报名考生2248人;办理非学历证书考试报考608人次。至年末,两办从事考试管理工作专职教师2名。是年,两办获市自学考试考务考籍管理工作优秀奖、学历考试规模发展优秀奖、南京市成人高校招生工作目标管理考核优秀奖。

【鼓楼区职工学校】 2010年,鼓楼区职工学校(以下简称区职校)为南京理工大学工商管理本科专业输送生源,为电大应届专科生提供多种专升本途径。7月,开办成人高考专升本辅导班,根据100多名学员知识水平提供考前辅导、复习资料,同时提供成人高考网上报名、信息核对、应届毕业生证明材料以及查分等一条龙服务。继续开展证书对接与培训工作,办理通过教育部大学英语B和计算机应用基础考试网络教育统考课程本科学生对应职称证书;同时根据高职学生职业、技能证书要求,对照各专业教学计划相应课程,举办短期培训进行认证,并办理相关职业技能水平证书。突破传统培训项目提供订单式培训服务。8月,区职校承接江苏省公安边防总队财务人员财务业务培训任务,教务教学部门借助学校办学经验,整合优质教师资源,完成20天集中培训,参培人员通过内部考试后均获得部队会计人员上岗证。全年开办会计从业人员继续教育培训12期,培训学员1962人,其中免费开办区属外资企业、行政事业单位和中小学会计继续教育专场培训3场,近500人次参培。

【数字化学习社区建设】 2010年,鼓楼区成人教育中心继续开展省社会教育2009~2010年度重大课题"数字化学习社区建设的理论与实践"研究,申报国家教育部实验项目——"进一步推动鼓楼居民参与数字化学习实验";中心参与研究的省教育科学"十一五"规划2010年度重点课题"数字化学习社区建设标准、试点方案与支持政策研究"被立项并开题论证。3月,中心携"数字化学习社区建设"和"电大推展社区教育的组织网络和服务模式"议题,参加中央电大主办的广播电视大学推展社区教育座谈会并发言;10月,中心代表区教育局出席在浙江慈溪举办的第七届长三角地区社区教育发展论坛,并作"打造'市民学习在线',创建数字化学习社区"发言;12月,中心主任张力出席在天津召开的2010全国数字化学习社区建设推进会;同月,参与筹备并参展在杭州举行的全国社区教育工作座谈会及社区教育成果展,全国34家单位参展,鼓楼区获一等奖。

年内,鼓楼区在全国率先创建的"鼓楼市民学习在线"进入全面推广阶段,陆续开发精品课程600多门,平台管理维护日益制度化、规范化。至年末,网站注册5.01万用户,居民最高学分5115分,学习3020小时。(张瑞华)

社区教育

【概况】 2010年,鼓楼区社区培训学院主持江苏教育改革和发展战略性与政策性研究课题"数字化学习社区建设标准、试点方案与支持政策研究",取得阶段性成果。成功承办学前科学教育"科学启智计划"2010年夏季中国研修班和华东地区阳光测向师资培训班。分别从国家体育总局和北京奥特世纪拓展培训师中心引进无线电阳光测向、拓展培训项目,并组织人员参加长三角暨华东地区阳光测向竞赛,获团体一等奖。至年末,全区所有街道均为市社区教育示范街道、2个街道被评为省社区教育示范街道、3个街道被评为全国社区教育示范街道。是年,鼓楼区通过国家教育部、全国社区教育专业委员会检测验收,被评为首批全国数字化学习社区先行区;宁海路街道、挹江门街道被评为全国社区教育示范街道,全国14个区县上榜,鼓楼区排名位居江苏省第一。

【青春健康同伴教育】 2010年,鼓楼区社区培训学院继续推进和探索青春同伴教育项目,培训、组建一支由60多名大中专学生志愿者组成的"青春健康教育"指导教师及主持人队伍,通过"互动的同伴教育",培养社区青少年健康卫生习惯和文明行为习惯,为其健康人格形成提供有益帮助。5月,《青春同伴教育活动课程》教材由南京师范大学出版社正式出版,填补国内青少年性健康和艾滋病预防教育互动课程空白。至年末,学院在社区服务性场所、辖区高校、南京市普通高中、职业中专及初级中学开展同伴教育活动280场,适时对适龄人群进行性健康和艾滋病预防教育,受益社区居民近6000人。是年,"青春健康教育"志愿者队伍被团市委评为2010年南京市十大杰出志愿者先进集体。

【幼儿科学教育课程教材出版】 2010年,学院在社区开展幼儿科学活动和亲子科学活动,并在活动基础上,根据社区百姓要求,研发编印《社区幼儿科学教育系列课程》教材。8月,该教材由凤凰出版传媒集团江苏文艺出版社正式出版。年内,学院在辖区20个幼儿园开设科学教育兴趣班基础上,在玄武区长江路幼儿园开设幼儿科学教育课程,全年有110多位幼儿教师、3800多名孩子及家长参加科学课程培训及活动,收到良好效果。

【获全国社区教育成果展一等奖】 12月4日,鼓楼区社区培训学院参与筹备并参展在杭州举行的全国社区教育工作座谈会及社区教育成果展,首批34个全国社区教育示范区参加,鼓楼区获一等奖。展会期间,鼓楼区布展展厅18平方米,循环播放历时30分钟短片《让社区居民有其学、乐其学、终身学——南京市鼓楼区社区教育大众化、优质化、终身化发展巡礼》,介绍区域概况和社区教育成果;制作下岗再就业、技能、青少年、残疾人等培训成果介绍展板6块,展示曾获全国一、二

2010年鼓楼区获评全国社区教育实验项目表

表66

项目名称	所属街道
居民参与数字化学习	区成人教育中心
华侨路地区"教育共同体"建设的探索实践	华侨路街道
"颐和路社区将军馆"实施革命传统教育	宁海路街道
心灵驿站	湖南路街道
探索特殊教育社区化模式，教育帮扶智障人员发展	挹江门街道
社区孤独症儿童的早期教育	凤凰街道
"建筑、名人、民国文化"社区教育课程开发	琅琊路小学
"百步讲堂"社区青少年家庭教育	拉萨路小学
社区青少年防震自护教育	山西路小学
"社区小公民"社会实践	芳草园小学
推进社区居民学习和传承民间传统体育	凤凰花园城小学

等奖的管道种植和多功能棋子等科技展品和竹雕、烫画等工艺品；与现场观众开展果蔬雕刻、竹雕、面塑手工互动活动；凤凰街道盲人足疗推拿高级按摩师杨家贵现场为观众按摩服务；展厅书架陈列展出社区学院自编《青春健康同伴教育活动课程》《幼儿科学探索课程》互动教材，以及自行创编的花卉种植、法律常识、家庭教育等50多种科普读本，被观众争相传阅，且获得大会组委会领导高度评价。

【社区教育实验项目】 2010年，全区各街道分校继续推广原有实验项目，并在此基础上加强社区教育理论研究，开发21个社区教育实验项目。挹江门街道申报"金陵诗词赏析特色课程建设""探索特殊教育社区化模式，教育帮扶智障人员发展"实验项目；湖南路街道申报"心理健康教育创新"项目；华侨路街道结合街道公民社区建设探索实践，开展"建设华侨路地区教育共同体"项目研究；江东街道研发"新市民社区教育课程建设"和"名人名家"项目；凤凰街道申报"社区孤独症儿童的早期教育"项目；宁海路街道依据地域特色自主开发和联合开发出"民国文化教育园地""颐和路社区将军馆""小主人眼中的民国文化""防震自护教育展示课程"等实验项目；6月，鼓楼区11个社区教育实验项目被评为全国社区教育实验项目。中央门街道继续推进特色课程，成立"洪爷爷科技工作室"。所有课程项目的推进和研发，为社区居民提供多层次、多维度社区教育服务。 （孟南奇　朱映红）

教育科研

【概况】 2010年，鼓楼区教育科研工作奉行"有效科研、高效教学、特色发展"方针，构建"主课题——教研组（项目组）课题——个人课题"为基本结构的学校教育科研管理体系，提高科研管理实效性；积极协助做好教育局各项国家级、省级教育规划课题，支持全区各校研究国家级、省级、市级和区级规划课题，组织各课题阶段性成果展示和结题活动；扎实开展各项教育科研骨干教师培训，创新培训内容和形式，努力办好鼓楼教育窗口杂志《鼓楼教育研究》，加强鼓楼教育对外辐射和影响。是年，全区中小学、幼儿园积极参加南京市年度论文评选，参评论文数量和获一等奖数均居全市第一，琅琊路小学等9所学校被评为市个人课题研究先进集体，区教科所推荐宁海中学分校教科室、古平岗小学教科室等12所学校教科室参评"南京市学校优秀教科室"，10所学校通过，通过率居全市第一。 （赵　丽　徐瑞泰）

【"综合同构教学法"推广】 2010年，区教科所继国家课题"综合性教学活动中预设并生成主题线索的实践研究"结题，组织全区中小学教师参加区首届"说课设计——如何培养学生的创新思维"论文评选活动，继续推广"综合同构教学法"等科研成果。所有参评设计紧扣教学改革中存在的问题。"一线串珠，燎原学生创新的火种""在研究中实现同构，在同构中激活创新""打破界限，整合文本，发现规律"等获得设计一等奖。区教科所发表文章《智慧引导——以学生群体的学习思路为主线》，引导教师在预设教学程序、引领学生探究过程中，遵循学生思维发展规律，以学生群体学习思路为主要线索。 （徐瑞泰）

【教育科研培训】 2010年，鼓楼区教育科学研究所举办教育科研专题培训班、教科研骨干班，开设中小学班主任专业化发展培训班、教研组课题研究班和单一课时内外高效学习设计与反思培训班。教科研骨干班包括新任教科室主任、教科研骨干、《鼓楼教育研究》杂志通讯员等，各班有30余名学员参与学习，邀请江苏教育出版社主编姚卫伟、江苏省科技情报研究所所长陈金梁等授课，提升全区教育科研骨干科研素养。至年末，全区6个不同专题教科研骨干培训班举行专题讲座、科研沙龙、课题实践等多种形式培训活动十余场。（赵　丽）

【出版两期《鼓楼教育研究》杂志】 2010年，《鼓楼教育研究》杂志第五期和第六期出版，内容包括理论经纬、幼教天地、愉快教育、智慧校园、研究课堂、教研智慧、创新教学等。杂志紧贴教学实践，从教育教学理论高度反映基层学校办学特色、课堂教学、一线教学实践。各校教师以此为平台，展示各自教学特色和在教学过程中形成的新思维、新思想。杂志内容受到省、市教科研专家一致好评，被辖区基层学校教师普遍推崇。（刘明静）

【课题研究】 2010年，区教研室制定《鼓楼区教育科学研究课题管理办法》，明确规定课题申报、立项、过程管理、成果鉴定与奖励；加强省、市规划课题管理力度，同时加强课题指导和培训工作，并规划申报各级“十二五”研究课题。运用文献研究法、教育统计法、个案研究法等对“鼓楼区区域教育高位发展的战略研究——基于发达国家和地区教育发展的视角”课题开展研究，全面调查区及市教育状况，掌握第一手资料；调查和整理西方发达国家2005~2009年教育发展水平，在此基础上将鼓楼区与西方发达国家教育作初步比较，在相关学校开展该课题的子课题研究。辖区各校积极开展课题研究活动，市“十一五”规划重大招标课题“南京市终身教育推进策略的研究”顺利结题，形成《南京市终身教育推进策略的宏观背景研究》《南京市终身教育现状分析》《南京市终身教育推进策略研究》报告以及8个子课题研究报告；江苏省教育科学“十一五”规划重点课题“数字化学习社区建设标准、试点方案与支持政策研究”召开开题论证会。至年末，全区中小学幼儿园和直属单位承担国家级规划课题9项、省级规划课题50余项、市级规划课题60余项、区级教研组课题159项，区内评审并颁布第二批教研组（项目组）课题106项。（赵　丽）

直属单位

【鼓楼区教师进修学校】 2010年，鼓楼区教师进修学校以“建一流的教师进修学校”为发展目标，先后组织教师到杜郎口中学、东庐中学、上海市卢湾区教师进修学院以及常州、南通、启东等地区名校教研室进行对口交流，举行“读书论坛”“教师修养论坛”“创新在工作中”等内部交流活动。国家级课题“区域推进中小学班主任专业化发展的制度创新研究”、省“十一五”重点资助课题“中小学教学质量监控与评估体系的建构研究”及子课题通过中期论证并付诸实践研究；完善“个人课题——教研组（项目组）课题——学校主课题”教育科研管理框架，全区245项课题被立项为第五期南京市个人课题。是年，学校被评为市合格电教中心，获“十一五”期间市教师（校长）继续教育工作先进集体、市中小学电脑制作优秀组织奖、省级初中学科教师网络培训先进单位、第三届全国中小学新媒体新技术教学应用研讨会暨基于交互式电子白板学科教学观摩研讨活动优秀组织奖、市第七届中学生英语口语比赛优秀组织奖。至年末，教师有19篇文章在市级以上刊物上发表，11篇文章（作品）在市级以上评比中获奖。

教师培训　2010年，区教师进修学校举办区级研培班133个，开展区级教研活动483次，组织市级研究课、观摩课等公开课136场，开设区级专题讲座91次；辖区教师人均区级培训约5.3次，人均24学时以上。举办“省级初中化学、历史、地理、生物学科教师网络培训班”等专题培训班，完成为期一年的“校本研修分管领导培训班”和4个市级骨干、农培教师培训班培训任务；组织栖霞、浦口区教师培训活动，两个阶段受训人数近4000人次；认定和续评区内51所中小学、幼儿园创建校本研修先进集体工作，并专项调研续评的12所学校、幼儿园。至年末，完成97家学校（幼儿园）教师2010年度继续教育签证验证工作；通过市教育局“十一五”师训、干训工作终期检查评估。

教研工作　2010年，鼓楼区教育部门继续突出有效教学研究和质量管理，重点研究小学综合实践活动课程、校本课程开设方式和指导各中学进行国标课程校本化研究。举办各类教学研究现场会和学科行专题研讨会12场，组织各学科教师竞赛、考核活动10场，有针对性调研测试8次；继续进行省级课题“中小学质量监控与评价的实践研究”，制订《鼓楼区小学质量监控与评价实施方案》；改革中小学视导方式，采用集中综合视导和预约视导相结合方式，视导中学13所（含分部）、小学14所、幼儿园13所。加强课堂教学

全国教育科学“十一五”规划教育部立项课题开题论证会在田家炳高级中学召开

3月11日，"儿童母语文化——鼓楼区小学语文教学年会"在金陵汇文小学召开

指导，教研室听课4536节，其中中学2075节、小学2011节、幼教教研450节。2010~2011学年辅导教师参加国家、省市比赛获奖63人次，其中国家级7人次、省级11人次。是年，初中教育质量获市一等奖，高中教育质量获市表彰。

组建现代教育技术队伍　2010年，鼓楼区教师进修学校围绕"构建新应用，开展新服务"核心工作，建立琅琊路小学、二十九中初中资源建设示范基地；组建网络技术应用（服务到校中心组）、新技术应用（整合研究中心组）、课外活动（学生计算机应用中心组）、教师专项培训（机器人普及培训中心组）等四支骨干教师队伍，开展"服务到校、有效应用"系列活动；组织各网络平台使用培训班，完成区"名特师网站"和"鼓楼区备课管理平台"建设，改版区教师进修学校办公平台；接受市教育局区县电教（信息）中心教育信息化评估，被评为市合格电教中心。

合作教学　2010年，鼓楼区启动市幼教培训项目，为400多名浦口区幼儿教师开展为期3天、18场次送教培训；与浦口区各幼儿园教师围绕新技术运用课堂教学、教师信息技术水平提升、网络培训资源开发等专题开展共同研究，召开现场会、进行网络直播和远程研讨33次。从2007年6月起，鼓楼区和浦口区教师进修学校教研、科研、电教相关部门对口签订携手共进协议以来，两所学校定时联系、定组交流、定校活动、定师发展、定向提升。四年间，鼓楼区每年承办南京市骨干教师培训班和千农教师培训班，开展浦口受训教师跟踪访问、送教到区活动；围绕有效教学，举办"名师汇聚鼓楼""名家讲堂""名师送教"等活动，开展两区联合研训。至2010年末，进行课堂教学研讨活动56次，有效实施南京市"百校千师携手共进"工作规划。

（张辉娟）

【鼓楼区少年宫】　2010年，鼓楼区少年宫以"心中有祖国，心中有他人"为主题，设计并开展"我为江苏喝彩"中小学生主题绘画大赛、喜迎世博"城市让生活更美好"幼儿创意绘画赛、亲子家庭摄影作品赛、小学生趣味运动会、中小学生"希望杯"棋赛、中小学生"金钥匙"知识竞赛等系列活动。少年宫教师积极参加"南京市首届少年宫青年教师才艺展示交流"和"津苏两地校外教育系统素质教育论坛"，其中教师朱建华获"南京市首届少年宫青年教师才艺展示交流"优秀奖；教师潘坚作为南京市代表参加"津苏两地校外教育系统素质教育论坛"选拔，少年宫3篇论文分获一、二、三等奖；教师华艳撰写的论文获得江苏省第二届"未来杯"科学教育论文评选活动二等奖。是年，区少年宫获国家教育部"全国第三届中小学生艺术展演活动"优秀组织奖、全国"心中有祖国，心中有他人"主题活动先进集体、全国中小学生书画大赛先进集体；省"我为江苏喝彩"少年儿童主题绘画（摄影）大赛优秀组织奖；市中小学生书画大赛组织工作一等奖、市小学生集体舞比赛一等奖、市青少年科技创新大赛优秀组织奖、市棋类比赛团体第二名。区"小银星"艺术团参与录制中央电视台与江苏少儿频道共同打造的大型强档栏目《智慧树》，受中央电视台邀请参加第四届和谐春晚全国青少年才艺电视展演活动并比赛，获得幼儿组最高荣誉"国星奖"。

增设校外拓展培训项目　2010年，区少年宫在培训项目设置上适应素质教育需求，削减奥数、作文、英语等学科类培训科目，增设孩子们喜欢的街舞、手工、影视表演、跆拳道等强身健体，愉悦身心的项目。举办科普知识讲座、科技作品展、绘画作品征集等活动。积极开展"流动少年宫"活动，发挥流动少年宫教育功能，在河西宁海中学分校开设少年宫分部，缓解校外场地不足、学校师资不强的问题，努力实现校外教育均衡。

走进世博主题活动　4月6~14日，区少年宫与市教育局、省妇女儿童活动中心联合推出"走进世博，走进科学，畅想未来"第八期校园欢乐流动课堂主题活动。活动中，在莫愁新寓、龙江、银城、青云巷、汉江、长阳、一中心等7所小学开展猜猜看、变变变等互动游戏，向学生介绍航天、能源等领域最新科技理念，让学生在充满欢乐的气氛中培养科学兴趣，提高科学素养。区少年宫流动课堂的10名空模兴趣班学生与培智小学20名学生共同制作、放飞20架小直升飞机模型。

（朱　伟）

驻区高校选介

【南京大学】　2010年，南京大学遵循"适度扩大规模，着力提升内涵"的办学理念，各项主要办学指标明显提升，综合实力居全国第5，在综合型大学排列第3。英国《泰晤士报》最新公布世界一流大学综合排名，南京大学名列世界第120位。2010年度在校生人数突破8000人。

学科建设　年内，学校以优异成绩通过“985工程”二期国家验收并全面启动“985工程”三期建设；“211工程”三期建设继续推进，基础学科优势进一步凸显。美国基本科学指标(ESI)数据表明该校有8个学科进入世界排名前1%，其中化学和材料科学论文被引用数分别位居全球第54位和71位。至2010年末，该校获国家级特色专业建设点22个、精品课程56门、双语示范课程6门、教学名师9位、教学团队12个、人才培养模式创新实验基地5个、基础实验教学示范中心6个、大学生创新性实验计划257项。继续教育学院和网络教育学院依托质量工程项目，建设5门国家级网络教育精品课程、4门江苏省成人教育精品课程和4个江苏省成人教育特色专业。年内，校本科注册考务中心正式运行。

教育科研　学校承担国家“973计划”项目数、国家自然科学基金重点重大项目数、国家重大社科基金项目数和教育部社科基金重大项目数均位居全国高校前列；科研经费突破8亿元；获得国家自然科学奖二等奖2项，教育部科学研究优秀成果奖一等奖6项，名列全国高校前3位；《历代曲话汇编》《中国佛教通史》等学术精品出版发行；新增“校—府”合作产学研机构5个。组织参与大学生数学建模竞赛、电子设计大赛等高层次学科竞赛，获2010年全国大学生数学建模竞赛一等奖5个、二等奖5个，位居全国高校第一名。

基础设施建设　年内，仙林校区二期工程取得新进展，环境学院整体搬迁顺利完成，一批院系大楼建设进程加快；教职工生活区交付使用，配套设施逐步完善；图书馆新增14万册纸质文献和一系列中外文学术期刊数据库。

教学改革　学校课程资源全面开放，跨院系、跨专业学习顺利实施，本学年第一学期，有1036名2010级学生、2748名2009级学生选中跨院系开放课程；完成2010年度本科生专业分流工作，173名本科生被跨院系专业录取；继续推进研究性教学方法改革，新生研讨课突破百门。至年末，新生水平通识课、新生研讨课立项130门，2010~2011学年累计开设课程112门，覆盖全校26个院系，超过130名教授参与课程教学与建设。2010年依托“国家教育体制改革”项目，正式启动基础学科拔尖学生培养试验计划，在数学、物理、化学、生物、计算机5个学科点首批设置7个创新人才培养“改革特区”引领全校本科教学改革，全校61位2009级学生和245位2010级学生被选入该计划重点培养对象。“本科教学质量工程”完成项目数位居综合性大学前3位；6篇研究生论文获得全国优秀博士学位论文，位居全国高校第二位。实施教学动力机制改革，恢复教学岗教授、副教授制度，年内评选出1位教学岗教授和2名教学岗副教授；设立本科教学专项奖教金，本年度首度设立总额225万元的“南京大学石林集团奖教金”及“南京大学中国银行奖教金”，第一年度有92位教师入选。是年，学校再次被评为全国学校艺术教育先进单位，并获得江苏省高校体育课程优秀等级、江苏省体育教育工作先进学校、全国群众体育先进学校，时隔12年后再次获得江苏省第17届运动会高校部比赛第一名。

师资队伍建设　依托“985工程”三期项目，启动“本科创新人才培养”计划；全年引进海外高水平人才28人，新增“国家自然科学基金委创新研究群体”2个、“长江学者”特聘教授8人、“国家杰出青年科学基金”获得者6人、7位教授竞标成为中央马克思主义建设工程首席专家。

国内外交流　首度实施C9(北京大学、清华大学、浙江大学、中国科学技术大学、南京大学、复旦大学、上海交通大学、西安交通大学、哈尔滨工业大学在内的9所首批“985工程”建设高校)高校交流项目，该校分别在本学年第一学期组织31名学生、2010年暑期组织6名学生到C9高校交换学习。同时，实施国际化战略，全年接纳国际学生2600余人和50多位联合国雇员到校学习；接待4位诺贝尔奖获得者和3000多位海外嘉宾；首次在海外举办“欧洲南京大学周”活动，在德国哥廷根成功举办“南京大学日”；授予联合国秘书长潘基文名誉博士学位。

7月7日，“欧洲南京大学周”系列展示活动第一站——哥廷根“南京大学日”活动开幕

【河海大学】　2010年，河海大学启动校国际学术交流中心、大型公共实验平台和综合体育馆建设；新建成教学、生活用房面积1.5万平方米，完成房屋修缮1万平方米。该校文科考生录取分数列全省高校第三位，理科考生录取分数列全省高校第五位、全国高校第27位。2010年本科毕业生就业率95.9%、研究生就业率96.2%，学校被评为江苏省就业工作先进集体。主动服务江苏实施沿海开发国家战

略，成为省政府沿海开发首席咨询单位；充分发挥学科和科技优势，积极参与西南地区抗旱救灾工作；参与首次全国水利普查工作。全年新增1篇全国优秀博士论文、2篇全国优秀博士论文提名；获国家自然科学基金资助项目70项，其中重点项目1项、面上项目26项、青年项目42项、专项基金项目1项，项目申报数比上年增长18.8%，获得资助项目数增长29.6%。

科技成果　全年新增科技经费6.1亿元，比上年增长45.9%，获973课题、863课题、国家自然科学重点基金、国家哲学社会科学基金、国家重大和重点工程等项目经费1.8亿元，比上年增长41.7%；地方经济建设和社会发展科研项目经费1.6亿元，比上年增长3.2%；科技产业和科研成果转化支持经费2.7亿元，比上年增长98.5%。至年末，学校主持或作为主要完成单位的科研项目获奖56项，比上年增加18项。其中，获国家科技进步奖4项、教育部高等学校科学技术优秀成果奖5项、大禹水利科技奖6项、省科技进步奖5项、其他部省级科技进步奖36项。由教授陆桂华指导、学生吴志勇完成的博士学位论文《定量降雨与实时洪水预报研究》入选2010年全国优秀博士学位论文。

学科建设　完成7个一级学科博士点、12个一级学科硕士点增列报批；13个省重点学科在中期评估检查中获得6个优秀、3个良好、4个合格的成绩，位居全省高校前列；新增2个国家特色专业、3门国家精品课程、1门国家双语教学示范课程；成为“卓越工程师教育培养计划”首批试点高校。完成岩土力学与堤坝工程教育部重点实验室验收。

本科教学　各院(系)开展教学研究活动206次，组织青年教师听课观摩168门次。校级和中层干部及教学督导组成员深入实验教学一线，听实验室课40门次。开展学生评教工作，组织学生评教课程460门次，应参评学生10341人，实际参评8278人。

师资队伍建设　新增国家“千人

12月31日，河海大学与连云港市人民政府签订共建连云港大学科技园框架协议

计划”特聘教授1名、“长江学者”讲座教授1名、江苏省“双创人才计划”1名。在职专任教师中，具有博士学位666名，比上年增加15.2%；具有高级职称771名，比上年增加3.1%。同时，制定并实施《河海大学领军人才培养支持计划》和《河海大学“青年教授”聘用办法(试行)》，促进年轻学术骨干和学科带头人成长。

合作办学　河海大学与中国水利水电工程顾问集团公司、中国水电顾问集团贵阳勘测设计研究院、中国水电顾问集团北京勘测设计研究院开展全面合作，与广东省水利厅合作成立“水利管理创新研究中心”；成立河海大学扬州贝瑞特富氧膜工程技术研究中心、河海大学泰州环保装备工程技术研究中心、河海大学江苏省专利技术创造与应用实践基地；与云南省水利厅、吉林省水利厅签订全面合作协议书以及服务吉林省中部城市引松供水工程科技工作合作意向书；与水利部松辽水利委员会、中水东北勘测设计研究有限责任公司、水利部淮河水利委员会、江苏省地质矿产勘查局等共建研究生培养基地；与连云港市人民政府签订共建连云港大学科技园框架协议以及连云港大学科技园合作内容备忘录。同时，学校深度参与江苏省实施沿海开发国家战略，为省及沿海城市编制沿海开发以及相关经济建设和社会发展规划，成立河海大学南通海洋与近海工程研究院，港口海岸及近海工程学科带头人张长宽出任江苏省海涂研究中心主任。

【南京工业大学】　2010年，南京工业大学获江苏省质量奖、江苏省五一劳动奖章、2007~2009年度“江苏省文明单位”、2008~2009年度“江苏省高等学校和谐校园”、江苏省体育工作先进学校，连续五年获江苏省高校毕业生就业工作先进集体。

学科建设　学校成为教育部首批“卓越工程师教育培养计划”试点高校和江苏省应用型研究生培养模式改革试点单位；工程硕士(材料工程领域)成功获批实施教育部专业学位研究生教育综合改革试点，成为江苏省高校中唯一的工程硕士领域试点单位；学校获工商管理、工程管理2个硕士专业学位授权点，新增电子与通信工程、地质工程2个领域；加大学科专业布局调整力度，成立交通学院、测绘学院、政教学院，新增车辆工程专业；信息学院计算机科学与技术专业获批为教育部第五批高等学校特色专业建设点，材料科学与工程、工程装备与控制工程获批为教育部第六批高等学校特色专业建设点。至年末，该校有国家知识产权培训基地1个、国家级教学团队2个、国家级实验教学示范中心1个、国家级特色专业建设点12个、国家级精品课程3门、国家级双语教学示范课程2门,江苏省品牌专业6个、江苏省特色专业5个,江苏省品牌、特色专业建设点7个,省实验教学示范中心5个、省实验教学示范中心建设点4个。

教育科研 2010年,该校获得48项国家自然科学基金项目、3项国家社科基金项目,全年科研经费达3亿元。实现“全国百篇优秀博士学位论文”零的突破,化学化工学院博士汪怀远论文《聚合物基动密封材料耐磨性及寿命预测研究》荣获“2010全国百篇优秀博士学位论文”奖;该校在国家软科学研究计划项目取得突破,经济学院教授许敏通过江苏省科技厅和南京市科技局申报的两项课题立项;教授陆小华主持完成的“超细耐磨钛酸盐纤维制备新技术及其应用”项目获国家技术发明二等奖;全校其他院系获省部级科研一等奖6项。由教授陈芳指导,余子夷、周进、方园等学生组成的炅纳思高科技有限公司创业团队获“赢在常州——全国大学生创业大赛”特等奖百万元奖金,同时获得由常熟大学科技园提供的100万元创业基金。

师资队伍建设 年内,聘请诺贝尔奖得主阿龙·西查诺瓦为校荣誉教授;应汉杰、邵宗平两位青年教师获得国家杰出青年科学基金资助,教授章伟入选第三批国家“千人计划”名单,沈晓冬等4位教授入选国家“百千万人才工程”国家级人选;学校分别与连云港市、省盐业集团有限公司等签署战略合作协议,全省唯一一家国家知识产权人才培训基地落户该校;先后派出34名具有创新创业精神的青年教师到江苏各地任职挂职。教授黄和被评为全国优秀科技工作者并入选教育部“新世纪优秀人才支持计划”。

南京师范大学图书馆

【南京师范大学】 2010年,南京师范大学(以下简称南师大)深入实施“厚生育才”战略,着力打造人才培养品牌,教学质量工程和研究生培养创新工程取得新成绩,1篇论文入选全国优秀博士学位论文,8篇论文入选全国优秀教育硕士学位论文;3个学位点入选教育部专业学位研究生教育综合改革试点,专业硕士学位授权点由7个增至16个。启动新一轮人才培养方案修订工作,重新定位各学科专业人才培养目标,同时积极推进教师教育体制改革。该校学生在全国大学生英语竞赛、智能汽车竞赛、节能减排竞赛以及先进成图技术和产品信息建模创新竞赛中多次获一等奖。全年,学校在党风廉政建设、财务审计、后勤保障、资产管理、平安校园、信息化建设、图书档案、校办产业以及基础设施建设等方面取得突出成绩,先后被评为全国大学生心理健康教育工作先进集体、全国学校艺术教育先进单位、江苏省文明单位标兵、全国模范职工之家等称号。教授汪永进被评为全国先进工作者、全省优秀基层党组织书记称号,副教授侯晶晶被评为全国职工职业道德建设标兵并获全国“五一”劳动奖章。

学科建设 年内,南师大积极调整学科布局,成立环境科学与工程系,将动力工程学院、化学与环境科学学院分别更名为能源与机械工程学院、化学与材料科学学院。设立留学生专项奖学金,拓展国际化办学途径,在美国佩斯大学新建一所孔子学院。新增国家级教学团队1个、国家精品课程4门、国家双语教学示范课程1门、国家特色专业建设点2个。

教育科研 年内,该校大力推进“顶天立地”战略,着力打造学术精品。获得国家社会科学基金重大招标项目1项,实现该项目“零突破”;获教育部哲学社会科学重大课题攻关项目1项;获国家社会科学基金项目22项、国家自然科学基金项目53项,其中重点项目各1项。启动国家重点实验室申报工作,新增省高校哲学社会科学重点研究基地1个、省高校重点实验室2个、省高技术研究重点实验室1个。《南京师范大学学报》(社会科学版)入选教育部“名刊工程”,1部专著入选2010年《国家哲学社会科学成果文库》。成立教育部教学仪器研究所教育装备研究与培训中心,填补该领域空白;成立南京师范大学技术转移中心,获省科技厅产学研联合创新资金立项资助;与宜兴市政府合作共建宜兴市知识产权保护服务中心,与泰州中国医药城联合成立MBA学院,形成多方位服务区域经济社会发展格局。

【南京医科大学】 2010年,南京医科大学(以下简称南医大)公共卫生楼和江苏省医药动物实验基地主体工程顺利封顶，药学院楼、体育馆、研究生楼预计2011年上半年封顶，江宁校区办学设施进一步完善。是年，基础医学院人体解剖学教授苗登顺，基础医学院病理生理学教授戴一凡、赵子建，第二临床医学院内科学教授戴春笋成为该校第六批特聘教授；第一临床医学2005级7年制临床医学专业4名学生组成的代表队在首届全国高等医学院校大学生临床技能竞赛中荣获团体冠军；康达学院2004届毕业生王跃入选俄罗斯"火星之旅"，为全球唯一入选华人。年内，国际教育学院首批67名应届毕业生毕业；544名应届研究生毕业，其中全日制临床医学专业学位硕士生为首届毕业生；1374名2010届本科生毕业，其中基础医学院生物医学工程专业为首届毕业生。9月，2010级新生入学，其中研究生1053名、本科生2144名、留学生68名。

学科建设　年内，该校新增1个博士专业学位授权点和护理硕士、药学硕士2个专业学位授权点，护理学专业被教育部批准为国家第六批高等学校特色专业建设点。11月，校江苏省心血管病学重点实验室和江苏省肿瘤学重点实验室被省教育厅批准立项建设。生物医学工程专业工学学士学位通过省学位办实地评审、公共艺术课程建设工作接受省教育厅专家组考核。校生殖健康基础与临床研究创新团队通过教育部验收，江苏省与科技部共建人类生殖调控与危害评估重点实验室和人类功能基因组学重点实验室以优良成绩通过江苏省科技厅评估。医政学院成立公共艺术教研室，第一临床医学院成立肿瘤学系，校6个二级学科在"十一五"省重点学科中期检查中被确定为A档。人体解剖与组织胚胎学教学团队被批准为国家级教学团队，流行病学课程被批准为国家级双语教学示范课程、1门课程入选国家级精品课程、6门课程入选省级精品课程；口腔医学院教授王林申报的口腔正畸学获选江苏省2010年度优秀研究生课程，4个实验教学中心入选省级实验教学示范中心；获得"学术型、应用型、复合型研究生培养模式改革"项目1项，2项江苏省研究生教育教学改革研究与实践课题入选。

教学改革　学校发挥考试环节在教学中的引导作用，校教务处组织召开"考试方法改革经验交流会"，总结实施《南京医科大学学生成绩评定与考试管理工作实施指导意见》以来考试改革和教学改革方面取得的成绩，基础医学院人体解剖学系丁炯等来自9个学院的12位教师从考试改革原动力、实验考核方式改革、开卷考试探索、临床非主干课程考试改革、TBL教学（以团队为基础的教学方法）、考试过程管理等方面分别介绍经验。

教育科研　3~4月，校转基因研究中心与江苏省神经退行性疾病重点实验室合作完成原核注射和转基因小鼠鉴定等多项研究。9月，基础医学院教授陆巍获国家杰出青年科学基金1项，资助经费200万元；基础医学院教授胡刚、第一临床医学院教授何韶衡、药学院教授朱东亚获重点项目3项，资助经费635万元；全年，发表SCIE论文425篇，名列全国高校第55位。获得国家自然科学基金149项，其中重点项目3项、国家杰出青年科学基金1项，总经费4867万元；获得国家重大科学研究计划1项、973课题8项。全院有20个项目获得省部级以上奖励，其中一附院殷凯生等医师的"支气管哮喘气道炎症的免疫学机制及干预研究"获省科学技术奖一等奖。该校申报的省普通高校研究生科技创新计划项目入选28项，为历年最高；7名硕士毕业生学位论文获省优秀硕士学位论文奖，3名博士毕业生学位论文获省优秀博士学位论文奖。11月，骨与干细胞研究中心硕士研究生朱淇的论文在美国骨与矿物质研究会第32届年会上获"青年学者奖"，为国内第二位获奖者；基础医学院临床医学7年制专业本科生曹强等4人自主完成的研究性论文在荷兰医学刊物上发表。

医疗服务及附院建设　学校与连云港市委、市政府签署《南京医科大学—连云港市人民政府全面合作协议》。第一附属医院全面实施电子病历系统，并入选全国"电子病历试点医院"；第二附属医院主要业务继续保持快速增长，挂牌成立南医大二附院儿童医院；附属口腔医院被中国医院协会授予第三批"全国百姓放心示范医院"，同时"北建工程"筹建工作加快推进。校临床教学基地建设取得新进展，南京医科大学上海十院临床医学院成立，常州市妇幼保健院挂牌成为南医大附属医院；江苏省出入境检验检疫局、南通市肿瘤医院成为校教学科研基地；全省首家转化医学研究中心和校脑胶质瘤综合治疗中心在南医二附院成立。

10月16日，农工党南医大一附院支部赴扬州市开展义诊活动

【南京审计学院】　2010年，南京审计

学院启动二级学院绩效考核改革，初步形成二级学院自我激励、自我约束机制。推动体制改革，提高学校整体管理水平、办学质量和办学效益。科研项目、科研成果、重点实验室、科研基地等方面取得可喜成绩。全年获国家基金项目10项、社科基金项目8项，位列全省高校第四，其中1项为国家社科基金重点资助项目；审计科学与技术被批准为省级高校优势学科；召开第一届教育国际化会议，聘请诺贝尔奖获得者、德国波恩大学莱茵哈德·泽尔腾等国内外著名专家为校荣誉教授并在校成立“实验经济学与有限理性理论研究基地”。完成澄园二期工程和浦口教授工作室改造等新校区建设工作，建成满足2万人教学生活需要的浦口新校区。2010年，该校本一批次文科投档线名列江苏高校第四、本二批次文科投档线名列江苏高校第三，新生报到率保持在99%以上。

学科专业建设　4月，经国务院学位委员会批准，该校被列入新增硕士学位授权立项建设单位。其中，工商管理、应用经济学、理论经济学3个一级学科为授权学科，公共管理、法学、数学3个一级学科为支撑学科。普通本科劳动与社会保障专业、金审学院税务专业和物流管理专业2010年开始招生。至年末，学校有本科专业25个，拥有会计(审计)学、金融学、国民经济学、行政管理、政治经济学、企业管理、法学理论等7个江苏省重点建设学科，并依托重点建设学科，衍生和嫁接工程管理、法务会计、法务金融、信息系统审计等新兴专业（方向）。校财政学专业入选国家级特色专业建设点，会计学、工商管理学2个专业成为省高校特色专业建设点，“金融风险管理研究中心”入选第二批江苏高校哲学社会科学重点研究基地名单，“公共工程审计实验室”被遴选为省高校重点实验室，“复合型应用性金融人才培养模式创新实验基地”入选50个省级高等教育人才培养模式创新实验基地名单。财务管理、商业银行业务与管理等4门课程为2010年省高校精品课程。至年末，该校省级高校精品课程达10门。

教科研成果　2010年，该校获国家级基金10项(含获国家社科基金重点项目1项)、教育部课题14项；科研经费2333万元，其中纵向下拨经费1845万元、横向经费488万元。《审计与经济研究》跻身CSSCI来源期刊并首次进入“全国高校百强社科期刊”行列，《南京审计学院学报》获得江苏省一级期刊称号，“两刊”获得第三届全国优秀社科学报、第六届江苏省优秀期刊奖等12项发展成果。金融教授高雷、教师张杰的论文获中国金融教育优秀科研成果二等奖及2010年度“江苏省社科应用研究精品工程”一等奖；5项课题在省高校哲学社会科学重点研究基地重大招标项目中中标；副教授王家华和教授汪祖杰等申报的“复合型应用性金融人才培养模式研究”等科研成果荣获2010年度“江苏省社科应用研究精品工程”一等奖；金融学院教授卢亚娟的博士论文被评为省2010年度优秀博士论文。该校7篇2009届学生毕业论文在省教育厅年度评比中获奖，并实现省优秀毕业设计(论文)一等奖零的突破。

师资队伍建设　“十一五”期间，该校自筹经费近6000万元，用于师资队伍建设。实施海外访学计划、青年教师实践锻炼计划、在岗培训计划、中青年教师成长计划、新教师教学培训计划等项目。至2010年末，该校有教师720人，其中正高级职务98人、副高级职务218人、博士及博士在读360人；新增享受政府特殊津贴教师1人、教育部学科专业教学指导委员会委员3人、教育部新世纪优秀人才计划2人、省部级有突出贡献中青年专家2人，省级高校教学名师1人、省“六大人才高峰”高层次项目资助3人、省“333工程”培养人选9人、省普通高校“青蓝工程”中青年学术带头人培养人选11人、“青蓝工程”优秀中青年骨干教师33人。2010年，该校审计学学科梯队、金融学学科梯队为江苏省优秀学科梯队；“现代审计理论与方法”“区域金融创新”团队入选江苏省高校“青蓝工程”科技创新团队；“审计学”教学团队入选国家级优秀教学团队，“金融学”核心课程教学团队入选江苏省优秀教学团队。

办学特色及社会服务　至年末，学院在校生2.1万人，其中普通本科在校生1.39万人。金审学院办学规模持续扩大，在校生7053人，被“全国独立学院综合实力测评”活动评为“中国最具特色独立学院”；成人高等教育在籍学生8045人，在全国设立函授站24个；专接本审计学专业对接专科学校8家，在籍学生700人。开展国际化办学，学校被IIA认定为中国唯一“内部审计教育伙伴”(IAEP)“合作级”院校，校ACCA(英国特许公认会计师公会)培训中心被评为“全球黄金级培训机构”，培养ACCA学生人数约占中国大陆成建制培养ACCA在籍学生的十分之一，获ACCA总部颁发的“培养ACCA人才最多的大学”奖；举办经教育部批准的中外合作办学项目(中澳班)。

【南京艺术学院】 2010年，南京艺术学院全面开展“学风建设年”系列活动。年内，校艺术学被评为江苏省优势学科；美术学院“中国美术史”被评为国家精品课程；影视学院表演专业被评为国家级特色专业建设点；“艺术设计材料与工艺实验室”被评为省重点实验室；“文化艺术发展研究中心”被评为省高校哲学社会科学重点研究基地。至年末，该校有25个本科专业，拥有艺术学一级学科博士点和硕士点，招生培养的硕士点7个、博士点10个。2010年，学院申报中央财政支持地方高校发展专项资金成果丰硕，获批立项13项；校“逸夫图书馆”落成开馆；召开十余场座谈会，编制完成学校事业发展“十二五”规划。经国家留学基金委员会批准，该校被确立为“艺术类特殊人才培养计划”10所高校之一，被教育部评为“全国学校艺术教育先进单位”。

【南京邮电大学】 南京邮电大学占地133.2万平方米，有仙林、三牌楼两个校区，是工业和信息化部与江苏省政府共建的高校。2010年末，学校有普通全日制本科生13251人、研究生3004人，本科生就业率96%以上、研究生就业率100%。有教职工1610人，其中专任教师1065人，具有高级专业技术职务的占42.16%，具有博士、硕士学位的占76.06%。有博士生、硕士生导师313人。2010年，南京邮电大学—中国电信江苏公司网络通信与业务支撑实验基地在三牌楼校区签约并揭牌；获准建立"宽带无线通信与传感网技术教育部重点实验室"，成为教育部在物联网领域中布局和建设的第一个重点实验室。成立全国第一个物联网学院、物联网研究院、物联网大学科技园；与国外高校首次开展大规模国际课程实验班合作。启动师资队伍"硕博化"工程和专任教师海外培训计划；建立中层干部海外培训基地，全面实行中层干部述职、测评、考核、轮岗制度；成立资产经营公司统筹管理学校资源，按市场化原则实现资产效益最大化；成立校董会、校友会总会和26个校友分会；基本完成仙林校区教职工住宅建设民心工程。是年，该校获教育部本科教学工作水平评估优秀成绩，被评为江苏省高校毕业生就业工作先进集体。教授许峰、宋群梁当选为首批"江苏特聘教授"。

学科建设　年内，该校申报的物联网、测绘工程2个本科专业通过教育部审批，秋季正式面向社会招生。学校拥有通信与信息工程学院等17个院(部)，信息材料与纳米技术研究院等16个研究院(所、中心)。拥有2个博士后流动站、8个博士点、34个硕士点和41个本科专业。构建国家、省、校三级重点学科建设体系，信号与信息处理为国家重点(培育)学科，有省级重点学科4个，有国家特色专业建设点7个、省级品牌特色专业及建设点14个。有省部共建国家重点实验室培育基地1个、省部共建教育部重点实验室1个，教育部工程中心1个，省级重点实验室5个、省级工程中心3个，江苏高校哲学社会科学重点研究基地(培育点)2个，原信息产业部重点实验室11个，省级实验教学示范中心及建设点8个。拥有全国高校首个3G国际标准实验室。建成以万兆光纤为骨干的高速校园网络环境，实现校园有线、无线网络双覆盖，学校图书馆拥有纸质文献藏书132.54万册。是年，校电子与通信工程、计算机技术2个工程硕士领域荣获"全国工程硕士研究生教育特色工程领域"荣誉称号。

教育科研　2010年，校科研经费首次突破1亿元。在高层次科研项目上，实现国家973项目、国家863重点项目联合负责人项目、国家科技支撑计划项目、国自基金专项课题、国家社科基金项目、教育部重大项目培育基金、教育部哲学社会科学研究重大课题委托研究项目、教育部霍英东基金项目、省社科基金专项、省科技成果转化项目等10项突破。是年，获国家级教学成果奖一等奖1项，省级教学成果奖特等奖1项、一等奖8项、二等奖10项；新增国家级精品课程1门、国家级双语教学示范课程1门、教育部—英特尔精品课程1门，省级高等教育人才培养模式创新实验基地1个，省级精品(优秀)课程20门(含本科双语精品课程1门)，省级优秀课程群2个；2部教材被评为国家级精品(优秀)教材、21部教材入选"十一五"国家级教材规划、17部教材被评为省级精品教材及立项建设精品教材。学校获首批江苏省平安校园称号。《南京邮电大学学报》(社科版)在2010年全国高等学校文科学报研究会第四届全国高校社科期刊评优活动中，获"全国高校优秀社科期刊"称号。是年，学校代表队参加美国大学生数学建模竞赛(Mathematical Contest in Modeling，简称MCM)，获一等奖5项、二等奖5项；学校"Apollo 3D"队获RoboCup2010机器人世界杯赛冠军，"Apollo 2D"队进入16强；在第五届全国大学生"飞思卡尔"杯智能汽车竞赛华东赛区比赛中，学校6支参赛队伍获华东赛区摄像头组一等奖1项、二等奖1项，电磁组二等奖2项，光电组三等奖1项，其中摄像头组一等奖"小强队"获全国一等奖；学校51支队伍参加全国大学生数学建模竞赛，获全国一等奖3项、二等奖5项，江苏赛区一等奖2项、二等奖9项、三等奖4项；在江苏省高校大学生第七届物理及实验科技作品创新竞赛决赛中，获特等奖1项、一等奖1项、二等奖4项、优秀奖2项，李诚元、田友伟被评为"优秀指导老师"，学校获优秀组织奖。

师资队伍建设　至年末，学校有长江学者奖励计划特聘教授2人、国家杰出青年科学基金获得者2人、国家973计划项目首席专家1人、省级优秀教学团队1个。　（贾　姝）

南京邮电大学校史陈列馆

【中国药科大学】　2010年，中国药科大学招收本、专科学生2977人，其中

中国药科大学

本科生2685人、专科生292人；招收研究生980人，其中博士生155人、硕士生825人；招收留学生40名。毕业本、专科学生2637人，其中本科生2211人、专科生426人；毕业研究生589人，其中博士生119人、硕士生470人；毕业留学生13人。

学科建设　1月19日，中国药大药物科学研究院成立。全年，学校新增药学、中药学、工程硕士(制药工程领域)3个专业学位，中药资源与开发专业被批准为江苏省品牌专业建设点。药事管理、工商管理专业被批准为省特色专业建设点。创新型中药学人才培养模式创新实验基地被批准为省人才培养模式创新实验基地。生物工程、人体解剖生理学、医药应用数理统计、生物药剂学与药物动力学、医药企业管理、药物分析6门课程入选江苏省高等学校精品课程。28个项目获“省高校大学生实践创新训练计划”立项。6名教师获省第七批高层次人才项目资助。新增省级优秀教学团队2个。承办全国药学类本科专业目录修订工作专家研讨会。

教育科研　申报科研项目1056项，其中获国家、部省级立项资助90项，到账资金近2.49亿元。被评为“中国药典2010年版标准研究先进单位”、江苏省“研究生招生管理优秀单位”。《中国药科大学学报》蝉联“中国高校精品科技期刊”，《中国天然药物》影响因子居全国中医药学期刊第二位、药学期刊第三位。13名教师和1个团队入选江苏省高校“青蓝工程”培养对象，严拯宇被评为全国高校继续教育优秀教师。“中国药大舒泊纳米植物舒体乳液创业计划”在全国第七届“挑战杯”大学生创业计划竞赛中获银奖。获2010年国际大学生数学建模竞赛全国二等奖1项，省二等奖、三等奖各1项。　　(校　办)

【南京中医药大学】　2010年，南京中医药大学拥有汉中门和仙林两大校区，各类在校生1.8万人。设有基础医学院、第一临床医学院等9所直属学院，20个本科专业，涉及医、管、理、工、经、文等6个学科门类，初步形成以中医药为主体、中西医结合、多学科为支撑协调发展的办学格局。

学科建设　6月20日，南京中医药大学与澳大利亚墨尔本理工大学合作共建的中医孔子学院在澳大利亚墨尔本揭牌；11月9日，南京中医药大学与南京丰盛产业控股集团有限公司合作建设的南京中医药大学科技园签约。至年末，学校有国家级重点学科3个、国家中医药管理局重点学科14个、江苏省重点学科8个（其中2个列入国家重点学科培育点）。拥有3个博士后科研流动站、24个博士点和42个硕士点，具有博士生导师自审权和主干学科专业的教授评审权。2010年，新增首批教育部战略性新兴产业相关专业1个，新增省级品牌、特色专业2个，国家级精品课程1门、省级精品课程4门，国家级教学团队1个；进入国家特色重点学科建设行列3个，3个一级学科列为省优势学科建设工程，获一级学科硕士学位授权点1个。建成20所附属医院、4所中西医结合临床医学院，各类教学及毕业实习基地逾百所。

教育科研　学校是科技部新药临床试验研究(GCP)中心、教育部中药炮制规范化及标准化工程研究中心、江苏省植物药深加工工程研究中心、江苏省海洋药物研究开发中心、江苏省中药质量控制工程技术研究中心的依托建设单位。申报各级各类科研项目436项，中标151项，其中“973”首席科学家项目1项、国家自然科学基金项目28项、国家社科基金项目2项、教育部人文社科研究项目2项。有1个科技部规范化中药药理实验室、1个省部共建针药结合重点实验室、2个国家中医药管理局重点研究室、4个江苏省重点实验室、8个国家中医药管理局三级科研实验室、1个SPF(无特定病原体)级动物实验中心。在全国中医药高等教育技术研究会第六届学术年会上，南京中医药大学获优秀教学软件一等奖1项、二等奖1项、三等奖3项、优秀论文三等奖1项。是年，学校教师十余人次获“国家级有突出贡献中青年专家”“国家教学名师”“全国模范教师”“全国优秀教师”“全国先进工作者”“全国师德建设先进个人”称号。在第六届“挑战杯”江苏省大学生创业计划竞赛上，南京中医药大学参选作品获特等奖1项、二等奖2项。

【南京财经大学】 2010年，南京财经大学招收本科生5907名、研究生497名。一本批次招生扩大到14个省，其中有11个省（市、自治区）的录取分数线超过当地一本分数线20分以上。江苏二本录取新生中92.98%的新生考分超过一本省控线，外省二本录取分数绝大多数超过当地一本省控线。三本招生在江苏继续位居前列。全年引进教师27名，通过国家和省出国留学基金等多种形式派往国外进修15人，获批“青蓝工程”科技创新团队培养对象1个、青年学术带头人培养对象6人、优秀青年骨干教师培养对象8人。6位教师获省“六大人才高峰”第七批项目资助。在第七届“挑战杯”中国大学生创业计划竞赛中，学校获全国银奖、铜奖各1项，江苏省特等奖1项、一等奖2项。在英国特许公认会计师公会(ACCA)全球统考中，获F4(公司法与商法)考试中国内地第一，F5(业绩管理)考试中国内地第三。在第16届广州亚运会上，南财1名学生获羽毛球女单金牌。

学科建设　6月7日，南京财经大学财经学院申报的江苏省统计科学研究基地获批；9月，经国务院学位委员会批准，南财大新增金融硕士、应用统计硕士、保险硕士、资产评估硕士、会计硕士5个专业学位授权点，连同原有的工商管理硕士(MBA)专业学位授权点，该校拥有硕士专业学位授权点6个。新增的硕士专业学位授权点被教育部列入2011年全国研究生统一招生专业目录。美国当地时间12月10日，由南京财经大学与纽约州立大学合作共建的全美首家商务孔子学院，在纽约州立大学莱文学院成立，面向大纽约地区商业贸易和金融人士，开展商务汉语、中国文化和商务课程培训；讲授中国贸易和金融方面的历史、文化、法律体制和政策等课程。12月28日，由省发改委与南京财经大学联合设立的江苏现代服务业研究院在南京财经大学挂牌，成为江苏省设立的首家现代服务业研究院。全年，学校新增省级精品课程5门，省级品牌专业建设点1个、省级特色专业建设点1个。新增江苏省高校大学生实践创新训练计划立项项目30个。传媒实验教学示范中心和大学物理实验教学示范中心通过省级验收。年内，学校硕士学位授权一级学科由1个增加到9个，硕士学位授权二级学科由22个增加到47个，新增专业学位授权点5个。

教育科研　学校教师以第一作者身份发表在校奖励期刊上的论文219篇，其中发表在一类期刊上的论文8篇、二类期刊上的论文66篇。主持的国家级纵向课题15项、省部级52项。获江苏省教育厅高校哲学社会科学基金项目31项，其中重大基金项目1项、重点基金项目2项。获江苏省高校人文社科优秀成果奖14项。科研经费纵向和横向项目到账总额2212.80万元。（校　办）

文　化

“十一五”期间文化事业发展成就

“十一五”时期，是鼓楼区文化事业跨越式发展的重要时期。五年间，全区文化事业坚持以科学发展观为指导，以和谐文化建设为重点，围绕建设“文化强区”总目标和总任务，形成公共文化服务体系日益完善、群众文化活动精彩纷呈、文艺精品创作硕果累累、文化市场管理繁荣有序、文物保护工作成绩斐然、文化产业不断发展壮大的新格局，提前实现“十一五”文化事业规划确定的主要发展目标。

公共文化服务体系　“十一五”期间，鼓楼区先后投入4000余万元完善各级公共文化设施建设，基本形成以区文化艺术中心为龙头、以街道文化活动站为主体、以社区文化活动室为基础的“区、街、居”三级文化服务网络。率先在全市实现区街图书馆联网总分馆制，建成全省首家民工流动图书馆、全市首家区县级流动图书车、全市首家公益性社区时尚阅读场所——城市书房。初步形成小型博物馆群，建立石头城社区历史文化馆、颐和路社区将军馆、劝业路社区文化馆等各具特色的社区文化综合活动场所。五年来，先后有1个社区被评为全国文化先进社区、1个街道文化站被评为江苏省“五星级文化站”、5个街道文化站被评为南京市“五星级文化站”。

群众文化活动　“十一五”以来，鼓楼“文化四节”（“激情鼓楼”社区文化艺术节、湖南路民俗文化节、时尚旅游节和“书香鼓楼”社区阅读节）成为深受地区百姓喜爱的文化活动品牌，每年“文化四节”期间，全区平均举办各级各类文艺演出120余场，观众近30万人次。建立和完善社区文化团队注册登记和监督管理制度，精心培育社区文化团队。全区各街道均拥有15支以上各类文化团队，其中挹江门街道长青艺术团获省级特色团队称号。探索文企联姻新路，与“顺天·世界之窗”文化产业集团共同建成“鼓楼区世界之窗青少年弦乐团”，与江苏广博文化发展有限公司联合举办南京市首届现代刻字艺术作品展及出版《叩刀问版》专著等。实施“政府买单、百姓看戏”的文化惠民工程，先后出资260余万元，引进“藏谜”“刘老根大舞台·赵本山演笑会”等大型文艺专场演出，全区基层干部、职工和社区特困居民近万人同享先进文化发展成果。

文艺精品创作　至“十一五”末，全区获得国家级奖项9个、省级奖项28个、市级奖项93个，获奖总数位列全市各区县之首。其中，踢踏舞《快乐奶奶》荣获第四届全国“四进社区”调演金奖、小品《路不拾遗》荣获第六届全国“四进社区”调演银奖。成功承办以“社区文化建设与公民文化权益实现”为主题的第五届“长三角公共文化论坛”，联合举办首届清凉山文化论坛等。区委宣传部、区文化局、区文史委和区地方志办公室联合出版《中国近代博览会——南洋劝业会百年回望》丛书4册。区文化局出版发行“鼓楼文化丛书”第一辑《鼓楼风光》《鼓楼风情》《鼓楼风俗》和《鼓楼风韵》,第二辑《南京清凉山》《宝船厂遗址》《南洋劝业会》及《民国中山路》。

文化市场管理　"十一五"期间,鼓楼区文化工作坚持"一手抓繁荣、一手抓管理",疏堵并举,积极培育和繁荣文化市场。组织文化市场行政执法检查1.8万人次、检查经营场所1.25万家、受理举报112件、立案65起、收缴非法音像制品43万张,查缴违禁、违规游戏机及主板2300台(块),收缴非法出版物2.8万册。先后获江苏省"扫黄打非"先进集体、江苏省新闻出版系统先进集体、江苏省和南京市广播电视社会管理先进集体等各类奖项20余项。

文物保护　"十一五"期间,鼓楼区争取179万元资金,对颜鲁公祠进行重点大修和环境整治,筹建开办"翰墨丹心"颜真卿陈列展,策划筹建曹雪芹纪念馆和魏源纪念馆。进行曾水源墓园绿地广场建设。基本形成区、街、居、文物使用单位"三级四方"的文物管理网络。2008年以来,每年投入20余万元开展第三次全国文物普查工作,普查文物单位569处,申报第七次全国重点文物保护单位17处、省级文物保护单位27处。代表江苏省顺利通过第三次全国文物普查整体验收工作,被南京市评为第三次全国文物普查先进集体并获优秀组织奖、重大发现成果奖。

文化产业　"十一五"期间,宝船复建基地、石城现代艺术创意园等7个文化产业集聚区被评为市级文化产业园。水木秦淮·南艺后街、江苏工程设计创意产业园申报市级文化产业基地。凤凰文化CBD一期建成并开业,颐和路12片区改造工程全面完成。石榴财智中心(石头城6号文化名园)、智慧谷动漫产业园建设有序推进。由区投资拍摄的向2014年南京青奥会献礼影片——《庐山恋2010》在全国上映。爱儿时代、国艺堂、香港弘亚等一批知名文化创意企业纷纷落户鼓楼。郑和宝船复建基地等重大项目在省内外产生较大影响,区域文化创意产业品牌初步树立。"十一五"末,全区有文化企业1626家,文化产业增加值23.8亿元,占地区生产总值7.3%。

档案管理　至"十一五"末,鼓楼区档案馆馆藏各种门类、各种载体档案89个全宗,近10万卷(件)。其中:卷数58570、件数32285,馆藏资料4786册,照片5700余张,录音磁带等33盘、磁盘45张、光盘6张。其中,文书档案、科技档案与专门档案所占比例分别为59.43%、22.69%和17.88%。完成"鼓楼民国建筑""湖南路全国文明一条街""石头城历史文化风光带"及"南洋劝业会"等专题的编目、整理工作;完成鼓楼区社区体育中心扩建工程等5个重点工程建设项目、南洋劝业会等9个重大活动档案登记备案。2005~2010年,区档案馆接待利用档案、资料20986人次,提供利用档案16297卷次。完成"电子文件中心"建设项目并投入使用,该项目2007年获得江苏省档案优秀科技成果二等奖。开发研制全区统一的网络版档案管理系统,与区政府办公自动化系统(OA系统)建立接口,实现文档一体、馆室一体管理模式。扫描和整理编目馆藏中反映鼓楼区城市面貌、民国建筑、政务活动、人物专辑、重要事件的照片等近千张,建立馆藏照片档案数据库;馆藏档案目录数据库录入数据107万条,完成婚姻、公证、独生子女专题数据库26万条建设任务;完成区委、区政府2个全宗永久档案全文数字化扫描加工9.7万页面、馆藏离婚档案5.2万页面数字化加工工作。承担的省级档案科研课题"电子文件归档流程与实施指南研究"结题。至"十一五"末,全区有169家单位档案工作通过测评认定,其中五星级1家、三星级(省一级)53家、二星级(省二级)88家、一星级(省三级)27家,全区95%建档单位达省级档案室标准。

10月20日,鼓楼区举行郑和宝船复建工程庆典

综　述

【概况】　2010年,鼓楼区加快公共文化服务体系建设,进一步健全文化服务网络,形成以区文化艺术中心为龙头、以街道文化活动站为主体、以社区文化活动室为基础的"区、街、居"三级文化服务网络。"1+7+X"(1:区图书馆;7:街道图书馆;X:社区流动图书车、民工流动图书馆等)的区街图书馆联网总分馆制不断完善,实现全馆图书通借通还。搭建文化惠民平台,发挥区图书馆视障人阅览室的功能。建成博爱安养庇护中心图书分馆,发挥"城市书房"、视障人阅览室、民工流动图书馆、社区流动图书车等特色文化品牌作用,满足特殊群体文化需求,同时依托志愿服务活动,为不便来馆的读者提供借阅服务;建立特色文化品牌,依托社区优势文化资源积极打造劝业会社区文化馆和魏源纪念馆,同时推出"城市书房"吉祥物"城市书娃",彰显文化先锋特色;拓展"鼓楼市民学习网"功能,推出"e网图书馆"学习互动

平台；充分利用社区资源，动员鼓励社区居民开办公益性社区学习组织，举办“社区学堂”，针对居民兴趣开设学习课程，成立全市首家社区公益性国学组织“国学经典诵读校外辅导站”。年内，鼓楼区图书馆被省文化厅授予“江苏省文明图书馆”称号，由区文化局编撰、南京大学出版社出版的《当代学术棱镜译丛》丛书出版10本，《中国现代文化名人评传丛书》交稿6本。

【获全市文化馆业务干部技能比赛总分第一】 7月5日，区文化局组织文化馆干部参加全市文化馆业务干部业务技能比赛。比赛由市文化广电新闻出版局举办，为期一周，来自全市13个区县14个文化馆的150余名群众文化干部参加。鼓楼区文化馆9名干部分别参加声乐、器乐、舞蹈、戏曲曲艺、美术、书法、摄影、专题策划文案、个人全能、团体等所有10个项目比赛，获奖牌25个，其中金奖6个、银奖6个、铜奖13个，列全市13个区县14个文化馆评比总分第一名。

【举办首届民国建筑文化高峰论坛】

12月16日，首届民国建筑文化高峰论坛在鼓楼区举行，省文物局局长龚良等领导及相关部门负责人出席论坛开幕式，来自上海、重庆、武汉等城市以及全省各地的专家学者近130人参加。论坛由市文广新局、鼓楼区政府和南京民国建筑研究院共同主办，区文化局、建邺城镇建设开发有限公司联合承办。副区长冯雯兰作“保护和利用好鼓楼民国建筑，就是传承和弘扬南京的历史文化”的主题演讲。著名中国近代建筑研究学者、东南大学建筑学院教授刘先觉等数十位专家学者针对民国建筑的保护与利用展开深入探讨和研究。会后，与会者参观北河口水厂（民国首都水厂）、颐和路历史街区等经典民国建筑，与会专家对鼓楼区民国建筑保护和利用工作给予高度评价。

【文化交流】 2010年，在第八届时尚旅游节期间，鼓楼区联合国家旅游局和江苏、安徽、上海等省市旅游局及上海世博局、南京市旅游局等承办“2010走进世博——旅游大篷车”宣传推广活动，组织编印《“百年盛事”1910~2010从南洋劝业会到上海世博会》宣传手册，为历届世博图片展提供南洋劝业会详细史料。与省电视台协作，共同组织接待由孔子第75代裔孙、台湾中华书道学会第二任理事长孔依平为领队的台湾中华书道学会、台湾台艺书画学会江苏参访团到区进行文化艺术交流，两地二十余位书画家共同创作30多幅作品。区委宣传部与区文化局联合举办“饱览名城神韵、共享世博精彩”奥地利民间音乐舞蹈世博演出南京行系列活动。同时，抓住名城会契机，鼓楼区举行郑和宝船复建工程庆典、秦淮河·塞纳河——中法双城摄影绘画艺术精品展、狮子桥美食文化节、民俗文化节4项重点系列宣传活动，在全区掀起迎接名城会召开的高潮。

文化产业

【概况】 2010年，鼓楼区大力推进文化产业载体建设，积极推进郑和仿古宝船复建、宝船遗址风光带、爱儿时代文化创意产业园、智慧谷动漫产业园、石头城6号文化产业园区建设。为驻区文化产业企业提供政策扶持，帮助重点文化产业园区和企业申请省市文化产业专项资金，江苏凤凰国际文化中心等9家园区和企业享受专项资金补贴323万元。加大文化产业品牌推介，以第五届中国南京文化产业交易会为契机，组织文化产业园区、文化创意企业项目参展，突出“文化鼓楼”主题和“一江一河一片”文化创意产业带建设。年内，南京中医药大学文化产业园、江苏工程设计创意产业园等鼓楼特色文化载体建设再上新台阶。全区新增水木秦淮D区南京艺术后街、南京可一出版产业园两个市级文化产业基地。全年文化产业增加值23.8亿元，增幅15%，占地区生产总值（GDP）7.3%，比上年提高1.02个百分点。同时，加大文化产业项目招商引资力度，组团参加2010年（第五届）中国南京文化产业交易会，签约项目成交金额5000万元。新增规模文化产业项目116家，江苏中江网传媒股份有限公司等项目总投资超过1000万元。由鼓楼区投资拍摄的向2014年南京青奥会献礼影片——《庐山恋2010》在全国上映。

【水木秦淮街区被授予“南京市文化产业基地”】 3月，水木秦淮街区被南京市文化体制改革与产业发展领导小组和南京市委宣传部联合挂牌授予“南京市文化产业基地”，成为全市28家市级文化产业基地之一。

水木秦淮街区位于外秦淮河定淮门桥至草场门桥段左岸，江苏电视塔下方，与南京艺术学院为邻。由南京秦淮河建设开发有限公司于2004年10月开发建设，2005年10月建成，是秦淮河环境综合整治商业开发较早的区段。整个街区占地面积约11万平方米，总建筑面积约2.4万平方米。分为四栋独立建筑，绿化率70%。该街区充分发挥紧邻南京艺术学院的区位优势，以“南艺后街”为名，将大部分建筑面积用于经营艺术创意、古玩收藏、休闲娱乐等文化产业，包括青年艺术创意产业园、室内古玩商铺、室外大棚柜台以及大众化的私人收藏地摊集市，至2010年末，进驻各类文化创意类商家400余户。周末和节假日，不定期举办“换客节”和“奇石展”等文化活动，街区逐渐成为普通市民淘宝休闲中心。街区个性鲜明的文化产业在创造经济效益的同时，也产生良好的社会效益。

【服务文化企业】 2010年，鼓楼区组织申报市重点文化企业，开展重点文化企业摸底和组织申报工作，并进入市重点文化产业企业库。审核和上报25家重点园区、企业申报市文化产业专项资金，8家申报省文化产业发展专项资金。钧龙宝船公司等9家单位获得南京市文化产业发展专项资金资助282万元，同时为爱儿时代文创园等12家单位颁发区文化产业发展项目扶持资金41万元。

【挖掘、拓展郑和文化创意产业】 2010年,鼓楼区从三方面挖掘、拓展郑和文化创意产业。以宝船厂遗址为核心,扩建宝船厂遗址公园,公园东片建成大型郑和国际广场,西片建设"宝船及航海主题文化体验区"。以郑和下西洋为素材,联合南京日报报业集团、南京广电集团、南京市文化产业投资控股(集团)有限公司等单位,共同投资5000万元制作3D动画电影《郑和历险记》,并着手开发四大系列百种以上衍生产品;成立项目公司,复建郑和宝船,至年末,主船体完工1/3,预计2014年青奥会前夕,仿古郑和宝船将沿着当年郑和下西洋的路线,开展"八下西洋"活动。

【石头城文化创意风光带建设】 2010年,鼓楼区加快推进石头城文化创意风光带建设。建设人文历史载体和现代文化载体,兴建石城历史文化主题公园、做靓历史文化名园——清凉山公园,扩建名人文化主题公园——乌龙潭公园;建设创意产业园区,聚集文化创意企业,利用石城历史文化底蕴和环境资源优势,引入创意产业总部研发机构,建设秦淮河石头城文化产业标志性园区;实施品牌塑造工程,拓展示范效应,不断完善石头城遗址公园景点建设,做透名山、名水、名校文化品牌,实现自然风光与文化创意有机结合。

【扎实推进五项重大文化产业项目】

2010年,鼓楼区积极推进重大文化产业项目建设,爱儿时代文化创意产业园竣工并正式开园;智慧谷动漫软件产业园1.5万平方米改造完毕,企业陆续入园;石头城6号文化产业园3万平方米建设工程接近尾声;郑和宝船复建工程宝船龙骨、首艄、艉柱、龙骨翼板以及28道肋骨安装就位,郑和主题3D动漫电影启动制作;完成动漫游戏产业公共技术服务平台部分板块,萱染农场开始为动漫游戏产业提供服务;嘉和Steple终端媒体传播平台一期工程12月中旬建成。

8月21日,爱儿时代文化创意产业园开业典礼

【郑和宝船复建工程庆典】 (参见"党政·群团"类目,第233页)

【参展2010年中国南京文化产业交易会】 10月21~24日,鼓楼区围绕"文化鼓楼"主题,重点宣传"一江一河一片"文化创意产业带,参展2010年(第五届)中国南京文化产业交易会。鼓楼区在特装展区设置接待交流、形象展示、销售互动3个专区,精选石城现代艺术创意园和郑和宝船复建基地等14家园区,分园区、企业、剪纸、烙画等4个互动摊位参展,全方位、立体式展示鼓楼文化和文化产业丰富内涵及发展成果。全区10个项目在组委会印制的投资项目指导手册上展示、8个园区在2010文交会会刊上展示,位居全市各区县前列。文交会期间,鼓楼区展台吸引观众近7万人次、发放宣传资料2400余册、播放宣传片2860分钟,现场销售创意产品2万余元,签约金额5000万元。

文化市场

【概况】 2010年,鼓楼区召开经营者管理工作大会(法律、法规培训)21次,义务监督员、部分经营者座谈会6次,巡查辖区文化市场240次,会同相关部门联合执法12次,开展清缴整治低俗音像制品、政治性非法出版物封堵查缴和地面卫星接收设施等专项整治7次。出动检查人员1140人次,检查场所2356家次,受理举报42起,取缔游商、无证经营户17家,收缴非法音像制品3.8万张、各类非法出版物3100册、违禁游戏机(含主板)171台、拆除"小耳朵"22座。8月,鼓楼区成立整顿和规范文化市场秩序工作领导小组,制订迎接省、市文明指数复查工作方案。执法人员分派到各街道,进行分片包干管理,发现问题及时处理或采取联合执法行动,坚决打击顶风违规经营现象。同时,对网吧经营业主加强宣传教育,签订"文明规范经营承诺书",强化经营业主社会责任感,自觉开展依法经营、守法经营活动。9月,顺利通过省、市复查验收。

【构建文化市场监管示范圈】 3月,鼓楼区在湖南路管委会管辖范围,开展构建"文化市场监管示范圈"活动。示范圈内网吧、游戏机室、娱乐场所、影剧院和音像经营点、书报刊经营点等28家文化经营场所参加构建活动。活动期间,开展提升经营场所形象、诚信经营、放心消费活动;推行微笑服务、劝阻不良消费行为(网吧上网人员形象、游戏机赌博、娱乐场所吸毒)。区文化局联合湖南路管委会、行业协会、示范圈商户等定期召开法律法规、消防安全学习交流会、经营管理经验交流会;开展行业内部互查、互帮、互助活动;跨行业学习管理先进经验,打击违法经营活动,营造健康文明的市场氛围。

【清理整顿境外卫星电视接收设施】

5月,鼓楼区文化管理部门落实省广电局《关于开展境外卫星电视传播秩序专项整治行动的通知》精神,清理整顿辖区内14家境外卫星电视接收单位,当场切断4家存在问题的星级酒店接收信号,并限期整改,确保上海世博会等重点时期社会稳定和良好舆论氛围。

【净化未成年人成长环境】 7月20日,市文化广电新闻出版局(以下简称文广新局)、市关心下一代工作委员会、市文明建设指导办公室联合在鼓楼区召开2010年度优秀"五老"(老干部、老战士、老教师、老专家、老模范)网吧义务监督员表彰大会,鼓楼区25名"五老"网吧义务监督员受表彰。全区"五老"网吧义务监督员以高度的责任感和使命感,不顾年迈、不计报酬,承担辖区网吧及游戏机室监督工作,为净化社会文化环境,促进未成年人健康成长作出积极贡献。二季度全市公共文明指数测评结果:鼓楼区网吧是否接纳未成年人上网、是否实行严格实名制上网制度、中小学周边200米内有无互联网上网营业场所、电子游戏机经营场所等未成年人成长环境考察项目得分率95.38%,位列全市11个测评部门之首。

文化民生

【概况】 2010年,鼓楼区结合重大节庆开展丰富多彩的文化惠民活动,分别组织"丝竹咏和谐"——2010区机关新春音乐会、"芬芳的节日"——鼓楼区各界妇女庆祝"三八"妇女节100周年联欢会、"建设和谐社区,迎接青奥盛会"高层论坛、"苏韵流芳"戏曲名家演出等活动十余场。承办"文化民生——全国十五届'群星奖'获奖节目江苏巡演"(南京鼓楼区专场演出)、"第六届中国曲艺牡丹奖获奖曲目为民服务演出——走进南京社区"、"鼓舞金陵"——2010中国·南京第三届民间艺术节开幕式等6场高雅惠民文艺演出。成功举办为期5个月的"书香鼓楼"第二届鼓楼区社区全民阅读节近30场系列活动和历时65天的"激情鼓楼"第八届鼓楼区社区文化艺术节系列活动33场。春节前夕,组织区内书法艺术家在山西路广场、省边防总队等场所,开展送书画、送春联等联欢慰问活动;组织区京剧票友戏剧团走进区老年公寓,开展"春满鼓楼——心贴心"新春慰问演出。充分发挥区图书馆视障人阅览室功能,全年对弱势群体免费开放,联合区盲人协会、南京博爱安养庇护中心等单位开展公益读书活动。定期走进区特殊教育学校捐赠图书、玩具和食品等,为特殊群体孩子送去关爱。组织50名低保、贫困和民工家庭子女,开展第八届鼓楼"文博之夏"夏令营活动。引进"阿姆斯特丹交响乐团音乐会"等大型文艺演出,走进老年公寓开展"心贴心"慰问演出。

9月12日,全国第15届"群星奖"获奖节目江苏巡演鼓楼专场

【全国第15届"群星奖"获奖节目江苏巡演在鼓楼区举行】 9月12日,由文化部社会文化司、省文化厅主办,省文化馆、鼓楼区政府承办的全国第15届"群星奖"获奖节目江苏巡演(鼓楼专场)在山西路市民广场举行。来自全国各地演员为观众表演群舞《瞧这帮鼓夹子》、女生表演唱《对鸟新唱》、小品《回家过年》、相声《家有醋妻》、鼓乐《鼓趣》、民歌表演唱《鼓盆歌》等11个获奖节目。文化部社会文化司副司长李宏,市、区有关领导及2000名群众观看演出。

【"丝竹咏和谐"——2010年鼓楼区新春音乐会】 2月10日,"丝竹咏和谐"——2010年鼓楼区新春音乐会在南京艺术学院音乐厅举行。演出邀请南京民族乐团(曾载誉维也纳金色大厅)为全区近千名机关干部献上民族交响组曲《金陵风韵》、民族管弦乐《娱乐升平》《春节序曲》等12首脍炙人口的民族音乐精品节目。

【"苏韵流芳"鼓楼惠民专场演出】 4月2日,区委、区政府在南京政治学院礼堂举办"苏韵流芳"鼓楼区特邀江苏戏曲名家惠民演出。活动邀请江苏省京剧院、昆剧院、扬剧团、淮剧团、淮海剧团、柳琴戏剧团、南京市越剧团、无锡市锡剧团的8名中国戏剧梅花奖(中国戏曲最高奖)得主同台献艺,9支不同剧种的专业院团应邀演出,众多演员为近千名社区群众献上一台戏曲大餐。

9月28日~12月2日，"激情鼓楼"第八届鼓楼区社区文化艺术节举办

【"书香鼓楼" 第二届鼓楼区社区全民阅读节】 5月27日~12月3日，2010 "书香鼓楼"第二届鼓楼区社区全民阅读节成功举办。阅读节围绕"阅读，让生活更精彩"主题，开展"阅读是心灵的享受、阅读是智慧的钥匙、阅读是知识的源泉、阅读是永恒的乐趣、阅读是进步的阶梯"五大版块活动，以"城市书房"为载体，推出惠民书市、图书联展及知名作家签名售书活动；举办"我是图书馆小管理员"夏令营、盲人高级计算机培训、"品味书香·感悟人生" 系列专题读书讲座；"隐形的翅膀——智障天使"艺术作品展、第三届江苏省名优期刊推介会等近30场活动。形成星星幼儿园亲子阅读基地、冠军精神与青少年成长文化沙龙等特色文化品牌。阅读节还依托邮政统一发行的城市书房"书香"卡通明信片，向社会广泛征集原创读书格言。

【"激情鼓楼"第八届鼓楼区社区文化艺术节】 9月28日~12月2日，"激情鼓楼"第八届鼓楼区社区文化艺术节举办。艺术节历时65天，分为专业文化互动、群众文化展示、文化遗产展示、民间艺术展示、视觉艺术展示和社区艺术实践等六大版块，并增加《我和艺术有个约》创新版块。艺术节期间，国庆节、中秋节、民俗节三节相汇，名城会、世博会两会相聚，举办2010南京市文化惠民工程百场公益演出广场行暨"激情鼓楼"第八届鼓楼区社区文化艺术节开幕式"国乐风华" 民族音乐会、"丝竹流韵"——鼓楼区谐趣民乐团国庆专场演出、"光影年轮"南京民俗黑白摄影展、"鼓舞金陵"——第三届南京市民间艺术节开幕式大型广场演出、"鼓风浦韵"区县书画交流展等各类演出17场、各类展览16场，万余名群众参与。

【南京第三届民间艺术节闭幕式在鼓楼区举行】 10月24日，第六届中国曲艺牡丹奖获奖曲目为民服务演出暨2010中国南京第三届民间艺术节闭幕式——"欢笑在鼓楼" 广场文艺演出在山西路市民广场举行。活动由第六届中国曲艺牡丹奖组委会主办，省曲艺家协会、市文联文学艺术家协会和鼓楼区政府联合承办。参加演出的10个曲目大多数为"第六届中国曲艺牡丹奖"获奖作品。第六届中国曲艺牡丹奖获奖演员及著名曲艺表演艺术家刘兰芳、赵炎、句号、李世儒、赵丹丹和青年演员为观众表演评书《岳飞传选回》、相声《开心之旅》、小品《改行》等获奖作品，全区近2000名社区群众观看演出。

【鼓楼区"和谐之声"合唱团专场演出】 11月21日，"我们的歌声" 合唱诗画——第八届鼓楼区社区文化艺术节闭幕式上，鼓楼区"和谐之声"合唱团在青春剧场做专场演出。南京市著名八大合唱指挥家陈佳南、马熙林、王亚伦、吴念秋、沈金云、刘茂恒、王桥、朱加铭分别登台，指挥合唱团演唱合唱《大江东去》、男生合唱《外婆的澎湖湾》、女生合唱《思念》、无伴奏合唱《金黄色的云朵过夜了》、合唱《共和国之恋》等12首中外名曲。

艺术创作

【概况】 2010年，鼓楼区着力打造群众文化精品，推出多部力作，在各级各类比赛中取得较好成绩。在国家文化部主办的"永远的辉煌"第12届中国老年合唱节中，区"和谐之声"老年合唱团荣获金奖(红船杯)，是江苏老年合唱团获得的最高奖项。在全市戏曲票友大赛中，鼓楼区选送的4名参赛选手，荣获两金两银。在全省"走进世博、走向世界" 红领巾读书征文演讲比赛活动中，鼓楼区的参赛选手获全省演讲比赛一等奖。在第四届南京市文学艺术节"舞动青春·走近青奥"南京青少年广场舞蹈大赛中，鼓楼区选送的少儿舞蹈《虎虎奔腾迎青奥》荣获少儿组金奖，区文联获优秀组织奖。

【参加第七届金陵合唱节获佳绩】 1月2日，由市文广新局、市教育局、市总工会联合主办的2010年南京新年音乐会暨第七届金陵合唱节颁奖晚会在市文化艺术中心举行。鼓楼区文化馆组织辅导的南京"和谐之声"老年合唱团混声合唱《秋日私语》、九三学社江苏省委春之声老教授合唱团的合唱《远情》以及南京艺术学院音乐学院合唱团的合唱《红土地鹈鹕之舞》分别荣获金奖、老年组金奖第一名和学校组金奖第一名，总成绩名列全市各区县第一。

【长卷国画《秦淮胜迹图》举行全球首发式】 4月20日，被誉为"当代清明上河图"的大型历史风俗画卷《秦淮胜迹图》在南京夫子庙大成殿举行全球首发式。该画作由南京市田家炳高级中学退休教师、江苏省花鸟画研究会副会长、著名国画家孙元亮积聚25载心血创作而成。画卷长12.8米、载人物2000余人,画面集人物、山水、建筑于一体,从上水门(即现东水关遗址)画起,沿途经过通济门、桃叶渡,以夫子庙的三大建筑群(学宫、贡院、大成殿)为重点,从文德桥、聚宝门(即现中华门)直到大报恩寺,将沿河著名建筑、桥梁等景点融入其中;以白描手法精彩再现中国明代古都南京民俗生活、自然风光和历史胜迹,将厚实的"古秦淮"城市文化生动呈现在现代人面前。书画名家赵朴初、启功、陈立夫、亚明等生前均为画卷题跋,盛赞其极高的原创艺术水准和学术文献价值。《秦淮胜迹图》内容与中国2010年上海世博会主题——"城市让生活更美好"相呼应,被选为特许商品。北京金海雀广告艺术公司将其制成精美画卷礼盒,全球限量发行6000件,每卷售价2980元。

【区"和谐之声"老年合唱团获"红船杯"奖】 9月25~27日,由文化部、浙江省人民政府主办的"永远的辉煌"第12届中国老年合唱节比赛在浙江省嘉兴市南湖区举行。该合唱节是全国老年群众歌咏比赛的最高赛事,全国各地区组织选拔59支合唱代表队参赛。鼓楼区文化馆"和谐之声"老年合唱团代表江苏省参加本届合唱节,演唱曲目《秋日私语》《大江东去》,获赛事最高奖项"红船杯"。区文化馆"和谐之声"老年合唱团成立于2009年,有成员63名,平均年龄55岁,曾多次代表省市参加全国大赛。

【四项参赛曲目获南京市戏曲票友大赛奖】 10月11~23日,由市文化广电新闻出版局主办、市群众艺术馆承办的2010南京市戏曲票友大赛,在市文化艺术中心举行。区文化局选送的参赛曲目京剧清唱《乌盆计》选段、彩唱《西施》选段获大赛金奖,扬剧彩唱《段太后》选段、越剧清唱《浪荡子》选段获大赛银奖,总成绩在全市区县馆排名前列。

【群舞《我生长的地方》获金奖】 12月,由省文化厅、镇江市人民政府主办的第九届江苏省"五星工程奖"在镇江颁奖,该奖项是为繁荣群众文艺活动、提高创作水平而设立的政府最高奖项。全省有74个文艺类、小品类、曲艺类、舞蹈类、音乐类作品参加角逐。鼓楼区选送的群舞《我生长的地方》(成人组)荣获舞蹈类金奖;"激情鼓楼"南京鼓楼社区文化艺术节获服务项目类第一名。

文物保护

【概况】 2010年,鼓楼区开展魏源纪念馆展陈文物和史料征集、收集工作,3次组织省市部分史学专家、学者和知名人士到魏源故居旧址实地查看,检查、指导筹建魏源纪念馆前期准备工作,在充分调研和座谈论证的基础上形成《展陈大纲》。出版发行"鼓楼文化丛书"第二辑《南京清凉山》《宝船厂遗址》《南洋劝业会》及《民国中山路》。全区先后建立文物普查档案,完成汇总上报文物普查数据569处电子和纸质文档。举办"文化遗产在我身边"——鼓楼区第三次全国文物普查重要新发现成果展览,申报南洋劝业会遗迹等27处市级文物和重要新发现为第七批江苏省省级文物保护单位。石头城遗迹申报江苏大遗址名录(待文物专家评估)。接受国家文物局第三次全国文物普查办公室组织验收专家组对鼓楼区第三次全国文物普查工作进行整体验收,国家普查办领导及专家组对区文物普查工作给予充分肯定。区文化局张殿亮被国务院普查办评为全国文物普查实地文物调查阶段突出贡献个人。

【全国第三次文物普查验收工作】 1月28日,江苏省暨南京市第三次全国文物普查领导小组办公室到鼓楼区,验收文物普查第二阶段实地调查工作成果。验收按组织管理、数据质量、校验软件、现场调查等程序展开。验收工作组校对全区第三次全国文物普查各类档案、台账等相关资料,校验不可移动文物记录569条,其中新发现450处,消失不可移动文物记录10条,实地文物调查社区覆盖率100%。验收工作组一致认为:纸质、电子文本填写符合国家规范要求,数据与总量相符无误,100%校验通过。全区第三次全国文物普查顺利完成实地调查工作,进入调查资料整理和汇总、数据库建设和公布普查成果、申报国家及省第七批文物保护单位阶段(即第三阶段)。6月30日,国家普查办副主任刘小和、乔梁等领导率领由山西省、上海市、陕西省普查办专家组及河北省、山东省普查办领导(验收观摩团)等组成的第三次全国文物普查验收组,整体验收鼓楼区第三次文物普查工作(由鼓楼区代表江苏省接受验收)。省市普查办相关领导和全市13个区县文化局分管局长等参加现场和实地验收。与会领导现场查看验收区文物普查纸质和电子文本及各种台账,并实地查验国民政府首都水厂等新发现和石头城遗址等复查文物点。

【考察申报第七批全国重点文物保护单位和确定第二批区级文物保护单位】 5月,鼓楼区申报南洋劝业会遗迹等27处市级文物和重要新发现为第七批江苏省省级文物保护单位。8月12日,中宣部宣教局局长王开忠、同济大学教授张松、清华大学教授刘伯英等近现代史专家受国家文物局指派,实地考察鼓楼区申报第七批全国重点文物保护单位原苏联驻中华民国大使馆旧址、北河口水厂、国民政府中央广播电台发射台旧址等保护情况。同时,将全区第三次全国文物普查新发现的埃及驻中华民国大使馆旧址等55处近现代重要史迹及代表性建筑,报区政府审批公布为鼓楼区第二批区级文物保护单位。至年末,全区有国家级文保单位15处、省级文保单位19处。

【举办鼓楼区第三次全国文物普查重要新发现成果展览】 6月12日(中国文化遗产日),鼓楼区举办"文化遗产在我身边"——鼓楼区第三次全国文物普查重要新发现成果展览。展览地点分别在山西路市民广场、颜鲁公祠及部分社区,展出160幅国家级重要新发现成果,2000多人参观展览。

【第八届鼓楼区“文博之夏”夏令营】 8月24日，第八届鼓楼区“文博之夏”夏令营系列活动举办。活动期间，组织中央门街道低保户、贫困户、残疾人、双职工下岗失业、单亲家庭、民工子女50名，参观南京渡江胜利纪念馆、宝船厂遗址等爱国主义教育基地和历史文化遗产，赠送少儿书籍和学习用品，在城市书房观看爱国主义教育影视片等文博之夏活动。15名困难家庭的孩子同其他孩子一道接受历史文化、现代文明的熏陶和爱国主义教育，度过一个愉快、难忘、学文博知识、受爱国教育的夏令营。

图书管理

【概况】 2010年，鼓楼区图书馆作为文化部实施“县级数字图书馆推广计划”首批试点单位，按照上级要求，安装1TB（民用计算机存储信息的最大单位）文化信息资源，将国家图书馆数字文化资源，通过全国文化信息资源共享工程网络系统服务社区大众，为读者增加中文图书5000余种、电子书刊200多种和350千兆容量电影讲座等。区委、区政府高度重视盲人读者和智障青少年等弱势群体文化需求，通过视障人阅览室、流动图书车等特色窗口为弱势群体提供便利服务。在2009年建设颐和路社区将军图书分馆的基础上，新建以电影文化为主题的挹江门街道丁山社区图书分馆、全省首家由智障孩子管理的博爱安养庇护中心图书分馆，并与总馆数据连通，实现通借通还。联合南京市星星幼儿园，成立城市书房亲子阅读基地，定期举办亲子读书会。联合凤凰国际书城、七彩娃美术培训机构等单位举办各类读书活动，深化城市书房功能。在城市书房举办“隐形的翅膀——智障天使”艺术展，受到社会各界广泛关注。区图书馆流动图书车出车660台次，开进工地及民工小学，为民工送图书、送知识。借阅图书2.04万册。至年末，区图书馆藏书19.6万册。全年接待读者14.8万人次，共享工程及免费上网读者673人次，办理新证1857张，订阅报刊600种，采编新书9782册；城市书房办理阅览读者证496张，接待读者6447人次；流动图书车出车390台次，到机关和社区借阅图书7000册次；全年培训社区指导员400多人次、社区团队42团次、社区文保员186人次。小型博物馆(纪念馆）完善免费开放制度，强化管理措施，改进展览形式，提高服务质量，全年举办展览9个、接待观众5万余人次，实现零投诉目标。

【“隐形的翅膀——智障天使艺术展”】 5月27日，由区图书馆与南京博爱安养庇护中心*共同举办的“隐形的翅膀——智障天使艺术展”在鼓楼区图书馆城市书房举办。艺术作品展是博爱中心智障学员学习成果的展示，展出的生肖烙画、脸谱蛋壳画、景泰蓝画、树叶画、串珠编织等200多种手工作品，全部由智障学员制作完成。艺术展历时30天，吸引1000多人参观。

链接 南京博爱安养庇护中心是一家专门为智障人士提供专业服务的公益机构，主要为智障人士提供康复、教育、技能及庇护性培训，旨在促进智障人士走出家门，更好地融合回归社会，从而提升智障人士的生活质量。

5月23日，副区长冯雯兰参观区图书馆与博爱安养庇护中心共同举办的“隐形的翅膀——智障天使艺术展”

【推出吉祥物“城市书娃”】 5月27日，鼓楼区图书馆城市书房对外开放一周年之际，推出吉祥物“城市书娃”。吉祥物以火苗和绿叶为设计元素，用拟人的手法创作出一个夹着书本奔跑、机灵可爱的顽童造型，集“活泼，健康、开放、动感、时尚、和谐”于一身，象征着书籍传承文明，知识给人类带来力量和升华，寄托着城市书房对所有读者的期盼与祝福。吉祥物的推出，成为区县公共图书馆的又一个文化特色品牌。

【星星幼儿园亲子阅读基地挂牌】 9月11日，鼓楼区“星星幼儿园亲子阅读基地”在区图书馆城市书房挂牌。同时与南京市星星幼儿园联手，共同合作成立全区首家亲子阅读基地。基地成立仪式上，城市书房老读者、88岁高龄的靳子安为孩子们演唱德语歌曲《英俊少年》，幼儿园老师演绎绘本读物《最好的猫，德泽》，星星幼儿园园长雷志洁向孩子和家长发放100张“亲子阅读卡”，30个家庭和孩子参与互动。

【第三届江苏省名优期刊推介活动】 9月25日，由省新闻出版局、省报业协会、省期刊发行协会主办，市文广新局、鼓楼区政协、区文化局、区图书馆、南京星光大道文化传媒有限公司承办的喜迎国庆61周年，第三届江苏省名优期刊推介活动在山西路广场举行。省新闻出版局局长徐毅英，省委宣传部、省报业协会、新华日报社、市文广新局、鼓楼区等相关部门领导出席推介活动。活动主题是“享受科学阅读、品味时尚生活”，省内56种与百姓生产、生活密切相关的，在国内具有较高知名度的品牌报纸、优秀期刊参加集中展示活动。

【奥运冠军赵蕊蕊做客城市书房】 11月20日，由鼓楼区文化局主办，区图书馆城市书房、南京奥冠体育文化教育传播有限公司承办的“我与青奥共成长”——冠军精神与青少年成长文化沙龙在区文化艺术中心演艺报告厅举行。首位做客的奥运冠军是2004年雅典奥运会女排队员赵蕊蕊。赵蕊蕊向在场的100多位中小学生和家长畅谈个人成长经历，展望2014年将在家乡南京举办的第二届青奥会，鼓励中小学生热爱生活、热爱体育、热爱学习。区文化局向赵蕊蕊赠送《鼓楼文史》《南洋劝业会研究文集》等系列图书留念。

【南京博爱安养庇护中心鼓楼区图书分馆开馆】 12月2日，位于铁路北街的南京博爱安养庇护中心鼓楼区图书分馆正式开放。博爱安养庇护中心图书分馆藏书1600册，与区图书馆图书通借通还。该图书馆是全市首家由智障儿童担任馆长、管理员的图书馆，并负责为读者提供图书借阅登记等一系列服务，智障儿童在此实现自身价值，同时得到更多关爱。

党史、地方志工作

【概况】 2010年，鼓楼区党史、地方志工作围绕全区中心工作，开拓创新，服务文化大区建设和经济社会发展，结合重大历史时段和重大历史事件及地域特色，编纂出版《红色将军系列连环画》《鼓楼年鉴(2010)》等精品书籍。在2006~2010年南京市党史系统优秀成果评选中，鼓楼区抗战时期人口伤亡和财产损失调研、区革命遗址普查成果、《中共鼓楼区地方史》分获3个专项工作特等奖。其他成果：著作类1篇获一等奖、2篇获二等奖、3篇获三等奖；文章类1篇获一等奖、5篇获二等奖、6篇获三等奖；展览类1部获一等奖、1篇获二等奖，并获优秀组织奖。地方志工作在国家级刊物上发表论文2篇，在省级刊物上发表论文6篇，《鼓楼年鉴(2009)》连获三项大奖，得到省、市地方志领导高度肯定。是年，区委党史办获得全市党史工作系统先进集体，并有1人获先进个人。区地方志办被市地方志编纂委员会授予“南京市地方志工作先进集体”称号。12月，在北京人民大会堂举行的全国地方志系统先进集体和先进工作者表彰大会上，区委党史办、地方志办主任周国平获得“全国方志系统先进工作者”称号；在全市第八次地方志工作会议上，鼓楼区被授予市地方志工作先进单位，常务副区长纪增龙作为全市唯一的先进单位代表作经验交流发言，同时区地方志办公室1人被评为市地方志工作先进个人。

【开展各类遗址普查】 5~7月，区委党史办组织开展全区遗址普查工作。普查标准时点为2009年10月1日，时段为1919~1949年新民主主义革命时期；区域范围为全区7个街道所辖64个社区居民委员会和3个村委会。查出全区各类遗址201处，其中革命遗址11处、其他遗址190处；在革命遗址中重要机构旧址5处、重要历史事件及人物活动纪念地3处、纪念设施3处；在其他遗址中重要人物旧居97处、重要机构旧址68处、重要历史事件及人物活动纪念地5处、纪念设施20处。

【编辑出版《风韵百年》】 2月，区妇女联合会、区委党史工作办公室、区地方志编纂委员会办公室联合编撰的《风韵百年——鼓楼杰出女性撷英》一书由中国文联出版社正式出版发行。该书分为风云女杰、民族精英、人民公仆、行业楷模、创业之星5章，约28万字，撷选百年间工作或生活在鼓楼区，并作出过突出贡献的45位女性代表人物。其中，有妇女解放运动先驱陈君起、南京首任市委书记陈修良、为中国教育事业奉献一生的金陵女子大学校长吴贻芳、“中国的居里夫人”吴健雄，为新中国建设创造出卓著业绩的中国科学院院士、物理学家王业宁，超越国界、无私奉献的诺贝尔文学奖获得者、女作家——赛珍珠，在平凡的岗位上作出不平凡业绩的人民公仆、党的十七大代表、全国人大代表、鼓楼区中央门街道工人新村社区书记谷宁丽等。

【《鼓楼年鉴(2009)》连获三项大奖】 2010年，《鼓楼年鉴(2009)》连获三项大奖。5月，由中国出版工作者协会

5月13日，鼓楼区召开革命遗址普查工作动员大会

主办的第四届全国年鉴编纂出版质量评比颁奖大会在济南举行,《鼓楼年鉴(2009)》荣获综合奖一等奖。8月,由省政府办公厅举办、省地方志编纂委员会组织开展的首届江苏省年鉴评比在南京举行,《鼓楼年鉴(2009)》获得"首届江苏省年鉴奖市、县(市、区)年鉴综合奖"特等奖。11月,在由中国地方志指导小组办公室和中国地方志协会主办的全国地方志系统第二届年鉴评奖工作中,《鼓楼年鉴(2009)》获特等奖。

【协助《方志中国》摄制组录制节目】 4月,区地方志办工作人员协助《方志中国》摄制组到区采访。采访期间,区地方志办工作人员陪同摄制组拍摄石头城社区历史文化馆,访问多位石头城社区居民及区地方志办领导。该片由中国地方志指导小组与中央电视台联合摄制,共10集,每集约30分钟。11月16日,该片在中央电视台四套国际频道黄金时段播出,每天一集。第一集"文化瑰宝"介绍鼓楼区地方志工作,播出大量石头城社区历史文化馆画面,并介绍区地方志办建设石头城社区历史文化馆的相关情况。

【《鼓楼年鉴(2010)》出版发行】 10月,《鼓楼年鉴(2010)》由方志出版社正式出版发行。该部年鉴调整框架设计,增加7个类目,共设28个类目。精编现代服务业和教育篇,新增记述湖南路商圈11家重点企业,在驻区各中学教育概况的基础上延伸,增设区属各中学教育特色条目。版面形式沿袭以往风格,注重体现区域历史文化特色,大方高雅又不失文化底蕴。狠抓校对环节,重视提高年鉴整体质量。全刊约118万字,彩图72版,随文图片253幅、表格152张、图54幅,主题彩页7个部分,系统记述2010年全区自然、政治、经济、文化、社会等方面发展的主要情况。

【举办第三期年鉴通讯员培训班】 1月29~30日,《鼓楼年鉴》第三期通讯员培训班在高淳县游子山庄举办。培训班由区委组织部、区委党校、区地志办联合主办,来自全区机关各部门、街道近60名通讯员参加培训。会上总结《鼓楼年鉴(2009)》编纂情况,对2010卷年鉴编纂工作提出要求;聘请有关年鉴编纂专家讲授年鉴编纂知识、规范和要求,针对具体问题进行有效分析,对通讯员年鉴供稿工作提供切实指导,得到通讯员一致好评。

1月29日,举办第三期《鼓楼年鉴》通讯员培训班

【完成省、市地方志资料提供工作】 2010年,区地方志办公室全面搜集资料,精心撰写《鼓楼区区县概况》,认真完成省地方志办公室下达的《江苏省志·市县概况》编写任务。4月,协助市地方志办公室在颐和路社区将军馆成功举行《南京市志》首发式。11月,配合南京市市志的编纂任务,多方面查找资料,认真整编,完成市地方志办公室交付的《鼓楼区地方志志》编写工作。12月,在全省年鉴培训班上,鼓楼区作为先进典型作交流发言。

(区志办)

档案工作

【概况】 2010年,鼓楼区30家单位档案工作达星级标准,全区档案工作达星级单位169家、建档单位档案工作95%以上达星级标准。为民营

9月27日,省档案科技计划项目结题会在鼓楼区召开

企业建档指导服务，发函联系44家，上门走访调研十余家，组织开展民营企业档案协作交流活动。对重大活动和重点建设项目实行登记备案，全年完成重点建设项目5个、重大活动档案登记备案9个。加强档案资源建设，接收区公证处1995~2001年4041卷公证档案进馆，征集全区各项工作及活动数码照片4000余张，接收政府公开信息120份。完成《南京地区档案馆指南》和《南京名街名镇》之“湖南路全国文明街”“鼓楼区域内的中山北路”“颐和路片区的民国建筑”等编写及相关照片收集、整理等工作。做好档案资源利用工作，年接待查档7328人次。加强数字档案馆建设，完成招工档案扫描加工15万幅，补充和校对相关目录30万条。在全区广泛开展档案信息化建设调研，完成省档案局下达“电子文件归档流程与实施指南研究”课题，档案信息化建设得到推进。

【完成108家建档单位档案年度检查】

2010年，鼓楼区档案局完成全区机关、街道、企事业单位、中学、幼儿园以及教育直属部门等108家建档单位档案年度检查，其中文书档案295卷16780件、照片档案17646张、声像档案429盘、实物档案788件、设备档案155卷、专业档案20769卷4431件、会计档案5346卷(册)。起草印发《关于机构改革期间档案工作管理要求》文件，做好相关单位档案工作会议筹备工作，统一明确工作要求，确保机构改革期间档案工作整理质量及档案完整与安全。

【建设区数字档案馆】 2010年，鼓楼区将建设区数字档案馆列入全区经济和社会发展目标，完成馆藏招工档案扫描加工15万幅，补充和校对相关目录30万条。组织研发专业档案通用数据接口平台及数据交换模式，组织实施计生审批系统数据交换接口，并完成系统测试。定期组织全区及馆藏档案数据安全备份工作，脱机备份数据容量约15千兆。强化档案信息化培训，采取一对一教学模式开展档案管理系统使用培训，根据不同程度有针对性辅导100余人次。

【重大项目和重大活动档案资料登记备案】 2010年，鼓楼区档案局确定并下发需要登记备案重大活动和重点建设项目登记备案通知书，全年完成鼓楼区社区体育中心扩建工程等5个重点工程建设项目、南洋劝业会等9个重大活动档案登记备案，并督促做好归档材料收集整理。多次对区建设局、江东管委会、江东软件城、区城建公司等单位工程建设档案进行业务指导。

【年接待查档7328人次】 2010年，鼓楼区档案局接待查档首次突破7000人次，创历年新高。至年底，接待查档7328人次，同比增长88%；调阅档案3958卷(件)；认真做好档案利用服务，张贴“查档提示”“服务便条”等，开具各类档案证明5000余份次。开展档案信函查阅服务工作，为有关部门提供利用照片及专题档案资料。

【30家建档单位档案工作达省级标准】

2010年，鼓楼区档案管理部门将30家单位档案工作达省级标准列入全区经济和社会发展目标，确定并上报市

2010年鼓楼区通过省档案工作达标验收单位一览表

表 67

单位名称	等级	单位名称	等级
区环境保护局	三星级	区城市管理局	二星级
区华侨路街道	三星级	区住房和建设局	二星级
南京田家炳高级中学	三星级	区文化局	二星级
南京市第八中学	三星级	南京湖南路山西路地区管理委员会	二星级
南京市第五十中学	三星级	区房屋拆迁安置办公室	二星级
南京市回龙桥小学	三星级	南京大学—鼓楼高校国家大学科技园管理委员会办公室	二星级
南京市凤凰街小学	三星级	区市政设施综合养护管理所	二星级
南京市天正小学	三星级	南京市宁工小学	二星级
南京市察哈尔路小学	三星级	区中小学校舍管理办公室	二星级
南京市龙江小学	三星级	区人民政府法制办公室	一星级
南京市马台街小学	三星级	区城市管理监督中心	一星级
区成人教育中心	三星级	区劳动就业管理中心	一星级
区总工会	二星级	区城市建设有限公司	一星级
区财政结算中心	二星级	南京鼓溧科技有限公司	一星级
区信息化办公室	二星级	南京豪威工贸(集团)公司	一星级

档案局参加档案工作测评30家单位名单。4月，开办业务知识培训班，培训档案人员20名，教育系统单独举办业务培训，区档案局要求申报单位对照标准，排出本单位等级认定工作实施计划，进行专项业务指导近50次。至年末，30家单位全部通过验收。（王　卉）

体　育

“十一五”期间体育事业发展成就

群众体育　“十一五”期间，鼓楼区全面实施全民健身计划纲要，按照横向到边、纵向到底要求，建成较完善的全民健身服务体系，群众性体育组织更加健全，各单项运动协会和单项俱乐部日益发展。分别建立1个国家级社区体育健身俱乐部和市级社区体育健身俱乐部。成立区社会体育指导员协会，开展社会体育指导员委任制试点工作；成功举办第二届、第三届鼓楼区社区体育运动会，每年举办竞赛、展演等活动50项次；连续开展“迎奥运全民健身进万家活动”，积极开展国民体质监测工作，举办各种讲座、宣传、咨询服务和培训近50场。至“十一五”末，全区有区级社区体育俱乐部35个、社会体育指导员1252人；有1个区级体育中心、7个街道级健身中心、1个体育公园、4个全民健身工程、150个路径健身点。全区所有社委会建立体育活动室和体育器材库，全民健身工程(点)实现全覆盖。

青少年竞技体育　“十一五”期间，鼓楼区竞技体育和业余训练取得可喜成绩，在市第17届运动会青少年部比赛中蝉联金牌总数第一，区体校被评为“三星级”业余体校。每年约有近800人参加60余项次市级以上竞赛，获金牌400余枚，50余名小运动员达到国家二级运动员标准。成立区教体结合工作委员会，会同教育部门开展青少年阳光体育运动，完善各级传统项目学校管理，创建青云巷小学、银城小学乒乓球俱乐部等一批学校单项青少年体育俱乐部，将适合青少年开展的滚铁环等传统群体项目成功移入校园。

体育工作

【概况】　2010年，区体育工作抓住南京市成功申办2014年世界青年奥林匹克运动会的发展契机，深入社区为民办实事，大力推进全区全民健身事业发展，开展形式多样的群众性体育活动，为省市培养、选拔优秀体育后备人才，组织市队区办棒球队代表南京市参加在常州举办的第17届江苏省运动会棒球比赛，分别获得甲、乙组别第四名。组织全区中小学生参加市年度少儿田径、游泳、乒乓球、篮球、足球、排球、武术、跆拳道等26个项目比赛，获奖牌285枚，其中金牌82枚、银牌87枚、铜牌116枚，有3人次达国家一级运动员水平、25人63人次达国家二级运动员水平。（武　刚）

【推广排舞健身项目】　2009年8月，鼓楼区率先引进“排舞”健身项目，并在中央门街道试点半年，确定“排舞”推广的可行性和群众参与、接受程度，同时举办全区二级社会体育指导员排舞专项培训班和机关干部排舞培训班，培训骨干学员80名。2010年3月，在前期试点成功的基础上，鼓楼区成立全市首个排舞专项协会。7月起，在全区掀起学跳排舞热潮，并于11月13日在山西路广场与南京体育广播调频FM104.3联合举行首届排舞比赛，进一步推动全民健身活动开展。至年末，区排舞协会拥有会员近千名、排舞表演队13支，参加各级各类比赛和表演10场次。

【区健身气功协会成立】　3月10日，鼓楼区健身气功协会成立，区体育局作为常设机构负责日常工作监督管理。每月11、12、13日，举办健身气功公开教学日活动，邀请省市优秀教练员为爱好健身气功的市民群众示范教学和辅导，满足人民群众日益增长的强身健体需求，抵制“法轮功”邪教及有害气功组织侵蚀。全年发展会员520人，278名群众参加易筋经、五禽戏、六字诀、八段锦等4种功法学习。

【社会体育指导员社区委任制试点】　3月19日，鼓楼区在中央门街道召开2010年区社会体育指导员协会理事会。会议决定，在全区开展社会体育指导员社区委任制试点工作，由区体育局委派具有一技之长的优秀社会体育指导员到社区协助做好全民健身工作，免费向居民传授体育健身方法，开展丰富多彩的体育活动。每年体育局在人员培训、组织管理、活动指导以及经费上给予支持，打造具有鼓楼特色的社区体育工作新路子。年内，选派优秀社会体育指导员参加省、市组织的技能再培训，提高业务指导技能，培训和申报国家级社会体育指导员3名、二级指导员35名、三级指导员52名。至年末，全区有社会体育指导员1252名，其中国家级8名、一级36名、二级83名、三级1125名。

【承办南京市年度少儿跆拳道比赛】　4月，区体育局在第二十九中学体育馆承办南京市少儿跆拳道比赛，来自全市7个区县的93名运动员参加比赛。鼓楼区代表队获4枚单项金牌，全面完成市体育局下达的承办比赛任务。

【国民体质监测】　5月10~27日，鼓楼区组织展开国民体质监测工作。区体育部门将参加测试人员按性别、年龄具体细化，落实到各街道、社区，取得基础有效数据1274个，为了解全区5年来居民体质状况、研究和探索体质特点与发展规律、有针对性改善国民体质水平奠定良好基础。

体质测试结果表明，全区20~59岁年龄段人群体质优秀率19.7%、良好率30%，比同年龄段全国优秀率和良好率均高4.2个百分点；合格率44.4%，比同年龄段全国合格率低1.1个百分点；不合格率5.8%，比同年龄段全国不合格率低7.4个百分点。60~69岁年龄段人群体质优秀率15%，比同年龄段全国优秀率高6个百分点；良好率25.6%，比同年龄段全国良好率高4个百分点；合格率为53.3%，与同年龄段全国合格率持平；不合格率6.1%，比同年龄段全国不合格率低9.5个百分点。

【区"新城市杯"业余网球公开赛】 6月27日，2010年南京·鼓楼"新城市杯"业余网球公开赛决赛在五台山体育中心网球馆开赛。该赛事由南京体育总会、区体育局主办，区体育总会、区网球协会承办。本次公开赛面向社会公开报名，设立青年男、女单打，中年男、女双打，老年男、女双打6个组别，参赛选手年龄均为年满18周岁的业余网球爱好者，102人参赛。比赛产生青年男女单打和中老年男女双打冠军10人。

【执法检查游泳场馆85场次】 6月30日，区体育局、区卫生监督所、区疾控中心等部门，在鼓楼社区体育中心就2010年鼓楼区夏季游泳场馆开放管理工作联合办公，为全区各场馆提供政策咨询、活动组织等服务。全区20家游泳场馆参与，并签订《游泳场馆安全管理责任书》，对符合开放要求且证照齐全的场馆发放开放注册登记证。全年全区开展拉网式执法大检查85场次，有效杜绝游泳场馆各类安全隐患，确保全区体育场馆安全有序开放，连续4年被评为"南京市游泳场馆管理安全无事故先进集体"。

【江东软件城体育中心开馆】 10月22日，江东软件城体育中心建成开馆。体育中心坐落于园区内110千伏汉西变电站3~5层，总建筑面积为3353.5平方米，单层面积分别为1482.8平方米、989.8平方米和880.9平方米。其中，3层设有篮球场1块(可分作4块羽毛球场)、常温瑜珈馆1间；4层设有跑步机8台、基础健身器械14台、乒乓球台3张、桌球1张；5层设棋牌室3间、壁球馆2间。体育中心建成运营是软件城提升企业服务水平、完善体育文化配套设施的重大举措，为满足园内企业员工及周边居民健身、休闲、娱乐需求提供良好条件。

【迎青奥系列群体活动启动】 11月13日，在鼓楼区举行的"当好东道主，迎接青奥会"系列群体活动启动仪式上，"全民健身迎青奥，健身排舞大家跳"区首届排舞大奖赛作为首场活动拉开帷幕，各街道、协会组建的13支代表队230名队员参赛。经过激烈角逐，湖南路街道代表队获一等奖，中央门街道、宁海路街道代表队获二等奖，区腰鼓协会、区老年人体育协会、汇林绿洲代表队获三等奖。

【开展大型文体活动26场次】 8月25日，"激情鼓楼，拥抱青奥——鼓楼区迎青奥会大型广场文体表演"在山西路市民广场水上舞台举行。区体育局选派的代表队为现场观众表演排舞《相约》、"顽皮猴"独轮车队表演等精彩节目，近千名市民观看并参与互动。大型活动结束后，鼓楼区体育局全面启动"全民健身迎青奥"社区行活动。至年末，开展武术、腰鼓、门球等特色项目展演26场次。

8月25日，"激情鼓楼 拥抱青奥"——鼓楼区迎青奥会大型广场文体表演在山西路市民广场举行

【举办"宁海杯"乒乓球比赛】 11月12~13日，鼓楼区第七届"宁海中学杯"乒乓球比赛在宁海中学体育馆举办。省军区、省政府办公厅、省总工会、省人民医院、河海大学、南京工程学院、察哈尔路社区等辖区内48个单位，54个代表队、241人参加比赛，其中不少是国家队、八一队、省市体工队退役的专业选手，还有获得省、市运动会冠军的队员。参赛选手年龄最大68岁、最小25岁，平均年龄48岁。比赛设立男、女单打和团体赛3个组别，经过2天激烈角逐，省亚硅电力燃料有限公司获男子团体冠军，省财政厅天目队获女子团体冠军；区教育工委庄东海、南京纺织公司潘桂萍分获男女甲组单打冠军；省亚硅电力王琥、省公安厅冯晓春分获男女乙组单打冠军。

【注册业余训练运动员82人】 2010年，鼓楼区体育部门做好各项目业余主训练运动员年度注册工作，组织参加市级竞赛注册138人，顺利通过确认82人；做好全区市队布局项目(游泳、田径、篮球、羽毛球、击剑)运动员输送工作，全年向市以上运动学校输送各项目运动员41名。

【体育设施建设】 2010年，区体育局投入专项资金13万元，加强健身路径建设维护工作。同时，做好长效管理和零配件储备，每套器材月巡修2次，群众报修随报随修。进一步完善社区居民全民健身的场地和设施，年内新建江东新村健身点、整体更换4套健身路径及地面塑胶改造工程，单件更换20件，器材维修1200件次，确保居民使用安全，全年无投诉、无曝光。至年末，全区有健身路径160条、全民健身工程点150个。 (熊 烨)

鼓楼年鉴2011

党政·群团

Party & Mass Organizations

中国共产党南京市鼓楼区委员会

重要会议

【召开九届十七次全体(扩大)会议】

1月3日，区委常委会主持召开九届十七次全体(扩大)会议。区委委员和候补委员出席会议，区纪委委员，区人大、区政府、区政协领导，区级机关各部门、各街道、有关企事业单位、基层党组织负责人和部分党代表列席会议。会议主要贯彻落实市委十二届十七次会议精神，回顾总结2009年全区工作，研究部署2010年主要任务。全会讨论通过《中共南京市鼓楼区第九届委员会第十七次全会决议》，同意区委常委会《关于落实党风廉政建设责任制和廉洁从政情况的报告》。征求对2010年社会主义经济和社会建设、政治建设、文化建设三个目标的意见和建议，讨论全区2010年重点为民办实事项目，选出2009年度“全面达小康，建设新鼓楼”突出贡献工作。会议作出全面加强各级党组织思想建设、组织建设、作风建设、制度建设和反腐倡廉建设，全力推进转型发展、创新发展、跨越发展，奋力争做南京“三个发展”排头兵的工作目标。

【召开党的建设和机关思想作风建设大会】 2月25日，鼓楼区召开党的建设、机关思想作风建设大会。区四套班子领导，各街道、部门科以上干部参加会议。会议通报2009年全区机关思想作风建设和软环境建设评议情况，表彰2009年度“群众满意机关”和“优化投资软环境”竞赛先进单位。区委副书记、纪委书记何德剑部署2010年机关作风建设、纪检监察和党风廉政建设工作；区委常委、组织部长纪增龙部署2010年党的组织工作；区委常委、宣传部长苏郑部署2010年党的宣传工作；区委统战部长、区政协副主席华峰部署2010年党的统战工作。区委书记鲍永安就如何进一步做好全年党的建设和机关思想作风建设，努力建设学习型、创新型、服务型机关，推动鼓楼区经济和社会事业再上新台阶提出要求。

【召开学习实践科学发展观活动总结大会】 3月31日，鼓楼区召开学习实践科学发展观活动总结大会，区委副书记、纪委书记何德剑主持。区委常委、组织部长纪增龙对鼓楼区学习实践活动进行总结。鼓楼区学习实践活动自2009年3月起，先后分两批进行，共467个单位、28027名党员参加，全区学习实践活动实现“提高思想认识、解决突出问题、创新体制机制、加强基层组织、促进科学发展”预期目标。

【召开负责干部大会】 5月24日，鼓楼区召开全区负责干部大会，传达学习全市加快转变经济发展方式工作会议精神，号召全区上下埋头苦干，奋力拼搏，全力以赴抓好当前各项主要工作，掀起鼓楼区又好又快发展新热潮。区委书记鲍永安传达全市加快转变发展方式工作会议精神，并就进一步加快鼓楼区转变发展方式步伐，争做全市转变发展方式的引领者、排头兵作全面部署。11月5日，鼓楼区召开全区负责干部大会，传达贯彻党的十七届五中全会精神，并就当前工作进行部署。区四套班子领导，各街道、部门主要领导参加会议。区委书记鲍永安传达党的十七届五中全会精神，并提出要求。

1月3日，中共鼓楼区第九届委员会第十七次全体(扩大)会议召开

【召开经济工作会议】 7月6日，鼓楼区召开经济工作分析会。区四套班子领导及相关经济部门、街道负责人参加会议。会议听取鼓楼区上半年经济工作情况汇报。区四套班子领导就鼓楼区上半年经济工作作分析点评，提出下半年经济发展思路和举措。区委书记鲍永安对鼓楼区做好下半年经济工作提出要求。

【召开九届十九次全体(扩大)会议】

7月30日，鼓楼区召开区委九届十九次全体(扩大)会议。区委委员、候补委员参加会议。区纪委委员，区人大、区政府、区政协领导，各街道、区级机关各部门、有关企事业单位、基层党组织负责人和部分党代表列席会议。区委书记鲍永安代表区委常委会作《抢抓机遇奋力推进“三个发展”，为把鼓楼建设成为中国特色现代化城区而努力奋斗》的报告。与会人员围绕报告进行分组讨论。会议通过全会决议，递补区委委员。

【召开安全生产工作会议】 8月5日，鼓楼区召开安全生产工作会议，对全区安全生产工作进行再动员、再部署。区四套班子领导及相关部门、街道负责人参加会议。会议听取全区近期安全隐患排查和整改工作情况汇报。区委书记鲍永安传达市委安全生产工作会议精神，并提出要求。

【召开九届二十次全体会议】 9月7日，鼓楼区召开区委九届二十次全体会议，专题研究新一轮政府机构改革中政府工作部门正职干部调整工作。全体区委委员、候补委员参加会议。常务副区长纪增龙就提交会议表决正职建议人选情况作简要说明。区委组织部长朱劲松宣读中共南京市鼓楼区第九届委员会第二十次全体会议表决办法。12名参与差额票决的部门正职建议人选进行竞职演讲，并回答区委委员现场提问。全会以无记名投票方式对26个政府工作部门正职建议人选进行表决，区委书记鲍永安当场宣布表决结果。

【召开政府机构改革工作会议】 9月23日，鼓楼区召开政府机构改革工作会议。区四套班子领导和全区各部门、街道主要负责人参加会议。常务副区长纪增龙宣布区政府机构改革工作方案，区委组织部长朱劲松宣读政府部门主要负责人任命决定。区委书记鲍永安就全区政府机构改革工作提出要求。

【召开区委常委会(扩大)会】 11月13日，鼓楼区召开区委常委会（扩大）会，传达学习贯彻省委十一届九次全会精神。区四套班子领导，各街道、部门主要负责人参加会议。区委书记鲍永安传达省委十一届九次全会精神，就贯彻落实好省委全会精神提要求。

【召开九届二十一次全体(扩大)会议】 12月19~20日，鼓楼区召开区委九届二十一次全体(扩大)会议。区委委员、候补委员参加会议。区纪委委员，区人大、区政府、区政协领导，各街道、区级机关各部门、有关企事业单位、基层党组织负责人和部分党代表列席会议。全会听取并同意区委书记鲍永安代表区委常委会作《率先科学发展、共建和谐社会，奋力走在南京"转型、创新、跨越"发展的前列》报告，讨论通过《中共鼓楼区委关于制定国民经济和社会发展第十二个五年规划的建议》和大会决议，征求对鼓楼区2011年社会主义经济和社会建设、政治建设、文化建设三个目标的意见和建议，讨论鼓楼区2011年重点为民办实事项目，选出鼓楼区2010年度"全面达小康，建设新鼓楼"突出贡献工作。

重要活动

【走访慰问驻区部队】 2月3日，区领导鲍永安、王红云、陶世贤带领区有关部门负责人到武警江苏省总队、南京政治学院、江苏省军区走访慰问驻区部队官兵。区委书记鲍永安向驻区部队通报一年来鼓楼区经济和社会各项事业所取得的成果，并对驻区部队多年来在各方面给予的支持与帮助表示感谢。

2月3日，区委书记鲍永安率四套班子领导到驻区部队走访慰问

【江苏瑞中数据股份有限公司暨江苏数据库、传感网产业联盟成立】 2月2日，江苏瑞中数据股份有限公司成立大会暨江苏数据库、传感网产业联盟签约仪式在南京模范路科技创新园区举行。国家工信部软件服务司司长赵小凡、副省长史和平、市委副书记陈绍泽、国网电力科学研究院院长肖世杰、区委书记鲍永安等领导出席成立仪式。江苏瑞中数据股份有限公司由南京南瑞集团、南京朗坤软件等企业共同组建，是国家工信部电子信息产业发展基金资助的创新型软件企业。公司在未来3年~5年内，以打造国际一流的实时数据库，成为国产实时数据库的研究开发中心、运营服务中心和产业化基地为目标。同时，由南瑞集团、联创科技、瑞中数据等100余家企业组成的产业联盟，将在互相协作和资源整合中，突破专业技术，开拓核心业务，加快推进数据库、传感网产业链的形成，推动省数据库、传感网领域的发展。

【举行江苏省(联创)软件研究院暨联创软件大厦奠基典礼】 3月19日，在南京国际服务外包产业园（江东软件城）举行江苏省(联创)软件研究院暨联创软件大厦奠基典礼。沈健、王咏红、鲍永安、王红云、陶世贤等市区领导，省、市相关部门负责人参加典礼。联创软件研究院项目占地3.47公顷，总建筑面积12.6万平方米，总投资15亿元，预计2011年落成并投入使用。

【"建设和谐社区，迎接青奥盛会"高层论坛】 （参见"专记"类目，第18页）

【电影《庐山恋2010》系列活动】 5月17日，电影《庐山恋2010》新闻发布会在南京市金陵江滨国际会议中心酒店举行。市、区领导叶皓、王咏红、鲍永安，全国知名网站，中央电视台一、六

5月17日，电影《庐山恋2010》开机新闻发布会在鼓楼区隆重举行，导演张瑜与主要演员接受媒体采访

套，北京卫视、东方卫视等全国主要城市卫视台和报社等近百家媒体参加新闻发布会。《庐山恋2010》是一部宣传南京的电影，该片由鼓楼区与上海张瑜影业发展有限公司联合摄制，张瑜执导。影片于3月开机，先后在宝船厂遗址公园、秦淮河等主要景点和窗口地区取景，通过主要故事情节及背景，集中、全面展示南京近年来最新发展成就和整体文明形象，是向2014年南京青奥会献礼影片。11月15日，市委宣传部、市旅游园林局、团市委与鼓楼区共同举办“观《庐山恋2010》，游人文绿都南京”系列文化活动启动仪式。市、区领导陈刚、鲍永安、王红云、陶世贤、纪增龙，导演张瑜等出席活动。鼓楼区特别制作《庐山恋2010》鼓楼旅游宣传资料，宣传推广鼓楼旅游形象。11月22日起，《庐山恋2010》在山西路青春剧场持续进行多场公益性展映，以组织与自行领取电影票形式，供市民和游客免费观看，至年底，观众达24万人次。

【举行苏宁慧谷项目奠基典礼】 5月18日，江东软件城举行苏宁睿城之苏宁慧谷项目奠基典礼。朱善璐、陈家宝、沈健、陆冰等省市领导，鲍永安、徐苏宁、王红云等区四套班子领导，全国工商联副主席、苏宁电器集团董事长张近东，市、区相关部门负责人及SAP、思科、华为等国内外著名科技企业代表参加奠基仪式。苏宁睿城位于江东软件城内，项目占地60余公顷，总建筑面积约120万平方米。苏宁慧谷是苏宁睿城重要组成部分，总建筑面积约60万平方米，建成后将成为云集数百家国内外著名科技企业、数万名科技人员科技研发与总部经济基地。

【举行省、市共建模范路科技创新园区签约仪式】 5月26日，市政府与省科技厅在南京科技广场举行省、市共建模范路签约仪式。朱善璐、徐南平、季建业、陈绍泽、刘以安、王咏红、罗群等省市领导，鲍永安、王红云等区四套班子领导，以及园区高校、科研院所、企业负责人参加签约仪式。区委书记鲍永安介绍模范路科技创新园区的发展规划和建设情况；省科技厅厅长朱克江与市长季建业签订共建协议书；省长助理徐南平、市长季建业共同为园区管委会揭牌。省委常委、市委书记朱善璐指出，省、市共建模范路科技创新园区是贯彻落实省、市转变发展方式大会精神的重要举措，是南京发展创新型经济的示范工程，要以省、市共建为契机，用一流标准、国际化视野和全新理念，加快推进模范路科技创新园区建设，努力将其打造成“江南中关村”和全国科技创新示范区。

【召开南京物联网大会】 7月9日，南京邮电大学召开南京物联网大会。南京物联网产业研究院、南京物联网技术与应用研究院、南京邮电大学物联网科技园、南京物联网应用与服务示范园同时揭牌成立。朱善璐、季建业、鲍永安、纪增龙等，中国工程院秘书长、全国物联网专家委员会主任邬贺铨，中国信息产业商会会长、中国物联网标准工作组组长张琪，省市相关部门、高校、科研院所、企业负责人参加大会。南京邮电大学、南京大学、凯捷(资讯)中国有限公司、江苏省广电集团及三大运营商代表南京物联技术与应用研究院副理事长以上单位签约；中兴通讯、大唐电信、台湾东讯等企业代表与南京邮电大学签订校企合作协议；鼓楼区与南京邮电大学合作“智慧校园”应用示范工程、与南京苏富特合作面向老年人的健康服务物联网示范工程等南京物联网重点项目同时签约。

【召开公共文明指数测评总结表彰会】

9月23日，鼓楼区召开公共文明指数测评总结表彰会议，对全区公共文明指数测评迎查工作进行总结表彰。区四套班子领导和全区各部门、街道主要负责人参加会议。区委副书记王堡总结并宣读表彰决定。区委书记鲍永安提出要求。

【举行《中国首届博览会——南洋劝业会百年回望》史料丛书首发式】 (参见"专记"类目,第21页)

【举行郑和宝船复建工程庆典】 10月20日,鼓楼区举行郑和宝船复建工程庆典,拉开"2010中国南京世界历史文化名城博览会"序曲。国际展览局名誉主席吴建民,省、市、区领导及专家、来宁参加名城会的16个国家44个城市的市长与嘉宾出席庆典仪式。区委书记鲍永安主持庆典。参加庆典的领导和嘉宾参观仿古宝船建造现场。复建宝船总长71.1米,两柱间长48.42米,型宽14.05米,型深6.1米,满载吃水4.6米,排水量1600吨。该宝船预计2011年9月船体竣工,2012年底机电、风帆调试完毕,2013年试航。至年末,宝船主体复建完成三分之一。

【召开江南八区区长座谈会】 11月23日,鼓楼区召开江南八城区区长座谈会。市领导季建业、沈健、郑泽光、李琦,区领导鲍永安、纪增龙及其他各城区负责人参加会议。季建业对江南八区做好"十二五"规划和明年主要工作提出要求。 (滕 毅)

视察调研

【梁保华到区视察】 6月1日,省委书记梁保华,省委常委、市委书记朱善璐,市长季建业等省、市领导到鼓楼区金信幼儿园视察幼儿教育工作,并与幼儿园师生共度"六一"儿童节,区领导鲍永安、冯雯兰等陪同视察。梁保华一行视察幼儿园整体建设情况,并与幼儿园小朋友、老师、家长共同开展游艺活动。

9月7日,省委书记梁保华到鼓楼区一中心小学视察并看望师生。区领导鲍永安、冯雯兰等陪同视察。

【朱善璐到区调研】 4月17日,市委书记朱善璐就贯彻落实全省加快转变经济发展方式工作会议精神到鼓楼区调研,市区领导刘以安、王咏红、鲍永安等参加调研。朱善璐一行视察瑞中数据库、艾志集团和南京国际服务外包产业园。区委书记鲍永安汇报鼓楼区关于加快转变发展方式相关情况。

6月22日,朱善璐到鼓楼区调研非公企业发展情况。市区领导钱继红、赵晓江、鲍永安等陪同调研。朱善璐先后视察南京联创科技(集团)股份有限公司、苏宁电器集团总部,听取企业发展情况和发展规划汇报并提出要求。

7月14日,朱善璐到鼓楼区调研科技创新基地建设情况。市区领导王咏红、鲍永安及南京邮电大学、河海大学有关领导,市相关部门及部分市科技创新基地负责人等参加调研。区委书记鲍永安汇报鼓楼区模范路科技创新园区建设情况,南京邮电大学、河海大学分别汇报物联网科技园、水科技园建设思路和进展情况。

11月15日,朱善璐调研鼓楼区人才工作情况。市区领导王奇、刘以安、许仲梓、鲍永安、纪增龙陪同调研。朱善璐视察南大苏富特服务外包人才培训中心、南京圣和药业有限公司,了解培训中心在训学员基本情况、培养规模、就业方向及未来发展趋势。

【季建业到区视察】 1月22日,市长季建业到区视察金川河流域雨污分流工程。区委书记鲍永安、副书记王堡陪同视察。季建业分别察看模范马路段、回龙桥段金川河流域水体质量、水系分布、排污截污设施等情况,了解金川河历史状况,听取对雨污分流工程建设相关意见和建议。

4月10日,市长季建业到鼓楼区视察沈举人巷整治出新工程,察看沈举人巷及周边小巷路面整修、立面出新等工程改造情况,对工程建设给予肯定,并就进一步做好该项工程提出要求。区有关领导陪同视察。

组织工作

【概况】 2010年,鼓楼区有党组8个、党工委19个,其中党委(公安)1个、街道工委7个、系统工委10个、机关工委1个;有党员34263人,其中正式党员33019人、预备党员1244人;男性党员19730人、女性党员14533人;汉族党员33704人、少数民族党员559人。新发展党员322人。全区在职机关干部1582人(其中政府1100人,党群、人大、政协、法院、检察院482人)。全区区属事业单位管理人才和专业技术人才5944人,比2009年增加513人;区属企业经营管理人才和专业技术人才254人,比2009年增加47人。

【领导班子建设】 3月,区委成立考核工作领导小组,对全区区管领导班子和领导干部进行全面考核。考核工作历时1个多月,面向全区53个部门和7个街道共计60家单位展开,考核干部358人。考核除公开述职、个别谈话、全员测评外,还进行以考核对象为中心的多角度多层次意见征集,考察队伍由组织、人事、纪委、四办、街道等多个部门的人员组成,考核程序统一规范。开展多轮民主推荐,召开民主推荐会5场次,参加人数465人。在全区中学进行中学副校级岗位竞争上岗,对不称职的校领导班子成员进行停职、免职,对优秀的学校中层干部提拔任用。推行全委会差额票决制度,区法制办等6个部门12名正职建议人选,面向全委会竞职演讲,全体委员现场提问,并以无记名投票方式现场进行二选一差额表决。拟订《鼓楼区"十二五"妇儿发展规划》中女干部相关工作规划,注重加大女干部和党外干部比例,原有87名中层正职领导干部中,女干部达22名,党外干部有2名。按照市委大部制改革批复要求,对有关部门领导班子进行重组,在全区各街道、部门开展干部调整配备工作。全年共调整区管领导干部130人,其中提拔24人,交流36人,转员17人。通过调整,全区领导干部队伍平均年龄有所下降,女干部、党外干部比例有所提高。协助市委组织部完成对全区部分市管领导干部的考核调整与关系接转、对市管领导的征求意见和民主测评考察等工作。

【干部监督管理】 2010年,区委组织部对新接收的53名军转干部和7名选调生,按照专业、特长、各单位需求进行分配,缓解机关和街道干部需求压力。贯彻落实《关于进一步从严管理干部的意见》,健全和完善领导干部谈心谈话制度,对干部存在的苗头性问题早发现、早教育、早纠正。坚持领导干部离任审计制度,并根据工作需要实行届中审计,全年对23名正处职干部进行离任审计。严格执行党员领导干部个人有关事项报告制度。继续实行“一报告两评议”制度,区委书记鲍永安代表区委常委会,报告2009年度干部选拔任用工作情况,全体区委委员进行民主评议,并对2009年度新提拔的党政主要领导干部进行民主测评。贯彻《国务院信访工作条例》(以下简称《信访条例》),对干部反映的问题和困难,迅速进行调查核实,在第一时间内协调解决,及时进行回复。

【干部培训工作】 2010年,区委选派市管干部参加省市调训20人次,区管干部参加市级调训17人次。组织126名区管干部参加领导干部进高校菜单式自主选学培训,组织全区区管干部参加“南京干部在线学习系统”学习,派出数名年轻干部到境外参加培训。坚持把艰苦一线作为培养锻炼干部的前沿阵地,先后选派200余名年轻后备干部到拆迁、市容、信访等艰苦岗位接受磨练。启动区级机关干部驻点社区锻炼行动,首批抽调43名年轻干部进行2个月实践锻炼,形成43篇调研报告。创造良好的工作生活环境,先后接待安排来自南京工业大学、洛阳市西工区、省委统战部、延安宝塔区、青岛市教育系统18名干部到鼓楼区挂职锻炼。

【党员教育管理】 2010年,鼓楼区新发展党员252人;“公开党课”开课102堂,关于党务知识和党性教育必修课81堂,其他相关知识选修课21堂,参学党员8000余人次,参学入党积极分子600余人次;完成入党积极分子培训结业196人,132人培训成绩优秀;举行“永恒的誓言”主题党日活动,来自全区各条战线600多名党员代表重温入党誓言,并结合本职岗位作出新的承诺;进一步健全驻区机关和企事业单位在职党员向居住地社区、结对社区,助学、助残协会等公益组织报到制度、党员志愿服务制度;以“三带争星”为载体,深化党员承诺制、党员责任区、党员先锋岗、党员与群众结对帮扶等做法,形成党员长效管理机制;坚持“社区好党员”“优秀党员志愿者”等党内激励表彰制度。

【高层次人才队伍建设】 2010年,区委制订全区发展创新型经济、建设国际化人才高地的“1+若干”政策,提高产业自主创新能力及核心竞争力,超额完成年度市目标考核人才工作指标。加快南京科技广场建设,完成科技政务中心、专利展示交易中心等五大中心建设。加快江东软件城建设,打造国睿科技园、南邮物联网科技园等特色产业园区,形成科技创新核心竞争力。建立健全人才服务保障体系,实行首问首办负责制,建立政务办理事项绿色通道、重大项目全程跟踪、全程代办相关事项,优先解决子女教育、配偶就业、住宿安排等问题。建成FPGA创新中心、南京服务外包人才实训基地等人才培训服务平台,设立博士后工作室。成立全省首家高科技风险投资服务园,累计为27个高层次人才创新创业项目提供风险资金1.9亿美元、2.7亿元,为33个项目解决银行贷款1.5亿元。成立首家公共实验与检测服务网,汇集14大类600余种检测设备,降低人才创业过程中自主研发成本。

7月2日,鼓楼区举行庆祝建党89周年暨“永恒的誓言”主题党日活动

【社区党建工作】 (参见“和谐社区建设”类目,第338页)

【充分发挥党代表作用】 2010年,区委组织部组织区党代表深入街道、部门、社区和企事业单位,征集党员干部群众各类意见建议45条,其中10条被列入人大代表、政协委员提案交办会进行办理,代表建议意见基本办结。深入开展“我为党旗添光彩,争当优秀党代表”主题实践活动,共上党课230堂,接待党员群众435人,提出建议95条,解决问题32个,结对275户,走访慰问332人,帮扶项目11个,款物合计总价值十多万元。办理区政协委员楼道亮化提案,结合小区出新工程,完成新模范马路、长江新村等小区89幢231个单元楼道亮化工程。

【“两新”组织党建工作】 2010年,区委组织部对全区20个党工委及相关职能部门进行调研,广泛征求意见和建议,完成全区“两新”组织党建工作调研报告,先后在省委党校《党校直通车》《江苏通讯》《江苏政协》《南京快报》等多家刊物上刊登;出台《关于有效提升全区“两新”组织党建工作科学化水平的意见》,创新党组织管理和筹建机制,组建党建工作指导员队伍。11月11日,召开党群共建创先争优推进会,明确提出“组织统筹覆盖、人员统筹配置、活动统筹开展、保障统筹落实,创建先进党群组织和优秀典型人物”的工作思路,各部门分工合作,协调推进。制订《鼓楼区民营经济关心下一代工作委员会工作细则(试行)》,建立区关工委和组织部牵头,区“两新”工委、工商分局和街道工委具体负责的推进体系,全年共成立民营企业关工委98家,组织开展“感受世博迎青奥·拥抱明天共成长”系列主题活动。11月25日,南京市城区民营企业关工委建设现场推进会在鼓楼区召开。

【党建信息化建设】 2010年,区委组织部按照《南京市组织系统专网建设工作意见》的要求,迅速启动“大组工网”筹建工作。专门成立领导小组,配备精通计算机操作的工作人员,市委组织部对区委组织部“大组工网”建设工作给予充分肯定。完成党建信息平台二期开发,增加“移动党务”“网络党课”等功能,加强上下级党组织、组织与党员间有效互动,完成鼓楼党建信息管理平台与党内统计系统有效对接,实现全区党员动态管理。更换维护73个远程教育站点部分硬件,现场指导软件操作。各站点利用南京远程教育、服务平台开展党员教育和居民服务,全年为居民答疑1835条,开展远程党课教育700多堂。

【开展创先争优活动】 6月,区委按照中央、省、市委的文件精神和会议要求,在全区正式开展创先争优活动。区委常委会专题研究,及时制订全区深入开展创先争优活动实施意见,完善活动领导机构,召开动员会议。区委立足鼓楼实际,提出“率先科学发展,共建和谐鼓楼”主题,引导全区各级党组织履职尽责创先进,广大党员立足岗位争优秀,要求全区各级党组织要紧紧围绕区委、区政府的中心工作,紧密结合本部门本单位中心工作谋划和推动创先争优活动。针对不同领域和行业基层党组织职责任务、不同群体党员岗位特点,制订实施方案和推进措施。全年编发简报46期,推广基层好的经验和做法,其中《创先争优先锋榜》专刊9期,宣传先进典型22人。

【组工干部自身建设】 2010年,区委组织部深入推进“讲党性、重品行、做表率”活动,带头创先争优。成立由常委部长任组长、分管部长任副组长的机关支部创先争优活动领导小组,召开动员部署会,明确“树组工干部模范形象,建全区机关表率部门”为部机关创先争优活动主题,制订《实施方案》,开展部机关党支部和党员公开承诺,通过组织生活会、调研座谈会、情况通报会等方式,对活动开展情况适时进行点评、指导、考核;邀请部领导、老领导上党课,组工干部轮流为基层党员上党课,观看《北极雪》等影视作品,弘扬英模精神;开展“进组织部为什么,到组织部干什么,在组织部和人家比什么”大讨论,深入开展党性分析。深化“组织部长下基层”“组工干部下基层”活动。常委部长亲自带队,深入全区各街道、科技、工商、发改等经济工作部门以及高校、企业,广泛开展约谈和调研活动;部机关全体干部结对帮扶马台街社区12名困难群众、结对培养大学生社工15人,带头参与机关干部驻点社区锻炼行动。召开全区组织工作会议,围绕十七届四中全会精神,部领导分别就干部、人才、党建等工作对组工干部进行培训。定期开展业务能力竞赛,为部机关干部办理“城市书房——南京市鼓楼区图书馆”阅览证,开展“推荐一本好书”活动,并在部内QQ群中开展讨论、交流,引导大家培养8小时外“在休闲中阅读、在阅读中休闲”的高尚生活情趣。是年,区委组织部获得区级机关作风建设群众满意机关称号,被评为鼓楼区优秀绩效部门。 (郝 雷)

宣传工作

【概况】 2010年,鼓楼区宣传工作紧紧围绕全区推进经济社会科学发展、努力构建和谐城区的中心工作,创新宣传手段,提高策划水平,拓展传播领域,加大宣传力度。至年底,累计在中央、省、市等各大新闻媒体上刊发新闻稿件5900余条(篇),其中专题宣传29个整版,在南京电视台新闻综合频道《区县天地》栏目制作播出新闻片160余条。全区各街道、系统紧紧围绕“三个发展”在鼓楼的主题,举办各类论坛、会议、广场宣传等60余场次。深入社区、企业开展调查研究,在做好新闻宣传的同时,拍摄大量图片和视频资料,全年累计保障各类活动130次,拍摄制作各类成片8部。同时,健全网络做好舆情报送工作。全区7个街道和64个社区全面建立起信息员网络。全年收集各类信息4400余条,其中上网发布450余条,编辑《舆情信息快报》4期。

【组织中心组理论学习】 2010年,鼓楼区委宣传部组织中心组理论学习,制订下发《2010年中心组理论学习安排》,明确全年中心组学习专题和全年各场报告会内容。邀请专家学者举办“提高党的新闻执政能力”“廉洁从政必须防微杜渐警钟长鸣”等讲座。继续推进领导干部进高校选学活动,全区副处以上领导干部300余人走进南京大学,听取“扩大中等收入比重,建设和谐社会”等专题讲座。开展每月好书荐读活动,定期给领导干部推荐热门书籍。为中心组成员配备《〈中国共产党党员领导干部廉洁从政若干准则〉学习读本》等书籍100余册。

【推动学习型城区建设】 2010年,区委宣传部深入街道、居委会召开座谈会,征求社区书记和居民意见,组建由理论专家、机关干部、共建对象、社区志愿者参加的讲师团队伍,组织100余场理论宣讲进社区活动,推进党的最新理论成果进社区、进校园、进基层。继续通过“e 网学习乐”引导居民学习，开通新版“鼓楼市民学习网”，增设《课件点播》《互动释疑》等特色栏目，制作学习课件，推广数字阅览，推动鼓楼特色“5+1”学习型组织建设，启动“对接世博，迎接青奥，走向世界”读书征文活动。在第九届学习节期间，以“学习使我们生活更美好”为主题，开展 70 余场学习活动。

【刊发新闻稿件 5900 余条（篇）】 2010 年，区委宣传部通过开展专题宣传、深度报道等形式，完成年初制订的新闻宣传计划。新华社“郑和宝船 600 年后在南京复建”、中央人民广播电台“南京鼓楼：科技创新焕发生机”、《新华日报》“南京鼓楼：文明和谐，争创科学发展观实验区”、《南京日报》“和谐社区建设的鼓楼样本”等稿件在社会产生较大影响。至年底，在中央、省、市等各大媒体上刊发新闻稿件 5900 余条（篇），其中专题宣传 29 个整版，在南京电视台新闻综合频道《区县天地》栏目制作播出新闻片 160 余条。

【完善宣传制度】 2010 年，区委宣传部坚持全区每月新闻推介制度和新闻发布制度，向重点媒体推荐、介绍区委区政府各个时期中心工作。“建设和谐社区，迎接青奥盛会”高层论坛活动、经济建设情况、社区建设工作等新闻推介活动取得良好效果。全年进行主题推介 11 次，召开新闻发布会、新闻通气会 16 次。落实公共突发事件新闻管理制度，通过新闻通气等形式有效化解北京西路 2 号海宁宾馆火灾等突发事故的负面影响。

【开展社会宣传活动】 2010 年，区委宣传部组织街道、社区利用电子投影屏幕、宣传橱窗、道旗灯箱、标语横幅以及社区议事园等宣传阵地，开展社会宣传。全区各街道、系统围绕“‘三个发展’在鼓楼”主题，举办论坛、会议、广场宣传等 60 余场次。深入社区、企业开展调查研究，拍摄大量图片和视频资料，至年底，累计开展各类活动 130 次，拍摄制作各类成片 8 部。结合南洋劝业会百年纪念，出版《中国首届博览会——南洋劝业会百年回望》史料丛书，制作专题宣传片，打造“南洋劝业会纪念馆”，在上海世博园举行丛书首发式暨百年纪念活动，放大南洋劝业文化效应。

【建立鼓楼区舆情信息快报制度】 2010 年，鼓楼区建立信息员网络，覆盖全区各部门及 7 个街道、64 个社区。区委宣传部围绕党中央、省、市委重大决策和全区重点、亮点工作，注意发现意识形态领域存在的倾向性问题，及时报送舆情信息，反映基层社情民意。至年底，累计报送中宣部，省、市委宣传部 3100 余条，采用 190 条。建立“鼓楼区舆情信息快报”制度，及时收集、分析、上报鼓楼区舆情信息。全年收集各类信息 4400 余条，其中上网发布 450 余条，编辑《舆情信息快报》4 期。

【深化“星级文明和谐社区”创评工作】 2010 年，区委宣传部深入街道、社区及相关部门进行长效管理工作调研，归纳整理 150 件难点工作和 15 条意见建议。针对“五小”行业和老旧小区等问题，联合相关部门协调研讨破解方法。确定办实事项目 210 项，规范实事项目公示公告、经费管理等制度。有效整改各类投诉问题，处理《市督查专报》《区政协民主监督情况反映》、市民投诉等各类意见建议 58 条。深化“星级文明和谐社区”创评工作，完善评价实施细则，对全区社区实行“无星—四星”五级评价与管理。

【公共文明指数水平和群众满意度 85%】 2010 年，区委宣传部与南京师范大学合作，按季度开展区公共文明指数测评工作，全区公共文明指数水平和群众满意度稳定在 85%。全区机关干部深入社区开展文明创建活动，圆满完成国家、省、市多轮公共文明指数测评。开展文明单位评选活动，确定 126 家区级文明单位名单，苏宁电器集团等 18 家单位为市级及以上文明单位，工人新村等 10 家社区为市级及以上文明社区。

【开展道德建设实践活动】 2010 年，结合第九届公民道德宣传月活动，举办“感动鼓楼”故事会，在挹江门街道成立大学生社工公民道德宣讲团，推荐 41 人参加南京市“我推荐，我评议身边好人”活动，黄世霞等 6 人荣登“中国好人”榜，全年推荐“每月一星”共 267 名。规范公民道德运行机制，全年道德观察员进行巡访、引导活动 83 次，发现问题 445 件，解决 432 件，编发 3 期《观察员报》。积极开展“十佳议事园”和“十佳议题”推荐宣传活动。拓展精神文明建设

7 月 8 日，鼓楼区“理论宣讲进社区”活动启动仪式在中央门街道工人新村社区举行

品牌，石头城社区历史文化馆获得"南京市群众性精神文明创建工作优秀创新案例"。加强未成年人思想道德建设，营造未成年人成长环境。加强爱国主义教育基地建设，申报颐和路社区将军馆和石头城社区历史文化馆为市级爱国主义教育基地。

【组织志愿者开展多种形式服务工作】 2010年，区委宣传部以"走进世博、迎接青奥"为主题，组织志愿者开展多种形式宣讲活动。在对接世博会和迎接文明城市创建审查期间，组织机关、学校和驻区单位志愿者广泛开展"文明行路、文明乘车、文明驾车、文明排队"宣传服务活动。全年党员志愿者、巾帼志愿者参加文明交通、关爱空巢老人等志愿服务活动1.5万人次，总服务时间3.6万小时。 (隋海燕)

统战工作

【概况】 2010年，鼓楼区委统战部开展季度会、年度总结会、座谈会、走访及各类活动，积极联系、服务统一战线各方面人士。加强与各民主党派市委会联系，配合致公党、九三学社等党派做好总支换届工作，配合各党派做好组织发展工作；加强与市委统战部党派处联系，及时与党派处沟通；加强与各党派基层组织联系，了解各党派基层总支、支部组织活动情况。坚持民主党派总支负责人季度例会制度，引导各民主党派建立工作总结、调查研究等工作机制，规范使用党派专项经费。举办鼓楼区党外代表人士培训班，召开各民主党派总支与街道工委结对共建工作现场会。牵头组织成立鼓楼区民主党派送服务进社区咨询服务队，发动统战人士为灾区捐款，春节期间对贫困侨台属、少数民族、老工商业者等各界人士进行慰问。参与民进、台盟等党派调研活动，帮助协调、安排走访调研单位和部门。是年，完成调研文章15篇，民革鼓楼总支部被评为民革全省先进总支部，陈建国被民革中央评为全国基层工作先进个人，崔曙平、樊学燕、陶立被评为民革全省先进个人；民进鼓楼总支被评为民进全国先进基层组织，南京大学附属中学支部和南京市二十九中支部被民进江苏省委评为全省先进基层组织。

(曹秀玲 曹 杰)

【加强与党外代表人士交流】 1月7日，区委统战部协助区委召开各民主党派、工商联、无党派人士情况通报会，听取党外代表人士对鼓楼区经济、社会、文化等各项事业发展意见和建议，并办理落实。民进鼓楼总支提出的"关于增加银城花园社区居民社保医院"问题得到妥善处理，解决百姓就近就医问题。党外代表人士对党派组织建设、保障性住房建设、城市市容管理、旅游业布局、老旧小区出新等问题提出意见和建议。10月，区委统战部举办区党外代表人士培训班，邀请省委党校教授谈社会主义核心价值体系，交流座谈党外人士如何健康成长等问题。党外干部、党派负责人、无党派人士、区人大、政协部分常委等40余人参加培训。民革、致公党、台盟等党派分别开展践行社会主义核心价值观活动。民革鼓楼总支开展整理党派历史沿革工作。 (马 军 曹 杰)

【结对共建和服务工作】 5月，区委统战部召开各民主党派总支与街道工委结对共建工作现场会，制作结对共建工作成果图片展。宁海路街道、民进南大附中支部和致公党鼓楼综合支部作交流发言。民建总支代表到石头城社区进行调研，了解社区建设存在问题，并提出相关议案；民革各支部多次走访社区，商讨开展集邮展览、了解社情民意、撰写调研报告等合作内容，山阴路一户人家油烟扰民一事得到及时解决；民革党员范闻天等在老人节升展"爱老助老"活动，为宁海路街道老人送去价值近4000元补品；民进成员联系南大附中无偿捐赠出部分办公桌椅，帮助银城花园社区改善办公条件；党派成员发挥特长开展书法班、美术班、中高考咨询等活动，为社区和居民办实事。同时，区委统战部牵头成立民主党派送服务进社区咨询服务队，9月，服务队在湖南路凤凰广场开展第一次进社区活动，各民主党派派出专家、服务人员80余人，服务咨询范围涉及法律、医药、食品卫生、房地产、电信、金融、家庭教育、就业、升学等方面，取得较好社会效果。民革鼓楼总支率先成立法律志愿服务队、教育咨询服务队，参加宁海路街道"助威青奥社区志愿行"启动仪式，开展法律、教育和心理咨询活动。

(马 军)

【全国侨务系统"五五"普法侨法宣传角揭牌仪式】 9月25日，全国侨务系统"五五"普法侨法宣传角揭牌仪式在中央门街道观音里社区举行，省侨办副主任季俊秋、侨政处处长卢胜平、常务副区长纪增龙及相关领导出席揭牌仪式。季俊秋为中央门街道侨法宣传角揭牌，并向街道赠送侨法宣传设备。仪式结束后，与会人员共同参观街道侨法宣传角现场。 (童 萍)

【开展"民族宗教政策法规进社区"活动】 2010年，区委统战部组织开展"三个一"活动(一次板报评比、一次广场文化演出、一次学习讲座)，举办政策法规巡回宣讲，发放宣传册和宣传画等，在宗教活动场所开展消防安全和反渗透宣传教育检查，建立街道、社区信息员制度，协助民族宗教部门慎重、妥善处理新增聚会点和渗透活动。对少数民族困难家庭走访慰问，为少数民族群众提供法律咨询、医疗保健、养老帮扶，提供就业咨询、岗位培训等服务，帮助少数民族群众解决就业、子女入学等问题。

【为青海玉树灾区捐款18.26万元】 2010年，区民宗局发动宗教团体和宗教活动场所开展为青海玉树灾区捐款活动。南京清凉寺举行"为青海玉树震区启建消灾祈福法会"，理海法师带领200多名佛教信众，为玉树灾区同胞诵经、祈福，募集善款3.4万元，捐给鼓楼区红十字会。基督教江苏路堂和基督教会鼓楼聚会处分别募集11.2万元和3.66万元，捐赠给爱德基金会和基督教南京市两会，合计捐款18.26万元。

【开展平安宗教场所创建活动】 2010年，鼓楼区成立平安宗教场所创建领导小组，领导小组由区民宗局、610办公室、公安分局、司法局、文化局、旅游局和各街道分管领导组成，制订下发《开展平安宗教场所创建活动的实施意见》，明确创建目标、工作标准及工作要求，将创建活动纳入全区社会治安综合治理、平安鼓楼建设重要内容。宣传《宗教事务条例》和相关法律法规，规范宗教场所内部管理和宗教活动行为。定期检查基督教江苏路堂和基督教会鼓楼聚会处，督促落实各项安全制度措施；建立与公安分局、街道联动机制。是年，江苏路堂被评为南京市平安创建先进宗教活动场所。

（罗燕华）

党校工作

【概况】 2010年，鼓楼区委党校与多家单位联合举办区政协委员传承“遵义精神”主题教育培训班、区“加强和改进机关党建工作”研讨班、区大学生社工培训班、区第五期中学生业余党校培训班、区执法人员培训班等班次，培训人员496人；撰写调研文章6篇、科研文章8篇、信息6篇。顺利完成事业单位人事制度改革，建立事业单位定编聘用制度和岗位管理制度。认真做好函授学历教育收尾工作，在校人数78人，毕业学员421名。组织开展“牵手行动”，制订与共建社区困难群众结对帮扶3年实施计划，每月走访慰问贫困家庭，组织教师慰问社区特困家庭并捐款2200元。是年，区委党校被市委、市政府授予市级文明单位，被省委党校授予“研究生优秀办学点”，获全市党校系统“迎青奥”联谊活动二等奖。

【开展各种专题党课宣讲】 2010年，区委党校成立校党课大讲坛，同时部分教师参加区理论讲师团，应邀到区商贸工委、区开发工委、区教育工委、模范西路社区、颐和路社区、康藏路社区等基层单位开展科学发展观、十七届五中全会精神解读、国内经济分析和社区党建等专题党课宣讲。是年，教师周宏丽的党课荣获区党课评比一等奖。

【“三位一体”办学格局初具规模】 2010年，区委党校整合社会资源，拓展办学渠道，形成主体班次、学历教育、对外培训“三位一体”办学格局。开办第九期省委党校领导干部在职研究生班，开办党史与党的建设专业（市场经济与党政管理研究方向），录取学员71人。成为省青年干部管理学院成人高等教育大专班教学点，开设经济管理专业，经过全国成人大专统考，录取61人。与中国人民解放军炮兵学院南京分院联合承办中央广播电视大学行政管理专业大专班，经审核录取61人。

【科研工作新突破】 2010年，区委党校完善科研激励机制，制定《鼓楼区委党校科研五年规划》，新修订《科研突出成果奖励办法》。是年，区委党校为区委、区政府及上级党校提供调研文章10篇、科研文章8篇、信息6篇。

（邹　婷）

老干部工作

【概况】 2010年，鼓楼区委老干部工作坚持“以人为本，服务为先”工作理念，努力做好新时期老干部工作，发挥老干部在和谐社会建设中作用，确保老干部队伍思想稳定，政治待遇、生活待遇落实。全年区委老干部局管理离退休干部267人，其中离休干部244人（90岁及其以上5人，80~89岁130人，70~79岁109人，平均年龄83岁；抗日战争前期参加工作的19人，抗日战争后期参加工作的37人，解放战争时期参加工作的188人），退休区领导23人。离退休干部中，男146人、女121人；地市级10人、正区级6人、副区级21人、县处级139人、科级91人；中共党员177人，易地管理离休干部35人。

【开展“五好”党支部创建活动】 2010年，区委老干部局对全区5个老干部党支部活动开展情况进行检查调研，召开全区创建“五好”老干部党支部工作座谈会。为离休干部订阅《南京日报》《南京晨报》《银潮》《中国老年》等报刊杂志。重视党政领导联系老干部制度，区领导不定期走访慰问部分老领导、老同志，听取意见。全区各街道、系统党工委向老干部通报情况，开展“大走访”活动，了解老干部身体和生活情况，帮助老干部解决实际困难。年内，区委老干部局组织老干部赴武汉、台湾等地参观疗养，组织老干部参观南京鼓楼国际软件与服务外包产业

10月19日，鼓楼区为机关80岁以上老干部过生日

园。6月，区委老干部局领导带领全体干部分3组走访慰问老干部80余人。元旦、春节、端午节期间，局领导带队走访慰问老干部。全年看望慰问住院、生活困难等老干部及老干部遗孀140余人。

【落实老干部各项生活待遇】 2010年，区委、区政府优先保证老干部工作所需经费，完善离退休干部生活待遇正常增长机制，保证老干部待遇及时落实到位，离休干部各项经费足额预算、优先执行。做好离退休干部"四就近"(就近学习、就近活动、就近得到关心照顾、就近发挥作用)工作。抓好7个老干部社区服务管理示范点，发挥示范点带动作用。建立离休干部帮困关爱机制，完善老干部特殊困难和特殊医疗补助机制，全年帮助解决大病、重病、特殊困难离休干部22人，医疗费用33万元。健全完善医药费保障机制，确保离休干部医药费按规定实报实销。全区各医疗网点均建立辖区内老干部健康档案，为老干部提供医疗保健服务。开展全区老干部医疗保健课和医疗咨询。4月，组织全区217名老干部进行健康状况检查。继续为全区离休干部购买"96180"服务卡，完善离休干部服务功能，使老干部在应急求助、家政、中介等方面得到方便快捷优质服务。

【办好老干部活动中心(室)和老年大学】 2010年，鼓楼区重新装修老干部活动中心(室)，并加强制度化、规范化建设。举办第二期老干部电脑培训班、象棋赛、扑克牌比赛等活动，丰富老干部文体生活。加强区老年大学建设，2010年，区老年大学可用面积1000平方米，有教学室5间，舞蹈排练厅2间，电脑教室3间及多功能厅等专业教室。开设声乐、舞蹈、器乐、书画、戏曲、综合等6大门类30个专业65个班级。全年参加学习总人数3200人，每星期有1600人次参加各种学习班，区离、退休干部400人参加。6月，南京市老年大学在区召开老年大学工作座谈会，研究探讨新形势下加强和改进老年教育的方法和途径。

(杜加好)

鼓楼区老年大学学员汇报演出现场

机关工委

【概况】 2010年，鼓楼区级机关工委充分发挥机关党组织的先锋模范作用，全力促进机关行政效能的提升与服务质量的提高。至年末，区机关共有党的基层组织80个，其中党委3个、党总支3个、直属党支部51个。共有党员1756人，其中发展新党员7人。

【"牵手帮扶"行动】 2010年，根据市委和区委统一部署，区级机关工委制订下发《区级机关牵手帮扶实施方案》，就帮扶重点、帮扶形式、帮扶手段等作具体规定，并将帮扶名单发到结对机关党组织。机关各党组织高度重视，明确专人具体负责，均制订3年牵手帮扶实施计划，建立一户一表帮扶档案和帮扶联系人制度。活动开展以来，机关累计帮扶金额近20万元，物品10万余元。在注重输血式帮扶的同时，又注重造血式帮扶，机关各党组织对371户牵手帮扶对象进行摸底，共有45名困难人员有再就业需求，其中含6名残疾人员。区委组织部、区级机关工委、区劳动就业管理中心于8月6日联合举办鼓楼区"牵手行动"岗位帮扶专场就业招聘会，帮助牵手帮扶对象中困难人员再就业。会上驻区范

8月6日，鼓楼区举办"党心连民心，牵手筑和谐"牵手行动招聘会

围内的 20 余家企业拿出保安、营业员、门卫、超市理货员、家政等 200 多个岗位，现场达成就业意向 36 人。

【情牵玉树地震灾区】 4 月 16 日，区级机关在二楼办公大厅举办为青海玉树灾区捐款仪式，区委常委积极带头捐款，机关 1119 名党员共捐款 24 万余元。

【与高淳武家嘴村团委结对共建】 5 月 6 日，区级机关团工委组织直属的 14 名团支部负责人赴高淳，与武家嘴村团委正式签订结对共建协议。

【举办机关支部书记研讨班】 5 月 25~26 日，区级机关工委和区委党校联合举办鼓楼区加强和改进机关党的建设研讨班，机关 48 个部门的党组织书记和 7 个街道的机关党支部书记共 60 人参加培训研讨。研讨班着重针对机关党务干部的实际，按照"缺什么，补什么"的原则，采取集中培训、专家授课、互动教学等形式进行专题辅导、交流研讨。培训研讨期间市级机关工委副书记孟晓文、市纪委宣教室主任楼加华、市委党校教授戴维新分别作专题辅导报告。

【创建星级文明科室】 2010 年，机关"文明科室"创建活动领导小组制订"星级文明科室暂行规定"，明确晋升星级文明科室和末位淘汰的相关标准，加大监督检查力度，组织区机关作风、行风监督员和部分基层社区工作者对文明科室进行不定期的实地和电话暗访，及时指出存在问题，提出整改期限，促进创建活动有效开展。全年评选出文明科室 50 个，其中晋升二星级文明科室 20 个、一星级文明科室 30 个。

【优化发展软环境竞赛测评结果及优秀服务品牌】 2010 年，鼓楼区"优化发展软环境竞赛"参赛部门由原来的 15 家增至 16 家（新增区消防大队），其中市垂直管理部门 8 家。共向三类评议人发放评议表 800 份（其中驻区企业 698 份、区领导 25 份、街道负责经济的干部 77 份），回收评议表 728 份，回收率 91%。参评人员中，驻区企业特别增加税源大户、总部企业、科技型企业以及当年注册的大项目企业比重，698 家参评企业中纳税 50 万元以上的有560 家。统计结果，参评人员对 16 个参赛部门的平均满意率为 70.27%，比 2009 年下降 1.04 个百分点；不满意率为 0.52%，比 2009 年上升 0.13 个百分点。在扎实开展"软环境竞赛"的同时，精心打造具有部门特色的服务品牌。至年末，各参赛部门上报"软环境"优秀服务品牌 21 个，交警五大队"五星级超市"、城警五大队"温暖救助车"、区国税局"红枫税情"、地税鼓楼分局"成长服务"、区工商局"放心消费"、区发改局"服务 360"、区环保局"环保连心桥"等优秀服务品牌。

【区机关作风评议】 2010 年，全区部门参加机关作风评议 56 家，8 家市垂直管理部门，分为 2 个组进行评议和排名。政府部门组 42 家，党群政法组 14 家。评议中，共向三类评议人发出评议表 1280 份（其中街道机关干部 503 份、社区群众评议人 320 份、"两代表两委员"457 份），回收评议表 1271 份，回收率 99%。统计结果，对区级机关 56 个部门总体评价满意率 69.54%，比 2009 年上升 4.18 个百分点；不满意率 0.48%，比 2009 年下降 0.05 个百分点。2010 年被区委、区政府表彰的 10 个群众满意机关为：区委组织部、区委宣传部、区老干部局、区残联、区民政局、区司法局、区国税局、区人力资源和社会保障局、区消防大队、区体育局。 （陶　靖）

信访工作

【概况】 2010 年，鼓楼区信访工作围绕中心、服务大局，积极宣传《信访条例》，畅通和拓宽信访渠道，全面深入排查矛盾纠纷，扎实开展"信访积案攻坚提速年"活动，继续推进"三无"（无非正常上访、无敏感时期重点人头失控、无因信访问题引发的有影响的突发群体事件）社区创建工作，全力化解群众反映强烈的信访突出问题，维护全国、省、市"两会"，上海世博会、五中全会等敏感时段信访稳定。全年区信访局受理群众来信来访 1767 批（件）2901 人次，比 2009 年同期 1478 批 2559 人次分别增加 19.22%和 13.36%。其中，来信 787 件，比 2009 年同期 720 件增加 9.31%；来访 980 批次 2119 人次，比 2009 年同期 758 批 1839 人次分别增加 29.29%和 15.23%；全区信访形势总体良好，处于可控状态。是年，鼓楼区被南京市信访工作领导小组评为上海世博会信访维稳先进单位，被省信访工作领导小组表彰为 2009 年度全省信访工作"三无"县（市、区）。

上访群众向区信访干部赠送锦旗表达谢意

【推进领导大接访工作】 2010 年，区委、区政府先后召开信访工作会议 8 次，各类协调会议 23 次，听取信访工作汇报 8 次，对做好信访工作提出明确要求，设立用于矛盾化解的稳定基金 250 万元。2 月，政法委书记姚坚代表区委、区政府与各街道、各部门签订信访工作目标责任书，强化第一责任意识。区委书记鲍永安协调会办龙凤玫瑰园房屋租售纠纷、中海地块拆迁、软件园拆迁户分房等 6 项矛盾较为突出、处理难度大、涉及人数多、政策性强、对抗激烈的信访问题。对省、市交办的 34 件案件及区排查的 135 件重点案件，全部落实区领导包案。坚持区党政领导接待日制度，全年区党政领导接待群众 591 批 942 人次，诉求有效处理率 90%。

【开展“信访积案攻坚提速年”活动】

2010 年，鼓楼区开展“信访积案攻坚提速年”活动，在 2009 年积案化解基础上，进行再梳理、再分析，确立工作重点，明确交办责任，落实包案领导。对涉及人数多、反应激烈的信访热点难点问题，调整包案阵容，提高领导层次，增强攻坚力量。成立“个案攻坚责任包案组”，由区包案领导牵头，事发单位、相关街道和部门领导为主体组成。整合法院、司法、公安、街道、事发单位等力量，攻坚克难，全力推进，有效化解。制订《鼓楼区维护稳定暨社会矛盾纠纷化解绩效考评意见》《鼓楼区信访积案化解工作考评办法》，分别对街道和包案攻坚组化解情况分阶段进行综合考核和逐案考核，把妥善处理热点难点问题、注重解决群众实际困难、敢于和善于破解信访难题，作为衡量和评价各级领导班子及领导干部政治意识、大局意识、驾驭复杂局面、维护社会稳定能力的重要依据，纳入考核工作。5 月，全区对省市交办的 34 件重点信访问题，全部落实区领导包案，明确重点化解件和重点稳控件。按照省、市统一部署，先后安排区信访局 4 名干部到昆山值班，应对突发事件，实现“上海世博会”期间全区到沪“零”上访。

【“三无”社区创建面达 87.5%】 2010 年，鼓楼区开展“三无”社区创建活动。调整“三无”社区创建内容，规范社区信访工作，统一制作下发社区信访台账、社区信访工作手册，64 个社区落实“八个一”(有 1 名固定或兼职信访接待人员、有 1 个固定接待室或场所、挂有 1 块“信访接待室”牌子、摆有 1 张“信访接待”席卡、有 1 部专用接待电话、有 1 张信访便民服务卡并公开电话号码、有 1 个信访网络图、有 1 套完整的工作制度)。建立完善信息员、代理员、陪访员、调解员队伍。“三会一制”(信访分析排查会、信访议事会、信访调解会，信访问题代理制）落到实处。全区 64 个社区聘请专业律师担任法律顾问，及时为群众提供法律咨询、矛盾调解等服务。全年 56 个社区达“三无”社区创建标准，全区“三无”社区创建面达 87.5%。

【开展排查活动】 2010 年，鼓楼区成立由联席、维稳、司法和公安等有关部门组成的区、街、居三级排查工作领导小组，集中开展信访热点难点问题专项排查。重点排查征地拆迁和城市建设、民生、改革改制、涉法涉诉、涉军群体矛盾纠纷以及重点群体、重点人头等五个方面问题。采取属地为主、条块结合和集中排查的方式，共排查群体矛盾纠纷以及重点群体、重点人头等五大类 24 个主要问题 68 个案件，对排查出的案件分别按照难易及可控程度分为 A、B、C 三个级别，将化解稳控责任落实到公安、街道等相关部门。各街道和有关单位坚持每日排查、每周梳理、每月汇总工作动态，加大督查督办工作力度，采取电话督办、发函督办、会议督办、通报督办等方式，重点督查信访事项办理情况，有效协调处理信访突出问题。 (倪立业)

关心下一代工作

【强化关工委组织建设】 2010 年，鼓楼区关心下一代工作委员会召开区关工会议和区“双先”表彰会(表彰先进集体 29 个、先进个人 47 名)、举办区关工委干部培训班、派员参加市关工委干部培训班学习，宣传和学习中央关工委成立 20 周年纪念大会文件及中央领导讲话，提高干部认识和工作水平。研究表彰奖励决定及制订 2011 年工作思路，巩固“三结合”(以区文明办、关工委统筹协调，各部门协作互动、“五老”广泛参与)工作思路与工作格局。

【推进民企关工委组建工作】 2010年，区关工委牵头召开联席会议，研究发展民企关工委工作。组织民企负责人

5 月 27 日，鼓楼区召开民营经济关心下一代工作推进会暨“阳光学子世博行”项目启动仪式

赴南通考察、召开区民企关心下一代工作推进会暨“阳光学子世博行”项目启动仪式、为首批8家民企关工委挂牌、向全区民企发出倡议书、组织开展延安行红色之旅活动等一系列活动，推进民企关工委组建工作。11月，南京市城区民营企业关工委建设推进会在区召开，省、市、区、街关工委，市区委组织部、工商局领导等140人参加会议。

【开展各类道德实践活动】 2010年，区关工委开展各类道德实践活动，与文明办等6部门联合举办“弘扬中华传统美德，做一个有道德的人”读书、征文、讲座、论坛、游戏、诵读、演讲系列活动。区思想道德教育讲师团8位团员开设专题讲座14个；在200余篇征文中评出一等奖8名、二等奖16名、三等奖32名以及演讲一等奖2名、二等奖4名、三等奖7名，优秀组织奖1个，并在区第八届中小学生总结表彰大会进行颁奖。开办家庭、学校、社区相结合道德教育讲堂，依托校外辅导站就近就便开展教育活动，推广“一家承办，多家参与”模式。

【加强校外科技阵地建设】 2010年，区关工委加强和改善校外教育活动阵地硬件建设，新建校外教育阵地6个、在建1个、计划新建1个。投入20万元，为7个街道20个社区增配电脑34台、投影仪7台、空调6部、电视3台、液晶显示屏2个。资助区少年宫开展科技活动及科技辅导员培训工作。召开校外辅导站辅导员座谈会，选派“五老”科技辅导员参加市科技小阵地负责人培训班，召开暑假工作经验总结交流会。12月21日，召开首届鼓楼区优秀校外教育辅导站和优秀校外教育辅导员表彰会，江东街道少儿农科院校外教育辅导站等16个辅导站，宁海路街道康藏路社区校外科技辅导员吴家瑨等28人在大会上受到表彰奖励。

【科技教育获硕果】 2010年，区关工委在南京市街道社区科技教育“四个一”竞赛中，选送143件作品，评出51件送市参评，获奖28件，其中一等奖9名、二等奖8名、三等奖11名。8月，中央门街道洪爷爷科技工作室“三模”集训班18名学生参加省“三模”比赛，获奖14人。11月，天正和鸣社区小朋友与凤凰“少科院”小朋友的科技小制作，参加在杭州举办的全国社区教育成果展。洪志建编制的《三模教材》被天正小学作为校本教材。在省第二届青少年发明家评选活动中，凤凰街小学学生黄惠昕荣获一等奖并获“江苏省第二届青少年发明家”称号，拉萨路小学学生邹文颖与二十九中学学生余修铭荣获二等奖、教师陈长明荣获省优秀发明辅导员称号。

【创建未成年人零犯罪社区】 7月20日，区关工委与区综治委、区预防青少年违法犯罪工作领导小组联合部署开展创建未成年人零犯罪社区工作。组织公安局、检察院、法院、司法局等4个部门关工委退休干部100余人开展“送法进学校、进社区、进家庭”活动110余场次。公安鼓楼分局关工委在南大附中毒品预防教育基地举行开馆仪式，开展“鼓楼法律人和谐校园行”广场法制宣传等。协助有关部门检查和整顿文化娱乐场所不规范行为。7月20日，与市区文化局联合召开市网吧义务监督员表彰会，表彰优秀“五老”网吧义务监督员，全区25名网吧义务监督员受到表彰；10月20日，与区文明办、区文化局联合召开区网吧义务监督员座谈会。召开联席会议，探讨巩固创“六好”社区成果，开展创“六好”示范社区、零犯罪社区工作。支持、配合省关工委做好对未成年人困难群体开展“百千万”资助工程工作(特困生6名、贫困生68名)；组织社区特困生参加市关工委举办的爱心夏令营；支持、配合区爱心助学协会举办“祝福青奥延安行，两地学子心连心”夏令营和“延安学子、阳光学子南京牵手上海世博行”活动，举办阳光家园免费中高考爱心辅导班，做好弱势群体帮扶关爱工作。

【开展家庭教育活动】 2010年，区关工委会同区文明办、区妇联召开区家庭教育工作会议暨《蒙学〈弟子规〉教程》首发仪式。表彰先进家长学校、先进工作者及优秀家长；向社区及中学、小学、幼儿园赠送《弟子规》，1名家长被评为市“十佳家长”。办好各级各类家长学校、举办家庭教育报告会、家长座谈会、家教经验交流会、家教咨询会。在湖南路第三幼儿园举办第十届“亲子节”，400个家庭1000余人参加12项亲子活动。 (杜加好)

南京市鼓楼区人民代表大会

【概况】 2010年，鼓楼区人大常委会围绕“率先科学发展，共建和谐社会”主题，认真履行宪法和法律赋予的各项职责，为服务和保障全区经济社会发展、推进民主法治建设、促进社会和谐稳定作出积极贡献。全年召开常委会会议12次、主任会议7次，听取和审议“一府两院”工作报告25项，作出决议、决定10项，检查法律法规实施情况1项，发出审议意见书6份，依法任免国家机关工作人员78名，圆满完成区十六届人大三次会议确定的各项任务，较好发挥地方国家权力机关作用。

【区第十六届人民代表大会三次会议】 1月4~7日，区第十六届人民代表大会第三次会议在区机关礼堂举行。大会应到代表259名，实到242名。出席区政协十届三次会议全体委员列席大会，特邀部分全国、省、市人大代表列席会议，社区部分公民代表旁听会议，区人大常委会主任王红云主持开幕式。

4日，大会举行预备会议，听取区人大常委会副主任张兴才所作关于区第十六届人民代表大会第三次会议筹备工作情况汇报；选举大会主席团成员和秘书长，通过计划和财政预算审查委员会成员名单、大会议程。

5日，举行第一次全体会议。听取

和审查区长徐苏宁代表区政府所作《政府工作报告》，审查《南京市鼓楼区2009年国民经济和社会发展计划执行情况及2010年计划草案的报告》《南京市鼓楼区2009年财政预算执行情况和2010年财政预算草案的报告》。

6日，举行第二次全体会议。听取和审查区人大常委会主任王红云所作《南京市鼓楼区人民代表大会常务委员会工作报告》、区人民法院院长经翔宇所作《南京市鼓楼区人民法院工作报告》、区人民检察院检察长田跃初所作《南京市鼓楼区人民检察院工作报告》。

1月6日，区第十六届人民代表大会第二次全体会议现场

7日，举行第三次全体会议。会议通过《关于鼓楼区人民政府工作报告的决议》《关于鼓楼区2009年国民经济和社会发展计划执行情况及2010年计划的决议》《关于鼓楼区2009年财政预算执行情况及2010年财政预算的决议》《关于鼓楼区人民代表大会常委会工作报告的决议》《关于鼓楼区人民法院工作报告的决议》《关于鼓楼区人民检察院工作报告的决议》。大会确定2010年区政府为民办实事10件重点项目。

人大常委会会议

【常委会第十七次会议】 2月23日，区第十六届人大常委会举行第十七次会议。区人大常委会主任王红云主持会议。会议审议通过区人大常委会环境资源城市建设工作委员会主任司梁宪所作《关于区十六届人大三次会议〈关于合理规划建设农贸市场的议案〉的处理意见报告》、区人大常委会教科文卫工作委员会主任庞月霞所作《关于区十六届人大三次会议〈关于解决江东软件园区教育增容的议案〉的处理意见报告》、区人大常委会财政经济工作委员会主任汪振宇所作《关于区十六届人大三次会议〈关于加强中高端人才培训体系建设的议案〉的处理意见报告》、区人大常委会内务司法工作委员会主任严建华所作《关于区十六届人大三次会议〈关于逐步解决公安派出所办公用房的议案〉的处理意见报告》，决定将4件议案交区政府办理。审议通过《关于全面推进全区转型发展、创新发展、跨越发展，奋力争做南京"三个发展"排头兵的决议》《关于向"全面达小康，建设新鼓楼"贡献工作单位授予荣誉称号的决定》。

【常委会第十八次会议】 4月27日，区第十六届人大常委会举行第十八次会议。会议听取和审议区人大常委会副主任、执法检查组组长张兴才所作《区人大常委会执法检查组关于检查〈中华人民共和国文物保护法〉实施情况的报告》；审议通过《南京市鼓楼区人民代表大会常务委员会规范性文件备案审查工作暂行办法》；听取区科技局局长许小萍受区政府委托所作《〈南京市鼓楼区国家科技进步示范区建设发展规划〉编制说明》，审议并原则通过《南京市鼓楼区国家科技进步示范区建设发展规划》；会议补选顾生为南京市第十四届人民代表大会代表。通过有关人事任免事项。

【常委会第十九次会议】 5月19日，区第十六届人大常委会举行第十九次会议。会议听取和审议区长徐苏宁所作《区政府关于提请纪增龙同志任职的议案》，决定任命纪增龙为南京市鼓楼区人民政府副区长。

【常委会第二十次会议】 6月22日，区第十六届人大常委会举行第二十次会议。会议听取和审议区审计局局长张国强受区政府委托所作《关于鼓楼区2009年度财政预算执行和其他财政收支情况的审计工作报告》；区财政局局长何泽南受区政府委托所作《关于鼓楼区2009年财政决算情况的报告》，决定批准2009年区财政决算；听取和审议区环保局局长杭军受区政府委托所作《区政府关于水环境生态治理工作情况的报告》；审议通过区长徐苏宁书面辞职报告，决定接受徐苏宁辞去南京市鼓楼区人民政府区长职务的请求。

【常委会第二十一次会议】 7月26~27日，区第十六届人大常委会举行第二十一次会议。会议听取和审议常务副区长纪增龙所作区政府2010年上半年工作情况的汇报；审议《鼓楼区2010年上半年国民经济和社会发展计划执行情况的报告》《关于2010年上半年财政预算执行情况的报告》；审议通过区人大常委会副主任王源源所作辞职报告，决定接受王源源辞去南京市鼓楼区人大常委会副主任职务的请求。

【常委会第二十二次会议】 8月24日，

区第十六届人大常委会举行第二十二次会议。会议专项审议公安鼓楼分局社会治安防控工作情况的报告；听取区人大常委会副主任、代表资格审查委员会主任委员王建华所作《区十六届人大常委会代表资格审查委员会关于徐苏宁代表资格终止的审查报告》，确认徐苏宁代表资格终止；审议区人大常委会主任王红云代表主任会议所作《关于罢免徐苏宁的南京市第十四届人民代表大会代表职务的议案》，审议通过《关于罢免徐苏宁的南京市第十四届人民代表大会代表职务的决议》，决定罢免徐苏宁南京市第十四届人民代表大会代表职务，并报南京市第十四届人大常委会备案。

【常委会第二十三次会议】 9月13日，区第十六届人大常委会举行第二十三次会议。会议听取常务副区长纪增龙所作《区政府关于机构改革方案有关情况的说明》。通过有关人事任免事项。

【常委会第二十四次会议】 10月29日，区第十六届人大常委会举行第二十四次会议。会议专项审议副区长冯雯兰所作《区政府关于优质教育均衡发展情况的报告》《区政府关于模范路科技创新园区工作情况的报告》。听取和审议《关于区十六届人大三次会议代表议案建议办理情况的汇报》。通过有关人事任免事项。

【常委会第二十五次会议】 12月1日，区第十六届人大常委会举行第二十五次会议。会议听取和审议副区长周文中所作《关于2010年为民办实事工作情况的汇报》《关于"五五"普法工作情况的汇报》。听取常务副区长纪增龙所作《区政府2010年廉政工作情况汇报》。审议通过《关于召开南京市鼓楼区第十六届人民代表大会第四次会议的决定》。通过有关人事任免事项。

【常委会第二十六次会议】 12月6日，区第十六届人大常委会举行第二十六次会议。会议通过《关于接受马学春等同志辞去南京市鼓楼区第十六届人民代表大会代表职务请求的决定》，会议决定接受(以姓氏笔划为序)马学春、刘玉兰、何军、李江新、武刚、唐菊仪、郭明雁、潘秀华等8人辞去南京市鼓楼区第十六届人民代表大会代表职务的请求。

【常委会第二十七次会议】 12月28日，区第十六届人大常委会举行第二十七次会议。会议听取和审议区财政局局长许小卫受区政府委托所作《关于调整2010年财政预算的报告》，决定批准区人民政府提出的2010年区财政预算调整方案；听取和审议区发改局局长徐丽受区政府委托所作《南京市鼓楼区2010年国民经济和社会发展计划执行情况及2011年计划草案的报告》、区财政局局长许小卫受区政府委托所作《关于2011年财政预算草案编制情况的报告》、区发改局局长徐丽受区政府委托所作《关于鼓楼区"十一五"规划实施情况及"十二五"规划编制情况的汇报》，决定提交区第十六届人大四次会议审议；听取和审议区文明办主任郭磊受区政府委托所作《区政府2010年文化建设目标完成情况及2011年目标制定情况的汇报》；审议通过区人大常委会代表资格审查委员会主任委员王建华所作《关于补选代表的代表资格审查情况的报告》，根据《全国人民代表大会和地方各级人民代表大会选举法》《中华人民共和国地方各级人民代表大会和地方各级人民政府组织法》有关规定，代表资格审查委员会对有关选区补选出的王前、兰芳、石坚、刘新建、朱劲松、严忠琴、张新霞、李晖、陈乙华、陈凯、蔡双根等11名区十六届人大代表的代表资格进行审查，确认代表资格有效；听取和审议区人大常委会副主任张兴才所作《关于区第十六届人大四次会议筹备情况的报告》，通过区第十六届人大四次会议的议程(草案)、日程(草案)，主席团、秘书长建议名单，计划和财政预算审查委员会成员建议名单，并决定提交区第十六届人大四次会议审议，决定区第十六届人大四次会议列席人员名单，审议并原则通过区第十六届人大常委会工作报告，决定提交区第十六届人大四次会议审议。会议还通过有关人事任免事项。

【常委会第二十八次会议】 2011年1月14日，区第十六届人大常委会举行第二十八次会议。会议审议通过《南京市鼓楼区第十六届人民代表大会常务委员会关于向"全面达小康，建设新鼓楼"贡献工作单位授予荣誉称号的决定》。听取和审议常务副区长纪增龙所作《区政府关于提请杨学鹏同志任职的议案》，任命杨学鹏为南京市鼓楼区人民政府副区长。审议通过区人大常委会主任王红云所作《关于提名杨学鹏同志代理鼓楼区人民政府区长的议案》，决定杨学鹏代理南京市鼓楼区人民政府区长。会议通过《关于接受田春芸等辞去南京市鼓楼区第十六届人民代表大会常务委员会委员职务的请求的决定》，决定接受(以姓氏笔划为序)田春芸、张玉玲、庞月霞辞去南京市鼓楼区第十六届人民代表大会常务委员会委员职务的请求，并报区第十六届人民代表大会第四次会议备案。

人大常委会主任会议

【第一次主任会议】 1月21日，区第十六届人大常委会召开第一次主任会议。会议讨论并原则通过区人大常委会环境资源城市建设工作委员会提出的《关于区十六届人大三次会议〈关于合理规划建设农贸市场的议案〉的处理意见报告》、区人大常委会教科文卫工作委员会提出的《关于区十六届人大三次会议〈关于解决江东软件园区教育增容的议案〉的处理意见报告》、区人大常委会财政经济工作委员会提出的《关于区十六届人大三次会议〈关于加强中高端人才培训体系建设的议案〉的处理意见报告》，区人大常委会内务司法工作委员会提出的《关于区十六届人大三次会议〈关于逐步解决公安派出所办公用房的议案〉的处理意见报告》，决定提交区十六届人大常委会第十七次会议审议。

【第二次主任会议】 3月24日，区第十六届人大常委会召开第二次主任会议。会议讨论并通过区人大常委会人事代表联络工作委员会提出的区十六届人大三次会议代表议案、重点建议督办分工意见，决定将区十六届人大三次会议所确立的4件议案，以及从代表建议中选出的6件重点建议交常委会领导和有关工作机构分别督办。听取区司法局局长姜晓宁受区政府委托所作《关于社区矫正工作情况的汇报》，会议要求依法规范实施，积极探索实践，稳妥推进社区矫正工作。

【第三次主任会议】 5月26日，区第十六届人大常委会召开第三次主任会议。会议听取副区长李晖代表区政府所作《关于社会化停车场建设情况的汇报》，充分肯定区政府在社会化停车场建设方面所做工作，并就加强停车场的规划、建设和管理、改善道路交通状况、保障交通安全畅通提出建议。

【第四次主任会议】 7月16日，区第十六届人大常委会召开第四次主任会议。会议分别听取区人民法院院长经翔宇所作关于执行工作情况的汇报、区人民检察院副检察长王宁虎受检察长的委托所作关于监所检察工作情况汇报。

【第五次主任会议】 9月26日，区第十六届人大常委会召开第五次主任会议。会议分别听取鼓楼国税分局局长徐六宝所作关于国税工作情况汇报、鼓楼地税分局局长罗斌所作关于地税工作情况汇报。

【第六次主任会议】 11月18日，区第十六届人大常委会召开第六次主任会议。会议听取副区长冯雯兰代表区政府所作《关于社区卫生服务中心与驻区优质医疗资源"双向对接"工作情况的汇报》。

【第七次主任会议】 11月23日，区第十六届人大常委会召开第七次主任会议。会议听取副区长李晖代表区政府所作《关于湖南路04、05片拆迁工作情况的汇报》，督促区政府突出民生改善，坚持依法、和谐拆迁，全力做好拆迁实施及社会稳定工作，推动湖南路二次腾飞。

调研视察

【视察市场供应保障情况】 1月26日，区人大常委会主任王红云带领部分区人大代表，对春节前群众日常需求量较大的农产品和百货等产品价格、质量进行视察检查。先后视察检查镇江路农贸市场、北京华联超市、苏宁环球购物中心等处，要求加大市场监管力度，保证食品安全供给和商品价格稳定，切实做好节前市场供应保障工作。副区长费丽明及区商贸、物价、工商分局负责人参与视察。

【视察辖区社区矫正工作】 3月17日，王红云率领部分区人大常委会组成人员视察辖区社区矫正工作。副区长周文中等参加视察。视察组先后走访挹江门街道、回龙桥社区、挹江门街道司法所、区社区矫正管理教育中心等处，听取区政府及职能部门相关工作情况汇报，针对当前社区矫正工作出现的新情况提出建议。

【开展校园安全集中视察】 3月30日，王红云带领部分区人大常委会组成人员、区人大教育代表组代表视察校园安全工作。视察组先后到三牌楼小学、清凉山小学、鼓楼实验幼儿园、琅琊路小学，察看校园周边、教学楼等处安全设施情况，听取学校领导对保障校园安全意见建议并提出要求。

【视察水环境生态治理工作】 6月11日，王红云率部分区人大常委会组成人员、街道人大工委领导，视察水环境生态治理工作。先后察看里圩河、西北护城河水环境生态治理工作，对进一步做好水环境生态治理工作提出要求。

【视察区看守所】 6月30日，王红云率领部分区人大代视察区看守所，并对区检察院监所检察工作提出要求。

【视察公安鼓楼分局治安防控工作】 8月18日，王红云带领区人大部分常委会组成人员，实地查看工人新村社区警务室、公安鼓楼分局安全监控系统，听取公安鼓楼分局相关工作情况汇报，督促区政府进一步加强社会治安防控体系建设，提升全区治安防控工作水平，努力打造安全、和谐、稳定的社会环境。

【视察模范路科技创新园区】 10月12日，王红云带领部分常委会组成人员和人大代表，先后视察模范路科技创新园区内南京邮电大学物联网科技园、江苏低碳产业园、世界之窗973风电海水淡化项目以及南京智慧谷动漫软件园等多家单位，了解科技创新园区基础设施建设及一些重点项目推进情况，并听取相关工作汇报。

【视察学校建设工作】 10月15日，王红云率领区人大常委会组成人员及部分人大代表视察南京工业大学附属中学、南昌路小学、财大附小、镇江路小学，听取关于全区优质教育均衡发展情况的意见和建议。

【调研视察社区卫生服务中心与驻区优质医疗资源"双向对接"工作】 11月10日，区人大常委会副主任张兴才带领部分人大常委会组成人员调研视察全区社区卫生服务中心与驻区优质医疗资源"双向对接"工作，先后察看宁海路社区卫生服务中心、长江社区卫生服务中心、虹桥社区卫生服务中心并提出要求。

【视察为民办实事10件重点项目落实情况】 11月24日，王红云带领区人大常委会部分组成人员和区人大代表调研视察2010年区人代会确定的为民办实事10件重点项目落实情况。先后视察新模范马路9号雨污分流施工现场、芦席营绿地广场、鼓楼法治文化广场、钟阜路爱民桥水环境整治工地、瑞海博养老服务中心、草场门大街南京创业典型金海豚教育培训中心、西康路3号小区出新情况等，区政府各有关部门负责人参加视察。

【开展人代会会前集中视察活动】 12月10日，区人大常委会组织全体区人大代表160人开展人代会会前集中视察活动。先后视察绿地广场紫峰大厦、爱儿时代广场、瑞海博老年康复中心、丁山社区居委会等地，详细了解全区经济建设、社会公共服务事业发展状况，为人代会审议各项工作做准备。

【全国、省、市人大领导视察调研】 7月20日，十一届全国人大香港特别行政区代表团60余人，在全国人大常委会副秘书长何晔晖陪同下，到鼓楼区艾志工业技术集团公司，就企业科技创新、产业结构调整等进行视察。柏苏宁、李福全、鲍永安、王红云等省、市、区领导陪同视察。

8月4日，南京市人大常委会主任陈家宝一行到区调研产业转型工作。视察中国移动南京分公司、国网电力科学研究院、南京邮电大学物联网科技园等单位，听取关于加快产业转型升级、发展创新型经济工作情况汇报。

9月11日，全国人大常委会副秘书长李连宁到湖南路街道就代表工作作专题视察，王红云等省、市、区领导陪同视察。李连宁一行视察湖南路人大代表之家硬件和软件建设情况，并听取区、街两级相关工作汇报，对鼓楼区代表工作取得的成绩给予充分肯定。

10月10日，中央人民广播电台、中国人大杂志社、《中国检察日报》等中央媒体，在全国人大常委会代表资格审查委员会办公室主任李伯钧、全国人大常委会办公厅新闻局局长钟雪泉带领下，到区就人大代表工作情况开展调研采访，省人大常委会人代联委副主任孙庭兆、市人大常委会人代联委副主任李建，区人大常委会主任王红云、副主任王建华以及部分人大代表与采访组进行座谈。采访组成员对多名代表进行个别采访，并实地察看湖南路和挹江门街道人大代表之家。

重要活动

【开展人代会精神宣传月活动】 2月，区人大常委会在全区开展人代会精神宣传月活动，全体区人大代表深入所在选区或选举单位向选民开展区人代会精神集中宣讲，介绍各自在会议期间履职情况，并深入社区开展春节前“献爱心，送温暖”活动。全区有227名代表参加宣讲，各级代表共筹集56.37万元，走访慰问1112户困难家庭，在社区获得广泛好评。

10月10日，全国人大常委会代表资格审查委员会办公室主任李伯钧、全国人大常委会办公厅新闻局局长钟雪泉带领中央媒体到鼓楼区调研采访人大代表工作

【开展“促进优质教育均衡发展”主题论坛活动】 10月19日，区人大常委会举办以“促进优质教育均衡发展”为主题的第八届区人大代表论坛。全国、省、市、区四级人大代表50人参加论坛活动，部分代表在论坛上作论文交流，并对改进和推进工作提出建议。论坛共收到论文41篇，区人大常委会汇编成册17篇，交区政府及有关部门研究处理。主任王红云主持论坛活动。

【开展《文物保护法》执法调研】 3月15日，区人大常委会《中华人民共和国文物保护法》(以下简称《文物保护法》)执法检查组对全区贯彻实施《文物保护法》情况开展执法调研。检查组采取听汇报、召开座谈会、实地考察、走访等多种形式，深入马林医院旧址、拉贝旧居、何应钦公馆、傅抱石纪念馆、宝船厂遗址公园等文物保护单位，了解文物保护工作情况。检查组对区文物保护工作取得的成绩给予肯定，针对执法调研中发现的问题提出建议。区人大常委会第十八次会议专题听取和审议执法检查情况汇报，要求区政府对常委会会议提出的审议意见书及《区人大常委会执法检查组关于检查〈中华人民共和国文物保护法〉实施情况的报告》进行认真研究处理，并在2个月内就研究处理情况向人大常委会提交书面报告。

【宣传信息工作】 2010年，区人大常委会82篇文章被《中国人大》《中国检察日报》《人民代表报》《新华日报》《人民与权力》《南京人大》等国家、省、市媒体刊用。《鼓楼区人大常委会发挥代表作用纪实》系列报道获全省宣传人民代表大会制度好新闻一等奖，获全市宣传人民代表大会制度好新闻二等奖；王红云《学习实践科学发展观，不断提升人大监督水平》一文获《南京人大》好稿件二等奖。区人大办被省人大常委会研究室评为省人大通联先进集体，分别获得市人大宣传和信息工作先进单位一等奖和三等奖。机关干部参加全市人大知识电视竞赛活动取得第一名。

【办理人大代表议案、建议】 2010年，区十六届人大三次会议期间共有议案10件、建议121件。其中4件议案经大会主席团决定立案，其余6件议案转为重点建议办理。另有17件超越鼓楼区职权范围，委托市人大代表提交市人大。十六届人大三次会议期间共有议案4件、建议110件由鼓楼区办理。三次大会闭会期间共收到代表建议5件。至年底，议案和建议基本办结。119件代表议案、建议中，解决采纳(A类件)84件，占总数70.59%。逐步解决(B类件)20件，占总数16.81%。作出解释(C类件)15件，占总数12.6%，办结率、回复率、满意和基本满意率均为100%。

【人事任免】 区人大常委会按照法律赋予职权，依法行使人事任免权，根据有关人事任免的法律、法规，依法任免国家机关工作人员78名。

区第十六届人大常委会第十八次会议决定：

免去朱志宏同志南京市鼓楼区人民政府副区长职务。

免去葛冰同志南京市鼓楼区人民检察院副检察长、检察委员会委员、检察员职务。

区第十六届人大常委会第十九次会议决定：

任命纪增龙同志为南京市鼓楼区人民政府副区长。

区第十六届人大常委会第二十次会议决定：

接受徐苏宁同志辞去南京市鼓楼区人民政府区长职务的请求。

区第十六届人大常委会第二十一次会议决定：

接受王源源同志辞去南京市鼓楼区人大常委会副主任职务的请求。

区第十六届人大常委会第二十三次会议决定：

任命郭明雁同志为南京市鼓楼区人民政府办公室主任；

任命徐丽同志为南京市鼓楼区发展和改革局局长；

任命李江新同志为南京市鼓楼区住房和建设局局长；

任命何军同志为南京市鼓楼区科学技术局局长；

任命周越古同志为南京市鼓楼区教育局局长；

任命张国强同志为南京市鼓楼区监察局局长；

任命陈福泉同志为南京市鼓楼区民政局局长；

任命夏远同志为南京市鼓楼区司法局局长；

任命许小卫同志为南京市鼓楼区财政局局长；

任命张晓燕同志为南京市鼓楼区人力资源和社会保障局局长；

任命刘晓晖同志为南京市鼓楼区审计局局长；

任命姜涛同志为南京市鼓楼区统计局局长；

任命张长青同志为南京市鼓楼区

鼓楼区第十六届人民代表大会第三次会议代表议案重点建议办理督办条目

表68

编　号	代表议案、建议及提议代表	承办单位	区人大督办领导、机构
议案	关于加强中高端人才培训体系建设的议案(李彬等10人)	区委组织部、区人事局、区劳动保障局、区发改局	王红云 财经委
议案	关于合理规划建设农贸市场的议案(汪悦等10人)	区商贸局、区建设局、凤凰街道	张兴才 环资城建委
议案	关于解决江东软件园区教育增容的议案(陆沛瑜等10人)	鼓楼科技产业有限公司、区教育局	王建华 教科文卫委
议案	关于逐步解决公安派出所办公用房的议案(袁志刚等10人)	公安鼓楼分局、区建设局	王源源 内司委
89	关于进一步提高社区工作者的待遇的建议(张平平)	区民政局、区财政局	内司委
108	关于中山北路72号地段与乐业村片区整体改造的建议(吴春林等10人)	区建设局、湖南路管委会、湖南路街道	环资城建委
109	关于挖掘劝业文化底蕴着力打造旅游休闲一条街(丁家桥)的建议(何建等10人)	区旅游局、中央门街道	财经委
110	关于提高“生均公用经费”的建议(朱建廉等10人)	区教育局、区财政局	教科文卫委
111	关于加快鼓楼中等专业学校新校区建设的建议(陈建生等10人)	区教育局、江东管委会	人代联委
113	关于加快规划建设滨江风光带的建议(戴志佑等10人)	江东管委会	信访办

物价局局长；

任命周捷同志为南京市鼓楼区安全生产监督管理局局长；

任命向卫同志为南京市鼓楼区投资促进局局长；

任命张敏同志为南京市鼓楼区环境保护局局长；

任命苏有林同志为南京市鼓楼区城市管理局局长；

任命吴霁宁同志为南京市鼓楼区商务局局长；

任命刘传俊同志为南京市鼓楼区文化局局长；

任命周颖秋同志为南京市鼓楼区卫生局局长；

任命喻宁艳同志为南京市鼓楼区人口和计划生育局局长；

任命杭军同志为南京市鼓楼区人民防空办公室主任；

任命姜宏斌同志为南京市鼓楼区人民政府法制办公室主任；

任命魏夏宁同志为南京市鼓楼区民族宗教事务局局长；

免去原南京市鼓楼区政府组成部门所有行政正职职务。

区第十六届人大常委会第二十四次会议决定：

任命黄益峰同志为南京市鼓楼区人大常委会办公室主任；

任命陈凯同志为南京市鼓楼区人大常委会人事代表联络工作委员会主任；

任命曹桂霞同志为南京市鼓楼区人大常委会教科文卫工作委员会副主任，免去其南京市鼓楼区人大常委会内务司法工作委员会副主任职务；

任命兰芳同志为南京市鼓楼区人大常委会宁海路街道工作委员会主任；

任命张新霞同志为南京市鼓楼区人大常委会湖南路街道工作委员会主任；

任命刘新建同志为南京市鼓楼区人大常委会中央门街道工作委员会主任；

任命石坚同志为南京市鼓楼区人大常委会江东街道工作委员会主任；

免去张玉玲同志的南京市鼓楼区人大常委会办公室主任职务；

免去田春芸同志的南京市鼓楼区人大常委会人事代表联络工作委员会主任职务；

免去庞月霞同志的南京市鼓楼区人大常委会教科文卫工作委员会主任职务；

免去唐菊仪同志的南京市鼓楼区人大常委会中央门街道工作委员会主任职务；

免去曹子萍同志的南京市鼓楼区人大常委会挹江门街道工作委员会主任职务；

免去汤连锁同志的南京市鼓楼区人大常委会华侨路街道工作委员会副主任职务。

区第十六届人大常委会第二十五次会议决定：

任命郭明雁同志为南京市鼓楼区人民政府副区长；

免去司军同志南京市鼓楼区人民政府副区长职务。

区第十六届人大常委会第二十七次会议决定：

任命董莎莉同志为南京市鼓楼区人大常委会挹江门街道工作委员会主任。

任命徐华同志为南京市鼓楼区人民法院副院长，免去其南京市鼓楼区人民法院民事审判第三庭庭长职务；

任命马徽军同志为南京市鼓楼区人民法院审判员、审判委员会委员、副院长；

免去黄清同志南京市鼓楼区人民法院副院长、审判委员会委员、审判员职务。

任命黄清同志为南京市鼓楼区人民检察院检察员、检察委员会委员、副检察长；

任命曹立同志为南京市鼓楼区人民检察院检察委员会委员；

免去马徽军同志南京市鼓楼区人民检察院检察委员会委员、检察员职务。

区第十六届人大常委会第二十八次会议决定：

任命杨学鹏同志为南京市鼓楼区人民政府副区长、决定其代理南京市鼓楼区人民政府区长。 （曾晓慧）

南京市鼓楼区人民政府

【区长办公会议】 1月29日，研究国睿科技园建设工作；讨论2010年国民经济和社会发展目标分解工作。

2月4日，研究烟花爆竹有限开禁工作；研究司法主题广场建设工作。

2月12日，研究乌龙潭公园环境综合整治一期工程有关情况。

3月16日，研究教育系统学校后勤改革工作；研究乐业村和二毛地块整治工作。

3月26日，研究“重治会”和紫金山峰会的筹备工作；研究城市社区药品“两网”建设示范城创建工作；研究农贸市场内部物业化保洁工作。

4月1日，研究全国第六次人口普查工作。

4月26日，研究大城管绩效考核工作。

5月4日，研究鼓楼区街巷出新整治工作；研究鼓楼区创建国家可持续发展实验区工作。

5月14日，研究里圩社区服务中心项目建设及运营管理工作；研究残疾人康复中心筹建工作。

5月24日，研究制订《南京市模范路科技创新园区管理办法》。

6月9日，研究鼓楼区十二五规划编制工作；研究魏源故居维修工作。

6月22日，研究校府共建中医药大学科技园工作；研究放心消费城区创建工作。

7月8日，研究滨江大道和鼓楼职校拆复建项目申请续贷工作；研究动漫公共技术服务平台建设工作。

7月31日，研究全区人口计生重点工作；研究魏源故居运作协议事宜；研究网上湖南路项目工作。

8月9日，研究安全生产大排查工作；研究区国库集中支付制度改革实施方案；研究南京大学双创人才引进工作。

8月26日，研究银城、小天使幼

儿园交接工作。

8月30日，研究江苏台湾周暨“金洽会”筹备工作；研究华阳大酒店职工安置费用事宜；研究全区楼顶大型户外广告统一拆除整治工作方案。

10月8日，研究出台加快残疾人事业发展实施意见；研究二十九中和宁海中学实施高、初中分设事宜；研究1~8月安全生产工作及节前安全生产大检查工作。

10月15日，研究鼓楼职业中专学校搬迁工作。

11月10日，研究区政府机构改革的组织实施及“三定”工作安排事宜；研究部分残疾人办理社会保险及给予相关补贴工作；研究江苏省再保融资租赁有限公司入驻江东软件城事宜。

11月25日，研究创建全国无障碍建设城市迎查工作；研究厚载巷拆迁改造项目有关工作；研究省电台广播发射中心迁建及能源站使用相关事宜。

12月7日，研究区国民经济和社会发展第十二个五年规划编制工作；研究2011年区国民经济和社会发展奋斗目标编制工作。

【区长专题会议】 1月26日，研究江东软件城拆迁安置房相关工作。

5月20日，就凤凰西街163号及凤凰东街48号两处未经审批擅自开办经营农贸市场有关问题召开专题会议。

6月13日，研究区政府2010年防汛工作。

7月5日，研究宁工新寓房屋拆除工作。

7月31日，研究推进网上湖南路电子商城建设工作。

8月5日，研究处理乌龙潭公园违建及安全隐患问题。

8月9日，研究处置南京医科大学蛇山北侧宿舍区重大安全隐患问题。

8月27日，研究城市环境综合提升工作。

8月30日，研究新金陵饭店拆迁有关工作。

10月11日，研究“江苏药谷”建设工作。

10月14日，研究模范路科技创新园区建设和改造等相关工作。

【全力推进“三个对接”】 2010年，鼓楼区全面贯彻落实省市加快转变经济发展方式会议精神，充分发挥区内大学多、大企业多、科研院所多的资源优势，全力推进“三个对接”(对接大学科技园、对接省属企业、对接科研院所)。在坚持市场配置资源的前提下，加强规划整体调控和政策有力引导，积极推进产业战略布点，重点突破，分步实施，引导企业与高校紧密合作，构建政产学研金合作战略联盟，形成大院、大所、大企业三位一体联动创新机制。在模范路科技创新园区，发挥沿线高校、科研院所、大企业密集、具备发展科技研发产业的独特优势，制订园区新一轮发展规划；与南京财经大学共建以现代服务业为特色的南京财经大学科技园；与南京中医药大学在该校汉中路校区共同打造以“治未病”为理念，融产、学、研、文、医于一体的中医药文化健康产业园；与南京邮电大学合作推进南邮物联网科技园建设。通过打造具有样本意义的科技产业园区，使对接的高等院校、省属企业和科研院所看到产业转型升级成效，找到科研成果转化平台。在活动中，区领导先后带队走访相关院校、企业和科研院所，深入了解并协调解决院校、企业在发展中存在的困难和问题。 (薛晶晖)

【推进权力阳光运行】 2010年，区阳光办按照省、市相关要求，结合区大部制改革调整，按照新省标要求，对行政权力编号，内、外部流程图等进行重新修订，将修订后的内容，在外网予以公示，接受公众监督，同时对内网进行同步修订，确保内、外网工作流程一致；坚持现场督查指导，区阳光办4个小组成员单位(区政府办、监察局、法制办、信息化办)坚持组织季度性现场检查，突出网上运行与实际案卷卷宗现场比对，确保行政权力事项100%实时网上运行，上传资料完整准确，基本实现行政权力网上规范、公开、透明、高效运行的目标。至年底，区政府各部门共上网办理行政执法事项10191件，其中区级权力阳光系统运行6657件，市级以上条口业务部门系统运行3534件；区级权力阳光系统中，办理行政许可908件，行政处罚1478件，其他事项4271件。

【加强政府信息公开工作】 2010年，区政府信息公开主要突出“三抓”，即抓队伍、抓制度、抓公开渠道。抓队伍建设，注重培训、强化学习；抓制度建设，将信息公开工作与日常拟文发文紧密结合，先后制定下发保密审查、社会评议、发布协调等各类制度，每年上网发布上一年度的《政府信息公开年报》；抓公开渠道，设立区政府信息查阅中心和查阅窗口，以互联网为载体，重点打造“南京·鼓楼”门户网站群，突出通过“政府信息公开栏目”公开区政府规范性文件及其他相关文件、规划、计划、报告等群众关注度较高的政府信息。指定专人或兼职从事政府信息公开工作；各单位上网公开流程规范，审查保密性内容，做好纸质材料归档。全年区政府及各街道、各部门通过中国南京网站“全市政府信息公开统一平台”发布政府信息3370条(含行政执法事项785条)。

【建立网络发言人制度】 2009年12月，南京市建立网络问政论坛，与网民开展互动。为确保网络问政论坛—鼓楼区子论坛工作的顺利开展，区政府指定专人负责网帖的受理回复工作。2010年，网民所提问题主要以民生类的城建、城管、教育、规划等为主，如小区出新、雨污分流、危墙险墙、违章搭建、环境卫生、下水道堵塞、拆迁计划、学区划分、项目规划等，涉及面广。在与网民的互动过程中，区政府认真细致对待网民的每一次发帖，坚持将论坛作为倾听民声、了解民意、集中民智，充分发挥市民参与鼓楼建设的又一个窗口。开展网上问政，积极受理网民咨询、投诉，全年接受并处理市长信箱信件499件、受理网帖102件，均按要求在规定的时间内予以回帖，所有回复针对性强，得到网民的认可。

【加强区行政服务中心建设】 2010年，区政府针对行政服务中心各业务窗口工作人员来自不同单位，人员仍然隶属于原单位，管理关系相对松散的特殊性，通过学习、业务培训、严格考勤，规范窗口人员的工作流程和服务行为，加强对窗口工作人员进行管理。全年行政服务中心共受理各类事项25016件，比上年同期增长8.5%。 (戚晓菁)

【建议提案办理工作】 2010年，区政府及各部门共承办人大代表议案4件，建议115件(含会后5件)、政协提案143件(含会后1件)。涉及全区7个街道和37个承办部门。议案、建议、提案全部按时办结，办结率、回复率和满意率均为100%。 (马兴松)

【批准颁发的规定、决定、意见】 1月21日，印发《鼓楼区2010年春节期间烟花爆竹有限开禁工作方案》的通知。

3月23日，印发《鼓楼区创建江苏省城市社区药品两网建设示范区实施方案》的通知。

4月20日，印发《鼓楼区创建江苏省卫生应急示范区工作方案》的通知。

5月11日，印发《鼓楼区推进政府公共服务外包工作实施意见》的通知。

5月12日，印发《鼓楼区2010年度地质灾害防治方案》的通知。

6月5日，印发《鼓楼区构筑社会消防安全防火墙工程实施方案》的通知。

6月17日，印发《鼓楼区对持有独生子女父母光荣证的企业退休职工实施一次性奖励的实施方案》的通知。

7月1日，印发《鼓楼区2010年整治违法排污企业保障群众健康环保专项行动工作方案》的通知。

7月7日，印发《鼓楼区应急管理工作目标考核办法》《关于加强应急队伍建设的意见》。

7月20日，印发《鼓楼区汛期地质灾害隐患再排查紧急行动实施方案》的通知。

8月9日，印发《在全区开展安全生产大排查的实施意见》的通知。

8月12日，印发《加强鼓楼区人口和计划生育队伍建设的意见》。

8月23日，印发《贯彻南京市政府信息公开工作要点的实施意见》。

8月27日，印发《鼓楼区国库集中支付制度改革实施方案》的通知。

10月12日，印发《鼓楼区第八届激情鼓楼社区文化艺术节实施方案》。

10月18日，印发《进一步加快农贸市场建设做好农贸市场长效管理工作的意见》的通知。

12月1日，印发《关于进一步做好消防安全工作坚决防止重大火灾事故》的通知。

12月22日，印发《调整鼓楼区专职社区工作者工资补贴待遇实施方案》的通知。

【表彰决定】 2月23日，作出《表彰鼓楼区2009年度人武工作先进单位和先进个人的决定》。

9月19日，作出《表彰鼓楼区"十一五"人口和计划生育工作先进集体和先进工作者的决定》。 (戚晓菁)

法制工作

【概况】 2010年，鼓楼区以大部制改革为契机，不断强化行政权力清理，推进权力阳光运行机制，强化系统平台运用，所有权力事项100%网上运行，实现单轨运行目标，确保省、市、区平台有效对接。全年区各部门共上网办理行政执法事项10191件，其中区级权力阳光系统运行6657件，市级条口业务部门系统运行3534件；区级权力阳光系统中，办理行政许可908件，行政处罚1478件，行政其他4271件。是年，区政府被江苏省全面推进依法行政工作领导小组评为省级依法行政示范点。

【完成权力信息清理维护工作】 5月，鼓楼区召开深化行政权力阳光运行机制工作专项培训会，就行政权力事项清理和系统数据标准调整作专题辅导。7月，区法制办对全区所有部门进行拉网式上门指导，对执法依据细化梳理、自由裁量设定、服务指南及文书表单完善、内外流程图绘制、结果信息上传进行重点辅导。对环保、卫生、民政、人社、城管、物价等涉及民生执法部门或窗口部门，提高标准、从严要求，对常用权力事项做精做细，对经验做法进行总结推广。通过梳理，全区1520项（含垂直管理部门735项）行政权力，基本信息、政务公开信息按省标进行统一和规范，制作详细行政职权目录表。

【开展规范性文件清理工作】 2010年，鼓楼区开展规范性文件清理工作。对2006年后区政府发布规范性文件，主要内容与现行法律、法规、规章和上级规范性文件没有相抵触的，原则上予以保留；对超过有效期规范性文件，原则上予以废止；对需要修改的规范性文件，按照法定程序重新制订并报请区政府重新发布。经过清理，全区保留现行有效规范性文件10件，废止过期或被替代规范性文件6件，拟修改或调整非区政府名义发布规范性文件18件。

【落实重大处罚备案审查】 2010年，区法制办对区各行政执法部门报送的20起重大处罚案件进行备案审查，抄备垂直部门重大处罚案件2起。审查内容包括行政处罚决定合法性和合理性、程序正当性和规范性、运用说理式执法文书和适用自由裁量权情况、罚缴分离制度和收支2条线落实情况等。审查中发现有处罚程序不规范、文件格式不符合要求的，书面反馈行政执法部门，要求予以改正。

【推进行政应诉和行政复议工作】 2010年，鼓楼区推进出庭应诉工作，强化出庭应诉制度落实和考核，将行政机关负责人出庭应诉情况纳入依法行政考核范围，对应出庭而未出庭单位，考核评优一票否决。定期进行内部通报、组织行政案件庭审观摩、举办行政应诉工作培训。加强工作协调配合，开庭前有出庭应诉提醒书，派专人旁听，掌握案件审理结果。通过司法机关和政府法制机构双重督促和全程跟踪，督促落实行政机关负责人出庭应诉。全年区政府应诉案件1起，部门应诉案件9起（其中垂直部门4起）；已结案6起，其中原告撤诉3起，法院裁定驳回起诉3起；行政机关负责人出庭应诉率100%。全年区政府受理复议案件2件，其中申请人撤诉1件，维持行政机关决定1件。

【严格行政执法人员资格认证】 2010年，区法制办对全区行政机关、法律法规授权组织、受委托组织进行全面梳理。经过梳理，全区具有行政执法主体资格行政机关（部门、街道）29个，法律法规授权组织2个，受委托组织4个。健全人员档案信息，对换发及申领行政执法证件人员，建立专门电子档案，加载电子照片，记录培训内容，保存其个人详细信息。受理换证申报654人次，其中申领行政执法证件607人，行政执法监督证件47人(含申领双证30人)。通过建立电子档案信息库，方便实时动态调整。对调离原工作单位或不再直接承担行政执法任务人员，在年审中不再注册并收回执法证件。对全区行政执法人员分批次进行法律知识培训，邀请有关专家集中授课。12月，区法制办组织全区执法人员进行上机考试。

【推进政府法律服务外包活动】 2010年，鼓楼区出台《鼓楼区推进政府公共服务外包工作实施意见》，除行政许可、行政审批、行政确认、行政处罚、行政征收征用、行政强制执行等政府行使职能外，将原由政府直接举办、为社会发展和人民生活提供服务事项，通过签订合同，承包或委托给具备条件法人或其他组织履行，并支付相应报酬。年底，区监察局、区法制办联合申报“以法制保障推行公共服务外包”获2010年全省政府法制工作创新奖。（桑秋枫　刘海玲）

中国人民政治协商会议 南京市鼓楼区委员会

【举行政协鼓楼区委员会十届三次全体会议】 1月4~7日，政协鼓楼区委员会十届三次会议在区机关礼堂举行，会议应到委员272人，实到委员249人，列席人员35人。区委书记鲍永安致辞。委员们听取并讨论区十届政协常委会工作报告和提案工作报告，列席区十六届人大三次会议，听取并讨论区政府工作报告及其他工作报告。会议同意区十届政协常委会工作和提案工作报告，赞同区政府工作报告。会议期间，举办专题政情通报交流会及形势报告会。会议共收到委员提案192件，其中委组集体提案9件，民主党派基层组织提案12件，委员联名提案44件，个人提案127件。提案中关于经济发展方面25件、关于城市建设与管理方面59件、关于教科文卫方面63件、关于民生与社会保障方面25件、关于民主法制建设方面13件，其他方面7件。会议通过委员崔曙平代表区十届政协民革届内临时支部向全体委员发出《立足新起点，实现新作为，作出新贡献》倡议，并被确定为2010年区政协主线活动内容。

政协主席会议

【十届十四次主席会议】 3月4日，区政协召开十届十四次主席会议，区政协主席陶世贤主持会议。会议讨论《区政协2010年工作要点（讨论稿）》，并同意提交区政协第九次常委会议通过。

【十届十五次主席会议】 5月31日，区政协召开十届十五次主席会议，陶世贤主持。会议听取委员王昆远作“鼓楼区公安派出所办公用房情况的调查与建议”的报告；听取区劳动局关于鼓楼区企业退休人员社会化管理工作情况通报；听取3503厂老地块改造规划建设情况通报。

【十届十六次主席会议】 7月28日，区政协召开十届十六次主席会议，陶世贤主持。会议协商讨论区政协2010年上半年工作总结和下半年工作打算。

【十届十七次主席会议】 9月21日，区政协召开十届十七次主席会议，陶

9月21日，区政协十届十七次主席会议考察阳光之家残疾人托养中心

世贤主持。会议先后考察阳光之家残疾人托养中心、爱儿时代广场以及宝船复建工程进展情况。听取区委宣传部所作鼓楼区文化创意产业园建设情况通报、区残联所作鼓楼区残疾人工作情况通报和江东管委会综合处所作宝船复建工程情况通报。

【十届十八次主席会议】 12月20日，区政协召开十届十八次主席会议，陶世贤主持。会议审议十届四次全体会议日程、议程(草案)；讨论《区十届政协常委选举办法》，听取有关区十届政协常委、委员以及专委会、街道政协工作委员会人事变动情况，讨论常委候选人和委员增补以及专委会、街道工作委员会人事安排建议名单；听取区政协十届四次全体会议筹备工作情况汇报；讨论《常委会工作报告》《提案工作报告》；审议十届四次全体会议大会秘书长、大会执行主席分工及大会秘书处组成人员建议名单；讨论各项表彰奖项的建议名单；讨论经济界三组和民建届内临时支部致全体委员的2份倡议书。

政协常委会议

【十届九次常委会议】 3月4日，区政协召开十届九次常委会议，区政协副主席陈家荣主持会议，主席陶世贤等30人出席，5人列席。会议听取区“世代服务”工作新模式、区政府信息公开和权力阳光运行工作及水厂路农贸市场建设情况。讨论《区政协2010年工作要点(讨论稿)》和区政协主席会议、常委会议议题预安排、重点调研计划、重点提案及主席分工、委员领衔(冠名)活动、各界别组活动、各党派临时支部专项督查活动安排等各项工作。

【十届十次常委会议】 7月28日，区政协召开十届十次常委会议，陈家荣主持，主席陶世贤等28人出席，常务副区长纪增龙等21人列席。会议听取区政府上半年工作情况和下半年工作安排、鼓楼区机构改革工作、鼓楼区优质教育资源均衡发展情况、区“两站一中心”(物管矛盾调解站、物业应急维修服务站和物业服务中心）建设推广情况等工作通报，及区政协专题调研组所作《实行教师交流制度、推进义务教育均衡发展》专题调研情况通报。审议并通过《区政协2010年上半年工作总结和下半年工作打算(讨论稿)》。

【十届十一次常委会议】 10月19日，区政协召开十届十一次常委会议，陈家荣主持，主席陶世贤等19人出席，副区长费丽明等15人列席。会议听取区“十二五”发展规划编制情况通报、区政府关于2010年提案、2009年区政协常委会建议案办理情况以及鼓楼区消防工作情况通报。区发改局、区安监局及区公安分局消防大队负责人向常委会通报相关情况。

【十届十二次常委会议】 12月20日，区政协召开十届十二次常委会，陈家荣主持，主席陶世贤等30人出席，区人大常委会副主任张兴才等19人列席。会议听取十届四次全会筹备情况汇报，审议通过十届四次全会会议议程、十届政协人事变动事项及常委会工作报告和提案工作报告，讨论区政府2010年为民办实事工作情况和全区纪检监察工作报告。

其他会议

【召开稳员增效求发展总结表彰会】 3月18日，区政协对2009年“悠仙美地杯”稳员增效求发展竞赛活动进行总结表彰。区纪委书记何德剑出席，陈家荣总结活动开展情况，张涛等10名委员被评为“十佳委员”，毛顺初等43名委员被评为“有功委员”，会议为在活动中热心服务企业的区政府有关部门颁发纪念奖，张涛、胡明亮、李来所3位委员代表作大会发言。

【召开政情通报会】 3月30日，区政协召开政情通报会。陶世贤及区政协经济界二组、工青妇组40余名委员听取区检察院电子检务建设情况、建设青少年维权岗、挽救失足青少年、维护青少年合法权益等方面工作和取得成效。6月11日，区政协召开政情通报会，40余名政协委员听取区法院关于精品案件和民告官案件审理情况通报。7月22日，区政协在公安鼓楼分局会议室听取鼓楼区治安工作情况通报，20多名委员参会。11月25日，区政协召开单月政情通报会，听取区司法局通报法制宣传和医疗纠纷调解工作情况，50余名委员参会。

【召开全区政协工作会议】 9月3日，区委召开全区政协工作会议，区四套班子领导，区法院、区检察院主要负责人，各街道、区级机关各部门、各有关单位党政主要负责人，区政协各专委会主任、委员组组长，街道政协委员联络站负责人，民主党派届内临时支部负责人参加会议。陶世贤总结区政协近年来主要工作，部署下一阶段政协工作。委员和机关部门、系统工委等代表进行交流发言。区委书记鲍永安讲话并提出要求。会议出台《中共鼓楼区委关于进一步加强和改进政协工作的意见》，进一步完善鼓楼区政协基层组织和机构设置。会上，区委为街道新成立的政协工作委员会授牌。

重要活动

【举办系列活动】 3月1日，区政协委员资助的“和福杯”中高考爱心辅导班举行开班向志愿教师颁发聘书仪式，区政协主席陶世贤到会讲话。爱心辅导班历时3个月，每周日开班，共辅导初中学生100名、高中学生32名。通过区域内名特优教师小班化辅导，学生学习成绩明显提高，全年中考成绩600分以上学生52名，高考考上本科学生8名。

3月5日，区政协组织女委员开展“和美杯”“我是责任委员”履职心语交流活动。

4月13日，“和荣杯”鼓楼区政协委员摄影沙龙作品展在鼓楼区文化艺术中心“城市书房”正式开展。系列摄影沙龙展突出“爱与和谐”主题，通过每一张照片记录自然中、生活里、事件背后感人至深的瞬间画面，展示委员独特视角中的光影世界。

4月17日，区政协在宁海中学体育馆举办“全民健身，助威青奥”为主题的“和安杯”乒乓球邀请赛，省、市、区政协各委组和各受邀单位共24支球队、120名领队、教练、运动员参加比赛。活动进一步拓宽委员与群众的联系渠道，促进省、市、区三级政协联系交流。

6月24日，区政协启动“和康杯”名医进社区活动。活动由区政协、区卫生局联合发起，邀请名医专家到社区开设专家门诊、为困难群众提供免费手术、为社区医务人员开设学术讲座，活动将持续3年。区政协医药卫生界别7位专家委员为社区居民群众开展义诊、为社区医卫工作者讲授艾滋病防控知识，受到社区群众和社区医卫工作者好评。

8月26日，区政协名医委员走进区口腔所、虹桥社区卫生服务中心、区教师进修学校和区疾病预防控制中心，为群众提供惠民医疗服务。名医委员及委员单位有关专家为社区居民分别开展口腔科、中西医结合消化道疾病和神经外科专家门诊，并为社区医务工作者举办“中英社区医疗的对比及其重要性”讲座。来自省疾控中心的委员羊海涛被区疾控中心聘任为名誉主任，副主席陈家荣为羊海涛颁发聘书。

【举办第三期“风雨同舟创和谐、同心同德促发展”主题培训班】 9月17~29日，第三期“风雨同舟创和谐、同心同德促发展”主题培训班在遵义开班。区政协主席陶世贤、区委组织部部长朱劲松等领导及区政协副主席陈家荣、华峰，72名委员、区政协机关干部参加。培训班邀请3名专家学者和遵义党校校长为学员专题讲授致公党党史、台盟盟史和中国共产党核心价值观、遵义精神与红军精神等10堂主题讲座。通过课堂学习、实地考察、研讨点评等形式，进一步了解各民主党派与中国共产党肝胆相照、荣辱与共的光辉历程。

【开展新当选政协委员履职技能培训】 12月23日，区政协对新当选的29名委员进行培训，区政协副主席陈家荣、提案委主任范时鸣分别讲授政协工作相关知识和委员履职途径、注意事项及提案工作要求。区政协主席陶世贤到会并提出要求。

6月24日，鼓楼区政协启动“和康杯”名医进社区活动，图为省人民医院中医专家、区政协委员魏睦新在社区医院为病人看病

【社情民意信息工作取得佳绩】 2010年，区政协办公室编印《社情民意》40期、《民主监督情况反映》17期，其中有领导批示和部门回复的占72%；向市政协报送社情民意信息100篇，被采用41篇，有4篇被全国政协采用。5月，区政协被市政协评为2009年度信息工作先进集体一等奖。市政协委员、区政协主席陶世贤被评为2009年度政协信息工作先进个人，刘坤被评为2009年度政协信息工作先进工作者。

【提案工作】 4月9日，区政协提案委召开提案督办工作会议，区政协提案委员会委员、区政府办等相关人员出席。

7月20日，区政协提案委员会在提案委成员所在单位——东方证券南京营业部召开工作例会，总结上半年提案工作情况。

10月21日，区政府、区政协召开提案工作会议，区政协主席陶世贤，常务副区长纪增龙，市政协提案委主任刘颖，市政协委员、南京新城市商业置业有限公司董事长朱献国等出席会议，部分区政协委员，区委、区政府提案承办部门领导150人参加会议。会议表彰“新城市杯”优秀提案13件、“新城市杯”提案工作先进集体13个，先进个人27名，首次为11个部门、单位颁发提案办理“区长奖”。（毛惠英）

纪检监察

【概况】 鼓楼区纪律检查委员会机关（以下简称区纪委）与区监察局合署办公，履行党的纪律检查和政府行政监察两种职能，区纪委、监察局在区委、区政府和市纪委、市监察局双重领导下进行工作。区纪委、监察局机关内设办公室、纪检监察室、审理室、党风廉政建设室、执法监察室、信访室、宣传教育室等7个业务室。下辖金盛集团纪委，在7个街道、11个系统、10个部门（含市垂直管理部门）及区法院、检察院设立派驻机构。

2010年，区纪委监察局紧密结合辖区经济社会发展实际，积极创新制度，深入反腐倡廉宣传教育，做强宣传品牌；强化权力制衡约束，提高领导干部廉洁从政意识；加大案件查办力度，关注民生，优化政风行风，维护群众切身利益；加大行政监察力度，稳步推进重点工作；创新体制机制，初步建立惩防体系制度框架，拓展源头治理工作；落实党风廉政建设责任制，纪检监察机关组织协调反腐败能力和水平明显提升，全区反腐倡廉工作取得新进展、新成效。是年，在市纪检监察系统目标考核中，鼓楼区宣传教育工作荣获特等奖，行政监察、党风廉政、纠风、办案、信息调研等工作均获一等奖，各项工作综合考评均进入市第一方阵，被评为2010年度南京市纪检监察工作先进单位，位列六城区之首。

【召开区纪委全体扩大会议】 3月26日，鼓楼区召开纪委全体(扩大)会议。区委副书记、纪委书记何德剑作工作报告，总结2009年工作，部署2010年任务，分解反腐倡廉建设工作任务及责任分工。明确2010年纪检监察工作重点，区委书记鲍永安出席会议，对全区纪检监察工作提出要求，区四套班子领导和区纪委委员、区法院、区检察院主要负责人和纪检组长，各街道党工委书记、纪工委书记、副书记，区各部委办局、直属单位工委书记、主要负责人、监察室主任，区党风廉政建设特邀监督员、区行政监察特邀监察员参加会议。

【全区纪检监察工作会议】 6月13日，区纪委在浦口大吉温泉度假村召开全区纪检监察工作暨业务培训会议。会议对2009年宣教、信访、信息、案件审理、党风廉政和纠风等相关工作进行总结，并对2010年有关工作进行重点解读，提出具体工作要求，表彰2009年度宣教工作先进单位和先进个人。凤凰街道和区检察院分别就处理某幼儿园集体访、反腐倡廉宣传教育等工作作经验介绍。何德剑对下半年工作提出要求。区纪委委员，各纪工委书记、副书记，纪检组长、监察室主任、党风廉政建设特邀监督员、行政监察特邀监察员、区纪委室主任以上干部参加会议。

【党风廉政宣传教育】 2010年，区纪检监察宣传教育工作，围绕"学习廉政准则，争做勤廉表率"主题，特邀中央纪委、监察部监察专员阎群力作"廉洁从政必须防微杜渐警钟长鸣"主题辅导报告；以"中国南京公务员学习网"为平台，编制《廉政准则》网上考试题库，率先将《廉政准则》纳入公务员网上学习考试内容；举办"清韵溢彩"反腐倡廉美术公益作品展，积极参与省、市反腐倡廉美术工艺作品展评选活动，共征集美术工艺作品129件(套)，15件作品报送市反腐倡廉美术作品展；举办"清风廉韵"演讲比赛，启动"廉政准则在社区"活动，参与南京首办的"全省反腐倡廉宣传周"系列活动；点面推进"清风五坛"系列活动，力求"清风五坛"常态化、多元化、特色化和长效化；建立反腐倡廉新闻媒体联

11月10日，鼓楼区举办"清风廉韵"演讲比赛汇报演出

系制度和特邀记者制度，以“鼓楼廉韵”为主题，在中央省市主流媒体发表新闻报道109篇(次)；将廉政文化建设融入区域历史文化、特色文化和行业文化中，对原有的3个“省级廉政文化示范点”、2个争创“省级廉政文化示范点”、7个“市级廉政文化示范点”进行巩固深化，对7个具有廉政文化发展基础的社区进行特色培育；依托石头城社区历史文化馆、颐和路社区将军馆、鼓楼公园廉政教育基地，打造彰显鼓楼特色的廉政教育精品基地；积极推行党风廉政建设进网络，制订鼓楼区《关于开展反腐倡廉网评工作的实施意见》，组织成立网络评论员队伍，在汇林绿洲社区建立党风廉政建设信息平台。

【公共服务外包】 2010年，区纪委推进全区的公共服务外包工作，出台《鼓楼区关于推进政府公共服务外包的实施意见》，全程组织和监督公共服务外包工作。对区政府全年投入的外包资金、招投标项目和部门做好领导、监督及推进落实，确保公共服务外包工作廉洁高效有序推进。试点残疾人护理工作外包，出台《鼓楼区实施残疾人托养服务暂行办法》，对所有低保、无固定收入及低保边缘的重度残疾人发放护理补贴，由27家福利机构承担残疾人全托安养、日间照料和居家安养服务并享受护理补贴，惠及残疾人287人；探索教育后勤大宗物品采购外包，成立区后勤招标工作领导小组，通过食堂大宗物资采购外包、快餐配送外包、食堂托管、校服采购权统一管理，从根本上杜绝“小金库”产生；成立校园安保大队，将校园安保工作外包给区保安公司，成立全市首支校园保安大队，列入鼓楼区社区保安序列，专职担负起全区中小学学校门卫管理及校园周边地区秩序维护的职责，鼓楼区财政全额支付保安大队每年137万元的人员经费；打造校园综合安防系统，由区政府出资，鼓楼电信局负责建设和维护，在全区83个公办学校、幼儿园和8个民办培训机构安装视频监控和平安110一键报警系统及电子门禁系统，是全省唯一建成的区域性校园综合安防系统；推行农贸市场物业化管理，将外包范围从15家农贸市场扩大到18家，同时试行农贸市场室内物业化管理，全区有8家农贸市场引入物业化管理，其中由政府出资补贴的3家；实施道路机械化清扫外包，将机扫外包由18条主干道拓展到33条主干道，覆盖全区所有的主干道；引入南京华成丰科技有限公司为养老服务评估，通过该机构对居家养老服务情况进行有效评估，从而为全区正确落实优惠政策、民营养老机构补贴、资助方式和服务项目把好关。实施28项公共服务外包项目，涉及13个部门，全年服务外包总额3891.74万元。

8月5日，区委副书记、纪委书记何德剑和纪委工作人员调研公共服务外包农贸市场情况

【效能监察】 2010年，区纪委采取纪检监察机关专门监督与区政协各民主党派届内临时支部民主监督相结合的方式开展为民办实事重点项目效能监察，将全区为民办实事10项重点项目进行责任分解，明确跟踪问效党派，在推进项目建设的同时，开展绩效评价型效能监察试点。效能投诉工作稳步推进，有针对性的解决违法建筑、占道经营、油烟污染、拆迁补偿等效能投诉重点问题，建立协调处理机制。全年接受投诉80件，办结率100%。

【惩防制度建设】 2010年，区纪委全力推进惩防制度建设。开展制度梳理，对全区2000年以来制订的反腐倡廉规章制度(含规定、意见、通知、办法等)进行全面清理、归纳，形成制度目录。完善各项制度，对需要修改的制度及时修订完善，需要分解细化的制订实施细则。同时结合制度梳理情况和全区反腐倡廉建设实际需要，本着针对问题、简便易行、注重实效的原则，形成《反腐倡廉制度汇编》。

【政风行风建设】 2010年，区纪委把群众监督、媒体监督和行风监督员的监督结合起来，形成监督合力，推进政风行风转变。区物价局、环保局、市容局等14个部门开展向服务对象述职活动，副区长率领区教育、卫生等部门领导走进直播室参与市政风行风热线直播，就市民关心的上学、就医、社区卫生服务等方面问题回答听众，与听众沟通。认真办理政风行风热线投诉，全年办理投诉30起，按时办结率100%、满意率93.3%。

【纠风专项治理】 2010年，区纪委在卫生、教育、中介服务等行业开展纠风专项治理。规范区属医院网上药品集中采购和“药房托管”工作，督促和会同有关部门加强对医疗卫生服务收费项目和收费标准的监管，坚决纠正和查处各种乱加价、乱收费和开单提成、拿回扣等违纪违法行为，加强医德医风建设，深入开展“无违规收费医院”“无红包医院(科室)”等活动，创建群众满意的医院(科室)，全区7854万元药品实施零差率销售，药品价格平均降低17%；21078名慢性病患者享受两年一次免费复检，常年接受药物和膳食指导综合治疗；8468名低收入人群享受慈善门诊免费医疗服务，其中91人得到免费手术治疗；9570名残疾人建立基本健康状况档案，其中贫困者享受保健医生常年定期免费体检，跟踪给药治疗服务；1300名分住在26所养老康复机构的老人，得到免费体检，常年坚持每周巡诊，开办130张孤寡独居老人济困免费家庭病床；从严督查教育收费，成立区教育系统财务结算中心；认真开展规范行业协会、市场中介组织服务和收费行为专项治理，取缔北京现代远恒教育咨询有限公司南京分公司、南京思凡商务咨询有限公司等19家中介组织，对鼓楼区喜星职业信息咨询服务部、南京仁宝职业信息服务中心等8家发布虚假宣传的中介组织进行处理。

【信访工作】 2010年，区纪委、监察局接到纪检监察信访举报124件(次)，其中来信78件，来访21次28人，电话举报11个，网上举报及其他举报14件。其中属纪检监察受理范围的检举控告116件(次)，批评建议类2件，业务范围外6件；署实名举报58件(次)。自办信访举报86件，占信访件总数的69.3%，除移交案件检查室办理的8件信访举报外，信访件在一个月内办结94件，占总数的81%。

【案件查办】 2010年，区纪委、监察局以查处阻碍鼓楼区经济发展、侵占国家和群众利益、影响社会和谐稳定、损害党和政府形象的案件为重点，继续加大查办案件工作力度，强化与相关部门沟通协调，努力拓展案源，探索查办案件新思路、新方法，采取联合会诊、以案代训、查口前移、追赃同步等办案方法，加大力度查处拆迁领域案件以及群访举报案件。至年末，立案18件，其中6件案件移送司法机关办理。查办大要案8件，结合办案，共挽回经济损失875万元。

【三级便民服务网联动创新】 2010年，区纪委总结推广汇林绿洲社区特色网站建设成功经验，投入5万元专项资金，在中央门街道先行试点，将便民服务网建设与社区网站建设相结合，把区、街道、社区分散的行政和服务资源有机组合起来，实现横向整合和纵向联动，进一步拓宽行政服务内容公开渠道，延伸服务功能，加强社会监督力度，打造集“行政审批、事项代理、群众接访、社会服务”功能四位一体的便民服务绿色通道。

【百企走访】 6月底至7月初，区委副书记、纪委书记何德剑先后走访江苏瑞中数据股份有限公司、苏宁电器股份有限公司、艾志工业技术集团有限公司等10家企业。向企业发放百企走访问卷调查表，并与有关企业领导和部门负责人面对面交流，认真倾听企业发展状况和规划，在发展、经营中遇到的困难、问题；主动征询企业对改善和优化投资环境，改进机关作风，提高行政效能和服务的意见、建议。对受理的15条意见、建议，属于鼓楼区管辖的，第一时间予以协调处理，非鼓楼区管辖的，及时上报市纪委、监察局，并跟踪处理情况。

【防汛督查】 7~8月，鼓楼区成立区防汛工作督查组，区纪委制订《关于对2010年防汛工作开展效能监察的实施方案》，对全区各街道和各相关部门防汛物资储备情况、防汛责任制落实情况、重要防汛设施运转情况、防汛值班制度落实情况以及防汛工程建设情况进行全面检查。区委副书记、区纪委书记何德剑带队对秦淮河、长江大堤，凤凰街、三步两桥两处内涝易发区域，丁山山体滑坡风险点进行检查。对督查中发现的龙园中路泵站建设、黑龙江路12巷排水管改造工程以及延安剧场路、管家桥路市政排水管道疏通工程未能按期完工等问题，区监察局下发3份监察建议书，并书面报区政府。7月21日，秦淮河定淮门大桥段河堤出现渗水现象，督查人员第一时间赶赴现场，督促相关部门制订科学处置方案，迅速调动抢险人员和物资，采取填堵隔挡等措施控制渗水，险情于7月22日凌晨得到有效控制。7月22日傍晚，南京突降暴雨，广州路小粉桥地段积水严重，直接影响行人通行，造成不良影响。区纪委、监察局快速启动问责机制，连夜召开会议，决定对负有巡查责任的华侨路街道执法队巡查分队队长马海涛诫勉谈话，对负有养护责任的南京通达市政工程有限公司副总经理朱祝泉诫勉谈话，责成南京通达市政工程有限公司整改；通报批评鼓楼区防汛指挥部，责令区防汛指挥部进一步落实防汛责任制，确保防汛巡查全覆盖。

【文明指数测评督查】 2010年，为迎接国家测评组对南京市公共文明指数进行测评，区纪委、监察局成立区公共文明指数测评工作督查组；建立全覆盖的责任网络，落实各级岗位责任，建立责任包段和定点包岗制度，在全区所有测评点明确专人包段包岗，不留盲区；整合督查资源，充分发挥区内各级人大代表、政协委员作用，以走访社区、定点巡查等形式，每天集中巡查1次，并实施不间断跟踪问效；大力实施问责，发现问题及时处置并反馈，向相关部门发出问题通报6份，下达《监察建议书》1份。

【安全生产督查】 “7·28”事件发生之后，区委、区政府、区纪委联合下发通知，并召开专门会议，对全区安全生产长效监管工作实施督查。成立由四套班子和区纪委领导任组长的区安全生产长效监管工作督查领导小组，领导小组下设7个督查小组和1个综合组，每组3~4人，由区纪委监察局、区人大办、政府办、政协办、区委组织部、区检察院、区安监局、审计局、机关工委等单位抽调专人组成。每个督查小组负责对1个街道辖区的安全生产长效监管工作进行全面督查，每周督查1~2次。为进一步构建安全生产长效机制，建立健全全区安全工作责任体系，根据区委主要领导指示，区纪委监察局牵头，会同区安监局、检察院、法院、总工会、司法局、政府办、法制办等部门，组成专门工作班子，着手建立涵盖全区安全生产、消防安全、交通安全、社区安全、公共安全、食品与药品安全、学校安全、人防安全、防汛安全等多领域，覆盖区、街、居三级的安全工作责任体系，明确安全工作各环节的安全责任、监管单位、主管单位、责任主体和责任人，确保安全工作责任目标落到实处，同时为纪检监察机关实施责任追究提供依据。

【教育收费督查】 2010年，区监察局督促和配合教育部门进一步规范学校收费行为，加强捐资助学资金和择校管理与调控，各校所有捐资助学款和择校费，统一由区教育局财务办公室受理，并上交到区财政专户，实行财务收支两条线管理；实行会计委派制，财会人员直接对教育局及派驻单位负责；规范收费程序，各学校会计室财会人员为专职收费管理员，做到执证上岗，收费工作由专职收费管理员统一进行，所收费用统一入账，杜绝部门、年级组、班级组、学科组擅自收费现象；坚持学期前《教育收费告家长书》和学期结束时《教育收费结算通知》等制度，同时实行代办费结算审核制度，各校代办费结算项目统一上报区教育局计装科审核，由区教育局对其把关，进一步规范学校的收费行为；明码标价、公示醒目，各校从2002年起用电脑彩绘，将收费管理制度、收费项目、收费标准、收费许可证副本复印件、收费举报电话等制作成永久性公示牌，分别悬挂在学校门口醒目位置和校财务办公室；对家庭经济困难学生的界定、减免标准及减免资金负担办法、减免工作程序和管理等作明确规定，确保家庭经济困难学生不因经济问题退学、辍学。上半年，全区各幼儿园、小学、中学为困难家庭学生减免保育费、作业本费、社会实践活动费、学费等各类费用共计516379元，惠及811人。其中幼儿园38人、30400元，小学218人、39984元，初中229人、30915元，普通高中326人、415080元；同时，为鼓楼中等专业学校一、二年级1562名学生发放“助学金”1171500元。下半年，全区各中小学、幼儿园为困难家庭学生减免各类费用共计248281元，惠及572人。

【召开民主评议政风行风工作动员大会】 6月18日，鼓楼区召开2010年民主评议政风行风工作推进大会，传达市纠风办政风行风评议工作会议精神，客观总结前一轮政风行风评议取得的成果，部署2010年政风行风评议工作。同时成立区级领导小组，制订印发《鼓楼区2010年民主评议政风行风工作指导意见》。全年区办理市政府政风行风投诉平台投诉30起，按时办结率100%、满意率93.3%。

【党风廉政建设】 2010年，区纪委和区监察局将年度反腐倡廉工作任务通过领导责任分工报告书和牵头任务函告书分解落实到区政府领导和各有关职能部门。区政府领导带头落实领导责任，并采取个性化形式，与全区7个街道、2个管委会和机关51个部门“一把手”签订“个性化”的《党风廉政建设责任制责任书》，变“一稿通”为“一对一”。同时，督促街道工委、纪工委与社区签订廉政责任书，确保党风廉政责任制全覆盖。建立完善区管领导干部电子廉政档案，组成考核班子，对全区街道、区级机关各部门领导班子进行涉及廉洁自律、民主集中制、财经纪律、廉政文化、勤俭节约、作风建设、为民服务、履行职责、依法行政、行政效能、政务公开、制度建设、投诉处置等13个方面内容的党风廉政责任制和纪检监察工作绩效考核评价。加强节日期间领导干部廉洁自律工作，每日发送手机短信进行提醒警示。认真开展制止公款出国（境）旅游专项工作。继续加强“小金库”专项整治工作。对48名领导干部进行任前廉政谈话，同下级党政主要负责人谈话75人次。定期走访、听取民主党派、工商联反腐倡廉建议。查处酒后驾车1人。

【行政监察工作】 2010年，根据上级行政监察工作安排和《鼓楼区2010年行政监察工作实施意见》，区监察局加强对扩大内需新增投资项目的监督检查；深化工程建设领域突出问题专项治理工作；强化重点工程廉政监察；加强对中介机构预选库的监督管理；对区商贸局开展行政执法监察；对各类投融资及合作方式进行专项检查；对江东新区行政规费征收管理情况开展专项检查；加强整顿和规范市场经济秩序工作监察；积极推动“e路阳光”网上招投标系统完善应用。

【对扩大内需新增投资项目的监督检查】 2010年，区纪委和监察局制订《2010年鼓楼区关于加强对新增投资管理与监督检查工作的实施意见》，重点对颐和路历史文化街区保护设施建设项目、江东街道社区卫生服务中心项目国家新增资金和省市配套资金落实及使用情况进行监督检查。检查组对两个项目前期审批情况、项目建设实施和管理情况、资金管理使用情况等进行多次检查。检查结果，项目立项符合中央规定的投向，项目管理、资金使用均符合上级要求，中央对两个项目的投资240万元和50万元全部落实到位，建设项目均按计划实施。

【工程建设领域突出问题专项治理】 2010年，区监察局加强工程建设领域突出问题专项治理工作，及时召开区专项治理领导小组成员联席会议，通报和讲评区专项治理第一阶段自查情况，部署第二阶段排查工作。按照专项治理工作方案和市治工办的要求，区治工办按职能分工划分，针对21个方面可能存在的问题，及时组织有关职能部门对44个项目资料逐个核查，同时按照对投资额较大的项目和投诉举报较多的项目、扩大内需项目以及抽查比例不低于总数20%的要求进行抽查，基本摸清每个项目存在的问题，并督促建设单位对核查和抽查中发现的问题进行整改。根据市各专项组重点抽查中提出的整改意见，对接受检查的区建设局、城建公司和鼓楼科技有限公司提出要求，责令落实专人抓好整改工作。针对拆迁领域问题多发、高发的特点，组织各职能部门对拆迁领域重点环节进行剖析，并在此基础上，研究和起草《鼓楼区征地和房屋拆迁管理工作暂行规定》《鼓楼区拆迁资金管理暂行办法》，下发《关于严明拆迁工作有关纪律的通知》，对拆迁管理、工作纪律、资金监管、监督和考核、奖惩和责任追究等方面作出规定。出台实施《鼓楼区征地和房屋拆迁管理工作暂行规定》。严厉查处违法违纪案件，在专项治理工作中，积极拓宽案源渠道，发现江东街道和江东管委会共2起案件线索并进行严厉查处，其中4人被移送司法机关，1人给予党纪处分，共没收追缴违法违纪金额715万元。

【全力推进权力阳光系统运行机制深入开展】 2010年，按照“优化、整合、拓展”思路，深化权力阳光运行机制。针对机构改革中政府部门职能的变化，及时调整行政权力，逐级明确责任，确保各项任务落到实处，所有办件100%网上运行。着力加强督查考核，对照《南京市电子监察监控系统千分考评办法》，对权力网上运行情况进行实时监控，对权力不上网运行或网下办理、网上登记等现象，严肃追究责任。 （袁　源）

民主党派

【九三学社鼓楼基层委员会换届】 12月1日，经九三学社南京市委会同意，九三学社鼓楼基层委员会换届。换届后基层委员会由南京鼓楼医院支社、南京市脑科医院支社、南京汽车集团公司支社、鼓楼区小组组成。刘晓晖任主任委员，何劲松、杨纶先、陈旭东任副主任委员，李平、吴贵新、徐国建任委员。

【致公党鼓楼总支换届】 12月15日，致公党鼓楼总支举行换届大会，选举产生第二届总支委员会，叶青、王绮明、庄海耘、周镇先、翁文杰任委员，王绮明任主任委员。

【民建鼓楼区基层组织调整】 12月30日，民建南京市委对民建鼓楼区基层组织进行调整。调整后，民建南京市鼓楼区总支部下设鼓楼区一支部、鼓楼区二支部、鼓楼区三支部、鼓楼区四支部、国电南京自动化股份有限公司支部。黄艳任总支委员会主任，樊学龙、岳刚、刘竹、陈恩源、戴小虎任总支委员会副主任，王晓文、殷洪林、吴强、陈晓霞、邱凯臻任总支委员会委员。 （曹　杰）

9月18日，鼓楼区举行各民主党派送服务进社区活动

工商联

【区工商联“3企3人”荣获2009南京地产风云榜项】 1月8日，由《南京日报》主办的“2009南京地产风云榜”评选颁奖晚会在南京人民大会堂举行。鼓楼区工商联3家企业和3名民营企业家成功当选。鼓楼区工商联会员单位苏宁环球集团、南京新城市商业置业有限公司、南京广厦置业（集团）有限公司凭企业的信誉和实力当选“2009南京地产最具影响力品牌企业”，占据该榜项半壁江山；鼓楼区民营企业家张桂平、朱献国和沈长明3名商界精英依靠多年来对南京地产业发展作出的突出贡献，获得“新中国60年南京地产卓越贡献人物”称号。

【获参政议政先进单位】 2月3日，市工商联举行年度工作表彰大会，区工商联获全市工商联系统“参政议政先进单位”称号，调研文章《“多发展、多联络、多活动”是加强基层商会建设的有效途径》获2008~2009年度优秀调研成果奖。

【工商联召开六届七次、八次执委会】 2月4日，区工商联召开六届七次执委会，副区长费丽明、区委统战部长华峰出席会议，全体执委参加会议。区工商联党组书记杨书明主持，区工商联主席郭金东总结2009年度全年工作，通报会员参与慈善事业的情况和企业家获得的省市级优秀特色社会主义建设者称号的情况，并提出紧紧围绕“三个发展”开展工作的新思路。7月22日，区工商联召开六届八次执委会，郭金东总结报告上半年工作情况，布置下半年贯彻国务院颁发的新“三十六”条精神，着力在推动企业产业结构调整升级、做好会员发展工作、加强行业商会建设等方面做工作。

【与连云港市新浦区工商联结为友好商会】 2月26日，区工商联与到访的连云港市新浦区工商联缔结为友好商会，区工商联党组书记杨书明和连云港市新浦区工商联主席于卉分别代表双方在《友好商会协议书》上签字，鼓楼区政协副主席、区委统战部长华峰参加友好商会签约仪式。

【苏宁电器香港地区春茗会】 3月1日，苏宁电器集团在香港港丽酒店举行“苏宁电器香港地区春茗会”，宣布正式接管镭射电器并组建集团总部直属的香港大区，董事长张近东率总裁孙为民、营销总部执行总裁金明等高管人员赴香港参加新闻发布会。

【苏宁电器集团捐助救灾款2500万元】 4月3日，在中国红十字会、中华慈善总会、中国文联、云南民政厅、中国红十字基金会等机构和部门联合组织主办的“抗旱救灾，我们在行动”大型公益晚会上，苏宁电器集团现场捐赠现金1000万元，全力支持西南五省抗旱救灾工作和帮助灾民恢复生活生产。

4月14日，苏宁电器集团启动“1+1阳光行公益基金”(苏宁电器的每一位员工每年拿出一天的时间参加社会公益活动，每年捐出一天的工资用于社会公益捐赠)，第一时间向青海地震灾区捐款500万元，并要求驻西宁苏宁电器集团管理层关注灾情发展情况，积极参与中央和地方政府组织的各项救灾行动。

4月20日，由中宣部、国家广电总局、民政部、中国红十字会主办，中央电视台承办的“情系玉树，大爱无疆”赈灾晚会中，苏宁电器集团总裁孙为民代表企业再次向青海玉树灾区捐款1000万元，继4月14日地震当天捐赠的500万元，累计为青海地震灾区捐款1500万元。

【区工商联常执委企业捐款捐物近260万元支援玉树灾区】 至4月21日，区工商联常执委企业支援青海玉树地震灾区的捐款捐物近260万元，其中江苏金浦集团200万元（援建物资）、南京顺天实业有限公司20万元、南京正大公司11.2万元、南京大惠企业发展有限公司10万元、南京广厦置业集团10万元、平安福兴国际贸易有限公司3万元、南京湖南路商场2万元、江苏悠仙美地饮食有限公司2万元、南京巨鲨商贸有限公司5000元、南京联行电子有限公司5000元、南京狮子楼饮食文化公司5000元，共计259.7万元。

【建立融资信息服务平台扶持中小企业发展】 5月26日，区工商联为进一步加强扶持中小企业工作，经过与南京有关金融机构联系，正式建立区融资信息服务平台，并举行揭牌仪式，区工商联、区各街道商会、南京湖南路山西路地区商会和江苏鑫信投资担保集团有限公司、南京银行、中信银行负责人以及鼓楼区企业代表50余人参加会议。区工商联党组书记杨书明阐述建立鼓楼区融资信息服务平台的意义，介绍鼓楼区扶持中小企业贷款贴息政策和2010年经济工作开展情况以及工商联在区政务大厅设立窗口为企业办事服务的内容。江苏鑫信投资担保集团有限公司董事长付树兵和中信银行、南京银行有关负责人先后在会上发言，表达为鼓楼区中小企业服务的意愿，介绍各自单位金融服务特色种类。杨书明和付树兵共同为“鼓楼区融资信息服务平台”揭牌，并签订合作协议书，为各街道商会、南京湖南路山西路地区商会颁发“鼓楼区融资信息服务站”证书。

【南京朗坤软件有限公司在武汉理工大学设立奖学金】 5月27日，南京朗坤软件有限公司在武汉理工大学设立“朗坤奖学金”，区工商联副主席、南京朗坤软件有限公司总裁武爱斌和武汉理工大学党委副书记夏江敬、大学学工部部长赵海信等校领导出席奖学金签约仪式。根据协议，南京朗坤软件有限公司捐资50万元奖学金奖励武汉理工大学连续5年品学兼优的学生。

【苏宁电器集团荣誉榜】 5月，苏宁电器集团入围“省百强民营企业（集团）”前20强。

7月6日，全球主流财经杂志《福布斯》和世界最大品牌咨询公司Interbrand在北京共同发布“2010中国最佳品牌价值排行榜”榜单，区工商联企业品牌“苏宁电器”以27.4亿元品牌价值蝉联中国商业零售第一，再次成为中国商业零售第一品牌。评委会评价苏宁电器：在不断完善零售、物流、服务和售后平台的同时，把服务定义成苏宁唯一的产品，从而在家电连锁零售行业占据有差异化的顾客认知。

8月5日，《环球企业家》杂志与罗兰·贝格国际管理咨询公司联合公布“最具全球竞争力中国公司”评选榜单，“苏宁电器”“宝钢”“海尔”“百度”和“华为”等20家公司成为最具全球竞争力中国企业。苏宁电器集团是入选榜单唯一零售企业。

8月29日，苏宁电器集团入选中国民营企业500家。

【区工商联两企业入围“省百强民营企业(集团)”前20强】 5月，省经信委、省中小企业局、省统计局和国家统计局江苏调查总队在南京发布2009年江苏营业收入百强企业(集团)及百强民营企业(集团)名单，区工商联两家企业苏宁电器集团和江苏金浦集团入围“2009年江苏营业收入百强民营企业(集团)”前20强。在2009年度，江苏百强企业中呈现出新兴产业的强劲增势，传统批发零售、公共服务类，还有金融服务、投资管理、出版传媒等类型，显示民营经济在各领域蓬勃发展的业绩。其中，区骨干民营企业苏宁电器集团以1170.03亿元排位第三；区工商联会长企业江苏金浦集团有限公司以148.64亿元位列第20名；企业总部设在鼓楼区的三胞集团以351.98亿元占据省百强民营企业（集团）前20强一席之地。

【6家企业被评为全市民营企业纳税大户】 6月28日，市委统战部、市经

① 3月1日，苏宁电器集团在香港港丽酒店举行“苏宁电器香港地区春茗晚宴”

② 4月3日，在中国红十字会、中华慈善总会、中国文联、云南省民政厅、中国红十字基金会等机构和部门联合组织主办的“抗旱救灾，我们在行动”大型公益晚会上，苏宁电器捐赠1000万元现金

③ 4月12日，苏宁电器宣布：全面启动2010年全国农村家电市场调查

④ 10月10日，金浦集团在化工园塑胶聚丙烯项目工地隆重举行金陵塑胶公司20万吨/年聚丙烯专用料项目开工典礼

济和信息化委员会、市人力资源和社会保障局、市国税局、市地税局和市工商联在《南京日报》联合公布2009年度全市民营企业纳税大户和就业之星名单，全区分别有6家企业和4家企业当选。此次南京市共有98家企业获评民营企业纳税大户，27家企业获评民营企业就业之星。其中，民营企业纳税大户评比条件是在南京市实际入库税收达到1000万元以上的企业，民营企业就业之星是在南京市就业参保人数达到500人以上的企业。苏宁电器集团、江苏苏宁环球集团、江苏金浦集团有限公司、南京新城置业发展有限公司、南京广厦置业（集团）有限公司和南京正大经济开发有限公司入选民营企业纳税大户，苏宁电器集团、江苏金浦集团有限公司、江苏苏宁环球集团和江苏悠仙美地饮食有限公司入选民营企业就业之星。

【3家企业再度入选“中国民营企业500家”】 8月29日，全国工商联在北京发布“2010中国民营企业500家名单”和“2010中国民营企业500家”分析报告，区工商联企业苏宁电器集团以1170.03亿元销售额名列中国民营企业500家第二，同时以39亿元纳税额和11.3万就业人数位列全国民营企业第一和第二，成为增强国力、增加税收、增多就业的主力军。区工商联企业江苏苏宁环球集团和江苏金浦集团有限公司分别以营业收入246亿元和148.64亿元再度入选，分列“中国民企500家”第29、第71位。

【张近东荣获“中国消除贫困奖”】 10月17日，中国扶贫基金会公示第三届中国消除贫困奖获奖人名单，区民营企业家张近东和创立穷人银行的穆罕默德·尤努斯、民生银行等11个组织和个人获得该荣誉，张近东是唯一获此殊荣的中国企业家。评委会认为，担任苏宁电器集团董事长的张近东积极倡导企业每个员工自觉承担公民社会责任，引导培养做“义工”的奉献精神，并发起“1+1阳光行”活动，即企业员工每年至少捐一天工资、做一天义工的制度。将企业社会责任和公民社会责任相结合的方法，对中国企业社会责任的表现形式具有示范意义，为中

国民营企业参与社会公益、扶贫救助开拓新思路新途径。苏宁电器集团创立20年来，为国家累计纳税近百亿元，为社会直接解决就业13万多人，间接支撑就业人数上百万人次，各类捐助款额累计达到7亿元。在重大自然灾害面前，张近东领军的苏宁电器集团与灾区人民一起共渡难关，累计向汶川灾区、南方雪灾、西南旱灾、甘肃泥石流和青海玉树等地区捐赠上亿元。仅汶川地震他个人就捐款5000万元支持灾区救援重建。张近东和苏宁电器集团还广泛参与各种专项扶贫活动，如认购南京慈善总会慈善基金1660万元，认购鼓楼区民政局慈善基金3000万元，向中国光彩事业基金会捐款1500万元等，并以投资支持建立绿色有机农场、水果基地和农村书屋等形式，帮助农户脱贫致富。

【5位企业家获南京市第四届“光彩事业之星”称号】 12月6日，市委统战部、市工商联和市光彩事业促进会召开大会，表彰在光彩事业中作出突出贡献的非公有制经济人士。鼓楼区5名民营企业家张近东、张桂平、郭金东、朱献国、毛顺初被授予南京市第四届“光彩事业之星”称号。

【街道商会】 2010年，湖南路街道商会重点跟踪了解会员单位中企业税收大户发展状况和需求，有针对性地做好服务，为会员单位中成长型企业积极搭建涵盖面广的综合性服务平台，共同做好科技创新、融资担保、人才引进等方面的特色服务，积极培育新的经济增长点；和街道经济部门一起坚持开展联系走访、楼宇物管联席会等制度，准确收集发布紫峰大厦、金峰大厦等新建高档商务楼宇招商信息，最大限度发挥楼宇投资载体经济效益。

江东街道商会是江苏省先进基层商会，也是鼓楼区第一家南京市工商联五星级基层商会。2010年，利用街道劳动保障所、站工作平台，通过动员大会、广场咨询和座谈会等形式，广泛开展构建新型和谐劳动关系宣传教育，并与街道总工会一起对辖区210家企业人事经理进行培训，强化劳动保障协理员专业知识，提高服务能力和服务质量，同时突出服务重点，和经济部门一起对餐饮业单位跟踪服务，将用工30人以上的40多家餐饮单位列为首批服务对象，建立电子台账，制订《员工守则》，保障农村进城务工人员的各项权利。

宁海路街道商会是南京市四星级基层商会。2010年，商会坚持抓落实，抓重点、攻弱项，创新招商引资手段，配合街道经济部门加大签约项目推进力度、加大在谈项目跟踪落实力度、加大做好企业增资扩股力度；突出重点项目推进，依托颐和路十二片区载体，大力发展现代服务业和总部经济，认真梳理区域闲置资源，将招商方式从原始地块资源式招商不断提升到低效资源盘活式招商；协同工商、税务部门为企业服务，深入楼宇企业，规范企业“双征”工作，加强对楼宇经济重点项目工程的跟踪，协调企业按进度纳税，做好异地经营企业税收转籍变更工作；以提供优质服务为手段，推进“走百家企业、做百件实事、交百位朋友”活动的落实，及时掌握重点辖区企业的经营状况，全力帮助企业协调解决生产经营中遇到的问题。 （孙耀东）

群众团体

总工会

【概况】 2010年，鼓楼区总工会依照“推动发展、改善民生、促进和谐”工作思路，认真履行工会职能，不断更新工作理念，创新工作思路，圆满完成全年工作任务。全区下辖基层工会（含联合工会涵盖单位数）2415个，基层会员82237人，女职工委员会456个，女会员32825人。至年底，全区完成企业建会1061家，其中独立建会84家，净增会员8000余人，7个街道全部完成个体工商户工会联合会组建。各项工作取得显著成绩，获国家级荣誉3个，力学小学工会委员会、南京广厦置业有限公司工会委员会、区总工会分别被中华全国总工会评为“全国模范职工之家”“全国职工书屋示范点”“全国五五普法先进单位”；区总工会获省“促进厂务公开民主管理工作创新成果”一等奖，获南京市总工会2009~2010年度综合考核第一名。2家街道总工会被评为省级工会工作模范街道，11家基层工会被评为省、市级模范职工之家。

【区总工会四届十二次全委（扩大）会】 2月19日，区总工会召开四届十二次全委（扩大）会。区总工会主席符祝如作《团结组织广大职工在全区“三个发展”中更好地发挥主力军作用》工作报告，总结2009年工作，部署和安排2010年工作，区总工会全体常委、女职工委员会、经审委员会全体委员，各街道总工会、系统工会及下属基层工会、驻区相关企事业单位工会干部150余人参加大会。区委副书记王堡参加会议。

【创“一居一品、一街数特”帮困特色】 2010年，区总工会开展“一居一品、一街数特”创建，筹集钱物55万元，帮扶慰问困难职工3836人次。“三八”节期间，安排全区200余名女职工接受免费体检；全年职工互助参保人数净增5560人，增长率、参会率处全市前列；为36名职工发放创业小额贷款160万元，未发生一起不良信用记录，带动就业150余人；为120名下岗职工提供家政等创业培训服务，实现100%成功就业。实行“金秋助学”行动，落实助学资金72万余元，惠及困难学生1200名。困难职工、困难劳模帮扶率100%。开展“培训、创业、就业”三位一体助业行动，为34名创业者提供创业贷款130万元，促使创业带就业，该项工作居全市前列。为38名下岗职工开办家政服务培训班，结业后即上岗。

【开展职工文化活动】 2010年，区总工会创建“劳模创新工作室”3个，组织工会干部、劳模和一线职工观看主旋律电影。推动职工文化载体建设，为园区工会职工文体活动中心提供经费 2 万元，创全国模范职工书屋示范点 1 家、市级 3 家。上报调研论文 30 篇，获奖篇数居全市之首。举办鼓楼区"岗位奉献、创先争优"职工演讲比赛，踊跃参与省、市组织的各项职工文体活动。

【开展岗位练兵技能大赛活动】 2010 年，区总工会广泛开展劳动竞赛活动。39 家单位开展产品销售知识、服务技能、厨艺技能、园艺和现场急救等 29 个项目，合 83 个小项目劳动竞赛活动，共计 65 场次，参赛人员 13000 余人。各单位为 2576 名获胜者颁发奖品、奖章和证书，其中 88 人被评为技术能手；采纳各类小革新、小改进、小节约合理化建议 1500 余条，有力促进全区经济又好又快地发展。

【经审、女职工委员会作用明显】 2010 年，区总工会开办女职工周末学校 10 家，举办各类礼仪、保健、心理健康等培训讲座 250 场次，受教育女职工 2 万人次。全区 50 人以上女职工参与协商率 100%；签订女职工专项协议 323 份，覆盖女职工 18790 人，覆盖企业 1546 家，签订率 100%。全年审计各级工会 38 家，超额完成市总工会目标任务。区总工会聘请特约审计员开展审计工作的做法受到市总工会肯定，在全市会议上作经验介绍，并在《中国工会财会》发表。

【开展研讨和征文活动】 6 月 3 日，区总工会与市总工会共同主办"工会法律援助先进工作者表彰暨劳动争议热点问题研讨会"，省、市、区总工会，市、区劳动和社会保障局，市、区司法局，市、区法院相关领导，南大法学院专家学者和南京市律师协会律师代表参加会议，省、市相关领导讲话。全市各区县 200 余名工会法工干部、区基层工会干部、企业人力资源负责人等参加研讨会。6 月 8 日，区总工会建立工运理论特邀研究员队伍，18 人被聘为特邀理论研究员。区总工会加强调查研究和理论研究，开展全区工会工作理论征文活动，组织 26 篇论文参加市总工会论文评比，区总工会获优秀组织奖，17 篇论文获奖，其中一等奖 2 篇、二等奖 7 篇、三等奖 8 篇、优秀论文 8 篇。

区总工会在全区企事业单位中开展职工书屋创建活动

【开展"两个普遍"活动】 12 月 7 日，区总工会召开"两个普遍"(依法推动企业普遍建立工会组织，普遍开展工资集体协商)工作推进会，省、市、区总工会领导，区委、区政府及区人社局、民政局、中央门街道相关领导，全区社区工会主席、企业主代表，各区、县总工会民管部长等参加会议。现场观摩模范马路社区职代会签订工资协商集体合同，3 家社区工会作交流发言。会议提出拟启动"个十百千"工程建设(开展一个集中建会行动、评选十个优秀基层工会组织、树立一百个工资集体协商规范企业、培训千人次工会干部和工资集体协商指导员队伍)。全年独立建会企业签订以工资协商为主要内容集体合同 397 份，行业、区域合同签订 87 份，覆盖企业 2390 家，签订率 95%。区总工会被评为江苏省厂务公开民主管理先进单位。

【开展劳动纠纷化解工作】 2010 年，区总工会发放有关依法维护职工权益宣传书籍 52000 余(册)本。悬挂法制宣传标语 60 余幅，部署宣传点 14 个，展出普法展板 144 块，法律咨询 3500 余人次，解答法律疑难 480 余件，有效化解劳动纠纷 630 件，法律援助 26 件，有力促进"和谐鼓楼、平安鼓楼、法治鼓楼"建设，至年底，区职工法律援助中心成立援助站 7 个，法律援助志愿者队伍 52 名，为当事职工提供法律援助劳动争议案件 39 件，接待来访 1288 人次。

【开展"共享阳光，共创和谐"送温暖行动】 2010 年，区总工会开展"共享阳光，共创和谐"为主题的送温暖行动。建立特困职工档案 201 人，纳入市、区两级工会帮扶体系，发放特困职工慰问金和实物券 841 人次、23.20 万元。节日走访一线职工、公安交警、老干部、老劳模 4100 余人，送慰问金 45 万元。全区各级工会系统为 1100 余名特困职工家庭子女筹集助学金 10 万元。

(胡文花)

共青团鼓楼区委员会

【概况】 2010 年，共青团鼓楼区委员会(以下简称团区委)紧紧围绕全区工作中心和青年成长成才需求，按照"突出重点抓基层、突破瓶颈抓活动、凸显优势抓亮点"工作思路，推动全区团工作实现新发展。至年底，团区委有团组织465个，其中团(工)委25个、团总支10个、团支部430个，专职团干部8名、兼职团干部39名、团员10792名，新发展团员870名。鼓楼区非公团建经验被《中国青年报》《江苏共青团工作信息》和《南京快报》全文刊载，团区委书记陈乙华获"全国优秀团干部"称号。力学小学学生张天元被选为第六届全国少代会代表，区检察院团支部被评为省基层团建示范点。

【主办"小主人跑两会"活动】 1月，团区委、区少工委联合《小主人报》南京小记者站、《金陵晚报》主办"小主人跑两会"活动。鼓楼区选拔4名少先队员担任小记者，采访市委书记朱善璐、市长季建业等党政主要领导，同时将鼓楼少先队员优秀提案带给"两会"代表，为南京"三个发展"提供少先队员认知和建议。团区委、区少工委小记者以"红领巾与青奥共成长"为主题，采访青奥组委会副主任、团市委副书记丁铭。在省少工委开展"红领巾寻访江苏创造"活动中，采访智慧天下科技教育公司副总裁王自强。

【周长奎到区调研】 3月23日，团中央书记处书记周长奎到鼓楼区调研志愿服务工作。周长奎一行观看区爱心助学协会宣传片，听取协会近年开展志愿服务活动情况介绍，与协会优秀青年教师志愿者、大中学生志愿者和接受帮助进城务工人员子女代表座谈，与协会工作人员就如何更好依托协会平台，紧抓爱心助学主题，进一步延伸服务项目和内容，扎实有效开展志愿服务活动，让协会成为志愿者和受助生共同成长载体等问题进行交流。团省委书记练月琴、副书记沈海斌，团市委书记邢正军等陪同调研。

【开展支持和庆祝申办青奥活动】 2010年，团区委组织开展千名机关干部签名支持申奥活动，组织青少年开展形式多样的支持和庆祝申奥成功活动，相继开展"青奥寄语—申奥宣传队进社区""青奥激情—志愿者送真情""雏鹰展翅—放飞青奥""与青奥同行——第一才能赢"知识竞赛和"奥运珍品进校园"等活动。《南京日报》《金陵晚报》、南京电视台等媒体作专题报道。

【非公组织团建工作】 2010年，团区委全力推进非公组织团建"影响力工程"。年初，制订《关于推进全区规模以上非公有制经济组织和社会组织团建工作的实施意见》，召开非公组织团建工作推进会2次，集中授牌新成立规模以上企业团组织20家，聘请非公团建指导员，对新成立团组织给予每家1000元经费，支持其开展工作。全区规模以上非公组织团建45家，规模以下非公组织团建46家。非公团建"影响力工程"获全省共青团工作创新创优成果奖一等奖。同时，依照"强化特色、培育典型、示范带动、整体推进"工作思路，打造非公企业团建示范点。9月1日，在园区企业爱可信(南京)技术有限公司建成全市首家非公团建工作示范点——"青春之家"。"青春之家"团建示范点以企业员工休闲活动室为组织活动阵地，立足丰富团员青年业余生活团建模式。示范点分为幸福时刻、星光闪耀、宣传园地、运动沙龙、青年书吧、营养健康6个区域，集引导、展示、服务功能于一体，展示企业形象和团员青年风采。是年，团区委在港厦房地产经营有限公司、三胞集团相继建成非公团建示范点。

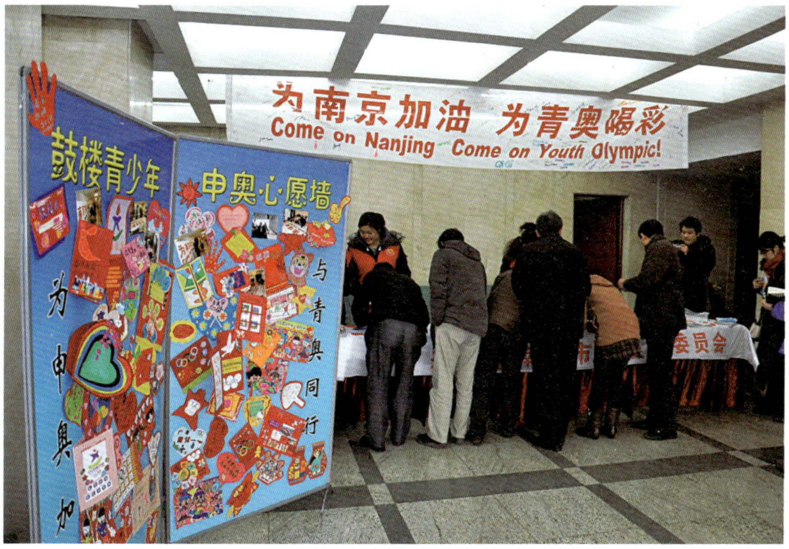

1月11日，团区委在机关举行千人签名支持申办青奥会活动

【成立全市首家"两新"组织团工委】 2010年，团区委在全市成立首家"两新"(新经济组织、新社会组织)组织团工委，具体负责全区"两新"组织团建工作组织领导和业务指导。同年，团区委在甘肃玉树地区成立首家驻外团支部，驻外人员主要由区青年志愿者担任，对当地贫困学生进行帮困支教工作。首批志愿者在玉树县第三完全小学完成3个月爱心支教行动。南京电视台《周涛讲故事》栏目对驻外志愿者进行专题报道。

【打造区域化大团建工作格局】 2010年，团区委召开区团建联盟工作会议，涵盖驻区南京大学、南京师范大学、省人民医院、省中医院等单位团组织。举办地区青年趣味运动会，吸引省级机关团工委、南京政治学院等11个代表队140名青年参加。省中医院团委等分别开展"一助一"帮扶活动，帮助鼓楼区困难学生解决生活就学问题。

【开展各类岗位建功活动】 2010年，团区委开展青工技能大赛、岗位练兵、创新创效等活动，增强青年员工职业操守和技能。组织志愿者参与"共建青奥林，绿满新江苏"暨南京市保护母亲河行动主题活动。文明城市创建活动中，组织动员团员青年深入社区清理楼道、清除牛皮癣，参与完

10月15日，团区委、区少工委在区政府礼堂举办鼓楼区“和乐杯”和谐校园短剧决赛

成鼓楼广场、草场门广场等8个主要路口交通协勤任务。“重洽会”期间，组织10000余名团员青年到会场参观服务。南京“7·28”爆炸事件发生后，团区委第一时间成立应急救援志愿服务队，奔赴栖霞区为受灾居民免费维修家电，受到社会好评。配合全区“安全稳定月”系列宣传教育活动，成立由公安、消防、卫生等系统青年组成的安全教育志愿宣传队，分别走进工地、社区、楼宇、校园开展安全生产、消防安全、医疗急救等宣讲活动；开展“安全在我心中”青少年绘画大赛，增强安全防范意识。

【推动青年就业创业工作】 2010年，团区委在省移动公司、苏宁环球、凤凰国际等20家企事业单位建立青年就业创业见习基地，为大学生提供见习岗位120个。开展青年农民工“订单式”技能培训，举办免费培训讲座近10场，培训人员520名。

【开展“爱心伴我行”工程】 2010年，团区委开展“爱心伴我行”工程，筹资3万元，为品学兼优贫困学生和重残重病青少年每人赠送一年“爱心牛奶”；为在江东软件城等重点工程中施工的外来务工青年送防寒防冻用品；为生活困难外来务工人员子女送过年物资和学习用品。4月，联合凤凰国际书城在全区中小学开展图书漂流活动，收到捐赠图书18806册，向四川灾区希望小学捐赠6000余册，向高淳县固城中心小学捐赠2500余册，援助六合县两所学校建立“手拉手红领巾书屋”。团区委党支部以及部分系统团干部，到雨花婷婷聋童幼儿园看望聋哑、智障儿童，并赠送月饼、奶粉、饼干等节日礼物。

【举办“和乐杯”和谐校园短剧决赛】

10月15日，团区委、区少工委在区政府礼堂举办鼓楼区“和乐杯”和谐校园短剧决赛。参赛学校22所，决赛围绕法制教育、诚信教育、爱心助学、课本中的故事、童话故事、校园生活故事、家庭生活故事等题材，通过小品、短剧、音乐剧、情景剧表现手法，真实反映少先队员丰富多彩校园文化生活和对社会家庭生活的理解。小演员自己动手制作环保服饰、编排剧本。经过预赛、决赛和专家评委评定，琅琊路小学、特殊教育学校分别获最佳表演奖和最佳创作奖。特殊教育学校、天正小学获一等奖，琅琊路小学、汉江路小学、财大附小、莫愁新寓小学获二等奖，一中心小学、汉口路小学、马台街小学、赤壁路小学、汇文小学、青云巷小学获三等奖。

【开展青海玉树赈灾活动】 2010年，团区委募集棉衣棉裤、被褥和学习用品寄给青海玉树灾区孤儿，发动团员青年和少先队员捐款、捐物，捐款20余万元，全部用于帮扶灾区贫困学生。10月13日，由鼓楼团区委捐助的首家希望书屋在玉树巴塘民师附属小学正式建立，实现山区贫困孩子看书梦想。

【第五期中学生业余党校培训班顺利结业】 7月30日，鼓楼区第五期中学生业余党校培训班举办结业典礼。全区各中学100余名入党积极分子参

2010年，团区委开展“爱心伴我行”工程

加典礼并拿到结业证书。通过业余党校培训学习累计培养学员 500 余人，发展优秀中学生中共预备党员 12 名。

（吕 成）

妇女联合会

【概况】 2010 年，鼓楼区妇女联合会突出百年“三八”主题，抓住“妇女就业创业深化年”的主线，深入实施巾帼创业就业、巾帼素质提升、文明家庭创建、妇女儿童维权等行动和“强基固本”工程，充分发挥“半边天”作用。实现妇女儿童实事项目、妇联阵地建设等一系列工作创新突破，有力推动全区妇女工作深入开展。至年末，区妇联下属街道妇联 7 个、系统妇女工作委员会 10 个、团体会员 411 个；社区居委会妇联 64 个，新经济领域妇女工作委员会 3 个，村妇代会 3 个；全区专职妇女干部 11 人，兼职妇女干部 48 人，新经济领域妇委会主任 3 人，社区妇联主席 64 人、副主席 64 人，村妇代会主任 3 人；妇女儿童活动中心 1 个。全年各级网站刊用信息共 190 条次，其中全国妇女网 13 条、省妇女网 23 条。收录街道妇联信息 679 条，区妇联网录入 442 条。是年，清河新寓和云南路社区分获全国、省妇联基层组织建设示范社区称号，湖南路街道获省妇联基层组织建设示范街道称号。“三八”百年大庆当天，时任省委副书记王国生到鼓楼区调研基层妇女工作并给予高度评价。

【召开九届五次执委(扩大)会议】 1 月 21 日，区妇联召开九届五次执委(扩大)会议。区妇联第九届常委、执委，各街道妇联主席、副主席，各系统妇委会主任、副主任参加会议。区委副书记王堡、副区长冯雯兰出席会议。会议传达省妇联十一届二次执委(扩大)会议和全市工青妇工作会议精神，审议通过区妇联主席祁敏代表常委会所作的工作报告，表彰奖励省、市“平安家庭”创建先进单位。

【开展扶贫帮困活动】 春节期间，区妇联开展“关爱单亲母亲”走访慰问活动，走访慰问全区 7 个街道 50 户特困单亲家庭，发放慰问金 1.5 万元。“六一”前，为全区百名品学兼优的女童发放“春蕾”助学金 2 万元。积极推进“春蕾圆梦工程”，帮助、引导贫困家庭女童开阔眼界，增长知识，提升素质。

【开展“季季送岗位”活动】 2010 年，区妇联联合区人社局等相关部门继续开展“季季送岗位”活动。举办大学生创业就业专场招聘会、就业援助进家入户、就业援助进军营等活动，继续实施女大学生创业导师行动，促进优秀女企业家与女大学生牵手帮扶，全年共联合举办各类创业就业招聘会 49 场，有 2270 名妇女达成就业意向。依托区、街劳动职介中心为失业妇女举办各类创业技能培训 225 期，培训学员 9001 名。

【开展妇女小额担保贷款工作】 2010 年，区妇联探索妇女小额担保贷款工作协调联络机制。联合区人社局以及各街道、社区妇联服务申贷妇女，通过宣讲政策、印发宣传手册、走访调查、召开信息通报会等形式，做好贷前、贷中、贷后全程服务工作。全年有 61 名妇女申请创业贷款，其中 21 人通过审核，贷款总额 346 万元，带动就业 105 人，超额完成市妇联下达区全年 180 万元妇女小额贷款任务。

【开展妇女病普查】 3 月，区妇联牵头组织财政、卫生、计生、民政、人社等相关部门制订出台《鼓楼区妇女病普查工作的实施方案》，编印下发《关爱女性健康从妇女病普查开始》致全区广大妇女朋友的一封信，全面安排部署全区妇女病普查工作。对全区符合条件的特困低保家庭已婚妇女实施免费妇科疾病普查，为所有参加普查的妇女建立健康档案，对普查中查出的妇女病患者进行跟踪随访，按有关政策及时实施医疗救助。经统计，全区符合条件的特困低保家庭妇女 997 人，实查 847 人，普查率达 85%。

【举办“关爱生命，文明出行”第七届家庭学法竞赛活动】 6 月，区妇联联合区文明办、区司法局、交警五大队组织启动以“关爱生命，文明出行”为主题的第七届家庭学法竞赛活动。8 月 3 日，在各街道、区级机关工委组织家庭学法初赛的基础上，围绕学习贯彻《道路交通安全法》及实施条例开展全区家庭学法竞赛活动。市、区有关部门领导、社区家庭及群众等 180 余人参加。经过评委综合评定，产生一等奖 1 名、二等奖 2 名、优胜奖 5 名。

8 月 3 日，区妇联、区文明办、区司法局、交警五大队联合组织开展以“关爱生命，文明出行”为主题的第七届家庭学法竞赛活动

【开展“低碳家庭·时尚生活”主题活动】 4~10月，区妇联在广大妇女和家庭中开展以“低碳家庭·时尚生活”为主题的系列节能减排活动，先后开展“低碳家庭·时尚生活·绿色鼓楼”“低碳走进千万家·节能环保我参加”和“低碳生活知多少”读书、征文等活动。发放倡议书12000份、咨询服务4000余人、征集低碳环保“绿色金点子”56条。积极开展全国妇联制作的家庭低碳生活小档案活动，中央门街道新门口社区居民夏桂兰被评为“全国低碳明星”。

【承办江苏省科学家教进万家暨净化社会文化环境、家庭护卫行动启动仪式】 5月20日，由省妇联、省文明办、省关工委、省教育厅、省文化厅、省公安厅、省通信管理局主办，南京市妇联、区妇联承办的江苏省科学家教进万家暨净化社会文化环境家庭护卫行动启动仪式在山西路市民广场举行。省关工委副主任王湛、省文明办副主任韩松林、省妇联副主席张彤，市妇联副主席贾慧，主办、承办、协办单位领导及部门负责人，部分省小公民道德建设活动领导小组成员单位领导及处室负责人，省家教学会、讲师团专家代表，家长、儿童及社区群众1200余人参加启动仪式。该行动旨在发挥家庭在净化社会文化环境、促进未成年人健康成长中的重要基础作用和独特的监督作用，通过实施“百千万”计划，即组织百个咨询服务点、开展千场巡回宣讲、组织万名家教志愿者结对援助万户家庭，传播科学家教理念、有效家教方法和现代网络知识，自觉抵制互联网和手机媒体淫秽色情、低俗有害信息，进一步优化未成年人健康成长家庭和社会文化环境。

【“母亲学堂”进社区、进企业】 6月13日，区妇联把“母亲学堂”首场讲座开进江苏阳光东升进出口有限公司。根据该公司女工委的要求，区妇联为该公司近40位年轻母亲开设“妇女卫生保健讲座”，深受女职工欢迎。全年共在企业、社区开设66讲，受教育人数3450多人次。

【组织流动儿童家庭、单亲母亲家庭开展亲子实践活动】 7月，区妇联分别组织流动儿童援助计划项目点宝船社区45名流动儿童和家长一同前往丹阳季子农庄，凤凰街道阳光妈妈联谊会21户家庭前往江宁千盛农庄，参加江苏省网上家长学校主办的“七彩田园”实践活动，将对流动儿童、单亲家庭儿童的关爱落到实处，深得家长和孩子们的喜爱。

【召开巾帼律师服务团成员联席会议】 11月26日，区妇联、区司法局联合召开以“预防家庭暴力，维护妇女权益”为主题的巾帼律师服务团成员及婚姻家庭特邀讲解员联席会议。会议通报2010年全区信访维权工作情况以及2011年维权工作思路。巾帼律师和婚姻家庭特邀调解员结合各自工作实际，从不同角度交流在维护妇女儿童权益工作中的主要做法、工作体会、遇到的困惑和难题及如何进一步加强妇女权益保护，提出许多建设性意见和建议。同时，就“家庭驿站”工作平台，如何创新巾帼律师服务团工作进行讨论。

【家庭教育】 2010年，区妇联充分发挥家长学校阵地作用，全年家长学校开课300余场次，听课家长达8万多人次，征集论文21篇参与省家庭教育

5月30日，凤凰街道阳光妈妈亲子联谊会亲子活动——“七彩田园”实践活动现场

论文评选活动。召开家庭教育工作会议，对在推进家庭教育工作中作出突出贡献的先进集体和个人予以表彰。授予南京市田家炳高级中学等68所家长学校为鼓楼区先进家长学校，授予邱继祥等61人为鼓楼区家长学校工作先进个人，授予房春林等92人为鼓楼区家长学校优秀学员。联合区文明办、关工委、教育局编辑出版供学校、家庭、社区开展中华传统美德教育参考的《蒙学〈弟子规〉教程》教材，中国儿童少年基金会副理事长程淑琴为该书作序。

【普法与维权】 2010年，区妇联以“三八”妇女节、国际反家庭暴力日等节庆纪念日为契机，与区司法局、区总工会等部门联合开展“三八”维权周、广场宣传、咨询服务等活动，进行政策宣传、普及法律知识。区妇联全年接待来信、来电、来访39件，结案率100%。畅通信访渠道，定期为妇女群众提供法律咨询服务，妥善处理涉及有关妇女儿童权益问题的来信来访。全年受理涉及妇女儿童案件285件，有效维护妇女儿童合法权益。

【实现社区“家庭驿站”全覆盖】 2010年，鼓楼区继2009年在石头城、青石村、清河新寓、华阳佳园、南秀村、三步两桥、回龙桥7个社区创建“家庭驿站”试点成功基础上，进一步推进“家庭驿站”(妇女儿童之家)创建工作。定制印有统一标识的沙发和橱柜发放到全区各社区，逐步建立品牌化、连锁化、系统化的崭新工作载体。“家庭驿站”创建的具体做法是：统一名称、统一标识、统一功能；建立和完善以小区楼栋长和治安信息员为主的社区工作者队伍，以社区离退休老干部、大学生、妇女社团组织等社会热心人士为主的志愿者队伍，以有关职能部门、大专院校专家、学者等组成的专业工作者；完善联席会议制度、学习培训制度、定期活动制度和检查考评制度；发挥家庭关系调处、家庭就业服务、家庭教育指导、家庭文化建设等服务，使“家庭驿站”成为沟通交流的平台、就业创业的学校、陶冶情趣的场所、维权救助的阵地，为维护社会稳定提供机制保障)。至年底，全区100%的社区建成“家庭驿站”。区妇联《创建社区妇女儿童之家，探索妇联基层组织联系和服务妇女的新载体》在省妇联召开的专题会上进行交流发言。

【实施“流动儿童快乐成长援助计划”】 2010年，区妇联在江东街道宝船社区，实施“流动儿童快乐成长援助计划”，1000余人次儿童参加，并为100名流动儿童建立成长档案，建档流动儿童参与活动率100%。

【幼儿园移交】 根据区政府2010年8月26日第18号区长办公会议精神，区妇联下属银城花园幼儿园、小天使幼稚园整体划归区教育局统一管理。为确保交接工作按期顺利完成，区政府成立以副区长冯雯兰为组长，区妇联、区教育局、区人事局、区财政局、区审计局、区劳动和社会保障局等部门领导为成员的交接工作领导小组，按照“统筹规划、整建制移交、平稳过渡”原则，依据《关于银城花园幼儿园、小天使幼稚园整体划归区教育局管理的实施方案》，开展移交工作。整体工作分动员部署、统计造册、清点核对及交接总结4个阶段实施，具体交接内容包括人员交接、资产交接、经费交接、文档交接。按照现行《中华人民共和国劳动法》的有关规定，银城花园幼儿园、小天使幼稚园在清理原有人员用工关系的基础上，对原有人员状况，按在编、聘用、退休、临时工作人员进行清理、分类造册。对银城花园幼儿园、小天使幼稚园土地、房屋使用状况及归属关系做进一步了解确认；对银城花园幼儿园、小天使幼稚园固定资产以班级为单位清点造册，银城花园幼儿园、小天使幼稚园债权债务按照2010年6月财务会计报表往来余额，两所幼儿园事业单位编制人员人事档案资料及清单，人事及编制部门关于上述成立批复及其他原始资料全部移交。通过银城花园幼儿园、小天使幼稚园和交接工作领导小组成员单位大量细致的工作，确保两所幼儿园在交接过程中教育资源不流失、教学秩序不打乱、教工队伍不涣散。9月19日，区政府举行银城花园幼儿园、小天使幼稚园交接仪式暨交接工作总结会议，区妇联作交接工作总结，与区教育局主要负责人在交接书上签字，银城花园幼儿园园长作表态性发言。副区长冯雯兰在交接总结会上提出要求。10月27日，区妇联党支部将下属银城花园幼儿园、小天使幼稚园党小组档案移交区教育局党工委。 （石　琳）

2010年，鼓楼区实现社区“家庭驿站”(“妇女儿童之家”)全覆盖

平安鼓楼建设

Construction of Safe GuLou

综述

【概况】 2010年，鼓楼区平安创建工作取得明显成效，全年全区共立刑事案件6184起，破案率53.6%，八类案件破案率86.9%，命案破案率100%，省公安厅3起挂牌案件全部破案。打击涉恶团伙10个、恶势力团伙1个。辖区治安公众满意率96.7%。全区法治建设依法执政能力进一步强化，依法治区工作有序推进，法治街道标准率40%，市级以上民主法治社区达90%。是年，"政府买岗，为全区所有学校配备校园保安"工作被评为鼓楼区2010年度"全面达小康，建设新鼓楼"十大突出贡献工作，并获杰出贡献奖。鼓楼区被市委、市政府评为2009年度法治南京建设先进区、2009年度社会治安安全区。

【开展法治城市创建宣传工作】 2010年，区依法治安办公室(以下简称区依法办)与区委组织部、区法治宣传办公室联合下发通知，征求党员、干部对开展法治城市创建活动意见。区依法治区领导小组制订下发《鼓楼区依法治区领导小组关于开展法治城市创建活动的实施意见》；区环保局、工商分局等行政执法部门组织"鼓楼区机关争创法治城市"知识竞赛；区依法办、法制宣传办公室依托法治鼓楼网站、区门户网站开展"法治鼓楼从我做起"公务员网上百问百答活动；《平安鼓楼月报》《法治鼓楼简报》专题开设栏目报道全区各部门、街道法治城市活动动态和举措，及时宣传法治城市创建工作，从机制、形式、内容上推进法治城市创建工作。

【推进维稳风险评估和维稳绩效考评工作】 2010年，区维护稳定办公室(以下简称区维稳办)分别对新门口地块整治，湖南路04、05片拆迁等14个重大工程项目及时跟进，指导稳评实施工作，进行稳评质量把关、程序进度控制、风险化解排除。区社会稳定风险评估小组办公室发文，对正在实施和待实施所有拆迁、拆违、整治等工程和重大敏感事项，进行重新排查梳理并进行重新规范稳评，对确实存在不稳定苗头事项，全面停工，拿出具体化解措施，做好化解钝化工作，待彻底解决问题，再上报区委、区政府同意后实施。制订《鼓楼区2010年度街道维护稳定暨社会矛盾纠纷化解绩效考评意见》，分半年和年终对各街道维护社会稳定特别是社会矛盾纠纷化解工作进行综合考评。8月，区维稳办会同区委610办、区信访局、司法局等部门对7个街道上半年维稳工作情况进行综合考评，评出一等奖3名、二等奖4名，分别给予1.3万~1.5万元奖励。

【开展社会矛盾纠纷大排查活动】 2010年，鼓楼区成立矛盾纠纷大排查活动领导小组和办公室，并制订实施方案。9月14日，召开会议进行动员部署，针对全区可能引发的不稳定因素、影响社会和谐稳定的矛盾纠纷和苗头隐患，各街道、各相关部门按照全面排查与重点排查、集中排查与滚动排查相结合办法，对各类突出问题、群体性纠纷苗头、重点人、重点事进行拉网式、全覆盖、不间断排查，找出突出热点、难点问题，分门别类登记建档。开展大排查184次，排查矛盾纠纷62件，其中征地拆迁15件、涉企8件、容易激化升级个体性矛盾39件。对排查出的案件及人员按难易及可控程度分A、B、C三级稳控，将化解稳控责任落实到公安等政府相关部门和街道，加大依法调处力度，最大限度实现案结事了、息诉停访、平稳可控工作目标。至年底，全区排查出矛盾纠纷62件，有效化解46件，化解率74.2%。

【做好敏感期稳定工作】 2010年，鼓楼区加强涉军群体矛盾处置和稳控，同时做好涉日维稳工作，针对钓鱼岛事件引发的连锁反应，鼓楼区及时启动涉日情报信息收集研判，在大学校园及新街口、山西路、鼓楼、草场门、新城市五大广场安排观察哨，每日安排200余名警力值班备勤，确保敏感期辖区内不发生群众反日聚集活动，各高校在校学生情况平稳。

【增设国家安全科】 2010年，经市、区两级沟通协调，区编委正式下文在区委政法委增设国家安全科，设副科长1名，与综治科合署办公。

【模范路科技创新园区管理办法制定】 1月，鼓楼区成立模范路科技创新园区管理办法制定工作协调小组，组织相关人员到北京中关村科技园区等地考察法规实施情况。区政府专题召开立法座谈会，就《南京市模范路科技创新园区管理办法(草案)》(下称《办法》)征求园区高校、科研院所、科技企业相关专家代表意见和建议。6月，区政府常务会议审议通过《办法（送审稿)》，并正式上报市政府。三季度，市法制办先后在鼓楼区召开4场立法论证会，分别就《办法》征求高校专家、园区企业、区县政府和市级机关部门意见。12月27日，《办法》经市政府常务会议审议通过，自2011年4月1日起实施。 （杨丽莉）

公安

【概况】 2010年，公安鼓楼分局(以下简称分局)刑事案件破案率、命案发案数和破案率、破获盗窃汽车案件数、劳动教养人数、强制隔离戒毒入所人数、收缴假币、收缴假发票等十余项指标在省、市绩效指标排序中位居前列。分局被市委、市政府授予文明单位，宁海路派出所、江东派出所、特巡警大队、消防大队被区委、区政府授予文明单位，江东派出所荣立集体三等功，蔡流洪等23人荣立个人三等功，宋玉兰等18人分别受到市、区有关部门表彰。

【破获刑事案件3314起】 2010年，分局先后组织开展反盗抢"一O行动""2010严打整治"，防范和打击新型毒品违法犯罪、假币犯罪、发票犯罪、银行卡犯罪等专项行动。全年破获各类刑事案件3314起，命案破案率100%，8类案件破案率86.9%，打击处理982人，其中逮捕457人，同比上升6.3%；直诉246人，同比上升12.8%。先后破获“2·18”和“3·2”系列强奸抢劫案、“3·14”持爆炸物劫持人质案、“6·17”持枪抢劫等一批大要案件，摧毁由省公安厅挂牌督办的“3·11”盗窃车内财物等犯罪团伙7个。

【打击经济犯罪活动】 2010年，鼓楼区立各类经济犯罪案件311起，破案249起；抓获经济类违法犯罪人员230人，打击处理184人，其中逮捕97人、直诉85人、劳动教养2人；全年抓获经济类逃犯56人，其中本地逃犯30人、外地逃犯26人，挽回直接经济损失4306万元。在开展打击假币犯罪、银行卡犯罪专项行动中，分局各项成绩均名列全市第一，收缴假人民币100多万元，鼓楼区银行临柜假币收缴量大幅度下降。5月13日，分局经侦大队抓获谢某、陈某等5名犯罪嫌疑人，成功破获涉嫌非法吸收公众存款案，存款金额250万余元，涉及受害人50多人。

【破获涉毒案件438起】 2010年，分局破获涉毒案件438起，其中刑事案件77起、治安案件361起；缴获毒品25513.64克，其中海洛因882.8克、冰毒3778.69克、冰毒片剂(麻古)片2459克、咖啡因358.82克、氯胺酮18034.33克；查获涉毒人员515名，其中强制隔离戒毒94人。1月27日，分局刑警大队在市局禁毒支队指导配合下，成功破获省厅挂牌特大贩卖毒品案件，抓获涉嫌吸贩毒人员13名，缴获冰毒、大麻、K粉等毒品3.5千克。4月14日，分局刑警大队会同市局相关业务部门抓获贩毒嫌疑人王某、刘某，查获冰毒、摇头水、咖啡因、麻古、摇头丸等17千克。15日，分局刑警大队抓获从武汉来宁贩毒嫌疑人袁某、陈某，查获毒品6克，并抓获吸贩毒嫌疑人付某、夏某等3人，缴获冰毒、麻古等700余克。公安部、省公安厅对该局连续成功侦破2起特大跨省贩卖毒品案件特别发来贺电。

【组织开展禁毒宣传活动】 2月27日，分局在山西路广场举办“与青奥同行，传雷锋精神，做文明市民”禁毒宣传广场便民活动。4月14日，分局在南京工业大学附属中学五十中校区以“抵制毒品，远离毒害”为主题，组织开展禁毒宣传进校园系列活动。同日，区禁毒办联合治安大队组织辖区内200多名娱乐场所从业人员参观省禁毒展览馆。4月25日，分局在苏宁环球大酒店举办禁毒书画笔会，省文联知名书画家及海外著名华人书画艺术家与分局书画艺术爱好者等50余人参加并现场创作。6月，围绕《中华人民共和国禁毒法》和新型毒品危害等宣传重点，分局组织开展“6·3”虎门销烟纪念日至“6·26”国际禁毒日期间集中宣传教育活动，制作系列禁毒宣传视频资料片，利用现代传媒在学校、歌舞娱乐场所、宾馆酒店、广场、车站等区域进行集中宣传。

开展禁毒宣传

【人口管理工作位居全市前列】 2010年，分局新登记暂住人口134225人，新登记房屋出租户17508户，新发暂住证94311张。通过暂住人口登记抓获“三逃”人员23名。通过人口管理破获各类刑事案件47起，打击处理20人，分局人口管理工作条线业务考核在全市名列第一。在全市率先推行社区警务改革试点工作，受到公安部、省公安厅、市公安局肯定，并在全市推广。按期完成第六次人口普查户口整顿工作，在全市检查评比中荣获第三名；暂住人口管理工作在全市年终评比中获综合排名第二名。

【110接处警143491起】 2010年，分局110报警服务台接处警143491起，通过110接处警快速反应，抓获各类刑事作案成员364名，破获各类刑事案件741起，救助群众2960人次。通过互联网110信箱、网络发言人论坛、平安民生服务台、12345政府呼叫服务中心等各种渠道，共接收办理各类举报信件180余封。相关单位根据举报线索迅速开展工作，查处一批违法犯罪嫌疑人，确保群众举报的违法犯罪线索以及其他诉求得到及时查证和反馈。全年，110接警服务台没有造成重大影响的有理投诉，未发生违章扣分及被纪检查处情况，110短信回访满意率98.6%。

【社会治安管理】 2010年，分局查处各类治安案件15041起，抓获违法嫌疑人5336名，其中查处涉赌人员1834名，查处涉娼人员1199名，查处涉毒人员601名，涉娼涉赌人员中批捕11人，批准劳教37人，其他1654人。先后组织开展犬患整治、治爆辑枪、电子游艺、娱乐场所、旅馆业治安管控，收销赃场所行业专项治理，酒店式公寓集中清理整顿等多项管控

公安鼓楼分局对驻区网吧开展大检查

会战。全年会同工商和文化等部门依法取缔4家无证经营娱乐场所、20余家无证赌博游戏机室，收缴赌博游戏机600台、电脑板4500余块；依法取缔黑旅馆13家，处罚不如实登记旅馆290家。开展管理创新工作，在全区桑拿娱乐场所实施安装“碰珠工程”，在汽车租赁行业推广安装“特信通”系统。

【“六大机制”推进实效巡防】 2010年，分局整合特巡警、巡区民警、便衣队员、社区保安、红袖标、治安岗亭、卡口、监控技防等力量资源，以“六大机制”推进实效巡防，治安防控水平取得明显提高。一是“两长指挥”机制。通过视频跟踪、GPS定位了解街面警力部署，由指挥室值班长和街面指挥长密切配合，以“点对点”的“扁平化”指挥，实现“5分钟到达、15分钟合围、半小时关城门”目标。二是亮灯巡防机制。新增100名保安，全区每天有39辆“110”巡逻车、27个爆闪灯、32辆警用摩托车、334辆带警灯的勤务自行车全部“亮灯”巡逻，覆盖全区大街小巷。三是科技管理机制。全区在治安重点部位安装152个指纹考勤仪，利用指纹考勤仪、GPS卫星定位系统等对每日巡防警力在岗情况、巡防频率进行考勤。四是一店一策机制。在全区110个夜间易被侵害部位安装52个室内监控、8个门前监控、33个110联网报警器，结合每夜投入的巡逻警力，形成“人防、技防、物防”叠加防范模式。五是群防群治机制。开展警校联动、警店联动、警民联动，组织物管小区、市容执法、环卫保洁、流动人口协管、治安志愿者、小区送奶送报工等10支队伍约4000余人，佩戴“红袖标”，开展“十队联防”、群防群治。并与电信联手推出覆盖全区每户家庭的“平安e家”技防系统，将最新科技防范措施推广到单位与社区，使更多群众受益。六是奖惩激励机制。设立专项奖励基金，对巡逻人员或见义勇为抓获违法犯罪嫌疑人的，实行一案一奖、一事一奖。2010年奖励保安队员和见义勇为市民120人次9.1万元。全年通过巡防抓获刑事作案成员682人，通过“双快机制”摧毁“两抢”团伙2个，抓获团伙成员6人。全区“两抢”案件和可防性案件同比分别下降24.8%、19.7%。

7月27日，鼓楼区举行校园综合安防系统开通仪式

【技术防范建设率100%】 2010年，鼓楼区新建小区、重点单位、要害部位、特行场所技防建设率100%；全区104所校园安装监控系统66套、监控探头672个、联网报警系统104套、“平安e家”技防系统104套；为196家银行网点取款机、21家金银珠宝店、11家加油站安装监控，免费安装夜间便利警铃107家，并在治安重点部位安装指纹考勤仪152个。至年底，全区安装110联网报警器650台、断线报警器240余套、“平安e家”技防系统700余户，有效遏制“两抢”和入室盗窃等案件，技防覆盖区发案同比下降10%。

【社区警务改革试点】 4月，分局在中央门派出所、宁海路派出所所辖苏州路社区进行社区警务改革试点。派出所驻社区民警由78人增加到132人，明确社区民警工作职责，实行一站式办公。整合社区协管员、社区保安力量，形成“1+7”社区治安管理力量。成立“人口信息管理服务站”，以社区民警为第一责任人，整合协管员、综治专干、计生专干、禁毒社工等,组成“1+X”模式人口管理队伍。8月,市公安局在鼓楼区召开社区警务改革推进会,全面推广鼓楼区做法。

【开展户口整顿工作】 7月,分局开展户口整顿工作。9月20日,鼓楼区入户核对185091户,占常住人口总户数99.8%,核对640560人,占常住人口总数98.5%。登记、注销、变更各类人口信息数据311046条。其中新登记暂住人口35662人,新注销暂住人口22410人,新登记房屋出租户5131户,新注销房屋出租户1635户,新登记寄住人口(有人无户)43427人,新注销寄住人口18461人,新登记空挂户(有户无人)105988人,新登记外出人员25006人,修改常驻人口项目53402条(其中主项83个,次项53319个),登记户口待定人员143人(其中政策外生育人员109人),已解决10人,纠正公民身份证号码重错号93个,注销全国重人口及死亡、入伍未销户口369人(其中死亡未销25人,入伍未销13人)。对市局下交的175个使用频率极低“问题姓氏”进行核查,有119人核对无误,有52人已迁出或死亡,实际需整改4人,全部整改完毕。清理废弃地址4个,装订门楼牌3796个。工作中提供破案线索18条,破获刑事案件3起,破获治安案件12起,抓获“三逃”人员4名。

【易制毒化学品监管】 2010年,鼓楼区易制毒化学品经营、使用、运输单位145家,其中经营单位34家、使用单位109家、运输单位2家。全年办理易制毒化学品购买备案证明1455份,办理易制毒化学品运输许可证122份,分发《易制毒化学品安全管理制度》、易制毒化学品知识、办理易制毒化学品相关许可备案流程200份。对16家第一次办理易制毒化学品单位发放《禁毒法》《易制毒化学品管理条例》。4月20日,分局在文苑宾馆召开“迎世博·保平安”易制毒化学品管控动员大会。国庆期间,分局组织刑警大队、治安大队及各派出所对易制毒化学品企业进行全面检查,确保全区易制毒化学品不流入非法渠道,易制毒化学品企业不发生安全事故。

【完成世博、亚运等活动安保任务】 2010年,分局完成一级安保警卫6次,二级、三级安保警卫21次,重要大型活动安保37次、其他警卫任务46次。各类大型商业贸易、文化体育、社会公益等活动执勤任务126次。围绕世博会、亚运会和江苏省城市运动会等重大活动安保,分局组织社区民警深入社区广泛排摸深层次信息,对全区2349名精神疾病患者进行逐个调查,逐人见面、逐人筛查,对其中肇事肇祸精神病人与其家属签订管控协议,落实严密管控措施,对家庭没有管控能力者,积极沟通协调送精神病院治疗。对结案不息访、缠访、滋事人员,特别是个别以上访为业带头闹访人员,坚持疏导与打击并举,确保世博会等一、二级安保期间,全区无涉稳人员进沪。 (浦礼文)

交通管理

【概况】 2010年,交警五大队以深化畅通工程,构建和谐交通为目标,严格交通整治,狠压交通事故,交通管理工作和队伍建设有了新提升,实现全年无违纪目标。全区道路交通疏堵保畅、道路交通安全形势持续良好。全年辖区共发生道路交通事故6671起,总损失1020.74万元,死亡13人,同比下降30%;全区道路交通秩序管理效果提升,全年大队取违总数452904起,较上年同期上升43.6%,圆满完成文明城市“国查”“世博安保”、交通安全大检查等重大任务。

【开展交通整治行动】 2010年,交警五大队通过强化警力部署,紧紧围绕辖区管理难点、乱点、热点问题,开展各项整治行动。对渣土车开展专项整治,一方面定期组织渣土车单位、驾驶员进行安全教育,上门进行车辆检验,另一方面组织22时后渣土车超速整治行动,全年累计查处渣土车各类违法1943起,其中“X”号牌处罚665起;着重强化路口重点交通违法取缔,依托示范岗、高峰岗段,突出对非机动车闯红灯、越线、走快车道、行人闯红灯、不走人行横道线等交通违法行为开展整治,并积极结合值班整治日、集中整治行动等专项工作要求,全年共取缔路口行人、非机动车各类交通违法54955起;在静态秩序整治工作中,紧盯主干道、景观路,加强巡管整治,对

交警五大队交警查处残疾车违法行为

于群众反映的停车秩序问题的难点乱点加强管理，全年共取缔违法停车331578起；开展酒后驾驶查处，针对午间、晚间、夜间等重点时段进行酒后驾车整治，坚持干部带队，加大警力投入，延伸整治时间，累计查处酒后驾驶188起，拘留15人；整治助力车、不规范车辆违法行为，全年共处罚助力车各类交通违法行为31243起，查扣无牌、套牌、改装助力车1689辆，处罚残疾人车违章5194起，农用车违章486起。查扣改装残疾人车68辆、正三机6辆、人力(电瓶)三轮车1279辆、板车212辆、农用车15辆、无(外)牌摩托车116辆。

【道路交通疏堵保畅工作】 2010年，面对辖区交通流量不断增大、大面积施工同步进行的管理压力，交警五大队围绕疏堵保畅工作重心，积极采取措施，相应推出人员、设施、管理科学配置方案，严格勤务安排，落实定人、定岗、定时、定职原则，实行高峰交接"勤务叠加"，提高路口管控能力；不断规范、完善路口设施，对路口、路段标线定期进行出新，不断优化调整路口信号配时；整合力量，成立两支突击小组，每组4人，平峰开展整治行动，高峰期间发挥机动作用，处置路面堵情；加大整治力度，在路口、路段做到有违必处、从严整治，遏制交通违法，提升畅通效果；认真梳理辖区堵点堵情，调整警力部署，加强易堵路口、河西偏远地区、学校门前等重点地区警力保障，将原有的35个高峰岗段拓展为41个岗段；节假日和双休日加派警力、辅警加强玄武湖公园门前及周边交通疏导，加强长途车站周边秩序疏导管理。

【完成重大时段交通安保任务】 2010年，交警五大队先后完成世博安保、文明城市创建、涉日维稳等重大任务以及各级别交通警卫任务1000余次。在文明城市创建4次市查、1次国查中，大队全员出动、全力以赴，尤其在9月份国查期间，大队组织警力、辅警及志愿者500余人投入交通安保。巡段警力每天巡逻120公里，固定岗警力每天站岗长达10个小时，劝阻、通知违停车3000余辆，清拖违停车300余辆，设置活动站桩120根，锥筒250个；在重大安保任务中，交警五大队精心制订方案，层层分流导控，点点设人设卡，确保圆满完成艰巨安保任务；在警卫任务方面，大队围绕"两个突出"，即突出一个"早"(早检查、早部署)、一个"实"(责任实、要求实)，完成一级警卫任务44趟次、二级警卫任务56趟次、三级警卫任务87趟次，合计完成上级交办的各级别警卫任务408项1000余趟次。

【交通设施建设】 2010年，交警五大队着力于单行线路网构建、信号绿波优化、科技设施投入及路面交通设施完善的研究探索。大队立足绿波交通需求，深入调研，并在现有自行配置11条绿波的基础上，又增设8条，提升辖区绿波覆盖率70.1%；在辖区路网建设上，以"构建单行、盘活路网"为主要思路，申请增设4条单行线，并在设置上尽可能与周边单行配对，构建单行路网，解决常规性交通节点问题12处，实现部分支路街巷疏堵保畅的管理目标；在路政设施建设上，申请增设10处路口监控和7处静态监控设备。此外，策应静态交通秩序集中整治的开展及常态管理需要，全年增补站桩100余根，及时增设标志35块，新增50个路口人行横道线，增设护栏400套，维修护栏3068节，调整护栏19660节，维护更换防撞筒74只，拆除非标9块，道旗18块，修剪遮挡信号灯和标志牌的树枝303处次，施划复划标线3672公里。

【开展源头安全大检查工作】 2010年，交警五大队全面梳理内管单位，连续两次全面检查辖区内管的危化品运输车、渣土车、工程车、客运车辆、出租车、自备客车等重点车辆单位77家，重点监管车辆3109辆，重点监管驾驶员4549名，建立起5套源头监管台账。严格落实渣土车GPS超速处罚294起，共对重点监管单位3次以上违法的驾驶员216人办班学习，召开单位法人、驾驶员安全会议70余场，共对重点单位下发整改通知书15份，与单位签订责任书140余份，与驾驶员签订责任书5000余份。

【交通文明宣传】 2010年，交警五大队在交通安全大整治专项活动中，对重点单位、重点驾驶人进行安全教育。全年大队共下社区、机关、单位宣传176场次，累计发放宣传材料30000余份，展出宣传展板810块次，播放宣传光碟410小时，直接受教育群体约32000余人次；针对辖区停车乱点，尤

1月29日，交警五大队交警走进力学小学进行交通安全宣传教育

其是背街小巷、河西偏远地区等住宅相对集中地段，专门制作12000余份《致驾驶员的一封信》发放张贴，争取广大市民对创建交通文明的支持；依托岗段，结合横幅标语、交通宣传展板、行人交通违法行为宣传处罚台及铁链锁扣查车辆等手段开展宣传；开展警民共建“双走近”，联合中北巴士3路线深入开展“文明·安全伴我行”的“双走近”体验活动；护学岗深入校园，全面完善116所校园门前及周边道路交通安全设施，将辅警“护学岗”增加至67个，巩固联系、加大宣传，切实加强维护校园门前及周边的交通安全。

【全面启动路面重点车辆监管检查】 2010年，交警五大队在路面大整治工作中，分别在清凉门高架北上桥口和模范马路隧道东口设置检查点，针对隧道、高架等重点违法地点，摆放检查牌、登记桌、停车检查示意标志等设施，围绕10类重点车辆全面开展路面检查。同时落实检查责任，形成台账。全年登记检查车辆4000余辆，强化路口重点交通违法取缔，形成高压整治态势，查处闯禁区等重点违法1800余起。 （交警五大队）

检 察

【概况】 2010年，鼓楼区人民检察院受理审查逮捕案件372件548人，批准逮捕案件292件，逮捕402人；受理职务犯罪线索32件，立案查处7件10人，履行法律监督职能能力不断提高。全面推行涉检信访“绿黄红三级风险评估预警”工作方法，开展多项专项监督活动、“百名检察官进社会”活动，各项工作取得长足进步。是年，该院被省人事厅和省人民检察院评为全省检察机关先进集体。

【履行刑事检察职能】 2010年，区检察院共受理审查逮捕案件372件548人，同期分别上升31.4%和19.9%，依法批准逮捕292件402人；受理审查起诉案件470件658人，同期分别上升35.8%和31.3%，依法提起公诉425件558人。办理黑恶势力犯罪、严重暴力犯罪和入户盗窃等侵财型犯罪案件142件185人，占受理案件总数33.6%。打击严重扰乱金融秩序犯罪，先后办理张某信用卡诈骗、潘某等人非法吸收公众存款等破坏金融管理秩序犯罪案件38件43人，办理多起被害人系儿童、精神疾病患者案件。

【惩治和预防职务犯罪】 2010年，区检察院受理职务犯罪线索32件，立案查处7件10人(其中反贪立案查处5件5人，反渎立案查处2件5人)；侦查终结并移送审查起诉7件9人(其中反贪4件4人，反渎3件5人)。初查中发现并向江苏省院和辽宁省院移交案件线索多件，辽宁省院立案查处2件2人，江苏省院根据移交线索，指导相关市级检察院成立专案组，查处全省农机系统职务犯罪案件40余件。全年开展职务犯罪预防咨询346次，开展职务犯罪警示教育492次，开展行贿犯罪档案查询2082次，查询单位3804个、个人58名，查出有行贿记录单位2家，向相关部门建议取消其参与投标资格，开展重点工程专项预防4个。

【提高线索经营能力】 2010年，区检察院以侦防一体化工作机制为平台，加强与侦监、公诉、控申等部门的内部横向联系和与公安、纪委联系，建立制度化、常态化工作联系机制，拓宽线索来源。全年，区检察院与公安、纪委相互移送线索11件；统一线索归口，建立线索图片数据库，规范线索管理，对上级交办线索实行定期督办；加大线索整合，利用分析软件对犯罪嫌疑人相关信息进行关联分析，扩大侦查范围，丰富线索信息。

【履行法律监督职能】 2010年，区检察院继续推进重要刑事侦查环节备案制度，以建立驻派出所检察室为载体，开展对公安基层派出所“刑事拘留后转行政处罚”和“另案处理”专项监督活动，全年办理“两个监督”案件9件34人，纠正漏捕5件17人，纠正违法10件；实行“三防、四问”工作方法(防滥、防漏、防粗，问侦查程序和取证过程是否规范、问“另案处理”如何处理、问在逃人员是否归案、问行政处罚有无以罚代刑)，实行一审裁判定期复查制度，全年共追诉10人，追诉犯罪事实14笔，发出违法通知书10份。该院完善过程性监督机制，主动介入法院庭审、执行和解等工作环节。全年共受理民事行政申诉案件40件，息诉25件，无一当事人缠诉和越级上访；办理督促起诉和支持起诉案件15起。

【推行涉检信访“绿黄红三级风险评估预警”工作方法】 2010年，区检察院全面推行涉检信访“绿黄红三级风险评估预警”工作方法*，邀请南京脑科医院心理学专家共同建立涉检信访心理疏导机制。全年共受理群众来信来访125件，检察长接访21件22人，化解矛盾纠纷19件，其中开展检调对接12件、被害人救助4件、检察长接访息诉3件。

链接 “绿黄红三级风险评估预警”机制适用于进入刑事诉讼程序的重点案件和未进入刑事诉讼程序的涉检信访案件。对拟作出不予立案、不予批准逮捕、不予起诉、撤销案件、撤诉案件、提请抗诉决定重点案件，承办人要对案件当事人态度进行风险评估并写出报告；对未进入刑事诉讼程序涉检信访案件，承办人根据信访案件的情况和信访人态度进行风险评估并写出报告。风险评估等级分为绿黄红三级。重点案件的风险级别分类及处理：绿色为一级风险，即当事人对拟处理决定有接受意向的，由办案科室决定息诉方案并由办案科室负责完成息诉工作。黄色为二级风险，即当事人对拟处理决定有接受意向、但又存有疑虑和不同意见的，由分管领导决定息诉方案，然后办案科室进行息诉，科室息诉有难度时，分管领导将包案息诉。红色为三级风险，即当事人对拟处理决定有明显不同意见和上访苗头、息诉难度大的，由院检察委员会研究决定息诉方案，办案科室会同控申部门共同息诉。未进入刑事诉讼程序的涉检信访案件的风险级别分类及处理：绿色为一级风险，即普通信访件，由控申干警予以直接答复或受理。黄色为二级风险，即情绪激动、有闹访可能的信访件，由控申干警接待处理，并将处理结果报告院领导和上级院。红色为三级风险，即重大复杂信访、集体访、告急访等可能引发进一步越级上访的信访件，立即采取紧急措施，向院领导汇报，组织力量迅速处理，并向上级院和区委通报。

【运用信息技术手段推进重点工作】 2月，区检察院运用信息技术手段，推进三项重点工作。借助检察外网拓宽沟通渠道，完善语音电话举报线索自动受理功能，在门户网站显著位置设置“网上举报系统”，安排专人负责实时在线查收；设置“地区检务工作站”网上平台，在院内网上创设“检务工作站”处理平台，下设检务公开、工作站动态等栏目，记载各业务科室检务社会化动态、月计划、工作分析、全年总结等，成为全院各业务部门资源共享、经验交流、促进检察工作、创新管理模式动态平台；开展网上监督，网络平台上建立干警个人电子档案，包括执法档案、勤廉档案、个人信息档案、干警个人重大事项、节日重大事项、廉政纪律情况、述职述廉报告等。信息由监察部门统一管理、督促填写，发现问题及时通知个人整改，并在院网“阳光监察”栏目公布，实现阳光化、透明化管理。

【开设“鼓检博客”】 2月，区检察院依托院局域网开通“鼓检博客”，全院大部分干警注册、更新博文近400篇，博文浏览量最多达350余次。该栏目推出以来，区检察院党组加大对博客管理力度，院党组成员带头开博、写博，并要求中层以上干部开博、看博。栏目开设“随想杂谈、检察联盟、我秀我技、摄影天空、美食每试、影视音乐、旅游天下”等多个子栏目，设立“精彩博文推荐、浏览排行、评论排行”几大排行榜。3月，在女检察官中开展“三八”专题征文评选活动，并开展百名检察官进社会活动，制订博客征文评选活动方案。

【开展“百名检察官进社会”活动】 3～8月，区检察院开展“百名检察官进社会”活动，通过走访、宣传等方式，深入辖区机关、企业、医院、学校、社区和人民群众中，会同区法院、公安鼓楼分局、区司法局共同制订《南京市鼓楼区刑事案件息诉协调工作实施意见（试行）》，将刑事和解作为办理轻微刑事案件必经程序，将息诉作为民刑检察工作考核目标，实行“阳光调解”工作模式，引入第三方全程参与检察机关的调解工作，并邀请当事人所在单位及社区居民旁听调解过程，形成化解社会矛盾工作合力。

【邀请专家到建设现场“坐堂会诊”】 4月26日，区检察院邀请政府建设主管部门负责人9人、招投标管理专家和院校著名法学专家及辖区内12家重点建设工程单位负责人，深入鼓楼医院南扩工程建设现场考察，了解该单位开展工程规范管理具体做法，分析研究完善制度、堵塞漏洞的有效措施。区检察院召开重大工程规范管理专家咨询会，请专家、学者与建设主管部门负责人和工程建设负责人展开面对面交流，采取现场提问、现场解答、相互补充、共同交流方式，为建设单位提供合理化并具可操作性的咨询意见。

【开展被害人救助工作】 2010年，区检察院开展被害人救助工作，与省政法委牵头制订《关于开展刑事被害人救助工作的实施办法（试行）》，规范开展刑事被害人救助工作，维护刑事被害人合法利益，首次对一起诈骗案件被害人李某实施救助（被害人李某系刘某涉嫌诈骗案件被害人。该被害人被诈骗后，身心状况较差，经医院诊断，确诊患有Ⅱ型糖尿病、泌尿感染和精神分裂症，需要治疗，不能工作，失去生活来源。犯罪嫌疑人实施诈骗后，将赃款挥霍一空，本人无偿还能力。鉴于上述情况，符合救助条件。区检察院结合该案件具体情况和被害人生活状况，决定救助人民币3000元）。9月3日，区检察院工作人员将救助金交给被害人母亲。

【参加未成年人犯罪预警信息研判情况介绍会】 11月20日，共青团江苏省委在区检察院召开未成年人犯罪预警信息研判情况介绍会，向全省市、县两级综治委预防青少年违法犯罪工作领导小组办公室、未成年人保护委员会办公室、各团市委权益部推广该院预防未成年人犯罪经验做法。区检察院副检察长徐明明就探索创新未成年人犯罪“红黄蓝三级预警”工作基本原则、工作组织机构、操作流程、预警信息规范采集、定期分析等内容向与会人员做重点介绍，对“借读生”犯罪、有劣迹未成年人犯罪、未成年人被利诱犯罪、非法游戏机诱发未成年人犯罪等突出问题进行分析，向与会代表介绍区检察院未成年人犯罪预警信息线索。共青团江苏省委副书记万闻华、与会“两办”主任及各团市委权益部负责人120余人听取区检察院青少年维权岗工作及预警信息研判情况介绍。

链接 鼓楼区检察院青少年维权岗2003年被江苏省综治委预防青少年违法犯罪工作领导小组办公室确定为“江苏省预防青少年违法犯罪工作信息采集点”。区检察院青少年维权岗积极参与社会管理创新，与共青团组织等相关部门密切合作，深化、完善三级预警机制，经过调研和数据统计分析，对近3年来未成年人犯罪情况进行预警信息研判，向江苏省综治委预防办提供较为全面、准确、详细预警信息分析报告。检察机关根据办案对未成年人犯罪规律进行准确风险研判，提出有效预防措施，为各部门开展青少年犯罪预防提供数据基础，增强对未成年人犯罪有效预防的针对性。

【档案工作高分通过省五星级复查评审】 12月29日，江苏省档案工作五星级复查评审组一行9人对鼓楼区检察院档案工作进行五星级复查评审。副检察长王宁虎汇报该院5年来档案工作情况和复查自检情况，评审组成员对照《江苏省机关团体企事业单位档案工作规范》，逐项进行检查和打分，进行综合评议，该院获得118.5分（满分120分），档案工作达到《规范》要求，高分通过省档案工作五星级复查。（李国田）

审　判

【概况】 2010年，鼓楼区人民法院坚持“为大局服务，为人民司法”工作主题，全力推进“社会矛盾化解、社会管理创新、公正廉洁执法”等重点工作，各项工作取得新进展。全年共受理各类案件9656件，结案9351件，化解211件信访矛盾纠纷，区法院被省法院记集体二等功。

【审结刑事案件544件】 2010年，区法院审结刑事案件544件，判处罪犯711人，其中判处10年以上有期徒刑13人。审结盗窃、诈骗等多发性侵财犯罪和抢劫、故意伤害等严重暴力犯罪案件267件。审结非法经营、合同诈骗、金融诈骗等经济犯罪案件136件。强化对信用卡诈骗犯罪案件研究和审判，全年审结信用卡诈骗案件119件，同比上升981%。

【审结民商事案件6183件】 2010年，区法院审结民商事案件6183件，其中以调解撤诉方式结案3809件，调撤率63.3%。审结各类经济合同案件3578件。加强借贷案件和信用卡透支案件审判，依法制裁高利贷和非法中介行为，规范金融秩序，保障金融安全。全年审结民间借贷案件465件，审结金融借贷案件413件，审结信用卡纠纷116件。对重点项目、重点工程案件开辟“绿色诉讼通道”（快速立案、集中办理案件），建立案件汇报制度，确保公正处理。

【审结知识产权案件218件】 2010年，区法院审结知识产权案件218件，居全省基层法院之首。知识产权案件“三审合一”试点工作取得新进展，审结首例知识产权刑事案件。强化知识产权案件调解工作，成功调解中影寰亚音像制品有限公司诉多家网吧侵权诉讼139件。全年调解撤诉知识产权案件189件，调撤率90.86%，居全省第一。知识产权庭被省法院评为“知识产权审判工作先进集体”。

【审结行政诉讼案件137件】 2010年，区法院审结行政诉讼案件137件，同比上升20%，案件量居全省基层法院之首。推进行政机关负责人出庭应诉工作，受理的2件涉区行政机关行政案件中，行政机关负责人出庭应诉率100%。化解行政案件矛盾，经协调撤诉41件行政案件，撤诉率31.78%。

【受理执行案件2284件】 2010年，区法院继续开展集中清理执行积案活动，列入清理范围601件积案全部按期清理完毕。中央检查组对该院清理执行积案工作给予肯定。区法院被评为“全省集中清理执行积案活动先进集体”。依法对4名有财产而拒不履行的被执行人予以司法拘留。全年共受理执行案件2284件，同比上升4%；执结2261件，同比上升6%，均创历史新高。

【化解信访矛盾纠纷211件】 2010年，区法院以开展“涉诉矛盾纠纷集中化解年”活动为载体，化解信访矛盾纠纷211件，化解率97%。加强重点信访案件办理工作，实行一案一策，主动与党委、人大以及政府相关部门汇报和沟通，争取支持，促进问题解决。全年共解决重点信访案件11件，重点信访案件化解率100%。

【失足青少年帮教工作】 2010年，区法院贯彻“教育、感化、挽救”方针，强化少年刑事审判工作，审结青少年犯罪案件43件，判处73人。及时将判决失足青少年情况反馈给社区，开展“一对一”帮教工作，全年帮教失足青少年67人次。区法院干警履行法制副校长职责，深入宁海中学、田家炳高级中学等6所学校，对1.3万名学生开展安全教育。全年发表案例报道223篇，制作《法庭传真》15期。主动延伸审判职能，针对案件审理发现问题，发出司法建议17条。

【拓展司法服务渠道】 2010年，区法院设立司法服务点18个，组织法官深入企业，通过挂钩结对联络、法律风险提示、开展法律培训等形式，提供直接快捷司法服务。走进企业座谈13场次，培训企业员工533人次，针对审理和调研发现的企业用工问题，发出《关

法官向刑事案件受害人发放追缴回的赃款

于全区劳动争议纠纷的形势及建议》的报告，被区政府批示转发。强化司法民主建设，推进诉讼服务中心建设，为群众提供导诉、答疑、调解等“一站式”服务。加强诉讼引导，印制诉讼指南手册2万余份。改进审判方式，深入社区、企业、医院、学校开展巡回审判和就地办案3197件次。坚持开展“法院开放日”活动，组织群众参观法院153人次。邀请人大代表和政协委员观摩庭审126人次，广泛听取和收集代表、委员对法院工作意见和建议。是年，区法院专门向区人大作《关于执行情况专项汇报》，向区政协作《关于精品案件和行政案件审判情况的政情通报》。

【建构小额诉讼运行机制】 2010年，区法院根据司法改革要求，积极建构小额诉讼运行机制，制订《小额诉讼运行程序》。在承办的最高人民法院与欧盟、联合国开发计划署签署“公平发展、公共治理”项目子课题“司法成本与司法效率试点法院研讨会”上，区法院作小额诉讼运行程序试点方案介绍，受到与会代表肯定。

【法官队伍建设】 2010年，区法院加强人才引进和培养，面向全国法院系统公开选调法官10名。全院法官参加各类业务培训223人次。加强案例研究和编报工作，1篇保险案例被《最高人民法院公报》刊登，实现连续3年有案例被《公报》刊载。在全省第四届“金法槌”杯优秀指导案例评选中，共评出特别奖案例5篇，其中区法院入选2篇。发表调研文章133篇，其中国家级刊物刊用26篇、省级以上刊物刊用63篇。 （张 伟）

司法行政

【概况】 2010年，鼓楼区司法局以“社会矛盾化解、社会管理创新、公正廉洁执法”为重点，发挥化解社会矛盾、管控特殊人群、法制宣传、法律服务等各项司法行政职能作用，法制宣传工作不断深化，顺利通过“五五”普法终期检查；基层规范化建设得到加强，重新打造医患纠纷人民调解委员会、法律援助中心、公证处办公场所；医患纠纷调解采取调解关口前移，试行派驻调解等措施，医患纠纷化解力度得到提高；社区矫正形成部门联手、上下联动工作模式，矫正服务管理中心龙头作用开始显现；法律援助通过实行法律援助集中办案和“点援制”相结合，继续推行法律援助便民措施，实现对困难群众“应援尽援、应援优援”；通过“双促双助”专项活动，为企业提供优质高效法律服务，形成医疗健康、知识产权等专业型律师事务所。2010年，区司法局先后被市法院、市司法局评为市诉调对接工作先进集体，被市司法局评为2009年度全市司法行政系统新闻宣传工作先进集体，被省质量协会、省新闻工作者协会、省律师协会、省法制新闻协会授予江苏省“依法质量维权行动”组织奖等荣誉称号。

鼓楼区法院面向全国选调10名法官，图为笔试现场

【开展“五五”普法终期迎查工作】 2010年，鼓楼区全面开展“五五”普法终期迎查工作，制订下发《2010年全区法制宣传工作意见》，部署《关于鼓楼区争创全省法制宣传教育先进区工作方案》，开展社区法治文化创建系列活动，检查督促区各单位进行“五五”普法终期工作自查、整改。5月，迎接市“五五”普法考核查验组对鼓楼区的检查。6月，区青少年禁毒教育基地在南大附中正式开馆。12月，芦席营大型法治文化广场正式向社区群众开放。在区调委会新址处，建成LED电子显示屏。指导“白云法治文化艺术团”进行法治演出。全年共举办各类社区法制宣传活动以及大型广场法制宣传活动430场次，参加30640人次。顺利完成全区“五五”普法迎查各项工作。

【创建民主法治社区(单位)】 2010年，区司法局按照《鼓楼区培养申报民主法治示范社区、民主法治示范单位方案》，在街道和驻区单位进一步创建省市民主法治社区(单位)，营造全区民主法治氛围。至年底，全区64个区级民主法治示范社区中有省级民主法治示范社区13个，市级民主法治示范社区58个，市级民主法治示范单位116家，区级民主法治示范单位106家。

【区医患纠纷调委会被评为全国模范调解委员会】 6月，区医患纠纷人民调解委员会(以下简称区调委会)被司法部评为全国模范人民调解委员会。该调委会于2008年3月成立，人员组成实行3个三分之一：三分之一为长期从事司法行政工作的老干部、三分之一机关及企业转岗干部、三分之一是向社会公开招考的年轻干部，辖区有12所二、三级医院的医务处长担任调委会联络员，组成一个集法学、医学、调解专业知识优势互补团队。2008~2010年，鼓楼区拨付经费96万元，保障调委会工作正常运行和创新发展，先后建立和完善7项规章制度和10项档案资料。注重接待、受理、调解过程严格规范，调解笔录、调解协议书制作、卷宗管理严格规范，调解员赴现场参与调解严格规范，调解工作例会、调解联络员会议及阶段工作情况分析严格规范。至年末，调委会受理各类医患纠纷378件，调解成功364件，患者要求赔偿5000多万元，实际赔偿1776万元。年内，辖区医院暴力案件和诉讼案件分别下降50%和52%。

【推进大调解工作】 2010年，区司法局举办“优秀调解案例”演讲会，扩大人民调解工作宣传和示范效应；开展司法所业务知识岗位竞赛活动，每月编印《鼓楼区大调解工作简报》，提高人民调解员化解能力；加强医患纠纷人民调解委员会在化解医患纠纷中作用，建立区级访调对接机制，做好各类矛盾纠纷分流化解工作；召开领导小组矛盾纠纷排查分析会、司法所长例会，排查调处矛盾纠纷工作情况，制定全区刑释解教人员、重点人员稳控措施，做好“三无”人员等重点矫正对象访贫问暖、保证稳控。全年社区调解组织共受理一般民间纠纷1835件，调解成功1815件，调处成功率98.91%。区、街两级调处中心及分专业调解委员会、各调解工作室共受理纠纷4794件，成功调处4749件，调处成功率96%。

【社区矫正管控形成特色体制】 2010年，区矫正工作逐步形成“工作制度规范化、队伍建设专业化、矫正方法科学化、教育服务社会化、基础管理信息化”具有鼓楼特色的工作体制和管理模式，有效预防和避免矫正对象重新违法犯罪。社区矫正中心开始运作，形成部门联手、上下联动工作模式。全年对暴力犯罪、累犯、涉毒、涉抢、涉盗等重点矫正对象办理入矫、宣告手续，举办法律知识、心理健康知识等集中教育12次，撰写、修改矫正方案63例，进行矫正环境调查与评估18例，为多名有严重心理障碍的矫正对象进行专业心理辅导，为有就业愿望矫正对象进行系统定向技能培训，为48名生活困难矫正对象发放补助1.5万元。

【开展“双促双助”法律服务专项活动】 2010年，区法律服务工作开展“双促双助”(促转型、促升级；助稳定、助发展)法律服务专项活动，突出专业律师事务所和专家型律师在专项法律服务活动中为企业排忧难解的特殊作用。开展法律服务行业自查自评及警示教育活动，组织全体执业律师进行规范执业纪律知识考试，进一步整顿律师行业行风。7月，区司法局与相关部门配合，引进北京中银律师事务所在鼓楼区设立分支机构(分所)，开展法律服务工作，为该所办理审批手续。全年鼓楼区24家律师事务所代理案件2689件，其中刑事案件934件、民事和经济案件1544件、非诉讼案件211件，业务收入2914万元。

【建成芦席营大型法治文化广场】 12月4日，由区司法局主办的纪念“12·4”全国法制宣传日10周年暨“鼓楼区法治文化广场”落成典礼在中央门街道金贸大街和黑龙江路交界处广场举行，标志着芦席营大型法治文化广场正式建成。法治文化广场为市民提供生态美化、法律文化熏陶、休闲娱乐的配套基础设施，让市民自觉接受法制教育，增强法治意识，培植法律信仰。

【制定法律援助案件质量检查标准】 2010年，区法律援助中心重新修订法律援助案件补贴办法，制定法律援助案件质量检查标准，将案件补贴发放与案件质量挂钩；4月12日，该中心办理的陈立基、方其华等8位老人排除妨碍案被评为江苏省十大优秀法律援助案件；聘用法律援助专职律师6名，5月1日，实行法律援助集中办案。至年底，共办理法律援助案件1171件，接待来访3656人次、来电1952人次。

【公证处规范化建设达市标】 2010年，鼓楼公证处投入60万元在硬件和软件上对公证处办公条件进行提档升级。新建办公场所符合市司法局制订的整洁、庄重、美观、方便、10年不落后的标准。公证处制定《行政管理制度》《政治业务学习制度》《办证审批制度》等21项工作制度，加强规范管理。建立健全公证质量检查制度，全面落实首问负责制。加强对公证员政治理论和业务素质培训，完善目标考核机制，提高公证员综合素质，提升公证服务能力。全年共办理各类公证17912件，其中国内民事公证2090件、经济

12月4日，鼓楼区举行纪念“12·4”全国法制宣传日10周年暨“鼓楼区法治文化广场”落成典礼

2010年鼓楼区区属律师事务所

表69

名称	办公地址	成立时间	办公场所面积（平方米）	注册律师（人）
江苏联合律师事务所	广州路110号随园大厦14层G	1984.04	190	12
江苏宁诚律师事务所	牌楼巷47号国华大厦11楼E	1992.12	100	6
江苏华庭律师事务所	苜蓿园大街77号紫金名门02幢E	2001.10	210	11
江苏金大律师事务所	太平南路2号日月大厦15楼E	2003.01	200	6
江苏普德律师事务所	新门口14号	2003.10	100	6
江苏建康律师事务所	江东北路388号正泰大厦1单元21层	2003.09	450	12
江苏苏豪律师事务所	湖南路6-3号601	2005.05	100	8
江苏东方瑞信律师事务所	广州路37号江苏科技大厦24楼2418	2004.11	202	9
江苏苏恒律师事务所	洪武北路117号3单元105室	2005.06	140	6
江苏广得律师事务所	大桥北路1号华侨城205幢602室	2005.06	100	4
江苏蓝海律师事务所	龙津街7号1单元401室	2005.11	406	13
江苏孙刚律师事务所	秦淮区弓箭坊55号406室	2006.09	180	4
江苏巨环律师事务所	山西路67号世贸中心大厦A1座916室	2007.03	140	4
江苏皓信律师事务所	牯岭路20号	2007.09	270	6
江苏德善律师事务所	虎踞南路2-18号兴宇大厦12号2楼	2007.11	300	7
江苏纵联律师事务所	中山北路49号江苏机械大厦19层	2008.9	180	6
江苏荣浩律师事务所	西止马营48号4幢B座1405室	2009.5	170	3
江苏环方律师事务所	广州路140号随园大厦12楼B座	2009.11	140	1
江苏朗宁律师事务所	山西路128号和泰大厦906室	2009.12	140	3
江苏树柏律师事务所	热河南路140号3单元401室	2010.01	54	1
江苏孙华武律师事务所	世纪花园48号102室	2010.01	61	1
江苏刘义国律师事务所	中山北路212号雅舍办公楼411室	2010.04	56	1
北京市中银(南京)律师事务所	古平岗4号	2010.09	310	29
江苏三理律师事务所	山西路68号颐和商厦8楼D座	2010.10	136	3

（周丽菊）

2010年鼓楼区区属法律服务所

表70

名称	办公地址	成立时间(年)	办公场所面积（平方米）	注册律师(人)
鼓楼区天诚法律服务所	湖南路39号2单元104室	2002	60	5
鼓楼区联宇法律服务所	江东北路209号永嘉年华2013室	1999	50	3
鼓楼区正源法律服务所	定淮门11号	1998	50	7
鼓楼区方正法律服务所	明华新村14号	1998	80	5
鼓楼区诚信法律服务所	定淮门龙津路7号	1996	110	8
鼓楼区松铸法律服务所	朗晴名居19号102室	1997	80	5
鼓楼区正平法律服务所	中山北路200号-5-103室	2002	50	5
鼓楼区天平法律服务所	清江花苑清风园1幢1单元201室	1999	80	3

公证2720件、涉外民事公证13055件、涉港澳台民事公证47件，业务收入360万元。

【禁毒教育特色学校】 2003年4月，南大附中被确定为全国百所禁毒示范学校之一，也是市唯一一所全国百所禁毒示范学校。该校建有全市独家禁毒预防教育展览室，展室分毒品历史、毒品种类、毒品危害、吸毒者犯罪案例等7大板块内容，每年新生入校时该校均组织学生参观，把禁毒教育纳入起始年级德育工作中。

2010年，该校积极投入到青少年毒品预防教育活动之中，采取晨会发言、主题班会、法制手抄报评比、黑板报制作等形式教育青少年拒绝毒品、关爱生命，预防和减少青少年违法犯罪行为发生。开展预防毒品犯罪法治讲座、组织全校学生参加江苏省禁毒题材书画摄影比赛、举行毒品预防教育展览馆揭牌仪式、组织学生到山西路广场宣传禁毒知识、开展"让法律为生命之舟护航"主题法制宣传月活动等。至2010年末，禁毒预防教育展览室接待全国各省、市教育系统和公安系统参观者近300人。 （沈继林）

【江苏树柏律师事务所(个人所)成立】 1月17日，江苏树柏律师事务所成立。该所1名执业律师，主任李树柏。服务地址位于热河南路140号3单元401室。

【江苏孙华武律师事务所（个人所）成立】 1月29日，江苏孙华武律师事务所成立。该所1名执业律师，主任孙华武。服务地址位于世纪花园48号102室。

【江苏刘义国律师事务所（个人所）成立】 4月25日，江苏刘义国律师事务所成立。该所1名执业律师，主任刘义国。服务地址位于中山北路212号雅舍办公楼411室。

【北京市中银(南京)律师事务所成立】 8月4日，北京市中银(南京)律师事务所成立。该所29名执业律师，服务地址位于古平岗4号。

【江苏三理律师事务所成立】 10月12日，江苏三理律师事务所成立。该所3名执业律师，主任沈达明。服务地址位于山西路68号颐和商厦8楼D座。

人民武装

【概况】 2010年，鼓楼区人民武装工作抓好以军事斗争常态化准备为主的各项工作落实，深入学习贯彻新《政工条例》《民兵战备工作规定》，不断提升履行多样化军事任务能力。组织开展"学习何祥美，践行当代革命军人核心价值观"活动，组织基层武委会、武装部和民兵单位到军区军史馆、颐和路社区将军馆参观，到市国防教育训练基地进行习武活动，强化国防观念。拓展武装工作阵地，在南京联创集团和中石油江苏分公司新成立武装队伍。先后在中央、省、市报刊电台上稿100篇，其中中央级4篇、军区级18篇、省级50篇、市级18篇，电台、电视台10篇，被省军区表彰为新闻宣传工作先进单位和征兵宣传工作先进单位。江东街道武装部被省军区表彰为基层武装部规范化建设先进单位。区人武部政委李增平在省军区组织的师团单位政治主官集训中，取得第一名的考核成绩，政工科长贾荣军在省军区组织的政工干部授课比赛中，获得第二名。

【完成南京大学武装部规范化建设试点任务】 2010年，根据南京警备区下达的高校武装部规范化建设试点任务，区人武部结合民兵整组工作，把南京大学武装部作为试点单位。3月，南京大学成立规范化建设领导小组，对照《江苏省民兵预备役部队基层规范化建设实施细则》标准查找差距，进一步修改完善试点方案。硬件建设达到有固定办公场所、办公设施完善、活动用房充足、专设国防网站、配备必要装备器材的标准；在软件建设上，加强职责、制度、资料的健全完善和规范；在工作范围上，统一规范为承担高校国防教育、大学生军训、军事理论教学、兵役登记和征集、民兵编组、双拥共建等任务。南京大学党委规定：军事理论课和军事技能训练作为本科生必修课，3个学分由武装部评定，为武装工作的开展提供根本保证。

【组织民兵应急骨干参加省军区比武】 4月，区人武部筹划准备比武工作，5月遴选确定参训人员。6月，率机关人员和40名民兵，进驻武警江苏边防总队教导队集中强化训练，最终21名民兵参加市警备区组织的比武训练竞赛，其中2名民兵被市警备区评为优胜个人，受到市警备区通报表彰。

【完成年度征兵工作】 7月，区人武部部署展开兵员潜力摸底和预征对象报名登记工作。区征兵办订购500余张征兵宣传画，印制3000余份征兵宣传手册、4000余份《告适龄青年和家长一封信》，张贴到各小区，发放给群众；各基层征兵办利用网络发布100余条征兵信息，以挂横幅、出板报、小喇叭广播等形式宣传2010年冬季征兵政策，在4个市民广场、3个小区和新街口地铁站出入口集中进行宣传和咨询报名活动；在《新华日报》《人民前线》、江苏卫视、南京电视台等各大新闻媒体上稿36篇。选派50名医务人员参加体检工作，128名公安干警参加政审工作，把廉洁征兵的"十条规定"和从总政到区各级的举报电话、举报信箱地址制成《廉洁征兵群众监督信》，在体检现场向适龄青年和家长发放，聘请所有应征青年和家长担任征兵监督员。所有征兵工作人员均实行实名公示和挂牌上岗服务，举报电话24小时有人值守，举报信箱每天查看。全年共有492名适龄青年报名应征，进站体检256人。

鼓楼区人武部官兵和民兵紧急集合执行救援任务

【完成多次应急救援执勤任务】 2月11日，区人武部紧急组织现役干部和全区民兵应急分队扫雪除冰，全区共出动260人次。7月中旬，针对强降雨对江东街道江东村低洼地带形成的内涝情况和秦淮河定淮门桥段出现地下水渗水现象，街道武装部组织人力、机械及时有效处置，消除水患，减轻居民损失。在南京“7·28”爆燃事故救援行动中，先后紧急出动现役干部和民兵应急分队5批400余人次，冒着高温，连续奋战近70个小时，高标准完成任务，受到现场军地指挥部领导肯定，中央电视台和江苏卫视、南京电视台等多家媒体进行宣传报道。

【举办国防教育活动】 9月18日，区国防教育委员会在山西路市民广场，围绕“富国强军，共筑长城”主题，开展第十个“全民国防教育日”活动。各街道和相关企业武装部展出国防宣传展板，湖南路模范女子民兵连民兵和河海大学国防生向群众发放国防法规宣传品，为群众进行国防法规咨询和征兵咨询，近万名群众签名支持国防建设，省、市多家媒体争相报道。全年组织基层武委会、武装部和民兵单位到军区军史馆、颐和路社区将军馆、市国防教育训练基地参观。全年开展军事训练共计20批800余人次，消耗弹药6000余发。

【江东街道武装部受省军区表彰】 2010年，江东街道出资十多万元，新建立体直观的电子沙盘模型，更新8块指挥图板，为满足中小学生和民兵预备役人员国防教育需要，制作十余块国防教育展板，购置百余件兵器模型，严格按照南京警备区和区人武部下达的基层武装部规范化建设标准抓好基础设施建设，达到办公有场所、活动有场地、教育有手段、管理有制度、执勤有保障的要求。12月，江苏省军区将江东街道武装部确定为全省规范化建设示范单位。自2006年以来，街道先后挪出4间近500平方米办公用房完善办公室、作战室、装备器材库和青年民兵之家，先后投入40余万元添置办公设施、战备器材、指挥工具、训练物资和维稳执勤必需的各项保障用具。2008年至2010年末，先后接待省内外近20批500余人次的参观考察，江苏省军区、南京警备区首长及机关领导多次到街道武装部检查指导工作。

【湖南路模范女子民兵连创新开展“红缨暖心”系列活动】 2010年，湖南路模范女子民兵连创新与驻区敬老院结对帮扶的方式，建立“红缨暖心卡”服务制度体系，明确和规范“红缨暖心卡”助老服务内容。每逢重大节日，到敬老院打扫卫生，组织老人就医问诊，为老人读书读报，与老人们一起开展活动，丰富爱老助老活动内容。 （段明明）

消　　防

【概况】 2010年，鼓楼区消防大队下辖一个中队，共有干部、官兵、文职雇员近百人，消防车10辆、消防监督执法车辆4辆、巡防车4辆。全区有高层建筑457幢，宾馆饭店370家，商场市场59家，公共娱乐场所398家，学校115家，医院养老院36家，加油加气站12家；消防重点单位481家，其中二级消防重点单位286家、三级消防重点单位195家。全年大队共检查6063家单位，发现火灾隐患18982处，下发《责令改正通知书》6589份，完成整改18031处火灾隐患，临时查封37家，强制执行1家，行政处罚1750起，处罚单位412家、个人1337人，当场处罚858起，罚款总额325.5万元。大队共扑救火灾248余起，投入车辆569台次，动用警力3077人次。

【实施“防火墙”工程】 2010年初，区政府下发《区政府办公室关于印发鼓楼区构筑社会消防安全“防火墙”工程实施方案的通知》，并专门成立工程领导小组，在区公安消防大队设立工程办公室，各街道办事处也成立相应工作机构。6月5日，专门印发《鼓楼区构筑社会单位消防安全“防火墙”工程实施方案》。6月10日，召开全区构筑社会消防安全“防火墙”工程动员部署大会，部署全区“防火墙”工程建设。区政府每季度召开一次消防联席会议，定期研究分析“防火墙”工程建设，同时要求各街道办事处、相关职能部门和行业也要将“防火墙”工程纳入本地区、本部门及本系统工作内容进行检查考评。区政府拨款50万元，用于“防火墙”工程建设，全年各部门、街道下发实施方案13份，召开会议15次，联合检查8次。

【推出“四个能力”建设】 2010年，区消防大队积极推进辖区社会单位“四个能力”(检查消除火灾隐患能力、组织扑救初起火灾能力、组织人员疏散逃生能力、消防宣传教育培训能力)建设，全区共选拔培养15名以现役消防监督员、专(兼)职消防民警为主体的社会单位“四个能力”建设专题辅导员。组织培训社会单位795家，对社会单位“明白人”(单位内部具有一定消防安全管理知识的消防安全管理人员)培训48次、1500人。分局消防大队专门明确全区8类场所，14家重点单位作为全区的试点单位，于7月2日在苏宁环球商场召开全区商场、市场消防安全“四个能力”建设现场会，7月9日在麦乐迪中环店召开全区公共娱乐场所消防安全“四个能力”建设现场会，7月16日在华东饭店召开全区宾馆饭店消防安全“四个能力”建设现场会，7月23日在石城金康老年康复中心召开医院、养老院、福利院消防安全“四个能力”建设现场会，并对各行业单位进行“四个能力”培训。针对江东街道清江村地区的建筑多为砖木、混砖结构，耐火等级低，消防车道狭窄，防火间距不足，消防水源缺乏等问题，消防大队联合街道成立清江村义务消防队，投入15万元，专门配备手抬泵1台、战斗服5套、点式报警器50个、手动报警按钮5个、灭火器100具等消防设施，确保该地区的消防安全。在全区广泛开展社会宣传，设计制作8类场所“四个能力”宣传、培训手册5000册，印发告知书、承诺书500份，刻录“防火墙”工程光盘1000张。在全区所有居民小区宣传栏、公共场所电子屏上定期张贴、播放“防火墙”内容，在湖南路设置两条“防火墙”公益宣传广告。

【建筑消防设施专项整治】 5月，公安鼓楼分局、区社会治安综合治理委员会办公室、区安全生产监督管理局联合制订下发《鼓楼区建筑消防设施专项治理工作方案》，专门成立专项治理领导小组，开展全区建筑消防设施专项治理工作，全年共检查十余次。为彻底查清建筑消防设施的实有数、运行完好数和消防控制室值班人员的基本情况，分局消防大队消防监督员对辖区的高层、地下、人员密集场所进行全面检查。填写“建筑消防设施专项治理基本情况登记表”286份，签订责任状286份，对排查的建筑和场所如实记载检查人员的姓名、检查时间、检查发现的问题。区金康养老院被列为省级重大隐患单位，鼓楼区对该单位投资近70万元，新增火灾自动报警系统、室内外消火栓系统、室外疏散楼梯和防火门，9月28日顺利通过支队验收，复查合格。金贸大厦、利奥大厦、宏景公寓、钟阜大厦也分别投入资金修复和添置消防设施。

鼓楼区消防大队警官为居民讲解消防器具使用方法

【开展火灾隐患排查工作】 “7·28”栖霞区原南京塑料厂爆炸事故发生后，分局消防大队成立7个消防安全检查工作小组，负责全区消防监督检查工作。消防大队专门编发《鼓楼区安全生产月消防工作周报》，将检查发现的存在火灾隐患单位，向区政府和支队进行汇报并提出整改建议。对检查出问题但拒不改正的单位，消防大队联合多部门，借助临时查封及强制执行等手段，督促其改正。南京医科大学乌龙潭公园宿舍违建及安全隐患情况较为严重，区政府牵头，联合市容、街道、市区公安局、城市警察支队第五大队、消防大队等部门，对该违建进行强制拆除。检查工作严格落实责任制，做到谁检查谁负责、谁签字谁负责、谁的辖区谁负责，确保普查不漏1家、登记不错1处、隐患不漏1条。8月19日，南京电视台《直播南京》栏目组记者跟随鼓楼大队监督执法人员，采访报道全区消防安全大排查大整改工作。9月15日，区华侨路街道举办怡景花园高层住户灭火器发放仪式，江苏电视台、南京新闻综合频道、南京科教频道记者进行现场采访。

【加强派出所消防监督工作】 2010年，公安鼓楼分局党委专门成立派出所消防监督工作领导小组，在全局建立一支由8个派出所分管领导和139名民警组成的专（兼）职消防民警队伍，明确将消防监督管理纳入派出所基层基础工作目标责任管理体系，研究制定派出所消防监督管理工作考核细则，制定包括消防警务室标准等内容的派出所消防监督管理规范化建设方案。分局共投入资金21.7万元，为每一个警务室配备2张办公桌、2台电脑、2个档案柜以及消防监督检查器材箱。分局消防大队结合二、三级消防安全重点单位的调整，重新界定派出所消防监督管理范围。根据全区8个基层派出所入户调查上报情况，筛选195家单位作为派出所列管重点单位。加强对200平方米以下的商店、超市、饭店、足疗、棋牌室、台球室、茶馆、美容美发店等小型场所的消防监督管理工作。至9月底，全区派出所共检查单位3187家，下发《责令改正通知书》3187份，发现火灾隐患14802处，一般行政处罚524起，金额573500元；当场处罚858起。分局取得全市A类地区消防考评第一名的好成绩。

（浦礼文）

人民防空

【概况】 2010年，鼓楼区人防办按照“长期准备、重点建设、平战结合”的要求，紧贴区情社情特点，以提高“防空防灾一体化”能力为重点，努力营造防空防灾软、硬件环境，扎实推进防空防灾“宣传教育、应急准备、培训演练”进社区工作，得到省民防局和市人防办的充分肯定。组织指导并制订区、街道、社区“三级”防空防灾应急行动预案和重要经济目标单位防护预案，制定下发《鼓楼区街道人民武装部人民防空职能细则》。注重加强应急队伍建设，圆满完成年度人防专业队整组及组训任务，充实完善培训民防志愿者队伍；组织对全区24台警报器进行严格检查，防空警报器完好率达100%；严密组织安全检查，对存在的问题及隐患，及时指导限期整改，全区目标管理工程年检合格率均超过市人防办下达的目标任务标准。

【指挥通信建设】 2010年，区人防办在认真调研和普遍摸底的基础上，完成区级人防应急行动方案和重要经济目标单位防护预案的修订，并组织指导各街道、社区居委会和重要经济目标单位，搞好年度防空防灾应急预案的制定。及时深入人防专业队伍相关单位和各街道、社区居委会，落实队伍人员，督促抓好队伍的整组、组训工作。认真开展应急避难和疏散场所普查工作，按时完成普查、踏勘、统计和上报任务。推进防空防灾应急疏散地实名制、公示化工作，1月28日，市区第二个“防空防灾应急疏散点”在古林公园挂牌。

【人防工程维护管理】 2010年，区人防办及时组织对新建工事单位负责人进行人防工事维护管理工作培训，为新建工事单位配发人防工事维护管理法律法规和《人防工事维护管理制度》《人防工事消防安全管理规定》《除湿机、配电房、风机操作规程》等制度措施，并多次进行安全检查和整治。7月底，深入到人防工事维护管理单位，进行拉网式安全隐患排查，与维护管理单位补签或重签安全责任书，特别对温莎服饰广场、海洋招待所等24家涉及生产、经营和人员聚集地等场所，进行重点排查。针对存在的问题隐患，及时发出立即整改和停业整改通知，并督促抓好整改落实。至年底，全区目标管理工程年检合格率99.57%、优良率86.05%，均超过市下达的人防工程维护管理标准。

【人防工程开发利用】 2010年，区人防办积极探索人防工程“开发、管理、服务”一体化模式，不断强化人防工程“平战结合”体系建设，使其发挥最大战备、经济和社会效益。至年底，列管人防工程397个，建筑面积118.5万平方米，除去原有人防工程41个，开发利用人防工程356个，建筑面积116.55万平方米。其中，停车场97.4万平方米、自行车车库4.96万平方米、旅馆2591平方米、商场（商店）5.2万平方米、餐饮1.5万平方米、文娱场所5030平方米、教办会议室1.48万平方米、仓库4.3万平方米、其他5504平方米、闲置3964平方米，合格率达98.5%以上、优良率达90.6%、开发利用率占99.7%，实现年产值（营业额）1.3亿元，吸纳3088人就业。

【防空防灾宣传教育】 2010年，区人防办扎实推进人防（民防）“宣讲、巡展、演练”进社区工作，不断强化社区居民的人防（民防）观念和防空防灾忧患意识。开展纪念新中国人民防空工作创立60周年防空防灾知识竞赛活动，组织全区居民参加民防知识竞赛，搜集竞赛答题卡6000余份，在市人防获奖人数名列前矛。其中，一等奖1名、二等奖4名、三等奖8名、鼓励奖95名。持续开展初级中学民防知

鼓楼区人防办组织人员开展野战训练

识普及，经常举行教研活动，组织人防教师集体讨论备课，制作教学课件，进行课件评比，做到资源共享，先后在第八中学和二十九中学，组织防空防灾知识教育公开课；组织全区中学生以“防空防灾应急自救互救”为主题，开展人防（民防）知识小报评比竞赛，中学生制作、上报参赛作品6000余份，评选出一等奖35名、二等奖70名、三等奖110名。辖区10所初级中学初中生完成中学阶段人防（民防）知识教育，考核合格率100%、优良率95%。

【人口应急疏散实兵演练】 5月28日，区人防办组织由街道人武干部、社区居委会主任、在校学生以及社区居民代表共200人参加的人口应急疏散实兵演练。按照实兵演练程序和时间节点等要求，组织参演人员签到，发放疏散证、应急包，集结人员，从南京邮电大学出发转移到六合区。演习中，为参演人员发放人防（民防）宣传资料和有关药品。在疏散地，与安置地保障人员一起，按照预案程序，组织被疏散的学生到灵岩初级中学复课学习；安排志愿者搀扶老人前往雄州街道养老院，组织雄州街道社区卫生服务中心的医生对“病人”进行抢救；引导社区居民进农户家中进行安置，对部分群众集中进行心理疏导教育。整个演练程序规范、安全顺利，达到预期目的，受到市人防办的肯定和好评。

（陈金堂）

双拥共建

【概况】 2010年，鼓楼区双拥共建工作以构建文明和谐鼓楼为宗旨，履行双拥工作职责，先后举办“颂歌献给和谐鼓楼”庆新春社区军民联欢会、以“走进军营，放飞梦想”为主题的“助残日”活动，“八一”军嫂专场、士兵专场招聘会等，在春节、“八一”建军节等期间走访慰问老首长、老干部和优抚对象；狠抓优抚安置政策落实，为全区850名优抚对象发放抚恤金、慰问金720万元。全年全区共接收安置退役士官11人、退役士兵204人，自谋职业率71%，一次性安置率为100%。是年，鼓楼区被江苏省委、省政府、省军区命名为“省双拥模范城区”。

【召开双拥工作研讨会】 7月25~26日，区双拥工作研讨会暨“八一”建军节庆祝大会召开。市双拥办、区委、区政府、区人武部领导及南京政治学院、江苏省军区、联勤16分部等多家驻区部队领导和区双拥领导小组成员单位负责人70余人参加会议。会前，区双拥办将24家单位提交的书面交流材料编纂成册，制作双拥工作情况介绍视频短片。研讨会通过视频介绍、重点发言和现场交流等多种方式，从不同角度、不同侧面对鼓楼区双拥工作实现争创“省级双拥模范区”的成功经验进行总结，集中研讨新世纪新阶段鼓楼区双拥工作。

【节日走访慰问】 2010年春节、“八一”期间，区四套班子领导走访慰问省军区、南京政治学院、武警江苏省总队3家军级单位及省军区司令部警卫连等多个基层连队，以及原南京军区老首长、军休老干部和优抚对象等。

【优抚安置工作】 2010年，区民政局为全区850名优抚对象发放抚恤金、慰问金720万元，为18名1~4级退役伤残军人发放护理费22万元；为全区33名享受定期补助的“三属”（即烈士遗属、因公牺牲军人遗属、病故军人遗属）发放抚慰金25万元；为375名在职烈士遗属发放抚慰金38.2万元，其中烈士配偶或父母28人共5.3万元，烈士子女347人共32.9万元；为符合条件的6人进行评残、1名残疾军人进行调残、15名军队退役残疾军人换证。全年全区共接收安置转业士官11人、退役士兵204人，自谋职业率71%，一次性安置率100%。

【军休工作】 2010年，军休工作以规范化建设为目标，规范基本服务内容、工作人员服务技能和管理制度，执行有关生活待遇政策和标准。根据省、市民政部门及区人事部门的文件要求，做好军休服务管理机构岗位设置改革工作。全年共接收、安置部队离退休老干部180人。

2010年鼓楼区军队离退休干部休养所一览表

表71

名　称	地　址	邮　编	建立时间
鼓楼区军队离退休干部第一休养所	安怀新村3幢101室	210028	1985年12月
鼓楼区军队离退休干部第二休养所	紫竹林25号2幢	210003	2000年12月
鼓楼区军队离退休干部第三休养所	中保村闻涛公寓4幢	210036	2000年12月
鼓楼区军队离退休干部第四休养所	汉中门大街锦江路3号	210036	2003年5月
鼓楼区军队离退休干部第五休养所	中保村漓江路21号9幢	210036	2005年4月
鼓楼区军队离退休干部第六休养所	广州路99号1幢2101室	210008	2007年12月
鼓楼区军队离退休干部第七休养所	古平岗18号801、802室	210013	2007年12月

（王栓柱）

民生鼓楼建设

Construction of Well-Being GuLou

"十一五"期间居民收入和生活质量

"十一五"时期，鼓楼区在经济健康快速发展的同时，围绕"保增长、保民生、保稳定"任务，制定多项促进和稳定城乡劳动力就业措施，全区城镇居民收支稳步增长，收入来源多元化；"扩内需，促消费"使鼓楼区城镇居民吃、穿等基本生活消费保持平稳增长，消费结构逐步改善，居住和家庭设备用品等服务消费呈现较快增长势头，教育、医疗受政策性影响在消费支出中的比重有所降低。据"十一五"时期鼓楼区城镇居民抽样调查资料显示，城镇居民人均可支配收入年均增长11.8%，人均消费性支出年均增长11%。

一、城镇居民家庭人均可支配收入平稳增长

"十一五"时期，鼓楼区城镇居民人均可支配收入年均增长11.8%。2010年，鼓楼区城镇居民人均可支配收入达到30863.2元，同比增长10.2%，是2005年的1.75倍。

从鼓楼区城镇居民家庭总收入的构成来看，"十一五"时期四项收入全面增长。"十一五"时期，鼓楼区城镇居民人均家庭总收入年均增长11.9%，2010年为34526元，同比增长9.5%。其中，工资性收入在总收入中的比重呈下降趋势，由2006年的68.8%，下降到2010年的67.2%，下降1.6个百分点，工资性收入年均增长10.3%，从2005年的14221元增长到2010年的23209元；转移性收入是城镇居民家庭收入的主要来源，2010年占家庭总收入的比重在30%，受教师、公务员、企业退休职工近几年不断提高的离退休金影响，年均增长24.7%，从2005年的5156元增长到2010年的10368元；房屋租金不断上涨，股息与红利的增加，以及其他种类投资增多，使财产性收入增长较快，年均增长33.5%，从2005年的89元增长到2010年的288元；鼓楼区为稳定就业、扩大就业各项举措，鼓励劳动者自主创业，使经营净收入年均增长27%，从2005年的197元增长到2010年的661元。

（一）增资、就业双推动，从业人员薪酬水平不断提高

"十一五"期间，随着鼓楼区经济结构调整和经济增长方式的转变，产业结构优化升级，单位从业人员劳动报酬实现较快增长。同时，区政府积极拓宽就业渠道，通过扩大就业促进居民增收。市政府通过颁布企业职工工资指导线，提高最低工资标准，调整职工福利待遇，建立健全企业职工工资正常增长机制，有效推动企业单位从业人员劳动报酬的提高。大力推进规范机关公务员津贴补贴步伐，实施义务教育阶段教师、公共卫生与基层医疗卫生事业单位职工绩效工资，深化职工收入分配制度改革，促进机关事业单位职工工资较快增长。

调查数据显示，2010年鼓楼区城

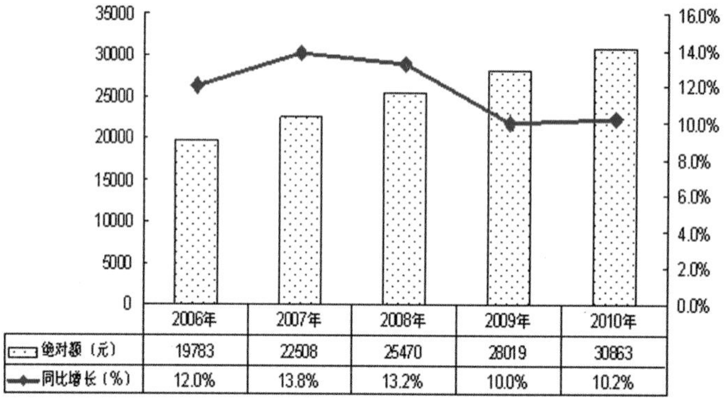

图5 "十一五"时期鼓楼区城镇居民人均可支配收入增长情况

2010年鼓楼区城镇居民收入主要来源及其增长

表72

项　　目	金额（元）	同比增长（%）	拉动（带动）总收入增（减）（百分点）
家庭总收入	34526	9.5	–
其中：可支配收入	30863	10.2	–
1.工资性收入	23209	1.9	1.4
2.经营净收入	661	72.7	0.9
3.财产性收入	288	58.3	0.3
4.转移性收入	10368	26.5	6.9
其中：养老金或离退休金	9667	28.4	2.7

镇居民家庭来自工资性收入人均达到23209元，比2005年增长67.2%，年均增速达到10.3%。工资性收入占家庭总收入的67.2%，居于家庭收入来源的主导地位。

（二）提高离退休人员养老金，居民晚年生活更加幸福

“十一五”期间，政府连续增加企业、学校、机关离退休人员养老金，居民家庭来自养老金收入大幅增长。调查数据显示，2010年家庭人均养老金收入达9667元，比2005年增长116.4%，年均增速达到16.7%。

（三）帮扶解困措施完善，不断提高城市低保救助标准

“十一五”期间，针对各类生活困难群体，区政府研究出台多项保障措施，如开发大量社会公益岗位安置下岗失业人员再就业，上调失业保险金补助标准，低保户家庭每人每月增加40元低保金。同时，全市不断提高最低工资标准，从2005年的690元/月提高到2010年的960元/月，增加270元/月，使部分低收入群体受益。2010年，鼓楼区城镇住户调查中10%最低收入家庭人均可支配收入比2005年增长123.4%，年均增速为17.4%，比全区平均水平快5.6个百分点。

（四）家庭其他收入增加，收入结构呈现多元化

随着居民收入提高，家庭拥有财产增加，居民投资意识逐渐增强，日常所得利息、股息及红利和各类投资收益等财产性收入日益增多。2010年鼓楼区城镇居民家庭人均财产性收入达到288元，比2005年增长3.24倍；个体私营经济发展，促进居民家庭个体经营净收入的增加，2010年鼓楼区城镇居民家庭人均经营净收入661元，比2005年增长2.36倍。这些方面所得成为居民家庭重要收入来源。

二、消费结构不断改善，生活质量加快升级

“十一五”时期，受国家扩大内需、刺激消费政策推动，居民生活质量明显提高，消费结构继续由吃、穿、用向住、行、休闲娱乐、健康方向转化，鼓楼区城镇居民人均消费性支出年均增长11%。2010年，鼓楼区城镇居民人均消费性支出达到19822元，同比增长7.01%，是2005年的1.69倍。

（一）膳食结构更加科学

越来越多居民把健康放在首位，追求更加合理的膳食结构，绿色、营养、无污染食品成为日常饮食首选。2010年，鼓楼区城镇居民家庭人均食品消费6578元，比2005年增长62.7%，食品消费占消费性支出比重（恩格尔系数）为33.2%，比2005年下降1.2个百分点。其中，绿色蔬菜、新鲜瓜果作为公认健康食品，备受广大居民青睐，二者均大幅增长，增幅达到7成以上；肉禽蛋水产品、糖烟酒饮料增幅近6成，有效带动食品消费增长。

“十一五”时期鼓楼区城镇居民家庭收入结构变动情况

表 73　　单位：%

项　目	2006年	2007年	2008年	2009年	2010年
家庭总收入	100.0	100.0	100.0	100.0	100.0
其中：可支配收入	90.9	91.8	89.3	88.9	89.4
1.工资性收入	68.8	66.3	74.1	72.2	67.2
2.经营净收入	2.0	2.3	0.7	1.2	1.9
3.财产性收入	1.2	1.6	1.1	0.6	0.8
4.转移性收入	28.0	29.8	24.1	26.0	30.0

（二）穿着打扮更加时尚

随着收入水平的提高，居民在日常生活中更加注重个人仪表，更加注重服装的档次、品牌和面料考究程度，更新速度越来越快，穿着愈加时尚。2010年，鼓楼区家庭人均衣着支出1731元，比2005年增长42.1%，高档服装、鞋帽等支出增幅较大。

许多居民除注重穿着，开始追求外在表现，注重提升自身品味、塑造个性魅力，对金银珠宝饰品需求大幅上升。5年间家庭人均金银珠宝饰品消费增长1.1倍。

另外，美容消费呈现出品牌化、专业化和高品质化的趋势，美容消费人群和消费产品迅速扩张。2010年，家庭人均美容化妆支出比2005年增长80.3%。

（三）家庭设备更加现代

由于科技高速发展，各种新型家庭设备层出不穷，传统意义家用电器已被轻薄的液晶平板彩电、环保健康节能空调和冰箱、家用电脑、摄像机等数字、数码电子产品所取代，消毒碗柜、洗碗机开始步入百姓家庭。2010年，鼓楼区城镇居民家庭人均购置家用电器支出572元，比2005年增长2.3倍。到2010年末，居民家庭百户拥有空调217.49台、彩色电视机171.04台、家用电脑108.74台、电冰箱102.73台、洗衣机101.64台、微波炉99.45台、组合音响36.61台、消毒碗柜26.78台、摄像机20.77架、洗碗机3.28台。

（四）文化生活更加丰富

随着居民收入增长，居民文化生活不断丰富。2010年，鼓楼区城镇居民家庭人均文化娱乐服务消费1408元，比2005年增长1.4倍。其中，K歌、看电

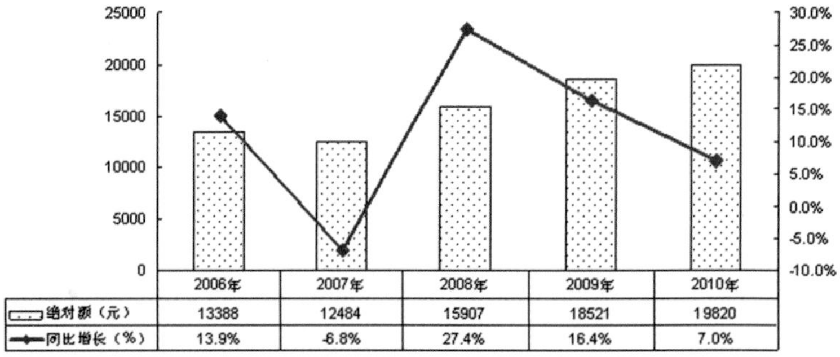

图6 "十一五"时期鼓楼区城镇居民人均消费性支出增长情况

"十一五"时期鼓楼区城镇居民人均消费性支出增长情况

表 74

单位：元

项目	2005年	2006年	2007年	2008年	2009年	2010年	"十一五"平均增速(%)
消费性支出	11760	13388	12484	15907	18522	19822	11.0
食品	4044	4141	4730	5645	6342	6578	10.2
衣着	1218	1225	1234	1401	1566	1731	7.3
居住	650	1349	733	1298	1061	2211	27.7
家庭设备用品及服务	691	1015	803	1356	1535	1783	20.9
医疗保健	835	1088	937	1147	1286	1189	7.3
交通和通讯	1551	1668	1120	1660	2874	2064	5.9
教育文化娱乐服务	2346	2411	2547	2634	2937	3490	8.3
其他商品和服务	425	491	380	766	921	776	12.8

影、看演出等娱乐活动支出增长迅速，2010年人均其他文娱活动支出270元，比2005年增长2倍。

"十一五"期间，政府不断刺激居民旅游消费，给市民发放旅游抵用券，居民外出旅游开支有较大幅度增加。2010年，鼓楼区城镇居民家庭人均团体旅游消费比2005年增长1.5倍，参观游览消费增长66.1%。

"十一五"期间，政府为提高居民身体素质，对外开放大量体育场所，居民对健身活动投入较大热情，参加体育锻炼人数逐年增加。2010年末，鼓楼区城镇居民家庭人均健身活动支出为41元，比2005年增长81%。

（五）课外补习投入大幅增加

"十一五"期间，政府对教育的财政投入大幅增加，全面取消义务教育阶段学杂费，家庭义务教育费用支出大幅减少，义务教育学杂费支出下降71.4%。另一方面，由于入学、升学的竞争压力不断增加，许多家庭热衷于带子女上补习班，家庭对课外补习班、培训班的投入大幅增加，鼓楼区城镇居民家庭人均培训班花费5年增长4.4倍。

（六）就医看病更加实惠

2010年，鼓楼区城镇居民家庭人均医疗保健支出1189元，比2005年增长42.3%。其中人均医疗费增长34.3%，其增幅小于收入的增长幅度。而居民在保健方面投入较高关注度，保健品消费增长较快，2010年，鼓楼区居民家庭人均支出比2005年增长46.7%。

（七）出行沟通更加便捷

2010年，鼓楼区城镇居民家庭人均交通通信支出2064元，比2005年增长33%。

在交通方面，"十一五"期间南京市大力构建综合交通体系，打造地上地下密集交通网。公交、地铁组成立体交通网络，居民出行越来越便捷。2010年，鼓楼区居民家庭人均交通支出1177元，比2005年增长20.4%。在汽车消费优惠政策和居民收入大幅提高的推动下，私家车越来越多走入寻常百姓人家，给人们出行带来便利。到2010年末，百户家庭拥有家用汽车19.1辆，比2005年末增长1.96倍，车辆用燃料支出增长3.5倍。

在通信方面，3G手机网络盛行以及长宽通等一些新型网络推出，使广大居民家庭享受方便、快捷、实惠的服务，消费热情高涨。2010年，鼓楼区城镇居民家庭人均通信服务消费788元，比2005年增长84.4%。到2010年末，百户家庭拥有移动电话203.3部，比2005年末增长23.9%。

三、居住环境得到明显改善，自有房比重不断上升

住房是反映居民生活质量的一个重要方面。近年来，政府保障住房投入加大，使许多家庭住房条件得到明显改善。据抽样调查资料显示，2010年鼓楼区城镇居民家庭人均住房建筑面积达到29.2平方米，比2005年的26.49平方米增加2.66平方米，增长10%；住房成套率达到99.45%，燃气得到全面普及，空调拥有率达到98.4%。2010年，家庭人均水电燃料等居住支出849元，占到家庭消费性支出的4.3%，比2005年增长61.2%。

居住条件改善的同时，自有房比率不断提高，到2010年末，有94%的家庭拥有住房，租赁公房比率由2005年末的11.2%下降到4.9%。住房需求成为这一时期居民重点投入领域。

四、社会保障系统进一步完善，居民生活更加幸福

"十一五"时期，社会保障制度继续完善，居民的自我保障意识不断增强。2010年，鼓楼区城镇居民家庭人均交纳社会保障金3062元，是2005年的1.8倍，其中个人交纳的1083元养老基金是2005年的1.6倍，个人交纳的1582元住房公积金是2005年的2倍，个人交纳的312元医疗基金是2005年的2.7倍。

民 政

"十一五"期间民政事业发展成就

"十一五"期间，鼓楼区民政事业紧紧围绕发挥民政的基层管理、基本保障、基本服务三个作用，圆满完成"十一五"规划的各项目标任务。共获得国家、省、市和区级集体及个人荣誉130项，其中国家级8项、省级38项、市级51项、区级33项。

*以示范城区创建为动力，推进文明和谐社区建设。*根据2006年7月民政部《关于开展"建设和谐社区示范单位"创建活动的通知》要求，鼓楼区快速启动示范城区创建工作，把和谐社区创建与文明社区创建紧密结合起来。2009年10月，鼓楼区被国家民政部命名为"全国和谐社区建设示范城区"。全区64个社区先后被命名为"南京市和谐社区"，其中8个社区被命名为"江苏省和谐社区"，11个社区被命名为"南京市和谐示范社区"。工人新村社区被命名为"全国和谐示范社区"。工人新村社区"把矛盾化解在社区，把稳定落实在社区，把和谐构建在社区"的经验得到温家宝、贾庆林、曾庆红、刘云山等中央领导高度评价。中央党校2007年和2010年在鼓楼区分别举办"和谐南京——鼓楼实践与探索""建设和谐社区，迎接青奥盛会"高层论坛，鼓楼区社会建设和社区建设的经验得到中央党校、民政部领导和专家学者的高度评价并汇编专刊发行。

*以深化社区民主自治为重点，加强社区规范化、信息化建设。*2006年开始着手社区管理体制改革创新，寻求破解社区居委会行政化、工作负担过重等问题，社区组织管理体系经历两个阶段实践探索，将站居分设改为站居内设，社区公共服务站调整为社区居委会下设的工作平台，居委会与服务站改为领导与被领导的关系，建立社区党组织为核心、社区居委会为主体、社区社会组织为依托，各类专业服务组织为补充的新型社区组织体系与运行机制。在此过程中，先后完成第三届、第四届社区居委会换届选举，选举方式实现由户代表到居民直接选举的转变。同步加强社区居委会规范化建设，全区社区居委会实现"五规范"（规范阵地建设、职能事务、规章制度、队伍管理、保障措施）、"六统一"（统一门头设计装饰、门前挂牌、内部标牌、公示载体、工作制度、挂牌上岗）。2010年初，启动社区信息化建设工程，11月，鼓楼社区网和64个社区网站全部开通运行，成为社区居民了解社区建设、参与社区事务和快速获取社区服务的平台。

*以提升服务居民的能力素质为目标，加强社区工作者队伍建设。*2007年，按照每300户配备1人的标准，全区设专职社区工作者岗位665个，将计生专干、司法调解员、劳保协管员全部纳入专职社区工作者管理，统一享受专职社区工作者待遇，基本解决各机关部门在社区设专干带来的管理多头、待遇不一、社区内部工作资源难以共享的问题。"十一五"期间，鼓楼区先后三次提高专职社区工作者的待遇，专职社区工作者平均月收入已从2005年的950元~1050元提高到2010年的3027元~3827元，达到南京市2009年城镇单位职工月平均工资水平。在提高专职社区工作者业务能力建设上，采取招聘大学生社工、鼓励参加职业水平考

5月6日，鼓楼区举办2010年社区居委会主任培训班

试、学习培训和持证上岗等措施，社区工作者队伍的综合素质和业务能力快速提高。

培育扶持与监督管理相结合，促进社区社会组织建设。统一社会组织申请登记、审批管理、资金扶持和组织运行等制度，加快社会组织发展。2006年，民政部社会组织管理局在全国社会组织工作会议上充分肯定鼓楼区社会组织建设经验并加以推广。2008年，鼓楼区在全市率先成立社会组织发展促进会，加强对社会组织的指导、扶持和协调管理。至2010年末，全区共有社会团体24个、民办非企业单位127个、社区社会组织1688个。

全面实现“3美元”综合保障计划。2008年，鼓楼区提出“3美元”计划，逐年提高救助标准，使全区无就业能力家庭综合保障标准达到每人每天不低于3美元(每人每月630元)，社会救助体系进一步完善。至2010年末，全区在线低保户共2482户、4644人，在线低保边缘户共599户、1523人。鼓楼区社会救助及保障水平位居全市、全省乃至全国前列。

不断扩展救助服务方式。鼓楼区不断加大社会救助力度，建立以城市居民最低生活保障为核心、低保边缘救助为衔接、医疗和教育专项救助为补充的社会救助体系。积极推广江东街道社会救助服务中心建设经验，推进全区各街道社会救助服务中心建设，完善“一站式受理”“一口上下”的管理模式。江东街道社会救助服务中心被选为2009年全国社会救助工作会议现场观摩点，得到各级领导和与会人员好评。

大力推进慈善和福利事业发展。2006年在全市率先成立慈善协会，2007年在全市率先成立街道慈善超市，累计发放救助物品29万多件，受益人数达20余万人次。“十一五”期间，不断拓展社会救助渠道，先后推出11项冠名慈善基金，设立低保救助慈善基金和低保边缘户助困慈善基金，共募集各类社会救灾救助资金达6000多万元。

全面提升防灾减灾能力。通过普及科学救灾知识、编制防灾救灾预案、开展防灾逃生演练等措施，推进街道、社区综合防灾减灾能力建设。2009年江东街道腾飞园社区被国家民政部授予“全国综合减灾示范社区”称号。中央门街道青石村减灾示范社区被选为2011年全国防灾减灾工作会议现场观摩点。

夯实社区软硬件建设基础。2008年，区政府出台“给予新增社区办公服务用房达到300平方米以上社区每平方米500元装修补助”的奖励办法，调动各街道社区办公服务用房建设的积极性。通过新建、租赁、共享等方式，全区社区办公服务用房总面积从2005年的18271平方米上升到74111平方米，实现95%以上的社区办公服务用房达到每百户30平方米标准。同时落实社区办公经费，经费标准达到7万~12万元。2004年筹建的“96180”生活服务求助热线，2007年被市民政局确定为南京市唯一的民生服务热线。“十一五”期间，热线加盟企业达400家，共接受求助电话198875个，满意率达98.8%。

积极破解社会养老服务难题。“十一五”期间，鼓楼区60岁以上老年人已超过10万人，占全区人口的16%。为应对人口老龄化挑战，经过几年探索实践，逐步构建以“居家养老为基础、社区照顾为依托、福利机构为骨干”的社会养老服务体系。依托“心贴心社区服务中心”建立居家养老服务网。5年来，“居家养老服务网”服务老人由1930人上升到6500人，基本实现60岁以上孤寡、独居和困难空巢老人免费服务全覆盖。2006年，鼓楼区在全市率先出台《关于资助社会力量兴办社会福利机构的实施办法(试行)》，对规模较大的4家养老福利机构采用“租巢引凤”的资助方法，促进区养老福利机构快速发展。全区养老床位总数已从2006年的160张增至2468张，提前完成“十一五”规划每千名老人拥有床位数22张的目标。进一步完善“尊老金”制度，按照80~89岁600元/人·年、90~99岁1200元/人·年、100岁以上7200元/人·年的标准，发放高龄老人长寿营养补贴。2010年，鼓楼区分别被国家民政部和国家老龄委授予“全国养老示范单位”和“全国老龄工作先进单位”荣誉称号。

稳步落实拥军优抚安置工作。加强军地协调沟通，广泛开展各类实效拥军服务活动，保障各种优抚对象的权益。5年来，共接收安置退役士兵1064名，转业士官80名，军队离退休干部1050名，无军籍职工230名，安排军嫂就业和再就业416名。先后开展“三百”共建活动，推出双拥“十大品牌”，涌现双拥“十大典型人物”，凸显鼓楼双拥“十大特色”。扎实开展专项社会事务工作。殡葬改革工作大力倡导科学、文明、健康的丧葬祭扫新风尚，清明节祭扫、殡葬改革宣传、殡葬服务和执法检查相结合的工作制度进一步完善。婚姻登记规范有序，成为广大人民群众满意的服务窗口，2009年被国家民政部命名为“全国婚姻登记规范化单位”。完成《鼓楼区地图》出版、《鼓楼区地名志》编纂、行政区域法定界线联检等工作。

综　述

【概况】 2010年，鼓楼区民政工作深入贯彻落实科学发展观，坚持“以民为本，为民解困，为民服务”的民政宗旨，围绕区委、区政府工作中心，紧贴民政工作实际，完成区民政事业“十一五”发展规划各项目标。全年受理人民来访280人次，来信18封，局长信箱13件，局领导接待日49个，基本做到事事有着落，件件有回音。由区民政局主办的区级17件建议和提案，每一件都做到认真及时回复，实现百分之百见面回复、百分之百满意、百分之百反馈。是年，鼓楼区被国家民政部命名为“全国养老服务示范单位”，被国家老龄委评为“全国老龄工作先进单位”，被江苏省委、省政府、省军区命名为“省双拥模范城区”，区民政局被省民政厅表彰为“2010年全省民政工作先进集体”。

【居民生活水平得到提高】 2010年，全区城镇居民人均可支配收入

30863.2元，同比增长10.2%。家庭总支出26973.6元/人，同比下降0.21%，其中居民消费性支出19822元/人，同比增长7.01%。在消费性支出中，食品支出6578元、同比增长3.72%；衣着支出1731元，同比增长10.54%；家庭设备用品及服务支出1783元，同比增长108.3%；医疗保健支出1189元，同比下降7.5%；交通和通讯支出2064元，同比下降28.2%；教育文化娱乐服务支出3490元，同比增长18.8%；居住支出2211元，同比增长108.4%；其他商品和服务支出776元，同比下降15.74%。全区百户汽车拥有量19.1辆，百户电脑拥有量108.7台，百户固定电话拥有量94.5部，百户移动电话拥有量203.3部；人均住房建筑面积29.2平方米（不含第二套住房）。（王栓柱）

社会保障

【全面实现“3美元”综合保障计划】 2010年，鼓楼区全面实现“3美元”综合保障计划。该计划是区政府在2008年政府工作报告中提出的，3年内实现无就业能力的低收入家庭综合保障标准不低于每人每天3美元(按人民币和美元7:1的汇率计算，即3年内鼓楼区无就业能力的低收入家庭综合保障标准需达到人均每天21元、每月630元人民币)。2010年，鼓楼区在市低保标准提至400元的基础上，将鼓楼区低保补充救助金从每人每月100元提至130元，并同步调整低保边缘群体补差救助金标准，将实施定额救助的低保边缘6类群体由人均月收入361元~720元调整为401元~800元的家庭。鼓楼区低保及低保边缘家庭综合保障标准均达到每人每月630元，全面实现“3美元”综合保障计划。

【加大低保救助力度】 2010年，鼓楼区加大低保救助力度，共为56072人次发放最低生活保障金1405.2万元，为55572人次发放最低生活保障补充救助金597.1万元。全年累计为15212人次发放低保边缘群体定额救助金60.85万元；为3663人次发放低保边缘群体补差救助金82.12万元。

【开展医疗和教育救助】 2010年，鼓楼区投入169万元，为全区低保及低保边缘人员分别设立每人每年300元和150元的门诊医疗账户。继续对8种疾病的低保和低保边缘家庭患者实施免费手术，并按照标准给予大重病救助，全年共为766名大重病患者发放救助金170.94万元。教育救助覆盖面扩大到民办学校，对未享受各级财政通过学校资助的非义务教育阶段的高中、全日制高等职业专科学校、全日制本科院校的低保及低保边缘家庭学生，按照每人每年400元~3000元的标准实施教育救助，共为193名低保及低保边缘家庭学生发放助学金18.6万元。为困难家庭子女开办“阳光家园”名师辅导班，举办14个班次，受助学生100余名，支出金额达10万元。

【做好慰问和“亮居”工程】 元旦春节期间，鼓楼区在南京市春节慰问救助标准的基础上，按1人户400元，2人户600元、3人及以上户800元的标准对低保对象进行补充慰问，并对7类低保边缘家庭按400元~600元标准进行慰问。全区慰问救助人员共达2.7万人，救助资金950余万元。同时，实施“亮居”工程，投入12.54万元，为全区73户低保家庭改善室内居住环境，粉刷面积达8472.34平方米。

【启动物价补贴联动机制】 6月和10月，鼓楼区认真落实南京市两次下发的关于启动物价上涨与困难家庭临时生活补贴的相关通知要求，共为全区41629人次的低保人员发放临时生活补贴136万元，为1330户次的低保边缘人员发放临时生活补贴13.3万元，为28名“三无”人员及5名孤儿(已全部纳入低保）发放临时生活补贴0.97万元。

【防灾减灾工作】 2010年，区民政局健全完善灾情审核发布机制，推广江东街道腾飞园社区全国综合减灾示范社区经验，在中央门街道青石村社区打造减灾示范社区，指导青石村社区拟订《创建“防灾减灾社区”三年工作计划》《青石村社区突发公共事件应急预案》《青石村社区减灾疏散平面示意图》。5月，鼓楼区开展以“你我参与，一起行动，远离灾害”为主题的“防灾减灾日”疏散演练系列活动，进一步提高广大群众的防灾避灾意识和应急能力。

【推进慈善事业发展】 2010年，鼓楼区继续开展“慈善一日捐、济困送温

4月16日，鼓楼区紧急援助青海省玉树地震灾区赈灾活动启动

暖”活动，共募集资金180万元，全部用于救助全区困难群体。青海玉树地震和舟曲泥石流灾害后，区慈善协会通过多样化的宣传手段、人性化的便民措施、定期化的公布机制，提高募捐活动的透明度和公信力，共接受社会各界捐款1318.5万元。全年11项慈善冠名基金运作良好，共支出慈善救助金383.49万元，将低保群体的鼓楼区补充救助金标准由100元提高至130元；对患有尿毒症等17种疾病的低保及低保边缘群体的救助标准提高至2000元~10000元。同时，加强全区各街道慈善超市规范化建设，江东、凤凰2个街道慈善超市被评为南京市一类慈善超市，其他5个街道慈善超市被评为南京市二类慈善超市。

10月16日，副市长陈维健一行慰问宝地园社区百岁老人杨毓芸

【“96180”生活服务求助热线建台6周年】 4月，“96180”生活服务求助热线通过省市商务、财政部门的联合检查验收，被国家商务部、财政部确定为南京市家政服务网络中心重点建设项目。6月26日，在建台6周年之际，与中国电子科技集团第十四研究所离退休办公室联合开展“送服务进社区活动”，现场发放宣传册1800余份，纪念品860多份。“96180”生活服务热线全年网站点击数达158670人次，电话总量为40807个，满意率达99.8%。

（王栓柱）

10月14日，区老龄办与十四所在古林公园开展“相聚重阳”全国首个“敬老月”活动

老龄工作

【做强“居家养老服务网”品牌】 2010年，区“居家养老服务网”服务6500多位老年人，其中免费服务3000多人，有偿服务3500多人，基本实现60岁以上孤寡独居老人免费服务全覆盖，已成为省、市乃至全国的社会化养老服务品牌。

【放大“租巢引凤”效应】 2010年，鼓楼区加大公共财政投入，利用优惠政策放大“租巢引凤”效应，全年新增养老床位数300张。在全区7个街道64个社区全部挂牌成立社区养老服务站的基础上，拓展养老服务范围，启动区首届老年人“心理关爱节”活动，实现精神关爱进社区、送餐服务进社区，并对社区医疗康复进行有益的探索。

【完善“尊老金”制度】 2010年，鼓楼区提高“尊老金”发放标准，扩大发放范围，进一步完善老年人社会优待制度。按80~89岁老人每人每月50元、90~99岁老人每人每月100元、100岁以上老人每人每月600元的标准发放“尊老金”。2010年总计发放15742人次，合计545.12万元。

【开展全国首个“敬老月”活动】 10月，鼓楼区开展全国首个“敬老月”活动和南京市第24个老人节活动。活动期间，走访慰问28名百岁老人，发放“鼓楼区长寿之星”荣誉证书；为1832名独居、困难老人购买意外伤害保险；组织开展区重阳节文艺汇演和千人游园活动，专家义诊咨询900多人次，免费为264人量血压、测血糖，为50多位老年人提供按摩理疗服务，为90多位老年人维修收音机、配制钥匙，现场为40多名老人办理老年证。

（王栓柱）

2010年鼓楼区域内百岁老人一览表

表 75

序　号	姓　名	性　别	出生年月	家庭住址	所在街道
1	殷陈氏	女	1908.01	镇江路 51-5-1-402 室	挹江门
2	金引璋	女	1909.12	虎踞北路 754-3-105 室	挹江门
3	陈李氏	女	1909.01	狗耳巷 30 号 305 室	中央门
4	李丽辉	女	1909.02	广林苑 104 室 2 单元 302 室	中央门
5	谷郭氏	女	1910.01	三牌楼大街 19 号 301 室	中央门
6	曹天玉	女	1910.05	紫竹林 21 号 7 栋 504 室	中央门
7	姚凤池	女	1910.12	工行新寓 8-502 室	中央门
8	王兰英	女	1910.12	芦席营 82 号 4 栋 308 室	中央门
9	徐正秀	女	1910.11	东柏果园 26 号 3 栋 407 室	中央门
10	戴邦彦	男	1906.10	北阴阳营 8 号 8 栋 204 室	宁海路
11	李淑芳	女	1909.11	北阴阳营 8 号 12 栋 103 室	宁海路
12	徐光宗	男	1910.03	天目路 2 号	宁海路
13	汤楚璞	男	1910.05	古平岗 37 号 2 幢 202 室	宁海路
14	姚富良	男	1910.09	祁家桥 4 号 1 平 5 室	宁海路
15	杜玉兰	女	1910.09	石头城 117 号 511 室	宁海路
16	梅建兴	男	1904.03	青岛路 2 号 1 幢 3 单元 503 室	湖南路
17	黄翠娥	女	1904.11	鼓楼四条巷 1 号	湖南路
18	范爱菊	女	1906.09	五条巷 36 号 603 室	湖南路
19	王蔡氏	女	1908.01	平安里 7 号 302 室	湖南路
20	宗祁氏	女	1908.09	丁家桥 1 号 303 室	湖南路
21	公　恨	女	1909.01	北京西路 2 号新村 11 幢 101 室	湖南路
22	杨毓芸	女	1904.11	宝地园 21-404 室	江　东
23	陈文兰	女	1907.11	中保街 130 号 1-1-401 室	江　东
24	陈凤质	女	1908.04	上海路 156 号 1 栋 206 室	江　东
25	郑敬宗	男	1909.12	宁工新寓 50-102 室	江　东
26	马　如	女	1909.02	胜棋里 13-204 室	凤　凰
27	张士俊	男	1909.02	心帖心老年人服务中心	凤　凰
28	王向红	女	1910.04	蓝天园 72 号 502 室	凤　凰

2010 年鼓楼区养老机构一览表

表 76

单位名称	性　质	建筑面积(平方米)	床位(张)	入住(人)
区社会福利院	公　办	3680	120	120
湖南路街道养老院	民　营	340	24	24
金康老年护理中心	民　营	8500	400	216
红十字老年康复中心	民　营	4800	210	132

续表 76

单位名称	性　质	建筑面积(平方米)	床位(张)	入住(人)
莫愁老年康复中心	民　营	1750	92	46
心贴心老年服务中心	民　营	1000	50	48
瑞海博老年康复中心	民　营	2150	110	56
真美好好和园养老院	民　营	1600	100	62
夕阳红养老院	民　营	600	48	48
众仁养老院	民　营	960	42	20
文起老年服务中心	民　营	1500	105	43
石城金康老年护理中心	民　营	3000	160	96
长青藤养老院	民　营	1100	50	32
幸福人家养老院	民　营	540	38	38
金色阳光老年公寓	民　营	630	40	29
爱心托老所	民　营	310	24	24
观音里托老所	民　营	200	20	20
天津新村托老所	民　营	100	10	8
丁山托老所	民　营	86	15	15
戴家巷托老所	民　营	90	12	10
凤凰三村托老所	民　营	200	20	19
察哈尔路托老所	民　营	80	8	8
五台山托老所	民　营	200	10	10
侨鑫人家养老公寓	公办民营	39700	460	–
期颐托老院	民　营	1624	87	57
协和老年人服务中心	民　营	1050	58	21
银杏树老年服务中心	民　营	2800	155	30
合　　计	–	78590	2468	1232

社会专项行政事务管理与服务

【加大社会组织扶持力度】 2010年，区民政局进一步加大对社会组织的扶持力度，通过一次性补贴和运营补贴支持期颐、银杏树、协和等多家养老机构建设；及时协调卫生、税务、物价、劳动等部门，召开现场会，帮助解决医疗卫生类民办非企业单位的票据难题。区体育局、文化局、计生局、科技局等对相应社区的社会组织给予表彰奖励、提供物资和教育培训等不同方式的扶持。区老龄办加大对全区社区老年协会的资助，保障社区老年协会活动开展。以便民、利民、惠民为目的，全区1600多个社区社会组织，为社区的各类居民提供就业指导、帮扶救助、法律咨询、文化教育、强身健体、医疗保健、青少年教育、社区治安、家政服务、心理关爱等多项低廉或无偿服务。

【社会组织管理工作】 2010年，区民政局认真指导新申请注册登记的社会团体和民办非企业单位，及时勘查场所和法人资格审查，在最短的时间内完成注册登记全套手续；在对社区社会组织实行三级管理的基础上，完善社区社会组织信息管理制度，每月社区将社会组织的相关信息通过网络及时填报给街道和区民政局；做好社会组织财务监管。同时，区民政局根据社会组织的不同类型分别组织5场次社会组织政策法规业务培训，在全区社会组织中全面开展自律与诚信建设活动。组织开展社会组织年检工作，区民政局牵头召开由组织部、教育局、文化局等十几个业务主管单位参加的年检工作协调会，动员部署社会组织年检工作。将全区社会组织分类别4批次进行年检工作动员和培训，逐项指导其填写新的年检报告书，做好财务审计工作等。推行网上年检工作，免费发放社会组织年检管理信息系统使用手册，对全区社会团体和民办非企业单位进行网上年检的专题培训和网上年检业务辅导，提高社会组织网上年检的效率，实现全区年检信息化高效管理，参检率达100%，年检合格率达98%以上。

2010年鼓楼区民间组织概况

表 77

单位：个

指标名称	实　绩
一、社团总数	24
其中：专业性社团	22
行业性社团	1
学术性社团	1
联合性社团	–
二、民办非企业单位	127
其中：本年新批	18
本年撤消	–

2010年鼓楼辖区内新命地名一览表

表 78

名　称	类　别	位　置	开　发　单　位
银城广场	商务商业	银城街北侧、江东北路西侧	南京银城地产股份有限公司
中山路99号大厦	商业商务	中山路以西、华夏大厦以北、高家酒馆以东	江苏东汉投资开发有限公司
佳和园	拆迁安置房	集庆门大街西延线以北、清江路南延线以西	南京科建房地产开发有限公司
银河国际街区	商业住宅	燕山路以西、集庆门大街以北	南京慕成房地产开发有限公司
中海凤凰花园	商业建筑群	清凉门大街以南、北圩路以东	南京海润房地产开发有限公司
天玺国际广场	商业商住	清江路以西、东宝路以北	南京苏宁房地产开发有限公司
锦江大厦	商务办公楼	锦江路以东、东宝路以北	江苏新东南建设有限公司
凤凰水岸广场	商业商务楼	汉中门大街以北、凤凰街以东	南京悦庆房地产开发有限公司
汇鸿国际商厦	商务楼(更名)	湖南路以南、湖北路以东	江苏汇鸿集团
清江南路	道路	汉中路以南、江东软件城内	区政府

【殡葬改革管理】 2010年，全区死亡人数2658人，驻辖区内8家医院死亡人数1801人，火化率、骨灰处理合格率均达100%。清明节期间，制订出台《2010年清明祭扫工作方案和规定》，举办“感悟生命、清明心灵、共创文明”为主题的大型“社区公祭”活动，为老年人、残疾人等行动不便人群和远离家乡的外来务工人员搭建悼念先人的平台，利用鼓楼民政信息网和社区触摸屏，向社会各界宣传各项殡葬管理政策法规。全区共出动2183人次，取缔流动摊贩516处，收缴各类丧葬迷信用品695包，冥币327公斤。召开各种会议263场次，出橱窗241期、黑板报165块，悬挂横幅164条、标语1637条，上门宣传5218次，发放宣传册10163份。

【地名管理】 2010年，区民政局对江东软件城园区内“清江南路”命名，对建筑物更名9件。配合市局在辖区开展地名公共服务进社区调研论证工作，已进入技术设计实施阶段。

【城市生活无着落流浪乞讨人员救助】 2010年，区民政局对街道和社区救助管理人员开展业务培训36人次，在全区7个街道建立救助管理点，8个社区建立社区救助点。全区全年救助求助人员326人。

【婚姻和收养登记服务】 2010年，全区办理结婚登记7075对，离婚登记2184对，补领婚姻证件1122件，出具无婚姻登记记录证明11000件，发放免费婚检单6500份，办理解除收养登记2件。婚姻和收养登记合格率100%。

【福利生产和福利彩票销售】 2010年，南京帝都印务中心、南京精科电器设备厂、南京豪伟集团服装公司、南京旅游印刷厂、南京印刷制本有限公司、江苏万石城电器厂等6家福利企业全年完成销售额3000万元，利润200万元；128家福彩投注站(亭)完成电脑彩票销售额8100万元，即开型福利彩票销售额2100万元，中福在线销售额1880万元。　（王栓柱）

残疾人联合会

【概况】 2010年，全区共有各类持证残疾人5003人，其中肢体残疾2075人，视力残疾565人、听力和言语残疾361人、智力残疾810人、精神残疾1025人、多重残疾167人。全区671户（人）残疾人家庭进入低保，并享受高于20%的救助标准。476名无固定收入重度残疾人享受低保救助金。全年共计补助重度残疾、一户多残、老养残、孤残8820人次，发放补助金88.20万元。元旦、春节期间走访慰问困难残疾人家庭1344人(户)，发放慰问金及慰问品96.911万元，全年为457名70岁老人发放祝寿补贴共计5.941万元，为335名残疾人发放托养补贴47.51万元，为299名残疾人车主发放燃油补贴6万多元。完成全区39798名未持证残疾人信息采集工作。10月，区委、区政府出台《关于加快残疾人事业发展的实施意见》。该文件共有8个部分24条，全面贯彻落实中央、省、市文件精神，为加快残疾人事业发展提供政策保障。是年，鼓楼区被全国残疾人康复工作办公室评为全国白内障无障碍区，被市残联评为南京市残疾人工作先进区、南京市残疾人工作有功区县。

【创建完成全国白内障无障碍区】 2010年，鼓楼区先后出台《关于成立鼓楼区白内障无障碍区创建工作领导小组的通知》和《鼓楼区创建白内障无障碍区实施意见》等文件，投入专项资金，为贫困白内障患者免费做复明手术，取得良好社会效果。区卫生、财政、民政、残联、以及定点手术医院等相关单位联合制订优惠政策和措施，使全区手术复明或转介康复服务的白内障患者，得到有效治疗。年底，完成全国白内障无障碍区创建。

【市首个残疾人维权站挂牌】 6月29日，鼓楼区残疾人维权法律援助工作站揭牌仪式在凤凰托养中心举行，区残联、区司法局、凤凰街道相关领导和部分残障人士及周边居民共100余人参加仪式。该站是全市首家在残疾人托养机构设立的法律援助服务站点，将为辖区内残疾人提供法律咨询、代写法律文书等帮助，为符合法律援助条件的残疾人无偿代理诉讼等，帮助改变广大残疾人请不起律师和打不起官司的状况，为维护残疾人各项合法权益多作贡献。在活动现场，法律工作者和区残联的工作人员还为群众提供维权咨询服务。

6月29日，鼓楼区残疾人维权法律援助工作站在凤凰托养中心成立

【扎实开展文体工作】 4月，区残联组织25名残疾人运动员参加市第二届残疾人运动会，获得17金6银5铜28枚奖牌，团体总分176分，名列第二。在全国第五届特奥会上获2枚金牌，第八届省残运会上获3枚金牌。

【开展"助残日"活动】 5月，区残联结合第20次"全国助残日"主题活动，开展系列助残活动。组织主题宣传活动3场次，张挂宣传横幅72条，举办各种宣传橱窗72期，制作宣传展板9块。组织社区残疾人文艺演出7场，近千人参加。组织肢体残协会与滁洲市珠龙镇残协开展城乡残疾人交流活动，帮扶10名农村贫困残疾人，53名肢体残疾人游览安徽琅琊山。10日，区残联与挹江门街道、驻区某部联合举办"走进军营、放飞梦想"主题活动。市残联及区相关领导、部队官兵和全区部分残疾人共200多人参加活动。活动中，军地领导为残疾人赠送文化用品；组织盲协开展"回报社会盲人阳光行"活动，10名盲人按摩师为军休四所老干部进行按摩保健服务；慰问35户困难残疾人家庭；组织30多名残疾人参加市残疾人自强模范先进事迹报告会，区十七大党代表、南师大硕士生导师、残疾人侯晶晶作报告。

【残疾人文化周活动】 8月23~27日，区残联、区文化局、中央门街道办事处携手在中央门街道青石村社区举办"残疾人文化活动周"暨残疾人书画摄影联展。活动得到全区残疾人积极响应，他们纷纷提交作品。全区共选出30余名残疾人的50余幅优秀作品参加展出，300多名残疾人到场参观。

【落实"三助一给"援助计划】 2010年，区残联认真落实"三助一给(助明、助听、助行、免费给药)"援助计划，为13名白内障患者免费实施复明手术，为32名低视力残疾人配发助视器、盲杖，为16名听力残疾人免费验配助听器，为97名重度残疾人发放轮椅，为40名残疾人安装义肢和矫形器、发放拐杖，为64户贫困重度残疾人家庭进行无障碍改造，为158名精神残疾人免费提供药品9.48万元。

【组织实施残疾儿童康复训练】 2010年，通过对全区0岁~6岁残疾儿童情况的调查摸底、审核，共有42名0岁~6岁残疾儿童符合抢救性康复训练的条件，在全市9家康复机构对他们实施抢救性康复训练，全年补贴抢救性康复训练费47.88万元。

【举办残疾人社区康复培训班】 6月29日~7月1日，鼓楼区残联在春光大厦（南京市残疾人活动中心）5楼多功能厅举办残疾人社区康复和盲人定向行走培训班，对一线基层残疾人康复工作者进行精神病防治知识、脑瘫的功能评估及康复训练的方案制定、盲人定向行走等相关工作知识的培训。全区社区残疾人康复指导员、协调员、精防医生近100人参加培训。

【出台鼓楼区残疾人社会保险补贴暂行办法】 2010年，鼓楼区制定出台《鼓楼区残疾人社会保险补贴暂行办法》，规定凡具有鼓楼区户籍，持有“中华人民共和国残疾人证”，且年满18周岁、在劳动年龄段、有就业愿望、有一定劳动能力且未实现稳定就业的无父母、无配偶、无子女的残疾人，登记为一级和二级的视力残疾、肢体残疾、智力残疾、精神残疾的残疾人，及阳光家园接纳的具有本区户籍、年龄在18周岁至35周岁之间、未在用人单位就业，持有“中华人民共和国残疾人证”的三级、四级的智力残疾、精神残疾的残疾人，凡享受低保救助的，参加基本养老保险以南京市灵活就业人员最低标准按实足额缴费的100%进行补贴；享受低保边缘救助的，参加基本养老保险以南京市灵活就业人员最低标准按实足额缴费的70%进行补贴；其他的参加基本养老保险以南京市灵活就业人员最低标准按实足额缴费的50%进行补贴；未享受居民医疗保险救助的以上人员参加居民医疗保险的按年缴费基数为准进行全额补贴。享受本办法社保补贴的不能重复享受政府部门的其他同类社保补贴，补贴期限最多为15年。

【扶持残疾人就业】 2010年，全区安排86名残疾人就业，推荐残疾人就业200多人次，为残疾人提供200多条就业信息。3名盲人报考按摩师，8名盲人参加计算机培训。100名残疾人参加长江高科技助残就业项目，其中71人实现就业。120名残疾人参加其他类型的职业技能培训。

8月12日，市残联理事长穆桂英到江东街道慰问残疾人创业明星陈耀

【做好残疾人就业保障金审核】 2010年，区残联配合区地税部门做好残疾人就业保障金的审核工作，全区审核87家企业单位，征收残疾人就业保障金1147万元。由市区人大代表、政协委员、残联、劳动、民政以及残疾人就业管理所共同组成的联合执法组，对全区按比例安排残疾人就业工作进行执法检查。

【发放教育补助金】 2010年，鼓楼区为完成义务教育阶段的50名残疾学生及残疾人子女发放奖励金4万元，为52名接受中、高等教育的残疾学生发放教育补助金6.45万元，为17名参加电大远程教育的残疾学生缴纳学费2.85万元。 （杨爱华）

人力资源和社会保障

劳动和社会保障

【概况】 2010年，全年共新增就业岗位28160个，实现再就业10328人，援助困难人员就业2037人，新增城镇单位就业19502人，培育自主创业1691人，创业带动就业12607人，完成下岗失业培训7815人，新生劳动力培训2006人，在职培训2876人，创业培训2464人，农村劳动力培训1503人，职业技能鉴定4639人，城镇登记失业率为1.95%。区人力资源服务中心新增劳务派遣单位43家、派遣员工5633人。至年末，共有劳务派遣单位460家，派遣员工19048人。

全年净增社会保险单位参保16479人，净增灵活就业人员参保9392人，新增城镇职工医保参保27029人，新增工伤保险参保28494人（其中新增农民工参保10623人），终止缴费人员续保4924人，清欠往年保险欠费177万元，征收社会保险基金8.81亿元，年末城镇基本养老保险、医疗保险、失业保险覆盖率为98%。企业离退休人员养老金、失业保险金100%均按时足额发放，领取养老金资格验证率100%。全年为无养老保险金的老年居民发放补助33874人次、549.5万元，发放失地农民补贴13323人次、245.6万元，发放插队、下放和支边人群中的“三无”人员补贴5625人次、148万元，发放老年居民、享受最低生活保障待遇人员、重度残疾人、学生儿童等重点对象的基本医保补助42813人次、689.6万元（其中市财政补助344.8万元)。企业退休人员免费体检24941人,退休人员社会化服务率100%。

全年用工单位劳动保障书面审查4225家,工资集体合同审查386份,集体合同覆盖企业536个,受理劳动保障监察案件568件,劳动保障案件结案率100%,劳动保障监察网格化管理覆盖率100%。劳动争议仲裁委员会"三方驻会办公室"建成率100%。处理劳动争议案件581件,结案率100%。"市民卡"发放31.5万张。

是年,区劳动和社会保障局获得全市劳动保障协理员业务知识竞赛一等奖,政风行风民主测评满意率98.1%。区劳动和社会保障局被区人大常委会授予"'全面达小康,建设新鼓楼'杰出贡献工作单位"称号,被区委、区政府授予"区级机关作风建设群众满意机关"称号。

【检查在建工程用工状况】 2010年春节前,区劳动和社会保障局对辖区内近50家在建工地劳动合同签订、民工住宿等情况进行检查,要求做到"民工有住宿、工资有专卡、月薪按时发"。深入民工宿舍了解住宿、工资发放等情况,摸清工地实情,对违规工地责成及时整改。检查共涉及民工6700多人,其中合同制民工5500多人,零散工599人,未发现露宿街头等现象。推进企业用工规范,实行区、街联动,严把合同签订关,确保合同签订率达100%;严把社保缴费关,确保缴费基数与工资总额相符,杜绝漏报瞒报现象;严把上门巡查关,对未主动年审的用人单位,集中上门巡查,指导企业及时办理年审手续。组织协理员走访企业,送法上门,指导企业完善各项规章制度,指导近百家企业建立劳资沟通对话机制,让劳资双方及时表达意愿,将矛盾化解在萌芽状态,做到超前防范。全年先后开展《中华人民共和国就业促进法》《中华人民共和国劳动合同法》《中华人民共和国劳动争议仲裁调解法》等相关法律法规大型咨询活动8次,借专场招聘会、业务培训等时机,发放各类法律法规宣传资料16000余册。

1月22日,鼓楼区举行警属暨就业困难人员就业招聘会

【部门联动推进重点人员就业】 1月22日,区劳动和社会保障局与市警察协会、公安鼓楼分局联合举办"鼓楼区警属暨困难人员就业招聘会",苏果超市、太平洋百货、苏宁物业等近50家单位提供1500多个岗位;与区妇联联合举办"迎'三八'女性专场招聘会",参会的43家用人单位共提供岗位2589个;5月,在江苏城市职业学院举办"鼓楼区大学生就业服务百日行暨江苏城市职业学院专场招聘会",中国电子科技集团第十四研究所、苏宁电器、五星电器、中国电信、江苏华建传媒发展有限公司等50多家用人单位参加活动,提供就业岗位近1500个,该校2011届本、专科毕业生1000多人进场应聘;7月,与区双拥办举办"迎'八一'拥军爱民专场招聘会",会上提供岗位近千个;8月,与区级机关工委举办"党心联民心牵手行动"专场招聘,会上提供岗位200多个;10月,区人社局在武警南京市支队举办"退伍老兵就业专场招聘会",区就业管理中心根据老兵们的技能特长等实际情况,组织40多家用人单位,提供近1000个就业岗位,有200多人在招聘会现场达成初步意向。

【开展"春暖行动"推进外来民工就业】 2月,区劳动和社会保障局制订下发《关于开展2010年"春暖行动"公共就业服务专项活动的通知》。春节前后,在中央门、汉中门长途汽车站以及南京火车站等地发放"春风卡"等宣传资料7900多份;依托300多家企业,筹集5000多个就业岗位,举办近20场民工专场招聘会,使2000多人成功就业。在江东街道成立"新南京人服务中心",为外来民工提供就业、培训、维权等服务,落实优秀农民工政策,为1名具备高级技师职称的优秀农民工办理落户南京的手续。

【整顿人力资源市场秩序】 2月,鼓楼区开展"清理整顿人力资源市场秩序专项行动",区劳动和社会保障局、公安鼓楼分局、工商鼓楼分局3部门联合执法,共取缔非法职业介绍所3家,从32家合法职业介绍所中,评选出8家诚信单位,净化区域内用工市场环境。

【劳动技能培训工作】 4月,制订《街道职业培训实施方案》,在各街道开展SYB(创办你的企业)、GYB(产生你的企业想法)等培训,与欧索营销员职业培训学校联合开办育婴师初级培训班,与江苏安吉天地有限公司合作开办厂内机动车辆驾驶培训班。8月,区职业技能培训中心被省人力资源与社会保障厅评为"江苏省创业定点培训机构"。

【加强区劳动争议仲裁委员会硬件建设】 6月2日,区劳动争议仲裁委员会办公室正式搬入山西路67号世贸中心A座9楼901室。新办公场所总面积304平方米,设有2个仲裁庭和1个劳动争议调解中心，配有4名专职仲裁员和3名协理仲裁员，办案条件得到根本改善。

【打造“168新南京人综合服务平台”】 8月，为做好外来劳动力管理服务工作，鼓楼区在江东街道打造集权益维护、文化教育、党团活动等功能为一体的“新南京人服务中心”。在中心的建设过程中，区人社局、江东街道等部门全力打造“168”综合服务网络。“1”即1个综合服务中心；“6”即6个配套服务网点，分别是宁工新寓小学、银城花园幼儿园、江东派出所、江东司法所、莫愁卫生院、流动人口服务中心；“8”即8个社区服务窗口，提供就业、职业培训、法律援助、文化娱乐、党团组织管理等10项服务。全年中心共开展各类咨询服务400多人次，开发就业岗位300多个。

【举办企业退休人员“快乐活动周”活动】 10月18日，区人社局在南京五台山体育馆举办庆祝“老人节”表彰大会暨企业退休人员“快乐活动周”开幕式，为先进单位和个人颁发奖状。汤文艺、朱首道、黄湫等14人被评为南京市企业退休人员社会化管理服务先进个人，方凤云、赵国先等15人被评为南京市老有所为退休人员；湖南路街道裴家桥社区“开心舞蹈俱乐部”等16家组织被评为南京市企业退休人员社会化管理服务先进自管互助组织，湖南路街道云南路社区等单位被评为南京市企业退休人员社会化管理服务示范社区。

【区人力资源和社会保障局组建】 9月，根据《中共南京市委、南京市人民政府关于印发〈南京市鼓楼区人民政府机构改革方案〉的通知》和《中共南京市鼓楼区委、南京市鼓楼区人民政府关于南京市鼓楼区人民政府机构改革的实施意见》《关于调整中共鼓楼区委有关工作委员会的通知》，设立区人力资源和社会保障局，将原区人事局、原区劳动和社会保障局的职责整合，划入该局，挂区公务员局牌子，为区政府工作部门，承担人才管理、公务员管理、促进就业、劳动权益保护和完善社会保障体系的责任。同时，区委人力资源和社会保障局工作委员会为区委派出机构，与该局合署办公。

【深入企业开展就业服务】 2010年，针对“就业难”“招工难”的双重矛盾，区劳动和社会保障局深入爱儿时代、江东软件园等50多家企业进行调研，为企业提供招聘、培训、终解备案等就业服务。在全区开展以“优化投资环境，促进企业发展”为主题的系列服务活动，“送政策、送人才、送服务、送信息”到苏宁、博西电器等重点企业，助推企业发展。全区共发放社保、岗位等补贴3700多万元。以项目落地、政策落实、服务到位、岗位到人为目标，7~8月，对南自高科技软件园、南大苏富特软件城等总投资约126亿元的8个建设项目开展就业评估，预计建成后将新增就业岗位3.7万个。

10月18日，鼓楼区庆祝老人节“快乐活动周”开幕式在五台山体育馆举行

【举办企业劳资干部培训班】 11月26日，区人社局在区职业技能培训中心举办“企业劳资干部培训班”，近40家企业的劳资干部参加培训。会上解读《中华人民共和国劳动合同法》的有关终解条款，结合具体案例对相关业务的办理流程作出说明；传达《南京市企业职工转岗培训补贴实施意见》《南京市企业职工转岗培训补贴实施细则》等文件精神，介绍转岗培训补贴的申报对象、条件及申请方法。区职业培训中心就转岗培训工种的选择、培训机构的选择以及职业技能鉴定考核的申报等内容进行现场咨询和答疑。

【完成全区企业薪酬调查工作】 11月，区人社局配合全市开展企业薪酬调查工作。全市共有133家企业参加，鼓楼区被抽到的企业共有16家。为做好调查工作，鼓楼区组织被调查单位参加“全国企业薪酬调查培训会”，走访企业、上门服务，解释指标统计口径，指导企业正确填报。经过努力，16家企业全部按要求完成调查统计工作，指标上报全面、真实、及时、规范。

【开展农民工工资支付专项治理】 12月，区人社局以规范农民工工资支付行为为重点，开展专项治理。加强日常巡查检查，对使用农民工较多的建筑、劳动密集型企业，督促用人单位按时发放工资，不得拖欠；畅通举报投诉渠道，向社会公布举报投诉电话，设置举报投诉信箱，指定专人接待工资投诉，对拖欠农民工工资的违法行为，做到发现一起、查处一起；完善工资支付监控制度，发挥劳动保障监察网格作用，全面落实工资支付监控制度，采取全面监控和重点监控相结合，对曾有拖欠、克扣工资行为的企业以及存在欠薪苗头的企业重点监控，逐一上门检查，动态掌握用工情况。全年共发生4

起劳动用工纠纷，追回拖欠工资120多万元。

【组织“慈善岗位社区行”援助困难人员就业】 2010年，区人社局对全区就业困难人员进行摸底调查，并逐一制订个性化帮扶方案，举办60多场专场招聘，筹集近2000个慈善岗位。同时，配合湖南路04、05片拆迁，对片区内600多名劳动年龄段人口逐一调查，针对其中的11名失业人员和200多名临时就业人员，组织欧尚超市等40多家单位举办专场招聘，提供岗位500多个。

【扶持创业带动就业】 2010年，区人社局深入开展“创业金陵潮”活动，进行创业政策宣传，引导全民创业，鼓励社区创业，在工人新村社区建立创业指导室，推动创建“全国充分就业示范社区”；为132家创业单位发放场地租金补贴24万元，降低创业成本；加快南京工业大学大学生创业园建设，组织大学生创业项目专家组对7个大学生创业项目进行审核论证，其中两个项目已通过审核。

【规范特殊工时审批工作】 2010年，区人社局深入苏宁电器、南京诚信致远科技公司、南京广厦汽车服务公司等企业开展服务，宣传特殊工时管理规定，指导企业制定科学合理的劳动定额、计件单价，促进企业提升劳动管理水平；在开展特殊工时审批时，实行“四个统一”（统一表式、统一标准、统一时限、统一流程），对用人单位的申请采取书面审核、实地核查等多种审查方式。对行政许可的审批，坚持受理、审核、分管领导复核、局长办公会集体审批的内部审批流程，确保审批质量。全年审批特殊工时企业15家，涉及岗位49个、员工2273人。

【社会保险征缴工作】 2010年，区人社局以私营企业、楼宇经济、餐饮服务业为重点，扩大养老、医疗等保险覆盖面；抓好社会保险关系接续工作，确保跨地区顺畅转续，实现“无障碍”“无缝隙”对接；开展2010年度社会保险缴费基数申报审核工作，组织14场申报培训，参培单位1100多家，做到数据申报准确，基数稳步增长。全年征收社会保障基金8.81亿元。

【社会化养老服务工作】 2010年，区劳动和社会保障局对7万多名企业退休人员进行走访、慰问、服务，为6万多名退休人员办理养老金领取资格验证；为2万多名退休人员进行免费健康体检，利用流动健康体检车深入养老院以及高淳等地为行动不便和家住郊县的老人上门体检；慰问810个特困退休家庭、692名孤寡老人、2名百岁老人，发放慰问金115.8万元。4月，与市劳动保障局联办“迎青奥，展风采——南京市企业退休人员首届健身表演大赛”，区劳动保障局获得优秀组织奖，鼓楼区选送的参赛节目获得一等奖。

（樊德宝　张世文）

4月23日，区劳动局承办首届南京市企业退休人员健身表演大赛

人事工作

【概况】 2010年，区人事工作深化公务员管理与考核，审批74名符合晋升非领导职务的公务员任正科级、副科级非领导职务，新调入公务员22名（含4名省委选调生），调出公务员4人，接收安置军转干部41名，招录行政和党群政法急需的公务员12名；对全区机关1594名工作人员进行2010年度考核，其中，优秀公务员254人，称职（合格）1322人（含机关工勤人员），不称职1人，不定等次17人（试用期公务员）。完成机关事业单位工资福利和干部退休管理工作，完成机关1230人两年一次的正常晋升级别工资、部分人员滚动升级和津贴补贴跨年限调整，完成事业单位5516名工作人员的正常晋升薪级工资，审批公务员退休43人。至12月底，全区机关离退休干部643人，其中离休95人，正副区级22人，街道216人，机关310人。推进机构编制管理工作，稳妥实施区政府机构改革，全区新组建政府工作部门5个，调整部门工作职能3个，调整机构2个，新增挂牌机构5个，机构改革后区政府设置工作部门22个；完成区“模范路科技创新园区管理委员会办公室”的机构设置工作，初步完成全区6个社区卫生服务中心机构设置和编制核定工作。

【公务员管理】 2010年，全区审批74名符合晋升非领导职务的公务员任正科级、副科级非领导职务，新调入公务员22名（含4名省委选调生），调出公务员4人；19名科级以下干部实现轮岗交流，28名行政机关科级干部通过竞争上岗担任科级领导职务；对行政机关2009年度接收的47名军转干部、录用的15名转正定级后公务员进行登记；开展公务员“5+X”能力培训工作，1488名机关公务员完成网上学习，考

3月25日，鼓楼区召开事业单位岗位设置工作(培训)会

试通过率高达95.4%。全区招录行政和党群政法急需的公务员12名，其中行政机关5名，党群和政法机关7名，除1名外均为硕士研究生学历。制订上报2011年招录9名公务员的计划。

【机关事业单位管理】 2010年，全区共有事业单位129个，应年检事业单位法人128个，实际年检128个，年检率为100%；受理变更登记事项16件，及时完成事业单位法人证书的核发工作。全区117家事业单位参加岗位设置，事业单位总人数5551人，其中管理人员559人，专业技术人员4753人，工勤人员239人。全区事业单位设岗总量5694个，其中管理岗位544个，专技岗位4914个，工勤岗位236个。全区机关事业单位共有9人取得工人技师资格，25人晋升高级工和中级工，33人取得技术工人继续教育证书。至年底，全区机关事业单位有高级工427人、中级工166人、初级工65人。

【机关事业单位年度考核】 2010年，对全区机关1594名工作人员进行年度考核。其中，优秀公务员254人，称职(合格)1322人（含机关工勤人员），不称职1人，不定等次17人(试用期公务员)。区委组织部、区人社局继续对2010年评为优秀的公务员给予嘉奖，区委、区政府对2008~2010年连续3年考核优秀的35名公务员批准记个人三等功。全区事业单位共有5899人参加考核，占总人数99.2%。其中，考核优秀932人，合格4856人，不合格1人，不定等次110人(见习期人员)。

【军队转业干部安置】 2010年，全区接收安置军转干部41名，自主择业干部5名，随军随迁家属1名。同时，采取市区联动的形式，对计划安置的军转干部进行公务员初任培训。

【机关事业单位工资福利审批调整】 2010年，区人社局完成机关1230人两年一次的正常晋升级别工资、部分人员滚动升级和津贴补贴跨年限调整。其中，正常晋升861人，滚动升级129人，调整津贴补贴240人；对2009年度53名军转干部工资进行套改；对120余个因职务变化及调入调出人员工资核定、工资转移等；完成机关1955人的公积金房贴调整工作。完成事业单位5516名工作人员的正常晋升薪级工资的审批，完成328人因职务和职称变动调整工资的审批，审批义务教育学校639名工作人员跨年限调整基础性绩效工资。

【实施绩效评价“双考核”】 2010年，全区54个部门、7个街道参与绩效评价，评选出“全面达小康，建设新鼓楼”杰出贡献工作2项，重大贡献工作3项，较大贡献工作5项，16个部门被区人大批准为“全面达小康，建设新鼓楼”有功单位。

【区人才中心】 至2010年底，区人才中心共接收、保管人事档案8458份，免费为400家企业提供人事代理服务，累计为11177名大中专毕业生办理就业手续，累计办理落户区人才集体户口1317人，办理迁出手续345人，联系64家企业为147名南京籍毕业生提供见习实训岗位，为26家企业开展委托招聘。

【职称申报评审】 2010年，全区申报职称860人，其中188人通过初级职称，162人通过中级职称，88人通过高级职称，受理422人在区报名参加卫生初中级职称考试。

【高层次人才申报工作】 2010年，指导开展江苏省高层次创新创业人才申报计划，推荐5家企业参加全省评审，2家企业获评并获省政府专项资金各50万元。组织园区9人参加全省“六大高峰人才”申报评审。组织开展“有突出贡献中青年专家”申报，鼓楼幼儿园园长崔利玲被评为南京市有突出贡献中青年专家。

【机构编制管理】 2010年，经市编办批准，全区新组建政府工作部门5个(区住房和建设局、区人力资源和社会保障局、区投资促进局、区商务局、区城市管理局)，调整部门工作职能3个(区发展改革局、区城市管理局、区商务局)，调整机构2个(区统计局、区法制办)，新增挂牌机构5个(区政府外事工作办公室、区经济和信息化办公室、区公务员局、区旅游局、区食品药品监督管理局)，机构改革后区政府设置工作部门22个。

2010年鼓楼区机构改革后政府工作部门

表 79

1	区政府办公室(区政府外事工作办公室)	12	区统计局
2	区政府法制办公室	13	区物价局
3	区发展和改革局(区经济和信息化办公室)	14	区安全生产监督管理局
4	区住房和建设局	15	区投资促进局
5	区科学技术局(区知识产权局)	16	区环境保护局
6	区教育局	17	区城市管理局(区城市管理行政执法局)
7	区民政局	18	区商务局(区旅游局)
8	区司法局	19	区文化局
9	区财政局(区政府国有资产监督管理办公室)	20	区卫生局(区食品药品监督管理局)
10	区人力资源和社会保障局(区公务员局)	21	区人口和计划生育局
11	区审计局	22	区人民防空办公室

(杨广生)

卫　生

"十一五"期间卫生事业发展成就

"十一五"期间,鼓楼区财政卫生投入年均增幅20%以上。2010年,政府落实人均28元的公共卫生服务经费,卫生事业经费总支出9660万元,比2005年增长118%。先后完成华侨路、虹桥、宁海路社区卫生服务中心整体改造工程,全区政府办社区卫生服务机构新增业务用房2000平方米,形成以11个社区卫生服务中心为主体(其中6个社会办医疗机构),5个社区卫生服务站为补充的社区卫生服务网络,实现100%覆盖的小康指标。建成32个社区居民健康促进站,完善64个覆盖社区的全科责任团队,开展"鼓楼—东大慢性病干预工程",高血压、糖尿病等慢病干预率80%以上。建成鼓楼社区卫生信息平台,实施社区卫生服务、卫生应急、疾病预防控制、妇幼保健等卫生服务工作一体化信息管理。

全区11个社区卫生服务中心(站)实施国家基本药物制度,非政府办的社区卫生服务机构同步实施基本药物零差率销售,政府按照"零差率"销售额的15%进行补贴。全部执行网上药品集中采购、统一配送、统一结算。成立鼓楼区卫生财务核算中心,政府办的社区卫生服务机构实行收支两条线预算管理。推进人事制度改革,完成医疗卫生单位定编定岗、全员聘任。推行公开招考,选拔录用120名专业技术人员充实到社区医疗卫生一线,择优进编35名。推行竞聘上岗和岗位聘用制,副高以上职称医务人员通过公开述职,民主测评聘用上岗。"十一五"期间,鼓楼区先后被评为全国社区卫生服务示范区、江苏省社区卫生服务先进区、江苏省血吸虫病防治工作先进区、江苏省社区红十字服务示范区、市血吸虫病"十一五"防治工作先进单位等。

居民健康水平持续提高　2010年,鼓楼区人口平均预期寿命79.71岁,比全国平均水平高6.83岁,比南京市平均水平高6.83岁;婴儿死亡率3.75‰,5岁以下儿童死亡率4.37‰,比2005年下降17.10%,健康水平达到发达国家水平。

8月27日,鼓楼区政协举办"和康杯"名医进社区聘用名誉主任仪式

公共卫生体系进一步健全　“十一五”期间，鼓楼区投资147万元，按省级区县疾控建设标准完成区疾病预防控制中心改造；建成虹桥、中央门、宁海路等规范化预防接种门诊和妇女儿童保健门诊。建成区突发公共卫生事件应急处置中心，构建区域各级医疗卫生机构与食品安全、传染病防控、医疗救治3支专业应急队伍，街道和社区卫生信息员共同形成卫生应急防控网络；成立由政府负总责、街道及各部门参与的区、街道、社区三级传染病防治工作网络。实施国家扩大免疫规划，为全区0~7岁儿童免费接种麻腮风和A+C群（1岁半以上儿童）流脑菌苗。结核病、艾滋病等重大传染病防治和血地寄三防防治任务全面完成。处置江苏省首例人感染高致病性禽流感以及甲型H1N1流感等疫情，有效控制手足口病疫情暴发流行。自2005年以来，全区传染病发病率呈下降趋势，2010年全区法定传染病发病率171.51/10万，较2005年下降3.68%，“五苗”覆盖率98.86%以上，疫苗相关传染病发病率控制在国家规定范围内，脊髓灰质炎和白喉继续保持无病例状态。建立大项目审批绿色通道，实行承诺办证制，主动提前介入项目，全程跟踪服务；行政许可和处罚案件全部进入政务阳光网；推广使用“电子化移动卫生监督管理信息系统”，有效提高执法透明度和执法效率；创建文明城市，建立长效管理机制，辖区内4000余家食品、经营性公共场所卫生状况明显改善。

社区卫生服务体系进一步完善　实施社区卫生服务机构与大医院双向对接工程，建立双向转诊通道，制定和实施“三年百人”（分3年时间培养300名医护人员）人才培训计划。至2010年末，省人民医院、鼓楼医院、省级机关医院、南京市儿童医院等68批次400余名医师支援社区，社区医生到上级医院进修培训150人，各社区卫生服务机构完成上转病人1.71万人次、下转病人5956人次。全区50岁以下355名医务人员全部完成全科医师转岗培训。

惠民医疗服务体系基本建立　2007年起，鼓楼区优选中央门、虹桥、莫愁（凤凰）、龙江等4家社区卫生服务机构作为区惠民医院，全年接诊1.87万人次，并建立全区低保及低保边缘人群惠民医疗专门账户。至2010年末，提供医疗救助11万人次，减免费用580万元；为110名患白内障等8种疾病贫困患者免费实施手术；为9570名残疾人建立健康档案，建档率95%，免费为肢体残疾和精神残疾等类残疾人实施康复指导、训练、给药；成立脑瘫康复等各具特色残疾人康复指导中心，配备康复训练器械，建立社区31名康复指导员队伍；建立特困孤寡独居老人免费家庭病床。全区形成惠民医疗、慈善门诊、特定疾病免费手术、大病救助、全民医保等多渠道的弱势人群基本医疗保障体系。

11月10日，区人大常委会组成人员到宁海路、长江、虹桥社区卫生服务中心调研社区卫生服务与三级医院双向对接工作情况

综　述

【概况】　2010年，鼓楼区有医疗卫生机构193个，其中门诊部以上47个、诊所139个，实有病床9137张，卫生技术人员13936人，其中医生4615人。全区平均每千人有床位11.1张、卫技人员16.8人、医生5.6人。全区有社区卫生服务机构16个。驻区医疗机构全年门急诊1249万人次，收住病人24.9万人次；社区卫生机构门急诊134.19万人次，家庭卫生服务2.77万人次；系统内医疗卫生机构拥有万元以上设备160台（套）。全年，区财政卫生事业拨款1.39亿元，占全区财政拨款5.3%。是年，鼓楼区被评为江苏省卫生应急工作示范区、全市血吸虫病“十一五”防治工作先进单位、南京市预防接种工作示范区等。

【实施国家基本药物制度】　7月15日，全区11家社区卫生服务中心全面执行国家基本药物制度，基本药物配备使用率100%，并在醒目位置公示药品通用名、价格、规格、剂型等信息。严格执行省制定的基层医疗卫生机构599种基本药物目录，遴选1080个品规基本药物为全区基本药物目录，全部上柜销售。实行网上统一采购、统一配送、集中结算，不再从其他渠道另行采购。基本药物在基层实行“零差率”销售，取消15%药品加成。年内，区财政补助450万元补贴政府办的社区卫生服务中心实行“零差率”后亏损额。举办两期贯彻国家基本药物制度相关政策培训班，确保基层医务人员按照基本药物临床用药指南和处方集规定，规范使用基本药物。至年末，全区11家社区卫生服务中心门诊人次、住院人次均有不同程度增加，而药品收入明显下降，药品价格下降比例30%~40%。国家基本药物制度开始发挥减轻患者经济负担、提高药品安全性、减少过度用药等作用，真正实现让利于民。

【"药房托管" 推进医疗惠民】 2010年，鼓楼区把落实"药房托管"与零差价药品销售、惠民医疗保障工作相结合，深入推进医疗惠民。开办145张孤寡独居老人济困免费家庭病床；启动在院老人"健康照顾行动"，全区22家养老托老机构配备专门保健医生，324名老人享受免费健康体检。开展残疾人康复指导进社区活动，9723名残疾人享受免费康复训练，为9570名残疾人建立基本健康状况档案，实施贫困人群定期免费体检和跟踪医疗服务制度。开展无违规收费医院、无红包医院（科室）等活动，创建群众满意医院（科室）；加强监管医疗卫生服务收费项目和收费标准，纠正和查处各种乱加价、乱收费、开单提成、拿回扣等违纪违法行为；增加社区卫生机构挂号窗口数量，延长工作时间，增加工作人员，提升社区卫生机构服务质量。至年末，区惠民门诊接诊低保人群5万人次，为9户困难家庭提供免费手术援助。

【社区卫生服务体系建设】 2010年，鼓楼区加快推进社区卫生服务体系建设，落实国家基本药物制度，严格执行省制定的基层医疗卫生机构599种基本药物目录，全面实行网上集中采购、统一配送与集中结算；完善三级医院名医专家定期坐堂门诊制度，先后与省中医院、鼓楼医院等开展"社区高血压病因分类及药物行为干预性研究""出生缺陷干预基线调查"等科研课题；建成鼓楼社区卫生信息平台，实施社区卫生服务、卫生应急、疾病预防控制、妇幼保健等工作一体化信息管理，建立区内居民电子健康档案24.5万份；开展岗位技术大练兵，完成各类培训10期、272人次，同时探索社区卫生服务特色化建设，虹桥社区卫生服务中心被评为江苏省社区卫生服务中医示范中心。（汪鸿刚）

【江苏"终身医学成就奖"及"突出医学成就奖"获奖者】 1月22日，省医学会在南京召开2010年工作会议暨优秀会员表彰大会，江苏省内20位著名专家分别被授予"终身医学成就奖""突出医学成就奖"。鼓楼区有6位专家获"终身医学成就奖"、5位专家获"突出医学成就奖"。江苏"终身医学成就奖"获奖者分别为：黎介寿，著名外科专家、医学教育家，中国工程院院士、南京大学医学院教授、南京军区总医院副院长，毕生致力于肠功能障碍的研究；武建国，第二军医大学、南京大学医学院、镇江医学院教授，研究成功免疫球蛋白、补体和自身抗体临床检验技术和方法，对自身抗体侵入活细胞及对细胞功能的研究达到国内领先水平；陈家伟，南京医科大学第一附属医院教授、博士生导师、主任医师，国内内分泌学界的著名学者；陈荣华，南京医科大学儿科医学研究所主任医师、教授，在儿童

虹桥社区卫生服务中心的"小矮人俱乐部"活动

华侨路社区卫生服务中心的"健康桥俱乐部"活动

龙江社区卫生服务中心的"健康快乐生活俱乐部"活动

挹江门社区卫生服务中心的"糖尿病俱乐部"健康促进活动

营养及小儿肾脏病领域开展卓有成效的工作；杨玉，南京医科大学第一附属医院呼吸病学和临床药理学主任医师、教授；王一镗，南京医科大学主任医师、教授，致力于普及CPR技术，提出急诊医学“三分提高，七分普及；三分业务，七分组织”的理念。江苏“突出医学成就奖”获奖者分别为：王学浩，南京医科大学第一附属医院肝移植中心主任、教授、博士生导师，国内活体肝移植(LDLT)著名专家；丁义涛，南京市鼓楼医院院长、教授、博士生导师，国内改良式无血切肝术和半离体切肝技术的著名专家；殷凯生，南京医科大学第一附属医院呼吸科主任医师、教授、博士生导师，首创“微量全血法嗜碱细胞组胺释放试验”作为“殷式法”而被同行广泛引用，并诊断国内首例“高IgE综合征”；曹克将，南京医科大学第一附属医院心脏科主任、教授、博士生导师，从事心脏电生理学研究；滕皋军，东南大学附属中大医院放射科主任、教授、博士生导师，从事医学影像学及介入放射学研究，对肝癌等恶性肿瘤、血管狭窄或闭塞性疾病、腰椎间盘突出症、椎体压缩性骨折等各类疾病的介入治疗有较深的造诣和重大创新。

医政管理

【概况】 2010年，鼓楼区卫生部门巡查监督和指导驻区医疗机构301次，下发限期整改监督意见书160份，处罚14家。完成辖区137家医疗机构年度校验工作，其中注销医疗机构1家，停业6家；组织开展“合格输液室”创建活动，完善区基层医疗机构上报质控网络。完成辖区161名执业医师考试报名工作，办理100名医师执业证。推进医院管理年活动，全年组织医护人员各类培训20项，1800人次参加；5月10日，国际护士节前夕，开展全区护理岗位技能大赛。全年接待、处理驻区各级各类医疗机构医疗纠纷46例，其中受理医疗事故鉴定申请，并委托省、市医疗事故鉴定委员会组织鉴定10例，移交南京市卫生局12例。

5月10日，鼓楼区卫生系统开展2010年护理岗位技能大赛

【双向对接工程】 6~8月，区卫生局先后聘请省人民医院中医科主任、主任医师、教授魏睦新担任虹桥社区卫生服务中心(鼓楼区中医院)名誉院长；聘请鼓楼医院呼吸内科主任、主任医师、教授张德平担任中央门社区卫生服务中心(康爱医院)名誉院长；聘请江苏省疾病预防控制中心副主任羊海涛担任区疾病预防控制中心名誉主任，提升“双向对接”品牌效应。开展政协委员名医、专家进社区活动，为社区提供优质基本医疗卫生服务，提升公共卫生服务水平；依托驻区三级医院科教优势资源，共同建设社区医疗卫生服务科研高地，先后与省市妇幼保健中心、中大医院等联合开展“母乳喂养儿生长速率调研”“医院数字化医疗服务科技示范”等课题研究。至年末，鼓楼医院和市儿童医院派出112名医师支援全区社区卫生工作，深入社区开办专业讲座102场，听课群众2860人次。

【取缔8处无证医疗窝点】 2010年，鼓楼区卫生部门经过事先摸底，查清查实辖区内各非法诊所藏身之处。5月27日，区卫生局组织卫生监督人员8人、出动卫生监督车辆1台，集中取缔5处非法医疗窝点，现场没收非法宣传横幅3条、红十字牌4个、牙钻等口腔医疗器械48件、药品6瓶，并在各非法行医点张贴取缔公告，进一步规范医疗市场秩序，打击无证游医，确保群众就医安全和社会稳定，还人民群众一个放心有序的医疗环境。至年末，取缔无证医疗窝点8处，没收非法红十字牌、牙钻等口腔医疗器械，药品312瓶，价值2万元。

【区医患纠纷调委会获“全国模范调委会”称号】 (参见“平安鼓楼建设”类目，第278页)

【社区卫生服务】 2010年，鼓楼区建成社区卫生服务工作一体化信息管理平台，全区所有社区卫生服务中心完成医院信息系统(HIS)与社区卫生服务软件无缝对接，全科医生全面使用医生工作站；完成规范性电子档案24.5万份，并以健康档案为中心，整合预防、保健、全科医疗、康复、健康教育、计划生育等系统，初步建立鼓楼居民健康基础信息库。全面执行国家基本药物制度，所有药品实行网上集中采购、统一配送、集中结算。完成社区卫生服务中心定编定岗、全员聘任工作。完成挹江门社区卫生服务中心整体改造工程，江东社区卫生服务中心主体工程完工；中央门社区卫生服务中心建成900平方米中医养生馆；虹桥社区服务中心开展肝胆病、“腹针针灸”等中医专科项目，被评为省社区卫生服务中医示范中心。石头城社区、天正湖滨社区全科服务团队被评为市示范全科团队。至年末，社区卫生服务年门诊量同比增长13.71%。 (汪鸿刚)

2010年鼓楼区社区卫生服务中心(站)一览表

表80

名　称	主管部门	地　址	所在街道	联系人
虹桥社区卫生服务中心	鼓楼区卫生局	中山北路253号	挹江门	刘　宾
宝地园社区卫生服务站	虹桥社区卫生服务中心	宝地园1栋二楼	江　东	刘　宾
云南路社区卫生服务站	虹桥社区卫生服务中心	云南路10号	湖南路	刘　宾
莫愁社区卫生服务中心	鼓楼区卫生局	莫愁新寓涌泉里2号	凤　凰	李宏宇
清凉门社区卫生服务站	莫愁社区卫生服务中心	清凉门大街53-6号	凤　凰	高　峰
宁海路社区卫生服务中心	鼓楼区卫生局	汉口西路28号	宁海路	贾晓宁
华侨路社区卫生服务中心	鼓楼区卫生局	管家桥63号、牌楼巷51号	华侨路	龚志飞
石头城社区卫生站	华侨路社区卫生服务中心	石头新村40号	宁海路	龚志飞
挹江门社区卫生服务中心	鼓楼区卫生局	西妙峰庵11号	挹江门	孟凡红
育才社区卫生服务站	挹江门社区卫生服务中心	育才公寓83-102室	江　东	孟凡红
中央门社区卫生服务中心	民办非企业	南昌路32号	中央门	赵宝成
南京大学社区卫生服务中心	南京大学	汉口路22号	湖南路	朱　梅
长江社区卫生服务中心	南京长江机器集团有限公司	长江新村40号后门	中央门	林丽娜
模范西路社区卫生服务中心	中国电子科技集团公司第十四研究所	定淮门3号	挹江门	王宏亮
山西路社区卫生服务中心	南京三乐集团有限公司	山西路老菜市29号	宁海路	丁春妹
龙江社区卫生服务中心	长江油运公司	闽江路17号	江　东	高　宁

疾病预防与控制

【概况】 2010年，鼓楼区发生甲、乙类传染病12种1117例，发病率171.51/10万。法定传染病报告卡审卡7.44万张，流行病学调查6505人次。检查驻区医疗单位法定传染病管理和疫情报告质量，法定传染病报告卡漏报率为零，填写完整率100%。根据"中国疾病预防控制信息系统"数据统计，综合评价报卡及时性、审核及时性和重卡等情况，全区医疗单位报告传染病报告卡无重卡、无未及时报告卡片、无未及时审核卡片，报告及时率100%，审卡及时率100%。年内，区卫生系统开展第23个"世界艾滋病日"广场宣传服务活动。完成北京西路和清河新寓社委会成人烟草流行调查任务。

【绩效考核评估】 5月8日，鼓楼区卫生系统全面完成2008~2009年区域指标六大类17项、机构指标八大类101项等公共卫生绩效考核指标相关资料准备工作。区疾病预防与控制中心成立绩效考核评估工作领导小组，下设绩效考核办公室，主要负责具体指标落实和相关资料准备，考核系统与网上绩效考核系统对接，应用网上绩效考核系统及时收集相关业绩数据，层层审查把关，逐级抓好监督，把绩效考核工作常态化。6月22日，该中心顺利通过市卫生局专家组绩效考核评估。

【突发公共卫生应急】 2010年，鼓楼区投入100万元改造和网络升级区公共卫生应急中心机房，投入50万元升级和扩建区应急指挥中心视频会议室。根据《江苏省区县级应急物资配备标准》，投入资金40万元添置应急物资，设置专门应急物资库房，确保应急物资充足。强化培训应急处置专业人员10场次、200人，组织应急演练4次。9月，中心卫生应急队奔赴栖霞区原南京塑料厂丙烯爆炸事故处理现场，实施现场消毒1500平方米。至年末，鼓楼区处理23起突发公共卫生事件，疫情都得到有效控制。

【疫苗接种】 2010年，鼓楼区疾病预防与控制部门重点落实《疫苗流通与预防接种条例》，健全入托、入学查验预防接种证制度，加强流动儿童、留守儿童等重点人群管理。建设规范化预防接种门诊，培训31家预防接种单位从业人员，培训合格率100%。开展麻疹疫苗强化免疫和乙肝疫苗补种工作，经过培训、宣传、摸底、接种督导验收等过程，全区麻苗强化免疫完成接种人数1.53万人，接种率95.36%。乙肝疫苗补种工作二轮接种人数5300人。全年实施国家计划免疫一类疫苗免费接种10.23万人次、二类疫苗自愿交费接种3.55万人次。在全市率先完成"预防接种门诊示范区"创建工作，数字化门诊覆盖率100%。是年，鼓楼区获得"南京市预防接种工作示范区"称号。

【结核病防治】 年初，区政府制订《南京市鼓楼区结核病防治规划》，区卫生局与驻区各医疗单位、疾控中心、卫生监督所负责人签订"鼓楼区结防工作责任书"。区疾控中心每月组织一次全区肺结核病防治工作例会，通报当月驻区各医疗单位督导检查结果，举办卫生院访视人员追踪、督导管理等相关知识培训12场次。全年有结核病涂阳病人262人，其中新发涂阳病人200人、复治涂阳病人62人；结核病医疗机构病人报告率、医疗机构病人转诊率、病人系统管理率、追踪到位率、病人家属筛查率等“五率”均达100%。年内，鼓楼区作为南京市唯一流行病学调查点，参加全国第五次结核病流行病学调查工作，全面实施结核病—全球基金流动人口项目。至年末，全区登记流动人口肺结核病人455例，发放宣传材料9.11万份，预防和控制传染培训5次、540人次，基金拨款28.14万元，按基金要求合理开支28.12万元。

5月21日，鼓楼区在江东街道宝船社区启动肺结核病调查工作

【艾滋病防治】 2010年，鼓楼区全面完成全球基金和中盖项目（中华人民共和国卫生部国务院防治艾滋病工作委员会办公室与美国比尔·盖茨–梅琳达·盖茨基金会艾滋病防治合作项目）工作。艾滋病自愿咨询检测（VCT）门诊咨询4483人，检测4416人，其中艾滋病病毒（HIV）阳性91人。3583名孕产妇HIV、梅毒检测率100%；看守所在押人员检测血样758份，其中吸毒人群81人，发现2例艾滋病感染者；按要求提供36例艾滋病感染者和17例病人定期随访关怀。至年末，全区14例符合条件的病人接受免费抗病毒治疗；通知随访病人及感染者免费人体重要免疫细胞（CD4）检测41人，检测率85%。与省疾控中心合作，235名男性性接触（MSM）人群接受艾滋病防治知识咨询、宣传工作，其中HIV抗体检测133人。区卫生监督所联合玛莉斯特普国际组织*（MSI），带领社区卫生服务中心完成20家娱乐场所高危行为干预869人，HIV抗体检测256人，免费提供安全套。自编印制艾滋病防治知识宣传材料两种、6000份，针对南大、南师大新入学研究生开展艾滋病防治知识宣传，发放宣传材料1100份、安全套500份、关怀纸巾900份、宣传礼品200份。在南师大校园网开展艾滋病防治知识讲座和大学生艾滋病防治知识问卷调查，回收有效问卷100余份。

链接 玛莉斯特普国际组织是一个总部位于英国，致力于向基层群众提供性与生殖健康宣传教育与服务的公益组织。

11月28日，鼓楼区开展第23个“世界艾滋病日”广场宣传服务活动

【血地寄三防】 2010年，鼓楼区组织4次查螺工作、参加1次联合查螺，完成查螺面积150万平方米，未发现阳性钉螺。与龙江社区卫生服务中心配合，完成血吸虫病查病419人，血检无阳性。完成疟疾血片制作7549张，发现阳性血片20张，均给予规范治疗。完成居民食用盐采样检测300户，进行定性、定量检测，未发现低、非碘盐。开展“4·26”疟疾防治日、“5·15”碘缺乏病宣传日及两次血防宣传周活动，发放宣传册页2000份，宣传礼品300份，咨询300人。培训全区中小学校保健教师三防知识，并在银城小学举办三防知识讲座。是年，鼓楼区被评为南京市“十一五”血吸虫病防治工作先进单位。

【慢性非传染性疾病管理】 2010年，鼓楼区开展慢性病督导工作，随访慢病病人和60岁以上老人，随访包括询问病情、体格检查及提供用药、饮食运动、心理等健康指导，并建立随访档案；建立慢病病人台账，社区卫生服务中心坚持每月举办一次慢病预防知识健康讲座，向社区居民传授高血压病和其他慢性病的防治知识；订立35岁以上病人首诊测血压制度，对35岁以上高血压、糖尿病等慢性病人群进行登记并录入电脑管理；每两个月随访一次高血压病患者、每季度对糖尿病患者随访一次、并上报季度报表。全年，60岁以上居民随访管理率近90%；高血压、糖尿病、冠心病、脑卒中、肿瘤患者随防管理率近90%。

【健康教育】 2010年，鼓楼区成立健康教育讲师团，开展5次社区讲课活动，内容涉及预防中暑、中医养身、口腔健康、心血管疾病、卫生应急知识。制作结核病、免疫规划、手足口病、三防知识、控烟知识、常见传染病、突发公共卫生事件、卫生应急应知应会知识等8种宣传折页；制作宣传栏4期、32块，涉及传染病、慢性病、健康素养知识、控烟、血防等内容；制作外出展板20块，涉及手足口病、免疫规划、控烟、三防等内容，先后3次在下关区阅江广场展出。开展疟疾、计划免疫、碘缺乏病、血防、防灾减灾、卫生日、科普宣传、高血压、狂犬病日、禁毒日、艾滋病防治、环境卫生等专题宣传13次，发放宣传用册页4000份、宣传礼品800份，咨询500人；向社区发放各类卫生科普资料1.6万份；参加省、市业务培训3次；拓展健康教育工作，发表科普报道4篇；深入钟阜路、清河新寓等社区开展高血压、卫生应急等相关知识讲座5次。

6月26日，鼓楼区在山西路广场开展国际禁毒日宣传

【公共卫生及检测检验】 2010年，区疾控中心采集辖区学校学生饮用水监测样本111份，获得检测数据1148个，检测项次合格率99.56%。其中，采集大专院校学生饮用水17份，中专、中学21份，小学39份，幼托机构34份。采集类别为管道直饮水27份，检测合格率98.35%；瓶桶装饮用水5份，检测合格率97.14%；生活饮用水79份，检测合格率100%。完成公共场所公共用具消毒及环境质量600批次检测任务，检测89户公共场所，其中住宿业20户、理发美容业58户、浴室11户。检测公共用品504份，合格492份，合格率97.62%；空气质量1234项次，合格1215项次，合格率98.46%，超额完成600批次检测任务。采集池水样品12份，检测合格率70.23%。门诊健康人群体检4.17万人，为驻区4家体检点制作健康证5455人，其中减免再就业、残疾人327人1.44万元。 （汪鸿刚）

6月29日，鼓楼医院医生到宁海路街道开办健康讲座

卫生监督

【卫生行政许可】 2010年，鼓楼区卫生行政许可经营单位4058家，其中餐饮单位2659家、公共场所经营单位1237家、医疗机构162家。全年受理卫生许可申请表格775份，经卫生预防性审查，新发证744户，换发餐饮服务卫生许可证222户，复核贴花297户。

【日常监督】 2010年，鼓楼区卫生监督中心日常监督4.84万户次，其中食品生产经营单位3.77万户次、公共场所经营单位1.05万户次、医疗机构242家次，监督覆盖率100%。全年监督采样抽检1011次，监督抽检合格率91%。行政处罚118件，其中餐饮单位(含集体和学校食堂)43件、公共场所65件、医疗机构4件、有职业危害用人单位6件，罚款金额6.01万元，所有行政处罚案件无行政复议、无行政诉讼败诉，同步进入政务阳光网。受理投诉179起，全部及时查处并反馈。在全市率先开展学校直供水质监测，监督检测辖区

内105家学校直供水，合格100家，合格率95.24%；监督整改5家检测不合格学校，年末全部整改到位。

【卫生量化分级管理】 2010年，全区餐饮服务经营单位量化分级管理量化率100%；符合定级条件餐饮经营单位全部评分定级，餐饮卫生量化标识贴在餐饮服务许可证左上方，经营单位全部亮证经营。年内，全区1191家公共场所经营单位开展公共场所量化分级管理，其中住宿业346家、游泳场所10家、美容美发场所775家、沐浴场所60家，评出A级14家、B级157家、C级801家、不予定级219家。“3·15”广场宣传活动中向社会公示表彰一批A级单位。

【节日市场、大型活动卫生安全保障】 2010年，鼓楼区组织监督检查节日市场食品卫生安全，出动卫生监督员1567人次，车辆349台次，监督检查餐饮单位4328家次。“两会”、全国研究生统考、外国要员访问等国家重要外事活动期间，卫生安全保障34次，驻点保障57个，保障75天，圆满完成各项卫生安全保障任务。

【专项整治】 2010年，鼓楼区开展乳制品、熟食制品、水产品、食用油脂、小龙虾、小餐饮、一次性塑料餐具、一次性筷子、学校食堂、建筑工地食堂等各种专项检查13次，出动卫生监督员3678人次，车辆517台次，检查单位5846户次。配合街道等相关部门开展综合治理，联合整治凤凰街82号、洪庙巷10号、新模范马路28号、马家街28号、宁工新寓29号、青云巷21号、傅佐路17号等居民反响强烈的餐饮单位59户。开展打击非法游医行动10次，取缔8户非法游医。监督检查全区42家放射诊疗机构，覆盖率100%，立案查处存在违法行为单位4件。监督检查162家医疗机构和40家幼托机构腹泻病门诊、甲流、手足口病防控等，监督检查覆盖率100%。开展职业危害专项检查，掌握辖区内12家机动车加油站和6家汽车修理部职工职业病健康体检制度落实执行情况，建立被检查单位一户一档资料。

【文明城市长效管理】 2010年，鼓楼区深入推进全国文明城市创建和文明城市常态化管理工作。注重经营单位卫生监督长效管理，反复拉网监督，强化督导整改，对文明委56件大城管问题菜单实行问责制，两天内全部整改到位，有效推动全区经营性公共场所各项卫生指标提升。在全市每季度经营性公共场所长效管理督查中，鼓楼区均排名前三位。

【卫生知识宣传、咨询】 2010年，鼓楼区举办美容美发卫生量化分级管理知识、职业病防护、创建食品安全示范街区、社区卫生信息员卫生检查知识、游泳场所卫生管理规范及卫生量化分级管理知识等培训班9期，参训单位650余家。参加“3·15”消费维权宣传、职业病防治、食品卫生安全知识宣传等街头广场宣传咨询活动6次，接受群众咨询150余人次，发放宣传资料2000余份。

（汪鸿刚）

妇幼保健

【概况】 2010年，鼓楼区妇女保健门诊1.96万人次、儿童保健门诊1.51万人次；婚前卫生保健检查1509人次，婚检率30.34%，同比下降12.4%；妇女病普查8586人次、儿童体检1.49万人次；早孕建卡4583人次，早孕建卡率95.36%；孕产妇系统管理4582人次，孕产妇建卡4699人，孕产妇保健管理率99.99%；为1514名孕期妇女开展尿碘监测，其中30%低碘倾向孕妇得到有效健康指导和干预。7岁以下儿童保健管理2.76万人次，7岁以下儿童保健管理率99.03%；儿童视力筛查1.46万人；母婴访视1.41万人次，3岁以下儿童系统管理1.13万人。

【计划生育“两禁止”检查】 2010年，鼓楼区妇保部门为全区4763名育龄妇女提供节育避孕知识知情选择宣教，落实开展“两禁止”(禁止非医学需要胎儿性别鉴定、禁止选择性别人工终止妊娠)专项检查工作，在基层卫生机构妇产科、超声诊断室、人流室等相关工作场所醒目位置设置“两禁止”警示标志，并展开自查。区妇保所配合区卫生局专项检查辖区内二级以下医疗卫生机构“两禁止”执行情况，进一步规范辖区内计划生育工作。年内，全区未发生一起超范围人工终止妊娠。

【托幼机构卫生保健】 2010年，鼓楼区加大督导新实施的《江苏省托幼机构卫生保健标准》落实情况，用新标准规范和促进托幼机构卫生保健各

4月22日，鼓楼区为“五小”行业从业人员进行健康体检

项工作任务的落实，区托幼机构卫生保健合格率95%。初验和复验驻区15家托幼机构卫生保健合格证，开展督导100余次。驻区托幼机构保健教师接受甲型流感防控等卫生保健知识培训，保健教师卫生保健管理能力得到提高。

【妇幼保健服务】 2010年，鼓楼区加强孕产妇孕期保健宣教和营养指导，开展孕期保健宣教48场次，接受孕期保健宣教和营养指导2502人次；同时开办家长学校12期，480名家长接受育儿和喂养知识宣教；为驻区1514名孕妇和2445名哺乳期妇女进行尿碘监测，合理膳食指导尿碘检测异常者；为全区1.5万名3~6岁托幼机构儿童健康体检，为9034名和1.46万名3~7岁儿童分别进行口腔保健、视力筛查；为驻区7384名女职工进行妇女病普查，查出患病451人，患病率6.11%。至年末，全区为妇女儿童提供总计69万多元各类免费卫生保健服务。 （汪鸿刚）

红十字工作

【建立健全各级红十字组织】 12月，鼓楼区红十字会管理体制调整为区政府领导联系、机构单独设置、列入同级群团机关管理。红十字机关领导参照同级群团机关领导级别配备，区药监局局长王宗源兼任区红十字会会长。

【开展赈灾救助】 4月14日，青海玉树发生强烈地震，区红十字会迅速发出募捐倡议，驻区医疗机构、各红十字基层组织纷纷组织捐款，特别是一些民营诊所和爱心企业发扬一方有难、八方支援精神，献出自己的一份爱心。4月23日，区红十字会与湖南路街道红十字会、紫峰大厦管理办公室联合在紫峰广场开展情系玉树赈灾捐助仪式，募捐善款5万余元；南京清凉寺在玉树地震发生后，第一时间将3.4万元善款送到区红十字会。同时，区红十字会组织驻区大学红十字会员和社区红十字志愿者分别在山西路广场、新城市广场等地开展街头劝募活动，募集善款37万余元。

4月14日，鼓楼区红十字会为青海玉树地震灾区组织募捐

【纪念“世界红十字日”广场活动】 5月9日，鼓楼区红十字会、东南大学临床医学院团委、南京市血液中心、南京志愿捐献遗体之友协会，在南京市山西路市民广场开展“携手人道、服务世博、共建和谐”——红十字在行动主题活动，纪念第63个“世界红十字日”，凝聚更广泛社会力量参与红十字事业。活动期间，举行遗体捐献宣传、医学院师生义务献血、造血干细胞捐献宣传、专家义诊、红十字志愿者为玉树灾区开展爱心劝募、伤病紧急救护技能现场传授等。活动现场，南京市志愿捐献遗体之友协会20位年过花甲志友与志愿者一起向市民宣传遗体、角膜捐献重要意义和崇高精神内涵。

【举办“世界急救日”宣教活动】 红十字会与红新月会国际联合会将每年九月的第二个星期六确定为“世界急救日”，红十字会与红新月会国际联合会倡议：各国红十字会围绕2010年世界急救日主题，开展形式多样的宣传纪念活动。9月12日，省、市和鼓楼区红十字会联合组织红十字会救护师资、志愿者在山西路广场举办世界急救日宣教活动，2010年世界急救日的主题是“急救为人人”。现场举行救护师资与市民间救护技能互动教学、防灾避险知识有奖问答、分发救护知识宣传资料等活动，提高群众自救互救意识，向新闻媒体和现场市民宣传红十字会救护培训工作的重要意义，营造“学习救护培训、知识守护生命”良好氛围。省红十字会常务副会长潘宗白、秘书长李玉宁，南京市红十字会专职副会长刘霞，副会长张杰、秘书长何慧君，鼓楼区副区长、红十字会会长冯雯兰等出席世界急救日宣教活动，近千名群众参加互动。

【开展急救技术普及培训】 2010年，区红十字会邀请志愿者进机关、进校园、进企业开展普及培训90余场次，培训人数5000余人次。11月25日，中国电子科技集团公司第十四研究所(南京)在该所医院进行心肺复苏、止血、包扎、骨折固定、搬运等技能比赛，44名员工参加比赛，并取得中国红十字总会急救员证书；12月20日，红十字志愿者为第八中学学生进行“心肺复苏”急救知识培训，讲解心肺复苏基本知识和呼吸心跳骤停判断要点，并进行现场急救操作演练。鼓楼幼儿园60多名教师急救培训照片获江苏省红十字会2010年度十大新闻奖。 （汪鸿刚）

公费医疗

【概况】 2010年，鼓楼区享受公费医

疗12463人，比上年增加296人，增幅2.43%。其中，在职人员6768人、占54.30%；退休人员4822人、占38.69%；特约人员873人、占7.01%，分别比上年增加82人、162人、52人。全区有癌症患者253人，癌症病人总费用721.78万元。全年公费医疗支出7869.79万元，较上年增加1429.39万元，增幅22.19%；区财政支出6251.7万元（含备用金），较上年增加1245.64万元，增幅24.88%；全区人均支出6314.52元，较上年增加1021.18元。其中，特约人员增加幅度较大，人均支出29094.58元，比上年增加6409.67元，增幅28.26%。全年，定额结余5055人，比上年减少164人。

9月19日，鼓楼区举行纪念公开信发表30周年暨第四届人口文化节文艺演出

【公费医疗管理】 年初，区卫生部门召开各单位公费医疗管理人员会议，提出审核新要求，并对电脑操作人员进行业务再培训，重申医疗经费支出情况报表填报要求和有关规定，强调数据统计准确性和严肃性。区政府投入6251.7万元，用于上年末公费医疗政策大调整，大幅度提高享受人员的医疗待遇。增加552种常用药品目录，解决老药品范围陈旧、淘汰药品多的问题。严格执行公费医疗审批、审核制度，全年凭证复审率100%。至年末，审核出不属公费医疗报销范围费用547.94万元，审核门诊费用17.53万人次；住院病人出院明细清单2255例。

（汪鸿刚）

人口和计划生育

【概况】 2010年，鼓楼区人口和计划生育工作以创建“江苏省人口协调发展先进区”为契机，围绕稳定低生育水平、提高出生人口素质的目标，继续推进计生惠民，实现人口计生优质服务全覆盖和流动人口计生公共服务基本均等化。全年发放计划生育公益金3.3万元，向42人发放重病医疗救助金11.86万元，为607名独生子女伤残死亡家庭兑现特别扶助金31.1万元，为446名困难家庭独生子女赠送平安附加医疗保险2.52万元，为30名困难企业职工发放春节慰问金1.8万元，为困难计生家庭30名学生提供助学金1.5万元，为近万名无业人员兑现独生子女父母奖励金64万余元。免费为全区11128人提供早期宫颈癌筛查服务，其中流动人口4000多名；为2659人次育龄群众提供孕环情监测服务，其中流动人口2000多名免费享受；为200多人次提供计划生育4项手术服务、为1万多人提供避孕节育随访服务、为约14000人提供计划生育技术咨询服务。建立信息采集网格化管理新机制，弘扬人口文化和婚育文明，加强人口文化阵地建设，区人口和计划生育局（协会）联合区文化局、区妇联举办纪念《中共中央关于控制我国人口增长问题致全体共产党员共青团员的公开信》发表30周年暨第四届人口文化节文艺演出活动。6月，区人口计生公共服务中心正式挂牌运行。7月，鼓楼区通过市“十一五”人口和计划生育目标管理责任制终期评估复核，11月顺利通过省人口协调发展先进区创建验收。是年，区人口计生局荣获全国计划生育优质服务工作先进单位、全国计划生育协会工

12月19日，鼓楼区计划生育协会荣获“全国计划生育协会先进单位”称号

汉北街手绘人口文化墙

作先进单位、江苏省计划生育优质服务先进单位荣誉称号。

【加强人口文化阵地建设】 2010年，按照"抓融入、创特色"的思路，打造社区人口文化宣传阵地，建成汉北街手绘人口文化墙、更新清河新寓人口文化宣传长廊、妙峰庵社区人口文化展馆和丁山社区志愿者服务站。先后编印《鼓楼区人口文化剪影》《人口计生政策法规》《成长物语》《预防艾滋病》等知识读本免费向群众发放。

【人口计生公共服务中心】 6月，区人口计生公共服务中心获得计划生育技术服务执业许可资质，正式挂牌运行。全年为7000多名群众免费提供计生优质服务，为174个驻区单位提供免费药具发放服务。国家人口计生委副主任赵白鸽、省人口计生委主任孙燕丽、省妇联主席张京霞等领导及省内外同行20多批先后到区人口计生公共服务中心视察和调研，均给予高度评价。

【完成万名妇女早期宫颈癌筛查工作】 2010年，鼓楼区将省项目点——万名已婚育龄妇女早期宫颈癌筛查工作，列入人口计生重点办实事项目和街道计生目标责任制考核内容。根据群众需求在宫颈癌筛查项目基础上增加生殖道感染检查项目。6月初，经过全区计生干部和市计划生育指导所近3个月紧张工作，超额完成省下达的工作任务，免费为11128人提供早期宫颈癌筛查服务，对阳性检查结果的群众进行后续跟踪随访服务。

3月10日，鼓楼区为已婚育龄妇女提供早期宫颈癌筛查服务

【推进出生人口素质促进工程】 2010年，区人口计生局做好孕前优生促进服务全覆盖工作，在全区免费发放孕前优生促进服务券，为接受孕前筛查人员提供免费病原微生物(TORCH)检查、叶酸类营养素补充和孕前健康体检。建立重点人员服务档案，为病残儿进行免费医学鉴定、为病残再生育家庭新生儿实施免费健康体检、为因病残批准再生育的夫妇及无业人员实施全额免费孕前健康体检。全面开展孕前危险因素自查、筛查及转诊服务，与南京市计划生育技术指导所签定孕前健康体检委托服务协议，至10月底，完成孕前危险因素自查4000多人，为204人提供免费孕前体检。加大宣传，在区公共服务中心设立优生促进指导室和孕前指导服务室，为群众免费提供孕前宣传咨询指导服务；在社区制作优生优育、孕前保健宣传展板，印制发放《致拟孕夫妇的一封信》和《孕前保健》知识读本；加强与民政、卫生部门联系，在婚姻登记、婚检窗口设置孕前保健咨询服务，向重点人群广泛宣传孕前保健惠民利民举措。

【全面落实避孕节育生殖健康行动计划】 2010年，免费为育龄群众查孕查环2659人次，免费为200多人次提供计划生育4项手术服务，免费为1万多人提供避孕节育随访服务，免费为约14000人提供计划生育技术咨询服务。继续深入开展"世代服务药具先行"活动，加强避孕药具质量管理工作，完成全国计划生育药具管理区级业务信息系统升级工作，加强避孕药具知情选择宣传，更新制作免费避孕药具宣传展板，免费为驻区单位配送避孕药具，做好免费避孕药具社会化发放工作。

【做好一次性奖励工作】 2010年，区政府成立一次性奖励工作领导小组，将一次性奖励工作纳入人口计生工作责任书，工作经费列入财政预算。召开领导小组成员会、街道分管领导和计生干部会，组织全区相关部门、单位和全体人口计生工作者举办专项业务培训。在区人口计生局和各街道设立一次性奖励咨询接待室、咨询电话，安排专人全日接待咨询服务，共完成一次性奖励兑现20310人，发放金额4300多万元。

【再生育审批】 2010年，针对再生育审批逐年增多、社会抚养费征收难、一次性奖励信访增多等现象，开展培训，落实首问责任制，协调有关部门解决信访工作中的问题和矛盾，维护群众的合法权益。全年共办理再生育审批142人，征收社会抚养费16例，处理信访252人次。

【开展婚育文明行动】 2010年围绕“传扬婚育新风，共建和谐家园”主题，全区各街道、社区结合实际，先后开展“情系粉红丝带，关爱女性健康”“心系企业展我风采”妇女保健知识竞赛、“计生关爱新市民，生殖健康工地行”“快乐六一幸福童年”亲子游戏等丰富多彩的宣传服务活动；先后开展优生优育、生殖健康、家庭保健等知识讲座百余场。

【计生扶贫助困】 2010年，在落实国家、省、市对计划生育家庭出台的各项奖励扶助政策的基础上，发动社会各界力量关爱计生家庭，完善计生贫困家庭长效帮扶机制。全年发放计划生育公益金3.3万元；向42人发放重病医疗救助金11.86万元；为607名独生子女伤残死亡家庭兑现特别扶助金31.1万元；为446名困难家庭独生子女赠送平安附加医疗保险2.52万元；为30名困难企业职工发放春节慰问金1.8万元；为困难计生家庭30名学生提供助学金1.5万元；为近万名无业人员兑现独生子女父母奖励金64万余元。

【服务流动人口】 2010年，围绕加快构建流动人口“一盘棋”工作格局，促进流动人口计划生育服务管理区域一体化，先后开展“真情关爱新市民”等系列宣传服务活动，为全区23名流动人口特困家庭送去慰问金，为4000多名流动人口提供免费宫颈癌筛查服务，为2000多名流动人口提供免费孕环情监测。启用流动人口网格化协作系统（PADIS），实行流动人口避孕节育情况网上通报反馈，完成华侨路等4个街道8个社区国家流动人口动态监测抽样调查工作。

【构建信息平台网络】 2010年，利用省人口计生综合信息平台、省流动人口计划生育管理综合信息平台，推动区、街、社区在线信息实时互动。充分利用全国信息核查平台，对各地上报的出生人口个案信息进行分析和核查，保证信息真实可靠。利用由区信息中心统一建立的社区人口基础信息数据中心和社区人口综合信息资源共享平台，实现部门间数据共享。整合全员人口基本信息，完成全员人口库及已婚育龄妇女库的建设。全区个案人口信息81万多条，其中流动人口近11万条，已婚育龄妇女信息近9万条，个案建档率达95%以上。

【推进“青春健康”工程】 3月，区人口计生局、计生协与团区委、区教育局联合下发《关于在全区开展青春健康教育活动的意见》，先后召开高校计生协会联合会议、全区青春健康教育推进会，在驻区12所高校、14所中学建立“青春健康教育基地”，在鼓楼社区学院建立“青春健康教育培训基地”。编印《鼓楼区青春健康教育集锦》画册、《大学生性与生殖健康知识读本》，向全区中学赠送5万本《成长物语》。组织大学生志愿者深入餐饮、娱乐场所举办“你我健康青春”系列讲座。

（步腊春）

4月18日，湖南路街道在山西路广场开展“情系粉红丝带，关爱女性健康”活动

鼓楼年鉴2011

街道

Communtiy Work

华侨路街道

【概况】 华侨路街道地处南京市新街口商贸圈西北角、鼓楼区东南部，东沿上海路、广州路、中山路，南临汉中路，西接秦淮河、明城墙、石头城风光带，北连中山北路，面积3.56平方公里，下辖7个社区居委会，居民2.34万户、10.29万人。

2010年，华侨路街道围绕新街口华侨路商圈打造，推进新街口总部集聚区、广州路科技商务集聚区、五台山健康产业集聚区、石头城文化产业集聚区4大产业带发展，着力建设新载体、引进大项目，服务博西家用电器(中国)有限公司、苏宁环球集团有限公司、南京新城市商业置业有限公司等一批优秀税源户，推动地区经济又好又快发展。全年，街道完成税收10.73亿元，累计增幅17.72%；完成一般性税收4.77亿元，累计增幅16.7%，成为全区第二个税收突破10亿元的街道。完成地区生产总值(GDP)80.24亿元，同比增长13.73%；服务业增加值完成73.45亿元，同比增长13.56%；全社会固定资产投资额完成14亿元，完成率103.7%；社会消费品零售额完成44.09亿元，完成率17.85%。招商引资、外资等各项指标均排名第一。以打造错时工作制、爱心卡、慈善、托养中心、志愿者服务等一居一特工作为重点，全力推进惠民工程建设。投入近200万元，通过多种方式扩充社区用房并进行规范化改造。至年末，7个社区服务用房均达到每百户20平方米标准，其中4个社区服务用房达到每百户30平方米。是年，街道连续多年被评为市平安南京先进集体，被推荐为全省社会治安综合治理先进集体。

7月9日，华侨路街道举办大学生志愿者暑期社会实践服务活动

2010年华侨路街道为民办实事一览表

表81

序号	项目名称	所在社区	实际费用(万元)	完成时间(月)
1	沈举人巷后街15号修建自行车棚并做排水	慈悲社	1.67	6
2	平家巷8号和10号路口装凸镜	慈悲社	0.17	2
3	上海路8号下水道和路面改造	慈悲社	2.85	4
4	明华新村小花园设休息凳	慈悲社	0.28	4
5	明华新村小花园口设路障	慈悲社	0.16	2
6	怡景花园小区内下水道改造及破损路面修补	五台山	1.65	4
7	广州路社区公共厕所建护栏及下水道改造	广州路	0.97	3
8	广州路39、41号，干河沿前街90号旧信箱更换(含社区周边排水、路面和台阶修补等)	广州路	3.56	5
9	上海路79号建大门	虎踞关	1.56	2
10	上海路89号门前下水道改造	虎踞关	1.54	2
11	虎踞关2~8号下水道改造	虎踞关	1.89	5
12	虎踞关2~8号车棚改造	虎踞关	8.77	4
13	广州路南京市脑科医院旁下水道改造	虎踞关	0.39	2
14	上海路87号下水道改造	虎踞关	0.78	3
15	石头城12号大门及车棚改造	石头城	3.37	1
16	清凉门30号路面塌陷整治	石头城	0.62	2

续表81

序 号	项目名称	所在社区	实际费用(万元)	完成时间(月)
17	石头城67号2幢、3幢新建车棚	石头城	2.63	5
18	石头城80号建防滑坡道和扶手	石头城	0.38	6
19	虎踞路40号居民楼下水道改造	龙蟠里	7.77	6
20	拉萨路8号下水道改造	龙蟠里	8.53	5
21	虎踞路86号下水道改造	清凉山	5.13	6
22	清凉山庄建宣传栏	清凉山	0.32	5
23	慈悲社7~9号下水道及路面改造	慈悲社	3.18	6
24	上海路16号-1下水道改造	慈悲社	0.35	7
25	虎踞路15号楼面积水及下水管道修建	清凉山	2.19	8
26	虎踞路31号楼面积水及下水管道修建	清凉山	1.61	10
27	慈悲社4号下水道改造	慈悲社	0.35	12
28	石头城79号4幢下水道改造	石头城	0.13	7
29	老旧小区试推行制作安装电子防盗门	各社区	1.16	12
合 计			63.96	

【投入63.96万元为民办实事】 2010年，街道加大为民办实事力度，将群众意见建议和反映强烈、亟需解决的问题进行全面梳理，最终确定29件实事项目。街道制订详细方案，明确项目位置、找出存在问题、制定解决办法、排出时间节点，严格把关、确保工程质量。29个项目中大部分项目涉及建设工程，实行工程施工单位招投标，严格预决算和审计经费支出，专人全程监督施工过程，同时加强宣传沟通，取得群众支持和配合。至年末投入63.96万元，高标准完成29件实事项目。

【开展综治宣传月活动】 3月，街道围绕“社会矛盾化解、社会管理创新、公正廉洁执法”三项重点工作，推进“公民社区”建设。联合辖区派出所、社区及驻区单位，集中开展社会治安综合治理宣传月活动。活动期间，排查矛盾纠纷和不安定因素，发现问题及时化解；街道多个民间组织开展法律知识图片展、普法作品展（书法、绘画）、普法笔友会等活动；在石头城公园举行普法文艺汇演，在乌龙潭公园开展法律咨询活动，各社区举办形式多样的法律学堂；宣传与推进“平安e家”技防入户工作；加强“十队联防红袖标”工程建设，增强群众安全感和公民意识。

【捐助西南旱灾11万余元】 年初，街道工委联合爱德基金会开展“爱心雨露，滋润西南”活动，支援西南旱区人民抗旱救灾。活动中，向驻区单位发放倡议书1000余份，通过宣传橱窗、板报、网站、悬挂横幅等营造爱心捐助氛围；成立街道捐助中心和社区捐助分中心，并在驻区单位成立捐助站，由街道社区部分干部、驻区单位党组织负责人负责具体捐助活动；所有捐助物资由专人负责，集中保管，并通过爱德基金会以资金形式发往灾区；组织驻区党组织单位和企业开展捐出3吨水活动，在驻区各大型商场、饭店、活动中心、居民聚集区等设置捐助箱，开展“以资金形式，每77元可为受灾群众送1吨水”为主题的大型广场捐助活动；街道成立捐助热线，建立捐助账户，广泛接收社会捐助资金。活动募集捐款11万余元，全部用于爱德基金会西南旱灾项目。

【举办公民社区建设论坛】 2010年，街道启动公民社区建设论坛，聘请南师大教授白友涛、吴亦明，市委党校教授邵建光在论坛介绍民间组织定义、特点、类别，介绍鼓楼区民间组织以及

华侨路街道公民社区建设论坛活动

西方社区民间组织发展状况，分析西方社区民间组织发展主要原因以及中国社区民间组织发展动力、阻力，并引经据典，详细介绍上海和大连等城市民间组织健康发展经验；围绕如何促进社区民间组织健康发展，阐述尊重社区居民自主精神、创设公平外部环境、外部适当的物质投入、降低社会团体成立门槛、加强社团宏观管理、加强党对城乡社区组织领导等方面建议和想法。全年，举办研讨会、座谈会16场，参会人数3600余人次，走访单位1000余家。

【处置医患纠纷研讨会】 华侨路地区共有6家大中型医院，近年来因医患纠纷引发的群体性事件层出不穷，且有愈演愈烈之势。11月23日，街道在古南都饭店召开"处置医患纠纷研讨会"，探寻从根本上预防和化解医患纠纷新路子。参加会议的有驻辖区各家医院领导、法律和社会学学者及区政法委、综治办、司法局、辖区派出所等相关部门人员。会上，与会代表分别从自身工作角度对医患纠纷现状、产生原因、防范措施以及如何化解等方面作精辟阐述，会议就如何处置该地区医患纠纷形成共识：按建设"公民社区"思路，由街道牵头整合社会资源，让社会各方广泛参与共同化解医患纠纷的新构想。具体包括：建立由街道牵头的联动联调机制；帮助医院建立医患纠纷处置机制和形成与第三方(调解中心、街道、派出所等)对接机制；打造一支懂医明法、善于调解的复合型人才骨干队伍；各医院之间建立长期保持横向联系与交流机制。

【排除安全隐患1165处】 7月28日，南京市栖霞区和燕路乙炔管道泄露事件发生后，华侨路街道认真贯彻市区两级指示精神，全面清查辖区内可能存在的安全隐患，发现安全隐患230多处；建立安全工作数据库，登记注册所有隐患单位、隐患点，重点排查高层住宅和地下室、农贸市场、小区消防通道安全隐患，清查安全隐患点657处，其中小区院落151处、小宾馆81家、小饭店81家、小门店209家、其他安全隐患点135处；查出居住类安全隐患点98处、经营场所类安全隐患点90处、清理楼道90处、清运垃圾30车。同时，组织30名居民积极分子参与安全生产宣传和排查工作，张贴、发放告知书250余份。至年末，街道排除安全隐患点1165处。

华侨路街道组织人员在蛇山拆除违章建筑，整治居住安全隐患点

【完成5条道路整治】 2010年，街道根据市政府道路出新计划，全方位、立体式改造广州路、华侨路、永庆巷、牌楼巷和拉萨路等5条道路管网、路面、景观、绿化、街边设施及灯光亮化设施。5条道路是南京市重要主次干道，承担大量交通分流任务，道路周边有居民小区、医疗机构、企事业单位和商家，交通饱和拥堵、绿化景观欠佳。整个道路整治出新工程涉及沿街单位、店家和居民楼，工程包括统一规范道路沿线门头店招、出新亮化经营橱窗、清理整治各类广告指示牌和违法建筑、道路出新及排水管网改造以及道路两侧占道物品清理等。至年末，5条道路整治出新工程全面完成，区域功能得到完善。

【沈举人巷整治出新及片区改造】
(参见"精致鼓楼建设"类目，第60页)

(丁　亮)

宁海路街道

【概况】 宁海路街道地处鼓楼区中心，是省委、省政府、省政协及区委、区政府所在地，位于石头城之东，中山北路、上海路以西，南北分别以汉口西路和模范中、西路为界，辖区面积3.93平方公里。设有9个社区居民委员会，居民2.84万户，户籍人口12.34万人。

2010年，街道以保持经济快速增长为重点，完成税收8.29亿元，同比增长0.76%；大力推进城市建设和管理，完成水佐岗48巷、赤壁路等13条街巷出新、10条街巷雨污分流工程和环境整治工作；积极维护社会稳定，全年排查各类隐患495处，调解各类矛盾纠纷379起；圆满完成全国公共文明指数测评、全国第六次人口普查等重大任务。先后被评为2010年度全国社区教育示范街道、全国及省市"两会"期间信访维稳有功单位、2007~2009年度江苏省精神文明建设工作先进单位、市市容管理优胜街道、市民主法治单位等多项荣誉，街道司法所被评为省优秀司法所。

【税源经济】 2010年，街道完成税收8.29亿元，同比增长0.76%。推进江苏

2010年宁海路街道引进注册资金1000万元以上企业名单

表82

单位：万元

序　号	企业名称	注册资本
1	江苏南泰创业投资有限公司	3000
2	江苏森润森投资管理有限公司	1500
3	江苏苏信诉讼保全担保有限公司	1000
4	江苏泰信化学股份有限公司	1000
5	江苏宣德医院投资管理有限公司	1000

水务集团增资2亿元项目，引进注册资金1000万元以上大项目5家，累计注册资金7500万元，圆满完成全年目标。同时，积极面对没有新增经济载体等困难，优化原有经济载体环境，加强服务辖区企业，及时解决实际困难，努力营造优良投资环境，吸引更多投资项目到街道落户和发展。

【街巷整治出新及管理】 2010年，街道完成西康路3号院落出新，引进物业公司，落实长效管理；完成辖区内水佐岗48巷、赤壁路等13条街巷出新，以及10条街巷雨污分流工程；以全国公共文明指数测评为契机，集中人力、物力，大力整治市容环境，全年共拆除违建170余处、5300多平方米，强制整改40余家小餐饮和小作坊排水、排烟设施，整治主次干道两侧乱堆乱放2000多处，清理牛皮癣2万余处，清理杂物和卫生死角垃圾800余吨，社区路灯亮化率100%，楼道灯亮化率85%。1~12月，在全市组织的月度市容"长效综合管理考评"中，均进入前20名，其中3次进入前10名。是年，街道再次被评为市市容管理优胜街道。

【社会稳定工作】 2010年，街道对辖区内所有企事业单位和经营单位、居民区等进行安全专项大排查，查出各类隐患495处，及时整改隐患445处，整改率90%；落实"滚动排查、疏导化解和跟踪关注"机制，定期分析排查社区不稳定因素，街道、社区两级调委会排出各类社会矛盾纠纷379起，成功化解4起重大矛盾纠纷，有效避免群体性事件发生，调解率98.7%，成功率95%以上，成为全区唯一无信访积案、无进京上访事件的街道。是年，街道被评为全国及省市"两会"期间信访维稳有功单位、区信访工作一等奖，街道司法所被评为省优秀司法所。

【民生工作】 2010年，街道9个社区成立志愿者服务站，由专职社工担任站长，招募组建多种形式的社区志愿者服务队伍，将睦邻文化理念贯穿于社区活动中，推进群众性睦邻文化活动系列化、常态化；实现100%社区建成社区网站，形成覆盖全街道的社区信息服务网络；加强社区工作者队伍建设，集中培训街道百名社工，提高业务技能和应对各种问题矛盾的能力；进一步加强救助力度，全年发放各种救助资金近300万元，新增就业岗位2306个，实现再就业1254人，为辖区内2756名80岁以上老人发放高龄补贴；圆满完成双拥优抚、社区教育和计划生育等工作。街道被评为2010年全国社区教育示范街道、市退休人员社会化管理示范街道和市充分就业保障街道。

【郑有利获国际摄影比赛二等奖】 2月，宁海路街道残疾人联合会组织3名残疾人摄影爱好者参加清水同盟和新浪网共同主办的"2010第三届国际人与水摄影大赛"，大赛由联合国教科文组织、国际水协、中国人民对外友好协会、中国市长协会、中国友好和平发展基金会、中国绿化基金会共同发起。经过长达半年评选，宁海路街道残疾人摄影爱好者郑有利选送作品《美丽的秦淮》以"水是生命之源，万物之本"为主题，在数千张参赛作品中脱颖而出，获得二等奖。

【推进共驻共建】 2月，街道围绕思想共育、资源共享、责任共担、机制共筑、活动共办、实事共做思路开展工作，推进共驻共建良好态势。北京西路社区邀请辖区内省政府办公厅、省级机关工委、河海大学、华东饭店等十多家结对共建单位领导召开"迎春联谊议事会"，共商社区建设大计；苏州路社区与共建单位省地税局直属分局计算中心党支部一行5人走访慰问社区困难党员；颐和路社区向各共建单位汇报社区开展惠民工程为民办实事项目安排。"八一"建军节前夕，宁海路街道领导以及地区人大代表、驻区江苏省测绘局、南京大件起重运输有限公司、水木秦淮管理有限公司等单位负责人走访慰问南京军区某部警卫连，为部队官兵送去3台电脑、百余册书籍以及饮料、猪肉等生活慰问品，并和部队领导进行座谈。

【普查确认遗址214处】 6月，街道历时1个月完成各类遗址摸底调查工作。经过普查确认，宁海路街道范围内留存革命遗址5处，分别为张闻天陈列馆、张闻天全身塑像、侵华日军南京大屠杀清凉山遇难同胞纪念碑（国家级文物保护单位）、颐和路社区将军馆、马歇尔旧居（省级文物保护单位），其他遗址209处，主要为民国时期大使馆旧址35处、公共机构旧址7处、名人旧居167处。大使馆旧址中，有11处市级文物保护单位、1处省级文物保护单位（美国大使馆旧址，西康路33号）；公共机构旧址中，有市级文物保护单位2

处；名人旧居中，有市级保护单位26处、省级保护单位1处(阎锡山旧居，颐和路8号)。

【4位居民入选“中国好人”榜】 7月，经过全国网民投票评选，颐和路社区老将军张玉华、天津新村社区沈谊和陈正一夫妇当选为“中国好人”。9月，古林社区居民崔传面当选为“中国好人”。网民浏览4位好人先进事迹后，纷纷发帖，踊跃参与投票，向4位老人表示敬意和称赞。4位老人入选“中国好人”，是街道精神文明建设成果的重要体现。

【举办人大代表“迎青奥会，做文明人”论坛】 8月，宁海路街道人大工委组织举办地区人大代表论坛活动，论坛活动主题为“迎青奥会，做文明人”，宁海路地区40多位全国、省、市、区四级人大代表参加论坛活动。省委组织部副部长郭广银、省委宣传部文明办主任助理刘福清、市人大常委会副主任李福泉、区人大常委会主任王红云等领导出席论坛活动。与会代表从不同层次、不同角度、不同内容旁征博引，论证迎青奥会、做文明人，需要不断提升人的素质重要性，并提出许多建设性意见。 (田 明)

湖南路街道

【概况】 湖南路街道位于鼓楼区中部，东至中山路、中央路，南至广州路，西至上海路、江苏路，北至中山北路、虹桥，面积2.62平方公里。街道下辖8个社区居民委员会，有户籍居民2.49万户、8.78万人。湖南路地区总部经济、现代服务业、商贸业发达，以湖南路为轴的湖南路商圈被誉为南京市第二商圈，有各类机关、企事业单位3000余家，个体工商户2958家。街道工作委员会下辖50个党组织，其中街道直属支部3个、社区党组织8个(5个社区党委、3个社区党总支，社区党组织下设49个二级支部)、“两新” 党组织39个，有自管党员2790人。

2010年9月当选的“助人为乐——中国好人”：古林社区居民崔传面

2010年，湖南路街道完成税收30.87亿元，同比增长18.46%，新增企业522家，注册资本近13亿元，完成注册资本1000万元以上大项目22家(2家注册超亿元)，新增个体工商户596家；全力保障湖南路二次提升拆迁工作，抽调干部走访居民家庭、召开居民座谈会等，了解群众诉求；联合驻区单位，举办各类社会公益活动，促进和谐社区建设；积极推进社区自治，制定《湖南路街道居民代表常任制施行办法》，加强社区居委会管理，编制《湖南路街道社区管理规章制度》；筹集资金70余万元完成为民办实事项目80件，8个社区进入三星级文明和谐社区行列；推动街巷和老旧小区出新改造，全年完成18条街巷出新并建成车站东巷特色街；探索无物管小区管理模式，顺利通过全国文明指数测评；构建矛盾大调解机制，加强综合治理，成功化解凤凰台饭店立体车库建设、建伟大厦物业公司与装潢工人冲突致死、江苏怡华和南京怡华房产交接等多起矛盾纠纷；落实各项安全生产隐患排查，南京“7·28”丙烯爆炸事件发生后，组织地区安全生产大排查，排查“六小”(小

5月29日，湖南路地区家庭教育中心联合南京市第三幼儿园、凤凰书城为地区小朋友举办凤凰杯“亲子游戏节”活动

饭店、小洗浴、小发廊、小商铺、小旅馆、小网吧)行业2749家,检查小区楼道954个,检查党政机关、企事业单位2005家;圆满完成全国第六次人口普查工作。是年,街道被评为省精神文明建设工作先进单位、省工会工作模范街道、省妇联基层组织建设示范单位、市市容长效管理优胜街道,全面达小康、建设新鼓楼重大贡献奖等20余项荣誉。

【完成年度税收30.87亿元】 2010年,湖南路街道经济发展状态平稳向上,经济结构逐步优化,经济发展方式趋向高端行业,总部经济集聚地崛起,核心竞争力进一步增强,完成年度税收30.87亿元,同比增长18.46%;完成一般预算收入13.18亿元,同比增长15.4%。其中,年度税收3亿~8亿元特大型企业4家,税收同比增幅17%;1000万~6000万元大型企业20家,同比增幅40%;500万~900万元中型企业19家,同比增幅-2%;100万~400万元小型企业90家,同比增幅9%;1万~98万元微型企业100家,同比增幅-30%。按行业分类分析:房地产业税收同比增幅102.11%,电力业增幅32.96%,7家商场增幅40.15%,出版业增幅13.25%,科技、贸易业增幅22%,服务业增幅2.32%,工业、金融业、住宿餐饮和装饰工程等行业均为负增长,苏宁集团同比增幅1.22%。4家总部型企业是地区经济发展主要贡献者,苏宁电器集团9家公司、南京供电集团9家公司、江苏省出版集团9家公司、中国江苏国际经济技术合作公司6家子公司,全年税收贡献量22.48亿元,占全街道年税收74.38%。

【招商引资】 2010年,街道新增企业522家,注册资本近13亿元。其中,注册资本1000万元以上22家(2家超亿元)、500万元以上18家、100万元以上56家,其余为100万元以下企业;新增个体经营户596家。年内,引进大项目呈现项目多、投资额大、产业结构高度提升等3个明显特点。新增大企业22家,其中1亿元投资商2家、5000万元5家、3000万元2家、2000万元3家、1500万元1家、1000万元9家。新注册大企业中,创业投资、资产管理咨询类企业9家,新能源环保产品研发、软件研发类企业4家,一般销售类3家,房地产开发3家,企业管理服务类2家,酒店管理1家。

【社区管理建章立制】 2010年,街道编制完成《湖南路街道社区管理规章制度》,并经街道干部、社区工作者多方讨论修正,从民主议事、会议、学习培训、请示汇报、出勤考勤、经费管理、资产登记、社区考评、社区管理、奖励激励10个方面规范社区管理,进一步

2010年湖南路街道引进注册资金1000万元以上企业名单

表83　　单位:万元

序号	企业名称	注册资本
1	南京金科置业有限公司	1000
2	江苏苏禾医药投资管理有限公司	1000
3	江苏南大苏富特计算机设备有限公司	1000
4	江苏苏宁建材有限公司	5000
5	江苏春雨数字传媒有限公司	1000
6	江苏瑞恒投资有限公司	2000
7	南京紫炫投资管理有限公司	3000
8	江苏泰斯塔投资管理有限公司	1500
9	南京绿展能源有限公司	2000
10	江苏财发投资有限公司	3000
11	南京爱婴岛儿童百货有限公司	1000
12	江苏集群信息产业投资发展有限公司	10000
13	江苏正和方达投资有限公司	1000
14	南京湖南路网上发展有限公司	1000
15	江苏省信用再担保集团投资有限公司	10000
16	江苏保利丰投资管理有限公司	1000
17	江苏恒炜投资有限公司	1000
18	江苏紫峰绿洲酒店管理有限公司	2000
19	南京湖南路苏宁置业有限公司	5000
20	江苏苏宁数码电子有限公司	5000
21	江苏金浦商业贸易投资有限公司	5000
22	江苏省纸联再生资源有限公司	3000

促进社区规范化管理，加强社工队伍建设，充分调动社区工作者积极性、主动性、创造性，增强服务意识和工作责任感。

【安全生产】 7月28日~8月16日，湖南路街道组织开展地区安全生产大排查行动。街道干部组成8个检查组到各社区，分片包段、责任到人，拉网式开展检查。行动期间，排查"六小"行业2749家，发现隐患1188处，现场整改1092处、督促整改96处，现场整改率92%；排查物资回收点12家，检查小区楼道954个和党政机关、企事业单位2005家，整改率90.7%。

【推行居民代表常任制】 3月15日，街道制定《湖南路街道居民代表常任制施行办法》，并首先在马台街社区试点。居民代表常任制在社区居民代表大会闭会期间设立，采取社区居委会推荐、个人自愿报名、居民代表3人以上联合提名的办法，在社区居民代表中产生，并由社区成员代表大会通过。居民常任代表人数由居民代表大会设定，每个社区一般产生居民常任代表3~5名，居民代表常任期由居民代表大会确定，一般为1年。该举措对加快街道民主自治进程，指导社区居委会依法开展民主选举、民主决策、民主管理、民主监督和自我教育、自我管理、自我服务、自我监督工作，扩大居民社区工作关注度有积极意义。5月19日，湖南路街道在马台街社区召开居民代表常任制工作推进会，在马台街试点成功的基础上，向全街道进行推广。至年末，全街其他7个社区全面推开居民代表常任制，取得良好效果。

【数字化社区建设】 2010年，街道在云南路社区借助电信服务平台建设数字化社区试点基础上，在全街其他7个社区全面推开数字化社区建设。3月，建设社区门户网站，全面推进网上政务信息公开工作。社区网站对外发布街道和社区各类公告、新闻、政策等，同时设立需求导航栏目提供江苏公交、列车时刻、在线翻译等链接。社区网站由专职大学生信息员负责更新、维护，并多次组织电信局技术人员与信息员召开工作交流会，现场演示和综合评比社区门户网站建设情况。

【湖南路地区普法联席会】 2010年，街道不断加强普法联席会品牌特色工作打造力度，切实发挥其作用，全力为地区百姓和驻地单位提供法律服务。湖南路地区普法联席会聚集地区有影响的大中型企业、事业单位20家，走出具有湖南路特色的企事业单位普法教育道路。11月，南京市依法治理工作领导小组到街道调研，检查组成员一致认为湖南路街道普法联席会突出街道法制工作新亮点，解决困惑企事业单位普法难题，值得研究并加以推广。

5月19日，湖南路街道社区居民代表常任制推进会在马台街社区召开

【街巷出新】 2010年，街道扎实推进街巷出新工作，在认真倾听群众意见的基础上，合理规划、科学论证，制定切实可行出新方案；严格按照相关程序进行招、投标，选择监理单位和施工队伍；加强宣传，向沿街店家、居民发放《一封信》，争取店家、居民理解和支持；严格要求，狠抓工程质量，督促施工队伍安全生产、文明施工；敢于碰"硬"，强制拆除车站东巷部分搭建于上世纪90年代老违建，拆除违建23处、254平方米，拆除墙体广告646平方米，出新门头店招734平方米、围墙2800平方米、立面130平方米。

【"两站一中心"建设】 2010年，湖南路街道成立"两站一中心"(应急维修站、矛盾投诉调解工作站、物业服务中心)，加强居民住宅区管理，切实改善辖区居民生活环境。在充分调查辖区内住宅区基础上，制订《湖南路街道"两站一中心"实施方案》及相关规章制度，并指导各社区成立分中心。至年末，辖区天福园、云岭居等7个住宅小区实现市场化管理；上海路82号、青云巷1~5号等14个小区实现单位自管；勤益里、新泉里、裴家桥等老旧住宅小区实行居民自治管理。应急维修站有偿维修下水道堵塞、水电故障等39起，矛盾投诉调解工作站化解各类物业矛盾21起。

【湖南路二次提升拆迁】 2010年，湖南路二次提升拆迁项目启动。该项目是区委、区政府打造湖南路现代服务业总部区重点工程，也是改善居民生活环境的惠民工程。春节期间和6月，街道将全体干部分为20个调查小组，入户调查04、05片区1221户居民，征询居民拆迁意见、了解群众诉求。12月1日，04、05片拆迁项目正式进场，街道抽调19名领导和干部进入一线拆迁，承担04、05片拆迁维稳工作。街道主要领导担任维稳小组组长，先后召开居民座谈会、听证会、居民积极分子会议20余场，了解群众诉求，与居民群众展开沟通交流。至年末，该片区拆迁形势总体平稳，拆迁工作顺利有序推进。

【街道人大工作】 2010年，街道人大工作成效显著，全国人大常委会副秘书长李连宁、省人大常委会副主任柏苏宁等领导到街道调研人大"一个载体、两项制度"建设情况，中国人大杂志社、中央人民广播电台、《中国监察报》等中央主流媒体相继进行深入采访。全年，组织街道人大17位代表述职，44名代表进社区接待选民58人，收集各类意见建议75条；人大代表爱心助学基金资助学生29人、3.4万元。

【党员创先争优活动】 2010年，湖南路街道深入开展创建先进基层党组织、争当优秀共产党员活动，确立"建设繁荣繁华文明共享湖南路，争当全区科学发展排头兵"创先争优主题活动。全街50个基层党组织，结合实际，将创先争优标准具体化，党员干部明确创先争优活动"为什么、做什么、怎么做、达到什么效果"。结合庆祝建党89周年，表彰一批党建工作先进个人和先进集体，以周涛讲故事形式展示地区志愿服务品牌。积极推进"两新"组织党建工作，新建宁众人力资源咨询服务有限公司等5家"两新"党组织，至年末，全街"两新"党组织39家。坚持党群共建创先争优，新建非公企业团组织6家、非公企业工会11家。深入开展党心连民心牵手行动，慰问低保边缘户66人次、困难党员20人次。

（邵　睿）

9月11日，全国人大常委会副秘书长李连宁（中）视察湖南路街道"人大代表之家"

中央门街道

【概况】 中央门街道位于鼓楼区东北部，东到中央路、与玄武区接壤，南到童家巷、与湖南路街道相连，西到中山北路、同挹江门街道和宁海路街道相邻，北沿福建路、护城河，分别与挹江门街道相接和下关区隔河相望。区域面积3.37平方公里，下辖12个社区居委会，有居民3.5万户、11.97万人。街道党工委下辖12个社区党组织，22个"两新"党组织、1个机关党总支和1个机关离退休老干部支部。

2010年，街道全力推进模范马路科技创新街区和中央路总部金融现代商务集聚区建设，完成地区税收5.12亿元，累计增幅14.45%，新增企业458家，注册资金10.04亿元，其中注册资金1000万元以上大项目14个；新增总部经济、科技产业发展载体面积8万平方米，引进现代服务业企业20家，完成地区固定资产投资17.5亿元；全新改版街道各社区网站、在全区率先成立老年众益院社区工作站、工人新村社区成立全区首家社区志愿者服务站；投入200多万元，新增社区办公用房500多平方米；完成长江新村40号、劝业村小区等4个老旧小区综合整治出新工程。至年末，汇林绿洲社区居民朱世平获评"孝老爱亲——中国好人"荣誉称号，街道有5人获评"中国好人"，位列全市第一。是年，街道被评为2010年省全民健身活动先进单位、市社会治安合格街镇、市社区矫正先进集体；三牌楼商业街区荣获"全国社区商业示范社区"称号，工人新村社区被评为

2010年中央门街道引进注册资金1000万元以上企业名单

表84　　单位：万元

序　号	企业名称	注册资本
1	南京鑫祥典当有限公司	2000
2	华夏军创江苏实业发展有限公司	5000
3	南京金鹏生命科技有限公司	1000
4	江苏有润实业有限公司	2400
5	南京诚泰新能源有限公司	4000
6	南京银奥建材贸易有限公司	4050

续表84

序　号	企业名称	注册资本
7	江苏省宇润达投资发展有限公司	2000
8	江苏派尔钢铁节能技术有限公司	1000
9	江苏平安福国际贸易有限公司	1000
10	江苏德高投资发展有限公司	5000
11	江苏省莱科信息技术有限公司	1000
12	南京点金投资有限公司	1000
13	江苏中昊光电显示科技有限公司	1000
14	南京国电南自科技园发展有限公司	50000
合　计		80450

全国充分就业示范社区、省文明社区标兵，观音里社区被授予“全国五五普法侨法宣传角”荣誉称号，青石村社区被评为省社会化服务示范社区；街道劳动保障所被评为省级优质服务窗口，街道司法所被评为2008~2009年度市十佳政法单位。

【四项重点工商业项目建设稳步推进】　2010年，地处中央门街道的南京国际广场(一期)建成投入使用，其中8.8万平方米国际购物中心、3.17万平方米超五星级威斯汀酒店全面对外营业，2.3万平方米甲级写字楼招商完成60%以上；由香港嘉里控股有限公司、香格里拉酒店集团共同投资建设的五星级南京香格里拉大酒店奠基，大酒店位于中央路331号原南京汽车制造厂地块，地上塔楼拟建49层、高约180米，地下拟建2层地库，裙楼计划建5层，预计2014年南京青奥会前建成；由国电南自和国电南瑞联合建设的中国(南京)电力自动化产业园，年内启动拆迁，该产业园建筑面积41.1万平方米，由3幢190米高楼组成，建成后成为电力自动化研发设计和创新基地；南京邮电大学物联网科技园(一期)挂牌，将建立全国性物联网技术创新基地、产业孵化基地和应用示范基地，至年末20多家海内外企业、科研院所入驻。

【街巷整治出新及管理】　年内，街道整体出新长江新村40号、模范马路小区、新模范马路9号和劝业村等4个老旧小区。立面出新钟阜路—福建路部分路段居民楼，出新51幢楼立面11.89万平方米、道路7800多平方米、绿化5100多平方米；改造下水道8000余米，拆除违法建筑406处、5360平方米，新建车棚近200处；完成钟阜路—福建路景观改造和出新工程，出新门头74处、860平方米，拆除各类门头、灯箱、广告牌105个2578平方米，拆除违法建筑25处、1085平方米，立面出新沿线5栋楼房；完成老模范马路、三牌楼大街支路、模范马路125巷、广东路滨河东路和江西路5条背街背巷道路整治出新工程，出新门头店招120处、1240平方米，拆除各类门头、灯箱、广告牌65个1161平方米，拆除违法建筑25处、1085平方米，建设老模范马路特色街巷；完成辖区内雨污管线前期调查，黑龙江路12巷及交通一村小区雨污分流试点工程竣工；长江新村40号、新模范马路9号小区、老模范马路小区、青石村路等片区雨污分流改造工程进入施工阶段。

出新后的劝业村小区

【民生工作】　1月，街道率先在全区成立老年众益院中央门分院12个社区工作站，全年组织开展公益宣传、互帮互助、关心下一代和文体娱乐等各类活动570多场次。全街纳入社会化管理人数1.76万人，完成退休人员健康体检2502人，退休人员社区转入率92%、动态跟踪准确率98%，养老金资格验证1.83万人，验证率99.3%，走访慰问准确率100%。街道新增就业岗位2406个，实现再就业939人；发放小额担保贷款100万元，扶持250人成功创业，带动就业1801人，培育创业典型6人；举办14期再就业培训班，完成培训650人；落实就业困难人员“一对一”帮扶机制，帮扶355人成功就业；推荐16名残疾人就业，9户低保家庭就业后退出

1月21日，鼓楼区老年众益院中央门分院授旗成立仪式举行

低保。至年末，街道登记失业率1.69%以下。工人新村社区荣膺全国首批、南京市唯一国家级"充分就业示范社区"荣誉称号，街道劳动保障所被省人力资源和社会保障局评为"优质服务窗口"，继工人新村社区之后，青石村社区被评为省级社会化服务示范社区，街道成为全省唯一拥有两家省级社会化服务示范社区的街道。

【安全大排查】 2010年，街道分阶段，全方位排查辖区老旧小区、三星级以下宾馆饭店、"六小"(小饭店、小洗浴、小发廊、小商铺、小旅馆、小网吧)行业，以及法人单位和产业活动单位安全生产基础工作开展情况。排查楼道院落348幢、"六小"行业等1993处、法人单位1950家；排查安全隐患657处、发送安全隐患整改告知书246份。至年末，整改隐患561处、96处进入督促整改阶段。排查活动中，街道与1827家单位签订《安全生产责任书》，印制3万份安全用电、用气和火灾事故应急处置宣传折页，发放到每户家庭。集中性排查结束后，按照小餐饮、小旅馆、洗染店、废品收购站、楼道院落、其他等六类行业，分类建档，动态完善；如实记录存在隐患的单位，确保一户一档。同时，针对安全生产长效化管理，落实"四定"和"四个不放过"制度(日常安全巡查定人、定期、定单位、定责任；隐患整改事故原因没有查清不放过，事故责任人没有得到处理不放过，广大干部职工没有受到教育不放过，同类事故防范措施没有落实不放过)，把安全事故隐患消灭在萌芽状态。

【小区物管覆盖率100%】 2010年，街道辖区内31个零散开放式小区，招聘专门人员，划片巡逻，实施基本物业管理服务。以促进小区业主委员会和自管委员会规范化运作为重点，组织8次依法维护业主合法权益和物业管理规定宣传活动，指导天正湖滨等16个居民小区成立业主委员会，小区物管覆盖率100%。至年末，地区小区业委会达25个，暂未成立业委会的小区全部组建小区管理委员会。建立健全区域划分产权性质明细、住宅统计清册、住宅基础调查工作流程等各类物业管理基础资料，及时有效化解金陵大公馆物业矛盾、金贸花园自来水问题和中南园小区电梯费用纠纷等各类物业矛盾130件，调解率和调解成功率100%，处理物业报修项目35起。

【完成24项为民办实事工程】 2010年，在广泛收集和征求居民意见建议的基础上，街道确定为民办实事项目24项，以满足群众需求、解决群众实际困难。实施过程中，严格落实"立项公示、群众参与、检查验收"要求，做到"专人负责、专款专用"。成立街道"红马甲"办实事服务队，发动社区居民广泛参与，协调驻区单位共同投入实施为民办实事工程，所有办实事项目均成为群众满意工程。至年末，投入经费约25万元，完成芦席营82号车棚建设、颂德里9号路面整修以及紫竹苑小区综合整治等为民办实事项目24项。同时，在南京工业大学支持下，启动新模范马路20~24号综合整治工程。

【新增社区办公用房500多平方米】 2010年，中央门街道继续推进社区办公用房达标工程，大力推进社区办公用房标准化、规范化建设。新增天正和鸣社区办公服务用房500平方米。至年末，全街道12个社区办公用房均达到每百户30平方米，完成市民政局三年目标任务。全年投入近200万元，按"压缩办公面积，增加活动场所，规划设计五年不落后"的标准，完成颂德里、模范马路、紫竹林、观音里和天正和鸣等社区办公服务用房内部改造装修及规范化建设工作。

【三牌楼街区荣获"全国商业示范社区"称号】 5月，三牌楼街区荣获"全国商业示范社区"荣誉称号。地处中央门街道的三牌楼大街同两侧和会

三牌楼商业示范街店面回廊

街及广东路支路构成三牌楼街区，该街区面积0.8平方公里，居住人口6万，沿街有各类社区商业服务网点356家。年内，三牌楼社区商业街区管理办公室全面负责街区争创全国商业示范社区工作，以“建”促“管”，“建”、“管”并重，联合区相关部门宣传诚信经营，规范商家经营行为，优化业态分布，引进雅戈尔、特步等一批精品店；招募24名商业街区道德观察员，协调督促店面环境差的毛家水饺等装修改造，督导、指正商业街区存在的不文明现象，提升商业街区档次；对夜市烧烤排挡进行二次提档升级及油烟净化改造。

9月30日，汇林绿洲社区居民朱世平在街道举行的“中国好人”事迹报告会上作典型发言

【地区矛盾纠纷调解率100%】 2010年，街道实行领导接访工作前移和领导周三接待日制度，制定《领导干部信访工作下访制度》《社会矛盾纠纷调处工作方案》《社会矛盾纠纷攻坚调处方案》等，及时妥善处置虹桥饭店员工跳楼自杀、华富大厦宝洁公司堵门事件等突发性事件；受理新四方美食城噪音和环境污染、许某孤儿抚养、某公司阴阳合同案等20起案件。全街11起重点矛盾纠纷积案，初步解决4起、5起有较大进展；区信访局下达的11件重点信访积案，办结6件；处理信访件89份，在规定时间内全部办结。坚持定期排查分析、舆情分析制度，组织排查社会矛盾纠纷20余次，排查出矛盾隐患40余起，均得到有效处理。年内，省委常委、政法委书记林祥国，市委常委、政法委书记杨植等领导视察街道大调解中心，肯定街道矛盾纠纷调解成绩。至年末，街道大调解中心受理调处居民矛盾纠纷250起，调解率100%、调处成功率99.6%。

【举办“中国好人”事迹报告会】 7月，汇林绿洲社区居民朱世平当选“孝老爱亲——中国好人”，成为该街道自2009年以来第5位当选的“中国好人”，全街当选数量名列全市第一。9月30日，街道举办全国第8个公民道德建设宣传日活动启动仪式暨“中国好人”事迹报告会。报告会上，依次宣讲中央门地区5名当选的“中国好人”感人事迹，街道工委向全街各社区、党员和居民发出“学习身边好人，争当道德模范”倡议。全年，街道评选社区“每月一星”150多名，表彰12名优秀公民道德观察员和10名“十佳每月一星”。

【社区党组织汇报评议】 8月，街道下辖12个公推直选社区党组织开展汇报评议工作，各社区党组织领导班子向社区党员和群众述职，由社区党员和群众测评社区党组织领导班子当选一年来，在科学发展观学习实践活动以及“创先争优”活动中，践行承诺、服务百姓工作情况。经测评，社区领导班子满意度94.6%、社区书记满意度98.5%。活动期间，市委组织部长王奇到工人新村社区汇报评议大会现场观摩指导。

【社区志愿服务示范点建设】 2010年，街道把工人新村、新门口社区作为志愿服务活动示范点，率先在工人新村成立全区第一个社区志愿者服务站，规范完善社区志愿者登记注册、培训管理等制度建设，建立健全社区志愿者队伍，规范志愿服务运行机制，并在12个社区全面推开。6月，街道启动“百日志愿服务社区行”活动，12个社区35支特色志愿者服务队，集中开展清洁家园、爱心助学、扶贫帮困、促进就业、文艺演出等专项志愿服务活动38场，党员、干部、群众、志愿者4300多人参与。街道机关党总支全体党员、区级机关共建单位党组织和8家“两新”企业党组织党团员作为志愿者主体，积极投入到“牵手行动”之中，根据每户困难家庭实际情况，制订结对帮扶措施，长期帮扶地区127名困难群众。

【新建12个社区网站】 2010年，街道按照“分步实施、重点打造”工作思路，联合南京电信对街道网站全新改版，新建12个社区子网站，设置社区党建、社区动态、居民办事指南、社区互动、每月一星、社区警务、社区服务、社区议事园等栏目，丰富、拓展社区为民服务手段和方式；同时，开通街道内部办公自动化系统，开展网络应用推广和培训，提高办公自动化应用能力和办公效率。率先在全区运用信息化手段表现社区党建、居民自治、社区服务和与居民互动等，建立街道、社区与居民家庭“鼠标通道”，彻底转变服务型街道和社区服务理念，丰富为民、便民途径。

【劝业文化社区馆建成】 2010年，街道及劝业路社区装修改造社区办公用房，成功打造“我家住在南洋劝业会”主题纪念馆，隆重纪念南洋劝业会举办100周年。纪念馆分场馆篇、人物篇、

南洋劝业会文化馆

劝业文化展

劝业文化展览馆内部

8月2[illegible]劝业路社区组织青少年参观南洋劝业会文化展览馆

事件篇、影响篇等4个部分，运用1:400的全景沙盘勾勒复原南洋劝业会地图，采用形象柱、石材浮雕、壁画等形式介绍南洋劝业会概况，再现南洋劝业会纪念塔以及本馆、省馆、实业馆等三大类34个多样化建筑风格的场馆；借助图片文字资料，运用竹简和玻璃雕刻等手法解读端方、张人骏等南洋劝业会重要历史人物，再现电灯厂兴建、中国首届全国运动会举办等重大历史事件；通过多点触摸屏、创意画等载体展现百年来中国科技、教育、文化等各行业变迁，诠释南洋劝业会历史文化内涵。（刘　伟）

挹江门街道

【概况】　挹江门街道地处鼓楼区西北部，东以中山北路、福建路、钟阜路为界，南至模范中路、模范西路，西临古城墙，北与下关区兴中门、建宁路两办事处交界，面积3.34平方公里。街道下辖7个科室、9个社区，居民2.43万户、户籍人口7.29万人。

2010年，街道工委、办事处紧紧围绕载体建设、项目引进和有效服务做文章，加快园区经济产业结构调整升级，推动经济平稳健康发展。全年实现税收3.32亿元，完成地区生产总值31亿元，固定资产投资1.7亿元；社会消费品零售额28亿元，服务业增加值25亿元。引进南京乐斯汀科技有限公司等大项目5家、现代服务业企业15家。组织开展安全检查和整改，排查辖区内“六小”行业、所有居民楼道，责令整改一般事故隐患750个（处），整改重大事故隐患7处，确保地区生产生活安全。继续推进老旧小区治安自治工程，在回龙桥社区水佐岗73号试点安装“平安E门”技防入户系统，提升老旧小区和无物管小区技防水平。是年，街道被评为全国社区教育示范街道、省综治科（室）平安创建先进单位、南京市文明单位、市城管优胜街道、市双拥工作先进集体、市市容卫生优胜街道、市社会治安综合治理暨平安建设先进街道，街道司法所被评为市司法所调解先进单位，街道团委被评为市五四红旗团工委。

【招商引资】　2010年，街道积极挖掘新的经济增长点，进一步优化税源结构，引进南京乐斯汀科技有限公司、南京国瑞科技集团有限公司、江苏省水产总公司、中银律师事务所、南京妙趣数字科技有限公司、南京维色企划有限公司、南京物联网应用研究有限公司（5000万元）、江苏绿色都建工程顾问有限公司等8家企业，引入智慧谷动漫软件园和国睿科技园，并办理工商、税务等登记和变更手续。

【城建城管工作】　2010年，街道推进小区院落环境整治和摊点规范化管理，开展小区清洁月活动，推进长效管理机制落实。钟阜路、福建路、察哈尔路出新整治工作和管线下地工程顺利完成并通过市、区验收；十二巷等街巷整治工程及小区出新全面竣工，雨污分流工作按时间节点全面展开。数字化平台发案数5287件，结案率100%，处理各类信访126件；取缔和规范早点、修旧摊点156家次，取缔午排档、夜排档239家，取缔和暂扣各类物品1230处，结案792件，罚款金额4.35万元。拆除违建29处、3500平方米，整治各类占道摊点1230多处、规范倚门开店76家；新栽禾木1060株，垂直绿化150株，新增绿地200平方米。10月，在铁路北街广场组织开展第27届挹江门地区金秋菊展，驻区南京政治学院、南京蓉宇花卉有限公司等6家单位送展花卉6000多盆。是年，在全市城建城管工作验收评比中，街道综合检查排名第十一次进入排名前20名，名列全区第一，荣获市城管优胜街道。

【惠民工作】　2010年，街道组织开展“慈善一日捐、济困送温暖”活动，募集资金15万余元，小额担保贷款102万元；举办就业招聘会13场，新增就业岗位2433人，新增城镇单位就业2121人，实现再就业1060人、新生劳动力就业226人、援助就业困难人员再就业307人次；再就业培训372人、在职培训303人。办理发放市民卡1.44万张；养老金资格认证率、自管组织覆盖率、退休人员免费体检率100%；发放高龄补贴13万元，为181名老人免费办理家政服务，为169位老人免费安装安康通、康惠通，至年末，辖区有居家养老托老所、养老公寓、养老院等11所，养老床位680多张。为13名残疾人申请高等教育阶段教育补助，为15名残疾人安排力所能及的工作，慰问60多名残疾人、慰问金1.3万元，组织20多名学生加入助残志愿者队伍，与残疾人签订“一助一”长期扶助协议，为残疾人提供生活、康复等方面的扶助服务；举办残疾人乒乓球、象棋、扑克牌80

5月10日，挹江门街道和驻宁某部官兵联合举办“走进军营，放飞梦想”——鼓楼区第二十次全国助残日宣传活动

分、书法、绘画等比赛活动，丰富残疾人生活。

【平安创建和维稳工作】 2010年，街道组织开展社会治安综合治理暨平安鼓楼建设宣传月活动，召开不同层次座谈会20多场次，发放平安创建宣传手册2000多份、法律宣传手册1000多份，制作综治宣传展板40余块、综治宣传图片150余幅、横幅标语150多条、宣传橱窗60块，参观、受教育群众3000余人次。组织开展禁种铲毒、防范打击新型毒品违法犯罪和涉爆制毒化学品管控等专项工作，排查走访社区吸毒人员，辖区民警、单位、社区、专职禁毒社工、禁毒志愿者、亲属等组成“六位一体”帮教队伍，帮教率100%。集中开展社会矛盾纠纷大排查活动，加大信访、“法轮功”邪教等重点人员管控力度，落实重点人员“五包一”(包掌握情况、包解决问题、包教育转化、包稳控管理、包服务化解)管控措施，成功解决“金三力”拆迁上访、铁路北街拆迁等遗留问题，确保“两会”、上海世博会等关键时期安全稳定。全年街道大调解中心、各社区调委会调处矛盾纠纷332件，调处成功327件、成功率98.5%，无调解不当而发生“民转刑”或非正常死亡事件发生。至年末，在册矫正对象34人，其中缓刑24名、假释6人、暂于监外执行2人、剥夺政治权利1人、管制1人，所有矫正对象无脱管、漏管，无重新犯罪。在册矫正对象中，15人次受到表扬、1人因表现良好获减刑3个月、1人被评为矫正积极分子。是年，街道司法所获2008~2010年度南京市指导基层调解工作先进集体。

【街道残疾人康复训练中心成立】 5月16日，街道残疾人康复训练中心在“真美好好和园”养老院揭牌成立。该中心把养老、托残和残疾人康复有机结合，是鼓楼区首家养老、托残、残疾人康复训练一体化的服务中心。康复训练中心位于虎踞北路55号，有养老床位110张，各类服务人员12名。中心充分利用养老院资源，由政府加大投入，为辖区残疾人提供专业化、正规化康复服务。

【打造影视文化主题社区】 10月，街道在丁山社区办公楼设置100多平方米、容纳150人的影视厅，打造影视文化主题社区，在街道、社区网页开设“影视文化社区”征求意见箱，组建社区影视爱好者协会，征集社区剧本、招募演员，让居民群众以现代影视为平台，以身边故事为内容，自编自导自演身边平凡事。影视厅定期开展“社区剧场”“影迷沙龙”“棋盘过招”“读书时间”等一系列活动，打造市首个影视文化主题社区。

【大学生社工宣讲团】 5月19日，街道大学生社工公民道德宣讲团揭牌成立，并举行首场宣讲会。宣讲团有成员18名，讲师由各社区大学生社工组成，是全市街道组建的首个大学生社工公民道德宣讲团。大学生社工用平凡人的道德境界宣讲社区居民群众身边的公民道德事迹，教育广大群众，增强公民道德典型的亲和力和影响力，提高居民群众道德意识和社会责任感。全年，宣讲团分别在辖区社区、学校、养老院等单位巡回宣讲20多场，居民群众、机关干部、学生等5300多人次接受教育。

5月19日，挹江门街道大学生社工公民道德宣讲团揭牌成立并举办首届公民道德宣讲会

【开展系列科普活动】 2010年，街道全面贯彻落实《全民科学素质行动计划纲要》，用群众易于理解接受参与的方式，开展"科普进社区"活动。新建9个"社区科普青少年活动室"，为社区图书馆补充科普类图书4万多册，编印《低碳生活进万家》《科普知识文摘》4500多本，发放给社区居民；开办免费电脑培训班，60多名居民群众获得省电脑培训证书；组织开展"我健康、我快乐""科学饮食进万家"等科普讲座，培训居民群众5900多人次，印发低碳生活、防震减灾、健康卫生、安全生产等科普资料1.3万份；组织开展"科普才艺大比拼""儿童才艺大展示""邻里厨艺大显手"等活动。街道科普工作被区评为先进单位，妙峰庵、鲁迅园社区科普大学受到市科协表彰。

【荣获全国社区教育示范街道】 2010年，街道依托辖区社区学校，组织开展多种形式知识讲座，促进居民文明素质、健康意识和生活质量提升，提高社区居民群体综合素质。举办"从我做起，走向文明""高血压防治""珍爱生命，依法出行"等知识讲座12期，参训居民1930人次；依托街道社区服务中心，聘请技术人员开展居民职业技能培训，举办家政服务等培训班6期，受训居民近500人次，198人实现就业、再就业；在街道、社区两级设置网络图书馆，居民不出社区就能得到想看的书籍，定期组织开展家庭、学校读书活动，带动读书活动持久进行，丰富居民群众业余生活。年内，街道确立的"探索特殊教育社区化模式，教育帮扶智障人员发展实验""金陵诗词赏析特色课程建设实验"两项课题，通过专家论证预审。年末，该街道获"全国社区教育示范街道"称号。

【文明创建工作】 2010年，街道将精神文明建设工作纳入街道总体规划，统筹安排精神文明建设各项工作，把精神文明建设考核同各项工作考核融为一体。在"万名干部进万家、了解民意办实事"文明创建活动中，街道领导、机关干部、社区工作者取消双休日，所有干部、社区工作者人均走访50户家庭，遍访辖区1.5万户居民家庭，将文明创建知识送上门，将居民群众意见逐条归纳整理，并进行整改。2007~2010年，街道先后制订4批、139件为民办实事项目，投入资金220万元，出新改造回龙桥5号、察哈尔路12号、妙峰金川雅苑、古平岗22号、272大队小区，引导居民自我管理；粉刷主要街面、修补路面，维修小区车棚、电子防盗门，补植草坪1600平方米，解决福建路和镇江路菜场周边环境脏乱差、大桥南路占道经营、晚市沿街"五小"行业噪音油烟扰民等一批老大难问题。是年9月，街道被中共南京市委、南京市人民政府授予"南京市（2007~2009年度）文明单位"。 （易永春）

江东街道

【概况】 江东街道地处南京河西地区北部，东依秦淮河，西临长江。下辖3个行政村、8个社区居民委员会，面积5.95平方公里，居民2.42万户，户籍人口7.14万。

2010年，街道完成地区生产总值19.58亿元，完成税收4.41亿元，同比增长48.56%；其中一般预算收入2.5亿元，同比增长78%；完成社会消费品零售总额34.13亿元，实际使用外资260万美元。新办企业312家，新办现代服务业企业17家，其中1000万元以上服务业企业3家；宝船厂遗址公园和弘亚集团旗下爱儿时代"头等舱"儿童职业体验城，成为街道文化产业龙头支柱，推动辖区文化事业发展。全年，城管平台处理各类案件8939余起，处理信访案件40余起，结案率100%。完成临江新寓小区地下管网改造，改造腾飞园社区约400米道路和200平方

5月7日，挹江门街道在铁路北街广场开展争创全国和谐社区建设示范城区广场宣传活动

3月31日，江东街道举办"和谐家园，平安江东"广场宣传活动

米健身器材场地，安装宁西新寓小区数字监控设施，对宁工新寓二村小高层进行防水堵漏。建成8个社区居委会社区网站，在区"社区信息建设验收检查"中，以95.6分的高分荣膺榜首。深化"十队联防红袖标工程"建设，开展"平安社区""无毒社区"创建活动，全年社区调解组织受理调处各类矛盾纠纷103起，调解率100%，调解成功率98%；圆满完成全国"两会"、上海"世博会"等重要时期维稳任务；倡导居民安装"平安e家"技防入户设施，物管小区技防设施覆盖率91%、企事业单位监控网络覆盖率85%、驻地银行监控网络覆盖率100%。是年，街道被市政法委评为2010年度平安街道。

【招商引资和税源经济】 2010年，街道新引进1000万元以上大项目8家。对外招商重点项目有：辰龙新境界，占地面积1.33公顷，建筑面积4万平方米；江东社区服务中心、南京弘亚商场项目占地面积2.67公顷，建筑面积10万平方米，年末竣工交付；银城广场建筑面积约6万平方米。确立新办重点招商项目和在省工商局注册的1000万元以上规模企业跟踪人和责任人，安排专人做好跟踪服务，代办各项证照手续。协助爱儿时代广场和弘亚商场在年内开业，帮助滨江瑞景、天水滨江等房产资源及销售税收不在街道的楼盘解决建设、销售、招商中遇到的困难和问题，并帮助招商。经常走访南京慕诚房地产开发有限公司、南京凯盛水泥技术工程有限公司、南京艾志工业技术集团有限公司、南京晟铮房地产开发有限公司等重点税源企业，了解、掌握建设施工项目和生产经营情况，主动帮助企业解决实际问题，帮助企业做大做强。联合鼓楼高新技术产业园管理办公室招商部开展软件产业项目招商，建立资源共享、信息互通、共同招商、分工协作的工作机制，确定5家软件企业参加申报南京市软件产业种子专项基金。至年末，该街道有文化传媒、图书编辑、影视传播等文化产业单位90余家，年纳税额850多万元。

【科学研究与实验发展统计】 1~3月，江东街道历时2个月的科学研究与实验发展统计(R&D)清查90家，实际填表36份；完成南京市公民科学素质调查报告45份；完成记账户抽样调查225份(3个社区各75份)，其中江滨新寓66家、腾飞园社区65家、长阳花园60家。第二次全国经济普查老单位信息维护上半年922家，下半年1034家；新增法人单位信息维护上半年233家，实际填表92家；下半年176家，实际填表129家。

【城市管理与环境整治】 2010年，街道修订完善《江东执法队考核管理办法》等规章制度，规定所有考核路段案件标准，实施严格考核管理，全年城管平台处理各类案件8939起。开展城管工作领导接待日活动，为市民群众释疑解难，全年处理信访案件40余起，结案率100%；物业服务中心继续做好托

2010年江东街道引进注册资金1000万元以上企业名单

表85　　单位：万元

序　号	企业名称	注册资金
1	江苏德瑞克投资管理有限公司	1280
2	南京睿视信息技术有限公司	1000
3	南京众泰软件有限公司	1000
4	南京普尔特地产开发有限公司	2000
5	南京海隆软件技术有限公司	1000
6	江苏苏安矿山工程有限公司	1000
7	江苏中地建设投资有限责任公司	1600
8	江苏省再保融资租赁有限公司	42800

管小区物业管理工作，望江新寓小区2010年度物业费收缴率达90%；引进物业公司解决宁西公寓、晶元雅居长期没有物业管理的问题。街道应急维修站重点做好宁工二村152号“12·21”火灾维修出新缮后工作、解决腾飞园小区道路长期积水等居民应急问题；清查辖区257家餐饮业、服务业，完善餐饮业基础台账，协调区工商局、卫生监督所、房产局、环保局等部门集中整治污染严重的清河路小餐饮店，督促安装油烟净化设施；加强水源地巡查保护，发现问题，及时处理，保证居民用水安全；配合市容环境整治，完成临江新寓小区地下管网改造、改造腾飞园社区约400米道路和200平方米健身器材场地、为宁西新寓小区安装数字监控设施、为宁工新寓二村小高层防水堵漏，提升居民居住环境；7月，街道全面开展小区院落、楼宇楼道违建普查，查出违章建筑2989处、43.49万平方米，拆除违建6000余平方米，完成简易程序案件670件，罚款1.89万元，完成一般程序案件136件，罚款1.1万元。所有办理案件没有引起行政复议和行政诉讼，案件查处合格率100%。

【民生与就业】 至2010年末，街道有民间组织220个，其中社团125个、民办非企业单位95个。按类别分为维权类43个、服务类118个、活动类54个，慈善及其他5个。强化社区服务理念，结合全国第六次人口普查，做好居民登记，发放统一制作的便民服务卡，宣传社区服务项目，收集和了解居民需求，提供零距离、亲情化服务。清河新寓社区爱心园、长阳花园社区互助合作社分别开设“心手相牵爱心园”特色服务网站和网上电子虚拟社区，为社区居民提供全时段、更便捷互动网络平台。加强劳动保障，年内新增就业岗位2464个，援助困难人员就业299人次，树立创业典型16名，培育自主创业者206人次，创业带动就业1568人次；参加再就业培训467人，在职培训496人次；开展非自管组织社会化活动323场，退休人员免费体检5445人。全国助残日期间，慰问走访6户特困残疾人员家庭及2名创业明星；结合银城社区发生的一起真实案例，聘请南京维世德律师事务所律师举办一期“房产维权法律知识”专题讲座。结合地区开发建设，与宝船厂遗址公园沟通，协调200多平方米排练室及园内3处大型场地供群众文体队伍排练使用，并作为街道大型群众文体活动场所；在“江东父老腰鼓队”基础上，成立由30人组成的“江东博雅民乐队”，充实街道群众文体队伍；组织举办江东地区“宝船杯”拔河比赛、腰鼓比赛和“江东杯”科学饮食进万家科普知识竞赛等群众文体活动21场次。

2月5日，省老年科协、省人民医院、省疾控中心、鼓楼区政府联合在江东街道举办鼓楼区“江东杯”科学饮食进万家科普知识竞赛

【民间纠纷调处及社会治安管理】 2010年，街道综治科、司法所人员增加到12人，社区配备综治专职干部和专职人民调解员，进一步增强社区综治创建力量。投入数十万元，更换、添置社区综治警务室办公设施，完善社区民警、保安、流动人口协管员和专职人民调解员“四位一体”的社区综治警务网络。街道与社区(村)、机关科室、江东派出所、司法所以及驻地单位和学校负责人签订2010年度社会治安综合治理目标管理责任书。结合反邪教、禁毒、流动人口服务管理、依法治街等专项工作，举办“平安创建”大型广场宣传活动3次。将街道范围内20多家较大规模企事业单位、院校，全部纳入综治目标管理责任，深化“十队联防红袖标工程”建设，开展平安社区、无毒社区创建活动；在物管小区开展治安防范星级评定、物管保安大练兵、小区治安防范自治等活动；在驻地单位开展平安学校、平安企业、平安工地等创建活动。年内，社区调解组织受理调处各类矛盾纠纷103起，调解率100%，调解成功率98%。先后开展“反盗抢一〇”行动、严打整治专项行动，整治赌博、游戏机及娱乐场所治安秩序等专项行动，破获一批有影响的刑事案件，保障辖区居民安居乐业。街道流动人口服务管理中心站为流动人口提供一站式服务，加快推进人口信息采集，加强流动人口落脚点特别是出租房屋管理，年内核查流动人口2.71万、登记流动人口2.06万、办理暂住证2.03万份。

【睦邻文化节】 2010年，江东街道开展睦邻文化节系列活动。文化节分：满园春、清风夏、硕丰收、瑞盈冬4个部分。“满园春”分别展示清河新寓社区“爱心园”、长阳花园社区“社区互助合作社”历年来建设成果；“清风夏”重点展示聚福园社区、宝船社区“同住一个社区、共享一片翠绿”睦邻绿色人居环境建设成果；“硕丰收”以银城花园社区、江滨新寓社区为载体，结合街道第六次全国人口普查工作，着重人普宣传和展示社区“亲情互助、敬老助残、扶贫济困”建设成果；“瑞盈冬”依托宝地园社区、腾飞园社区，展示“和合文化”“社区减灾文化”建设成果。通过广场展示、文稿征集、年终睦邻文化总结表彰等活动，向社会展示街道睦邻文化建设成果，形成邻里守望、互助合作、共享和谐的邻里关系。（陈金托）

凤凰街道

【概况】 凤凰街道地处南京城区河西地区、在鼓楼区西南部，东至外秦淮河河道中间线，南至汉中门大街道路中间线，西至江东北路道路中间线，北至草场门大街道路中间线，面积3.85平方公里，居民2.84万户、8.07万人。

2010年，街道完成地区国民生产总值(GDP)7.33亿元，完成率67.1%；完成税收2.57亿元，累计增幅74.67%；完成服务业增加值6.46万元，完成率64.8%；完成固定资产投资13.26亿元，完成率120.55%；完成社会消费品零售总额15.74亿元，完成率73.54%。全年引进企业211家，注册资金9203.2万元，其中新引进现代服务型企业6家、引进注册资金1000万元以上大项目2个(江苏正新商贸有限公司、江苏国信银华投资有限公司)。年内，新增社区教育兼职教师20人和社区教育志愿者200人，并进行十余次培训，社区教育志愿者开展各类社区教育活动，将创建全国社区教育实验项目、鼓楼区社区教育示范社区(4个)达标创建工作和创建“星级文明和谐社区”相结合，为发展社区、推进和谐文明社区提供优质教育服务。街道社教办申报的“社区孤独症儿童的早期教育”实验项目被评为全国社区教育实验项目。是年，街道获南京市双拥模范街道、南京市关心下一代先进集体、南京市“平安家庭”先进集体、南京市城市管理进步奖，街道司法所获江苏省优秀司法所、街道工会被评为南京市模范职工之家、街道城管执法中队获南京市先进行政执法中队等20余项集体荣誉，30多人获得先进个人。

【市容环境整治】 2010年，街道重点整治汉中门大街、清凉门大街、草场门大街、江东北路等重点路段，取缔花开四季小区河边早菜市并长效控制；集中整治取缔、处理无证摊贩800多起，劝导和教育倚门设摊、占道经营1000余起，清除辖区内张贴的城市“牛皮癣”2.5万处；城管科联合区执法部门组织4次大规模拆违活动，全年拆除违章建筑近600处，拆除违章搭建2000平方米，发放拆除整改通知近1000份；义务植树1000株、破墙透绿100米；处理各种市容环境投诉举报案件500多起，回复处理满意率97%；推进“门前三包”责任制，签订“门前三包”责任书1000余份，签约率、履约率100%；协助设立市血液采集中心龙江采血点和教工社区“五小”行业服务点建设，协调和管理西瓜摊位设立等。

【社会保障】 2010年，街道坚持“应保尽保、应出尽出、应调尽调”社会救助动态管理原则，实施低保户低保金人均上调40元、苏果券上调30元、低保边缘户和低收入家庭住房保障调标工作；完成区政府三年低保家庭日人均达到3美元计划目标。为街道最低生活保障对象544户、1071人发放低保金303万余元，救助券(含慈善超市救助券)142万多元；为低保边缘家庭89户、211人发放保障金8万多元；为重残60户、62人发放重残生活补贴近26万元；大重病救助和临时救助105人(户)、20多万元；为低收家庭发放物价补贴9万多元，保障低收入住房困难家庭334户、987人。采取走访、调查、信息比对等手段，查处清退拥有车辆、一户多房、收入超标等低保家庭74户，调整低保家庭保障金308户，实现“伪低保”应退尽退。

【劳动保障】 2010年，街道采取就业绿色通道、与街区企业签订“长期岗位援助协议”、召开专场招聘洽谈会和开展技能培训等举措，安排就业困难对象152人，214名失业人员通过培训重新走上工作岗位，街道就业率95.18%、再就业率97.66%、享受政府优惠率73.7%。全年新纳入社会化管理服务退休人员1898人，完成退休人员健康体检2158人；为283名老人办理南京市城镇居民养老补贴，组织7025名退休人员开展各类活动。开展医疗救助94人，审核发放28万元；协调劳动纠纷8起，涉及金额1.04万元，走访2011人。

【社区平安建设】 2010年，街道成立信访调处工作领导小组，及时研究调处重大矛盾，处理重要信访问题。先后调处化解龙凤玫瑰园部分业主上访、凤凰花园城居民因聚泽园项目与市规划局矛盾等重大信访问题。掌握矛盾纠纷苗头和动态，建立健全街道、社区两级调处网络，形成纵到底、横到边的维稳防线；加强信息报送工作，重大矛盾、群体性事件及时报告，没有发生漏报、迟报等情况。成立住宅区物业管理工作领导小组，制定物业管理实施方案，因地制宜推进物业管理投诉调解工作站、物业应急维修服务站和物业服务中心为一体的“两站一中心”工作；摸底调查地区20多处无物管小区，并建立数据台账；选聘专人担任物业矛盾投诉调解站负责人，组织人员了解龙凤玫瑰园、金信花园、汇贤居、龙凤花园城等物管矛盾纠纷较为突出的小区情况，并受理调解纠纷60起。全年，受理群众来信来访500多件(起)，调处各类矛盾纠纷300多起。

【成功解决凤凰花园城小区居民上访问题】 5月，市规划局规划公示聚泽园项目，因规划道路及环境问题，引起相邻凤凰花园城小区1000多户居民强烈反对。该小区居民多次到市规划局上访，街道主动介入，先后2次协调市规划局相关人员与小区代表对话协商，因双方意见分歧较大，未能达成一致意见。5月17日、6月21日，小区200余位居民2次到省政府上访，对街道辖区的社会政治稳定造成很大影响。为防止矛盾扩大，街道成立专项矛盾处置小组，负责疏导上访群众和矛盾化解。街道领导及处置小组成员明确分工，深入小区逐户上门做群众疏导劝解工作，指导群众依法维权；启动敏感时期应急值班制度，实时掌握群体性上访信息和苗头，做到第一时间上报；发出《致凤凰花园城小区业主的一封信》，及时将市政府协调意见传达给业主；信访重点人头由街道、社区干部包干到人，做好思想稳定工作。同时，与市规划局、信访局协调配合，搭建政府有关部门与群众对话平台；配合公安部门约谈、约见和电话联系重点人员，做好重点人员稳控工作。经过协调，规划部门最终调整项目规划设计方案，一起重大矛盾得到有效化解。

6月11日，街道、社区和驻区部队新战士代表慰问老红军王敬群

【双拥工作】 2010年，街道领导走访慰问驻辖区3支共建部队；与新征入伍的义务兵家庭签订《双保协议书》。按照《军人抚恤优待条例》为凤凰地区优抚对象服务承诺项目，全年发放优抚对象困难补经助费2000元，发放伤残军人、烈士遗属等优抚对象优抚费用56.3万元；为31名烈属子女申请发放物质补贴2.72万元；为10位部队立功人员发放国防奖励金1000元。联系莫愁社区卫生服务中心部分医务人员上门为年老并有医务需求的优抚对象免费巡诊、送药；送流动图书进军营，在武警某中队联建区流动图书站点，每月定期为连队提供流动图书，丰富部队基层连队文化生活；街道为所有优抚对象申办免费服务存折或银行卡，各社区为辖区内军属和烈属送光荣牌48个。

（张存礼）

7月7日，苏城苑社区举办中美青少年文化交流活动

和谐社区建设

Construction of Harmonious Communities

鼓楼社区建设：十年建设　十年探索

2010年4月24日，在鼓楼区召开的全国建设和谐社区高层论坛上，鼓楼区经验备受各方瞩目。鼓楼区是全国最早开展社区建设的城区之一，先后获得“全国社区服务示范区”“全国社区建设实验区”“全国社区建设示范区”和“全国和谐社区建设示范城区”等国家级荣誉称号。2000年以来，鼓楼区社区建设经过十年实践，十年探索，其经验可以概括为六个方面：

扩大基层民主，完善居民自治。2000年，鼓楼区创设“两会一园”管理机制，建立社区成员代表大会和社区居委会。2002年以来，建立社区成员代表会议制度、社区议事园制度、社区事务公开制度，使居民真正成为社区自治的主人。2007年，建立以社区党组织为核心、以社区居委会为主体、以社区公共服务站和社区社会组织为基础的新型社区组织体系。同年，在老旧小区建立“小区自管”机制，基本实现社区居民的自我服务与自我管理。2010年，鼓楼区社区居委会换届选举全部实现直选。全区95%的社区办公用房达到每百户30平方米，保障社区组织工作需要，也方便居民开展活动。

创新组织运行机制，自我管理健康有序。自20世纪90年代后期以来，鼓楼区在全国率先构筑起社区党建“一会一站”议行合一平台。辖区内活跃着长阳社区互助合作社、清河新寓社区“爱心园”、爱德慈善基金会、金康养老中心、爱心助学协会等知名社区社会组织。其中，爱心助学协会是全国首家以社会组织形式推动助学的协会，成立3年来已有3000多名志愿者和52家团体会员单位，筹集百万爱心助学基金，资助1300人次。“心贴心老年人社区服务中心”和“金康老年护理中心”与鼓楼区民政局合作，共同打造鼓楼区“居家养老服务网”，政府通过向民办非企业单位购买服务的方式对独居老人和高龄困难老人进行援助。

全面满足群众需求，创建现代服务型社区。鼓楼区通过政府购买服务、社会组织提供上门服务的方式推行居家养老，全区6000余位独居老人、空巢老人和特困老人受益。2004年，开通“96180”生活服务热线，为居民提供全天候、全方位、全程式生活求助和信息咨询服务。2007年，“96180”升级为南京市民生服务热线。增发低保救助金，保障标准达到每人每月460元。2008年底，提出“3美元生活保障计划”，2010年实现无就业能力的困难家庭综合生活保障标准达到每人每天3美元。

加强社区治安防控，铸就平安守护盾牌。鼓楼区将社区治安纳入和谐社区建设的目标任务，加强组织体系，加大资金投入，实现从破案为主向防范为主转变、从街道为主向社区为主转变、从白天为主向夜晚为主转变、从公安为主向发动全社会力量为主转变。工作重点下移，以社区为主战场，实现警力向社区倾斜、财力向社区倾斜、防范重点向社区倾斜，努力打造社区治安综合治理平台。同时实行社区网络抓联防、专业队伍抓巡防、整合资源促人防、监控设施强技防的格局。社区公共利益、企事业单位行为与社区居民利益冲突、社区自治行为引发的利益冲突、房屋拆迁引发的冲突等，都纳入社区治安的建设内容。

坚持以人为本，创造优美宜居环境。精心打造的AAA景区乌龙潭公园，让居民在免费公园里享受到“星级”服务；郑和宝船厂遗址公园、石头城公园、八字山公园成为居民的“后花园”；社区空地上安装功能多样的健身器材，居民不出社区就能享受到休闲娱乐健身，“15分钟健身圈”已经实现。

树立文明和谐风尚，创建幸福祥和社区。2005年，鼓楼区在全市率先探索创建“星级文明和谐社区”，内容包括就业、绿色、平安、稳定、整洁、文明等。2010年，全区64个社区全部达到南京市和谐社区标准，11个社区被命名为“南京市和谐示范社区”，8个被命名为“江苏省和谐社区”。为实现社区居民“人人享受文化、人人生活方式健康文明”的目标，鼓楼区通过加强图书馆等公共文化阵地建设，建立覆盖全社会的公共文化服务体系，满足广大居民群众精神文化需求。

社区建设

【社区党建】 2010年，区委组织部继续强化社区党建工作。一是加强社区党组织班子建设。有序推进村（公司）党组织班子公推直选，成立区、街、村三级领导小组，细化各级工作方案，顺利完成班子换届。实施社区“兼职委员

4月22日，中央门街道工人新村社区志愿者服务站揭牌

制”，通过联席会、议事会等载体，把辖区内有一定影响的驻区单位党组织负责人，选聘或委任为社区党组织委员，驻区单位参与社区建设的主动性和责任感得到增强，帮助解决急难险重问题23个，涉及资金50余万元。落实好社区党组织书记承诺兑现，2009年64个社区党组织公开向党员群众承诺的272个问题，均制订切实可行的计划和方案，至2010年末得到有效解决。组织开展64个社区党组织公开报告评议活动，市委常委、组织部长王奇，区委书记鲍永安到工人新村社区现场观摩，并给予高度评价和肯定。全区党员群众对社区党组织公推直选一年来工作评议的满意度为95%以上。二是排查基层党组织薄弱环节。联合民政、工青妇等部门，对全区20个党工委、500多个基层党组织的薄弱环节进行全面排查，广泛走访基层群众、驻区单位，充分征求党员群众意见建议，通过议事会、座谈会等方式，将自查活动情况及时向群众公示、让群众评判。各基层组织梳理突出问题7类457个，分别采取制定计划推进表、落实责任人、明确责任时限等方式及时进行整改。三是开展“牵手行动”。58个区级机关党组织、36个街道机关党组织、8个“两新”党组织、3个社区党组织的党员参与“牵手行动”，结对帮扶371户816名困难群众，帮扶资金和物品28.17万元，通过党组织自身力量帮助落实就业7人，联合驻区企业举办“牵手行动”岗位帮扶专场就业招聘会，现场达成就业意向36人次，落实上岗19人。四是推行“四型”党组织设置。设立志愿服务特色党支部，推行“特色支部+特长党员”的功能型党组织设置。在封闭式物管小区，由社区党委委员、物管党员负责人、业委会的党员组成小区党支部领导班子，推行以党组织为核心，居委会、业委会和物管共享共管的“1+3”共建型党组织设置。在混合开放式小区，推行以社区党组织为领导，社区民主协商、自我管理、自我服务的整合型党组织设置。在“两新”组织聚集小区，把“两新”党建纳入社区党建，推行融入型党组织设置，促进不同类型党员相互了解、相互融合。　（郝　雷）

【社区安全月宣传启动】 8月6日，鼓楼区社区安全月宣传启动仪式在宁海路街道三步两桥社区举行，常务副区长纪增龙、区委宣传部长苏郑，区安监局、区民政局等十多个部门负责人及各街道领导出席启动仪式。安全宣传月旨在引导社区居民提高安全意识，参与社区安全建设。仪式上，区安监局局长陈凯作安全事故案例分析讲解，颐和路社区党委书记凌红代表社区宣读建设安全社区倡议书，南京大件起重运输有限公司董事长陶志强作企业安全工作经验介绍，同时为宁海路街道在9个社区中选聘的180名党员志愿者颁发工作标牌。　（田　明）

【鼓楼社区网和64个社区网站开通运行】 11月，鼓楼区与中国电信南京分公司合作，投资10.5万元的鼓楼社区网和64个社区网站通过验收并开通运行。社区网站集社区党建、居民自治、便民服务、社会公益信息和社区周边商业服务信息为一体，有效整合社区工作各种服务资源，成为社区居民了解社区建设、参与社区事务和快速获取社区服务的高效平台。

【社区硬件建设成效显著】 2010年，区民政局对64个社区居委会办公服务用房进行摸底调查，建立相应的电子档案。加强社区办公服务用房建设，95%的社区达到每百户30平方米。全年净增社区办公服务用房3100平方米，虎踞关社区完成复建办公服务用房装修并入住，完成1080平方米的丁山社区办公服务用房的装修，建成1200平方米的宝船社区办公服务用房。

【调整提高专职社区工作者待遇】 2010年，区专职社区工作者工资补贴待遇率先达到南京市上年度城镇单位职工平均工资水平。从7月1日起，通过增加固定工资、浮动工资，扩大星级社区补贴级差，增设住房公积金、社区工龄补贴、社会工作职称补贴、四星级社区浮动工资，提高半年奖和年终奖标准，大幅度提高专职社区工作者工资补贴待遇。此次调整，鼓楼区专职社区工作者工资补贴待遇平均每人每月增加875元左右，平均增幅在40%以上，加上5项社会保险，主任月平均收入在3452元~3827元之间，副主任月平均收入在3302元~3677元之间，社工月平均收入在3152元~3527元之间。

【调整提高退养主任退养费】 鼓楼区参照南京市2010年退休职工退休费调整规定，调高社区居委会退养主任退养费，一是工资上调10%。二是适

改建装修后的中央门街道观音里社区办公楼

当增加30元~50元不等的高龄补贴，调整涉及全区120名退养主任，平均每人每月增加170元，退养费平均增至每月1545元。

【喜报】 鼓楼区6人入选2010年度“中国好人”榜(全市12人)；2人成为“感动南京”年度十大人物；18人当选第九届“南京好市民”(全市100人)。

鼓楼区2010年度“中国好人”

表 86

姓　名	所在街道社区
张玉华	宁海路街道颐和路社区
崔传面(女)	宁海路街道古林社区
沈　谊	宁海路街道天津新村社区
陈正一(女)	宁海路街道天津新村社区
朱世平	中央门街道汇林绿州社区
黄世霞(女)	湖南路街道南秀村社区

鼓楼区2010“感动南京”年度人物

表 87

姓　名	所在街道社区
谢培军	挹江门街道
崔传面(女)	宁海路街道古林社区

2010年鼓楼区第九届“南京好市民”

表 88

姓　名	所在街道社区	姓　名	所在街道社区
吴火金	武警江苏省总队第一支队	陈正一(女)	宁海路街道天津新村社区
谢　兵	武警南京市公安消防支队	崔传面(女)	宁海路街道古林社区
郑幼明	扬子晚报社	朱金娣(女)	湖南路街道云南路社区
周路阳	鼓楼医院	孙洪庆	挹江门街道察哈尔路社区
谢培军	挹江门街道、市邮政水佐岗分局	朱世平	中央门街道汇林绿洲社区
李　莉(女)	鼓楼区国税局	黄世霞(女)	湖南路街道南秀村社区
苏　华(女)	金陵中学	李桂玲(女)	湖南路街道山西路社区
黄　艳(女)	南京协和化学有限公司	郭玉兰(女)	中央门街道将军庙社区
沈　谊	宁海路街道天津新村社区	徐　梅(女)	宁海路街道仙霞路社区

2010年7月“助人为乐——中国好人”：宁海路街道天津新村社区居民沈谊、陈正一夫妇

2010年7月“助人为乐——中国好人”：南京军区原副政委、老将军张玉华

【省和谐示范社区】 至2010年末，全区被命名为省级和谐示范社区的有8家，分别为工人新村社区、海棠里社区(现合并到凤凰西街社区)、清河新寓社区、云南路社区、妙峰庵社区、颐和路社区、汇林绿州社区、五台山社区。

【市和谐示范社区】 至2010年末，全区64个社区全部达到市和谐社区标准，11个社区被命名为市和谐示范社区，分别为工人新村社区、清河新寓社区、长阳花园社区、妙峰庵社区、戴家巷社区、马台街社区、丁家桥社区、古林社区、汇林绿州社区、苏城苑社区、五台山社区。

【区级"星级文明和谐社区"创建】

2010年底，依据《鼓楼区"星级文明和谐社区"评价细则》和《鼓楼区"星级文明和谐社区"创建工作实施办法》，鼓楼区对64个社区开展星级评价。评价方式以通过街道和部门评价排名、一票否决、全年4次满意度调查汇总、重点工作综合评价、评价复核等形式进行。评价程序有5步：一是街道组织社区自评并对社区进行初评排序，二是相关部门对社区实施考评并排序，三是有一票否决权的部门集中对参创社区实施评审，四是汇总全年4次满意度调查成绩，五是区创建办、区委民政局、组织部依据文明城市长效管理和公共文明指数测评工作，街道、部门排名情况和满意度调查情况进行综合评价。评价权重分为街道评价30%、部门评价30%、居民评价40%，重点工作综合评价附加分50分。经过多轮多层次评价，最终评出四星级社区7个、三星级社区37个、二星级社区18个、一星级社区2个。

2010年度鼓楼区星级文明和谐社区名单

表 89

四星级社区(7个)		
宁海路街道颐和路社区	挹江门街道妙峰庵社区	江东街道长阳花园社区
中央门街道工人新村社区	湖南路街道丁家桥社区	凤凰街道蓝天园社区
华侨路街道石头城社区		
三星级社区(37个)		
挹江门街道鲁迅园社区	宁海路街道古林社区	挹江门街道模范西路社区
湖南路街道云南路社区	挹江门街道丁山社区	湖南路街道南秀村社区
挹江门街道回龙桥社区	挹江门街道戴家巷社区	湖南路街道大方巷社区
江东街道清河新寓社区	宁海路街道三步两桥社区	宁海路街道天津新村社区
中央门街道模范马路社区	宁海路街道山西路社区	中央门街道天正和鸣社区
湖南路街道裴家桥社区	宁海路街道北京西路社区	中央门街道劝业路社区
中央门街道颂德里社区	挹江门街道察哈尔路社区	宁海路街道苏州路社区
挹江门街道福建路社区	湖南路街道马台街社区	凤凰街道苏城苑社区
湖南路街道青岛路社区	中央门街道汇林绿洲社区	中央门街道三牌楼社区
中央门街道观音里社区	湖南路街道傅厚岗社区	凤凰街道西城岚湾社区
宁海路街道仙霞路社区	中央门街道新门口社区	江东街道宝地园社区
华侨路街道五台山社区	凤凰街道凤凰西街社区	凤凰街道华阳佳园社区
江东街道江滨新寓社区		
二星级社区(18个)		
挹江门街道钟阜路社区	华侨路街道广州路社区	华侨路街道龙蟠里社区
宁海路街道康藏路社区	江东街道银城花园社区	华侨路街道清凉山社区
凤凰街道白云园社区	江东街道聚福园社区	江东街道腾飞园社区
华侨路街道慈悲社社区	中央门街道青石村社区	中央门街道紫竹林社区
凤凰街道莫愁新寓社区	凤凰街道凤凰花园社区	江东街道宝船社区
中央门街道将军庙社区	凤凰街道凤凰二村社区	凤凰街道凤凰街社区
一星级社区(2个)		
华侨路街道虎踞关社区	凤凰街道教工新村社区	

(王栓柱)

星级社区概况

华侨路街道所辖社区

【五台山社区】 社区地处市商业中心，东至上海路，南至汉中路，西至牌楼巷、拉萨路，北至广州路。办公地位于五台花园1幢101室。2010年，社区成立公民教育中心、社区公民教育委员会和公民教育指导服务站。制订完善《五台山社区公民教育章程》《五台山社区公民教育职责》等一系列规章制度，建起区域QQ群，通过网络平台发布教育服务信息和课程活动计划，交流、分享学习体会与成果，发布辖区单位建设成果，促进相互了解和互动学习。至年末，1267人在线学习注册。是年，社区被评为区三星级文明和谐社区。

【石头城社区】 社区地处石头城历史文化风光带，东至虎踞路，南至清凉门大桥，有83幢居民住宅楼，办公地位于石头城新村40号。2010年，社区继续利用家园文化阵地，为居民提供共享社区文化平台。文明风尚馆先后举办"弟子规""中国奥运健儿风采展""妇女百年发展史看巾帼之风采""宝宝乐图片展""劳动者之歌""全家福图片展" 等多期展览，竹雕馆开展残疾人就业创业培训、青少年手工制作培训，社区各类文化团队开展丰富多彩的活动、广场文艺汇演、周周乐红歌大汇唱，与省电视台、广播电台联合举办文艺演出等，丰富社区群众精神生活。全年社区各场馆接待居民36批、1000余人次。是年，社区被评为区四星级文明和谐社区。

【清凉山社区】 社区东至虎踞关、龙蟠里沿线，南至汉中门，西至虎踞路、秦淮河沿线，北至省武警总队与河海大学围墙分界处。办公地位于虎踞路3号。2010年，社区围绕"睦邻"主题，开展学习、娱乐、便民、健身、互动、慈善等6大方面"睦邻文化"进小区系列活动。通过互动让陌生邻里亲和起来、困难居民温暖起来、热心居民快乐起来，增进邻里和睦，促进社区家园和谐。6月和12月，组织社区十多支民间团队，在金盾饭店分别开展"睦邻助邻，传递爱心，祈福健康，共筑和谐""人生夕阳，有你有我，有爱同行"主题活动，集中展现社区家园和谐风貌。是年，社区被评为区二星级文明和谐社区。

【龙蟠里社区】 社区位于华侨路街道西南，东至牌楼巷、拉萨路，南临汉中路，西至虎踞路龙蟠里，北接广州路。办公地位于虎踞路38号。2010年，社区在西祠讨论版建立"龙蟠里社区"讨论版，为辖区单位、社区、居民之间建立沟通交流平台。信息讨论版分党建、民政、计生、城管、社会保障、综治、信访调解、供给需求等类别，将各类服务信息50余条发布在讨论版中，整合社区资源、采纳居民意见、接受居民监督。

7月20日，南京日报报业集团《周末》报小记者到石头城社区历史文化馆参观采访

【虎踞关社区】 社区东靠上海路，南接广州路，西至虎踞关，北邻汉口西路。社区有32个院落，办公地位于虎踞关36号。2010年，虎踞关社区成立志愿者协会，驻区单位和居民积极参与，建立11支志愿者服务队，开展法律咨询援助、医疗进社区、帮助困难群体等为民服务活动。年内，南京协和化学有限公司、南京师范大学、苏宁环球集团、古南都饭店、社区众益院等多家志愿者队伍上门走访慰问30多户孤寡、独居老人，并对困难家庭开展"一助一"帮扶活动；省人民医院、市脑科医院、博事达律师事务所志愿者多次下社区开展各种形式义诊和法律知识讲座；省军区后勤部、装备部、联勤部、第四干休所志愿者常年活跃在社区，利用节假日上门为居民提供维修服务、清扫小区院落、为行动不便的老人整理家务等。社区领导和居民代表慰问驻区3家部队，举办由省军区后勤部、第四干休所、省武警总队和省人民医院参加的庆"八一"双拥杯篮球友谊赛，增进军民团结。是年，社区被评为区一星级文明和谐社区。

【广州路社区】 社区位于新街口商业中心西北约1.2公里处，东至中山路，南至华侨路，西至上海路，北至广州路。办公地位于广州路41号。2010年，广州路社区以"公共服务"为特色，创建驻区单位服务群，有群员20个，单位与单位之间实现资源共享，并增加互动；积极推进"助残托养中心"建设工作，年末基础装修工作基本完成，启动康复器材购置、人员选聘、服务对象审核等工作；新建欢心剧社、卡拉OK歌唱队、摄影爱好队等3个民间组织，居民社区文化活动参与率得到提高。春节前夕，组织党员群众召开"迎新春大联欢"活动；4月，社区文艺团队参加江苏电视台综艺频道举办的 "社区乐翻天"节目；4月29日，组织近60名党员、居民到南京国际博览中心参观海峡两岸企业家紫金山峰会展览；5月1日，组织辖区单位职工和社区居民参加紫金山登山比赛活动；“六一”儿童节，与豆菜桥幼儿园共同开展“我开心，我快乐”游艺活动；端午节，组织辖区单位及部分居民代表慰问海军指挥学院官兵；“七一”前夕，组织社区及驻地单位党员志愿者，在君临国际广场举办“庆‘七一’，党员志愿者为民综合咨询服务”活动；社区公示栏定期向居民公示社区财务收支，低保及低保边缘户、住房保障、失业金申领、社保补贴发放等情况，在社区办公区域公开社委会工作职责、人员情况、工作制度等，方便居民了解、熟悉参与社区管理渠道。是年，社区被评为区二星级文明和谐社区。

【慈悲社社区】 社区位于新街口西北角，东至中山路新街口段，办公地位于明华新村15号。2010年，社区在全街道率先推行特色服务——“错时工作服务制”和“居民片长轮值制”，解决上班族的实际问题，方便群众。“错时工作服务制”具体做法是：社区工作人员除正常上班时间以外，通过调剂工作时间，轮流错时当班，早上8点钟1位工作人员提前到岗，傍晚有2位工作人员加班至晚8点，并将印有社区服务网站、服务项目和时间等内容的便民服务卡送到社区每户家庭。“错时”工作人员认真接待并填写工作记录，对不能及时解决的事项告知原因，然后实行“预约服务”，由服务对象定时间、定方式。同时社区周六、周日安排工作人员值班，确保社区服务无死角。“居民片长轮值制”是由居民轮流担任片长，并到社区轮值，协助做好居民接待，及时反映居民投诉、意见和建议，促进居民参与社区工作积极性。是年，社区被评为区二星级文明和谐社区。 （丁　亮）

宁海路街道所辖社区

【北京西路社区】 社区位于省政府西北约1公里处，东起西康路与北京西路交界口，南至清凉山，西至草场门广场，北至天津新村。社区办公地位于虎踞北路4号。2010年，社区关注下岗、失业、外来人员、流动人员等特殊人群，组织失业人员进行计算机、GYB创业等免费培训；多次走访慰问孤寡及困难老人，为16位空巢、独居老人安装“康惠通”，为社区184名80~89岁老人发放生活补贴；加强各类志愿者队伍、民间组织队伍建设，全年组织形式多样的活动。至年末，社区有志愿者队伍、民间组织队伍28支600余人。是年，社区被评为区三星级文明和谐社区、区关心下一代先进集体、区平安建设平安社区、区法制建设先进集体、区退休人员社会化管理服务示范社区等。

【三步两桥社区】 社区位于水佐岗中心地带，东至祁家桥，南至宁夏路，西至水佐岗，北至模范中路。办公地位于水佐岗32巷28幢。有小区院落21个，楼栋106个。2010年，社区利用黑板报、橱窗、横幅等多种形式进行法制宣传，社区法制学堂每月举办一次法制教育讲座，调解各类大小矛盾纠纷60余起；为16户低收入家庭办理住房申请，救助12户特困家庭学生，大病救助12人，春节发放救助金2.17万元；开展各类就业培训、讲座50多次；开展环境整治，清理垃圾70余车，牛皮癣9000多处，社区志愿者为辖区居民提供环境卫生、扶弱（孤儿、空巢儿童、优抚对象、老年人）助残、助老等服务。是年，社区被评为区三星级文明和谐社区。

【山西路社区】 社区位于省委、省政府西北约1公里处，东至中山北路，南近江苏路，西靠宁夏路，北临北四卫头。办公地位于四卫头45号。2010年，社区着重解决北四卫头12~16号院落安装大门、人和街37和39号安装电子防盗门、人和街4号改造下水道和拆除老菜市5号楼顶违建等问题；开展助学、助残、助困等活动，发动共建单位、驻区单位捐款5万元，市审计局二支部认领5名社区困难家庭学生的学费。9月1日，社区网站正式开通。是年，社区被评为市民兵军事训练先进单位、区平安社区、区爱国卫生先进集体、区社会矛盾纠纷调解工作先进集体、区三星级文明和谐社区。

【颐和路社区】 社区地处鼓楼区政治文化中心，东起云南路、西桥，南起北京西路，西至省政府东侧围墙、西康路，北至宁夏路、江苏路，面积0.45平方公里，居民4680户、1.4万人。办公地位于琅琊路11号。2010年，社区充分挖掘人文资源优势，在2009年建立全国首家社区将军馆基础上，配合区委党史办采访向守志、张玉华、彭勃3位将军，并协助出版发行以3位老将军战斗经历为主题的红色将军系列连环画册；4月，完成《南京市志》首发式暨赠书仪式协办任务；发挥社区党组织核心领导作用，发展志愿者队伍，长年开展“志愿先锋在行动”活动。是年，社区

10月1日上午，南京市市长季建业等领导参观颐和路社区将军馆

被评为省文明社区、省平安家庭创建示范社区、省规范化示范社区、市和谐示范社区、区四星级文明和谐社区等。

【仙霞路社区】 社区位于省政府大院东南方向约0.6公里处，东临宁海路，南抵汉口路，西界西康路，北至扬州路。办公地位于虎丘路14号101室。2010年，积极开展社区教育工作，发放区市民在线卡577张；联合社区幼教机构及学校开展幼儿、青少年教育活动8场，受教育近百人；开展各类中老年健康教育专题讲座6场，200多人参与；联合社区劳保站，开展失业下岗人员再就业推荐培训；修建山阴路22号封闭式车棚，解决汉口西路186号路面积水，疏通仙霞路11号、15号及虎丘路14号院落下水道，完成汉口西路182号小巷路面出新工程，社区人大代表协调解决仙霞路15号自来水供水网线改造问题，调处居民矛盾纠纷45起，成功调解28起；为罹患重病家庭发放医疗救助款2.53万元，为48人办理低保，月发放低保金1.22万元，春节期间救济慰问各类困难家庭84户，发放款物2.03万元。至年末，社区享受“心贴心”家政服务老人9名，上报新装“康惠通”家庭15户。是年，社区被评为市“六好”关工委、区三星级文明和谐社区、区平安社区等，仙霞路公寓被评为省级节水型小区、四星级治安防范物业小区。

【苏州路社区】 社区位于省政府东南约500米处，东起上海路，南至汉口西路，西至西康路，北至北京西路。办公地位于天目路21号。2010年，社区利用辖区公检法丰富资源，举办青少年道德建设讲座，教育青少年如何提高自我防范意识、加强自我保护意识；加强9名吸毒人员戒毒帮教工作，实施人性化服务管理、教育转化、监督，营造戒毒人员身心健康环境，从源头上控制复吸；为天目路3号安装大门、维修路面，为南阴阳营17号2个单元、南阴阳营19号4个单元、南阴阳营32号3个单元安装电子防盗门；完成南阴阳营18、22号院内路面整修，天目路15号建封闭式车棚等工程。是年，社区被评为市企业退休人员社会化管理服务先进自管互助组织、区民兵政治工作先进单位、区三星级文明和谐社区，社区工会获市总工会“模范职工之家”称号。

【康藏路社区】 社区位于省政府东北约2公里处，东临水佐岗，南至马鞍山，西靠虎踞北路，北近模范中路。有73栋楼、15个自然院落(其中封闭、半封闭小区7个)。办公地位于康藏路4号。2010年，社区完成水佑岗23号、康藏路5号自治小区车棚栏杆更新，保障居民车辆安全；完成童家山2号小区健身器材安装，为66户特困户发放1.57万元慰问金，临时救助10户、2000元，为34位80岁以上老人发放高龄补贴，并为其安装“康惠通”；坚持社区走访制度，每周走访2户居民，建立和完善孤寡、空巢老人、残疾老人、优抚对象、侨台属等分类联系册；了解民情民意，作好《民情日记》，做到工作中底数清、情况明；走访并做好各类特殊人员登记，将进城务工失业人员纳入服务对象，逐步建立和完善特殊病员档案、资源信息档案、需求档案、用工信息收集表、未就业人员分类登记册等，组织居民群众、辖区青少年及外来务工人员开展“迎青奥”青少年趣味运动会、健康生活技能大比拼、“退休老人之歌”文艺演出、少儿科幻绘画比赛、青少年志愿者“清洁家园我争先”“支持青奥，参与青奥”石锁表演等各类文体活动。是年，社区被评为区校外辅导站先进集体、平安社区、区二星级文明和谐社区。

【古林社区】 社区位于省政府西北面约1.5公里处，东至虎踞北路，南至北京西路，西至秦淮河，北至模范中路。办公地位于定淮门6号。2010年，社区以“文明和谐一家人”为主题，举办“迎新春、送春联”活动；举办毛主席像章展览、抗美援朝纪念门券展、廉政文化书画展等；开展“我读书、我快乐、我成长”少儿读书节活动，组织党员参观沙家浜革命纪念馆，接受爱国主义教育。是年，社区被评为区三星级文明和谐社区、区平安社区、区关心下一代工作先进社区、区爱国卫生先进社区、区社会化管理服务示范社区等。

【天津新村社区】 社区位于省政府西北1公里处，东接水佐岗，南濒省委省政府，西临古林公园，北至水佑岗。办公地位于天津新村7幢。2010年，社区拆除违建3处，新建自行车棚3处，调解居民各类矛盾38起，其中邻里矛盾34起；依托社区公民道德引导站，加强社区公民道德观察员队伍建设，组织召开社区公民道德议事会和公民道德观察员交流会；开展各类社团组织活动，举办社区集邮协会第七次邮品、收藏品展；6月，组织社区合唱二队和月琴队联合举办庆祝中国共产党成立89周年联欢会；9月，组织社区合唱团在鼓

5月15日，宁海路地区青年志愿者协会成员为社区居民义诊

楼区文化艺术中心举办专场文艺演出。是年，社区被评为市“先进老年人协会”、市示范社区、区平安社区、关心下一代工作先进集体、区三星级文明和谐社区等。（田　明）

湖南路街道所辖社区

【丁家桥社区】　社区东起中央路，南临全国文明一条街湖南路，西至丁家桥，北至童家巷，呈长方形。社区主要由省军区司令部、政治部大院和童家巷、塘湾一带居民区组成，有军属126户，烈属4户，革命伤残人员6人，自管党员79人，社区工作人员7名。社区办公面积180平方米，与省军区机关共享活动用房和活动场所330平方米，社区办公地点位于湖南路8号。2010年，社区继续奉行“双拥共建精神文明，齐心同创和谐社区”工作理念，与省军区司令部、政治部等共建单位开展共建活动。端午节，社区30多位居民将自己亲手包的近3000只粽子送给驻区部队官兵，同期举行部队战士、社区居民、街道女子民兵连包粽子比赛；7月，军地联合开展清洁活动、共建绿色家园活动等；军嫂助老服务队与社区其他20个民间组织常年活跃在社区大街小巷，帮扶孤寡老人家庭。是年，社区被评为市级文明社区、市民主法治示范社区、市先进老年人协会、区平安社区，区四星级文明和谐社区。

【傅厚岗社区】　社区位于中山北路以东，文云巷以南，中央路以西，鼓楼广场以北。社区有工作人员13名，社区党委下辖9个党支部，自管党员548人，2个非公企业党支部。紫峰大厦、省人大常委会机关、原八路军驻京办事处、李宗仁公馆等坐落于该社区，社区居委会办公地位于高云岭34号。傅厚岗社区文化底蕴深厚，民风淳朴，一批国家和省级民间著名书画家、作家、作曲家等文化名人聚居于社区。2010年，社区党委重视文化建设，利用社区名家书画协会、社区和谐乐团、老干部关心下一代工作团、红领巾小记者站等30多个社团组织，举办“清韵溢彩”书画家座谈会、社区邻里文化节及形式多样的文艺活动。是年，社区被评为市和谐示范社区、区信访工作三无社区、区三星级文明和谐社区、区关心下一代先进集体。

6月30日，傅厚岗社区红领巾小记者站成立

【大方巷社区】　社区东起云南路，南起西桥，西至江苏路，北至中山北路，面积0.39平方公里，户籍居民4330户、1.22万人。驻区有江苏省省级机关管理干部学院江苏路分院、山西路百货大楼、军人俱乐部等563家单位。社区办公面积520平方米，与辖区单位共享面积1400平方米。社区工作人员15名，社区党总支下设9个支部，自管党员359名，办公地点位于五条巷14号。2010年，社区全面开展廉政文化进社区创建工作，定期组织开展未成年人廉政知识启蒙讲座、主题辩论会，开展“争当三廉”活动（倡导父母争当“廉家长”，妻子、母亲争当“廉内助”，在职子女争当“廉公仆”）、开设廉政书架，聘请社区党员代表、居民小组长成立党风廉政监督员队伍，组织社区文艺骨干成立廉政建设宣传员队伍。关心少儿成长，寒暑假期间多次举办少儿剪纸培训班、少儿创意剪纸大赛，社区教师朱兰芸被省文明办、省关心下一代协会评为省城乡社区校外辅导站工作先进个人。是年，社区被评为市民主法治示范社区、市放心消费示范社区、区三星级文明和谐社区。

【南秀村社区】　社区位于鼓楼广场西南侧，东至中山路，南近汉口路，西沿上海路，北临北京西路。驻有南京大学、鼓楼医院、中江集团等125家单位，居住着南京大学22名院士和100多位教授、博士后。社区办公用房200平方米、活动用房450平方米。社区工作人员9名，社区党总支下设2个党支部，自管党员162名，社区办公地点位于金银街17号2。2010年，社区以提高居民满意度为工作出发点，为居民办实事12项，在接受国家文明办群众满意度调查中得到好评；邀请南京大学资深教授到社区开展十七届五中全会精神解读、南京发展历史、天文学等讲座4次，邀请法德永恒律师事务所律师为社区“平安家庭”“学习型家庭”开展物权法讲座；发挥社区法治宣传示范点效应，开展“法制新篇章——家庭法律顾问入驻南秀村社区”大型现场咨询活动，邀请南京大学法律援助中心十多位志愿者做居民家庭法律顾问；11月25日，社区养老服务站在南秀村8号院正式开业，为更好地开展养老服务工作提供便利。是年，社区被评为区人口普查先进集体、区三星级文明和谐社区，社区工会被评为市模范职工之家。

【裴家桥社区】　社区东至中央路，南至文云巷、青云巷、云南北路，西至中山北路，北至湖南路。社区办公用房300平方米，与驻区单位资源共享活动用房800平方米。社区工作人员16

名、党员350人，重点优抚对象21人、革命伤残军人11人、退养主任1人、残疾人99人、低保户45户93人。辖区内有交通银行南京分行、湖南路管委会、江苏远洋运输有限公司、凤凰文化集团有限公司、区环保局等百余家驻区单位。办公地位于裴西村6号。2010年，依托社区科普大学、法律援助服务站、社区各类民间组织等平台，开展第七届读书节、社区廉政文化活动、社区居民花卉展等；联系南京交通职业技术学院学生开展“低碳交通迎青奥，节能减排我先行”社区宣传主题活动；利用橱窗宣传民族和宗教知识，通过直观方式引导信教群众开展宗教活动；邀请江苏法德永恒律师事务所律师送法进社区，为居民免费提供法律咨询。是年，社区被评为市人口和计划生育信息化建设先进集体、区“十一五”人口和计划生育工作先进集体、区流动人口计划生育示范社区、区三星级文明和谐社区，社区家长学校被评为区先进家长学校，社区居民孙书兴、俞允尧被评为南京好人，社区居民黄世霞被评为中国好人。

【马台街社区】 社区东至金川河、丁家桥，南至湖南路，西至中山北路，北至虹桥。由湖南路、天福园、西流湾等小区组成，辖区有新联创业园、湖南路商场、华江饭店、北京华联超市、南京金浦房地产开发公司等115家单位。社区办公用房和单位共享用房1500平方米。社区工作人员15人，社区党委下设7个党支部，有自管党员399人，办公地点位于天福园28号。2010年，社区始终把完善大调解机制作为工作的重中之重，受理各类纠纷56起，接受并调处成功各类纠纷28起，调成率100%；继续探索民主管理自治和服务新模式，在全区率先试点创建居民代表常任制，尝试贯彻落实社区居民“四自”(自我管理、自我监督、自我教育、自我服务)工作，得到上级领导及辖区居民认可，并取得成功经验，向全区各街道社区推广；联合广厦美术馆开展庆祝“三八”国际妇女节100周年、金色“六一”

5月30日，金色广厦庆“六一”——2010南京少儿书画作品走进南京社区展在马台街社区广场举行

主题画展等活动12次，1000余人参观。是年，社区被评为市先进人民调解委员会、区党建示范点、第二次经济普查先进集体、先进基层党组织、区三星级文明和谐社区。社区建设成果多次被江苏电视台、《南京日报》等媒体报道推广。

【青岛路社区】 社区东至中山路，南至广州路，西至上海路，北至汉口路。社区党总支下设4个支部，有自管党员165人，社区工作者9人。社区办公用房和共享活动用房面积840平方米。辖区有南京供电公司、南京大学生活区、南京市儿童医院、江苏省档案局等单位。社区办公地点位于南秀村21号102室。2010年，青岛路社区开展全方位军民共建、企社共驻活动。利用社区共建单位资源，为社区居民和驻区单位办实事解难题。维修、出新、封闭汉口路61号、青岛路10号、陶谷新村8号车棚，修缮铺设汉口路79号、随园2号、4号小区路面。扶持培育南大爱心辅导班、老年书画装裱协会、社区健康保健协会等民间团体。是年，社区先后被评为市文明和谐示范社区、市“六好”社区关工委，区信访工作三无社区、区巾帼文明岗、区爱国卫生先进集体、区三星级文明和谐社区。

【云南路社区】 社区位于鼓楼广场西北角，东至中山北路，南至北京西路，西至云南路，北至中山路与云南路交汇处。辖区单位228家，社区办公用房1158平方米，工作人员15名，社区党委下设8个支部，有自管党员366名，各类社团组织42个，社区办公地点位于渊声巷41号。2010年，云南路社区巩固“党建示范点”成果，狠抓党员分类管理，突出建好“一会一站”(党员议事会、党员服务站)，开展党员创先争优活动，结合建党89周年召开党员集体生日会，表彰优秀党支部、优秀党员、党员志愿者；社区党员及志愿者充实到同乐越剧团、风筝队、义务巡逻队、老年合唱团、爱心助学协会、便民志愿者协会等组织中，充分发挥“凝聚”和“惠民”功能，不断增强社区建设活力；设立“七彩云南”服务驿站，为驻区单位提供就业服务、家政服务、单身交友、课后托管等服务；联合辖区共建单位，修建北京西路10号居民院落大门，拆除渊声巷21号居民楼前废弃变电房，新建封闭式车棚，完成二条巷9号南园楼道亮化，疏通云南路29号-1化粪池，修整西桥5号院落路面，修建三条巷22~30号小区停车棚，疏通渊声巷28号下水道等。是年，社区被评为省妇女基层组织建设示范社区、计划生育省级先进单位、市级绿色社区、市企业退休人员社会化管理服务示范社区、市平安家庭创建活动示范社区，区三星级文明和谐社区。 (邵　睿)

中央门街道所辖社区

【工人新村社区】 社区位于鼓楼区东北部，东至中央路，南至新模范马路，西至筹市口，北至许府巷。办公地位于工人新村82号。由工人新村小区、芦席营70号小区、金贸花园等6个自然小区组成。4月22日，工人新村社区在全区率先成立社区志愿者服务站，联合康爱医院、交警五大队、中央门房管所、政治学院、乐天玛特超市、浦发银行城北支行等共建单位成立党员帮困、就业帮扶、残疾康复、应急便民、青少年教育等10支志愿者服务队伍，全年帮扶社区孤寡、空巢老人100多人次，慰问生病住院党员和生活困难党员48人，推荐就业49人，社区"爱心家园"接收捐赠钱物2万余元，救助困难群众50多户；在创先争优活动中，为新模范马路16号安装9组防爬刺和2块宣传橱窗、整修南昌路23~27号院内地面、成立芦席营70号管委会；开展迎新春、盼青奥趣味运动会、龙腾虎跃闹元宵、送福送春联、扎花技能培训、少儿书画展、暑期书画培训、健康讲座等各类活动，丰富社区居民文化生活；建立"民生档案"、构建"温馨家园"、成立"两会一园"(社区党建联席会、就业协会、社区议事园)，社区劳动保障站组织失业人员参加多场创业优惠政策宣传咨询会，为有创业意向者提供创业培训，推荐40名失业人员参加政府组织的免费技能培训班，其中创业培训27人，产生创业明星2名，创业带动就业150人；新增小额贷款2笔10万元，享受创业补贴1人；开展专项就业援助活动，实现就业480人，登记失业率1.4%。是年，社区获全国首批、南京市唯一的国家级"充分就业示范社区"称号，获2007~2009年江苏省文明社区标兵、2007~2009年市文明社区、区四星级文明和谐社区称号，社区工会被评为区模范职工之家。

【观音里社区】 社区位于玄武湖畔，中央门街道东南部，东至中央路，南至童家巷，西至童家巷80号，北至新模范马路。办公地位于观音里8号。社区党委下辖10个党支部，有自管党员308名。2010年，社区深化"以党建完善统战，用统战促和谐"党建工作特色，加强党对统战工作的领导，社区统战工作2次接受省委统战部检查。9月27日，全国侨法系统"五五普法"侨法宣传角揭牌仪式在社区举行；以吉祥艺术团为首的各种社团组织开展形式多样的文化娱乐生活，吉祥艺术团自创歌曲《走南京爱鼓楼》荣获街道"七一"活动二等奖、自创歌词《国法家规》获区法制宣传广场活动表扬；3月20日，社区艺术团合唱队参加江苏电视台《震撼一条龙》社区乐翻天节目，以绝对优势进入第二轮比赛，连续被《扬子晚报》《现代快报》《金陵晚报》等多家媒体宣传报道。是年，社区被评为全国侨法系统"五五普法"侨法宣传角、市优秀家长学校，区社会矛盾纠纷调解工作先进集体、区"十一五"人口和计划生育工作先进集体、区三星级文明和谐社区。

【颂德里社区】 社区位于鼓楼区中央门街道西北部，辖区东至三牌楼大街，南临和会街，西靠中山北路，北至福建路。办公地位于三牌楼大街111号，社区党委下辖14个党支部，有自管党员526名。2010年，社区完成和会街56~76号、中山北路212号19~20、三牌楼大街沿线及131巷排水系统改造工程，三牌楼大街大平台改造经多轮居民议事会讨论，形成一致意见，年末进入项目资金审批程序。同时，社区利用党员人数多、文化素质高及共建单位大专院校多的优势，开展青少年志愿服务活动，举办面向社区青少年的课业辅导、书法、乒乓球、手工编织、革命史教育、诗朗诵、读书会、军营一日等活动；调动驻街区单位，成立助老、助残服务组，为需要帮助的居民提供上门理发、代买生活用品、健康咨询等服务。是年，社区被评为区先进家长学校、区计划生育先进单位、区三星级文明和谐社区，社区团支部获区先进团支部称号。

【模范马路社区】 社区东至南瑞路，南至新模范马路，西至中山北路，北至和会街金川河。办公地位于狗耳巷22号-1。社区党委下辖8个党支部，有自管党员358名。至年末，社区有21支民间组织、8支志愿者服务队伍。区域个体工商户140余家，其中餐饮行业70%以上。年内，社区开展"百日党建带工建"活动，确立"三抓"(抓特点、抓资源、抓落实)建会思路，组建非公企业工会。建会工作中，结合社区特点和基层组织形式，依托江苏省总工会、南京邮电大学、江苏国旅、五一宾馆、虹桥饭店、凤凰环球酒店等辖区单位，优化载体，整合资源，以第二次全国经济普查和第六次全国人口普查工作为契

大学生志愿者服务中央门地区暑期科技夏令营活动

机，采取“摸底调查、制定计划、党工共建、整体推进”等措施，发放、回收调查问卷300余份，摸清辖区工会组织和会员底数，扩大建会覆盖面，实现建会入会“三不留”（不留死角、不留盲点、不留空白）。同时，把量大面广的非公企业建会和在职职工入会作为工作重点，实现企业普遍建会和在职职工普遍入会，10月组建模范马路社区工会联合会，并在辖区140家非公企业1029名在职职工中吸纳工会会员1009名，入会率98%。12月，模范马路社区召开第一届社区职工代表大会，70名职工代表和20名企业主代表参加会议，就地区餐饮行业职工工资进行集体协商试点，探索落实“两个普遍”（依法推动企业普遍建立工会组织，依法推动企业普遍开展工资集体协商），省市总工会主要领导莅临大会观摩指导。是年，该社区被评为区三星级文明和谐社区、被区总工会评为模范职工之家。

【天正和鸣社区】 社区位于中央门街道北部玄武湖畔，东至中央路，南近南昌路，西至金贸大街，北临护城河。办公地位于建设新村7、8幢之间。社区党委下辖14个党支部，有自管党员502名。2010年，社区运用“洪爷爷科技工作室”和“特殊群体法律援助站”的品牌效应，在“社区运用专家资源开展中小学生科技教育活动的研究”课题基础上，开展“科模作品展示”“亲子科技夏令营”等60余次青少年科技教育活动，《南京日报》《新华日报》等媒体作相关报道。全年开展普法讲座4次、法律进社区活动2次、民事调解100多次，社区党委“一对一”帮扶救助17户困难群体。完成文明城市创建国查任务和第六次全国人口普查，在江西路3号实施“固门工程”，为江西路、南昌路安装路灯，芦席营82号新建车棚。是年，社区被评为区校外辅导站先进集体、区三星级文明和谐社区。

【劝业路社区】 5月，经鼓楼区人民政府批准，原司背后社区更名为劝业路社区居委会，办公地位于新模范马路7号。社区党总支下设5个党支部，有自管党员155人。年内，社区以楼幢党员为主，与社区25位独居、孤寡老人实现“一对一”帮扶结对，关心照顾生活；每周二下午安排社区医院医生为老年人测量血压，健康咨询；上门为18位独居和孤寡老人提供测量血压、健康咨询等服务；每月请社区医院医生为老年人举办健康讲座一次，传授健康生活知识；为社区老人开设“谈心室”，办好社区居家养老服务站，利用社区中大医院老年科41张病床资源优势，为社区老人提供日间托老服务。10月，与东南大学医学院团委共建大学生志愿者社区服务基地和居家养老服务站，东南大学医学院团委选派优秀团员进入社区，开展社会实践和青年志愿者服务活动。开展“青春辉映夕阳红”志愿服务老人活动，发挥社区“老年合唱协会”“老年舞蹈协会”“老年太极拳协会”等18支社团组织作用，全年开展各类活动40场，丰富老年人精神文化生活。是年，社区被评为市人口和计划生育信息化建设先进集体、区第二次全国经济普查先进集体、区三星级文明和谐社区。

5月27日，天正和鸣社区校外教育辅导站青少年科模作品展示活动在天正小学举行

【新门口社区】 社区位于中央门街道北部，东至南瑞路，南至金川河（西延到福建路），西至福建路与金川河交汇处，北至福建路、钟阜路。办公地位于东瓜圃桥9号—102。社区党总支下辖6个党支部，有自管党员207名。2010年，社区表彰“荣誉之星”志愿明星5名，总结社区志愿服务做法，并在助老、助学、助残活动中，挖掘地区资源，尝试志愿服务新途径。成立由30名身体条件允许、有爱心、年纪稍轻的老年人组成的睦邻阶梯助老志愿者队伍，利用老人之间容易沟通的优势，关心照顾身边年长的独居老人；通过“募集志愿基金”“结对帮扶”两种特定形式，锁定社区最需要帮助的3户困难家庭，在助学、助残服务中展开试点，营造“人人可为、时时可为、处处可为”的良好氛围。是年，社区被评为市关心下一代工作先进集体、区三星级文明和谐社区。

【将军庙社区】 社区位于鼓楼区东北部，东至司背后路，南近龙仓巷，西至中山北路中段，北临新模范马路。办公地位于铁路南街19号。社区党总支下辖7个党支部，有自管党员263名。2010年，社区把校外辅导站手工制作班教育管理工作，纳入与驻区单位开展共驻共建活动中，形成由社区党组织牵头、社区妇联和社区关工委组织、社区“五老”志愿者协助、驻区单位配合的工作网络。校外辅导站成立3年来，开办“迎奥运”“我爱我的祖国”“学习最可爱的人、我与青奥共成长”等手工制作班，并围绕手工制作开展各种文化辅导、兴趣小组、文体娱乐、社会公益等形式的德育教育主题活动和"社区三好生"评比、"我是一名小记者"采访、征文演讲、爱心助学等特色活动。6月21日，在马台街小学举行的爱心助学捐助仪式上，捐出书籍150多册，价值1200多元。是年，该社区手工制作班校外辅导站被授予"鼓楼区校外教育辅导站先进集体"称号，社区被评为区二星级文明和谐社区。

【汇林绿洲社区】 社区地处鼓楼区东北角，金川河南岸，东临金贸大街，南接许府巷路，西连爱民桥，北接金川河。办公地位于黑龙江路15号。社区党总支下辖5个党支部，有自管党员240名。2010年，社区以"促进和谐比贡献，服务群众争先锋"为主题，深入开展"讲服务，创建温馨家园；讲秩序，创建文明家园；讲共建，创建平安家园；讲团结，创建和谐家园；讲法纪，创建法治家园；讲奉献，创建爱心家园"的"六讲六创建活动"，并根据社区不同群体党员特点，通过设岗定责、依岗承诺、结对帮扶、志愿服务等活动发挥党员作用，为群众办实事、解难事。实施8巷和12巷自行车棚维修等10项为民办实事工程，先后举办"龙腾虎跃闹元宵"等十多场社区文化活动，其中社区空竹协会获得南京市"迎青奥、展风采"健身表演赛一等奖。是年，社区获市文明社区、区社会矛盾纠纷调解工作先进集体、第二次经济普查先进集体、区三星级文明和谐社区等称号，获区首届排舞大奖赛三等奖。

【青石村社区】 社区东至新模范马路20号，南至新模范马路，西至南瑞路，北至许府巷。办公地位于青石村89号。社区党委下辖5个党支部，有自管党员289名。2010年，社区围绕"抓队伍，打基础；抓稳定，促和谐；抓民生，聚民心；抓活动，树形象"工作思路，推进公民道德教育，利用"无声的瞬间"和"你帮我助互访团"社区品牌效应，开展"培育社团添活力、和谐社区党旗红"等主题活动18场。实施青石村小区出新、修建封闭车棚27个、为长江新村40号大院18个楼栋全部安装楼道灯、无物管小区管理等惠民工程；开展社区民主自治活动，在青石村小区成立业主委员会。社区合唱团、舞蹈队、摄影协会、棋牌协会等民间组织广泛开展各类文化活动，丰富社区居民群众精神文化生活。是年，社区被评为省企业退休人员社会化管理服务示范社区、市企业退休人员社会化管理服务示范社区、市文明社区，区二星级文明和谐社区。

【三牌楼社区】 社区东起广东路以西，南临新模范马路，西靠三牌楼大街，北至福建路。办公地位于三牌楼大街110号-1。2010年，社区居民"夕阳红艺术团"继续参与孙晋芳网络、省体协、市体协组织的全民健身活动，带动社区群众开展文体活动，周边地区群众广泛参与。社区健身队多次参加市、区、街道、社区举办的活动，秧歌表演获市妇联二套秧歌比赛三等奖和区三套海派秧歌比赛第一名，健身操比赛获得区第二届社区趣味运动第一名。社区艺术团编排的健身操、街舞、小品、快板等节目参与社区邻里节和创建文明城市宣传等重大活动。是年，社区被国家商务部命名为"全国社区商业示范社区"，获区三星级文明和谐社区称号。

【紫竹林社区】 社区位于鼓楼区东北部，东至青石村路、紫竹林路，南至金川河，西至南瑞路，北至黑龙江路。办公地点位于长江新村7号-1，社区党总支下辖7个党支部，有自管党员359名。2010年，社区邀请市医学会、疾病预防控制中心、国电南京自动化研究院等驻区单位的童嘉毅、孟钵、刘军等专家学者，为居民开设"心脑血管病防治知识讲座"等科普健康教育讲座16场。利用辖区2所小学资源优势，联合开展以"第二课堂"为活动载体的社区科普教育活动，开设少儿昆曲班、"三模"(车辆、飞机、轮船)青少年科技活动班等兴趣班。年内，社区青少年科技中心"三模"小选手获得江苏省青少年"三模"竞赛2单项团体一等奖、1人获得单项一等奖，14人获得比赛二、三等奖。是年，社区被评为区二星级文明和谐社区。（刘　伟）

挹江门街道所辖社区

【回龙桥社区】 社区位于挹江门街道西端，东至中山北路，南近模范中路，西靠虎踞北路，北临镇江路。办公地位于校门口25号。2010年，社区党总支倡导"奉献、友爱、互助、进步"理念，社区"爱心屋"为困难学生购买书包等学习用品，爱心屋"亲情服务站"爱心义工

3月5日，挹江门街道开展学雷锋为民义诊活动

2月9日，挹江门街道慰问辖区博爱安养庇护中心智障儿童

9月19日，市政法委书记刘志伟视察挹江门街道综治工作

逢年过节主动上门看望空巢老人，听老人述说心事，并帮助解决生活中的各种困难，为特困群体及需要帮助的人员提供无偿服务。是年，社区被评为区三星级文明和谐社区。

【模范西路社区】 社区位于挹江门街道西南方，东至虎踞北路，南至模范西路，西至护城河，北至察哈尔路西延。办公地位于古平岗22号。2010年，社区在争优创先活动中，把"居民群众得实惠"要求落到实处，实施改造定淮门5号下水道、修补虎踞北路53号院落破损路面和定淮门3号路面等惠民工程。开展国庆节红歌大家唱、趣味游戏闹元宵活动，营造和谐、积极向上的文化氛围。12月，社区舞蹈队自编自演斗笠舞《十里送红军》，获得市老年体协文艺汇演二等奖。年末，社区被评为区三星级文明和谐社区。

【丁山社区】 社区位于挹江门街道西南方，东至虎踞北路，南至察哈尔路，西临古城墙华严岗门，北与太古山庄、戴家巷社区相连。办公地位于察哈尔路108号。社区有31个院落123幢楼宇。2010年，社区坚持为居民办实事、做好事，解决虎踞北路9幢楼栋天然气管道安装、归云堂15巷路面塌陷、镇江路61号路面墙体破损渗水、虎踞北路77号沿街路面污水横流等问题。同时，建立社区QQ群，开通QQ空间，传递社区为民服务各类信息，运用信息平台为居民群众服务；打造容纳150人的全国第一家"电影主题社区"和以影视文化为特色的党建示范点。年末，社区被评为省绿色人居环境社区、区三星级文明和谐社区。

【察哈尔路社区】 社区位于挹江门城楼东南约2公里处，东至南师附中，南近回龙桥，西靠虎踞北路，北临大桥南路，中间横贯察哈尔路。办公地位于回龙桥8号。2010年，社区把弘扬"延安精神"与社区党建工作结合起来，在党员中开展每月一"星"评比，开展为民办实事、解难题活动。社区涌现出一批"延安精神社区人"先进模范、第九届南京市好市民孙洪庆，热衷于公益事业的好居民张贵福等。社区自筹资金上万元，修建虎踞北路74号自行车棚、察哈尔路十二新村大门，修补镇江路6号路面，维修居民院落宣传栏20多块。是年，社区被评为区三星级文明和谐社区。

【鲁迅园社区】 社区位于挹江门街道东南部，东至中山北路，南近校门口，西靠察哈尔路，北临双门楼。社区办公用房540平方米，社区办公楼位于中山北路283号大院内，上下两层，为清末江南陆师学堂附属矿路学堂德籍教员楼遗址。社区创作"鲁迅园社区之歌"，组织居民排练演出，激发居民归属感和责任心。依托社区党员活动室、健身园等场所，举办"健康生活社区行"讲座、健康体检、放映科普VCD片，发放防震救灾、节能降耗、优生优育、乙肝病防治等科普资料，普及科学文化知识，倡导健康文明生活方式。社区科普大学结合"交通安全进社区""法律服务进社区"等活动，涵盖健康教育、计生、消防、禁毒、暑期教育等内容，全年组织科普培训、咨询、讲座、宣传活动等16场次，发放各类科普宣传材料2560份，接受咨询、服务群众3000多人次。年末，该社区被评为市先进社区科普大学、区三星级文明和谐社区。

【福建路社区】 社区位于挹江门街道南端、与中央门街道相邻，东临钟阜路，南接三牌楼大街，西连察哈尔路，北接内金川河。办公地位于洪庙21号西。2010年，社区完成更换萨家湾26号防盗门、重建萨家湾6~8号自行车棚平台、修补萨家湾4~5号和陵村12~14号路面等为民办实事工程；组织青少年开展"读一本好书、看一部好影片、写一篇好读后感、参加一次有意义的社会活动、参观一个爱国基地"的"五个一"主题活动，加强青少年群体思想道德教育。是年，该社区被评为区三星级文明和谐社区。

【钟阜路社区】 社区位于挹江门街道东北面，东接中央门街道，北临下关区。办公地位于洪庙一巷3号。2010年，社区在创先争优活动中，注重解决社区具体问题，为居民群众办实事。维修钟阜路1~12号、洪庙巷1号围墙，疏通钟阜路2号院化粪池等；社区党组织与共建单位走访15户生活不能自理的困难群众，并送去慰问品。"八一"建军节期间，为驻地部队送空调、大米、饮料等，录入各类优抚对象信息86份，协助解决8名部队家属就业，办理6名企业伤残军人医保、3名重点优抚对象报销医药费、4名参战军队退役人员办理无工作生活困难补助申请。是年，社区被评为区二星级文明和谐社区。

【妙峰庵社区】 社区位于挹江门街道北部，东临钟阜路，南近福建路，西至中山北路，北至护城河南路。办公地位于铁路北街284号。2010年，社区为金川雅苑小区居民安装天然气、更换窨井盖，整治东妙峰庵17~20号、39~41号路面不平问题；为金川雅苑小区安装2个摄像头、新增1台监控主机，为大桥南路10号3幢楼配置50个灭火器、清理小区楼道杂物40吨，取缔铁路北街黑气点，排查安全隐患18处等；"七一"期间为老党员过集体政治生日，为70岁、80岁、90岁的老党员集体过生日。社区20名党员认领楼道清扫、楼道灯安装、治安志愿者巡逻、树木认养等志愿服务岗。社区科普大学开设防震减灾、家庭低碳生活、老年健康养生等科普班，50多名居民群众获得电脑培训证书。全年出黑板报40多期、宣传窗18期，购书1000多册，印发低碳生活、防震减灾、健康卫生、安全生产等各类资料3000多份，发放宣传资料4000多份，参加科普知识讲座、培训居民群众900多人(次)。是年，社区被评为市文明和谐示范社区、市先进社区科普大学、区四星级文明和谐社区。

【戴家巷社区】 社区地处挹江门街道西北部，东靠盐仓桥广场，南靠镇江路，西至下关小桃园，北临水堂学校。办公地位于戴家巷16号。2010年，社区举办"绿色环保，低碳生活"环保知识讲座，党团组织和志愿者参与清洁家园、美化环境活动，粉刷牛皮癣、清理垃圾杂物等。开展助老助残活动，帮助孤老、残疾人家庭打扫卫生，帮助行动不便的老人洗澡、理发，学生团员志愿者与辖区2家托老所取得联系，每月到托老所为老人整理房间、梳头、理发、包饺子、陪同老人聊天等。区机关工委支部与社区党委结对共建，帮扶4名困难户子女入学，为16户低保户、孤寡老人、残疾人等弱势群体免费提供法律咨询服务；省经贸委办公室党支部与社区低保家庭结对子，定期走访低保户，每学期开学给孩子送学习用品等。是年，社区被评为市文明和谐示范社区、区三星级文明和谐社区。

(易永春)

江东街道所辖社区

【江东村】 江东村位于江东街道最南端，东起经四西路(燕山路)，南起集庆门大街，西至清河路，北至汉中门大街。办公地位于积余村398号。2010年，江东村公推直选产生新一届党总支领导班子。全村引进新办企业18家，注册资金5.02亿元，其中科技服务型企业11家，新增从业人员180名；引进注册资金1000万元以上规模企业4家，注册资金4.68亿元。投入45万元，整治积余一组和河北一组村民生活区环境，建造水泥路面800平方米、铺设下水管道150米、清运渣土垃圾1000立方米，基本解决2个村民小组生活区环境脏、乱、差问题。建成江东新村公寓5栋拆迁安置房10.8万平方米、1572套，并成立江东新村临时党支部、社区筹备工作组、分房领导小组和物业管理公司，配合做好拆迁村民回迁安置工作，依法以德分配江东新村公寓。

【清江村】 清江村位于江东街道南端，东起江东北路，南起汉中门大街西延段，西至滨江大道，北至湘江路。办公地位于东宝路99号。2010年，清江村引进税源企业27家，其中规模企业5家(南京众泰软件有限公司、江苏德瑞克投资管理有限公司、南京江海楼大酒店有限公司、南京庭豪快捷宾馆有限公司、江苏苏安矿山工程有限公司)，完成年计划的500%；科技入园企业7家，完成年计划的100%，从业人员103人；实际利用外资270万美元，完成年计划的270%；服务外包执行额600万美元，完成年计划的120%；重点项目3家，完成年计划的150%；全村超额完成税源经济指标任务。

【中保村】 2010年，中保村新增税源企业26家，其中规模企业2家、科技入园企业8家，新增软件从业人员100人；实现合同经济收入120万元。办公地位于华宝新寓江景园1号。村委会与辖区重点企业保持密切联系，摸清闲置资源，共同招商，主动征求企业意见，帮助企业解决生产经营中遇到的实际困难和问题；强化服务意识，跟踪税源大户，根据企业实际需求提供"一站式"和"保姆式"服务，帮助企业排忧解难，协助新办企业办理工商、税务执照；在阳光锦绣阁房产官司一审胜诉基础上，争取二审胜诉，确保集体资产不流失，将阳光锦绣阁三楼A座房产512平方米转租给南京青蓝画室，年租金39万元。

【长阳花园社区】 社区位于江东街道中部，东起江东北路、沅江路，南起东宝路，西至长江夹江，北至清凉门大街、湘江路。办公地位于清凉门大街298号长阳会所1楼。2010年，长阳花园社区互助合作社经过3年多运作，取得良好社会效益，省、市多家主流媒体先后多次进行报道。年初，互助合作社网站正式投入使用，全年点击率近3000次。4月9日，《扬子晚报》以"有困难就找社区110"为题，专题报道互助合作社。5月19日，举办"弘扬互助文化，传递邻里亲情"为主题的"满园春·睦邻文化展示活动"。社区开发少儿科学种植实践基地，18类蔬菜和各种花卉为孩子提供学习科学知识平台，许多中小学生慕名前来参与社会实践。年内，为社区困难家庭申请办理最低生活保障16户、低保边缘户2户、无固定收入重度残疾人补贴8人、政府援助空巢老人免费家政5户、残疾人托养3人，申请临时救助2户、800元；帮扶困难人员再就业25人、办理社保补贴49人、新增就业岗位224人；为社区独居、困难老人安装"安康通"10户。是年，社区被评为市青年文明社区、市社区科普大学表彰单位、市关心下一代先进集体，区四

6月29日，江东街道少年农科院长阳花园社区少儿科学种植实践基地举行挂牌认养仪式

星级文明和谐社区，社区网站获区评比第二名。

【宝地园社区】 社区位于江东街道东北部，东起龙腾街、行健路，南起草场门大街，西至江东北路，北至定淮门大街。办公地位于龙园西路龙江花园车站旁。2010年，社区在每个楼幢单元设立"和合留言牌"，促进居民间交流，提升社区为民服务能力和水平；开展社区"和合"文化系列讲座，宣传"和合"文化；摸底登记百岁、空巢、独居老人情况并建立信息账户，为老人集体祝寿、过节，感受社区大家庭关爱；节假日期间组织社区学生包饺子、炒菜，拉近社区邻里间距离；组织居民到驻地部队慰问、邀请官兵走进社区，举办"端午佳节粽，和合军民心"活动，密切军民关系；社区组织合唱队、健身队、文艺书画队等，举办"清风进万家，廉政进社区"广场文艺演出，宣传廉政、廉洁文化，通过"南京市廉政文化示范点"复查。谋划"和合民调协会"，建设平安社区，辖区蓝海律师事务所，认真接待居民来访，倾听社情民意，做好矛盾调处，有效化解不稳定因素。全年新增就业岗位180个，实现再就业55人，援助困难人员就业25人，完成再就业培训20人次，树立创业典型1人，援助就业典型1人。是年，社区工会被评为市模范职工之家，社区先后被评为市女职工周末学校、市先进老年人协会、市青年文明社区，区计划生育工作先进集体、区党建工作示范点。社区党建特色工作"和合工程"获得鼓楼区委组织部创新创优一等奖，连续6年被评为区三星级文明和谐社区。

【江滨新寓社区】 社区位于江东街道中西部，东起江东北路，南起银城街，西至长江夹江，北至草场门大街。办公地位于江滨新寓31号。2010年，社区发挥志愿者作用，打造助人为乐"亲情家园"，社区党员服务站24名志愿者与困难居民续签帮扶协议书，开展"一助一"亲情助困心连心活动；打造服务居民"阳光家园"，社区劳动保障站1~6月新增社会化管理93人，免费体检92人，走访慰问服务100%，养老金资格认证658人，由政府买单培训52名失业困难人员，新增社会保险补贴15人，推荐灵活就业365人，其中就业困难人员36人；打造安定团结"平安家园"，社区公民道德建设观察员按时到网吧巡视，政府投入3万元安装宁西公寓监控录像，防控措施得到强化；打造群众文化生活"快乐家园"，社区"五老"人员成立老年人书画联谊会、乒乓球队、健身队、老年合唱队、时装表演队、腰鼓队，多次参加区、街举办的文艺活动，丰富居民精神文化生活。是年，社区被评为区二星级文明和谐社区、区平安建设平安社区，连续3年被评为区爱国卫生先进社区、文明社区，社区工会被评为区模范职工之家，社区志愿者义务治安服务队获区精神文明建设品牌最佳特色奖。

【宝船社区】 社区位于江东街道北部，东起江东北路，南起草场门大街，西至长江夹江，北至定淮门大街。办公地位于宁工新寓48号102室。2010年，社区加强党建工作，全年上党课4次，出版12期《党委简报》，为鼓楼区党建网和门户网站投稿63篇；协调解决海德卫城业主同物业之间矛盾，召开警民恳谈会，加强物业同业主间沟通；完成1200多名居民参加的全国第五次结核病流行病学抽样调查工作，得到市、区防疫站肯定；协助鼓楼区房产局完成海德卫城小区1515户住户"业主对物业管理满意度调查问卷"入户调查工作；全年发放低保户慰问金2.05万元、发放物资价值4600元，发放低保边缘户6类困难家庭补助金1.78万元、社区残疾人家庭补助金1600元，办理6户低保重大疾病人员大病救助、5户家庭困难学生教育救助，为2户突发事件困难家庭申请临时救助，办理纳入1118名社会化退休人员接收、预约体检手续，发放市民卡500余张；为失业、残疾人员、大学生等提供一系列就业援助服务。全年失业243人，其中正常失业5人，参加社会保险补贴284人，失业金在领人数18人，就业率98%。是年，社区被评为区关心下一代工作先进集体、区第二次全国经济普查先进集体、区二星级文明和谐社区，社区工会被评为区模范职工之家。

【聚福园社区】 社区位于江东街道中部，东起江东北路，南起清凉门大街，西至沅江路、漓江路，北至闽江路、银城街。办公地位于漓江路6号聚福园东园04幢。2010年，社区加大为民办实事力度，为金舟花园小区居民申请天然气管道安装并通气到户，为银城街小区安装6盏路灯，积极为失业下岗人员寻找再就业岗位，社区再就业率97.5%；办理并核对168位人员养老补贴，办理700多位老人免费体检、验证手续；联合长江油运医院开展健康促进站工作，每周社区医院派医生到社区坐诊、咨询讲座，开展绿色环保特色教育，组织志愿者爱绿、护绿，邀请专家、学者、科技人员、专业人士到社区举办健康、膳食、环保、消防、用电安全讲座。至年末，社区有600余名教育志愿者，其中专业教育指导员50余名。是年，社区被评为省绿色社区，区三星级文明和谐社区、区社会治安综合治理暨平安建设先进集体、区平安建设平安社区、矛盾纠纷调解工作先进集体，获"江东杯"科学饮食进万家科普知识竞赛优秀组织奖。

【银城花园社区】 社区位于江东街道西部，东起沅江路、漓江路，南起湘江路、闽江路，西至长江夹江，北至银城街。办公地位于银城花园86号。2010年，社区发挥社区议事会和志愿者服务站平台作用，促成惠民医院在龙江卫生服务中心挂牌，解决社区150多名低保、边缘人员"看病难、看病远"问题；7月，解决银城花园小区1~22号5个沿街楼幢地面排水管道多年不畅问题和139~149号1楼住户汛期家中进水；维修小区内多处坑洼不平路面，疏通3处严重堵塞满溢的化粪池；7月，典雅物业公司突然宣布全面撤出小区，社区及时介入进行自管，聘用保洁人员和门卫，在短时间内稳定小区卫生保洁和治安维护基本秩序；多次组织开展清洁家园劳动，改善小区住户卫生环境。是年，社区被评为2007~2009年区社会矛盾纠纷调解工作先进集体、2008~2009年区禁毒工作先进单位。

【清河新寓社区】 社区位于江东街道西南部，东起江东北路，南起汉中门大街，西至长江夹江，北至东宝路。办公地位于清江路39号。2010年，社区办理3户低收入家庭低保、3户大重病临时救助、2户重残人员无固定收入手续、5户低保边缘家庭子女学生救助手续，新增4户边缘家庭，8户独居老人享受家政服务。全年，社区名人名家工作室为居民看病500余人次，慰问困难居民72人次，爱心园得到捐款10.21万元，用于捐助6.52万元。成立政策法律咨询和信访窗口，普及法律知识，及时调处民间纠纷和群体性矛盾，全年社区无重大刑事案件、无治安灾害事故、无邪教活动、无传销活动，社区干部对流动人口、出租房、社会闲散青少年、反邪教、吸毒、刑释解教和社区矫正等重点人员底数清、情况明、管控措施落实。是年，社区被评为省绿色社区、市民主法治社区、市青年文明社区、2007~2009年度市级文明社区，社区党委被评为市优秀基层党组织，社区获区三星级文明和谐社区称号，社区妇联获市"巾帼文明岗"称号。社区主任钟霞被评选为市首届十佳社区居委会主任、市优秀基层党组织书记。

【腾飞园社区】 社区位于江东街道东北部，东起秦淮河，南起草场门大街，西至龙腾街、行建路，北至定淮门大街。办公地位于腾飞园17幢。2010年，社区推荐167名下岗失业人员再就业；为65名企业退休人员办理退休验证手续及体检预约工作，为行动不便老人提供上门验证随访服务；走访慰问重残人员28次，为身患白血病的低保户朱纪涵申领大病救助补贴1万元；经多方协调，分别拆除腾飞园5幢及6幢旁二层楼北面影响居民阳光的建筑，修补腾飞园10幢、11幢与13幢、14幢之间道路，整修龙园北路80号-1对面居民健身场地，解决困扰居民多年的草场门桥下路灯不亮问题和淹水问题。利用社区资源建立科学、生动、和谐的青少年教育网络，与共建单位鼓楼区法院建立青少年维权网络，利用假期组织青少年旁听；与省消防指挥中心开展应急突发事件宣传活动，提高学生应急、防范能力。针对社区居民文化素质高特点，邀请社区内专家学者成立社区"文枢苑"，下设葫芦丝乐队、时装表演队、书画协会、花卉养植沙龙等各种文化团队，部分团队加入江苏广电阿松艺术团，多次在公共场所展示才艺。是年，社区被评为市平安家庭创建活动示范社区、市社区科普大学先进集体，区二星级文明和谐社区、区关心下一代工作先进集体、区平安建设示范社区、区平安建设平安社区、区校外教育辅导站先进集体、2007~2010年区社会矛盾纠纷调解工作先进集体，社区工会被评为市模范职工之家。

凤凰街道所辖社区

【莫愁新寓社区】 社区坐落在莫愁湖公园北侧，东至汉北街东路，南邻汉中门大街，西至北圩路，北到汉北街北路。社区办公地位于胜棋里17号。有最低保障对象38户、70人，残疾人71人。社区代表59人，党员222人，驻区单位15个，社区专职工作人员10人。2010年，成立社团党支部和非公党支部，牵头组织并参与近40场公益性活动，自编、自导、自演共娱共乐文艺节目，开展系列睦邻文化活动；开展"以德为邻，共筑和谐"居民拜年活动，"我奉献、我快乐"义务劳动，青少年与老年朋友"大手牵小手，互敬互爱在社区"敬老爱小活动，"品味书香"读书活动，盆景展、物品置换邻里节，"我爱我家"图片展等。社区各个社团200名演员展演自编自排的腰鼓、排舞、传统太极拳、太极扇等文体健身类节目，开展"红色歌曲大家唱"活动和书法、绘画作品展，社区居民在市清风五坛书画比赛中获得二等奖。是年，社区被评为市关心下一代工作先进集体、区第二次全国经济普查先进集体、区社会矛盾纠纷调解工作先进集体、区二星级文明和谐社区、区先进家长学校，社区众益院获市企业退休人员社会化管理服务先进自管组织称号，社区居民、省京剧院名誉院长、著名中国京剧表演艺术家黄孝慈被国务院授予全国先进工作者称号。

【凤凰二村社区】 社区东临秦淮河畔漫城名苑，南至汉北街、郁金街，西到北圩路，北至凤凰西街。办公地位于凤凰二村10幢。有住宅楼48幢，低保家庭170户、346人。2010年，社区筹集2700元会同社区青年志愿者全面清理凤凰西街57号、凤凰二村下水管道，保障出水通畅；动员全社区居民和企业扶残助残，开展"理解、关心、尊重残疾人"

主题活动及相关知识宣传。第20次“全国助残日”活动期间，社区组织10名残疾人和其亲友到安徽查济古镇参观；为有劳动能力的残疾人介绍工作等。6月29日，凤凰街道残疾人法律援助服务站在凤凰二村社区揭牌，服务站旨在为残疾人提供免费法律维权和咨询服务，让更多的人理解、关心、尊重残疾人。是年，社区被评为区二星级文明和谐社区。

【凤凰西街社区】 社区位于汉中门城堡西北约1.2公里处，东起北圩路，南近汉中门大街，西靠江东路，北临凤凰西街大街。办公地位于凤凰西街275号-1。社区办公面积509平方米，配有专职工作人员12名，辖区内有3处文化活动室、4处市民休闲广场。年初，社区制订20件为民办实事项目，至年末，完成凤凰三村和凤凰西街263号、275号、223号，海棠里等5个老旧小区天然管道安装，受惠群众1300多户，每年为居民节省50万~60万元；完成凤凰西街263号围墙重建、花坛修整、下水道疏通、路灯安装、厕所翻修，凤凰三村危墙加固及223号门前下水道修建等14件实事。社区多个老年社会团体为独居困难老人提供家政服务，上门慰问生病住院老人；筹集资金、购买器材、提供场所，成立多个老年活动队伍，组织老年人参与健身和文娱活动；重阳节举办社区第五届敬老节活动，为社区500多名70岁以上老人戴红花、看演出、发礼品，“爱老、敬老、用老”成为凤凰西街社区品牌。是年，社区被评为区三星级文明和谐社区。

【西城岚湾社区】 社区位于清凉门西北约0.2公里处，东起凤凰东街2~64号，南至凤凰西街2~104号，西与北圩路、嫩江路、龙凤花园交界，北至龙园南路。社区办公地址位于清凉门大街8号3幢，面积400平方米。4~5月，社区开展迎世博、讲文明、树新风活动，利用社区宣传栏宣传世博，组织志愿者参与小区环境卫生整治，清除小区卫生死角。5月20日，在社区休闲广场举办“时尚家庭，低碳生活”启动仪式，参与人数达300多人；5月21日，组织30多名党员及社区居民代表参观南京科技馆。在社区成立“清风笔坛”书画室，引进中老年时装模特队，开办排舞培训班。是年，社区被评为区三星级文明和谐社区。

【教工新村社区】 社区位于凤凰街道中部、清凉门桥西南约500米处。东至北圩路，南近凤凰西街，西靠湛江路，北至清凉门大街。办公地位于教工新村34号-2。按院落划分为17个居民小组。设党总支部1个，有党员184名。2010年，社区建立1支“我为人人，人人为我”党员志愿者队伍，为居民群众提供各类服务。党员志愿者服务队常年义务在小区巡逻，带头参加整治社区环境卫生、绿地保洁、铲冰扫雪等活动。组织社区党员和居民开展慈善活动，建立健全社区低保工作小组，关怀与救助困难人群。全年为20户低收入家庭办理住房保障补贴、困难人群重大疾病患者大病救助、临时救助等2.8万元。走访退役人员困难家庭，为8名残疾军人办理医疗优待证，为6名重度残疾人员办理每月400元重残补贴。是年，社区被评为区一星级文明和谐社区。

【蓝天园社区】 社区位于龙江小区南片，东起秦淮河，南起龙园南路，西至龙园中路、龙园街，北至草场门桥。由蓝天园、碧树园（南、北片）、芳草园（南、北片）等5个封闭小区组成，有58幢多层住宅、4幢高层住宅。社区办公地点位于龙江小区蓝天园19号，设有一站式服务大厅，面积167平方米，社区室内有多功能文化活动室3处，面积238平方米，室外文化及休闲场所12处，全天候向社区居民开放，满足社区不同群体需求。2010年，社区开展人大

9月，蓝天园社区开展图书漂流活动启动仪式

代表接待、法律政策咨询活动，社区志愿者为居民免费理发、测量血压、发放科普宣传材料等；社区与芳草园小学共建，邀请武警二支队指导员开展“践行雷锋精神，争做四好少年”主题活动，邀请南京市安居防火教育培训中心教官为社区居民、党员、骨干及社区工作人员开展公益性消防知识普及讲座；“六一”儿童节联合时代新语在芳草园高层广场举办“喜洋洋与灰太狼快乐一夏走进蓝天园社区”大型广场活动，激发社区小朋友学习英语兴趣；6月6日，在省戏剧学校实验剧场举行“文化社区行”越剧专场演出，社区蓝天越剧团演出越剧经典剧目选场和选段。是年，社区被评为区四星级文明和谐社区。

【凤凰花园社区】 社区坐落在鼓楼区河西新区东北面，东至湛江路，南起汉中门大街，西临江东北路，北靠清凉门大街。办公地位于福安园28号。有居民住宅楼66栋、安全文明小区3个，五好文明家庭占总户数的85%。2010年，社区开展“迎重阳佳节，传敬老美德”“发展老年事业，构建和谐社会”夕阳红歌咏文艺演出活动，组织社区32名育龄妇女接受生殖健康检查，发放85名独生子女家庭奖励金5100元；暑期组织社区中小学生60多人次，开展法律知识辅导、书画比赛、“七彩的夏日”夏令营等活动；利用广场演出、市民学校、社区电教室、社区议事园、宣传橱窗、黑板报等阵地，广泛宣传创建文明城区意义和内容，向居民发放“致广大居民一封信”，与物业管理公司共同成立社区环境整改小组，培育和维护原有绿色资源，清理整顿社区内乱贴广告、牛皮癣等不文明现象；成立志愿者义务巡逻队，做好防火、防盗、防破坏工作。全年，社区在领失业人员接续社会保险率100%，城镇登记失业人数低于城镇登记人数的1%，消除零就业家庭，辖区就业率90%以上。是年，社区被评为区二星级文明和谐社区。

【华阳佳园社区】 社区地处鼓楼区凤凰街道辖区西北端，东起嫩江路，南至凤凰西街，西至湛江路，北到清凉门大街。办公地位于清凉门大街113号-1-112。由华阳佳园、枫亚苑、名城世纪园、金陵园、清溪园、金地苑、凤凰西街186号和凤凰西街188号等8个小区组成。年内，规划和改建70平方米社区室内活动中心，设书画室、乒乓球室、舞蹈室、图书阅览室等活动场室，逐步完善综合性多功能室内文化活动场所，成为居民集健身、娱乐、休闲于一体的社区文化活动中心。同时，利用闲置场所建设社区文化活动场所，组建数支退休群众组成的文化活动队伍，聘请指导教师，定期开办书法绘画班、声乐班、戏曲班、舞蹈班、时装表演班。是年，社区被评为区三星级文明和谐社区。

【苏城苑社区】 社区东至嫩江路，南近清凉门大街，西靠湛江路，北临龙园南路。办公地位于湛江路98号苏城北苑11室-2。由苏城南苑、苏城北苑、龙凤花园、金信花园4个住宅小区78栋中高档住宅楼组成。有各种民间组织25个、各类志愿者和文体队伍20多支。3月5日，社区与江东工商所、龙凤花园业委会、龙凤花园物业管理处等共建单位，联合举办“弘扬雷锋精神，共建美好家园，为建设和谐社会做贡献”广场便民义务服务活动。为200多名居民群众提供推拿按摩、法律咨询、测量血压、钟表维修、配钥匙、修理电瓶车、理发服务等14个项目服务。11月25~27日，全国第六次人口普查领导小组人普登记质量抽查小组到苏城苑社区22个普查小区抽查验收，抽查组一行5人，根据普查区图、普查小区图进行实地核查，确认无建筑物遗漏，并对该小区89户居民入户登记，实际登记86户，登记成功率96.6%。是年，社区被评为区三星级文明和谐社区。

【凤凰街社区】 社区东近秦淮河，南靠汉中门大街，西至汉北街，北临凤凰西街。办公地点位于凤凰庄9号-102室。2010年，社区定期向下岗失业人员公布用工信息，为大龄就业困难人员联系就业单位，解决实际困难，全年有5个就业困难人员在社区推荐帮助下成功就业，1435位退休人员纳入社会化管理，85%退休人员免费体检，退休金验证99%。出新劲顺花园小区，拆除违章建筑，修建新车棚，彻底解决居民停车难问题；出新凤凰庄小区道路，该小区始建于80年代中期，居住群体以老年人和经济水平较低人员为主，属于无物管小区，道路损坏程度严重，年初社区党委将出新凤凰庄道路列为为民办实事项目，11月中旬凤凰庄道路出新工程竣工。是年，社区被评为区二星级文明和谐社区。

【白云园社区】 社区位于龙江小区南片，东起龙园中路，南至龙园南路，西至江东北路，北起草场门大街。办公地位于白云园50号。由阳光广场、白云园小区、阳光锦绣阁、阳光金峰阁、金海园、芳町园、摩尔特区、城市假日和青年公寓组成。2010年，社区公民道德引导站倡导“爱国守法、明礼诚信、团结友善、勤俭自强”基本道德规范，及时反映社区文明和不文明现象、社情民意、群众关注的热点焦点问题等，10位公民道德观察员实行每月一巡访、半年一小结、全年一评比活动，在迎接全国文明城市国查、全国第六次人口普查等活动中，公民道德引导站组织公民道德观察员到各个小区宣传、主干道巡逻、公交站台维持秩序、商业街拾捡垃圾，在提高公民道德素质、倡导社会文明风尚、促进社区和谐方面发挥积极作用。针对社区资源和居民特点，确定“着力文化团队建设，打造全民健身品牌”思路，社区合唱队、舞蹈队、太级拳队、乒乓球队、健身球队、科普班等十多支文体队伍，开展丰富多彩的群众文体活动。是年，社区被评为市“六好”社区（村）关工委、市企业退休人员社会化管理服务“先进自管互助组织”、区平安建设平安社区、区平安建设先进集体称号、区关心下一代工作先进集体、区二星级文明和谐社区。

（张存礼）

注：由于近年鼓楼区区域规划、社区调整，相关部门未对社区人口和面积重新统计、测量，故未记述

鼓楼人物

GuLou Figures

新任区级领导人

纪增龙

男，汉族，1964年4月出生，江苏泰州人，1985年8月参加工作，1985年6月加入中国共产党，大学学历，双学士学位。1985年8月南京师范专科学校团委书记、助教。1987年9月南京大学法律系第二学士学位学生。1989年8月南京市教育局干部。1991年10月中共南京市委办公厅副科级秘书、正科级秘书。1996年12月中共南京市委办公厅（政研室）党群政法处副处长。2000年6月中共南京市委办公厅(政研室)党群政法处处长。2002年11月中共南京市鼓楼区委常委。2003年1月中共南京市鼓楼区委常委、组织部部长。2010年5月兼南京市鼓楼区人民政府常务副区长。2010年8月中共南京市鼓楼区委常委、区政府常务副区长。

朱劲松

女，汉族，1967年9月出生，湖南湘潭人，1988年9月参加工作，1988年7月加入中国共产党，党校研究生学历。1988年9月南京市下关区中山桥街道干事、团工委副书记。1991年4月共青团南京市下关区委干事。1992年4月中共南京市下关区委办公室秘书。1993年4月共青团南京市下关区委副书记。1994年5月共青团南京市下关区委书记。1995年3月中共南京市下关区委办公室副主任。1996年5月中共南京市下关区委办公室主任。1997年1月中共南京市下关区委宝塔桥街道工委书记。1998年12月中共南京市下关区委宝塔桥街道工委书记、办事处主任。1999年11月南京市下关区人民政府副区长。2007年11月中共南京市栖霞区委常委、宣传部部长。2010年8月中共南京市鼓楼区委常委、组织部部长。

李　晖

男，汉族，1970年11月出生，江西新余人，1992年7月参加工作，1990年12月加入中国共产党，大学学历，硕士学位。1992年7月南京港务局三公司员工。1992年12月南京港务局二公司经理办秘书。1993年5月南京港务局七公司经理办秘书。1993年9月南京港务局干部处秘书、党办秘书。1997年6月南京港务局团委干事。1998年5月南京港务局团委副书记。2000年2月共青团南京市委青工部副部长。2001年2月共青团南京市委统战部部长兼青工部部长。2002年6月共青团南京市委副书记。2007年11月南京市鼓楼区人民政府副区长。2010年5月中共南京市鼓楼区委常委、区人民政府副区长。

丁健生

男，汉族，1964年8月出生，江苏兴化人，1987年7月参加工作，1994年12月加入中国共产党，党校研究生学历。1987年7月南京市鼓楼区财政局科员。1993年5月中共南京市鼓楼区委办公室秘书、科长。1995年11月南京市鼓楼区审计局局长助理。1997年1月南京市鼓楼区财政局副局长兼国资管理局局长。2001年12月南京市鼓楼区财政局副局长。2002年5月南京市鼓楼区财政局副局长兼区企业改制办公室副主任。2003年2月南京市鼓楼区政府办公室副主任兼法制办公室主任。2003年12月南京市鼓楼区政府办公室主任兼法制办公室主任。2005年4月中共南京市鼓楼区委办公室主任。2010年5月中共南京市鼓楼区委常委、区委办公室主任。

郭明雁

男，汉族，1963年4月出生，山东寿光人，1981年10月参加工作，1992年12月加入中国共产党，党校研究生学历。1981年10月南京军区83248部队机务站话务员。1985年1月南京市鼓楼区人民政府水佐岗办事处城管科城建干事。1994年2月南京市鼓楼区人民政府水佐岗办事处经济科副科长(主持工作)。1999年7月南京市鼓楼区人民政府水佐岗办事处社会事务科副科长（主持工作）。2000年1月南京市鼓楼区人民政府水佐岗办事处主任助理(副处)。2000年8月中共南京市鼓楼区委统战部部长助理(副处)。2001年6月中共南京市鼓楼区委统战部副部长。2003年9月中共南京市鼓楼区委莫愁街道工委副书记、办事处主任。2005年4月南京市鼓楼区人民政府办公室主任。2010年11月南京市鼓楼区人民政府副区长。

张　勇

男，汉族，1963年10月出生，浙江宁波人，1983年8月参加工作，1986年12月加入中国共产党，在职大学学历。1983年8月南京市公安局政保处二科办事员。1986年11月南京市公安局政保处二科科员。1988年6月南京市公安局政保处二科代副科长。1989年7月南京市公安局政保处二科副科长。1994年3月南京市公安局政保处七科科长。1994年7月南京市公安局政保处二科科长。1997年11月南京市公安局政保处副处长。2002年6月南京市公安局国内安全保卫支队副支队长。2002年10月南京市公安局国内安全保卫支队副支队长（正处级）。2006年1月南京市公安局国内安全保卫支队支队长。2010年12月南京市鼓楼区人民政府党组成员、副区级、区公安分局局长。

徐　丽

女，汉族，1957年5月出生，河北定兴人，1977年1月参加工作，1987年12月加入中国共产党，大专学历。1977年1月江苏省江宁县殷巷公社插队知青。1978年8月南京电视机厂工人。1978年12月南京师范学院生物系学生。1980年12月南京市鼓楼区环保科干部。1984年6月南京市鼓楼区环保局副局长。1985年3月南京市鼓楼区计经委副主任。1986年9月南京市鼓楼区环保局副局长。1990年6月南京市鼓楼区环保局局长。1995年5月南京市鼓楼区计经委副主任兼工业系统工委书记。1998年2月南京市鼓楼区计经委主任兼工业系统工委书记。2001年12月南京市鼓楼区发展计划与经济局局长兼工业系统工委书记。2002年5月兼南京广州路科技街管理委员会办公室主任。2005年12月南京市鼓楼区发改局局长。2006年8月兼南京大学–鼓楼高校国家大学科技园管委会主任助理、工委书记。2010年5月兼南京模范路科技创新园区管委会办公室主任、南京模范路科技创新园区有限公司董事长。2010年12月明确为副区级。

符祝如

男，汉族，1952年9月出生，江苏如东人，1968年3月参加工作，1969年4月加入中国共产党，党校大学学历。1968年3月陆军十二军三十一师战士。1969年9月空军十二飞行学院学员。1973年5月空军第一航空技术专科学校学员，教员，干事，副科长，政治教导员。1984年8月南京军区空军航空工程部秘书。1988年1月南京军区空军机务训练团副团长。1992年9月南京市鼓楼区人民政府办公室副主任。1996年12月南京市鼓楼区房地产管理局副局长。1997年8月南京市鼓楼区江东新区管委会综合处处长。2000年1月南京市鼓楼区江东新区管委会主任助理、综合处处长。2003年2月南京市鼓楼区劳动和社会保障局局长。2007年9月南京市鼓楼区劳动和社会保障局局长、工委副书记、区总工会主席。2008年2月南京市鼓楼区总工会主席。2010年5月明确为副区级。

中国好人

【助人为乐好人——张玉华】 鼓楼区宁海路街道颐和路社区居民张玉华，7月当选中央文明办、中国文明网评出的“助人为乐——中国好人”。

张玉华，男，1916年出生，山东文登人。1935年加入中国共产党，历经抗日战争、解放战争、抗美援朝战争，从连指导员升任到营、团、师、军等岗位，曾兼任湖北省委书记，后从武汉军区副政委调任南京军区副政委。1964年晋升为少将，曾获二级独立自由勋章、二级解放勋章、一级红星功勋荣誉章，中国共产党第十一届中央委员。1986年离休后，曾获得市首届“十大慈善之星”“南京好市民”等称号。从1986年至今，他坚持把自己每月工资的60%捐献出来，帮助困难群体。2002年以来，他每年都给颐和路社区低保户送去500公斤大米，至今共捐送5000多公斤，还为全国各地希望工程、希望小学、特困户捐款30余万元，向图书馆捐赠书籍刊物200余册。2007年底至2008年初，先后向温州残疾人村、安徽六安和金寨等县、厦门等地及宁波慈善总会累计捐款近7万元。2008年，在冰雪灾害中，向沈阳、武汉等地捐款3万多元。汶川地震后，他将家中仅有的1.2万元存款捐献出来。哪里有灾情，哪里就有将军的爱心，将军以高尚的品德和情操影响着身边的每个人，成为社区党员志愿者的楷模。

【孝老爱亲好人——朱世平】 鼓楼区中央门街道汇林绿洲社区居民朱世平，7月当选中央文明办、中国文明网评出的“孝老爱亲——中国好人”。

朱世平，男，1958年1月19日出生，南京人，高中文化，1991年6月加

入中国共产党，南京胜昔实业有限公司员工。1989年，朱世平结婚后没多久，其妻就查出患上严重的风湿性关节病，常年卧床，生活不能自理。2000年，朱世平所在企业改制，为了更好地照顾妻儿，他买断工龄，常年在外打工。无论在哪里工作，哪怕加班到第二天凌晨两三点，他也要回家照顾妻儿。儿子上大学后，每年1万多元学费和每月六七百元生活费、妻子每月100多元的药费成为压在他肩上的沉重包袱。艰辛的生活、长期的操劳、巨大的经济压力没有压垮他，他20年如一日不离不弃照顾病妻、抚养儿子，让濒临绝境的家充满温暖与爱，感动身边无数人。

【助人为乐好人——沈谊、陈正一】 鼓楼区宁海路街道天津新村社区居民沈谊和陈正一夫妇，7月当选中央文明办、中国文明网评出的“助人为乐——中国好人”。

沈谊，男，1923年9月出生，浙江人，省经贸委离休干部。1942年参加革命，解放战争时期参加武工队。解放后，先后在无锡市委宣传部、省委党校工作。“文化大革命”后，到省经贸委工作。陈正一，女，1931年2月出生，江苏无锡人，省测绘局离休干部。1948年参加革命，后在中国人民大学学习。解放后，先后在无锡市报社、省测绘局工作。从1993年至今，沈谊和陈正一夫妇长期默默资助广西、甘肃、江苏、安徽等地50余名贫困学生及其家庭，捐资助学20多万元，这还不包括他们每年去看望受助孩子，给他们购买文具、衣服等用品，以及接他们到南京来玩的花销。至2010年末，仍有十几名学生接受他们的资助。他们捐资助学的义举在社会引起强烈反响，中国文明网、江苏文明网、网易、《南京日报》等媒体均作宣传报道。

【助人为乐好人——崔传面】 鼓楼区宁海路街道古林社区居民崔传面，9月当选中央文明办、中国文明网评出的“助人为乐——中国好人”。

崔传面，女，1950年12月出生，江苏徐州邳县人，初中学历，1968年在南京六合插队，1976年回城，3月进入金陵汽运公司，1993年4月下岗。尽管自己的生活很艰难，但她一心想帮助更多的人。从1999年起，每年夏天崔传面都会在定淮门大街6号小区门口摆茶水摊，免费为路人提供茶水，这一摆就是12年。经常凌晨四五点钟便起床烧水，每天要烧10壶水，每个月的水费、电费要多出三四百元。她坚持不懈助人为乐的精神赢得社区居民的交口称赞。江苏电视台、南京电视台、《南京日报》《扬子晚报》《现代快报》《金陵晚报》等新闻媒体都给予报道。

【孝老爱亲好人——黄世霞】 鼓楼区湖南路街道裴家桥社区居民黄世霞，9月当选中央文明办、中国文明网评出的“孝老爱亲——中国好人”。

黄世霞，女，1963年7月出生，山东人，大专学历，中共预备党员，1978年高中毕业，在南京油墨厂工作，从2000年起一直在南秀村社区工作。1994年，黄世霞的小姑子患上尿毒症，又遭到丈夫无情抛弃，她毅然把万念俱

灰的小姑子接到家里。不久，黄世霞夫妇双双下岗，而治疗尿毒症需要每月近五千元的血透费用。为能多挣钱，夫妻俩都做两份工，她还在家里办起照顾几十个孩子的“小饭桌”。这样做收入虽增多，但她没有时间照顾小姑子，于是，2000年她停掉“小饭桌”，应聘到湖南路街道做社工。为给小姑子治病，夫妻俩卖掉自家的房子，筹资给小姑子做过两次肾脏移植手术却均遭失败。十多年的血透对小姑子的心脏、肝脏造成严重伤害，她又东挪西借凑足费用，给小姑子做了心脏搭桥手术。生活中，她耐心细致照顾小姑子，17年不离不弃的坚守，谱写一曲新时代的大爱之歌。《南京日报》《扬子晚报》、江苏电视台、南京电视台等众多新闻媒体对其事迹进行采访报道。

新闻人物

【晋辉获2006~2010年全国特奥先进个人称号】 鼓楼区特殊教育学校教师晋辉，9月获“2006~2010年全国特奥先进个人”称号。

晋辉，女，1969年7月出生，南京人。1988年毕业于南京晓庄师范，2004年获教育管理专业本科文凭。多年来，晋辉全身心投入特奥工作，培养和训练的运动员在世界、全国、省、市、区特奥运动会上获百余枚奖牌。所带特奥运动员鸿雁获第十届世界特奥会田径100米金牌，张晗获第12届世界特奥会100米竞走金牌，黄鸣获第五届全国特奥会羽毛球男子单打银牌和双打金牌。所带运动队2002年获第三届全国特奥会体育道德风尚奖，2005年获全国特殊奥林匹克田径和游泳比赛体育道德风尚奖、省第四届特殊奥林匹克运动会体育道德风尚奖等十多项集体荣誉。所撰写的教育教学论文十余篇在全国、

省、市、区论文评选中获奖。“十五”“十一五”期间连续10年被评为“全国特奥工作先进个人”，获“全国残疾人工作2003~2006年全国先进个人”称号，2004年获“南京市残疾人协会优秀体育工作者”称号，2006年获“南京市残疾体协先进个人”称号，2008年获“第十二届世界特奥会优秀教练员”称号，2010年分别获得省、全国、亚洲和世界残奥、特奥运动比赛特殊贡献奖。经区残联和区教育局批准，鼓楼区成立“特奥运动晋辉工作室”，她被聘为南京市残疾人体协常务理事、鼓楼区残疾人体协常务理事和办公室副主任。

【周国平被评为全国方志系统先进工作者】 鼓楼区委党史办、地方志办主任周国平，12月获得“全国方志系统先进工作者”称号。

周国平，男，1954年12月出生，江苏泰兴人，研究生学历。历任部队参谋，鼓楼区法院审判员、副庭长、办公室主任，鼓楼区档案局副局长，鼓楼区区委党史、地方志办主任等职务。多次被评为优秀公务员、优秀共产党员，是南京区县方志工作的领军人物。2000~2006年，呕心沥血主持《鼓楼区志》编纂工作，2006年《地方志工作条例》颁布后，积极协调解决《鼓楼年鉴》编纂由档案局到地方志办的归位问题。2007年和2009年，先后承担鼓楼区与中央党校社科部合作开展的“和谐南京——鼓楼的实践与探索”“和谐社区——鼓楼的实践与探索”课题研究组织领导工作，并形成两本30多万字的专题研究报告，发表在中央党校的《科学社会主义》期刊上。他多方努力，争取到区委、区政府对地方志工作的高度重视和大力支持，注重地方志队伍建设，关心每个同志成长进步，组织全办人员外出学习和参加各种培训。在他的领导下，区地方志办公室工作连续3年被评为区上年度十大突出贡献工作、连续4年被评为市地方志系统工作特等奖第一名，《鼓楼区志》在省、市连连获奖，区地方志办公室第一次独立编纂的《鼓楼年鉴》(2007卷)在第四届全国年鉴编校质量检查评比中获一等奖，《鼓楼年鉴》(2009卷)先后获得全国版协年鉴评比一等奖和省地方志、中国地方志年鉴特等奖。他另辟蹊径探索运用建造社区展览馆的形式宣传志书内容，先后建成石头城社区历史文化馆、颐和路社区将军馆，开拓读志、用志的特色之路。区地方志办公室的工作成果得到中共中央政治局委员、中宣部部长刘云山和中国地方志指导小组秘书长田嘉等领导的肯定。中国地方志指导小组与中央电视台合拍的专题片《方志中国》摄制组对鼓楼区地方志工作进行6个多小时采访，并在该系列片首集播出。鼓楼区地方志工作成为江苏地方志系统的“鼓楼现象”。

【朱兰芸获省城乡社区校外教育辅导站工作先进个人】 鼓楼区湖南路街道大方巷社区居民朱兰芸，7月获省城乡社区校外教育辅导站工作先进个人。

朱兰芸，女，1931年5月出生，南京人，毕业于南京国立戏剧专科学校，大专学历，中国民主促进会人士。1952~1955年任山西路小学数学教师，1956~1988年任琅琊路小学数学教师，1988年退休。退休后，她利用校外辅导站，创办少儿巧手制作培训班。她编写的教材以素质教育为中心，结合民间剪纸艺术、趣味数学、儿童的生活实际，以复式教学的形式开展活动，在活动中让孩子们参与评价，从中获得乐趣、增强自信心。她自编一套“巧手操”，编写教材《巧手——变废为宝100例》。近十年来，她一直坚持教学，从不间断。她开办的少儿巧手班，在省电视台“金色少年”栏目组制作节目，台湾东森电视台“走进两岸”摄制组对她作专题采访，并制作专题片。

【侯晶晶被授予全国“五一”劳动奖章】 南京师范大学教科院道德教育研究所副教授、硕士生导师，兼江苏省妇女联合会副主席侯晶晶，2010年5月在由全国总工会、中宣部、中央文明办、工业和信息化部、商务部、国资委和国务院纠风办等7家单位联合开展的第11届全国职工职业道德建设评选中获“全国职工职业道德建设标兵个人”称号，同时被授予全国“五一”劳动奖章。(参见2009版《鼓楼年鉴》“人物·光荣榜”类目，第335页)

【谢继东获江苏省“五一”劳动奖章】 南京邮电大学通信与信息工程学院研究员级高工、教授、研究生导师谢继东，4月获江苏省“五一”劳动奖章。

谢继东，男，1958年11月出生，1982年毕业于中国科学技术大学，1987年获硕士学位，1996年破格晋升为研究员级高级工程师，现任南京邮电大学通信与信息工程学院无线通信系副主任、卫星通信研究室主任。主要在卫星通信、低轨卫星应用领域从事研究和工程项目攻关，组织并负责完成多项国家重点工程项目和大型国防科研项目。先后完成数十套卫星地球站设计、制造和建设工程，完成车载式卫星通信系统、便携式卫星通信系统和船载式卫星通信系统等填补国内空白的新产品研发，取得显著社会效益与经济效益。1997年获江苏省青年科技创业奖，1999年获“江苏省优秀共产党员”称号，2000年获国务院颁发的“政府特殊津贴”并入选“333跨世纪人才”，2006年被评为省教育工委优秀共产党员，2008年获得省科技进步二等奖，2009年获得广东省科技进步三等奖，2010年获省“五一劳动奖章”。 (区志办)

【James H. Nolt(詹姆士·瑙特)获江苏省“五一”劳动奖章】 南京邮电大学南邮—纽约理工国际学院美方院长、世界政策研究所高级研究员、美国著名中国问题专家詹姆士·瑙特，4月获江苏省“五一”劳动奖章。

詹姆士·瑙特，男，美国人，1957年6月18日出生。先后获得美国经济政治科学优秀学士、经济学硕士、政治科学与国际关系博士、计算机科学硕士学位。曾任范德堡大学讲师、教授，纽约新学院大学“麦克阿瑟全球变化和自由主义”项目主任、政治科学教授、研究生导师，塞杜霍尔大学教授、纽约新学院大学教授。2007年任南京邮电大学—纽约理工国际学院美方院长。在项目运行中，他努力协调，帮助中美合作方互相沟通了解，使所有工作内容、流程同时满足中美双方在法律、教育、体制、观念、文化等多方面的不同要求；坚持承担宏观经济学、微观经济学、货币银行、国际关系、商业和政府等课程部分教学工作，主动提供国外最新学科资料，搭建中外教师学术互通桥梁，并亲自评估、选订各门课程教材；实地查看各实验室环境，和中方各学院及实验中心协调教学；邀请国外专家到南京讲学，亲自接待外国专家；定期组织并主持美方教师会议，协助配备美方教师公寓设施，协调并解决住所硬件和安全问题，负责美方对项目的财务预算评估；组织、协调、参与院内各项活动等。（陈厚如）

全国先进工作者

【邢定钰获全国先进工作者称号】 南京大学物理系教授、博士生导师、中国科学院院士邢定钰，4月被中共中央、国务院授予全国先进工作者称号。

邢定钰，男，1945年2月出生，江苏高淳人。1967年毕业于南京大学物理学系，1981年获南京大学硕士学位，1986~1988年在美国休斯顿大学物理系和德州超导中心做访问学者，1990年起任南京大学教授，1993年起任博士生导师。1993~2001年任南京大学物理系副主任，分管科研和研究生工作。1999~2005年任南京大学固体微结构物理国家重点实验室主任，2004年起任南京微结构国家实验室主任，2007年当选中国科学院院士，现任国家重大科学研究计划项目首席科学家，国务院学位委员会学科评议组物理学、天文学组成员，中国物理学会凝聚态理论和统计物理专业委员会主任，江苏省高校教学名师。长期从事凝聚态物理的研究，在自旋和量子输运理论、磁性纳米结构和低维物理、超导和关联电子体系理论等方面作出系列创新性贡献。在国际核心学术期刊发表论文300多篇，其中在美国的《物理评论》系列期刊发表论文120多篇。曾作为第一获奖人获得国家自然科学奖二等奖1项、省部级科技进步一等奖两项，被评为江苏省优秀研究生导师和江苏省优秀科技工作者。

【汪永进获全国先进工作者称号】 南京师范大学地理科学学院教授、博士生导师、自然地理学科带头人、同位素实验室主任汪永进，4月被中共中央、国务院授予全国先进工作者称号。

汪永进，男，1959年4月出生，江苏常州人。1982年获南京大学地质系岩矿专业学士学位，1987年获南京大学地质系沉积岩石学专业硕士学位，1987年起至今在南京师范大学地理系任教。1988年赴美国匹兹堡大学行星地球科学系研修古地磁学，2000年获南京师范大学自然地理学博士学位，同年任南京师范大学教授、博士生导师，现任教育部环境资源与地球科学部学部委员、教育部长江学者计划特聘教授、教育部长江学者计划创新团队“环境演变和生态过程”带头人、中国第四纪科学研究会理事，享受国务院政府特殊津贴。长期从事洞穴沉积和气候环境演变研究，在《科学》《自然》先后发表3篇论文，2002年获全国百篇优秀博士论文奖、国家优秀教学成果二等奖，2003年获江苏省“优秀硕士研究生导师”称号，2004年获江苏省优秀教学成果一等奖、江苏省优秀共产党员称号，2005年被评为江苏省优秀教育工作者，2006年获江苏省先进工作者称号，2008年获第五届国际气候变化喀斯特记录杰出贡献奖（中国学者仅一人）。

【宋燕波获全国先进工作者称号】 江苏省人民医院重症监护病房护士长、副主任护师、南京市护理学会危重病专业副主任委员宋燕波，4月被中共中央、国务院授予全国先进工作者称号。

宋燕波，女，1963年4月出生，本科学历。1981年从护校毕业，到江苏省人民医院工作。从事临床护理工作29年，其中重症监护（ICU）27年，参与监护、抢救危重病人万余例。她带领的护理团队出色完成活体肝移植、冠状动脉搭桥、主动脉内球囊反搏，肺移植和体外膜肺氧合等新技术、新项目的监护工作。先后在《中华护理杂志》《实用护理杂志》《南方护理》《现代护理》《江苏医药》等核心期刊发表护理论文11篇，第二作者5篇，获得江苏省卫生厅新技术引进奖二等奖1项，院新技术、新项目一等奖1项，二等奖两项，主办国家级和省级继续教育项目各1项。先后获得院十佳青年、优秀护士长、院先进工作者、省城镇妇女巾帼建功标兵、省三八红旗手、市劳动模范、全国“五一”劳动奖章等荣誉称号。

【张建云获全国先进工作者称号】 南京水利科学研究院院长、党委书记张建云，2010年4月被中共中央、国务院授予全国先进工作者称号。

张建云，男，1957年8月出生，江苏沛县人，中共党员，博士研究生学历。1976年9月参加工作，历任水电部水利调度中心助理工程师，水利部南京水文水资源研究所研究室副主任、主任，水利部水文局局长助理、总工程师、副局长兼总工程师，南京水利科学研究院院长，水利部大坝安全管理中心主任和水利部应对气候变化研究中心主任。兼任北京市政府顾问团成员，青海省人民政府科技顾问，水利部科技委委员，中国气象局科技委委员，国际水文科学协会中国委员会主席，河海大学兼职教授、博士生导师，世界气象组织水文委员会执委，《水科学进展》《水利水运工程学报》杂志主编等。主持并作为主要研发人员开发国家防汛抗旱总指挥部办公室应用的主要业务系统，包括防汛抗旱水文气象综合信息系统（国家科技进步奖二等奖）、全国水文预报系统（国家科技进步奖二等奖）、国家防汛会商系统（大禹水利科技进步奖一等奖）、全国旱情监视和分析系统等核心业务系统。曾获国家有突出贡献的中青年专家、全国留学回国人员先进个人、全国杰出专业技术人才、江苏省首批中青年首席科学家等称号，并享受政府特殊津贴。

【黄孝慈获全国先进工作者称号】 江苏省京剧院名誉院长、著名中国京剧表演艺术家黄孝慈，2010年4月被党中央、国务院授予全国先进工作者称号。

黄孝慈，女，1943年5月出生，北京人，鼓楼区莫愁新寓社区居民，中共党员，中共十六、十七次党代会代表。1960年毕业于中国戏剧学院，主攻青衣，兼演花旦，拜师杜近芳，首创剧目《骆驼祥子》《红菱艳》《太平公主》《董小宛》《耕耘初记》等。1964年，在北京全国现代戏会演《耕耘初记》中扮演志耘，受到时任国务院总理周恩来的接见；1988年在天津全国新剧目会演《红菱艳》中扮演菱姐，获剧目一等奖、优秀表演奖榜首；1990年获第七届中国戏剧梅花奖；1992年获政府特殊津贴；1997年获中国文联首届百名“德艺双馨艺术家”称号；1999年在《骆驼祥子》中扮演虎妞，获中国第三届京剧艺术节金奖榜首，同年获中国第六届艺术节大奖、中国第十六届戏剧二度梅花奖；2000年获中国第九届文华大奖第一名及优秀表演奖、上海首届新世纪戏剧大奖、“白玉兰”主角奖；2001年获江苏省劳动模范称号、中国戏曲学会专家奖；2002年获中国古老剧种现代戏突出贡献奖；2007年获文化部百名艺术大家称号、世界华人杰出贡献奖；2010年被世界联合国教科文组织评为“人类灵魂艺术家”。先后发表10多篇论文，其中《撕碎自己演虎妞》获田汉戏剧论文二等奖。长期坚持送戏到偏远革命老区、高雅艺术进校园，被多所大学聘为客座教授。

名　　师

【黄和获霍英东教育基金会第12届高等院校青年教师奖】 南京工业大学科技处处长、教授、博士生导师黄和，5月获得霍英东教育基金会第12届高等院校青年教师奖。

黄和，1974年生，2002年毕业于美国普度大学化工系，获工学博士学位。现任南京工业大学科技处处长、省工业生物技术创新中心主任、中石化南京工业生物技术创新中心主任、省青联委员、浙江大学兼职教授，国家自然科学基金委、国家科技部、国家发改委、国家开发银行等部门工业生物技术领域和化工领域项目咨询专家和评审专家。主要研究方向为生物质可再生资源的开发利用，工业生物催化及微生物代谢工程，生物基化学品及材料的开发与应用。2006年以来，他和他的科研团队共承担国家973计划、863计划重点项目、国家自然科学基金重点项目等国家和省部级课题40余项，申请国家发明专利近120项，其中授权专利25项。先后荣获“南京市2009年度十大杰出青年”“江苏省青年科技创业明星”等荣誉称号，并入选教育部“新世纪优秀人才”支持计划。

【苏怀智获霍英东教育基金会第12届高等院校青年教师奖】 河海大学水工结构工程学科教授、博士生导师苏怀智，5月获得霍英东教育基金会第12届高等院校青年教师奖。

苏怀智，男，1973年9月出生，内蒙古自治区鄂尔多斯人。2002年获河海大学水工结构工程专业博士学位，2002年9月进入河海大学水利水电工程学院从事教学和科研工作，现任河海大学水工结构工程学科教授、博士生导师，江苏省水利学会水工专业委员会委员。主要从事水利水电工程安全分析和评价、检测和监控，水工建筑物老化、灾变机理和健康诊断等研究及成果应用推广工作。近年来主持和参与多项研究课题，成果先后获国家科技进步二等奖两项，省部级科技进步一等奖两项、二等奖1项、三等奖1项；与研究团队成员合作在国内外重要学术刊物及国际会议上发表论文50余篇。先后获得2007年江苏省“333高层次人才培养工程”首批中青年科学技术带头人、江苏高等学校优秀科技创新团队“水利工程健康诊断与综合整治”研究骨干、河海大学“青年岗位标兵”等荣誉称号。

【周睿获霍英东教育基金会第12届高等院校青年教师奖】 南京艺术学院美术学院副教授周睿，5月获得霍英东教育基金会第12届高等院校青年教师奖。

周睿，女，1973年9月出生，贵州桐梓人。中国人民大学文学学士、中山大学文学硕士、中国人民大学文艺美学专业文学博士。现为南京艺术学院美术学院副教授，承担“中国美学史”“书法美学”“中国书画美学”等课程的部分课堂教学及实践指导工作。曾在广东省中山图书馆《图书馆论坛》杂志任编辑，其间就学于广东省著名书法家曾景充门下，研究碑派书法，广泛临习碑版及明清诸家作品。主要研究方向为中国美学史和书法美学，相关论文发表于《中国书法》《美术与设计》《东南学术》《贵州大学学报》等核心期刊。代表论文有《对中晚明书法变革的重新阐释》《钩深致远，返本开新——清代前碑派碑学理论的建构》《生拗悲怆从何来——沈曾植书法的历史人文底蕴》《“浪漫主义”还是“狂狷”传统》等。

【王建华获霍英东教育基金会第12届高等院校青年教师奖】 南京师范大学教授、博士生导师王建华，5月获得霍英东教育基金会第12届高等院校青年教师奖。

王建华，男，汉族，1977年10月出生，河南息县人。2005年在厦门大学获博士学位。主要从事高等教育本体理论研究，研究范围涉及高等教育学科建设、现代大学制度、大学组织与管理等领域。先后主持国家社科基金（教育学类）课题、江苏省社科基金课题以及江苏省高校哲学社会科学研究重点项目。近年来，先后出版《第三部门视野中的现代大学制度》《高等教育学的建构》《多视角的高等教育质量管理》等专著。2000年至今，在《高等教育研究》《教育研究》等刊物上发表论文数十篇。论文《高等学校属于第三部门》2005年获广东省哲学社会科学优秀成果二等奖；博士论文《第三部门视野中的现代大学制度》2006年获中国高教学会优秀博士论文奖，2007年获厦门大学优秀博士论文奖，2008年获福建省优秀博士论文一等奖;2007年与胡建华等合著《大学制度改革论》获江苏省哲学社会科学优秀成果一等奖。

【黎书华获第11届中国青年科技奖】 南京大学化学化工学院教授、博士生导师、"长江学者"特聘教授黎书华，1月获得第11届中国青年科技奖。

黎书华，男，1969年7月出生，湖南衡阳人。1990年毕业于中南工业大学化学系，1996年毕业于南京大学化学化工学院，获理学博士学位。2002年至今，任南京大学化学化工学院教授、博士生导师，2009年被聘为教育部"长江学者"特聘教授。现任南京大学介观化学教育部重点实验室副主任、物理化学学科主任、《物理化学学报》编委。主要从事量子化学理论及计算方法、各种反应机理的计算研究等。主持国家杰出青年科学基金、科技部"973"课题和国家自然科学基金重点项目。共发表SCI(即科学索引职数)论文70余篇，被SCI他人引用600多次。撰写国际专著章节5章，应邀在国际学术会议上作大会或邀请报告20余次。2002年获中国化学会青年化学奖，2004年获霍英东教育基金会第九届高等院校青年教师基金资助和教育部"新世纪优秀人才支持计划"资助，2006年获国家杰出青年科学基金，2008年获亚太地区理论与计算化学家协会颁发的"Pople"奖章，2009年获第二届中国化学会—英国化学会青年化学奖。

【沈洪兵获教育部"长江学者"特聘教授称号】 南京医科大学公共卫生学院特聘教授、博士生导师、公共卫生学院院长沈洪兵，2月获教育部"长江学者"特聘教授称号，成为南京医科大学首位长江学者。

沈洪兵，男，1964年5月生，江苏启东人。1986年在南京医学院卫生系获本科学历，1989年在南京医学院获流行病学专业硕士，1999年在上海医科大学获流行病学专业博士学位。1989年起，历任南京医科大学公共卫生学院流行病学教研室助教、讲师、副教授、教授，现任南京医科大学公共卫生学院院长、肿瘤中心主任。1999~2002年作为高级访问学者赴美国德克萨斯大学安德森癌症中心流行病学系进行肿瘤分子流行病学研究。主要致力于肿瘤(如乳腺癌)等慢性非传染性疾病病因学和分子流行病学研究，特别是女性乳腺癌遗传易感性和个性化治疗研究。主持多项国家及省部级科研项目。累计发表学术论文100余篇，其中在国际杂志上发表SCI收录的学术论文30余篇。先后获得国家教育部霍英东教育基金会全国普通高校优秀青年教师奖、美国癌症研究协会(AACR)第94届年会培训学者奖、江苏省人民政府科技进步二等奖、国家杰出青年科学基金，入选"新世纪百千万人才工程"国家级人选、全国百篇优秀博士论文指导教师。

【潘丙才获亚太青年科学家奖】 南京大学环境学院教授、博士生导师、系主任潘丙才，7月获得亚太青年科学家奖。

潘丙才，男，1976年8月出生，浙江三门人。1997年获南京大学环境化学专业学士学位，2003年获环境工程学博士学位，2007年被破格晋升为教授，成为南京大学最年轻的教授之一。现为南京大学教授、博士生导师、环境工程系主任、教育部新世纪优秀人才，兼任国际SCI源期刊《化学工程学报》编委(副编辑)、国际EI源期刊《最新工程专利》编委、863计划专家库成员、国家自然科学基金同行评议专家。主要研究领域为有机工业废水治理和资源化、新型环境功能材料的研制与应用。主持十多项国家及省级科研项目。发表(含接收)SCI论文45篇，申请国家发明专利33项(已授权18项)。曾先后获得教育部中国高校科学技术奖二等奖、国家科技进步二等奖、第五届中国国际发明展览会金奖、中国石油和化学工业科技进步一等奖、全国优秀博士论文提名奖、国家技术发明二等奖、亚洲青年研究员奖。

【冯为民被评为省教授级高级教师】 江苏省语文特级教师、江苏省"333工程"培养对象、中国教育学会会员、鼓楼区政协常委、江苏教育学院附属高级中学学术委员会主任冯为民，2010年被评选为江苏省教授级高级教师。

冯为民，男，1958年10月出生，江苏东台人。1981年1月走上教坛，历任高中语文教研组组长、师范学校教科室主任、中学部主任、中学教务主任等职务，是"全国百家高中语文名师"、全国研究语文教学的主要学者之一。曾任盐城市政协委员、东台市人民政府兼职督导员，并当选为盐城市人大代表，曾获江苏省优秀教学成果奖。其语文教学重在培养学生语文素养，开发学生创新潜能，引导学生树立"我要学、我能学、我会学、我乐学"的理念，研究创立"自读—自析—质疑—释疑—迁移"5步导学模式和文言文教学"读—译—赏—延"4字教学法。

冯为民参加过十余项省市级以上重点课题或立项课题的研究，在省级以上报刊公开发表学术论文和教学论文400多篇，出版学术专著《冯为民语文教学论文选》《探索发现文集》。主编或参编教辅用书40余种，获奖近百篇。《人大代表风采录》《中国当代学者风采录》《中国骨干教师词典》等多部大型人物词典都列有其专门词条，曾被全国中语会、语文报社推荐为全国中语会会刊、全国中文核心期刊《语文教学通讯》(高中版)封面人物，并以"名师足迹"为专栏，刊载其《在语文教学之路上执着追梦》一文。 (王有月)

【孙和平被评为省教授级中学高级教师】 鼓楼区教师进修学校高中语文教研员孙和平，2010年2月被评为江苏省教授级中学高级教师。

孙和平，男，1952年4月出生，南京人。1968年11月参加工作，徐州师范大学中文系毕业，现任鼓楼区教研室高中语文教研员，曾3次被评为全国优秀语文教育工作者、市优秀教研员、市先进教育工作者，曾担任教育部基教司课改培训特邀嘉宾、全国中语会教改中心常务理事、全国中语会教学艺术中心常务理事、市中语会副秘书长、市高级教师职称评审委员、市中考语文命题审查专家组成员。先后主持鼓楼区 4 轮初中教材试验工作、7 项省部级教学科研课题研究。参加过北大版义务教材《初中语文》编写。著有《语文学习门径》《初中生语文手册》《议论文论点论据宝典》等书籍，参编多本教师培训教材，主编教辅书刊 70 余种，在核心刊物发表近百篇论文。在语文综合性学习、学习评价、提高课堂教学效益、教学设计、校本课程开发等方面有较深入研究，多次被聘为全国语文教学大赛评委。（张辉娟）

【韩佩玲被评为省特级教师】 鼓楼区赤壁路小学副校长韩佩玲，2010 年被评为江苏省特级教师。

韩佩玲，女，1969 年出生，南京人，本科学历。先后获市第三届优秀青年教师、第三届全国中小学外语教师优秀园丁、市学科带头人等荣誉。从教以来，她始终坚持学习先进的外语教学理论，博采众长，不断探索实践，课堂教学生动有趣，内容丰富，深受学生喜爱和同行好评。多次面向省内外教师上观摩课，参与小学英语教材、教师用书及教辅用书编写工作，承担小学英语教师培训工作。先后主持多项英语课题实验，积极开展教改实验，探索轻负高效的英语教学模式，推动学校英语学科发展。多篇论文在《江苏教育》《中小学外语教学》等杂志上发表，2010 年出版个人专著《魅力英语、童乐课堂》。（刘丽春）

【李琳被评为省特级教师】 鼓楼区力学小学副校长、中学高级教师李琳，2010 年 9 月获“江苏省第 11 批特级教师”称号。

李琳，女，1968 年出生，中共党员，本科学历。1986 年 9 月走上讲坛。多年来，她和力学小学近 50 位语文教师一起致力于“简单·快乐·开放”的学科特色建设，历经两年时间开发、编纂、出版《力学小学习作校本教材》，以“亲爱的同学，老师在书中等你”为主题、以“一位作家·一套丛书·一本经典”为策略建构儿童文学阅读体系。2007 年 5 月成为南京市“五一”劳动奖章获得者，9 月被评为南京市语文学科带头人；2008 年 5 月，获得南京市劳动模范等称号；2009 年 9 月，被评为全国优秀教师。曾获全国小学语文教学研究会论文一等奖、江苏省和南京市小学语文赛课一等奖，多篇论文获市区论文评比一等奖、二等奖，多篇论文、案例在省级以上刊物发表。2009 年 12 月由江苏人民出版社出版个人专著《为童年点灯》。

【江和平被评为省特级教师】 鼓楼区拉萨路小学副校长、中学高级教师江和平，2010 年 3 月被评为江苏省基础教育课程改革先进个人，9 月被评为江苏省特级教师。

江和平，女，1967 年 4 月出生，南京人。历任市江浦县兰花乡中心语文教师、市江浦县建设乡五里小学语文教师、市锁金村第二小学语文教师，现为拉萨路小学语文教师。曾被评为市优秀班主任、市学科教学带头人、市优秀青年教师、市优秀教育工作者、省优秀教育工作者，获得市“五一”劳动奖章、市“斯霞奖”。主持或参与 7 项国家级、省级课题的研究，先后两次被中央教育科学研究所评为课题研究年度先进个人，主持研究的个人课题被评为市教育科学规划优秀个人课题，执教各类公开课 100 多节。在《中国教育报》《上海教育科研》《小学语文教学》等报刊杂志发表文章 50 余篇，其中两篇文章被中国人民大学书报资料中心全文转载。出版教学专著《“聊天”：语文教学的生命化追求》。主编或参与编写公开出版有《我为个性作文狂》《智慧：教育现场的发现与创造》《语文新参考》等书籍及《智慧园》等校本教材。

【陆华山获全国第二届小学语文教师素养大赛特等奖】 鼓楼区琅琊路小学语文教师陆华山，2010 年 5 月获得“七彩语文杯”全国第二届小学语文教师素养大赛特等奖。

陆华山，男，1977 年 9 月出生，江苏灌南人。淮阴师范学校毕业，本科学历，1994 年 8 月参加工作，民主党派人士，现任鼓楼区琅琊路小学教学研究中心主任。曾被评为市先进教育工作者、市优秀中队辅导员、市语文学科教学带头人。先后获得市阅读教学竞赛一等奖、省优质课竞赛一等奖、全国苏教版阅读教学竞赛一等奖、全国 NOC 网络教研团队竞赛一等奖。从教 17 年来，崇尚“走向生本的言语实践”，追求“简简单单教语文”，形成“简单中见深刻，朴实中显灵动”的教学风格，应邀在市级以上执教公开课、做讲座十余次。近 5 年在《小学语文教师》《语文教学通讯》等省级以上刊物发表教育教学文章 70 余篇，其中中文核心期刊 15 篇。（陆华山）

名医

【曹克将获第七届中国医师奖】 江苏省人民医院心脏内科主任、省心血管病临床医学中心主任、主任医师、教授、博士研究生导师曹克将，2010 年获由卫生部批准中国医师协会颁发的中国医师奖。

曹克将，男，1949 年 11 月出生，安徽寿县人。1973 年毕业于安徽医学院，1984 年获同济医科大学心血管专业硕士学位，1987 年赴德国留学，1991 年获德国哥廷根大学医学心血管专业博士学位，后从事博士后研究工作两年多，1995 年回国。兼任中华医学会心电生理与起搏分会副主任委员、江苏省医学会常务理事、江苏省医学会心血管病专科分会主任委员和《中华全科医学杂志》主编、《中国心脏起搏与心电生理杂志》副主编以及《中华心律失常学杂志》等 20 多种核心期刊常务编委和编委。从事心血管疾病临床工作近 30 年，擅长各种复杂、疑难心血管疾病的诊断和治疗，尤其擅长心血管疾病的介入治疗，亲手创建达国际先进水平的省心脏介入中心。在国内外核心期刊发表论文 400 余篇，SCI 论文 60 余篇。曾被评为江苏省和南京市劳动模范、江苏省优秀留学回国先进个人、卫生部和江苏省有突出贡献的中青年专家、全国百名优秀医生、全国卫生先进工作者，获全国五一劳动奖章、全国六部委留学归国人员杰出成就奖，2010年被聘为中央保健委员会保健专家。

【邱海波获第七届中国医师奖】 东南大学附属中大医院副院长，重症医学科主任，东南大学危重病医学研究所所长，主任医师、教授、博士生导师，中国第一位重症医学博士邱海波，2010年8月19日，被中共中央、国务院和中央军委授予"全国抗震救灾模范"荣誉称号；11月5日，获由卫生部批准中国医师协会颁发的中国医师奖。

邱海波，男，1966年出生，担任中华医学会重症医学分会副主委、中国危重病医学会常委、中国中西医结合急救分会委员、江苏省急诊医学会副主委、美国危重病医学会委员等，是中国获得"亚太危重病医学大会青年研究金奖"第一人。擅长急性呼吸衰竭、严重感染、休克和多器官功能衰竭的诊断和器官功能支持治疗。至2010年末，在国外和国内核心期刊发表论文50余篇，其中被SCI、Medline收录22篇；主持或参与省部级课题12项，负责全国ICU规范化建设和继续教育培训。先后参加2003年非典疫情、2005年四川省猪链球菌病疫情、2008年手足口病疫情、2008年汶川地震、2009年甲型H1N1流感疫情、2010年玉树地震等重大突发公共卫生事件抢救工作，并多次担任救治组组长，成功救治大批重症伤患者。先后获得省"青蓝工程"新世纪学科带头人、省"333工程"第二层次学科带头人、省优秀硕士论文指导教师、市有突出贡献中青年专家、詹天佑科技青年等荣誉。

【赵伟获第七届中国医师奖】 南京市第二医院院长、主任医师、教授、硕士研究生导师赵伟，2010年获由卫生部批准中国医师协会颁发的中国医师奖。

赵伟，男，1956年12月出生，浙江余姚人，博士学位。美国肿瘤学会高级会员、中华医学会感染分会和全国人工肝及血液净化攻关协作组委员、江苏医学会理事兼传染病专业委员会副主任委员、江苏中西医结合学会肝病专业委员会和江苏省医院管理学会传染病医院管理专业委员会主任委员、省传染病诊疗技术中心和省传染科质量控制中心主任、南京医学会医疗事故技术鉴定专家库成员、《世界感染》杂志副主编、《美国中华医学进展》杂志专家级编委，《中华医学实践》《中华临床医药》《中华实用医学》《中国全科医学》《江苏医药》《东南大学学报》杂志编委等。长期从事传染病（尤其是病毒性肝炎）临床、教学、科研和医院管理工作，临床经验丰富，理论水平较高，曾获省科技进步奖三等奖和省卫生厅医学新技术引进奖一、二等奖各两项，市科技进步奖一、二、三等奖各1项，发表论文70余篇；是省"333高层次人才培养工程"后备人才、省和市有突出贡献中青年专家、市中青年拔尖人才，曾6次被评为优秀共产党员，连续4年获东南大学医学院优秀教师，省防治"非典"和省精神文明建设先进个人。

【刘乃丰获中国医院优秀院长称号】东南大学临床医学院与附属中大医院院长，心血管病研究所所长，教授，主任医师，博士生导师刘乃丰，2010年10月22日，被授予中国医院"优秀院长"荣誉称号。

刘乃丰，男，1960年出生，任欧洲糖尿病研究学会会员、中国微循环学会常务理事、国家自然科学基金同行评议专家、省医学会微循环专科分会主任委员、心血管专科分会副主任委员、省教师高级职务任职资格评审委员会委员、省科技进步奖评审委员。主要从事糖尿病血管并发症与动脉粥样硬化的基础与临床研究，并被授权发明专利1项，获省科技进步三等奖1项。1994年以来发表论文130篇，其中被SCI收录13篇，连续3次主持国家自然科学基金资助项目，主持省部级项目近10项。主编出版《江苏省医院信息科建设管理规范》，为全省医院信息化建设提供第一本规范，现主持教育部博士点基金"电子病历与临床路径"研究项目。1998年，担任中大医院院长以来，提出并实践"学习型、开放式、经营性、数字化"特色发展思路。在规模严重受限和设施非常落后的困难条件下，带领全院职工团结拼搏、开拓创新、挖掘潜力、改进流程、规范管理，使服务总量、业务收入、内涵质量和效率效益持续提升，信息化建设形成优势，成为全国首批数字化医院试点示范单位。

【何仕诚获优秀青年介入医师奖】 何仕诚，男，1966年生，东南大学附属中大医院介入与血管外科副主任医师，省介入放射学组委员、秘书。自1989年以来一直从事介入放射学工作，2002年取得医学硕士学位，2009年取得医学博士学位。长期开展肿瘤、血管、脊柱等疾病领域的介入治疗，尤其在经皮椎体成形术等方面处于国内领先水平，在骨质疏松性椎体压缩骨折、椎体良恶性肿瘤的介入治疗等方面进行临床研究十余年，完成相关病例治疗1000余例约1260节椎体，独立完成介入手术4100余例次，擅长脊柱良恶性疾病介入微创治疗。主持两项江苏省课题研究，发表论文4篇，其中SCI收录1篇。2010年9月，被第九届中国介入放射学学术大会颁发"优秀介入青年医师奖"。

逝世人物

【剪坛泰斗胡家芝】 胡家芝（1897~2010），女，1897年2月出生，浙江桐庐人，家住鼓楼区华侨路街道石头城社区，是鼓楼区最长寿的人，110岁时还从事剪纸艺术创作，成为中国乃至世界民间艺术史上的奇迹，被称为"当代中国剪纸艺术的金母泰斗"。胡家芝出身书香门第，七八岁时拿起剪刀开始剪纸。年幼时在私塾受过教育，后就读于

桐庐第一女子学校。20岁嫁到离家30里的窄溪镇珠山村，在珠山生活的36年里，胡家芝成为远近闻名的剪纸能手，乡亲们亲切地称她“福星”。1952年，丈夫病逝后，她随大儿子袁振藻迁居南京，迎来剪纸创作的一次次高峰。1955年，她的作品第一次受到有关方面的认可和重视，她剪出题为《中苏友好、和平万岁》的作品，被南京师范学校送给当年到南京参观考察的苏联教育代表团。1959年，胡家芝精心设计出自己最满意的作品《祖国万岁》，讴歌新中国建设的首个十年。60多岁时，她被吸收为南京市美协会员。20世纪80年代，她的剪纸艺术达到新高度，创作出《万象更新》《美满人间》《鸳鸯戏荷》等一批精品。她常常运用多种吉祥语言，通过谐音、寓意、象征等表现手法，创作出既主题突出、又内涵丰富的作品。这些作品体现出篇幅宏大、内容多样、内涵丰富的独特风格。反映她艺术成就的图书《胡家芝喜花剪纸集》，电视片有《胡家芝剪纸艺术》，还有记述她一生的传记《胡家芝传》。2010年3月23日14点50分，胡家芝因病医治无效，在南京逝世，享年113岁。

【中国科学院院士魏荣爵】 魏荣爵(1916~2010)，男，1916年9月出生，湖南隆回人，中国科学院院士、著名物理学家、南京大学物理学院教授。中国民主同盟盟员、第三届全国人大代表，第五、六、七届全国政协委员，历任中国物理学会理事，中国声学学会名誉理事长，美国声学学会高级会员，国际声学教育、非线性声学、声子物理等学术会议顾问委员会委员。1937年毕业于金陵大学物理系。1938~1941年任教于重庆南开中学，1942年起，任教于重庆金陵大学理学院。1945年，赴美国芝加哥大学深造，1947年获美国芝加哥大学硕士学位，1950年获美国加利福尼亚大学博士学位，并任加利福尼亚大学研究员。1951年，魏荣爵克服重重阻挠回到祖国，在金陵大学任教。1952年，全国院系调整后，担任南京大学物理学系系主任。1954年，在南京大学创建中国第一个声学专业。1962年，南京大学成立声学研究室，兼任室主任。该研究室被国家教育部列为全国重点研究基地。1980年当选中国科学院学部委员(后改称中国科学院院士)。他一生奉献于中国声学事业，作出重大贡献。发表科学论文200余篇，获奖多项，1999年获“何梁何利”科技进步奖。改革开放以来，累计出访十余个国家、30多所大学，介绍中国物理学和声学事业发展情况，沟通校际之间学者互访渠道，并在南京大学主持召开11次国际性声学学术交流会议。2010年4月6日10时47分，魏荣爵因病医治无效，在南京逝世，享年94岁。

【中国工程院院士黎磊石】 黎磊石(1926~2010)，男，1926年10月出生，湖南浏阳人，中共党员，中国工程院院士。国际著名肾脏病学专家、中华肾脏病学会及亚太地区肾脏病学会创始人之一，南京大学医学院教授、博士生导师、南京军区总医院副院长、解放军肾脏病研究所所长、香港内科学荣誉院士、亚洲太平洋地区肾脏病学会理事、国际肾脏病学会原理事。1949年4月参加工作，1963年4月入伍，1981年4月入党，技术一级，文职特级。1993年当选第八届全国政协委员，是首批国家政府特殊津贴获得者，1994年当选为首批中国工程院院士，1996年获全军首批专业技术重大贡献奖，1999年被评为全国百名优秀医生，获“何梁何利”科学与技术进步奖、中国医师奖，2003年被国际肾脏病学会授予终身荣誉会员称号，2009年被江苏省评为新中国成立60周年十大杰出科技人物，荣立中央军委一等功1次、二等功6次、三等功8次。发表学术论文600多篇，出版《中国肾脏病学》等专著13部，有6项科研成果获国家科技进步奖，获军队科技进步一、二等奖12项。他领导的肾脏科，是军队、江苏省医学重中之重学科及实验室。在国际上首创霉酚酸酯及普乐可复治疗狼疮性肾炎，并提出多靶点疗法，疗效卓著；研制雷公藤治疗免疫性肾脏疾病，蜚声海内外。2010年3月16日7时58分，黎磊石因患肿瘤长期医治无效，与世长辞，享年84岁。

【中国著名钢琴家叶惠芳】 叶惠芳(1930~2010)，女，1930年10月出生，上海人，中国著名钢琴家、教育家、南京艺术学院教授。4岁开始钢琴启蒙，1949年考入南京金陵女子大学，师从胡惜苍、李嘉禄学习钢琴。1952年大学毕业后，进入上海音乐学院从事教学工作。1953年在上海演出30多场柴可夫斯基的《第一钢琴协奏曲》。1959年任南京艺术学院音乐系主任，从事钢琴教学，培养钢琴人才，桃李满天下，青年演奏家秦川、龚天鹏、王诗然都师从于她。文化大革命中受到冲击，下放劳动。文化大革命结束后，返回南京艺术学院任音乐系系主任。1991年，应美国哈特福特大学邀请赴美讲学，两年后回南京艺术学院。多次在上海、北京、南京多次参加音乐会、举办个人独奏音乐会，数次担任国内外钢琴大赛组委会的评委、主席。2000年，患乳腺癌，术后例行体检时又被诊断出骨癌。为了挚爱的音乐，她拒绝截肢手术。在随后10年的抗癌生涯中，做过多次手术，经历过数次放、化疗，直至生命最后一刻，仍与其挚爱的音乐为伴。2010年3月24日17点37分，因病在南京逝世，享年80岁。

光荣榜

2010年鼓楼区区属单位获市级及以上表彰的先进集体一览表

表90

获奖单位	荣誉称号	授予单位	授予时间
鼓楼区	全国白内障无障碍区	全国残疾人康复工作办公室	2010年1月
鼓楼区	全国养老示范单位	中华人民共和国民政部	2010年11月
鼓楼区	全国老龄工作先进单位	全国老龄委	2010年11月
区政府门户网站	2010年度中国政府网站优秀奖	中国信息化研究与促进网、工业和信息化部电子科学技术情报研究所信息化研究与促进中心、中国优秀政府网站推荐及综合影响力评估组	2011年3月
区检察院	宣传工作先进单位	中华人民共和国最高人民检察院	2010年7月
区环境保护局	第一次全国污染源普查先进集体	国务院第一次全国污染源普查领导小组、环境保护部、国家统计局、农业部	2010年3月
区人口计生局(协)	全国计划生育协会先进单位	中国计划生育协会	2010年12月
区总工会	全国普法先进单位	中华全国总工会	2010年12月
区人民调解委员会	全国模范人民调解委员会	中华人民共和国司法部	2010年6月
挹江门街道	全国社区教育示范街道	中国成人教育协会、社区教育专业委员会	2010年12月
宁海路街道	2010年全国社区教育示范街道	中华人民共和国国家教育委员会	2011年3月
工人新村社区	全国充分就业示范社区	中华人民共和国人力资源和社会保障部	2010年5月
三牌楼特色街区	全国社区商业示范社区	中华人民共和国商务部	2010年5月
清河新寓社区	首批全国妇联基层组织建设示范村(社区)	中华妇女联合会	2010年7月
观音里社区	全国侨法系统五五普法侨法宣传角	国务院侨办	2010年9月
广厦置业有限公司职工书屋	全国职工书屋示范点	中华全国总工会	2010年6月
鼓楼区少年宫	全国"心中有祖国,心中有他人"主题活动先进集体	中华人民共和国教育部、中华妇女联合会、共青团中央少年部	2010年12月
力学小学工会	全国模范职工之家	中华全国总工会	2010年12月
南昌路小学	全国学校艺术教育先进集体	中华人民共和国教育部	2010年8月
拉萨路小学	全国少年科学院示范基地	中国少年先锋队全国工作委员会、中国少年科学院	2010年5月
龙江小学	国际生态学校	中华人民共和国环境保护部	2010年12月
田家炳高级中学	全国德育科研先进实验学校	中国伦理学会德育专业委员会	2010年10月
江苏教育学院附属中学	全国教育科学"十一五"规划普通高中特色学校	中央教科所	2010年9月
育英外国语学校	2009年度全国民办教育先进单位	全国民办教育协会	2010年2月
鼓楼区	江苏省卫生应急工作示范区	江苏省卫生厅	2010年12月
鼓楼区	省双拥模范城区	江苏省委、江苏省政府、江苏省军区	2010年5月
鼓楼区	2009年度全省"扫黄打非"工作先进区	省"扫黄打非"工作领导小组	2010年1月
鼓楼区	省级依法行政示范点	江苏省全面推进依法行政工作领导小组	2010年1月
鼓楼区	江苏省放心消费创建活动省级先进区	江苏省放心消费创建活动办公室	2010年3月
区政府办	2009~2010年度全省政务信息工作先进单位	江苏省政府办公厅	2010年2月
区人大办公室	省人大通联先进集体	江苏省人大常委会研究室	2010年5月
区政府法制办	全省政府法制工作创新奖	江苏省政府法制办	2011年1月
区物价局	江苏省文明行业	江苏省精神文明建设指导委员会办公室	2010年12月

续表 90

获奖单位	荣誉称号	授予单位	授予时间
区物价局	全省收费统计工作先进集体	江苏省物价局	2010 年 12 月
区房产局	江苏省住房保障工作优质窗口	江苏省住房和城乡建设厅	2011 年 2 月
区委宣传部	第二届全省优秀宣传思想工作先进集体	江苏省委宣传部	2010 年 12 月
区财政局	全省财政系统先进集体	江苏省财政厅、江苏省人力资源和社会保障厅	2011 年 1 月
区人口计生局	全省人口和计划生育优质服务先进单位	江苏省人口计划生育委员会	2010 年 2 月
区职业技能培训中心	江苏省创业定点培训机构	江苏省人力资源与社会保障厅	2010 年 8 月
区科技局	2010年度江苏省知识产权工作先进集体	江苏省知识产权局	2010 年 12 月
工商行政管理局鼓楼分局	2007~2009 年度江苏省精神文明建设工作先进单位	江苏省精神文明建设指导委员会	2010 年 12 月
区安全生产监督管理局	全省安全生产监督管理系统先进单位	江苏省安全生产监督管理局	2011 年 1 月
区司法局	“依法质量维权行动”组织奖	江苏省质量协会、江苏省新闻工作者协会、江苏省律师协会、江苏省法制新闻协会	2010 年 3 月
区司法局	2010年度司法行政新闻宣传和运用《法制日报》《江苏法制报》做好宣传工作先进单位	江苏省司法厅	2010 年 11 月
区检察院	全省检察工作先进集体	江苏省人民检察院	2010 年 6 月
区检察院团支部	江苏省基层团建示范点	共青团江苏省委	2010 年 11 月
区法院	集体二等功	江苏省高级人民法院	2010 年 6 月
区法院立案庭	全省“诉调对接”工作先进集体	江苏省高级人民法院、江苏省司法厅、江苏省社会治安综治办、江苏省社会矛盾纠纷调解工作指导办公室	2010 年 9 月
区法院立案庭	省法院系统“廉洁司法示范庭”	江苏省高级人民法院	2010 年 3 月
区法院执行局	全省集中清理执行积案活动先进集体	江苏省委政法委、省高级人民法院	2010 年 9 月
省政府民警办	驻省接访工作先进集体	江苏省信访局	2010 年 12 月
鼓楼消防大队	全省消防系统基层建设达标先进单位	江苏省公安消防总队	2010 年 12 月
鼓楼消防大队	全省消防监督执法先进单位	江苏省公安消防总队	2010 年 12 月
鼓楼消防大队党委	全省消防系统先进党委	江苏省公安消防总队	2010 年 7 月
团区委	江苏省共青团工作创新创优成果奖一等奖	共青团江苏省委	2010 年 9 月
区总工会	江苏省民主管理先进单位	江苏省总工会	2010 年 12 月
区总工会	厂务公开民主管理创新成果一等奖	江苏省总工会	2010 年 12 月
区委党校	优秀教学点	江苏省委党校	2011 年 1 月
区少工委	江苏省少先队“手拉手”互助活动贡献奖	江苏省少工委	2010 年 10 月
爱心传递志愿者服务协会	江苏省志愿服务行动组织奖	团省委	2010 年 10 月
华侨路街道	江苏省档案工作三星级单位	江苏省档案局	2010 年 12 月
宁海路街道	2007~2009 年度江苏省精神文明建设工作先进单位	江苏省委宣传部	2011 年 3 月
宁海路街道	江苏省“五五”普法先进集体	江苏省委、省政府	2010 年 12 月
宁海路街道总工会	2010 年度江苏省工会工作模范乡镇(街道)职工之家	江苏省总工会	2010 年 6 月
宁海路街道妇联	江苏省妇联系统“五五”法制宣传教育工作先进集体	江苏省妇女联合会	2010 年 12 月
颐和路社区	2007~2009 年江苏省文明社区	江苏省精神文明建设指导委员会	2011 年 1 月
湖南路街道	2009 年度江苏省工会工作模范乡镇（街道）	江苏省总工会	2010 年 4 月
湖南路街道	优秀人民调解委员会	江苏省高级人民法院、江苏省司法厅	2010 年 9 月
湖南路街道	江苏省妇联基层组织建设示范社区	江苏省妇女联合会	2010 年 9 月

续表 90

获奖单位	荣誉称号	授予单位	授予时间
湖南路街道	2007~2010年江苏省精神文明建设工作先进单位	江苏省精神文明建设指导委员会	2010年12月
湖南路街道司法所	江苏省优秀司法所	江苏省司法厅	2010年1月
云南路社区	江苏省妇联基层组织建设示范社区	江苏省妇女联合会	2010年9月
湖南路街道人民调解委员会	江苏省优秀人民调解委员会	江苏省高级人民法院、省司法厅	2010年7月
湖南路街道总工会	2010年度江苏省工会工作模范乡镇(街道)职工之家	江苏省总工会	2010年6月
中央门街道	2010年全民健身活动先进单位	江苏省体育局	2010年12月
中央门街道劳动保障所	江苏省优质服务窗口	江苏省人力资源部和社会保障厅	2010年12月
工人新村社区	2007~2009年江苏文明社区标兵	中共江苏省委、江苏省人民政府	2010年11月
青石村社区	江苏省企业退休人员社会化管理服务示范社区	江苏省人力资源部和社会保障厅	2010年7月
凤凰街道	江苏省"五五"普法先进单位	中共江苏省委、省政府	2010年12月
清河新寓社区	江苏省妇联基层组织建设示范社区	江苏省妇女联合会	2010年9月
苏城苑社区	江苏省创建文明社区工作先进社区	江苏省文明办	2010年12月
挹江门街道综治办公室	江苏省2006~2010年社会治安综合治理先进基层组织	江苏省综治委员会	2011年1月
鼓楼中等专业学校	江苏省职业教育创新大赛最佳组队学校、省职业教育课程改革实验学校	江苏省教育厅、江苏省公安厅、江苏省综治办	2010年5月
鼓楼中等专业学校	江苏省平安校园	江苏省教育厅、江苏省公安厅、江苏省综治办	2010年4月
力学小学	江苏省红十字示范学校	江苏省红十字协会	2010年12月
赤壁路小学	江苏省平安校园	江苏省教育厅、江苏省公安厅、江苏省综治办	2010年4月
赤壁路小学	江苏省艺术教育特色学校	江苏省教育厅	2010年9月
长阳小学	江苏省平安校园	江苏省教育厅、江苏省公安厅、江苏省综治办	2010年5月
拉萨路小学	江苏省文明单位	江苏省精神文明建设指导委员会	2010年12月
拉萨路小学	江苏省小学生"信息与未来"团体冠军	江苏省科协、江苏省青少年科技中心、江苏省青少年信息学奥林匹克竞赛委员会	2010年8月
马台街小学	江苏省档案工作三星级单位	江苏省档案局	2010年12月
莫愁新寓小学	江苏省档案工作三星级单位	江苏省档案局	2010年12月
天正小学	江苏省平安校园	江苏省教育厅、江苏省公安厅、江苏省综治办	2010年5月
虹桥小学	江苏省机器人比赛"团体一等奖"	江苏省科学技术协会	2010年4月
金陵汇文学校小学部	中国教育学会重点课题科学认读实践单位	江苏省教育学会	2010年3月
金陵汇文学校小学部	江苏省节水型学校	江苏省水资源管理中心	2010年10月
金陵汇文学校小学部	江苏省平安校园	江苏省教育厅、江苏省公安厅、江苏省综治办	2010年5月
南京财经大学附属小学	江苏省平安校园	江苏省教育厅、江苏省公安厅、江苏省综治办	2010年5月
丁家桥小学	江苏省绿色学校	江苏省环境保护厅、江苏省教育厅	2010年4月
白云园小学	江苏省平安校园	江苏省教育厅、江苏省综治办、江苏省公安厅	2010年5月
回龙桥小学	江苏省档案工作三星级单位	江苏省档案局	2010年12月
紫竹苑小学	江苏省绿色学校	江苏省环境保护厅、江苏省教育厅	2010年12月
琅琊路小学	江苏省文明单位	江苏省精神文明指导委员会	2010年12月
山西路小学	江苏省科普宣传教育基地	江苏省科技局	2010年5月
山西路小学	江苏省艺术特色学校	江苏省教育厅	2010年9月
田家炳高级中学	江苏省青少年科学教育特色学校	江苏省科学技术协会、江苏省教育厅	2010年12月
育英外国语学校	江苏省节水型示范单位	江苏省水利厅	2010年4月
第二十九中学	民进省级先进单位	江苏省民进	2010年12月

续表 90

获奖单位	荣誉称号	授予单位	授予时间
第八中学	江苏省绿色学校	江苏省环境保护厅、江苏省教育厅	2010 年 4 月
第八中学	江苏省档案工作三星级单位	江苏省档案局	2010 年 12 月
金陵汇文学校(中学部)	江苏省平安建设示范单位	江苏省社会治安综合治理委员会、江苏省平安创建工作领导小组	2010 年 11 月

2010 年鼓楼区区属和部分驻区单位获市级及以上表彰的先进个人一览表

表 91

姓　名	性别	工作单位	授予称号	授予部门	授予时间
邢定钰	男	南京大学	全国先进工作者	中共中央、国务院	2010年 4 月
汪永进	男	南京师范大学	全国先进工作者	中共中央、国务院	2010年 4 月
宋燕波	女	江苏省人民医院	全国先进工作者	中共中央、国务院	2010 年 4 月
张建云	男	南京水利科学研究院	全国先进工作者	中共中央、国务院	2010 年 4 月
黄孝慈	女	江苏省京剧院	全国先进工作者	中共中央、国务院	2010 年 4 月
吴爱玲	女	区委宣传部	全国宣传信息工作先进个人、江苏省宣传信息工作先进个人	中共中央宣传部、江苏省委宣传部	2010 年 3 月、4 月
陈乙华	女	团区委	全国优秀团干部	共青团中央	2010 年 7 月
侯晶晶	女	南京师范大学	全国“五一”劳动奖章	中华全国总工会	2010 年
张殿亮	男	区文化局	突出贡献个人	国务院第三次全国文物普查领导小组办公室	2010 年 6 月
姜宏斌	男	区司法局	全国维护妇女儿童权益先进个人	中华妇女联合会	2010 年 3 月
周国平	男	区地方志办公室	全国方志系统先进工作者	中国地方志指导小组	2010 年 12 月
殷　俭	女	华侨路街道	全国计生协会优秀会员	全国计生协会	2010 年 12 月
张玉华	男	颐和路社区	中国好人	中央文明办	2010 年 7 月
沈　谊	男	天津新村社区	中国好人	中央文明办	2010 年 7 月
陈正一	女	天津新村社区	中国好人	中央文明办	2010 年 7 月
朱世平	男	汇林绿洲社区	中国好人	中央文明办	2010 年 7 月
崔传画	女	古林社区	中国好人	中央文明办	2010 年 9 月
黄世霞	女	南秀村社区	中国好人	中央文明办	2010 年 9 月
张　艺	女	南京邮电大学	全国首届现代工笔画大展金奖	中国美术家协会	2010 年 12 月
戴会超	男	河海大学	第八届光华工程科技奖	中国工程院	2010 年 6 月
黄　和	男	南京工业大学	霍英东教育基金会第十二届高等院校青年教师奖	霍英东教育基金会	2010 年 5 月
苏怀智	男	河海大学	霍英东教育基金会第十二届高等院校青年教师奖	霍英东教育基金会	2010 年 5 月
周　睿	女	南京艺术学院	霍英东教育基金会第十二届高等院校青年教师奖	霍英东教育基金会	2010 年 5 月
王建华	男	南京师范大学	霍英东教育基金会第十二届高等院校青年教师奖	霍英东教育基金会	2010 年 5 月
黎书华	男	南京大学	第十一届中国青年科技奖	中共中央组织部、人力资源和社会保障部、中国科学技术协会	2010 年 1 月
沈洪兵	男	南京医科大学	“长江学者”特聘教授	教育部	2010 年 2 月
潘丙才	男	南京大学	亚太青年科学家奖	德国教育部与联合国大学	2010 年 7 月
曹克将	男	江苏省人民医院	第七届中国医师奖	中国医师协会	2010 年 11 月

续表 91

姓　名	性别	工作单位	授予称号	授予部门	授予时间
邱海波	男	东南大学附属中大医院	全国抗震救灾模范	中共中央、国务院和中央军委	2010 年 8 月
			第七届中国医师奖	中国医师协会	2010 年 11 月
赵　伟	男	南京市第二医院	第七届中国医师奖	中国医师协会	2010 年 11 月
刘乃丰	男	东南大学附属中大医院	中国医院优秀院长	中国医院协会和健康报社	2010 年 10 月
何仕诚	男	东南大学附属中大医院	优秀介入青年医师奖	第九届中国介入放射学学术大会	2010 年 9 月
晋　辉	女	区特殊教育学校	2006~2010 年全国特奥工作先进个人	国家体育总局	2010 年 9 月
薛春兰	女	区教师进修学校	全国高中化学新课程实施先进个人	中国化学教育委员会	2010 年 4 月
吴兰南	女	拉萨路小学	全国中小学图书馆先进工作者	中国图书馆学会中小学图书馆委员会	2010 年 7 月
陆华山	男	琅琊路小学	全国第二届小学语文教师素养大赛特等奖	教育部基础教育课程教材发展中心	2010 年 5 月
薛晶菲	女	凤凰花园城小学	全国第 14 届多媒体课件大奖赛一等奖	中央电化教育馆	2010 年 11 月
仇学春	男	琅琊路小学	第七届全国中小学信息技术创新与实践活动“网络教研团队”决赛特等奖	中央电化教育馆	2010 年 4 月
强献娟	女	琅琊路小学	第七届全国中小学信息技术创新与实践活动“网络教研团队”决赛特等奖	中央电化教育馆	2010 年 4 月
杭小燕	女	琅琊路小学	第七届全国中小学信息技术创新与实践活动“网络教研团队”决赛特等奖	中央电化教育馆	2010 年 4 月
仇学春	男	琅琊路小学	全国电子白板现场赛课一等奖(数学)	中央电化教育馆	2010 年 10 月
王　蕾	女	琅琊路小学	全国电子白板现场赛课一等奖(信息)	中央电化教育馆	2010 年 10 月
胡晓华	女	渊声巷小学	全国“感动 2010”绘画、书法比赛书画类指导工作一等奖	教育部艺术教育委员会	2010 年 6 月
安　雯	女	山西路小学	第 15 届全国中小学生书法、绘画比赛指导一等奖	教育部艺术教育委员会	2010 年 7 月
曹李莉	女	田家炳高级中学	全国德育科研先进工作者	中国伦理学会德育专业委员会	2010 年 10 月
唐云兰	女	田家炳高级中学	全国德育科研优秀实验教师	中国伦理学会德育专业委员会	2010 年 10 月
葛　勇	女	区科技局	江苏省知识产权工作先进个人	江苏省知识产权局	2010 年 12 月
王海峰	男	区审计局	江苏省审计系统 2005~2008 年度先进个人	江苏省审计厅	2010 年 1 月
王祝山	男	区总工会	江苏省“诉调对接”工作先进个人	江苏省高级人民法院、江苏省司法厅等	2010 年 9 月
施秀红	女	区妇联	江苏省妇联系统“五五”法制宣传教育工作先进个人	江苏省妇女联合会	2010 年 12 月
卓　敏	男	工商行政管理局鼓楼分局	全省工商系统红盾卫士	江苏省工商行政管理局	2010 年 4 月
武　斌	女	宁海路所	全省公安机关基础工作标兵	江苏省公安厅	2011 年 2 月
高增强	男	中央门所	个人二等功	江苏省公安厅	2011 年 2 月
陈立新	男	鼓楼消防大队	全省消防监督执法工作标兵	江苏省消防总队	2010 年 12 月
林凡明	男	司法局监察室	2009 年度全省司法行政系统信息工作先进个人	江苏省司法厅	2010 年 3 月
樊学燕	女	司法局法律援助科	2007~2008 年度全省法律援助先进个人	江苏省司法厅	2010 年 3 月
戴宝福	男	司法局基层科	江苏省优秀人民调解员	江苏省高级人民法院、江苏省司法厅	2010 年 7 月

续表 91

姓　名	性别	工作单位	授予称号	授予部门	授予时间
李国田	男	区检察院	百优通讯员	最高人民检察院	2010 年 12 月
沈　菁	女	区法院	一等功	江苏省高级人民法院	2011 年 4 月
张　谦	女	区法院	江苏省“诉调对接”工作先进个人	江苏省高级人民法院、江苏省司法厅等	2010 年 9 月
张建国	男	华侨路街道	江苏省优秀人民调解员	江苏省高级人民法院、江苏省司法厅	2010 年 7 月
邵　虹	女	青石村社区	江苏省社会化管理服务示范社区先进个人	江苏省人力资源和社会保障厅	2010 年 7 月
朱兰芸	女	大方巷社区	江苏省城乡社区校外教育辅导站工作先进个人	江苏省文明办、省关心下一代协会	2010 年 7 月
谢继东	男	南京邮电大学	江苏省“五一”劳动奖章	江苏省总工会	2010 年 4 月
詹姆士·瑞特	男	南京邮电大学	江苏省“五一”劳动奖章	江苏省总工会	2010 年 4 月
丁亚群	男	鼓楼中等专业学校	江苏省中等职业学校德育工作先进个人	江苏省教育厅	2010 年 11 月
徐瑞泰	男	区教师进修学校	江苏省基础教育课程改革先进个人、江苏省学陶研活动先进个人	江苏省教育厅、江苏省陶研会	2010 年 3 月、10 月
王士云	女	区教师进修学校	2009 年省级初中物理教师网络培训优秀辅导员	江苏省教师培训中心	2010 年 1 月
孙和平	男	区教师进修学校	江苏省教授级中学高级教师	江苏省人事厅、江苏省教育厅	2010 年 2 月
江和平	女	拉萨路小学	江苏省基础教育课程改革先进个人、江苏省特级教师	江苏省教育厅	2010 年 3 月、9 月
韩佩玲	女	赤壁路小学	江苏省特级教师	江苏省教育厅	2010 年 9 月
杨明武	男	渊声巷小学	优秀科技教育校长	江苏省教育厅、江苏省科学技术协会、江苏省精神文明建设指导委员会办公室、江苏省科学技术厅	2010 年 11 月
任　波	女	渊声巷小学	优秀青少年科技辅导员	江苏省教育厅、江苏省科学技术协会、江苏省精神文明建设指导委员会办公室、江苏省科学技术厅	2010 年 11 月
朱亚洲	男	南京财经大学附属小学	江苏省 2010 年度金钥匙科技竞赛优秀科技辅导员	江苏省教育厅、江苏省科学技术厅	2010 年 5 月
李　琳	女	力学小学	江苏省特级教师	江苏省教育厅	2010 年 9 月
李　娟	女	山西路小学	江苏省防震减灾示范校创建先进个人	江苏省地震局、江苏省教育厅	2010 年 10 月
浦丽华	女	田家炳高级中学	江苏省新课程改革工作先进个人	江苏省教育厅	2010 年 3 月
章宗年	男	田家炳高级中学	江苏省高中课程教材改革试验工作先进个人	江苏省教育厅	2010 年 3 月
朱　云	女	田家炳高级中学	江苏省高中课程教材改革试验工作先进个人	江苏省教育厅	2010 年 3 月
马春生	男	田家炳高级中学	江苏省高中课程教材改革试验工作先进个人	江苏省教育厅	2010 年 3 月
冯为民	男	江苏教育学院附属高级中学	江苏省教授级高级教师	江苏省人事厅、江苏省教育厅	2010 年 1 月
唐长宝	男	公安鼓楼分局	南京市对口援建四川省绵竹市剑南镇先进工作者(市劳模待遇)	中共南京市委、市人民政府	2011 年 1 月
谷宁丽	女	工人新村社区	市优秀基层党组织书记	中共南京市委、市人民政府	2010 年 7 月
伊安·威廉姆·莫菲特	男	艾志工业技术集团有限公司	金陵友谊奖	南京市人民政府	2010 年 9 月
斋藤文男	男	南京大学	金陵友谊奖	南京市人民政府	2010 年 9 月

鼓楼年鉴2011

统计资料

Statistics

经济指标

2010年鼓楼区主要经济指标完成情况

表92

指标名称	单位	2010年	同比±%
生产总值	亿元	322.9	13.0
财政收入	亿元	75.6	18.5
固定资产投资	亿元	83.1	10.5
其中:房地产投资	亿元	40.3	-10.1
社会消费品零售总额	亿元	289.9	17.3
实际利用外资	亿美元	1.12	-51.0
出口创汇	亿美元	29.8	-
规模以上工业总产值	亿元	47.5	-

2001~2010年鼓楼区生产总值完成情况(评价口径)

表93 单位:亿元

年份	生产总值(现价)	可比价增速±%
2001年	106.5	12.5
2002年	126.7	15.8
2003年	150.7	17.6
2004年	181.4	17.0
2005年	196.6	14.5
2006年	216.2	14.0
2007年	236.1	12.8
2008年	255.4	12.0
2009年	277.1	11.6
2010年	322.9	13.0

2010年鼓楼区生产总值完成情况(评价口径调整前)

表94 单位:亿元

指标名称	生产总值(现价)	可比价增速±%	产业比重
生产总值	322.9	13.0	100.0
第二产业	29.3	13.9	9.1
工业	12.5	5.1	3.9
建筑业	16.8	19.8	5.2
第三产业	293.6	13.0	90.9
交通运输仓储业	9.6	2.3	3.0

续表 94

指标名称	生产总值(现价)	可比价增速±%	产业比重
信息传输、计算机服务和软件业	16.7	3.3	5.2
批发和零售业	67.8	22.4	21.0
住宿和餐饮业	15.1	10.2	4.7
房地产业	30.7	14.9	9.4
其他服务业	153.8	11.0	47.6

2010 年鼓楼区街道税收完成情况

表 95　　单位：万元

街　　道	2010年	2009年	同比±%
华侨路	107251	91110	17.72
宁海路	82908	82286	0.76
湖南路	308717	260600	18.46
中央门	51183	44722	14.45
挹江门	33218	29873	11.20
江　东	44090	29678	48.56
凤　凰	25696	14711	74.67
合　计	653064	552980	18.10

2000~2010 年鼓楼区财政收入一览表

表 96　　单位：万元

年　份	财政总收入		一般预算收入	
	指标值	同比±%	指标值	同比±%
2000年	52159	21.0	34872	23.2
2001年	74178	42.2	52445	50.0
2002年	104903	42.0	62449	20.0
2003年	189223	25.0	57016	16.0
2004年	212666	20.9	65861	22.4
2005年	251362	17.4	71356	10.9
2006年	350716	26.7	185772	26.2
2007年	453663	29.36	239047	28.7
2008年	555124	22.36	290686	21.6
2009年	652042	17.46	332351	14.33
2010年	756107	18.5	380802	18.32

2010年鼓楼区财政收入一览表

表97 单位：万元

指标名称	2010年	2009年	同比±%
国税分局			
小计	321229	258500	24.3
增值税	215358	185930	15.8
企业所得税	105871	72570	45.9
地税分局			
小计	434432	372011	16.8
营业税	142423	113582	25.4
企业所得税	149716	110943	35
个人所得税	110359	120385	−8.3
房产税	18529	14726	25.8
印花税	10436	9481	10.1
车船税	2969	2894	2.6
财政局			
小计	446	7751	−94.2
退增值税	1739	1838	−5.4
国有资产经营收益	1442	2676	−46.1
国有资产有偿使用收入	4800	10200	−52.9
罚没收入	172	177	−2.8
行政事业性收费	−7707	−7140	7.9
全区合计	756107	638262	18.5

2000~2010年鼓楼区财政支出一览表

表98 单位：万元

年份	财政总支出		其中：教育经费支出		卫生经费支出		科技经费支出	
	指标值	同比±%	指标值	同比±%	指标值	同比±%	指标值	同比±%
2000年	39691	28	9632	22	2424	17.0	506	381.9
2001年	54439	37.0	13886	44.0	2929	21.0	822	62.5
2002年	72775	34.0	15070	9.0	3371	15.0	1485	80.7
2003年	81534	12.0	17228	14.0	4341	29.0	1958	31.9
2004年	93385	14.5	20579	20.0	4033	−7.0	2357	20.4
2005年	100616	7.7	22021	7.0	4554	13.0	2711	15.0
2006年	124983	24.2	26281	19.3	4898	7.6	3871	42.8
2007年	203439	23.6	37388	26.1	5636	16.3	4629	19.6
2008年	250592（含基金）	23.2	47209	26.30	6786	20.4	5913	27.7

续表 98

年份	财政总支出		其中：教育经费支出		卫生经费支出		科技经费支出	
	指标值	同比±%	指标值	同比±%	指标值	同比±%	指标值	同比±%
2009年	221871（含基金）	-11.5	49991	5.90	9705	43.0	12676	114.4
2010年	261806	19.2	61370	24.20	13868	42.9	24572	93.8

2010年鼓楼区外向型经济指标完成情况

表 99

单位：万美元

指标名称	年计划	实绩	同比±%	完成年计划%
合同外资	13000	15200	-47.3	117
实际利用外资	11000	11200	-51.0	102
外贸出口	245000	297826	–	122
承包工程、劳务营业额	11000	11161	-3.0	102
服务外包合同额	35000	44019	37.1	126
服务外包执行额	38000	41483	59.2	109
引进大项目数（个）	40	45	-8.2	113
注册资本金（万元）	–	251000	-42.8	–

备注：外贸出口的统计口径2010年和2009年不一致

2000~2010年鼓楼区固定资产投资额情况

表 100

单位：万元

年份	固定资产投资额
2000年	160528
2001年	172951
2002年	194037
2003年	291496
2004年	392361（原区口径） 927852（经普口径）
2005年	721886
2006年	733824
2007年	717556
2008年	710808
2009年	751846
2010年	830953

2010年鼓楼区固定资产投资额一览表

表101 单位：万元

指标名称	固定资产投资额	同比±%
合计	830953	10.52
基本建设	427586	41.03
其中：教育投资	93398	−19.85
工业投资	5962	−41.16
道路建设投资	–	–
房地产开发	403367	−10.10

2000~2010年鼓楼区社会消费品零售总额一览表

表102 单位：亿元

年份	社会消费品零售总额	
	上报口径	考核口径
2000年	46.41	–
2001年	51.87	–
2002年	52.35(区划后)	–
2003年	61.14	–
2004年	73.87(原口径) 125.27(经普口径)	–
2005年	145.12	–
2006年	167.40	–
2007年	194.32	216.51
2008年	228.49	252.37
2009年	265.9(原口径) 212.5(苏宁调整后口径)	294.09(原口径) 247(苏宁调整后口径)
2010年	244.56	289.90

2010年鼓楼区社会消费品零售额一览表

表103 单位：万元

指标名称	2010年	2009年	同比±%
社会消费品零售总额	2899024.0	2470488.2	17.3
一、本区统计	2445620.9	2125052.7	15.1
按行业分组			
(一)批发业	407977.6	385815.1	5.7
1.限额以上企业	156124.0	86107.7	81.3
2.限额以下企业和个体	251853.6	299707.4	−16.0
其中：个体	22109.5	19746.5	12.0

续表 103

指标名称	2010 年	2009 年	同比±%
(二)零售业	1612748.3	1394658.0	15.6
1.限额以上企业	583811.3	501085.4	16.5
2.限额以下企业和个体	1028937.0	893572.6	15.1
其中:个体	768461.1	683572.9	12.4
(三)住宿业	131564.8	112809.2	16.6
1.限额以上企业	125813.6	109068.5	15.4
2.限额以下企业和个体	5751.2	3740.7	53.7
其中:个体	3980.8	2518.7	58.0
(四)餐饮业	293330.2	231770.4	26.6
1.限额以上企业	120528.8	111196.5	8.4
2.限额以下企业和个体	172801.4	120573.9	43.3
其中:个体	132395.1	94648.6	39.9
二、市切块	453403.1	345435.5	31.3

2005~2010 年鼓楼区城镇住户调查主要数据

表 104　　单位:元

年　份	人均可支配收入	人均消费支出	恩格尔系数(%)
2005	17669.4	11759.0	34.4
2006	19783.1	13388.2	30.9
2007	22507.6	12483.7	37.9
2008	25469.7	15907.0	35.5
2009	28018.8	18521.2	34.2
2010	30863.2	19822	33.2

2010 年鼓楼区城镇住户调查主要指标数据

表 105

指标名称	单　位	实　绩	同比增减	指标名称	单　位	实　绩	同比±%
主要消费品拥有量				居民可支配收入	元/人	30863.2	10.2
家用汽车	辆/百户	19.1	1.5	家庭总支出	元/人	26973.6	−0.2
家用电脑	台/百户	108.7	6.4	其中:消费支出	元/人	19822	7.0
固定电话	部/百户	94.5	−0.2	1.食品	元/人	6578	3.7
移动电话	部/百户	203.3	3.9	2.衣着	元/人	1731	10.5
住房情况				3.居住	元/人	2211	108.3
现住房总建筑面积	平方米/人	34.1	0.3	4.家庭设备用品及服务	元/人	1783	16.2
其中:现住房总建筑面积	平方米/人	29.2	0.0	5.医疗保健	元/人	1189	−7.6
偶尔居住房建筑面积	平方米/人	4.9	0.1	6.交通和通讯	元/人	2064	−28.2

续表 105

指标名称	单位	实绩	同比增减	指标名称	单位	实绩	同比±%
恩格尔系数	%	33.2	–	7.教育文化娱乐服务	元/人	3490	18.8
教育文化娱乐支出占消费支出比重	%	17.6	–	8.其他商品和服务	元/人	776	−15.8

人　口

2000~2010 年鼓楼区土地面积与人口密度

表 106

年份	土地面积(平方公里)	人口密度(人/平方公里)
2000年	28.34	18406
2001年	25.24	21837
2002年	25.24	24078
2003年	25.44	25087
2004年	25.44	25787
2005年	25.44	26910
2006年	25.44	27367
2007年	26.62	26135
2008年	26.62	25820
2009年	26.62	25306
2010年	26.62	24748

2010 年鼓楼区各街道土地面积与人口密度一览表

表 107

街道名称	土地面积(平方公里)	人口密度(人/平方公里)
宁海路	3.93	31393
华侨路	3.56	28917
湖南路	2.62	33529
中央门	3.37	35506
挹江门	3.34	21819
江　东	5.95	11996
凤　凰	3.85	20968
合　计	26.62	24748

2000~2010年鼓楼区户数与人口一览表

表 108

年　份	年末户数(户)	年末人口(人)			性别比
		合　计	男	女	
2000年	151235	521630	273499	248131	110.2
2001年	156394	551170	289898	225732	110.0
2002年	166852	607729	318638	289091	110.2
2003年	171479	638224	333357	304867	109.3
2004年	175125	656032	340544	315488	107.9
2005年	177856	684580	354628	329952	107.5
2006年	180585	696225	359471	336754	106.7
2007年	183682	695701	357956	337745	106.0
2008年	185484	687328	351567	335761	104.7
2009年	186798	673653	342137	331516	103.2
2010年	188556	658795	333282	325513	102.4

2010年鼓楼区户数与人口一览表

表 109

街道名称	年末户数(户)	年末人口数(人)			性别比%
		合　计	男	女	
合　　计	188556	658795	333282	325513	102.4
宁海路	28390	123373	63836	59537	107.2
华侨路	23423	102945	50999	51946	98.2
湖南路	24887	87845	44497	43348	102.7
中央门	34989	119655	62592	57063	109.7
挹江门	24327	72875	35719	37156	96.1
江　东	24155	71376	35659	35717	99.8
凤　凰	28385	80726	39980	40746	98.1

2010年鼓楼区人口机械变动情况一览表

表 110　　单位:人

指标名称	总人数	男	女
出　　生	4683	2423	2260
死　　亡	2658	1465	1193
省外迁入	7863	–	–
省内移入	16700	–	–
迁往省外	10890	–	–
迁往省内	25791	–	–

2000~2010年鼓楼区人口自然变动一览表

表111

年 份	出 生		死 亡		自然增长	
	人数(人)	出生率(‰)	人数(人)	死亡率(‰)	人数(人)	增长率(‰)
2000年	3789	7.5	2222	4.4	1567	3.1
2001年	3312	6.0	2003	3.6	1309	2.4
2002年	2525	4.2	2153	3.6	372	0.6
2003年	2977	4.8	2356	3.8	621	1.0
2004年	4048	6.3	2221	3.4	1827	2.9
2005年	3857	5.8	2420	3.6	1437	2.2
2006年	3800	5.5	2409	3.5	1391	2.0
2007年	5080	7.3	2431	3.5	2649	3.8
2008年	4805	7.0	2579	3.7	2226	3.3
2009年	4433	6.5	2593	3.8	1840	2.7
2010年	4683	7.0	2658	4.0	2025	3.0

2010年鼓楼区人口自然变动情况

表112

街道名称	出生人数(人)				死亡人数(人)				自然增长	
	合 计	男	女	出生率(‰)	合 计	男	女	死亡率(‰)	人数(人)	增长率(‰)
总 计	4683	2423	2260	7.0	2658	1465	1193	4.0	2025	3.0
宁海路	569	287	282	4.5	424	236	188	3.3	145	1.2
华侨路	640	299	341	6.1	344	195	149	3.3	296	2.8
湖南路	531	281	250	5.9	391	204	187	4.4	140	1.5
中央门	850	451	399	7.1	586	322	264	4.9	264	2.2
挹江门	577	297	280	7.8	403	230	173	5.4	174	2.4
江 东	796	429	367	11.4	189	105	84	2.7	607	8.7
凤 凰	720	379	341	9.0	321	173	148	4.0	399	5.0

2010年鼓楼区人口机械变动情况

表113　　单位：人

街道名称	迁入人数			迁出人数		
	合 计	省内迁入	省外迁入	合 计	迁往省内	迁往省外
总 计	24563	16700	7863	36681	25791	10890
宁海路	8981	6513	2468	15374	10081	5293
华侨路	5158	4128	1030	5859	4854	1005
湖南路	2611	1182	1429	4580	2579	2001

续表 113

街道名称	迁入人数			迁出人数		
	合　计	省内迁入	省外迁入	合　计	迁往省内	迁往省外
中央门	4303	2431	1872	5586	3873	1713
挹江门	1324	833	491	2661	2161	500
江　东	1281	954	327	1769	1637	132
凤　凰	905	659	246	852	606	246

2010 年鼓楼区人口按年龄阶段分组

表 114　　单位:人

街道名称	18岁以下	18岁~35岁	35岁~60岁	60岁以上
总　计	78324	235804	242728	101939
宁海路	12895	54912	38490	17076
华侨路	10423	48192	31816	12514
湖南路	8098	32815	31803	15129
中央门	12781	41799	44182	20893
挹江门	8111	19840	30353	14571
江　东	12786	18865	30326	9399
凤　凰	13230	19381	35758	12357

文化、教育 卫生、体育

2010 年鼓楼区文化事业概况

表 115

类别		单　位	数　量
文化馆	职工人数	人	16
	展览场次	次	7
	文艺演出场次	次	36
图书馆	职工人数	人	10
	区馆藏书	万册	19.6
	其中:电子图书	万册	3.3
	报刊、期刊	种	600
	街道馆藏书	万册	14.2

2010年鼓楼区文化市场情况

表116

类别	市场个数(个)	从业人数(人)
歌舞厅	56	3920
电子游戏厅	30	480
报刊亭	213	430
书店	102	720
互联网上网营业场所(网吧)	95	1200
音像店	47	230
卫星接收设施管理单位	36	690
长三角书市	88	1100

2010年鼓楼区少年宫活动情况

表117

活动项目	活动次数	参加人次	获奖情况		
			国家级	省级	市级
声乐	1	200	金奖2人	–	–
器乐	2	500	民乐团获得全国十佳称号	江苏省推新人大赛器乐组荣获省十佳	–
舞蹈	5	1500	全国青少年才艺电视展演活动“国星奖”。	–	一等奖
故事表演	2	500	–	–	2位获十佳小主播
美术、书法	2	3000	全国先进集体;一等奖108名、二等奖297名、三等奖419名	–	–
科技制作、模型	2	220	–	–	科技先进集体
棋类	2	300	–	–	围棋、国际象棋团体第二,中国象棋团体第四。

2010年鼓楼区幼儿园基本情况

表118

指标名称	教育办	其他部门办	集体办	民办园	合计
幼儿园(个)	6	20	9	12	47
幼儿班(个)	82	188	57	79	406
在园幼儿数	2776	6163	1970	2203	13112
托儿班(个)	13	54	14	25	106
在园托儿数(人)	341	1375	360	596	2672
教职工数(人)	329	765	176	298	1568
专职教师(人)	236	543	135	225	1139
其中:研究生	9	2	–	1	12
本科	177	203	23	63	466

续表 118

指标名称	教育办	其他部门办	集体办	民办园	合　计
大专	43	286	81	140	550
中专	7	52	31	21	111

2010 年鼓楼区小学基本情况

表 119

学校名称	教师(人)		班级(个)	学生(人)	学校名称	教师(人)		班级(个)	学生(人)
	合　计	其中:大专以上				合计	其中:大专以上		
丁家桥小学	41	36	16	452	三牌楼小学	88	81	36	1665
渊声巷小学	44	41	16	407	镇江路小学	31	27	10	229
山西路小学	46	46	19	499	察哈尔路小学	42	41	18	480
工人新村小学	34	31	13	333	琅琊路小学	122	119	42	2213
一中心小学	79	72	29	1085	芳草园小学	98	95	39	2055
汉口路小学	49	46	23	535	赤壁路小学	61	56	20	1044
力学小学	123	122	49	2602	青云巷小学	49	46	17	478
凤凰花园城小学	81	78	31	1623	古平岗小学	54	52	19	558
清凉山小学	33	28	11	322	教院附小	37	34	15	432
马台街小学	42	38	17	384	宁工小学	43	40	18	666
南昌路小学	49	48	19	487	莫愁新寓小学	54	50	19	716
紫竹苑小学	48	46	18	606	凤凰街小学	39	34	18	445
北京路小学	34	30	12	305	龙江小学	49	47	18	443
白云园小学	54	51	22	554	长阳小学	44	44	21	539
拉萨路小学	138	137	48	2537	汉江路小学	50	50	22	909
银城小学	77	77	32	1672	天正小学	44	44	17	691
虹桥小学	40	38	17	453	金陵汇文学校小学部	33	33	18	744
回龙桥小学	42	39	18	433	特殊教育学校	19	19	11	84
南财附小	51	48	20	866	小学合计	2060	1963	808	30546

2010 年鼓楼区中学基本情况

表 120

学校名称	教师(人)		班级(个)			学生(人)		
		大专以上	合　计	初　中	高　中	合　计	初　中	高　中
市五十中	153	152	39	39	–	1644	1644	–
市八中	85	85	15	15	–	430	430	–
市第四中学	174	174	29	5	24	997	137	860
市第四中学分校	49	49	11	11	–	326	326	–

续表 120

学校名称	教师(人)		班级(个)			学生(人)		
		大专以上	合　计	初　中	高　中	合　计	初　中	高　中
南大附中	197	195	61	22	39	2560	861	1699
省教院附中(高中部)	175	175	47	–	47	2388	–	2388
省教院附中（二十九中学初中部)	230	230	67	67	–	3668	3668	–
宁海中学	200	200	44	–	44	2227	–	2227
宁海中学分校	143	143	37	37		1840	1840	
田家炳高级中学	181	179	37	–	37	1565	–	1565
29中致远中学	113	113	29	29	–	1255	1255	–
育英外国语学校	125	125	32	24	8	1144	967	177
金陵汇文学校(中学部)	76	76	25	25	–	1053	1053	–
中学合计	1860	1854	464	274	190	20894	12181	8713

注:南大附中班级和学生数含国际高中部9个班,在校学生203人

2010年鼓楼区卫生工作概况

表 121

类　　别	单　位	数　量
医院	家	26
其中:三级医院	家	10
二级医院	家	1
一级医院	家	6
民营医院	家	9
门诊部	个	21
其中:民营医疗门诊部	个	15
卫生所、医务室、卫生站	个	78
社会办医诊所	家	63
社区卫生服务站	个	5
门急诊人次数	万人次	1249
其中:急诊人次	万人次	98.19
入院人次	万人次	24.90
出院人次	万人次	24.79
其中:治愈	万人次	10.2
好转	万人次	10.54
年底实有病床数	张	9137
实际开放总床日数	万床日	329.22
病床使用率	%	99.37

2010 年鼓楼区卫生系统工作情况

表 122

指标名称	单　位	实　绩
社区卫生服务	–	–
社区门诊	万人次	134.19
社区卫生机构免费体检	人次	919
传染病免疫接种	万人次	14.16
母婴保健服务	万人次	10.25
婚前医学检查	人次	1156
传染病流行病学调查	人次	2195
死亡原因入户调查	户次	2845
卫生行政执法	–	–
卫生行政许可证审批	个	387
执业健康体检	万人次	4.92
卫生检测检验	户次	1298
卫生行政处罚	件	78
各类卫生培训指导	人次	65263
处理投诉举报	件	234

2010 年鼓楼区疾病预防控制情况

表 123

指标名称	单　位	实　绩	同比±%	指标名称	单　位	实　绩	同比±%
乙类传染病发病率	1/10 万	171.51	-27.55	食品卫生采样监测份数	份	312	-90.30
传染病漏报率	%	0	–	食品卫生采样监测合格率	%	75.64	-9.87
传染病流调率	%	100	–	公共场所采样监测份数	份	5637	-47.41
02 检索率	%	18.63	3.79	公共场所采样监测合格率	%	92.35	-0.65
四苗覆盖率	%	99.07	0.09	血防查螺面积	万平方米	150	-3.72
乙肝疫苗覆盖率	%	100	–	药物灭螺面积	万平方米	–	–
免疫接种	万人次	1.02	5.30	健康教育宣传咨询活动次数	次	13	30
安全接种率	%	100	–	健康体检人次	人次	51490	-10.6
居住 3 个月以上流动人口建卡	人	673	5.80	办理健康证数	份	51490	14

2010 年鼓楼区卫生监督工作情况

表 124

指标名称	单　位	实　绩	同比±%
巡回监督户数	户次	48382	41.90
其中:食品生产经营单位	户次	37691	41.80

续表 124

指标名称	单 位	实 绩	同比±%
公共场所	户次	10449	48.20
医疗机构	户次	242	91.74
新发餐饮服务许可证	户	744	71.78
换发餐饮服务许可证	户	222	–
复核餐饮服务许可证	户	297	−53.80
卫生行政处罚户数	户	118	−39.17
罚没款金额	万元	6	−42.90
处理群众投诉举报数	起	179	15.20

2010 年鼓楼区妇女儿童卫生保健情况

表 125

指标名称	单 位	实 绩	同比±%
妇保门诊接诊	人次	19616	−13.20
儿保门诊接诊	人次	15133	9.80
婚前卫生保健检查	人次	1509	−12.40
妇女病普查	人次	8586	−44.80
儿童体检	人次	14962	5.80
早孕建卡	人次	4583	14.90
早孕建卡率	%	95.36	8.38
孕产妇系统管理	人次	4582	16.90
孕产妇系统管理率	%	95.34	9.87
7 岁以下儿童保健管理	人次	27630	5.60
7 岁以下儿童保健管理率	%	99.03	0.03
健康教育	次	120	−4.00
受教	人次	8300	1.20

2010 年鼓楼区体育系统职工结构情况一览表

表 126

单位：人

指标名称	合 计	体育局	体 校
总 计	29	14	15
专职教练员	12	–	12
1.大专以上	12	–	12
2.中专中技	–	–	–
3.初中	–	–	–
行政管理人员	15	14	1
其他	2	–	2

2010年鼓楼区体育系统少年儿童业余体校在校学生和教练员构成一览表

表 127　　单位:人

项　　目	在校学生	专职教练
合　计	241	14
田　径	102	5
游　泳	60	2
足　球	32	2
篮　球	29	3
羽毛球	15	1
技　巧	5	1

2010年鼓楼区各体育项目裁判员构成一览表

表 128　　单位:人

项　　目	合　计	一级	二级	三级
合　计	1125	190	365	596
田　径	400	50	120	230
足　球	84	9	30	45
篮　球	101	20	39	42
排　球	97	22	30	45
羽毛球	71	15	21	35
乒乓球	165	35	151	79
门　球	52	10	15	27
武　术	86	20	28	38
棋　类	72	10	31	31

社会综合

2010年鼓楼区法院工作情况

表 129

指标名称	单　位	收　案	结　案
合　　计	件	9656	9133
刑　　事	件	549	544
民　　事	件	6668	6183
行　　政	件	155	137
执　　行	件	2284	2269

续表 129

指标名称	单位	收案	结案
信访接待合计	人次	11569	
院长接待来访	人次	401	
信访接待	人次	479	
立案咨询	人次	10689	

2010 年鼓楼区检察院工作情况

表 130

指标名称	单位	数量
批准逮捕案件数	件	292
批准逮捕人数	人	402
提起公诉案件数	件	425
提起公诉人数	人	558

2010 年鼓楼区司法工作情况

表 131

指标名称	单位	实绩	指标名称	单位	实绩
人民调解			安置帮教		
调解纠纷	件	6629	接受刑满释放人员	人	118
调解成功	件	6564	接受解除劳教人员	人	36
制止群众性上访	件/人	51/962	安置人员	人	154
导入司法途径	件	–	重新犯罪人员	人	1
公证服务			重新劳教人员	人	0
国内民事公证	件	2090	法律服务		
国内经济公证	件	2720	刑事辩护与代理	件	934
涉外民事公证	件	13055	代理经济、民事诉讼	件	1544
涉港、澳、台公证	件	47	代理非诉讼	件	211
法制宣传			新发展顾问单位	件	–
组织宣传活动	场/次	430/30640	业务收入	万元	–
依法治市网站法治动态	条	9	法律援助		
发放法制宣传资料	份	20900	“148”电话咨询	人次	1952
社区矫正			接待来访	人次	3656
现有矫正人员	人	256	受理法律援助案件	件	1171
新接受	人	141	受援人数	人次	1171
解除矫正	人	128	为受援人免去法律服务费用	万元	–

2010年鼓楼区消防工作情况

表132

类　别	单　位	实　绩	类　别	单　位	实　绩
接警出动			案件办案	起	1785
火灾	起	163	直接经济损失	万元	20.4
火警	起	693	抢救人数	人	59
抢险救援	起	88	为民服务	起	45
监督检查			发现隐患	处	19721
检查单位	个	6063	发限期改正书	份	1735
发当场改正书	份	4854	整改隐患	处	13839
发现重大隐患	家	3	调查数	起	17
接群众举报			不实	起	6
接报数	起	17	培训	人	1613
整改	起	5	责令停业	家	30
宣传教育活动	起	63	–	–	–

2010年鼓楼区信访工作情况

表133

指标名称	信(件)		访(人次)	
	2010年	同比±%	2010年	同比±%
揭发控告类	–	–	–	–
申诉类	–	–	–	–
求决类	787	–	2119	–
批评建议类	–	–	–	–
其　他	–	–	–	–
合　计	787	9.3	2119	15.2

2010年鼓楼区环境保护与管理工作情况

表134

指标名称	单　位	2010年	指标名称	单　位	2010年
排污许可证制度执行			水处理设施运行情况监察	家次	79
已发放排污许可证	份	110	设项目环境保护情况监察	家次	160
污染源限期治理			污染源监察	家次	414
当年完成治理项目	项	212	饮用水源和地表水监察	次	24
城市环境综合治理			烟尘控制区高空瞭望监控	次	24
烟尘控制区总面积	平方公里	26.62	施工工地现场检查	次	1033
环境噪声达标区总面积	平方公里	26.62	饮用水达标率	%	100

续表 134

指标名称	单　位	2010年	指标名称	单　位	2010年
当年处罚案件数	件	106	环境噪声质量		
降水监测	次	69	区域环境噪声	分贝	54.7
降尘监测	次	12	交通干线噪声	分贝	69.2
环境保护现场监督检查	家次	695	集中处理医疗废物	吨	1588.8
其中：锅炉清洁能源改造监察	家次	18	审批建设项目	个	61

2010年鼓楼区物价工作情况

表 135

项　　目	单　位	实　绩	项　　目	单　位	实　绩
"收费许可证"年审、换证率	%	100	涉案财产价格鉴证办理	件	323
受理各类价格投诉举报	件	49	鉴证标的额	万元	778.25
办结率	%	100	组织价格宣传咨询	次	20
查办价格违法案件	起	3	发放价格政策宣传材料	份	2000
发展三信三优单位	家	92	组织不同行业的政策提醒会	次	4
上报价格监测分析报告	篇	12	举办专题培训班	期	5
组织开展价格专项检查	次	5	其中：参训企业	家	30
–	–	–	参训人员	人	220

2010年鼓楼区审计工作情况

表 136

项　　目	单　位	实　绩
审计项目数	个	141
其中：预算执行审计	个	1
行政事业单位财务审计	个	–
固定资产投资审计	个	132
经济责任审计	个	–
效益审计	个	–
专项审计	个	8
审计调查	个	–
审计查处违规金额	万元	–
审计查出管理不规范金额	万元	16185
审计核减工程造价及评估概算	万元	1901
提交专题或综合审计报告	篇	1
提交信息简报	篇	1

2010年鼓楼区质量技术监督工作情况

表 137

项　　目	单　位	实　绩
质量监督		
出动执法人员	人次	2800
检查生产、销售场所	处	700
捣毁制假、售假窝点	个	–
标准计量		
备案产品标准	个	11
检查农贸市场	次	25
检查计量器具	件	2000
安全监察		
检查锅炉	台	28
检查电梯、特种设备	台	290
取缔无证锅炉、气瓶	台(个)	–

2010年鼓楼区劳动就业和社会保障情况

表 138

指标名称	单　位	2010年
劳动就业和社会保障		
实现再就业	人	10328
其中：帮扶困难人员上岗	人	2037
参加养老保险	万人	18
参加医疗保险	万人	25
参加失业保险	万人	11
参加工伤、生育保险	万人	10.4
劳动关系和保障监察		
受理劳动保障监察案件	件	568
劳动保障监察结案率	%	100
受理劳动争议案件	件	581
受理劳动争议结案率	%	100
技能培训		
在职职工培训	人次	2876
下岗失业培训	人次	7815
新生劳动力培训	人次	2006

2010 年鼓楼区就业、再就业工作情况

表 139

指标名称	单　位	2010年
城镇登记失业	人	5512
失业控制率	%	1.95
举办失业、下岗人员招聘会	场	62
新增就业岗位	个	28160
免费职业指导	人	5194
免费培训	人	16664
创建充分就业保障街道	个	7
新创充分就业社区	个	64
帮扶双失、双下、4050 等特困人员就业	人	2037

2010 年鼓楼区民政工作一览表

表 140

指标名称	单　位	2010年
最低保障情况		
城镇居民最低生活保障	人次	56072
城镇居民最低生活保障户	户次	29717
支出最低生活保障金	万元	1405.18
优抚、安置情况		
国家抚恤、补助	人	877
支出抚恤补助金	万元	934.7
接收安置军队离退休干部	人	148
接收安置无军籍职工	人	0
接收退役士兵	人	215
其中：自谋职业	人	154
社会捐赠款情况		
社会捐赠款	万元	1318.5
社区服务		
城镇社区服务设施数	处	72
其中：社区服务中心	个	8
婚姻登记		
结　婚	对	7075
离　婚	对	2184

2010年鼓楼区社会救济情况

表141

指标名称	单 位	2010年
社会救济对象	人次	181744
其中：最低生活保障线	人次	56072
最低生活保障家庭	户次	29717
临时救济	人次	4322
救济精简退职老职工	人	200
社会捐赠款	万元	1318.51
发放救助款	万元	6058.62
其中：全年大病医疗救助	万元	170.94

2010年鼓楼区最低生活保障工作情况

表142

指标名称	户 次	人 次	金额(万元)
最低生活保障	29717	56072	1405.2
低保补充救助	29217	55572	597.1
低保人员分类		户 数	人 数
长期型		303	344
短期型		1509	3260
临时型		670	1040
持证残疾人		673	

2010年鼓楼区最低生活保障工作情况(分街道)

表143

指标名称	全区合计	宁海路街道	华侨路街道	湖南路街道	中央门街道	挹江门街道	江东街道	凤凰街道
最低生活保障								
户 次	29717	3685	3232	3088	6478	4446	2085	6703
人 次	56072	6629	5992	5339	12497	8428	3920	13267
发放金额(万元)	1405.2	177.4	148.3	144.4	317.2	228.8	86	303
低保补充救助								
户 次	29217	3638	3069	3006	6417	4380	2024	6683
人 次	55572	6582	5829	5257	12436	8362	3859	13247
发放金额(万元)	597.1	70.8	62.6	56.4	133.7	89.9	41.5	142.1

附录

Appendix

文件选编

南京市鼓楼区2010年国民经济和社会发展计划执行情况及2011年计划草案的报告

区发展和改革局局长 徐 丽

(2011年1月21日)

各位代表:

现在我受区政府委托,向大会报告2010年国民经济和社会发展计划执行情况及2011年计划草案,请予审议,并请政协各位委员和其他列席人员提出意见。

2010年国民经济和社会发展计划执行情况

2010年,在区委的正确领导下,全区上下紧紧围绕年初人代会确定的总体发展目标,深入贯彻落实科学发展观,抢抓发展机遇,以转型发展、创新发展、跨越发展为主线,解放思想、开拓创新、锐意进取、求真务实,保持了经济平稳较快发展与社会和谐稳定,圆满完成"十一五"规划确定的各项目标任务,为"十二五"时期经济社会发展再上新台阶奠定良好的基础。年初制定的128项目标中,全年完成和超额完成123项,目标完成率达96%。2010年未完成的目标共5项,占目标总数的4%。市下达考核我区的15项目标全面完成,目标完成率达100%。十件重点为民办实事项目全面完成。

一、经济和社会发展主要预期目标

预计全年实现地区生产总值323.2亿元(统计口径调整),增长13.2%,其中服务业增加值293.9亿元,增长13.2%。完成财政收入75.6亿元,增长18.5%;完成一般预算收入38.1亿元,增长18.3%。预计完成全社会固定资产投资额83.1亿元。预计实现社会消费品零售总额289.8亿元,增长17.3%。完成实际使用外资1.1亿美元,注册合同外资1.5亿美元。预计完成外贸出口26.5亿美元,国际服务外包合同额4.8亿美元,国际服务外包执行额4.1亿美元,承包工程和劳务营业额1.1亿美元。

预计全区城市居民人均可支配收入30863元,增长10.2%。全区城镇登记失业率有效控制在1.95%。人民群众对区域社会治安满意率达98.8%。

二、产业结构优化升级目标

(一)产业发展与载体建设

总部经济与高端现代服务业快速发展,全年新引进注册资本在百万元以上的科技及现代服务业企业226家,其中新增注册资本在千万元以上的大项目45个,总注册资本25亿元。成功引进博西(中国)投资公司、中电投江苏分公司等区域性总部6家。预计全年实现高新技术产业销售收入225亿元。预计实现软件产业销售收入210亿元,完成软件出口1.3亿元。全年新发展私营企业1992家,新增注册资本31.9亿元。建成市级文化产业基地2个,市、区两级文化产业特色园区达9个。

模范路科技创新园区建设全面推进,园区被确定为全省十大科技创新园区之一,并被省科技厅和市政府确定为南京唯一的合作共建园区。中国(南京)电力自动化产业园(南自地块)项目完成挂牌,"南京科技广场"二期工程完成桩基施工,国睿科技园3号地块项目完成前期规划并启动拆迁,模范中路—三步两桥地块项目已列入市土地储备计划,虹桥新城市二期正开展前期工作。江东软件城绿建(新能源)大厦全面启动建设,南大苏富特一期交付使用、二期工程进场施工,河海水资源研究中心正进行地上工程施工,服务外包产业基地ITO区开始基础施工,联创科技大厦完成桩基施工。苏宁电器南京地区总部—清江广场项目正实施地下工程。南京财经大学科技园、中医药大学科技园完成前期方案设计,并成功引进7家企业入园。

湖南路"二次提升"工程有序推进,04、05片拆迁全面启动,紫峰大厦、国际广场一期正式投入使用,国际广场城市航站即将运营,南汽—香格里拉酒店项目即将开工,宁海路欧洲风情街项目正实施拆迁,厚载巷地块项目、凤凰西街二期、中海凤凰现代商业载体正开展前期工作,金陵饭店扩建工程等重点项目顺利推进。

(二)公共服务平台建设

成功组建南京物联网应用研究院,联合物联网领域122家研发企业成立了南京物联网联盟。全年IBM-南京外包人才实训基地、FPGA创新中心分别培训服务外包、芯片设计人员1200人,工程技术培训中心培训高端工程设计人员437人。建成模范马路创新街区产学研联合创新综合服务平台及部分专业子平台,服务企业530家。国家中小企业协会苏皖赣分中心投入运作,全年开展企业巡诊服务5次。

华东区域网络游戏技术测试平台完成游戏测试和认证近20款。帮助高校、院所、企业的科技创新项目获各级各类科技进步奖58项，协助重点项目及中小企业完成投融资额13亿元。大学科技园在5家企业中建立了“博士后工作室”，并成功举办了10场企业沙龙。江苏博特新材料有限公司“SBT”商标获中国驰名商标认定。全年新增注册商标548件，申报省著名商标4件，省名牌5个，市著名商标5件，市名牌4个。

(三)区域发展规划及战略研究

集中全区上上下下、方方面面的智慧，编制完成《鼓楼区国民经济和社会发展第十二个五年规划纲要（草案)》和《鼓楼区总体规划(2010~2030)》，初步形成《中央路商务集聚区规划》《湖南路商圈规划》《鼓楼区旅游发展行动纲要》等一批区域发展和空间规划成果。同时围绕“十二五”期间重点工作，开展了模范路创新街产业发展、民国建筑保护与更新等一系列专题研究。

三、城市建设与管理目标

(一)道路交通管网建设与城市管理

完成察哈尔路—福建路—钟阜路、广州路、拉萨路—永庆巷—华侨路等一批城市环境综合提升工程，以及裕盛路西段道路建设工程。丁家桥和乐业村道路改造工程正实施拆迁。打造沈举人巷、车站东巷2条特色街巷，全年出新街巷97条。服务外包产业园下圩河改造(南段)一期工程完成河道主体土方开挖和护岸施工，园区公交首末站整体项目正办理规划设计等前期手续。

大城管管理体制不断完善，建立了奖惩问责机制，数字化城管系统派遣任务按期结案率达93.8%。居民小区环境进一步改善，完成212幢房屋整治、23万平方米小区出新和1.3万平方米危旧房改造工程。全年拆除违章建筑436处15407平方米，达到新违建“零”目标。

(二)节能减排与生态环境建设

“绿色照明工程”进展显著，区属教育机构、医疗卫生机构和湖南路商圈室外亮化工程节能灯具使用率分别达75%、80%和41%。全区新增市级节水型小区6个。服务外包产业园法斯克能源站尾水综合利用项目完成取水泵站建设，一期能源站正式投入运行。

魏源故居及周边绿地建设工程基本完成，宁海路欧洲风情街地块绿地工程正实施拆迁。全年新增绿化面积101058平方米，屋顶绿化10080平方米，栽植大树5020棵。全年环境质量达到国家二级标准的天数达82.7%，降尘达标率为70%，区域环境噪声55分贝、交通噪声69分贝，均达目标控制要求。北河口水厂水源地水质100%达标。

累计创成市级绿色社区30个，占全区社区总数的46%。赤壁路小学等3所学校创成市级绿色学校，虎踞北路创成市级餐饮污染控制示范街。全区95%的千平方米以上餐饮店达到餐饮污染控制标准。

四、社会公共服务目标

(一)关系民生的基本建设

芳草园小学、南大附中综合楼完成建设并投入使用，鼓楼职业中专学校新校区完成桩基施工，鼓楼百年职校完成改造并办学，服务外包产业园区配套小学完成方案设计。完成南昌路小学等9所学校的抗震检测和加固工程。

全区95%的社区办公用房达到每百户30平方米。鼓楼区社区服务中心(里圩)、社区体育中心暨山西路社区服务中心新建部分均主体竣工，江东社区服务中心完成80%工程建设。建成10万平方米江东新村公寓，基本完成清江消防站地块拆迁。

(二)社会保障和居民服务

全区城镇基本养老保险、医疗保险、失业保险参保率均达95%，企业离退休人员养老金、失业保险金按时足额发放率和领取养老金资格验证率均达100%。全年为无养老保险金的老年居民、失地农民和插队、下放、支边人群中的“三无”人员发放生活补助53163人次共计1080万元，为老年居民、享受最低生活保障待遇人员、重度残疾人和学生儿童等重点对象发放医保补助42813人次共计35万元。

为老服务加快发展，全年新增300张福利机构床位。高龄老人补贴范围由90岁以上扩大到80岁以上，并大幅提高补贴标准，全年累计发放15742人共计545万元。设立了145张孤寡独居老人家庭病床，为全区22家养老机构的324名在院老人开展了免费体检并建立了健康档案，全年累计巡诊868人次。

继续对全区低保和低保边缘群体到区惠民医院就诊实施定额补偿，全区惠民门诊接诊低保及低保边缘户27709人次，实施免费手术11例，累计减免费用150万元。免费为婚前医学检查和孕早期保健人群提供自愿艾滋病检测与尿碘检测，共筛查艾滋病1892人，尿碘检测2855人，自愿婚检率达30.3%。免费为228对因病残再生育家庭及无业已婚育龄夫妇提供孕前健康体检，完成企业退休独生子女父母一次性奖励审核工作。进一步扩大困难群体法律援助覆盖面，全年共办理法律援助案件1084件。

文化为民服务形式多样，成功举办“激情鼓楼”第八届鼓楼区社区文化艺术节，累计举办高雅文艺演出7场、以慈善为主题的演出1场、城际文化交流活动7场、社区文化活动演出24场。加快博物馆群建设，魏源纪念馆完成维修改造并开始内部布展，金陵文化博物馆正开展前期工作。

(三)法治平安鼓楼建设

法治平安创建活动深入开展，全区3个街道通过市级法治街道验收，58个社区达到平安社区标准，占社区总数的91%，56个社区达“三无”(无非正常上访、无敏感时期重点人头失控、无因信访问题引发有影响的突发群体事件)社区标准，占社区总数的87.5%。完成省级“五五”普法先进区和规范化区、街大调解中心各项验收准备工作，区、街大调解中心成功调处各类社会矛盾纠纷5476件，调处成功率达98.8%。成功创建3个省优秀司法所和2个市模范司法所，建立了蓝海所等3家专业化、品牌化律师事务所。全区工商贸企业在职职工生产安全事故死亡人数、重伤事故起数和特种设备事故起数均为零。

(四)社会管理

食品、商品和公共卫生检测力度加大,全年共开展流通环节商品质量监测 100 批次(其中食品专项监测 30 批次),快速检测食品 600 批次。完成学校直供水质检测 111 家,游泳池水质检测 11 家,公共用具消毒及环境质量检测 630 批次,不合格单位均整改到位。新增 20 家大中型餐饮企业均纳入废弃食用油脂排放监管。狮子桥美食街等 4 个街区完成市级食品安全示范街区验收准备。社区药品监督网和供应网建设加快推进,成功创成省级“城市社区药品‘两网’建设示范区”,全区二级以上医疗机构全部达省“规范药房”标准。

农贸市场放心工程积极推进,完成南昌路、鼓楼街 2 个农贸市场的升级改造,新增农贸市场绿色专销区 206 平方米,新增农药残留检测点 2 家,4 家农贸市场通过市级绿色市场认证,山西路社区创成市级社区商业示范社区。全区农贸市场物业化保洁覆盖面达 50%以上。进一步加强市场价格监管,圆满完成市下达的价格调控和治乱减负目标任务。

公共卫生服务能力继续加强,建成区社区卫生信息平台,并在全区 11 家社区卫生服务机构医生工作站投入使用,共建立了 274278 份规范化电子健康档案。全区孕产妇保健管理率、7 岁以下儿童保健管理率、托幼机构保健合格率均达 95%以上,居民户合格碘盐食用率达 100%,甲、乙类传染病发病率为 139.17/10 万。计划生育率达 99.8%。

数字社区建设稳步推进,区数据中心完成信息交换与共享平台基本功能组件建设,社区居民信息管理系统投入试运行。“鼓楼社区网”及全区 64 个社区子网站全面开通运行。区数字档案馆数字化加工档案 15 万幅 30 万条,30 家建档单位档案工作达省级标准。完成全国城镇住户基本情况大样本换样、第二次全国 R&D(研究与实验发展)资源调查和第六次全国人口普查入户登记工作。

五、十件重点为民办实事目标

(一)加大水环境综合整治力度,完成金川河水系流经的劝业村等第一批 154 个住宅小区和渊声巷等 28 条街巷的雨污分流工程,第二批 71 个片区的雨污分流工程完成可行性研究,内秦淮河流域第一批 14 条街巷完成污水初步设计。对河西水系中里圩河、清江东沟的水环境治理取得显著成效,水质主要指标基本达到Ⅴ类水标准,水体透明度达 50 厘米以上,黑臭现象消除,河道景观改善。

(二)多渠道扩大就业途径,全年新增就业岗位 2.8 万个,实现再就业 13590 人,开展就业再就业等各类培训 15161 人次,帮扶困难人员就业 2037 人,共投入 5000 万元开发公益性岗位,解决下岗、失业人员再就业。

(三)加大就学资助力度,进一步完善了从幼儿园到大学涵盖整个学校教育阶段的扶贫助学体系。全年共发放“助学券”1451 人,共计 574275 元,其中幼儿园 70 人 60500 元、小学 427 人 43350 元、初中 424 人 57375 元、普通高中 530 人 413050 元。救助非义务教育阶段困难学生 193 人,共计 185850 元,其中高中 35 人 16400 元、大专 80 人 72600 元、本科 78 人 96850 元。奖励义务教育阶段的残疾儿童和残疾人子女 50 人,共计 4 万元,其中残疾儿童 8 人,残疾人子女 42 人。

(四)结合小区出新推进小区长效管理,全年共对沈举人巷等 6 个小区实施了出新改造,并通过专业物业公司管理和街道“两站一中心”托底管理的方式落实了后期长效管理。结合小区出新,同步对出新改造的 6 个小区 243 个楼道的 1296 盏楼道灯实施了亮化工程,加强治安防范设施改造,做到出新一个达标一个。

(五)扩大“居家养老服务网”服务覆盖面,全年共投入 215 万元为独居老人、“空巢”老人和困难老人家庭提供免费生活照料和探访服务,覆盖面由 2500 人增加至 3013 人(户)。

(六)保障低收入家庭基本居住需求,将廉租住房的保障对象从人均月收入 750 元的城市低收入住房困难家庭,扩大到人均月收入 1000 元的家庭,全区低收入住房困难家庭纳入住房保障的总户数为 2691 户。安置城市低保无房家庭实物配租 50 户,发放租赁补贴 2321 户共计 800 万元,安置被拆迁家庭 160 户,完成江东新村公寓拆迁安置房审核 645 户。

(七)全力推进“3 美元”计划,低保救助金标准从原来的每人每月 100 元上调至每人每月 130 元,同步上调低保边缘群体的补差救助金,全年共为全区 56072 人次低保对象发放低保救助金 1405.2 万元,为低保边缘群体发放差额救助和定额救助金 143 万元。我区低保及低保边缘家庭的综合保障标准达到每人每月 630 元,全面实现综合保障“3 美元”计划。

(八)进一步降低用药费用,全区社区卫生机构对 350 种药品实行“零差率”销售,实现销售额 3907.6 万元,政府补偿 450 万元。自 8 月 15 日开始执行国家基本药物制度,11 家社区卫生服务机构全部执行江苏省制定的基层医疗卫生机构 599 种基本药物目录,并根据群众的需求,从南京市 1228 个品规基本药物中,确定 1080 个作为我区补充的基本药物目录。全区社区卫生服务中心全部实行网上统一采购、统一配送、集中结算,并在醒目位置公示基本药物品种、规格、价格和报销政策等信息。

(九)推进城市长效管理,自 3 月中旬开始在全区 15 条背街小巷试运行机扫工作,同时推行分时清扫、快速保洁、当班考核“三位一体”的快速保洁方式,新增 40 台快速电瓶保洁车和 2 台洒水车、4 台机扫车、2 台垃圾直运车,实现了社区日常保洁和垃圾清运全覆盖。全面实施垃圾收集袋装化管理,主干道果皮箱及街道、院落垃圾箱全部覆盖,累计更换垃圾袋 26700 余个。

(十)探索住宅区物业管理机制,全区各街道 100%建立了物业管理“两站一中心”。在现有 637 个住宅小区中,348 个小区通过单位自管、市场化物业服务、街道物业服务中心托管等模式落实了服务主体,占小区总数的 54.6%。283 个住宅小区通过业主自治的方式加强了小区物业管理，占小区总数的44.4%，全区住宅区物业管理覆盖率为99.0%。

2010年未完成项目共5项：因拆迁等原因，小粉桥地块项目、祁家桥二期道路工程、瓜圃桥绿地建设未达进度；国睿科技园2号地块园区改造已基本完成，正加紧按照园区功能定位进行招商，待集聚更多入驻企业后开园；莫愁社区卫生服务中心暨区妇幼保健所项目已取得规划要点，正做可行性研究和环境影响评估，因场地狭小、紧邻住宅区等原因造成规划设计方案多次未通过，使该项目未能按进度开工建设。

2011年国民经济和社会发展计划草案

2011年全区国民经济和社会发展计划编制的指导思想是：坚持以邓小平理论和“三个代表”重要思想为指导，深入贯彻落实科学发展观，以加快转变经济发展方式为主线，以增强自主创新能力与综合竞争力为重点，以城区品质提升与民生改善为目的，进一步推进产业结构优化升级，加快构筑区域科技创新体系和以现代服务业为主导的现代产业体系，进一步加强生态文明建设，不断优化城区功能品质，进一步完善社会公共服务体系，维护社会公平正义，努力保持经济平稳较快发展与社会和谐稳定，奋力走在新一轮科学发展的前列。

2011年是实施“十二五”规划的开局之年，也是加快转变发展方式，推动经济转型升级，为未来长远发展打好基础的关键一年。扎实做好2011年经济社会各项工作，有着承前启后、继往开来的重要意义。鼓楼要主动抢抓发展机遇，坚持科学发展、创新驱动、富民优先、绿色和谐的战略导向，努力实现经济、社会、环境三者的有机协同，全面推进新一轮又好又快发展。2011年全区国民经济和社会发展计划编制的原则是：“优结构、促创新、惠民生、保稳定”。

2011年计划编制的依据，一是党的十七大和十七届五中全会精神，以及中央经济工作会议对2011年发展形势和发展环境的基本判断；二是国家和省、市、区关于制定“十二五”规划的建议，以及省、市对2011年经济和社会发展工作的总体部署；三是我区经济和社会发展环境的总体态势，以及鼓楼区“十二五”规划纲要和“三个发展”意见所确定的发展目标。

在计划的编制过程中，充分体现“立足当前，着眼长远，积极有为、务求实效”的工作导向，在目标内容的安排上，着力体现“十二五”规划纲要的战略方向，加快推进转型升级、科技创新、富民惠民与可持续发展各项工作；着力强调通过科技创新推动经济发展，加速形成以高端化、国际化、智慧化、特色化为特征的现代服务业产业体系；着力加强以改善民生为重点的社会建设，不断强化公共服务和社会管理职能，使经济发展的成果普惠于民。在目标体系的设置上，按照经济社会协调发展、产业结构优化升级、区域环境功能品质提升、民生持续改善4大类提出了2011年全区国民经济和社会发展目标任务，并从中遴选出20项作为重点为民办实事备选项目提交大会讨论。

经济和社会发展主要预期目标，以推动经济和社会协调发展为原则，突出强调结构调整、内涵提升和民生改善指标。按照我区深入实施“科教强区、人才强区、文化兴区”战略的要求，首次将文化产业生产总值和引进高层次创新、创业人才纳入预期发展目标，体现了政府加快推进创新型经济和文化产业发展的导向。同时综合考虑国内外经济发展环境的不确定因素和鼓楼的实际情况，在指标的安排上，既突出强调提高发展的质量和效益，又充分体现了鼓楼率先科学发展，奋力走在全市“三个发展”前列的要求。

产业发展目标，以加快形成现代服务业为主导的现代产业体系和区域科技创新体系为战略取向，以提高产业集中度和配套能力为重点，全力推进模范路科技创新园区、湖南路中央商务区和滨江滨河民国文化产业集聚区内二十余个现代服务业载体及特色园区建设，充分发挥集聚区对产业发展的引领和推动作用。全面提升科技创新的公共服务水平，加快人才培养、金融支持、科技创新、知识产权保护等专业技术和公共服务平台建设，为区域产业结构优化升级创造良好环境。同时，首次将知识产权产业化产值列入目标体系，体现了政府大力提升自主创新能力和科技进步对经济增长贡献率的导向。

城市建设与管理目标，强调下大力气配合市政府重点做好影响区域环境质量的金川河、内秦淮河及城北护城河流域的雨污分流与河道清水工程。同时进一步改善居民生活和居住环境，继续实施一批道路环境综合整治、危旧房改造和小区出新工程。加强城市精细化管理，完善智能化、网格化、法制化和综合责任制相融合的城市管理机制。持续优化生态环境，加大城区绿化力度，强化对噪声、扬尘和油烟等环境问题的专项治理，全面推动市容环境、城市品质和人居质量“三个提升”。

民生工作目标，以富民、惠民、安民为重点，加大民生事业投入，加快民生基础设施建设，扎实办好改善民生各项实事。突出富民优先，进一步做好扩大就业、鼓励创业、扶弱助困、为老服务和住房保障等工作。大力推进各项社会事业优质均衡发展，完善全方位覆盖的教育、文化、医疗、卫生、养老、社区服务等公共服务体系。利用新技术加速智慧鼓楼建设，首次安排智慧医疗、智慧养老的示范工程项目，以体现科技发展促民生改善的导向。加强价格监管，深入开展重要民生商品“价比三家”工作，稳定社会价格预期，保障群众基本生活。创新社会管理，深化法治平安鼓楼建设，做好安全稳定工作，全面提高人民生活幸福感和满意度。

今年是实施“十二五”规划的第一年，我们将延续“十一五”期间每年为老百姓办10件实事的重点民生工作目标导向，继续从群众反映强烈的切身利益问题入手，在政府各有关部门充分调研，广泛征求各基层意见的基础上，结合区一级政府的办事能力，大幅度增加民生项目资金投入，重点解决群众关心的就学、就业、就医、养老、住房以及生态环境、小区建设等若干热点问题。经区委、区政府多次专题会议，以及区委全委扩大会议讨论，遴选出与老百姓最密切相关的重点为民办实事备选项目20项，供全体代表酝酿讨论，从而确定2011年度全区10件重点为民办实事项目。

2011年国民经济和社会发展计划草案如下：

一、经济和社会发展主要预期目标

地区生产总值增长12%~13%，其中服务业增加值增长13%~14%。文化产业生产总值力争增长15%。财政收入增长16%，其中地方一般预算收入增长14%。全社会固定资产投资80亿元。社会消费品零售总额增长14%~15%。实际使用外资1亿美元，注册合同外资1.2亿美元；国际服务外包执行额2.9亿美元，国际服务外包合同额3.6亿美元；外贸出口24.6亿美元，承包工程和劳务营业额1.1亿美元。引进高层次创新、创业人才20人以上。城市居民人均可支配收入增长11%~12%。城镇登记失业率控制在1.8%左右。人民群众对区域社会治安安全感达96%以上。

二、加快产业结构转型升级，切实增强产业核心竞争力

（一）优化提升产业结构，推进特色园区建设

重点加强对总部、高新技术和现代服务业企业的引入，全年新引进总部企业（省级及省级以上区域性总部、功能性总部）6家。新增千万元以上的大项目40个，新引进科技及现代服务业企业150家。全年实现高新技术产业产值200亿元，软件销售收入250亿元，软件出口1.3亿美元。

促进专利运用与成果转化，全年新增知识产权注册股权2000万元以上，新增知识产权产业化产值10亿元以上。推进产学研合作，力争获各级、各类科技进步奖55项。

加快发展文化创意产业，全年新增注册资金300万元以上的文化产业项目10个，文化产业园区招商率达80%以上。全区文化产业特色园区达10个以上，新创市级文化产业基地1-2个。支持民营经济发展，全年新增私营企业1800家，新增注册资本30亿元。

全力推进模范路科技创新园区建设，建设"南京科技广场"二期工程，开工建设中国（南京）电力自动化产业园（南自地块）项目。国睿科技园（14所地块项目）3号地块力争开工，江苏低碳经济产业园开园，引进可再生能源利用、绿色建筑、合同能源管理、能源评估等机构和企业30家以上。南京邮电大学物联网科技园开园运作，引进校企合作研发中心10家以上。积极推进南京大学—鼓楼高校国家大学科技园基地建设。加快推进虹桥新城市二期项目开工及南京香格里拉酒店项目建设。

继续推进南京国际服务外包产业园（江东软件城）项目建设，绿建大厦开工建设，南大苏富特二期完成主体施工，河海水资源研究中心、联创软件大厦力争主体封顶，艾志二期工程力争开工。苏宁慧谷E-06、E-07地块开工建设，E-08地块力争完成地下室工程。加速推进江苏省广播电台发射中心迁建工程，完成电台新址主体施工协调工作。

加快湖南路中央商务区载体建设，实施湖南路二次提升拆迁改造工程。小粉桥地块项目完成挂牌，宁海路欧洲风情街项目力争挂牌。续建苏宁电器南京地区总部—清江广场项目。启动宝船遗址西片游艇俱乐部项目。建立并完善鼓楼旅游导引系统，完成重点产业园区旅游线路标识系统建设。

（二）提高自主创新能力，完善专业技术和公共服务平台功能

加强人才培养，建立IBM-南京外包人才实训学院，年培训服务外包人员1000人以上。提高FPGA创新中心培训能力，年培养芯片设计人员600人以上。加快工程技术培训中心建设，年培训高端工程设计人员550人以上。年培训动漫产业人才300人次。依托大学科技园投融资、人才、中介等服务平台，全年举办各类企业沙龙8场次以上。

加快建设金融创新平台，建立PE/VC战略联盟，成立启明国际金融俱乐部并正式运作，新引进风险投资机构10家以上。建立区域投融资项目库，选择10家目标上市企业重点开展投融资服务，并开设投融资讲坛，对企业融资进行系统培训。新设立3~5家科技小额贷款机构。

打造专业技术服务平台，建设云计算应用平台，全年完成平台解决方案2~3个。整合三大运营商及区域内现有网游资源，完善本地化的网游开发和运营支撑平台功能。建成低碳产业展示中心，与南京理工大学共建低碳与环境技术研究院。省低碳经济技术协会正式运行，引进国际低碳和能源研究与服务机构2~3家。提升科技广场综合服务能力，年服务企业400家以上；举办各类科技创新培训10场次，受益人数达500人次；促成技术贸易机构资质认证30份、技术合同登记50份，实现技术合同交易额6000万元。继续推进博士后工作室建设，全年新建企业博士后工作室3~5家，力争校企合作共建省级研发机构1家。开展知识产权宣传培训，全年为驻区企业、高校、科研院所举办知识产权宣传培训12场次，受益人数达1300人次。

创新科技管理机制，加强对科技创新项目的科学评估和资金支持，建立由第三方参与的鼓楼区科技创新创业基金评审办法。建设鼓楼区宏观经济综合数据采集库及综合信息共享平台、"大统计"工作平台。

深化"品牌鼓楼""诚信鼓楼"建设，全年新增注册商标450件、国际商标2件，力争培育中国驰名商标2件，省著名商标4件，市著名商标7件，省、市品牌基地各1个。争创市级重守企业10家，培育发展区级重守企业30家。推进质量兴区和名牌战略，全年新增省名牌1个、市名牌3个，省、市质量奖4个以上。培育公共信息标识标注达国家标准园区或企业2家，制定1项地方服务标准。

三、精心打造"品质鼓楼"，全面提升生态文明水平

（一）强化区域综合整治与管理

完成裕盛路西段（江东北路—湛江路）以及市下达的道路建设工程，推进服务外包产业园园区公交首末站整体项目开工建设。完善"三化一制"的城市管理机制，启动数字化城管平台的智能化升级改造，数字化城管系统派遣任务按期结案率达到93%以上。全面实施垃圾收集袋装化管理，逐

步推进垃圾收集系统更新,启用垃圾直收直运车,减少垃圾收集的二次污染。

(二)提升人居环境功能品质

实施一批城市绿地和游园广场提档升级项目，全年新增绿化面积10万平方米,屋顶绿化5000平方米。继续推进老旧小区整治出新,完成全区100幢楼宇房屋整治工程、16万平方米小区出新和1万平方米危旧房改造工程。加强企业能耗监控，生产或服务性企业设备能耗达标通过市验收3家以上。加大对燃煤锅炉清洁能源的改造力度,力争在全区基本淘汰燃煤锅炉。全年空气环境良好以上天数占全年天数的85%。强化各类施工扬尘监管,降尘达标率达70%。区域环境噪声控制在56分贝以下，交通噪声控制在70分贝以下。北河口水厂水源地水质达标率为100%。全区医疗危险废物集中处置率达100%。新建餐饮污染控制示范街1条,全区千平方米以上餐饮店100%达到餐饮污染控制示范街标准。创建绿色学校2所,全区绿色社区占社区总数46%以上。

四、加强以改善民生为重点的社会建设,显著提高人民生活水平

(一)加快民生基础设施建设

开工建设鼓楼区教工中学，建设服务外包产业园配套小学。完成鼓楼区一中心小学等学校教学楼的抗震加固,以及拉萨路小学综合楼建设、教学楼加固和校园整体改造工程。加强社区办公服务用房建设,100%的社区办公服务用房达到每百户30平方米。完成鼓楼区社区服务中心（里圩)、社区体育中心暨山西路社区服务中心建设工程并投入使用，建成集老年活动、民间组织孵化、军休干部活动、96180服务热线为一体的区级社区服务中心和集劳动就业管理服务、社会保险服务于一体的区级人力资源和社会保障服务中心。

完善公共卫生和社区卫生服务网络,落实面积约2000平方米的鼓楼区妇幼保健所服务用房达标工程，实施莫愁社区卫生服务中心重建工程,建设江东社区卫生服务中心,里圩和傅厚岗社区卫生服务站、区卫生监督所新址投入使用。完成魏源纪念馆建设和布展,力争开馆。建设劝业文化特色图书分馆。

(二)健全社会保障体系

强化社会保险扩面征缴工作,城镇基本养老保险、医疗保险、失业保险参保率保持在98%以上,征缴社会保险基金8亿元。确保企业离退休人员养老金、失业保险金100%按时足额发放。领取养老金资格验证率达100%,企业退休人员社会化管理服务率达100%。逐步解决1983~2004年以来被征地人员的社会保障问题。构建和谐的劳动关系,推进劳动保障监察“两网化”建设,实现对用人单位监察管理全覆盖。提高劳动和人事争议仲裁办案质量,全年劳动争议案件按期结案率达95%以上。全年开展就业再就业等各类培训6000人次。完善社会化养老服务体系,全年新增福利机构床位400张。

(三)促进各项社会事业优质均衡发展

改革和创新教育工作，在全区1~2所小学开展双语教学试点工作。创建市级优质幼儿园1~2所、市级标准幼儿园2-3所、全国社区教育示范街道2个。深化社区规范化和信息化建设,新创15个南京市和谐示范社区。完善鼓楼区社区工作者管理办法,建立专职社工人才库。

大力发展社区中医，每个社区卫生服务中心建成1个中医特色科室,新建区中医院中医养生馆。建设1个急救培训基地,为居民免费提供急救知识培训。继续实施出生缺陷一级干预,在自愿的前提下,免费为婚前医学检查和孕早期保健人群提供艾滋病和尿碘检测。维护妇女健康,做好宫颈癌筛查及随访,并对困难家庭予以医疗补贴。

举办第九届旅游时尚节、“激情鼓楼”第九届鼓楼区社区文化艺术节,为全区老百姓提供高雅惠民文艺演出6场、城际文化交流演出4场、社区文化活动演出20场。争创国家科普示范城区,全面实施《全民科学素质行动计划纲要》,举办科普宣传周、全国科普日等活动100场次以上,受益人数达2万人次。开展“科普剧进校园”和“科普影视社区行”活动,全年放映科普电影65片次以上。

(四)深化法治平安鼓楼建设

大力开展民主法治城市创建工作，全区40%的街道力争达到市法治建设先进街道标准,80%的社区力争达到市民主法治社区标准。全面推进依法行政,编制《鼓楼区依法行政四年行动计划》,建立行政执法教育培训平台,挂牌成立南京市经济法律服务中心鼓楼教育培训分部。完善特邀执法监督员制度,搭建区行政风险控制与法律服务平台。完成“六五”普法规划制定并启动,争创2个星级文明和谐司法所,建设1~2家专业化、品牌化的律师事务所。

健全社会利益协调机制，建成帮教安置信息系统并运行。全区“三无”(无非正常上访、无敏感时期重点人员失控、无因信访问题引发的有影响力的突发群体事件）社区达80%以上。

深入推进平安鼓楼建设,争创省级社会治安安全区,全区所有街道和90%以上的社区达到平安创建标准。加强校园安全防范工作,创建10所省、市级平安校园。防范重特大事故,减少一般事故,工商贸企业在职职工的生产安全事故死亡人数控制在每亿元GDP为0.004人,千人重伤率控制在0.17以内。特种设备“二有证一检验”率达98%,贯彻安全管理标准覆盖面达90%以上，全年无特种设备安全重大事故。配备防震减灾应急装备,完成1-2处防震减灾应急避难场所建设。

(五)加强社会管理

加大市场价格管理力度,强化价格监测预警,完成市政府下达的价格调控和治乱减负目标任务。开展重要民生商品“价比三家”活动,在全区所有街道、社区和派出所设立价格争议调解点。

加强食品质量安全工作，建立鼓楼区食品安全检测分中心,开展流通环节商品质量监测100批次(其中食品专项监测20批次)，食品快速检测600批次；开展生产环节食品质量检测20个批次以上，全年无食品生产环节质量安全事故。争创“省级放心消费示范区”和2个“省级放心消费先进街道”。规范实施国家基本药物制度，在全区所有社区卫生服务中心实行基本药物远程监控，基本药物抽检合格率达98%以上。

强化农贸市场长效管理，全区农贸市场实行物业化保洁覆盖面达50%以上。新建农贸市场、蔬菜农残检测点各1个，肉品质量追溯检测示范点5个，创建市级绿色市场1家，农贸市场农残检测率、肉品凭“两证两章”入市率均达100%。新增放心早餐经营企业3家。全区农贸市场计量器具受检率和准确率达99%。

加大生活饮用水检测力度，对300个居民二次供水检测点、120个学校直饮水检测点和300个末梢水检测点开展水质快速检测。加强对公共浴室、美容美发类公共场所的卫生监督，量化分级管理率≥90%。

提高人口综合管理水平，孕产妇保健管理率、7岁以下儿童保健管理率、计划免疫接种率、托幼机构保健合格率均≥95%，艾滋病感染者和病人随访管理率≥85%，艾滋病感染者/病人首次流调率≥90%，居民户合格碘盐食用率≥95%。计划生育率达99%。完成第六次全国人口普查数据汇总和资料开发。完善流动人口服务管理平台功能，全区流动人口协管员配备达标，流动人口信息社会化采集率和暂住人口、出租房屋登记采集率均达省级标准。

基本完成“南京·鼓楼”门户网站改造，基本实现区内行政事项网上公示、过半事项提供网上办件查询，力争打造3~5个具有较高社会关注度的政府网上服务项目。加强区数字档案馆建设，全区20家建档单位档案工作达省级标准。

五、重点为民办实事备选项目

(一)着力推动区域城市功能品质提升，完成山西路—湖南路、中山北路、模范西路—模范中路—新模范马路、云南北路—云南路—上海路等一批市下达的干道和背街小巷环境综合整治工程。

(二)继续加大水环境综合整治力度，基本完成金川河流域雨污分流改造工程与城北护城河周边环境整治改造工程，推进内秦淮河流域雨污分流改造工程。积极改善河西水环境，开展龙江东河等河西水系部分河段的水环境生态治理，逐步消除黑臭现象。

(三)结合老旧小区整治出新，同步推进小区治安防范设施改造，并在5个以上老旧小区开展电梯故障智能自动报警试点和安全评估。投入500万元为社区解决群众关心的公共设施、人居环境建设等实事项目，同时加大对长效管理中清理堆放、张贴、杂物等突发问题的解决力度，为老百姓提供舒适、整洁、文明、有序的生活环境。

(四)提高就业质量，实现体面就业，巩固充分就业，全年新增就业岗位18000个，实现再就业6200人。投入6000万元开发公益性岗位，有针对性帮扶困难人员就业1500人以上，有效解决我区部分适应岗位需求的下岗、失业人员再就业，确保“零就业家庭”动态消零。

(五)投入350万元对老年居民、享受最低生活保障待遇人员、重度残疾人、学生儿童等对象给予医保补助，为低保家庭16周岁以下独生子女免费办理平安附加医疗保险，让居民在发生重大疾病时基本医疗需求得到有效救助。

(六)推进教育大区向教育强区转变，增加330万元投入，提高高中阶段生均经费；投入200万元实施集体幼儿园提升工程；投入480万元，实施“名师、名校、名校长”的“三名工程”和教师综合素质培训。

(七)加大扶贫助学力度，加大对高中阶段经济困难家庭学生的减免助学力度，免除特殊教育学校学生在校所有费用。将教育救助的范围扩大到低保及低保边缘家庭中的硕士和博士研究生，对应届硕士生和博士生按照每人3000元~5000元的标准予以资助，往届生标准减半。

(八)积极探索“智慧医疗、养老”新路径，利用物联网技术整合养老、医疗资源，在100名老人、1个社会福利院以及相关社区卫生服务中心实施示范工程项目。

(九)切实解决药费过高问题，对政府办社区卫生服务中心的599种药品实行“零差率”销售，进一步减轻居民经济负担，真正做到“看病有优惠”。

(十)加大医疗救助力度，上浮大病医疗救助标准，将原医疗救助最高标准从10000元上浮至20000元。投入120万元对全区低保和低保边缘群体到区惠民医院就诊实施定额补偿，对患有8种特定疾病的特困人群实施免费手术。

(十一)推进驻区医疗资源和社区医疗的“双向对接”，组织大医院专家开展百场义诊活动，并免费为全区老百姓诊断疾病、提供健康指导。与驻区三级医院合作建立医院—社区糖尿病综合防治体系，设立糖尿病自助体验中心，为患者免费提供自助式干预服务。

(十二)投入320万元为独居老人、“空巢”老人和困难老人家庭提供免费生活照料和探访服务，覆盖面由3000人增加至3500人(户)。

(十三)投入1100万元对高龄老人予以补贴，其中80-89岁老人按600元/年·人、90-99岁老人按1200元/年·人、100岁以上老人按3600元/年·人的标准给予补助。

(十四)实施健康助老工程，继续为孤寡独居老人设立免费家庭病床；为22所养老机构在院老人进行一次体检，每周开展一次巡诊；为全区百岁老人进行一次体检，每月开展一次巡诊。

(十五)继续对鼓楼区无养老保险金的老年居民、失地农民，插队、下放和支边人群中的“三无”人员，以及计划生育困难家庭发放生活补助。

(十六)对年满18周岁、在就业年龄段、有就业愿望、有一定劳动能力、未实现稳定就业的孤残、无业重度残疾人及“阳光家园”的残障人士给予社会保险补贴。

(十七)完善分层次、多渠道的住房保障体系，投入1000万元对低保无房家庭实行实物配租，对低收入住房困难家庭发放租赁补贴，对拆迁及低收入住房困难家庭按政策规定提供保障性住房。

（十八）大力提升大调解机制在和谐社区建设中的作用，完善区、街、社区（基层）三级人民调解中心、室、站的建设，大力拓展“两新”组织和大型企业人民调解组织，实现人民调解与行政调解、司法调解的有效衔接，社会矛盾纠纷调处成功率达95%以上。

（十九）加大对困难群体的法律援助力度，对符合法律案件援助条件的低保和低保边缘户及外来务工人员实行“诉讼全免费”，做到应援尽援，应援优援，依法维护其合法权益。

（二十）投入4600万元，兑现对1996年至2008年期间持独生子女父母光荣证退休的企业职工一次性奖励金发放。

各位代表，2011年全区经济和社会发展计划已基本确定，做好今年的各项工作是为“十二五”开好局、起好步，全面推动鼓楼新一轮又好又快发展的关键所在，面对新形势、新任务、新要求，让我们在区委的正确领导下，解放思想、开拓进取、振奋精神、苦干实干，抢抓新机遇、迎接新挑战、实现新跨越，奋力开创鼓楼“十二五”时期科学发展新局面，把鼓楼的明天建设得更加美好！

2010年新闻报道题录

中央电视台1套

南京市鼓楼区出动民兵对“7·28”事故现场进行抢险维稳　8月1日　《朝闻天下》

南京市鼓楼区出动民兵对“7·28”事故现场进行抢险维稳　8月1日　《中国新闻》

中央电视台7套

南京芳草园将军书画院蔡志芳专访　8月3日

《解放军报》

真情倾洒将军翰墨　12月9日　8版

《中国国防报》

发放“红缨暖心卡”　2月25日　2版

百名老将军任民兵连编外指导员　12月20日　头版

《中国妇女报》

“暖心卡”撑起“夕阳红”　2月20日

《新华日报》

鼓楼区：争当南京三个发展排头兵　1月8日　A4

湖南路模范女子民兵连到湖南路敬老院送温暖　1月20日　A2

将军敬老二十载　1月22日　A2

南京鼓楼区：唱响文明和谐社区创建进行曲　1月27日　A4

南京鼓楼区把新年廉政教育搬进法庭——“一时忘廉，终生不圆”　2月2日　A6

湖南路模范女子民兵连敬老院送温暖　图片新闻　2月17日　A2

百岁老人生日　图片新闻　2月26日　A6

丁家桥地区志愿者免费为市民维修家电　图片新闻　2月28日　A2

鼓楼区民兵预备役人员开展志愿者便民服务月活动　3月6日　A7

新街口周边街巷将出新　3月9日　A1

南京市鼓楼区举行感动鼓楼故事会　3月17日　A6

2009，他们感动鼓楼　3月17日　A3

小区开菜场，居民发帖抵制　3月23日　A41

中国中小企业协会苏皖赣服务中心昨在鼓楼举办大巡诊　3月31日　A7

低保户资助贫困儿童　地震后他把孩子接回家　3月31日　A44

鼓楼区民兵预备役人员来到雨花台烈士陵园祭奠革命先烈　4月5日　A版

法援4年，排解17年便污之苦　4月13日　A4

大力发展创新型经济，实现鼓楼新的跨越　4月19日　A4

让党旗在社区高高飘扬　4月20日　A7

发展成果普惠辖区70万民众　4月21日　A6

湖南路模范女子民兵连开展暖心活动　4月24日　A3

精彩纷呈的高端对话　意犹未尽的思想盛宴　5月4日　A4

奉献爱心，祈福“玉树不倒、青海长青”　5月7日　A3

智障青少年走进军营　图片新闻　5月11日　A6

“苏宁慧谷”项目在宁破土动工　5月19日　A2
南京鼓楼区：埋头苦干，争做转型升级排头兵　5月26日　A6
南京市政府与省科技厅共建模范路科技创新园　5月27日　A5头条
善于第一时间化解社会矛盾　6月4日　A2
鼓楼国税为贫困家庭子女建爱心书库　图片新闻　6月4日　A2
鼓楼区开展军校和国防生招生宣传　6月11日　A2
南京鼓楼：着力打造国际化人才高地　6月18日　A12
南京鼓楼：基层党建特色之路精彩纷呈　6月29日　A4
创先争优践行誓言　7月5日　A4
用爱心点亮盲人世界　图片新闻　7月5日　A5
凯捷高峰论坛在上海世博园举行　7月6日　A5
“八一军民鱼水情”文艺演出　7月23日　A2
新版《庐山恋2010》9月上映　7月29日　B3
盛夏，免费茶摊一摆就是十二年　8月15日　A3
学生军训　8月17日　A2
“萤光早”，光亮不炫目但很温暖　8月30日　A3
中国电信游戏运营中心在江苏揭牌　8月31日　A4
宣传税务政策　图片新闻　9月18日　头版
宣传国防知识　图片新闻　9月19日　A3
南京鼓楼，中国博览会的起点　9月30日　A8
政府为高层住宅灭火器“埋单”　9月30日　B6
湖南路商圈开辟网上商城　10月3日　A2
国税干部上门征询商户意见　图片新闻　10月9日　A10
征兵咨询　图片新闻　10月13日　A2
鼓楼区广泛开展征兵报名宣传活动　10月13日　A2
湖南路女子民兵连为敬老院的老人们送上电话机　10月17日　A2
“郑和宝船”重生，将从鼓楼再扬风帆　10月20日　A7
南京鼓楼，将成为中国物联网标准“定制中心”　10月28日　A7
这里将成为物联网标准“应用”　10月28日　A2
鼓楼区征兵体检工作全面开展　11月2日　A2
南京鼓楼区：手牵手搞好人口普查　11月11日　A5
南京展映《庐山恋》推旅游新线　11月16日　A7
为老兵送行　图片新闻　11月24日　A6
南京鼓楼：财政专项投入整改高层建筑火灾隐患　12月8日　B4
慈善一日　图片新闻　12月10日　A
社区卫生服务怎样更上一层楼　12月17日　A7
优质教育怎样均衡发展　12月17日　A7
“走进大企业、服务促发展”　图片新闻　12月17日　A3
社区文化表演大比拼　图片新闻　12月19日　A2
老旧小区的管理怎样让百姓满意　12月22日　A7
青奥会，南京怎样展示“气”和“神”　12月23日　A6
科教资源如何点燃创新激情　12月24日　A6
“硅谷海外清华学子南京行”在南京鼓楼举行　12月27日　A5
独居、孤寡老人领取过节物品　图片新闻　12月30日　A6

《南京日报》

鼓楼：再创一个“高增长期”　1月5日　头版头条
江宁、鼓楼获准建设“江苏省可持续发展实验区”　1月5日　A2
百余多伦多市民支持南京申办青奥——签名条幅在鼓楼区展示　1月16日　A16
又有9家大企业总部落户鼓楼　1月18日　A3
退休医生为社区居民授课　1月18日　A9
探讨教育热点，我们也要发言　1月18日　A9
去年，鼓楼新增停车泊位2780个　1月19日　A4
心里有底了，干劲更足了　1月20日　头版
女民兵节前送温暖　1月20日　A7
“3美元”计划，提速鼓楼民生建设进程　1月20日　A3
宁海路四级人大代表献爱心　1月21日　封2
鼓楼地税宣传税法　图片新闻　2月2日　A9
老虎风筝迎新春　图片新闻　2月3日　封2
“警惕！‘犯罪陷阱’就在身边”　2月4日　A2
鼓楼区人大代表走进选区宣讲人代会精神　2月4日　A3
书法家为城管队员写春联　图片新闻　2月7日　A2
山西路广场今有便民活动　2月7日　封2
鼓楼：构建私营个体经济协会协作网络　2月8日　A8
爱满鼓楼　2月10日　A3　1/3版
喜气临门　图片新闻　2月10日　A17
女民兵结对帮扶社区老人　图片新闻　2月11日　A5
湖南路管委会组织扫雪　图片新闻　2月16日　A3
“湖南路模范女子民兵连”扫雪　图片新闻　2月16日　A3
百岁老人四世同堂庆寿迎春　2月17日　头版
老汉自编自演小节目　图片新闻　2月24日　A5
进城务工人员成鼓楼机关行风“评议员”　2月26日　A3　1/3版
金川河雨污分流项目昨启动　3月14日　A2
联创科技投资15亿元建总部新大楼　3月20日　A3
今年“春色倍还人”　4月1日　A3
仿郑和宝船主体即将组装　4月2日　B6
鼓楼区尝试统一配送学生午餐　4月13日　A6
石头城社区的“家园文化”让社区居民自豪　4月13日

A7
警犬上街巡逻　图片新闻　4月23日　A10
春来惠风和畅　4月26日　A3
这里，将崛起"江南中关村"　4月27日　A3
外籍员工献爱心　图片新闻　4月29日　A9
鼓楼70名专职保安校园上岗　4月30日　B6
"香格里拉"重返南京　5月6日　A1
乘势而上，努力发展得更好更快　5月7日　头版
技校生展示技能　图片新闻　5月10日　A8
智障儿童体验军营　图片新闻　5月11日　A6
学《廉政准则》争当"廉内助"　图片新闻　5月11日　A4
张瑜自导自演《庐山恋2010》　5月28日　A10
新一轮"大拆违"即将展开　6月3日　A7
有啥问题居民上网反映　鼓楼"社区网"7月开通　6月3日　A50
瓜贩占道　城管柔性执法　6月3日　B3
鼓楼警方收缴2万枚假人民币　6月4日　A9
第一时间化解矛盾维护社会稳定大局　6月4日　A1
国防生招生启动　图片新闻　6月7日　A2
家里门窗异常　短信报知业主　6月8日　A9
首个区级"城管局"成立　6月10日　B3
小小"发明家"　图片新闻　6月11日　A6
鼓楼成立五大小学教育集团　6月18日　A4
党员志愿者开展便民服务　图片新闻　6月20日　A2
鼓楼区医患纠纷调委会获"全国模范"　6月24日　A9
走，到鼓楼听"公开党课"去　6月30日　A2
出门步行20分钟，生活需求全搞定　7月1日　A5
永恒的誓言　7月5日　A3
凯捷高峰论坛在上海世博园举行　7月5日　A1
"大道理"走进"小社区"　7月9日　A5
捉"鼠"　7月12日　A4
南京召开首次物联网大会　7月12日　A1头条
鼓楼工商开辟服务新天地　7月12日　A1
金陵饭店"裸拆"购物中心被责令整改　图片新闻　7月14日　A9
加快重点科技创新基地建设　加快建设国家级科技创新中心　7月16日　头版头条
墙头扮靓街头　图片新闻　7月18日　A2
突发事件处置演练　图片新闻　7月28日　A8
热心市民免费供茶水　图片新闻　7月28日　A7
5位市民当选7月份"中国好人"　8月9日　A10
3000余人排查出10类安全隐患　8月9日　A2
鼓楼工商分局开展"红盾助企工程"　8月9日　A2
安全宣传进工地　图片新闻　8月12日　A2
鼓楼区机关干部分批"下社区"锻炼　8月13日　A2
"窗口"服务质量应该由第三方调查　8月18日　A6
这里，是艺术大观园　8月20日　A3
着力打造有为政协、活力政协　8月20日　A2
鼓楼名师工作室引领团队专业成长　8月25日　B7
倾听再调解，巧解家长里短　8月26日　A1
鼓楼工商分局开展安全大检查　图片新闻　8月26日　A15
鼓楼区举行大型文体表演迎青奥　8月26日　A10
鼓楼江东软件城，建园3年实现越常规发展　9月6日　A3
改"你扔我捡"为"事前提醒"　9月12日　A4
举石锁迎青奥　图片新闻　9月12日　A2
网吧规范经营成文明南京亮点　9月12日　A4
嫂子卖房给小姑子换肾　9月13日　A1
服务更用心，把工人新村这块牌子擦得更亮　9月16日　A2
体验国防教育　图片新闻　9月19日　A4
春华秋实　9月21日　A3
"金洽会"鼓楼专卖活动昨举行　9月22日　A1
查隐患促整改助推"三项排查"工作深入开展　9月29日　A4
《庐山恋2010》从南京开启一段纯真爱情　9月29日　A2
百年前，鼓楼牵手"世博"　9月30日　A3
鼓楼区128位民警社区当"片警"　10月15日　头版
我市两位市民当选9月份"中国好人"　10月18日　A1
模范路创新园区成功申报省产业集群品牌培育基地　10月18日　A1
宝船启航，中国从这里走向世界　10月20日　A3
郑和宝船复建工程庆典拉开名城会序幕　10月21日　A1
鼓楼江东将建"电台公园"　10月22日　A8
愿"郑和宝船"成南京特色文化景观　10月22日　A2
昨天，秦淮河"牵手"塞纳河　10月24日　A3
缺乏统一标准物联网或成"勿联网"　10月28日　A9
未来物联网随时帮你抓小偷、测血糖　10月28日　A10
政府应为老旧小区硬件改造"兜底"　10月30日　A2
模范路上将崛起低碳经济园　11月3日　A3
"一切为了数据真实、准确、完整"　11月10日　A3
洪保墓出土碑文透出惊人信息　11月10日　A6
我市餐饮集中区陆续置换天然气　11月11日　A7
鼓楼区举办"清风廉韵"演讲比赛　11月12日　A6
鼓楼区举办首届排舞大赛　11月15日　B8
"感谢您的理解、支持与配合"　11月15日　A3
借《庐山恋2010》我市推新版"一日游"　11月16日　A1
确保《南京日报》征订稳中有升　11月17日　头版
鼓楼团区委为玉树小学建希望书屋　11月18日　A7
高起点建设现代化人才之都　11月21日　头版头条
提升行业服务素质，促进旅游产业发展　11月22日　A5
防"艾"宣传　图片新闻　11月29日　导读1版

仿古郑和宝船核心技术列入“急需保护非遗名录” 12月1日 A9
南京模范路科技创新园区布局物联网产业应用 12月7日 封2
让企业从实验室里走出来 12月14日 A3
以教育为先导 以检查为抓手 全力实现安全目标 12月14日 A3
养老院院长走上大学讲台 12月24日 A4
模范路科技创新园区探索生命医药产业产学研合作 12月21日 A6
鼓楼：确保总部企业财政收入贡献率超70% 12月21日 A6
鼓楼区“3美元”计划实现 12月21日 头版
硅谷海外清华学子“带项目”对接鼓楼区 12月27日 A2
踏平坎坷成大道 12月31日 A4

《现代快报》

110送来大彩电 好市民姚大妈挺过意不去 1月7日 B4
昨天，鼓楼区举行保安进驻校园启动仪式 4月30日 封11
老人身体咋样看看手机便知 10月28日 B7
“南京一日游”搭车《庐山恋》 11月16日 B8
“南京一日游”需增加休闲元素 11月16日 B30

《扬子晚报》

汉中路打造健康一条街，怎样？ 1月8日 A9
社区送欢乐给“不差钱”的老人 1月15日 A45
人大代表给困难家庭送年货 2月1日 A45
用礼品盒废弃绢绸老太做成布贴画 2月2日 A47
鼓楼区城管昨拆除违规小广告 2月4日 A43
鼓楼区低保标准将实行“3美元”计划 2月10日 A47
首张“不扫门前雪”罚单开出 2月13日 A8
到湖南路看“西洋镜”去 2月13日 A5
鼓楼区机关服务满意度提高 2月26日 A48
114岁横跨3个世纪剪纸界“金母泰斗”胡家芝老奶奶走了 3月26日 A6
紫峰之顶放眼屋顶全绿 3月31日 A17
有困难就找社区110 4月9日 A50
南京招标采购学校食堂“粮油肉” 4月12日 A11
世博直通车走进清凉山社区 4月12日 A49
有招！17年的恶臭难题律师介入化解 4月13日 A7
中国最早“世博会”在南京丁家桥 4月13日 A7
金兆惠湖南路义务巡街 5月7日 A53
鼓楼疾控中心宣传碘知识 5月18日 A52
《庐山恋》30年后拍续集 5月18日 A3
南京鼓楼区组建五大小教集团 5月22日 A3
离婚了，公婆还是爸妈 5月22日 A46
趣味运动会 图片新闻 5月22日 A46
他把“老上访”劝回家 5月27日 A49
社区志愿服务也“对口” 5月31日 A7
为民工子女援建爱心书库 6月3日 A51
小教集团不听校长意见就挂牌 6月9日 A10
整治电动车载客 图片新闻 9月3日 A6
71米长郑和宝船雏形初现 10月21日 A46
看新《庐山恋》，沿新线路游经典南京 11月16日 A41
鼓楼区征集明年政府工作意见 11月24日 A42
鼓楼区中学生合唱节八中学生夺冠 11月30日 A44
小学足球赛国脚凑热闹 11月30日 A44
鼓楼疾控中心进社区教居民控油控盐 图片新闻 11月30日 A55
后年9月，复建的郑和宝船将下水 12月2日 A46
中央门广场来了头貔豸 12月7日 A45
智障儿当图书管理员 12月17日 A48
她为200多学生过“生日” 12月28日 A55

《江苏经济报》

春节慰问 1月21日 A2
鼓楼分局税务干部和湖南路女子民兵连的民兵来苏宁电器等单位宣传有关法律 1月21日 A2
发放“红缨暖心卡” 2月11日 A版
开展“学雷锋”活动 3月1日 A2
鼓楼区民兵预备役人员来到雨花台烈士陵园祭奠革命先烈 4月6日 A2
湖南路模范女子民兵连开展敬老爱老活动 4月27日 A2
鼓楼区组建合成化民兵救援连和民兵应急维稳连 5月14日 A2
民兵整组点验 5月14日 A2
鼓楼民兵在小学、幼儿园周边进行巡逻 5月27日 A2
区人武部组织企业民兵开展军事训练 8月5日 A2
鼓楼区广泛开展征兵报名宣传活动 10月13日 A2
江苏省军区向南京田家炳高级中学捐资助学 10月21日 A2
鼓楼区征兵体检工作全面开展 11月2日 A2

《江苏工人报》

女民兵到苏宁电器宣传法律法规 1月28日
鼓楼区举办“清风廉韵”演讲比赛汇报演出 11月16日 头版
江苏省第一家综合应急救援大队在南京鼓楼成立

12月16日　4版

《江苏法制报》

发放“红缨暖心卡”　2月11日　头版
“弘扬雷锋精神,构建和谐社会”　3月1日　2版
向守志为南京民警讲传统　5月19日　头版
鼓楼民兵武装巡逻确保校园安全　5月31日　8版
鼓楼区开展军校和国防生招生宣传　6月11日　2版
国电南自开展习武活动　7月30日　2版
鼓楼区在山西路市民广场开展第十个全民国防教育日宣传活动　9月19日　2版
鼓楼区广泛开展征兵报名宣传活动　10月13日　2版
江苏省军区向南京田家炳高级中学捐资助学　10月20日　头版
鼓楼区征兵体检工作全面展开　11月2日　2版

《金陵晚报》

南京主城将建设多个地下中心　1月7日　A03
13区县端出2010年发展大盘　1月20日　A05
凤凰书城新春文化活动　2月3日　D03
不玩小石头,咱玩大石锁　8月31日　A14
万元卖瓜钱回来了　11月11日　C05
狮子桥美食街将通天然气了　11月11日　C05
鼓楼区将廉政纳入公务员考核　11月11日　C09
南京开一日游新线　11月16日　A07

《南京晨报》

鼓楼年内率先用“聪明”的红绿灯　1月4日　A07
各区长盘点2010民生NO.1　1月21日　A05
鼓楼工商执法昨日查处农贸市场公然叫卖野生保护动物　1月31日　A05
鼓楼区新招缓解停车难向操场广场地下要车位　2月4日　A14
鼓楼网络实体店不“恐税”　10月12日　B10
剪纸艺术吸引红领巾驻足观赏　图片新闻　10月29日　A02
郑和宝船复建加速　后年试水开招船长大副　12月2日　A05

《江南时报》

第六批民国建筑名录将出炉　1月14日　06版
香格里拉酒店再回南京　11月3日　12版

江苏电视台

女民兵与将军慰问敬老院　1月21日
宝地园社区军民扫雪　2月11日　服务到家
宝地园社区“学雷锋”活动　3月5日　服务到家
军校和国防生招生　6月11日　江苏教育
一起动手包粽子　6月12日　江苏公共
军校和国防生招生全面启动　6月13日　城市频道
“7·28”事故发生后,南京供电公司立即派出应急分队对该地区电力设施进行抢修　8月2日　城市频道

南京电视台

宝地园社区“学雷锋”活动　3月5日　教科频道
挹江门街道开展残疾人进军营活动　5月12日　教科频道
街道残疾人进军营活动　5月15日　信息频道
军校和国防生招生　6月11日　新闻综合
鼓楼区出动民兵对“7·28”事故现场进行抢险维稳执勤　8月1日　新闻综合
鼓楼区在山西路市民广场开展第十个全民国防教育日宣传活动　9月18日　新闻综合
鼓楼区征兵体检工作全面展开　11月1日　新闻综合

江苏人民广播电台

军校和国防生招生全面启动　6月13日　早新闻

鼓楼年鉴2011

索引

Index

说明

1.本索引采用内容分析法编制，兼有选用关键词。

2.索引设有条目索引、表格(图)索引两个分目，按索引词首字汉语拼音排序，首字音调相同按第二字音序排列，以此类推。

3.类目、分目、副分目、链接标题、人名作索引词的均以黑体字标示。标引词后的阿拉伯数字标示内容所在页码，数字后的字母a、b、c依次表示左、中、右栏。标引词为条目名称的其页码排在首位，并用黑体标示；第二个页码标示参见内容所在位置。

4.“特载”“专记”“大事记”“人物”“附录”“彩页”中的内容均未作索引，仅以标题标示。

5.“附见”内容悬挂缩进2格排印，附于相关款目之下。

6.为便于读者检索，鼓楼区及驻区单位年内所发生的事情、表格(图)名称作索引词的，除易产生歧义者外，均省略“2010年”和“鼓楼区”。

条目索引

A

B

C

J

K

T

表格(图)索引

石城霁雪

南京市鼓楼区地图
浦口区
下关区
中央北路
模范马路
中山北路
虎踞路
热河路
建宁路
南京北站
南京西站
中央门
鼓楼区
玄武湖
长江
潜洲
江心洲